Reisetipps
Land & Leute
Borders
Dumfries/Gallo.
Strathclyde
Lothian
Central
Fife
Tayside
Grampian
Hochland
Norden
Inn. Hebriden
Äuß. Hebriden
Orkney & Shetl.
Anhang

Andreas Braun, Holger Cordes, Antje Großwendt

Schottland Handbuch

Grey recumbent tombs of the dead in desert places,
Standing stones on the vacant wine-red moor,
Hills of sheep, and the homes of the silent vanished races,
And winds, austere and pure.

Robert Louis Stevenson (1850-1894)

Andreas Braun, Holger Cordes,
Antje Großwendt

Schottland Handbuch

Impressum

Andreas Braun, Holger Cordes, Antje Großwendt
Schottland Handbuch
erschienen im
REISE KNOW-HOW Verlag Peter Rump GmbH
Osnabrücker Str. 79
33649 Bielefeld

6.*, komplett aktualisierte Auflage *2003

Gestaltung:
Umschlag: M. Schömann, P. Rump (Konzept)
G. Pawlak (Realisierung)
Inhalt: M. Siegmund (Büro für Gestaltung, M. Schömann, Köln)
Karten: Cathérine Raisin, der Verlag
Fotos: die Autoren, Gunda Urban (GU), Wolfram Schwieder (WS)
Titelfoto: Wolfram Schwieder

***Lektorat** (Aktualisierung):* André Pentzien

Druck, Bindung: Fuldaer Verlagsagentur

ISBN: 3-8317-1117-8

PRINTED IN GERMANY

Dieses Buch ist erhältlich in jeder Buchhandlung der BRD, Österreichs, der Niederlande, Belgiens und der Schweiz. Bitte informieren Sie Ihren Buchhändler über folgende Bezugsadressen:
BRD: Prolit GmbH, Postfach 9, 35461 Fernwald (Annerod)
sowie alle Barsortimente
Schweiz: AVA-buch 2000, Postfach 27, CH-8910 Affoltern
Österreich: Mohr Morawa Buchvertrieb GmbH, Sulzengasse 2, A-1230 Wien
Niederlande, Belgien: Willems Adventure, Postbus 403, NL 3140 AK Maassluis

Wer im Buchhandel trotzdem kein Glück hat, bekommt unsere Bücher auch direkt bei:
Rump-Direktversand, Heidekampstr. 18, 49809 Lingen (Ems)
oder über unseren ***Büchershop im Internet: www.reise-know-how.de***

● Wir freuen uns über Kritik, Kommentare und Verbesserungsvorschläge.

Vorwort

Die Schotten werden noch immer von dem Klischee verfolgt, sie seien geizig und trügen seltsam gemusterte Röcke. Wir haben auf unseren vielen Reisen einen völlig anderen Menschenschlag erlebt. Schotten sind hilfsbereit und nehmen ihre Gäste herzlich auf. Knauserig zeigt sich in Schottland allenfalls der Boden, denn auf der kargen Erde des Hochlandes gedeiht nicht viel außer Heidekraut, Moosen, Farnen und der schottischen Kiefer. Im Herbst allerdings, wenn die Heide in voller Pracht erblüht, schwelgt die Natur im Überfluss.

Schottland, das Land der Clans und Tartanmuster, der Highland Games und des Dudelsacks, übt auf jeden Touristen einen unwiderstehlichen Reiz aus. Dieser liegt nicht zuletzt auch in den vielen großen Festen und Festivals, die es in Schottland zusammen zu feiern gibt.

Wer mit königlich-englischem Blut feiern möchte, dem sei das traditionelle *Braemar Highland Gathering* empfohlen, das im September stattfindet. Einen Monat zuvor zieht das große *Edinburgh International Festival* mit zeitgeistigerem Programm Besucher aus der ganzen Welt an. Auf die zahlreichen kleineren Festivals gehen wir an Ort und Stelle ein, soweit das bei der Vielzahl möglich ist.

Unser Reisehandbuch möchte all jenen praktische Hilfestellung leisten, die dieses faszinierende Land auf eine ganz persönliche Weise erleben wollen. Es umfasst komplette Informationen von der Reiseplanung bis zur Rückkehr. Der Leser kann sich über Geschichte und Tradition genauso gründlich informieren wie über bekannte und weniger bekannte Sehenswürdigkeiten. Wir beschreiben einsame Wanderwege in den Highlands und großstädtisches Leben in Glasgow und Edinburgh, die zum Teil einzigartige Tierwelt von Robbe bis Seeadler und das moderne Schottland, Alltagsleben und Touristenwelt.

Wie immer man seinen Urlaub verbringen will, sei es als Festivalbesucher, Wanderer, Segler oder Golfer, unser Reisebuch vermittelt dafür gründlich recherchierte und sachlich bewertete Informationen. Wir haben für Sie die interessantesten Orte, selbst auf den abgelegensten Inseln, erkundet und sind überall behilflich, Sehenswertes zu entdecken und auch Unterkunft, Restaurants sowie das richtige Verkehrsmittel zu finden.

Wir wünschen viel Vergnügen und reiche Erlebnisse bei der Reise durch das raue und zugleich gastfreundliche Schottland.

Mittlerweile sind wir bei der sechsten Auflage angekommen; die Preise und Informationen geben den aktuellen Stand von Mitte bis Ende 2002 wieder.

An dieser Stelle möchten wir uns für die nach wie vor zahlreichen Leserbriefe bedanken, die uns helfen, auf dem neuesten Stand zu bleiben. Also schreibt uns Kritik und Anregungen. Viel Spaß bei der Reise!

Euer Reiseteam

Inhalt

Praktische Reisetipps

Land und Leute

Regionen und Orte

Anhang

Exkurse

Hinweise zur Benutzung

Dieser Reiseführer ist als praktischer Ratgeber für Touristen konzipiert, die sich Schottland aktiv erschließen wollen. Deshalb ist er so benutzerfreundlich aufgebaut, wie wir es nach mehreren Schottlandreisen für nützlich erachtet haben. Der Führer gliedert sich in drei größere Abschnitte.

Das Kapitel ***„Praktische Reisetipps"*** enthält allgemein nützliche Informationen wie Adressen, Botschaften, Tipps für die Anreise und das Reisen in Schottland etc.

Der Abschnitt ***„Land und Leute"*** erläutert die Besonderheiten des Landes und gibt jeweils einen kurzen

Überblick über die einzelnen Ressorts wie Geschichte, Wirtschaft, Kultur, Landschaft und dergleichen. Wenn dabei das Kapitel „Geschichte" etwas länger ausgefallen ist, liegt das daran, dass die Geschichte in Schottland immer und überall gegenwärtig ist. Und vieles kann man in Schottland nicht verstehen, wenn man die Geschichte des Landes nicht kennt.

Den größten Platz nehmen verständlicherweise die ***Ortsbeschreibungen*** ein. Die jeweils touristisch wichtigsten Städte oder Gebiete werden immer komplex beschrieben. Dazu gehören auch genaue Hinweise zu Unterkünften, wichtige Adressen und Verkehrsverbindungen.

Zur Rubrik ***„Verbindungen"*** sei dabei gesagt, dass wir keine Fahrpläne aufgelistet haben, da diese zu schnell veralten und zudem den Rahmen dieses Buches sprengen würden. Uns ging es darum, zu verdeutlichen, inwieweit ein Ort gut erreichbar ist, ob mehrmals am Tag ein Bus verkehrt oder ob man eventuell mehrere Tage an einer Stelle festhängt, weil der Bus dort nur einmal pro Woche fährt.

In der Rubrik ***„Unterkünfte"*** haben wir uns bemüht, zu jeder Übernachtungsart mindestens eine Adresse anzugeben, bei Hotels auch in den verschiedenen Preisklassen. Für B&B haben wir nur in seltenen Fällen Adressen genannt, weil es erstens ohnehin kein Problem ist, einen B&B-Anbieter ausfindig zu machen und zweitens die Aufnahmekapazitäten dieser B&B-Anbieter sehr beschränkt sind, d. h. die Häuser bei einer Nennung wahrscheinlich ständig belegt wären. Jugendherbergen haben wir grundsätzlich aufgeführt, wenn es am Ort eine gab.

Das ***Register*** im Anhang erlaubt einen schnellen Zugriff auf Informationen über eine bestimmte Örtlichkeit, eine Person oder ein Sachgebiet.

Für die angegebenen ***Preise und Tarife*** können wir natürlich keine Garantie übernehmen. Sie sind zumeist auf dem Stand von Mitte 2002 und werden sich wahrscheinlich inzwischen wieder verändert haben. Die Preisangaben sind deshalb als Richtwerte zu verstehen, die vor allem Auskunft über die Preiskategorie einer Unterkunft o. ä. geben sollen.

Im Buch werden folgende ***Abkürzungen*** verwandt:

Ö	Öffnungszeiten
E	Eintrittspreis
T	Telefon
NTS	National Trust for Scotland
HS	Historic Scotland
B&B	Bed and Breakfast

Praktische Reisetipps

Information

Informationsstellen außerhalb Schottlands

•***British Tourist Authority,*** Westendstr. 16-22, 60325 Frankfurt/M., T: 01801/468 642, Fax: 069/971 124 44, e-mail: gb-info@bta.org.uk, www. visitbritain.com/de, Ö: Mo-Do 9.00-16.45 h, Fr 9.00-15.30 h, telefonisch erreichbar: Mo-Do 10.00-12.00 h, 14.00-16.00 h, Fr bis 15.00 h

•***Britain Visitor Centre,*** Hackescher Markt 1, 10178 Berlin (nur Publikumsverkehr)

•***Britain Visitor Centre, The British Council,*** Schenkenstr. 4, A-1010 Wien, T: 0800/007 007, Fax: 01/533 261 685, e-mail: info@bta.org.uk, www.visitbritain.at, Mo-Fr 11.00-13.00 h

•***British Tourist Authority,*** Badener Str. 21, CH-8004 Zürich, T: 0844/007 007, Fax: 043/322 2000, Ö: Mo-Fr 10.00-16.00 h. Telefonisch: Mo 10.00-12.00 h, 14.00-16.00 h, e-mail: ch-info@bta.org.uk

•Zusätzlich gibt es in fast allen größeren Städten (z. B. Köln, München) einen ***British Council.*** Diese Einrichtung entspricht dem deutschen Goethe-Institut und hat die Verbreitung britischer Kultur zur Aufgabe. www.britcoun.org

Eisenbahnen, Flug- und Fährgesellschaften

•***Rail Europe,*** Lindenstr. 5, 60325 Frankfurt/M., T: 069/975 846-46, Fax: -35

•***Rail Europe***, Gutenbergstr. 1, CH-3001 Bern, T: 031/157 3050, Fax: 380 1949, www.res.ch, e-mail: ventebr@res.ch

•***Le Shuttle Kundenrufzentrale***, T: 0044/08705/353 535, www.eurotunnel.com

•***British Airways***, Budapester Str. 18B, Berlin, T: 030/254 0000. Zentrale Reservierungsnr. BA, T: 01805/266 522

•***British Airways***, Kärntner Ring 10, A-1010 Wien, T: 01/795 675 67

•***British Airways***, Löwenstr. 29, 8001 Zürich, T : 0848/845 845

•***Hoverspeed Ltd.,*** Natienkaai 9, 8400 Oostende, Belgien, T: 069/242 466 77, Fax: 069/242 466 76 oder T: 00800/1211 1211, www.hoverspeed.co.uk

•***Seafrance,*** Berliner Straße 31-35, 65760 Eschborn, T: 06196/429 11, Fax: 483 015, www.seafrance.net

•***Superfast Ferries,*** www.superfastscotland.com

•***DFDS Seaways,*** Van-der-Smissen-Straße 4, 22767 Hamburg, T: 040/389 03-0, Reservierung: -71, post@dfdsseaways.de, www.dfdsseaways.de

•***P&O Stenaline,*** T: 069/500 703 64, www.posl.com

•***P&O North Sea Ferries,*** Postbus 1123, 3180 AC Rozenburg, Niederlande, Tel. 0031/181/255 -555, Fax -215, www.ponsf.com, Reservierungen in Deutschland über *DERTRAFFIC,* s.u.

•***Caledonian MacBrayne Ltd.,*** The Ferry Terminal, Gourock, PA19 1QP, T: 0044/1475/650 100, Fax: 637 607, Reservierung: T: 0044/8705/650 000, Fax: 0044/1475/635 235, reservations@calmac.co.uk, www.calmac.co.uk

Literatur und Karten

•Das *Scottish Tourist Board* gibt die hervorragende Schottlandkarte ***Touring Map of Scotland*** heraus, in der nahezu alle Sehenswürdigkeiten Schottlands eingezeichnet sind. Begleitend dazu erscheint der Reiseführer ***Touring Guide to Scotland,*** in dem die Sehenswürdigkeiten mit Öffnungszeiten, Eintrittspreisen und Wegbeschreibung kurz erläutert werden. Karte und Führer kosten £ 3.50 bzw. £ 4.99 und sind in allen Tourist *Information Centres* erhältlich bzw. für € 8 und € 10 bei *Britain Direct* zu bestellen.

•***Scotland: Walks and Trails*** ist ein Wanderführer des *Scottish Tourist Board* und für £ 2,80 ebendort erhältlich.

•Die ***Michelin Schottlandkarte*** hat einen Maßstab von 1:400.000, ist sehr exakt und zählt verschiedene Sehenswürdigkeiten auf.

•In der ***Travelmaster-Serie,*** herausgegeben von *Ordnance Survey* (Britisches Landesvermessungsamt) ist Schottland mit 3 Blättern im Maßstab 1:250.000 abgedeckt. Sehr detailliert, viele Hinweise auf Sehenswürdigkeiten, gute Geländedarstellung, www.ordnancesurvey.gov.uk

● **Britain Direct** ist eine Gesellschaft der *British Tourist Authority*, über die die Veröffentlichungen des Fremdenverkehrsamtes bestellt werden können. Britain Direct GmbH, Ruhbergstr. 8, 69242 Mühlhausen/Kraichgau, T: 06222/678 05-0, Fax: -19, www.britaindirect.com

Schottland im Internet

● Aktuellste Infos und Tipps zur Ergänzung dieser Auflage sowie weiterführende Links finden sich auf der **Verlags-Homepage** unter den Stichwörtern „Latest News" und „Travellinks". Diesen Service bieten wir zu allen Reiseführern von Reise Know How: www.reise-know-how.de

● **British Tourist Authority**
Deutschland: www.visitbritain.de
Österreich: www.visitbritain.at

● **Scottish Tourist Board/ Visit Scotland**
www.visitscotland.com/d
www.travelscotland.co.uk

● **Regionale Fremdenverkehrsämter**
Dumfries Galloway: www.galloway.co.uk
Scottish Borders: www.scot-borders.co.uk
Edinburgh und Lothian: www.edinburgh.org
Central: www.visitscottishheartlands.org
Fife: www.standrews.com/fife
Perthshire: www.perthshire.co.uk
Angus, Dundee: www.angusanddundee.co.uk
Grampian: www.atgb.org
Highlands: www.host.co.uk
Orkney Islands: www.visitorkney.com
Shetland: www.visitshetland.com
Western Isles: www.witb.co.uk

● **Kanaltunnel:** www.eurotunnel.com

● **Fährgesellschaften**
Hoverspeed Ltd.: www.hoverspeed.co.uk
Caledonian MacBrayne: www.calmac.co.uk
P&O Stenaline: www.posl.com
DFDS-Seaways: www.dfdsseaways.de
P&O Scottish Ferries: www.posf. co.uk
John O'Groats Ferries: www.jogferry.co.uk

● **Eisenbahngesellschaften**
Deutsche Bahn: www.bahn.de
Rail Europe Suisse: www.res.ch
ScotRail: www.scotrail.co.uk
BritRail: www.britrail.com
UK-Bahninformation: www.railtrack.co.uk

● **Fluggesellschaften**
British Airways: www.britishairways.com
Ryanair: www.ryanair.de
Loganair: www.loganair.co.uk

● **Busgesellschaften**
National Express: www.gobycoach.com
Scottish Citylink Coaches: citylink.co.uk
Haggis Backpackers: www.haggisadventures.com
Postbus: www.postbus.royalmail.com
Öffentlicher Verkehr: www.pti.org.uk

● **Herbergen**
Scottish Youth Hostels Assn.: www.syha.org.uk
Independ. Hostels: www.hostel-scotland.co.uk

● **Naturschutz**
Scottish Natural Heritage: www.snh.org.uk

● **Denkmalschutz**
National Trust for Scotland: www.nts.org.uk
Historic Scotland: www.historic-scotland.gov.uk

● **Fahrrad**
ADFC: www.adfc.de
Cyclists' Touring Club: www.ctc.org.uk

● **Ski-Informationen:** www.ski.scotland.net

Eine Liste **aller Internetcafés** in Großbritannien findet sich auf www.eats.co.uk/icafes/index.html

Informationsstellen in Großbritannien

Fremdenverkehrsämter

● **British Travel Centre,** 1-3 Regent Street, London SW1Y 4PQ.

● **The Edinburgh and Scottish Travel Centre,** Waverley Market, 3 Princes Street, Edinburgh EH2 2QP, T: 0131/473 3800, Fax: -3881, www.edinburgh.org, e-mail: esic@eltb.org

● **Visit Scotland,** 23, Ravelston Terrace, Edinburgh, EH4 3EU, T: 0131/332 2433, Fax: 0131/315 4545. Diese Adresse gilt für schriftliche und telefonische Anfragen an das Tourist Board.

Persönliche Anfragen richten Sie besser an das **Edinburgh and Scottish Travel Centre,** www.visitscotland.com

● **Visit Scotland,** 19 Cockspur Street, London SW1Y 5BL, T: 0171/930 8661/2/3.

●***Highland Direct,*** Station Road, Dingwall IV 159 JE, T: 01349/865 000. Auskünfte für die Region des schottischen Hochlandes.

Tourist Information Centres

Über ganz Schottland verteilt, gibt es ca. 170 Informationszentren (T.I.C.), die meist ganzjährig geöffnet sind. Die T.I.C. vermitteln Informationen über die entsprechenden Regionen und können oft auch über andere Gebiete Auskunft geben. In den Büros sind sowohl eine Vielzahl von kostenlosen ***Informationsbroschüren*** mit Angaben über Sehenswürdigkeiten und Unterkunftsmöglichkeiten als auch die Buchveröffentlichungen des *Scottish Tourist Board* erhältlich.

Zudem betreiben die Zentren eine ***Zimmervermittlung*** für örtliche Unterkünfte und ein *Book-A-Bed-Ahead-System* für Hotels, Gasthöfe und B&B in ganz Schottland. Dieser Service kostet £ 3 plus eine Anzahlung von 10 % des Übernachtungspreises, die mit der Hotelrechnung verrechnet wird.

Schließlich sind hier ***Fahrpläne*** für die örtlichen Bahn- und Busverbindungen und ggf. die Fähr- und Flugfahrpläne erhältlich.

National Trust for Scotland

In Schottland gibt es zwei Organisationen, die es sich zur Aufgabe gemacht haben, das kulturelle Erbe des Landes zu erhalten. Der *National Trust for Scotland (NTS)* ist eine private Organisation, die sich über Stiftungen und Mitgliedsbeiträge finanziert, und kümmert sich um den Erhalt sowohl von Schlössern als auch von kleineren, bürgerlichen Häusern. Zudem befinden sich einige landschaftliche Monumente wie Glencoe oder die Insel St Kilda in der schützenden Hand des *NTS*. 1931 gegründet, hat die Organisation seitdem Großes für die Kultur Schottlands getan. Eine Mitgliedschaft im *NTS* kostet für ein Jahr £ 28 (bis zum Alter von 25 Jahren £ 12) und ermöglicht den freien Eintritt zu allen Besitztümern des *National Trust.* Die Mitgliedschaft kann man bei allen Besitztümern des *NTS* erwerben. Adresse: *National Trust for Scotland,* 28 Charlotte Square, Edinburgh EH2 4ET, e-mail: information@nts.org.uk, www.nts.org.uk. T: 0131/243 9300.

Historic Scotland

Historic Scotland (HS) kümmert sich ebenso wie der *NTS* um Gebäude oder Einrichtungen von historischer Bedeutsamkeit, ist aber in öffentlicher Hand und untersteht dem Scottish Development Department. Während der *NTS* vor allem erhaltene Sehenswürdigkeiten betreut, liegen im Zuständigkeitsbereich des *HS* in erster Linie Ruinen und prähistorische Stätten. Auch hier ist eine Mitgliedschaft für ein Jahr möglich, die freien Eintritt zu den Stätten beinhaltet. Die Kosten für eine einjährige Mitgliedschaft liegen bei £ 28 bzw. £ 21 für StudentInnen und Reisende über 60 Jahren. Adresse: *Historic Scotland,* Longmore House, Salisbury Place, Edinburgh EH9 1SH, T: 0131/668 999, www.historic-scotland.gov. uk.

Informationen für behinderte Reisende

In Schottland

In Schottland gibt es viele Sehenswürdigkeiten, Unterkünfte, Geschäfte und Banken, die speziell für behinderte Reisende zugänglich gemacht wurden:

●Die Broschüre ***Practical Information for Visitors with Disabilities*** des *Scottish Tourist Board* enthält Informationen zu Reise, Unterkunft und Organisationen für Behinderte.

●Das Heft ***Information for Visitors with Disabilities*** des *NTS* stellt die Sehenswürdigkeiten des Trusts zusammen, die auch für Behinderte problemlos zu besichtigen sind, und informiert ebenso über Schwierigkeiten, die bei einem Besuch auftreten können. Das Heft ist kostenlos zu beziehen bei: *National Trust for Scotland,* 28 Charlotte Square, Edinburgh EH2 4ET, T: 0131/243 930-0, Fax: -1, e-mail: information@ nts.org.uk.

●Das ***Scottish Tourist Board*** gibt eine Broschüre heraus, in der Unterkünfte mit Möglichkeiten für behinderte Gäste aufgeführt werden. In den meisten Unterkunftsführern des *Scottish Tourist Board* sind behindertengerechte Unterkünfte mit einem „D" gekennzeichnet.

●Die Organisation ***Disability Scotland*** gibt zwei Führer für behinderte Reisende mit Informationen zu Schottland und GB heraus. *Disability Scotland,* Princes House, 5 Shandwick Place, Edinburgh EH2 4RG, T: 0131/229 8632, www.disabilityscotland.org.uk

- Der **Holiday Care Service** erteilt Informationen für Reisende mit besonderen Bedürfnissen aller Art, seien es ältere oder behinderte Menschen, alleinerziehende Mütter/Väter etc: *Holiday Care Service,* 2nd Floor, Imperial Buildings, Victoria Road, Horley, Surrey RH6 7PZ, T: 01293/774 535, Fax: 784 647. www.holidaycare.org.uk

Außerhalb Schottlands

- ***Bundesarbeitsgemeinschaft der Clubs Behinderter und ihrer Freunde e.V. Mainz,*** Eupener Str. 5, 55131 Mainz, T: 06131/225 514, gibt Tipps bei der Suche nach geeigneten Begleitpersonen.
- ***Mobility International Schweiz (MIS),*** Feldeggstr. 71, Postfach 129, CH-8032 Zürich, T: 01/251 0531, gibt die Broschüre *„Unbehinderte Ferien für Behinderte"* heraus.
- ***Bundesarbeitsgemeinschaft „Hilfe für Behinderte",*** Kirchfeldstr. 149, 40215 Düsseldorf, T: 0211/344 0085, u. a. Ferienführer.
- ***Handicapped-Reisen,*** Markt 33, 53111 Bonn, Informationen zu Urlaub und Reisevorbereitung.

Diplomatische Vertretungen

In der Bundesrepublik

- ***Britische Botschaft,*** Wilhelmstraße 70, 10117 Berlin, T: 030/204 570.
- ***Britisches Generalkonsulat,*** Triton Haus, Bockenheimer Landstraße 42, 60323 Frankfurt a. M., T: 069/170 0020, Fax: 729 553.
- ***Generalkonsulat des Vereinigten Königreiches Großbritannien und Nordirland,*** Yorckstr. 19, 40476 Düsseldorf, T: 0211/94 48-0, Visaabteilung T: 0211/94 48- 160 oder T: 0190/241 100 (24h-Service), Fax: 0211/488 190.
- Zudem gibt es auch in Hamburg, München und Stuttgart britische Generalkonsulate.

In Österreich und in der Schweiz

- ***Britische Botschaft in Österreich***: Jauresgasse 12, A-1030 Wien, T: 01/716 13-5151, Fax: -5900.
- ***Britische Botschaft in der Schweiz***: Thunstr. 50, Postfach 265, CH-3000 Bern 15, T: 031/3597-700, Fax: -701.

Konsulate der BRD in Schottland

- 16 Eglinton Crescent, Edinburgh EH12 5DG, T: 0131/337 2323
- c/o GLS Language Services, The Pentagon Centre, Suite 215, 36 Washington Street, Glasgow G3 8AZ, T: 0141/357 6605
- 12 Albert Street, Aberdeen AB25 1XQ, T: 01330/844 414
- Garthspool, Lerwick, Shetland ZE1 0NP, T: 01595/692556
- Shore Street, Kirkwall KW15 1LQ, Orkney Islands, T: 01856/872 961.
- Im Internet: www.german-embassy.org.uk

Konsulate Österreichs und der Schweiz in Großbritannien

- ***Honorary Consul***, Miller House, 18 South Groathill Avenue, Edinburgh EH4 21W, T: 0131/332 2585 (für Österreich).
- ***Consulate General of Switzerland***, Sunley Building, 18th Floor, Piccadilly Plaza, Manchester M1 4BH, T: 0161/236 2933.

Reisezeit

Wann ist die beste Reisezeit? Die Frage kann nur mit: „Geschmackssache!" beantwortet werden. Jede Jahreszeit hat in Schottland ihre Schokoladenseite. Das Frühjahr bringt viele Blumen zum Blühen und junges Laub an die Bäume, wenige Touristen sind im Land. Die Frühsommermonate ***Mai und Juni*** sind statistisch gesehen die Monate mit dem wenigsten Niederschlag.

Mehr Regen fällt dagegen im ***Juli und im August,*** obwohl die beiden

Sommermonate für die höchsten Temperaturen sorgen und für Wassersportfreunde am geeignetsten sind.

Während der Sommermonate befinden sich die meisten Touristen in Schottland, bedingt durch die Sommerferienzeit. Auf den touristischen Vorzeige-Inseln Skye, Arran oder Mull trifft man auf viele Besucher aus aller Herren Länder, den U.S.A., Australien, Frankreich, Holland etc., für Sprachenfans ein großes Feld, um seine Kenntnisse walten zu lassen und Kontakte zu knüpfen. Häufig trifft man Leute aus Übersee mit Namen *MacDonald* oder *Campbell*, die in den Fußstapfen ihrer Vorfahren wandeln und *back to the roots* entfernte Verwandte in Schottland aufspüren.

Wer dem Rummel der sommerlichen Hochsaison aus dem Weg gehen möchte, sollte eher auf die äußeren Hebriden oder in abgelegene Gebiete im Hochland ausweichen.

Hinweisen möchten wir an dieser Stelle auf die ***Stechmücken,*** die in den Sommermonaten ihr Unwesen treiben. Ähnlich wie in den skandinavischen Ländern treten sie oft in Schwärmen auf und schlagen sogar Kühe in die Flucht. Wer allergisch gegen die kleinen Stecher ist, sollte unbedingt vorsorgen und seinen Hausarzt oder eine Apotheke vor Reiseantritt aufsuchen.

Für Naturfreunde sind der ***September und der Oktober*** die besten Reisemonate. Das Heidekraut leuchtet herbstlich, Anfang September kann man von den wilden Brombeeren naschen, die an jeder Ecke reifen. Zudem sind die Touristenströme verebbt. Selbst auf überlaufenen Inseln wie Arran oder Skye kehrt wieder ein alltägliches Leben ein. Im Herbst beginnt das Spektakel der Wildgänse. Aus dem Norden, aus Grönland, kommen die ***Zugvögel,*** um der arktischen Kälte zu entfliehen. Auf den Hebriden-Inseln und im Süden der Dumfries & Galloway Region brüten sie zu Abertausenden. Der wärmende Golfstrom verhindert einen strengen Winter, Frost ist die Ausnahme.

Nur in den Highlands und den höheren Regionen der Southern Uplands kehrt der ***Winter*** mit Schnee und Frost ein. Viele englische Touristen verbringen dort ihren Winterurlaub (siehe „Anhang/Schottland im Winter"). Die meisten Sehenswürdigkeiten in Schottland bleiben während der Wintermonate geschlossen.

Ausrüstung

Der Rucksack

The rucksack, wie er auch im Schottischen heißt, ist zwar im Grunde nur ein auf den Rücken schnallbarer Koffer, doch kann er als Urlaubsvermieser gleich hinter schlechten, füßeruinierenden Schuhen rangieren. Unser Rat beim Rucksackkauf also: Nehmen Sie sich Zeit, probieren Sie an und lassen Sie es auf ein paar Mark nicht ankommen. Man unterscheidet bei Rucksäcken drei Typen:

Das ***Daypack*** ist ein kleiner Rucksack für Stadtbummel, Tagestouren oder auch kleinere Wanderungen. Bei ihm sollte man nicht zu viel Wert auf Robustheit legen. Eine Rückenpolsterung ist aber ratsam, damit abends keine von drückenden Kameraobjektiven oder anderen Festkörpern verursachte Kraterlandschaft auf dem Rücken zu finden ist.

Der ***Innengestellrucksack*** ist eine Entwicklung der letzten Jahre und hat das Außengestell fast gänzlich verdrängt. Er trägt sich ungleich bequemer als Außengestellrucksäcke und hat außerdem den Vorteil, mittels seines schmaleren Schnitts durch Abteil- und Bustüren, oder aber beim Trampen besser in kleine Kofferräume zu passen.

Der ***Außengestellrucksack*** ist sperrig, unbequem und rechtfertigt seine Existenz eigentlich nur für sehr schwere und klobige Lasten, vielleicht eher im Himalaya als in Schottland.

Leider hat bis heute kein Hersteller, entgegen allen Beteuerungen, den wasserdichten Rucksack entwickelt. Gegen Nässe hilft nur ein ***Regenschutz,*** der außen über den ganzen

Rucksack gestülpt wird. Billiger ist es, zumindest einige Wäsche und empfindliche Teile in die berühmten Müllbeutel zu verpacken, damit sie nicht nass werden können. Auf Regenschutz ganz zu verzichten, halten wir nicht für ratsam. ***Tüten für die Schmutzwäsche*** mitzunehmen, ist ebenfalls zu empfehlen, da sonst schnell alles im Rucksack den gleichen angenehmen Geruch annimmt. Denjenigen, die viel zelten wollen, ist zu empfehlen, auf zu viele Außentaschen zu verzichten, da diese stören, wenn man Isomatte, Zeltstangen o.ä. außen anschnallen möchte.

Der Rucksack sollte wie folgt ***gepackt*** werden: In das unterste Fach, das Schlafsackfach, kommt der Schlafsack. Schwerere Teile möglichst hoch, aber körpernah packen. Leichte Kleidung nach außen und schwerere nach innen. Harte Teile, die durch die Rückwand stechen, können eine Wanderung sehr unbequem machen. In schwierigem Gelände sollte der Schwerpunkt möglichst tief liegen.

Beim ***Aufziehen*** werden zunächst die Schulterriemen gelockert. Dann wird der Hüftgurt im oberen Bereich der Hüftknochen geschlossen und festgezogen. Jetzt werden die Schulterriemen festgezogen und am Schluss die Lageverstellgurte angezogen, bis sie etwa waagerecht oder leicht aufwärts zum Rucksack gehen, und der Brustgurt geschlossen. Der Rucksack sollte möglichst eng am Rücken anliegen, um bessere Balance zu gewährleisten.

Das ***Gewicht*** des Rucksacks sollte nie mehr als ein Fünftel des eigenen

Körpergewichtes betragen. Man vermeidet dadurch, dass man, wie wir in unserem ersten Urlaub, ständig an irgendwelchen Orten Gepäck deponieren und später wieder abholen muss, nur weil Walkman, Kassetten, Bücher und ähnliches zwar unersetzlich scheinen, aber nicht auf Dauer zu tragen sind.

Zelte

Sparen Sie nicht am falschen Platz! Es lohnt zwar nicht, ein Zelt für € 600 zu kaufen, wenn man nicht auf den Nordpol will, aber ein Mindestmaß an Zuverlässigkeit sollte es besitzen. In Glasgow hatten wir einmal ein kleines, sehr billiges Zelt erstanden. Wir schliefen wie die Heringe, obwohl wir die Rucksäcke schon dem Regen aussetzten und wachten jedes Mal in einem See auf, der irgendwie den Weg in das Zelt, nicht aber wieder heraus gefunden hatte.

Das Zelt sollte in jedem Fall ***doppelwandig*** sein, um das Kondenswasser nicht im Innenraum zu haben. Das Außenzelt sollte eine Dichtigkeit von 2000 mm Wassersäule nicht unterschreiten. Bei Stangen können wir nur Aluminium empfehlen. Zwar sind diese erheblich teurer, aber viel leichter (im Rucksack!), stabiler und im Falle des Falles durch ein passendes Röhrchen schnell provisorisch zu flicken.

Beim Gebrauch unseres Billigzeltes stellten wir schnell fest, dass ***Lüftungsöffnungen*** in Schottland nicht nur durch ein einfaches Gitter, sondern mit einem sehr feinen Gewebe verschlossen sein müssen. Für *midges* (schottische Mücken) war das Gitter kein Hindernis.

Bei der Benutzung von Zelten sind ebenfalls ein paar grundlegende Dinge zu beachten. Die ***Sturmabspannungen*** sollten immer zum größten Teil abgespannt sein, um Stangenbruch bei plötzlichem Wetterumschlag vorzubeugen.

Vor ***Kochen im Zelt*** wird allgemein gewarnt. Wir haben das ignoriert, aber immer darauf geachtet, im Vorzelt zu bleiben und über dem Kocher immer freie Luft zu haben. Als einmal der Gaskocher eine unerklärliche Stichflamme von sich gab, waren wir froh darüber. Nylon brennt sehr leicht und schnell!

Um Ärger (und Durchnässung) zu vermeiden, sollte man in jedem Fall das Zelt zu Hause einige Male auf- und abbauen, um sich so mit dem System vertraut zu machen und Mängel zu beheben. Auch Reparaturhülsen und einige Ersatzheringe sollten nie fehlen. Nach Hause zurückgekehrt, muss das Zelt unbedingt vollständig durchgetrocknet werden, bevor es in den Schrank geht, damit die Baumwolle des Innenzeltes nicht schimmelt.

Schuhe

Zum Wandern in Schottland sind feste Schuhe mit einer stabilen, griffigen Sohle unerlässlich, manchmal sogar lebenswichtig. Oft werden ***Gummistiefel*** empfohlen, doch glauben wir, dass diese auf Dauer unbequem sind und das Wasser von außen durch das Wasser von innen ersetzt wird. ***Goretex-Schuhe*** blei-

ben nur ca. zwei Stunden länger trocken als das gute alte Leder. Überlegen Sie sich also, ob große Mehrausgaben in dieser Richtung lohnen.

Um ***Blasen*** zu vermeiden, ist es ratsam, keine frischen Socken in die Schuhe zu ziehen, da Waschmittelrückstände die Haut reizen können. Lassen es die Schuhe zu, können zwei Paar übereinandergezogene Socken (am besten Baumwolle innen, Wolle außen) auch sehr blasenhemmend wirken.

Für die Gemeinschaftsduschen in Jugendherbergen und auf Campingplätzen ist zudem die Mitnahme von ***Badeschlappen*** empfehlenswert.

Kocher

Auf den Kocher sollte kein Wanderer verzichten, zumal nahezu in ganz Schottland Feuermachen verboten ist. Auch bei Kochern bieten sich natürlich unzählige Modelle und Systeme zur Auswahl an. Wir können an dieser Stelle nur auf die wichtigsten eingehen.

Gaskocher überzeugen durch die einfache Handhabung, den billigen Anschaffungspreis und die saubere, geruchlose Flamme. Auch ist das Besorgen von Kartuschen in Schottland kein Problem, an jedem besseren Campingplatz, Tankstelle oder Ausrüsterladen sind die blauen Dosen zu haben. Nachteile sind die hohe Windempfindlichkeit, vergleichsweise geringe Heizleistung, die geringe Lebensdauer und das große Volumen der Kartuschen.

Spirituskocher haben eine gute Heizleistung, können gut gegen Wind geschützt werden und sind ebenfalls unkompliziert, besonders falls Sie das Glück haben, auf ein außenregulierbares Exemplar zu stoßen. Nachteilig ist ihre Größe, die aber oft dadurch kompensiert wird, dass sie im Kochgeschirr verpackt werden können. Die Brennstoffbeschaffung ist ebenfalls problemlos. Man sollte aber darauf achten, dass die Spiritusflasche gut dichthält, damit das Auto oder der Rucksack nicht riechen.

Benzinkocher sind sehr schwer, das Abgas stinkt, ist giftig und rußt. Daher eignen sich diese Kocher eher für extreme Einsätze im Hochgebirge oder auf dem Nordpol.

Esbitkocher sind klein, simpel und ineffektiv.

Kochgeschirr sollte trotz Gewicht aus Edelstahl sein. Nach neueren Erkenntnissen bildet Aluminium beim Kochen schädliche Rückstände. Nehmen Sie mindestens einen größeren Topf mit, er ist ja hohl, sein Volumen kann also platzsparend genutzt werden. Beim Spaghetti- oder Kartoffelkochen werden Sie diese Entscheidung nicht bereuen. Ein zangenartiger Topfgreifer macht sich sehr bezahlt, da er u. a. feuerfest ist, im Gegensatz zu Handtüchern, Socken, Ärmeln oder anderen Topflappen.

Bekleidung

Da das Wetter in Schottland zwar nur selten extrem, aber häufig extrem wechselhaft ist, müssen bei der Auswahl der Kleidung vor allem zwei Kriterien im Vordergrund stehen: Windfestigkeit und Wasserdichtheit. Am besten eignen sich dabei, anders als bei Schuhen, die Goretex-, Sympatex- und sonstigen neuen Stoffe.

Das gute alte ***Regencape*** kann aber genauso brauchbar sein, wenn auch der Nachteil darin besteht, dass der Regen oft schon wieder vorbei ist, bis man das Ding endlich angezogen hat. Windfestigkeit scheint auf den ersten Blick nicht so wichtig zu sein wie Wasserdichtheit, doch obwohl es in Schottland nie wirklich kalt wird, kann man durch den stetigen Wind doch leicht auskühlen. Bei stärkerem Wind wärmen Wollsachen nicht mehr. Dennoch wird man es vor allem abends im Zelt nicht bereuen, auch einen ***warmen Pullover*** eingepackt zu haben.

Wer in Jugendherbergen übernachten will, sollte sich neben der allgemeinen Kleidung eventuell auch ein paar leichte ***Hausschuhe*** oder wenigstens dicke Socken einpacken. In vielen Herbergen dürfen keine Wanderschuhe, manchmal nicht einmal Straßenschuhe getragen werden.

Buchtipps:
- Wildnis-Küche,
- Wildnis-Ausrüstung,
- Trekking-Handbuch u.v.m.; **Praxis-Reihe,** REISE KNOW-HOW Verlag, Bielefeld

Rund ums Geld

Währung

In Schottland wird mit dem schottischen Pfund, dem ***Pfund Sterling*** (£) bezahlt. 1 Pfund Sterling besitzt einen Gegenwert von ca. € 1,63, bzw. 4 sFr, variiert aber natürlich je nach Tageskurs. Vom englischen Pfund unterscheidet das schottische nur der Name, der Wert ist gleich, und man kann überall mit englischen Pfundnoten bezahlen. Will man umgekehrt mit der schottischen Banknote in England bezahlen, wird man manchmal schief angeschaut. Am günstigsten kann man das Geld übrigens an den Flughäfen ***wechseln,*** da die *British Airport Authority* gesetzlich dazu verpflichtet ist, Geld billiger zu tauschen als die städtischen Reiseveranstalter.

Die ***Ein- und Ausfuhr*** von Pfund Sterling und von fremden Währungen ist unbeschränkt möglich. Das gleiche gilt für Schecks.

Schecks und Geldautomaten

Reiseschecks bieten den Vorteil, dass man keine größeren Mengen Bargeld mit sich führen muss. Zudem sind sie relativ sicher, da sie nur durch die Person eingelöst werden können, auf die sie ausgestellt sind.

Beim Kauf von ***Reiseschecks*** (Traveller-Cheques) in Deutschland sollten Sie unbedingt darauf achten, dass die Schecks in Pfund ausgestellt werden, ansonsten müssen Sie jedes Mal beim Einlösen eines Schecks eine Umtauschgebühr bezahlen, die meist bei 5 % der Umtauschsumme liegt.

Inzwischen akzeptieren nahezu alle ***Geldautomaten*** neben *Visa-Card* und *Euro-Card* auch *ec-Karten.*

Postsparbuch

Das Abheben vom Postsparbuch kostet keine zusätzliche Gebühr. Trotzdem ist diese Form der Geldmitnahme für Schottland nicht unbedingt zu empfehlen, da spätestens in den Highlands die Postämter nur noch als „Tante-Emma-Läden" mit Postannahmestelle existieren, die verständlicherweise kein Geld auszahlen können. In großen Städten mit richtigem Postamt kommt jedoch auch der Postsparbuchinhaber wieder zu seinem Recht. Eine Liste der größeren Postämter in Schottland halten die Postämter der Deutschen Post bereit.

Reisekosten

Die ***Lebenshaltungskosten*** sind in Schottland etwas höher als in der Bundesrepublik. Trotzdem sind insbesondere die Grundnahrungsmittel keineswegs unerschwinglich; etwas teurer wird es dagegen bei Fleisch und Obstwaren.

Ein sparsamer Reisender sollte bei Anreise mit dem Zug (Interrail Ticket), Übernachtungen in Jugendherbergen und Selbstversorgung mit ***Urlaubskosten*** von ca. € 1100 für drei Wochen rechnen. Sparsam bedeutet in diesem Fall, dass Souvenirs oder ein Essen in einem Restaurant nicht mitgerechnet sind. Wer trampt und wild zeltet, wird natürlich etwas weniger ausgeben.

Wer sich nicht mit dem ganz einfachen Lebensstil zufrieden gibt, sollte auf jeden Fall € 1300 für drei Wochen einplanen, denn vor allem die Übernachtung mit B&B verschlingt etwa € 30 pro Nacht und Person und wird auf die Dauer recht kostspielig.

Mehrwertsteuerrückerstattung

Die britische Mehrwertsteuer *(value added tax - VAT)* beträgt zurzeit 17,5 % und ist auf alle Preise aufgeschlagen.

In manchen größeren Geschäften gibt es für Nicht-EU-Bürger das *Retail Export Scheme*, mit dem man nachträglich die Mehrwertsteuer zurückerhält. Adressen solcher Geschäfte vermittelt das örtliche *Tourist Information Centre* - oder Sie fragen einfach in den entsprechenden Geschäften nach.

Der Tourist erkundigt sich bei seinem Einkauf im Geschäft nach dem *Tax Free System.* Ist das Geschäft angeschlossen, erhält der Tourist seinen *Tax Free Cheque,* auf dem sein Name, Adresse sowie Kauf- und Rückerstattungsbetrag eingetragen werden. Ehe der Tourist bei Ausreise sein Gepäck eincheckt, sollte er den *Tax Free Cheque* vom Zoll abstempeln lassen, damit die korrekte Ausfuhr bestätigt ist. An einer der 3000 Barauszahlungsstellen von ETS an Grenzübergängen, Flughäfen, Fährhäfen, Bahnhöfen kann der Cheque dann gegen Bargeld eingetauscht werden.

Vorteil für Touristen: Keine Korrespondenz mit Händlern und keine langen Wartezeiten auf die Rückerstattung der Mehrwertsteuer!

Trinkgeld

In manchen Restaurants ist in der Rechnung keine Pauschale für die Bedienung enthalten. In diesem Falle

ist ein Trinkgeld von etwa 10 % des Rechnungsbetrages üblich. Falls das Trinkgeld schon im Preis enthalten ist, steht auf der Rechnung ein Vermerk *„service charge included"*. Sollte dies der Fall sein, liegt das Trinkgeld in Ihrem eigenen Ermessen.

Unüblich ist es, in Bars ein Trinkgeld zu geben. Besser: den „Wirt" einladen zu einem Drink! (den dieser wahrscheinlich erst nach Dienstende zu sich nimmt). Taxifahrer erhalten in der Regel ein Trinkgeld zwischen 10 und 15 % des Fahrpreises. Ebenso wird Ihr Friseur ein freundliches Lächeln zeigen, wenn Sie ein kleines Extra(geld) hinterlassen.

Versicherungen

Im Angebot der Versicherungsgesellschaften zum Thema Reisen gibt es viele sinnvolle und auch weniger sinnvolle Möglichkeiten, sich für unvorhergesehene Ereignisse versichern zu lassen. Ob und welche Versicherung man abschließt, entscheidet letzten Endes das eigene Sicherheitsbedürfnis, das bei jedem einzelnen mehr oder minder stark ausgeprägt ist.

Die Reiseversicherungen kann man in jedem Reisebüro abschließen, wobei es oft nützlich ist, sich nach sog. Versicherungspaketen zu erkundigen, da diese zumeist billiger sind als die einzelnen Versicherungen zusammengenommen.

Reisekrankenversicherung

Schottland besitzt zwar ein Gesundheitsabkommen mit der Bundesrepublik, doch schließt dieses Abkommen nicht alle Erkrankungsmöglichkeiten ein und sieht auch einen Rücktransport nicht vor. In diesem Fall tritt die Reisekrankenversicherung in Kraft. Ihre Leistungen umfassen in der Regel die Kosten für eine Heilbehandlung akuter Krankheiten oder Unfallfolgen, Kosten für einen medizinisch notwendigen, ärztlich angeordneten Rücktransport, für Rettungsflüge und die Überführung im Todesfall.

Der Preis einer solchen Versicherung richtet sich nach der Reise- und somit Versicherungsdauer und beträgt für einen Monat etwa € 15. Privatkrankenversicherte sollten sich übrigens bei ihrer Versicherung erkundigen, inwieweit ihre normale Versicherung nicht schon die weiter oben genannten Leistungen mit einschließt.

Reiseunfallversicherung

Die Reiseunfallversicherung tritt, wie der Name sagt, im Falle eines Unfalls in Kraft. Das kann heißen, dass sie im Todesfall an die Hinterbliebenen oder im Invaliditätsfall einen bestimmten Betrag in Höhe der Versicherungssumme auszahlt und für Bergungskosten aufkommt.

Die Kosten für solch eine Versicherung variieren je nach Geltungsdauer und Versicherungssumme, bei einer Versicherungssumme im Invaliditätsfall von € 30.000 und einer Geltungsdauer von 31 Tagen liegt der Preis bei etwa € 15.

Reisegepäckversicherung

Die Reisegepäckversicherung haftet bei Verlust, Beschädigung, Diebstahl etc. des Gepäcks in der vorher abgeschlossenen Versicherungshöhe. Dabei sollte diese Summe angemessen hoch sein und nicht nur dem Wert beispielsweise der Fotoausrüstung entsprechen. Bei Diebstahl oder Verlust muss eine entsprechende Meldung bei der Polizei des Urlaubsortes gemacht werden, die den Diebstahl bestätigen muss, damit die Versicherung für den Verlust aufkommt.

Die Höhe der Kosten richtet sich selbstverständlich wieder nach der Reisedauer und der Versicherungssumme und beträgt bei einer Versicherungssumme von € 1500 für 31 Tage etwa € 25.

Hin- und Rückreise

In diesem Kapitel sollen nur die Möglichkeiten der An- und Rückreise nach und von Schottland aufgezählt werden. Über die Besonderheiten der Fortbewegung in Schottland selbst informiert weiter hinten im Buch das Kapitel „Unterwegs in Schottland“. Dort findet man auch Informationen über die speziellen britischen Touristentickets.

Flugzeug

Nonstop-Flüge

Der Flugreisende aus Mitteleuropa wird in Schottland in der Regel ***Edinburgh*** oder ***Glasgow-Prestwick*** ansteuern.

- ***Deutschland:***

Nonstop-Flug Frankfurt - Edinburgh, mit *Lufthansa* täglich 2x , Hin/Rückflug kostet ab € 270.

Nonstop-Flug Frankfurt - Glasgow, mit *British Airways* täglich 1x, Hin-/Rückflug kostet ab € 300.

Nonstop-Flug Hahn (Hunsrück) - Glasgow-Prestwick, mit *Ryanair* täglich (kostet je nach Jahreszeit und Wochentag € 25-160, zzgl. Taxi siehe unten).

Außerdem gibt es Charterflüge/wöchentliche Direktfüge zwischen Mai und September mit *Falcon/Crossair* von Zürich nach Inverness.

Die aktuellen Flugpreise sind den entsprechenden Web-Seiten der Fluggesellschaften (siehe unten) zu entnehmen, bzw. unter www.visitscotland.com/os oder im Reisebüro (nicht möglich bei *Ryanair:* nur Internet- und Telefon-Buchung). Befristete Sonderangebote zu meist niedrigeren als den üblichen Preisen findet man als Schnäppchenflüge auf der Web-Seite von *Jet-Travel* (www.jet-travel.de) unter „Flüge".

Umsteige-Flüge

Flüge mit einmaligem Umstieg werden von zahlreichen Fluggesellschaften und Flughäfen angeboten. Zum Beispiel von: Augsburg, Berlin, Bremen, Dresden, Düsseldorf, Frankfurt, Frankfurt-Hahn, Friedrichshafen, Hamburg, Hannover, Köln/Bonn, Leipzig, München, Münster/Osnabrück, Nürnberg, und Stuttgart.

Von Deutschland fliegen *Air France, British Airways, British Midland, Ryanair, Go, Eurowings, Lufthansa, KLM* und *Buzz* nach Schottland. Umsteigen muss man in Amsterdam, Paris oder Flughäfen in England (in der Regel London oder Birmingham).

Von Österreich fliegen *British Airways* und die *Austrian Airlines.*

Von der Schweiz verkehren Flugzeuge der *British Airways,* der *Easyjet* und der *Swiss-Air.*

Umsteige-Flüge können manchmal preisgünstiger als Nonstop-Flüge sein. Ein Preisvergleich ist auf der Web-Seite von Jet-Travel (www.jet-travel.de) möglich.

Von London gibt es relativ günstige ***Bus-Tickets,*** so dass es sich lohnen kann, in London auf Busse der *Scottish City Link* umzusteigen. Gleiches gilt für die *British Rail.*

Zielflughäfen

•Glasgow

Der Flughafen von Glasgow liegt etwa 12 km vom Stadtzentrum entfernt. Für das Taxi werden Kosten von ca. £ 10-15 bis nach Glasgow fällig. Alle 15-30 min verkehrt ein Bus. Ebenso besteht die Möglichkeit ein Auto zu leihen.T: 0141/887 1111, www.baa.co.uk/glasgow

•Prestwick

Hier landen die „neuen" Fluggesellschaften, die so genannten Billiganbieter wie *Ryanair.* Auf jeden Fall einzukalkulieren in der Reiseplanung sind die erheblichen Mehraufwendungen für die Fahrt zwischen Flughafen und Stadt Glasgow (auch in Deutschland, um z. B. nach Hahn zu kommen). Der Flughafen liegt ca. 50 km von Glasgow entfernt, alle 30 min gibt es Bahn-, alle Stunde Busverbin-dungen nach Glasgow. Eine Taxifahrt kostet ca. £ 40-50.T: 01292/ 479 822, www.gpia.co.uk

•Edinburgh

Bei einer relativen Nähe von 13 km verkehren tagsüber alle 6 min Busse zwischen Airport und City, abends im 20-Minuten-Takt. Fahrkarten gibt es im Bus oder an der Tourist Information am Flughafen. Der Preis für eine Fahrt mit dem Taxi beträgt rund £ 15. T:0131/ 333 1000, www. baa.co.uk/ edinburgh

•Aberdeen

Die Stadt ist vom Flughafen rund 10 km enfernt. Mit dem Taxi fährt man entweder für rund £ 5 zum Bahnhof

Dyce, von wo regelmäßig Schnellzüge nach Aberdeen verkehren oder direkt für etwa £ 10 in die Stadt. T: 01224/722 331, www.baa.co.uk

• *Inverness*

Der Flughafen liegt ca 12 km vor den Toren der Stadt. Für ein Taxi in die City bezahlt man rund £ 10. Busverbindungen gibt es außer an Sonntagen! T: 01224/ 722 331.

• *Dundee*

Der Flughafen liegt mit 3 km nahe an der Stadt. Das Taxi kostet rund £ 2-3. T: 01382/643 242, www.dundeeairport.co.uk

Reisegepäck

In der Regel darf man bis zu 20 kg Reisegepäck am Schalter der Fluggesellschaft aufgeben. Das bedeutet: Wer sein Fahrrad mitnimmt, darf dies kostenlos, sofern er die 20-kg-Marke nicht überschreitet. Eine kleinere Reisetasche, die man mit ins Flugzeug nimmt, zählt nicht zum Reisegepäck. Wer mehr als 20 kg Reisegepäck hat, bezahlt für die Flugreise des Fahrrades 14,60 DM/kg (Übergepäck). Der Kinderwagen darf in der Regel umsonst mitgenommen werden.

In der Business Class dürfen bis zu 30 kg Handgepäck mitgenommen werden.

Adressen

- ***British Airways,*** T: 01805/266 522, www.britishairways.de (Deutschland), T: 0044/945/773 377, www.britishairways.com
- ***British Midland,*** T: 069/950 962.91 (Deutschland), T: 0044/870/6070 555 Fax: 0044/ 1332/ 854 105, www.britishmidland.com
- ***easyJet,*** T: 0848/888 222 (Schweiz), T: 0044/870/ 600 0000, www. easyjet.com
- ***Lufthansa,*** T: 01803/803 803 (Deutschland), www.lufthansa.de
- ***Ryanair,*** T: 01805/002 229 (Deutschland), T: 0044/ 8701/ 569 569, Fax: 0044/1279/666 201, www.ryanair.com

Auto

Alle Wege zur Insel führen über „den Kanal“ und seit einiger Zeit auch darunter durch. Von fast allen Orten in Deutschland aus bietet sich für die Fahrt bis zum Ärmelkanal der Weg durch Belgien an. Dafür sprechen die direkten und, im Gegensatz zu Frankreich, kostenlosen Autobahnverbindungen sowie der hohe Standard der belgischen Fernstraßen. Wer es eilig hat, sollte demnach über Lille noch ein Stück durch Frankreich fahren, um auf der Landstraße bis Calais zu kurven, da die kurze Überfahrt von dort den Umweg ausgleicht. Wer es bequem liebt, der kann in Oostende nahezu direkt von der Autobahn auf die Fähren fahren.

Auf der Insel angekommen, bildet das Ballungszentrum London das erste Hindernis. Haben Sie sich durch den dichten Verkehr auf dem Autobahnring hindurchgekämpft, bieten sich zwei Alternativen für den Weg nach Norden. Die eine Route führt weitgehend auf Autobahnen über Birmingham, Manchester und Carlisle nach Glasgow. Da diese Route an den Ballungsräumen Birmingham, Manchester und Liverpool vorbeiführt, drängt sich hier der Verkehr, und es besteht ständige Staugefahr.

Wir empfehlen daher die andere Alternative auf der M 1/ A 1 über Sheffield, Leeds und Newcastle nach Edinburgh. Ab Leeds führt die Strecke größtenteils über Bundesstraßen, doch sind diese gut ausgebaut und nicht so überlastet wie die westlichere Alternative. Auf beiden Strecken kann man sich nicht mehr verfahren. Man braucht sich keine Namen zu merken, sondern nur noch auf den Schildern der markanten Verheißung „The North“ zu folgen. Auf der Rückfahrt gilt das Gleiche, aber nun geht es in Richtung „The South“.

Hinweise zum Autofahren auf der Insel siehe im Kapitel „Unterwegs in Schottland“.

Fähren

Bisher war Schottland nur über England mit dem europäischen Festland verbunden, doch seit Mai 2002 hat ***Superfast Ferries*** ihren Betrieb zwischen Zeebrugge und Rosyth bei Edinburgh aufgenommen. Auf den anderen Fährstrecken zwischen England und dem Kontinent hat in den letzten Jahren ein Preiskampf getobt. Dieser scheint nun beendet, nur wenige Fährgesellschaften haben überlebt und die Preise wieder deutlich angezogen. Eine ***Übersicht über alle Fährverbindungen*** zeigt die nebenstehende Karte; die entsprechenden Reedereien sind mit der Telefonnummer ihrer jeweiligen Vertretung in Deutschland verzeichnet (s.a. Kap. „Information“). Genauere Informationen erhalten Sie außerdem in jedem DER-Reisebüro, in dem Sie auch die für die Hochsaison äußerst ratsamen Vorausbuchungen vornehmen können.

Unten haben wir eine ***Auswahl*** der für die Durchreise günstigsten Möglichkeiten aufgelistet. Die angegebenen Preise gelten für die Hin- und Rückreise eines PKWs mit 2 Personen bzw. eines Fußgängers in der Hochsaison tagsüber (nachts ist es in der Regel billiger). Wichtig für Vorausplaner: Alle Fährgesellschaften bieten nach Zeitpunkt gestaffelt enorme ***Frühbucherrabatte*** von zum Teil bis über 50 %.

Die gängigste und schnellste Verbindung ist die Überfahrt von ***Calais nach Dover.*** Hier verkehren rund um die Uhr drei Fährlinien. Die normale Überfahrt dauert hier, wo man das andere Ufer bei gutem Wetter bereits mit bloßem Auge erkennt, ca. 1½ Stunden, mit dem Luftkissenboot dagegen nur 35 min, wobei die Preise dafür nur wenig höher als bei normalen Fähren liegen.

- ***P&O Stena-Line*** fährt die Strecke ca. 30-mal am Tag, ab € 374, bzw. € 56, Informationen unter www.posl.com oder T: 0211/387 069 72.
- ***SEAFRANCE*** verkehrt auf der Route tägl. zwischen 9 und 15-mal. Preise: ab € 256 bzw. € 44.
- Die ***Hoverspeed*** Luftkissenboote kosten ab € 450, Fußgänger ab € 74. Preislich ähnlich, aber etwas bequemer in der Anreise (z. B. auch für Tramper) ist die Hoverspeed-Verbindung zwischen Oostende und Dover, da man in Oostende direkt von der Autobahn zur Fähre fahren kann. Informationen unter T: 069/250 197 (für Oostende) oder T: 069/242 466 77 (für Calais) bzw. www.hoverspeed.co.uk.
- Günstig, wenn auch kostspielig, ist für Schottlandreisende die Verbindung von ***DFDS Seaways*** zwischen Amsterdam und

Fährverbindungen

Die wichtigsten Strecken und Reedereien (soweit möglich mit Telefonnummern in Deutschland) zwischen Großbritannien und dem Kontinent.

*in Deutschland über DER TRAFFIC 069/9588 5800

1/2/3	Scandinav. Seaways 040/3890371
4/5	P&O North Sea Ferries 0031/1812-55555*
6/9	Stena Line 0211/90550 und 0221/3870691
8/9/10/11	Hoverspeed 069/250197 und 069/24246677
9	Seafrance Sealink 06196/42911/-13
12/14	P&O European Ferries/P&O Portsmouth 0044/870/2424/999
13/15/16/17	Brittany Ferries*
18	Superfast 04151/88006200

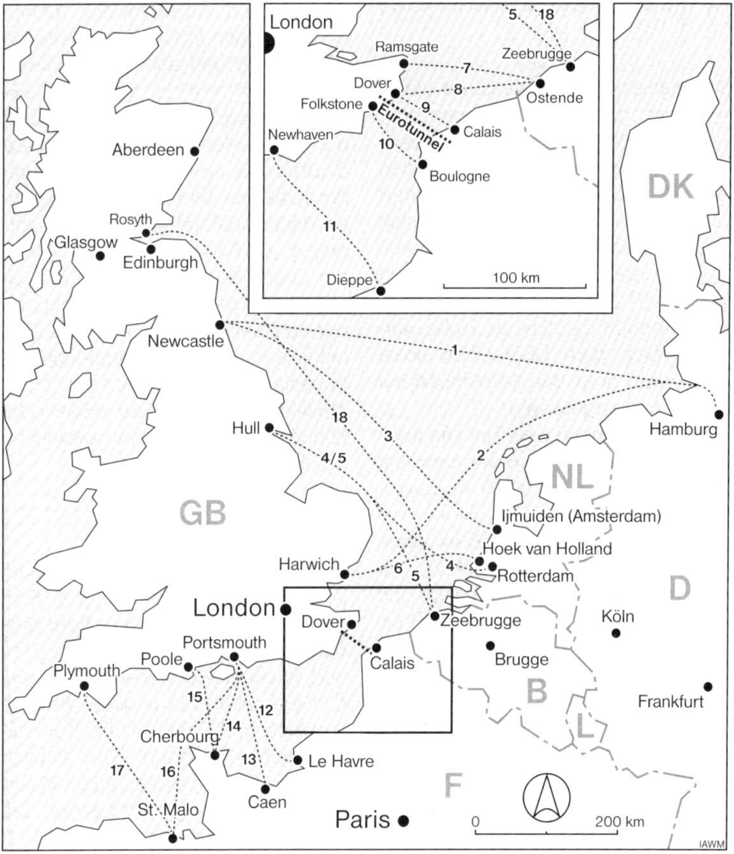

Newcastle, da man sich hier den Weg durch England spart. Der Kostenpunkt liegt ab € 478 (Fußgänger: ab € 154). Die Überfahrt dauert ca. 16 Stunden. Informationen unter www.dfdsseaways.de oder T: 040/389 030.

- Eine beliebte Route gerade nach Schottland ist die Verbindung von ***P & O North Sea Ferries*** zwischen ***Rotterdam oder Zeebrügge und Hull*** in Mittelengland, ab € 334 bzw. € 102.
- Die ***Superfast Ferries*** verkehren täglich einmal und benötigen für die Strecke zwischen Zeebrugge und Rosyth bei Edinburgh nur 17,5 h. Die Preise beginnen bei € 568 bzw. € 170.

Wer mit einem ***Campingbus*** unterwegs ist, muss damit rechnen, wegen der größeren Höhe als LKW zahlen zu müssen. Besonders bei den alten VW-Bussen kann die Höhe hart an der Grenze sein. Dem lässt sich unter Umständen abhelfen, indem man vor der Überfahrt ein wenig Luft aus den Reifen lässt und so die entscheidenden Zentimeter Höhe verliert. Nach dem Übersetzen sollte man dann aber das Aufpumpen auf keinen Fall vergessen!

Stena-Line verlangt ab 6 m Länge einen Aufpreis, bei der *Hoverspeed* liegt die Grenze bereits bei 5 m Länge, 2 m Höhe und 1,90 m Breite, bei *Scandinavian Seaways* bei 6 m Länge und 1,85 m Höhe und bei *North Sea Ferries* muss man ab 6 m Länge und 2,40 m Höhe den doppelten Preis zahlen. Die angegebenen Grenzen variieren allerdings wiederum je nach Route.

Der Kanaltunnel

Nach Jahrhunderten der Pläne, der Träume und Ängste ist es nun vollbracht: Die *Splendid Isolation* der Briten, längst nur noch ein Bonmot, ist endgültig untergraben. Der ***Tunnel unter dem Kanal*** hat die Insellage des Vereinigten Königreiches unterwandert. Für alle, die sich in der Luft so unwohl fühlen wie an Deck, ist es nun möglich, trockenen Fußes nach England zu gelangen. Seit 1994 ist der Kanaltunnel für den Verkehr geöffnet. Züge von Paris nach London fahren direkt durch den Tunnel, Autos nehmen in Calais die Ausfahrt 13 der A16 und auf dem Rückweg die Ausfahrt 11a der M20 bei Folkstone und parken bequem auf einem der Doppeldeckerwaggons von ***Le Shuttle,*** wie man in seltener britisch-französischer Eintracht den Zug unter dem Kanal getauft hat. Die Fahrpreise variieren stark, da sie nach der Größe des jeweiligen Fahrzeugs berechnet werden, unabhängig von der Zahl der Insassen. Auskunft über aktuelle Preise in der Haupt- und Nebensaison, Abfahrtszeiten etc. erteilt *Dertraffic,* T: 069/9588 5800 oder können auch unter www.eurotunnel.co.uk abgefragt werden.

Eisenbahn

Alle Zugverbindungen nach Schottland führen über London. Von Köln aus kann man mit dem ***Eurostar-London-Ticket*** fahren, das für Hin- und Rückreise zwischen € 122 und € 198 kostet. Von anderen Städten aus muss der Fahrpreis bis Köln dazugerechnet werden. Von einigen norddeutschen Städten aus verkehrt der **DB Nachtzug** nach London. Die einfache Fahrt liegt hier ab € 110.

Auskunft erhalten Geduldige an allen Bahnhöfen, unter T: 01805/ 996 633, im Internet unter www. bahn.de und oder bei einem Reisebüro mit Fahrkartenausgabe.

Es stehen eine Reihe von Tarifen zur Auswahl. Inhaber einer Bahncard fahren kostengünstiger mit dem ***Rail Plus***, der für € 15 eine 25 %-ige Ermäßigung auf den ausländischen Strecken gewährt. Dieses Angebot gilt auf manchen Strecken der schottischen Westküste allerdings nur für Reisende über 60 Jahren.

Von London nach Glasgow oder Edinburgh fahren praktisch stündlich ***InterCities,*** die zwischen £ 30 und £ 50 kosten. Von London Kings Cross oder Euston fahren täglich bis zu 19 InterCities nach Edinburgh. Bis zu 14-mal täglich wird Glasgow Central von London aus angefahren. Die Fahrtzeiten betragen je nach Zwischenstops zwischen 4¾ und 5¾ Stunden. Der *Highland Chieftain*, wie man diesen InterCity nennt, fährt sogar bis zu viermal täglich durch bis Inverness oder Aberdeen. Eine andere Möglichkeit besteht darin, die Nacht im *Flying Scotsman* zu verbringen. Man steigt abends in London ein und am Morgen in Glasgow wieder aus.

Die normale Fahrt nach Schottland dauert von Deutschland aus ungefähr 14 Stunden. Betrachtet man daneben noch die Preise, so ist diese Möglichkeit im Vergleich etwa zur Flugreise wenig ansprechend. Eine lohnende Alternative gibt es allerdings noch: das mittlerweise legendäre ***InterRail Ticket*** der europäischen Eisenbahngesellschaften, das inzwischen auch für Reisende über 25 Jahren erhältlich ist. Dieses Ticket ermöglicht in verschiedenen europäischen Großräumen freie Fahrt für 22 Tage oder einen Monat. 22 Tage in Großbritannien und Irland kosten z. Z. € 282 bzw. € 198, für € 370 bzw. € 264 lassen sich zwei Zonen (z. B. auch noch Frankreich und Benelux) einen Monat lang durchstreifen. Die ermäßigten Preise gelten dabei für Reisende unter 26 Jahren. Auch wenn die Fährverbindung nicht inbegriffen ist, bietet das InterRail Ticket somit eine finanziell attraktive Reisemöglichkeit. Zwar kann es ob des dünnen Streckennetzes in Schottland selbst nur eingeschränkt genutzt werden, dafür eröffnet es aber die Möglichkeit weitere Reiseziele zu entdecken.

Mit dem ***Euro Domino*** kann man in Großbritannien an 3-8 beliebigen Tagen innerhalb eines Monats reisen. 3 Tage kosten € 158 bzw. € 126, jeder weitere Tag € 52 bzw. € 42. Die ermäßigten Preise gelten wiederum für Reisende unter 26.

Informationen über binnenbritische Ermäßigungstickets finden Sie im Kapitel „Unterwegs in Schottland“. Über die Mitnahme von Fahrrädern können Sie sich weiter unten informieren.

Bus

Von Deutschland, und zwar von Frankfurt (Hbf. Südseite), fährt täglich und von München, Stuttgart, Mannheim und Darmstadt zweimal in der Woche ein Bus der *Deutschen Touring* über die Rheinmetropolen und Aachen nach London. Die Fahrt dauert ab Frankfurt ungefähr 16 Stunden und kostet hin und zurück € 115 (ab München € 120). Informationen über die Abfahrtszeiten erhalten Sie in Reisebüros oder direkt bei der Deutschen Touring GmbH, Am Römerhof 17, Postf. 900244, 60486 Frankfurt/ Main, T: 069/ 790 350.

Von London Victoria Coach Station verkehren täglich 3 Busse der Gesellschaften *National Express* (T: 08705/808 080) direkt nach Glasgow und 2 Busse nach Edinburgh, ebenso viele in der Gegenrichtung. Die Fahrt dauert 8-9 Stunden und kostet hin und zurück ab £ 34. Die Gesellschaft ermäßigt die Preise für Studenten, Senioren und Kinder.

Fahrrad

Das Fahrrad nach Schottland mitzunehmen, stellt in der Regel kein großes Problem dar. ***In Flugzeugen*** wird meistens eine Gepäcklast von 20 kg zugestanden, zu der auch das Fahrrad gehören kann. Nimmt man noch einige schwerere Gepäckstücke als Handgepäck, so kann man eigentlich mit diesem Limit auskommen. Wenn nicht, zahlt man gewöhnlich je überzähliges Kilo 1 % des Erste-Klasse-Preises.

Mit der ***Bahn*** kostet der Transport derzeit ca. € 8, bei der Anreise durch Frankreich sollte allerdings beachtet werden, dass hierfür von Deutschland aus keine internationale Fahrradkarte ausgestellt wird. Einfacher ist daher die Fahrt über Belgien. In Großbritannien kann das Fahrrad für £ 3 im Zug mitgenommen werden. Eine Reservierung vor der Reise ist zwar aus Platzgründen obligatorisch, aber unkompliziert.

Weitere Informationen gibt es auch bei der ***Radfahrerhotline*** der Deutschen Bahn T: 0180/319 4194.

Wer sein Fahrrad auf dem ***Autodach*** mitnehmen will, sollte daran denken, dass Schottland eine recht feuchte Region ist. Alle rostenden Teile (v. a. die Kette, aber auch Schrauben) sollten daher durch gutes Einfetten vor Wasser geschützt werden. Wer per Fähre über Newcastle auf die Insel reist, sollte, wenn er die Fähre verlässt, erst Richtung Tynemouth und dann Richtung Whitley Bay fahren. Danach kommt man automatisch auf die A 192 oder auf die A 193 (ausgeschildert), die beide im Gegensatz zur A 19 oder A 1 nur mäßig befahrene Landstraßen sind.

Näheres auch beim ***Allgemeinen Deutschen Fahrradclub,*** Postfach 107747, 28077 Bremen, www.adfc.de, T: 0421/346 290, oder beim ***Cyclists' Touring Club,*** Coterell House, 69 Meadrow, Godalming, Surrey GU7 3HS, T: 01483/417 217, e-mail: cycling@ctc.org.uk

Trampen

Nach und in Schottland lässt es sich sehr gut trampen. Da Autos in Großbritannien ungeheuer teuer sind, gehört das Trampen in den ärmeren Gegenden des Hochlandes mitunter zu den allgemeinen Fortbewegungsmethoden. Selbst ältere Einheimische kann man hier manchmal trampen (engl. *to hitchhike*) sehen.

Die Anreise sollte man durch Frankreich nach Calais planen. Von Dover aus muss man leider an London vorbei, wo man trotz des starken Verkehrs oft nur schwer mitgenommen wird. Ist man an London vorbei, sollte man auf der M 1, später A 1 bleiben, die auf geradem Weg nach Edinburgh verläuft.

Ideal zum Trampen sind in Großbritannien die *roundabouts*, die Kreisverkehre, da die Autos dahinter meist gut halten können und noch nicht so schnell sind. Auch deshalb empfehlen wir die A 1, weil sie, im Gegensatz zu den Autobahnen, häufig roundabouts passiert, aber gleichzeitig von viel Fernverkehr befahren wird.

Ein- und Ausreisebestimmungen

Einreisedokumente

Touristen aus der Bundesrepublik oder anderen EU-Staaten sowie Schweizer benötigen zur Einreise nach Großbritannien einen Personalausweis oder einen Reisepass und müssen sich nicht registrieren lassen.

Für alle Fragen im Zusammenhang mit der Einreise ist allein das Generalkonsulat des Vereinigten Königreiches in Düsseldorf (Yorckstr. 19 40476 Düsseldorf, T: 0211/9448-0, Visaabteilung T: 0211/944 8160, bzw. 0190/241 100) zuständig.

Eine ***Aufenthaltsgenehmigung*** wird grundsätzlich für sechs Monate erteilt. Wenn Sie länger ohne Unterbrechung im Vereinigten Königreich bleiben wollen, müssen Sie eine *residence-permit* beantragen. Dafür zuständig ist das: *Home Office, Immigration and Nationality Department*, Lunar House, 40 Wellesley Rd, Croyden, Surrey CR9 2BY, T: 01/ 686 0688. Antragsformulare sind bei jeder Polizeidienststelle erhältlich.

Schweizer erhalten bei Vorlage ihres Ausweises eine Visitor's Card oder bei Vorlage des Reisepasses einen Stempel. Falls der Stempel eine Meldepflicht enthält, können Sie sich nach sechs Monaten bei jeder Polizeiwache registrieren lassen.

Zoll

Seit 1999 kein Duty-Free-Verkauf mehr von Alkohol und Tabak. Keine gesetzlichen Ein- und Ausfuhrbeschränkungen innerhalb der EU-Staaten.

Strengstens verboten ist die ***Einfuhr*** von Fleisch- und Wurstwaren (sowohl frisch als auch konserviert) sowie Geflügel- und Molkereiprodukten und Pflanzen, um die Übertragung von Erregern zu verhindern. Zudem ist die Einfuhr von Waffen, mit Ausnahme einer Flinte für den Jagdurlaub, nicht gestattet.

Bei der ***Ein- und Ausfuhr aus einem Nicht-EU-Staat*** gelten die allgemeinen Zollreglements. Für EG-Länder bedeutet dies: Jede Person über 17 Jahre darf an alkoholischen Getränken 2 Liter Wein und 1 Liter Spirituosen oder 2 Liter weinhaltige

Getränke zollfrei in das Heimatland einführen. Ebenfalls dürfen Personen ab 17 Jahren Tabakwaren in Form von Zigaretten - 200 Stück oder Zigarillos - 100 Stück oder Zigarren - 50 Stück oder 250 g Tabak zollfrei ausführen. Seit Einführung des Binnenmarktes gibt es für EU-Bürger keine Mengenbegrenzungen (sofern es sich um Eigenbedarf handelt). Ab und an wird höchstens gecheckt, ob man Waffen, Rauschmittel, Pornographie u.s.w. ein- oder ausführen möchte. Andere Waren unterliegen keinen Ein/Ausfuhrbeschränkungen.

Haustiere

Tiere sollten nur in Ausnahmefällen mit nach Großbritannien genommen werden, da für sie sehr strenge Einreisebestimmungen gelten. Für ***Vögel*** besteht eine Quarantänezeit von 35 Tagen, andere Tiere, wie ***Hunde*** und ***Katzen,*** müssen sechs Monate in Quarantäne bleiben, bevor sie in das Land einreisen dürfen. Die Bestimmung gilt nicht für Tiere, die aus Irland eingeführt werden, da diese bereits dort der gleichen Prozedur unterworfen wurden. Die strengen Quarantänevorschriften wurden aufgestellt, um die Übertragung von Seuchen, wie Wildtollwut, auf die britischen Inseln zu verhindern.

Wer sein Haustier dennoch mitnehmen möchte, erhält genauere Informationen über die Abwicklung und Art der Quarantäne bei: *Ministry of Agriculture, Fisheries and Food,* Government Buildings, Hook Rise South, Kingston Bypass, Tolworth, Surbiton, Surrey KT6 7NF, T: 0181/ 330 4411.

Unterwegs in Schottland

Unter dieser Überschrift haben wir die Besonderheiten summiert, die man bei den verschiedenen Fortbewegungsarten in Schottland beachten muss. Detailliertere Angaben

Doggenspiele

im Ort:	30 mph (48 km/h)
zweispurige Straßen:	60 mph (96 km/h)
vierspurige Straßen:	70 mph (112 km/h)

zu den lokalen und regionalen Verbindungen haben wir den Ortsbeschreibungen unter der Überschrift „Verbindungen“ nachgestellt.

Auto und Motorrad

Die ***Verkehrsregeln*** in Schottland unterscheiden sich, außer im Linksfahren, nur wenig von denen des Kontinents. Dennoch gibt es einige Dinge zu beachten. Wie in Deutschland sollten Sie immer den Fahrzeugschein, einen Versicherungsnachweis (Grüne Karte) und den Führerschein bei sich führen. Anschnallen ist auch in Schottland vorn wie hinten Pflicht. Das Linksfahren führt besonders beim Überholen zu Schwierigkeiten, da der links sitzende Fahrer nicht den gewohnten Überblick hat. Halten Sie daher genügend Abstand, um den Blickwinkel zu vergrößern. Es gelten folgende ***Geschwindigkeitsbegrenzungen:***

Auf den ***Autobahnen*** in Schottland, Straßen mit einer M-Markierung, ist natürlich das Linksüberholen verboten. In regelmäßigen Abständen finden sich am Fahrbahnrand sogenannte *hard shoulders*, Standstreifen, die nur im Notfall angefahren werden dürfen. Dort steht meistens auch eine Notrufsäule.

Vier Brücken erheben in Schottland noch ***Brückenzoll:*** die Forth Bridge, die Tay Bridge, die Erskine Bridge und die Brücke nach Skye. Wenn die Gebühr die Kosten für den Brückenbau gedeckt hat, wird sie abgeschafft.

In Großbritannien ersetzen ***Kreisverkehre*** (engl. *roundabout*) oft in sinnvoller Weise große Ampelsysteme. Der Verkehr im roundabout hat immer Vorfahrt und fließt im Uhrzeigersinn.

In den entlegeneren Gegenden, vor allem auf dem Hochland und den Inseln, werden Sie auch heute noch mit *single track roads* konfrontiert werden. Das sind Straßen mit nur einer Fahrspur und ***Ausweichbuchten*** *(passing places)*. Diese sind durch weiße, rautenförmige Schilder gekennzeichnet und werden zum Vorbeilassen von Gegenverkehr oder zum Überholen

Bei schwierigen Recherchen – das Auto im Geländetest

Verkehrs- und Straßenhinweise

bend	Kurve
car park	Parkplatz
cattle/sheep	Kühe/Schafe
concealed exit	unübersicht. Ausfahrt
fallen rocks	Steinschlag
emerging telephone	Notrufsäule
ferry terminal	Fähranleger
heavy lorries	schwere Lastwagen
keep left	links halten
keep right	rechts halten
level crossing	Eisenbahnübergang
loose chippings	Rollsplitt
no entry	keine Einfahrt
no through road	keine Durchfahrt
old people	Altersheim in der Nähe
parking ban	Parkverbot
passing place	Ausweichbucht
please keep access free	Einfahrt freihalten
reduce speed now	abbremsen
road blocked	Straße gesperrt
road works	Straßenbauarbeiten
round about	Kreisverkehr
slippery	Schleudergefahr
slow	langsam
speed limit	Geschwindigkeitsbegrenzung
traffic lights	Ampelanlage
uneven surface	Unebenheiten
xyz crossing	xyz überquert die Straße

Wichtige Begriffe rund ums Auto

Abblendlicht	*dipped lights*
abschleppen	*to tow*
Abschleppseil	*tow rope*
Abschleppwagen	*recovery vehicle*
Anhänger	*trailor*
Anlasser	*starter*
Antenne	*aerial*
Auspuff	*exhaust (pipe)*
Batterie	*battery*
Benzin	*patrol*
Benzinpumpe	*fuel pump*
Beule	*dent*
bleifrei	*unleaded*
Bremsen	*brakes*
Bremslicht	*brake light*
Dichtung	*gasket*
Ersatzrad	*spare wheel*
Ersatzeile	*spare parts*
Fernlicht	*main beam*
Gas geben	*to accelerate*
Gaspedal	*accelerator*
Getriebe	*gear box*
Handbremse	*hand brake*
Hupe	*horn*
Kanister	*can*
Karosserie	*body work*
Keilriemen	*fan belt*
Krankenwagen	*ambulance*
Kühler	*radiator*
Kupplung	*clutch*
Lenkung	*steering*
Lichtmaschine	*generator*
Motor	*engine*
Öl	*oil*
Ölstand	*oil level*
Ölwechsel	*oil change*
Panne	*breakdown*
Radarfalle	*speed control*
Rad	*wheel*
Reifen	*tyre*
Reifendruck	*tyre pressure*
Reifenpanne	*puncture*
Reparatur	*repair*
Rückleuchte	*rear light*
Schaltung	*gears*
Scheinwerfer	*headlight*
Schraube	*screw*
Schraubenschlüssel	*spanner*
Schraubendreher	*screwdriver*
Sicherheitsgurt	*safety belt*
Standlicht	*parking light*
Steinschlag	*fallen rocks*
Tank	*tank*
Tankstelle	*petrol station*
Türgriff	*door handle*
Unfall	*accident*
Vergaser	*carburetor*
Wagenheber	*jack*
Wasser, dest.	*destilled water*
Werkstatt	*garage*
Zündkerze	*sparking plug*
Zündverteiler	*distributor*
Zylinder	*cylinder*
Zylinderkopf	*cylinder head*

benutzt. Anhalten muss derjenige, der sich bei In-Sicht-Kommen am nächsten an einem passing place befindet. Es versteht sich von selbst, dass passing places nicht als Parkplatz verwendet werden dürfen.

Auch sollten Sie im Hochland immer darauf gefasst sein, dass ***Vieh,*** meist Schafe, seltener auch Kühe, auf der Straße stehen oder liegen und sich nur schwer vertreiben lassen. Besonders im Frühling und Frühsommer sollten Sie auf die Lämmer achtgeben. Meist machen improvisierte Schilder auch darauf aufmerksam, dass Lämmer (*lambs*) auf der Straße sein können. Gerade Motorradfahrer sollten die *single track roads* mit den allgegenwärtigen Schafen, gelegentlichen „Flitzern", Schlammpfützen und kleinen Wasserfällen, die sich auf die Straße ergießen, nicht unterschätzen.

Das ***Tankstellennetz*** ist in Schottland gut, so dass Sie nur auf den Nebenstrecken der Highlands und im Nordwesten auf einen vollen Tank achten müssen. Auch bleifreies Benzin gibt es heute in Schottland praktisch an jeder Tankstelle. Die Kraftstoffsorten sind durch Sterne gekennzeichnet: 2 Sterne = 90 Oktan, 3 = 95, 4 = 98. Manche Tankstellen haben noch alte Uhren, die in Gallonen (1 gal = 4,55 l) messen. Die Preise für Benzin wechseln natürlich wie anderswo ununterbrochen, sie liegen geringfügig über denen in Deutschland. Im Hochland kann es durch die hohen Transportkosten und den geringen Absatz passieren,

Alte Steinbrücke an der Westküste

dass ein Liter bis zu 10p mehr kostet als in den Städten. Dramatisch teurer (teilweise doppelt so hoch wie in Deutschland) sind die Preise für Dieselkraftstoffe.

Der ***Royal Automobile Club*** und die ***Automobile Association*** helfen auch den Mitgliedern der deutschen Automobilclubs. Beide Autovereine haben an den Autobahnen und den Fernstraßen wie etwa der A 9 ***Notrufsäulen*** aufgestellt. Mit ihnen lässt sich auf die gleiche Art und Weise wie in Deutschland eine ***Pannenhilfe*** oder in schlimmeren Fällen auch der Rettungsdienst herbeirufen. Die Pannenhilfen sind aber auch unter T: 0800/887 766 *(AA)* und T: 0800/246 810 *(RAC)* zu erreichen.

Automobilclubs

- ***The Automobile Association (AA),*** Fanum House, Erskine Harbour, Erskine, Renfrewshire OA8 6AT, T: 0141/812 0144.
- ***The Royal Automobil Club (RAC),*** 17 Rutland Square, Edinburgh 031/229 2500, oder 200 Finnieton Street, Glasgow G2 4QZ, T: 0141/248 4444.

Passiert auf den einsamen Landstraßen oder gar *single track roads* ein „motor breakdown", so sollte man am nächsten Haus nachfragen, ob es in der Nähe eine ***Werkstatt*** gibt. Mit etwas Glück findet sich eine der kleinen chaotischen Landwerkstätten, die meist Landmaschinen reparieren, aber auch Autos wieder flott bekommen. Wer im schottischen Norden nach einer ***Vertragswerk-***

Letzte Tankstelle vor Nirgendwo: Servicestation im Norden Sutherlands

Kfz-Vertragswerkstätten in Schottland

Ford:

Aberdeen
Aberfeldy
Aviemore
Ayr
Berwick-upon-Tweed
Blairgowrie
Brora
Buchi
Crieff
Dingwall
Dundee
Dunfermline
Dunfries
Duns
Edinburgh
Fraserburgh
Galashiels
Glasgow
Grantown
Hawick
Invergordon
Inverness
Inverurie
Irvine
Kelso
Kilmarnock
Kircaldy
Kirkcudbright
Kirkwall (Orkney)
Kirriemuir
North Berwick
Perth
Peterhead
Pitlochry
Portree
Sanquhar
Selkirk
Stonehaven
Stornoway
Stranraer

Mercedes:

Aberdeen
Ayr
Dundee
Glasgow
Inverness
North Berwick
Perth

Opel:

Aberdeen
Brechin
Crieff
Dingwall
Dundee
Fraserburgh
Inverness
Inverurie
Kaith
Kirkwall (Orkney)
Kyle of Lochalsh
Lerwick (Shetland)
Lochgilphead
Nairn
Oabroath
Oban
Peterhead
Stornoway

Toyota:

Aberdeen
Ayr
Dundee
Falkirk
Folar
Glasgow
Inverness
Kircaldy
Lockerbie
North Berwick
Perth

VW:

Aberdeen
Ayr
Dundee
Dunfermline
Dunfries
Edinburgh
Elgin
Falkirk
Folar
Glasgow
North Berwick
Port William
Scalloway (Shetland)

statt eines Autotyps sucht, kann sich anhand der Karte orientieren, welche Richtung er einzuschlagen hat. Ein genaues Verzeichnis aller Vertragswerkstätten des jeweiligen Autoherstellers ist bei größeren Fachhändlern in Deutschland erhältlich.

Wer gut genug Englisch versteht, der kann über Radio Scotland (UKW 92,4 und 94,7 Mhz) den ***Verkehrsfunk*** hören, ein Service, der allerdings ohnehin nur in Zentralschottland von praktischer Bedeutung ist.

Das ***Leihen von Autos*** stellt in der Regel kein Problem dar, außer dass zumeist ein Mindestalter von 23 Jahren verlangt wird. An den Flughäfen finden sich immer nationale und internationale Gesellschaften, auch einige Hotels verleihen Autos. Je weiter man sich von den städtischen Zentren entfernt, desto teurer wird auch das Leihen von Wagen. Wir haben unter der Rubrik „Verbindungen" in den einzelnen Ortskapiteln oft Verleihfirmen angegeben.

Beim Autoverleih empfiehlt es sich, mit Kreditkarten zu bezahlen, da in einem solchen Fall die meisten Verleihfirmen auf die ansonsten fällige Kaution verzichten.

Von der Reise mit einem ***Wohnwagen*** können wir für Schottland nur abraten. Zum einen finden sich überall feststationierte Wohnwagen, die im Vergleich zu B&B relativ günstig vermietet werden, zum anderen sind die meisten der schottischen Nebenstraßen mit einem Wohnwagen nur schwer zu bewältigen.

Taxi oder Doppeldecker? (WS)

Wer mit einem ***Campingbus*** oder ***Wohnmobil*** unterwegs ist, braucht sich keine Sorgen zu machen. Große und die meisten kleineren Campingplätze besitzen Stellplätze mit Strom- und teilweise Wasseranschluss. Die Preise haben wir in der Regel bei den Campingplätzen angegeben. Auch die Versorgung mit Gasflaschen stellt kein Problem dar, da die größeren Campingplätze meist einen „Shop" haben, der die blauen Behälter verkauft. Allerdings ist die Übernachtung auf dem Campingplatz auch die einzige Möglichkeit, denn nahezu an allen Straßen und Parkplätzen stehen Schilder mit dem Hinweis „No Overnight Parking", und die schottische Polizei erscheint zur Einhaltung dieser Regelung auf einmal allgegenwärtig.

Flug

Innerhalb von Schottland verkehren die ***Fluggesellschaften British Airways*** und ***Air UK.*** Sie unterhalten Verbindungen von Glasgow, Edinburgh und Inverness zu den Hebriden-, Orkney- und Shetland-Inseln und nach Campeltown auf Kintyre. Ferner fliegt *British Airways* von Glasgow aus auch Ziele in Nordirland (Belfast, Londonderry und Donegal) an. Ebenso betreibt die Fluggesellschaft Verbindungen von Glasgow/ Edinburgh nach Manchester, Southampton und Leeds.

Ob sich der Flug im Vergleich zur Fähre rentiert, erscheint uns sehr fraglich. Der billigste Flug von Glasgow nach Campeltown beispielsweise kostet günstigstenfalls (Hin/Rück) £ 77.60, von Edinburgh nach Kirkwall (Orkneys) £ 226.70, von Glasgow oder Edinburgh nach Sumburgh (Shetlands) £ 214.

Näheres zu Abflugzeiten und den jeweiligen Tarifen findet man unter dem jeweiligen Zielort im Abschnitt „Ortsbeschreibungen".

Busse

Innerhalb Schottlands sind Busse oft die einzigen regelmäßig verkehrenden öffentlichen Verkehrsmittel. Einige große ***Fernverkehrsgesellschaften*** verbinden in einem sehr guten Netz alle wichtigen Orte in Schottland, im Norden und Westen auch die kleineren Fährhäfen miteinander. Zu nennen sind dabei vor allen anderen *Scottish Citylink* und *National Express.*

Manche der größeren Busgesellschaften bieten ***Zeitkarten*** an oder akzeptieren verschiedene andere ***Touristentickets*** (z. B. Travelpass). Darüber mehr am Ende dieses Kapitels. Die beiden o. g. großen Gesellschaften ermäßigen ihre Tickets auch für Studenten, Senioren und Kinder.

Mit den ***lokalen Busverbindungen,*** den Postbussen, Schulbussen und örtlichen Unternehmen ist es möglich, selbst in entlegenste Gegenden vorzustoßen, wobei sich allerdings die Weiterreise schwierig gestalten kann. In den einsameren Gebieten fahren Busse meist morgens hin und am späten Nachmittag zurück.

Busse können besonders in den unbewohnteren Gegenden überall

Ein Herz für Kinder: Kinderfest der Glasgower Taxifahrer

auf der Strecke per Handzeichen gestoppt werden. In den abgelegenen Gegenden des Nordwestens und auf den meisten Inseln ist der Busverkehr während der Schulzeit am besten, da dann zusätzlich zu den öffentlichen Bussen auch die Schulbusse fahren, die einen gerne mitnehmen.

Busgesellschaften

- ***Bluebird***, Head Office: Guild Street Bus Station, Aberdeen AB9 2DR, T: 01224/212 266.
- ***Scottish Citylink Coaches***, Head Office: Buchanan Bus Station, Killermont Street, Glasgow G2 3NP, Auskunft, T: 08705/505 050, www.citylink.co.uk
- ***Stagecoach UK Bus,*** 10 Dunkeld Road, Perth PH1 5TW, Infoline: 0870/608 2608.
- ***National Express,*** Victoria Coach Station, 164 Buckingham Palace Road, London SW1W 0SH, www.gobycoach.com, T: 08705/808 080.
- Businformationen (Zeitpläne, Busnummern etc.) erhält man bei ***Traveline*** unter T: 0870/ 608 2608 bzw. im Internet unter www.showbus.com

Eine weitere empfehlenswerte Möglichkeit stellen die ***Minibusse der Post*** dar. Dies sind Kleinbusse, die der Postbote beim Ausfahren der Post benutzt und mit denen man mitfahren kann. Zwar dauert die Fahrt wegen der häufigen Stopps länger, doch kann man bei dem unvermeidlichen Schwätzchen mit dem *postman* unter Umständen interessante Tipps erhalten.

Regionale Postbusauskunft

- Borders, Fife und Lothian, T: 08457/ 740 740.
- Central und Tayside, T: 01738/632 552.
- Highlands, Orkneys und Western Isles, T: 01463/256 273.

- Strathclyde, T: 0141/242 4193 oder
- allgemein bei: *Communications Services,* The Post Office, Room 716, 102 West Port, Edinburgh EH3 9HS, T: 08457/740 740 (Nummer gilt auch für ganz Schottland).
- *Postbus Controller Royal Mail,* 7 Strothers Lane, Inverness IV1 1AA, T: 01463/256 273.

- Eine weitere Möglichkeit der Rundreise sind ***Backpacker Busse*** wie *Go Blue Banana* oder *Haggis Backpacker Bus*. Auf einem großzügigen Rundkurs fahren diese Privatunternehmen mehrmals wöchentlich durch Schottland und halten an allen billigen Unterkünften. Man bezahlt einen einmaligen Betrag und kann dann so oft aus- und wieder zusteigen wie man will, bis man wieder am Ausgangspunkt ist. Vorteile: Man erhält gute Tipps, hat keine Übernachtungssorgen mehr und bewegt sich unter Gleichgesinnten. Das Ticket kostet ca. £ 85 und Informationen erhält man bei allen Herbergen auf der Route bei *Go Blue Banana,* 16 High Street, Edinburgh EH 1 1TB, T: 0131/556 2000, Fax: 0131/558 8400 oder bei *Haggis Backpackers*, 11 Blackfriars Street, Edinburgh EH1 1NB, T: 0131/557 9393, Fax: 0131/ 558 1177, www.haggis-backpackers.com

Eisenbahn

In Schottland selbst ist das Bahnfahren nicht die ideale Fortbewegungsweise. Zwar ist das Schienennetz in der ***Region um Glasgow*** recht ausgebaut, und es verkehren genügend Züge zwischen den größeren Städten wie Glasgow, Edinburgh, Inverness und Aberdeen, doch außerhalb dieser Regionen kann die Eisenbahn nur bedingt benutzt werden. Der Norden ist entweder ohne Schienenverbindung, oder die Züge fahren so selten, dass Anschlüsse nur mit langen Wartezeiten zu erhalten sind. Außerdem kommen die Züge wegen der teilweise steilen Steigungen nur sehr langsam vorwärts

Von Glasgow nach Norden führt nur noch ein Route nach Oban und eine über Crianlarich und Fort William nach Mallaig, die berühmte ***West Highland Line,*** auf der im Sommer noch eine alte Dampflok schnauft (s.a. Fort William im Kap. „Norden/Westliches Hochland").

Von Inverness führt eine Linie nach Kyle of Lochalsh und eine nach Norden bis Thurso, die ***North Highland Line.*** Beide Linien, besonders aber die Route Oban-Crianlarich-Mallaig, können wir Ihnen nur ans Herz legen wegen der landschaftlichen Herrlichkeit, die die Bahn hier gemütlich durchrollt. Der gesamte Nordwesten ist mit dem Zug nicht zu erreichen.

- ***ScotRail Caledonian Chambers,*** 87 Union Street, Glasgow G1 3TA, T: 0141/ 335 4225, Telefonische Auskunft unter T: 08457/484950. www.scotrail.co.uk.

Fähren

Schottland wird auf drei Seiten von Wasser umgeben und zählt ca. 790 Inseln, davon 130 bewohnte, zu seinem Territorium. Die Fähre gehört daher in Schottland zu den alltäglichen Verkehrsmitteln. Nahezu alle größeren Inseln werden heute von ***Autofähren,*** bei kurzen Überfahrten von den praktischen *roll-on-roll-off* Fähren, angefahren. Nur noch einige winzige Inseln der Hebriden und Orkneys sind auch heute noch nur mit Frachtschiffen zu erreichen, auf die das Auto mit einem Kran verladen werden muss. Kleinere Inseln werden oft auch nur von Personenfähren angefahren.

Alle diese Verbindungen werden von lediglich zwei ***Fährgesellschaften*** fast im Monopol unterhalten. Für den gesamten Westen, die Inneren und Äußeren Hebriden ist die Fährgesellschaft *Caledonian MacBrayne* und für Orkney und Shetland *P&O Scotland* zuständig. Preise und Fahrzeiten, sowie die Möglichkeiten, Geld zu sparen, wenn man eine der kleinen Personenfähren benutzt, sind in den Ortsbeschreibungen unter der Rubrik „Verbindungen“ aufgelistet.

Die meisten Linien nehmen ***Vorausreservierungen*** an, die in den Sommermonaten vor allem für Fahrzeuge ratsam sind. Im Winter wird der Verkehr auf einigen Linien eingeschränkt oder sogar gänzlich eingestellt. *Caledonian MacBrayne* bietet für Touristen zwei verschiedene Arten von ***Ermäßigungen,*** die wir unter den Ermäßigungskarten aufgelistet haben.

Im äußersten Südwesten von Schottland verbindet *Stranraer* neben den binnenschottischen Linien das Königreich auch mit Larne in ***Nordirland.*** Zwei Gesellschaften unterhalten hier mehrmals täglich Schiffe zur Grünen Insel.

Fährgesellschaften

- ***Caledonian MacBrayne***, The Ferry Terminal, Gourock, PA19 1QP, T: 01475/650 100, www.calmac.co.uk
- ***John O'Groats Ferries Limited,*** Ferry Office, John O'Groats, Caithness, KW1 4YR, T: 01955/611 353, www.jogferry.co.uk.
- ***Shetland Islands Council,*** Shetland Islands Tourism, Market Cross, Lerwick, Shetland ZE1 0LU, T: 01595/693 434.
- ***P&O Scottish Ferries***, Terminal, PO Box 5, Jamieson's Quay, Aberdeen AB11 5NP, T: 01224/572615, www.poscottishferries.co.uk

Touristenermäßigungskarten

Das Angebot an Ermäßigungskarten ist einem ständigen Wechsel unterworfen, wir wollen aber trotzdem die derzeit gültigen Tickets aufführen, um einen Eindruck der Möglichkeiten zu vermitteln.

Auf den Buslinien des *National Express Stagecoach* können Studierende, Jugendliche unter 26 Jahren und Reisende über 50 Jahre bis zu 30 % sparen, wenn sie sich eine ***Student Coachcard,*** eine ***Young Persons Coachcard*** oder eine ***Advantage 50 Coachcard*** besorgen. Diese Ausweise sind ein Jahr gültig und kosten £ 9. Der ***Tourist Trail Pass*** erlaubt freie Fahrt auf allen Linien dieser Busgesellschaft, der Kostenpunkt liegt für 2 innerhalb von 3 Tagen bei £ 49 (£ 39), für 5 von 30 Tagen £ 85 (£ 69), für 8 von 30 Tagen

£ 135 (£ 99) und für 15 innerhalb von 30 Tagen bei £ 190 (£ 145). Die reduzierten Preise in den Klammern gelten für Inhaber der obengenannten Ermäßigungskarten.

Bei *Scottish Citylink Coaches* können Studierende, Jugendliche und Personen über 50 Jahre für £ 6 pro Jahr eine ***Smart Card*** erwerben, die auf dem Liniennetz von *Scottish Citylink* und den schottischen Busverbindungen von *National Express* Ermäßigungen von bis zu 30 % gewährt. Freie Fahrt auf den Citylink-Linien sowie eine Ermäßigung von 50 % auf alle *Caledonian MacBrayne* Fährverbindungen ermöglicht der ***Scottish Explorer Pass,*** der für 3 Tage £ 33 (£ 20), für 5 von 10 Tagen £ 50 (£ 40) und für 8 von 16 Tagen £ 85 (£ 65) kostet. Die Preise in den Klammern gelten für Inhaber der obigen Ermäßigungskarten.

Mit dem ***Highland Rover*** kann man an 4 von 8 aufeinanderfolgenden Tagen die Bahnverbindungen des *ScotRail*-Netzes zwischen Glasgow und dem Norden Schottlands für £ 49 nutzen. Das Pendant für den Süden, d.h. für die Bahnstrecken zwischen Glasgow und Edinburgh, in Central und in Fife, heißt ***Central Scotland Rover.*** Es kostet für 3 von 7 Tagen £ 39.

Das britische Pendant zu diesen schottischen Rover-Tickets ist der ***BritRail Flexi Pass.*** Er erlaubt die freie Fahrt 2. Klasse auf dem gesamten Streckennetz der britischen Bahn in England, Schottland und Wales an 4, 8 oder 15 beliebigen Tagen innerhalb von 2 Monaten. Der Pass muss aber schon vor der Anreise in Deutschland (Österreich, Schweiz) bei der Bahn erworben werden. Er kostet für 4 Tage € 148,50 (€ 118,50 für unter 26 Jahre), für 8 Tage € 215,25 (€ 148,50) und € 327 (€ 173,25) für 15 Tage.

Der ***Freedom of Scotland Travelpass*** berechtigt zur Nutzung aller Routen von *ScotRail* und *Caledonian MacBrayne* und gewährt ein Drittel Nachlass auf vielen Busrouten sowie Ermäßigungen bei *P&O Scotland.* Der Preis für 4 innerhalb von 8 Tagen liegt bei € 132, 8 von 15 Tage kosten € 165.

Für Gruppen zwischen 3 und 4 Personen bietet sich der ***Friend's Fare*** an, da hier die ganze Gruppe für £ 45 zwischen Aberdeen und Glasgow/Edinburgh oder zwischen Inverness und Glasgow/Edinburgh hin und zurück reisen kann. Das Ticket muss spätestens 2 Tage vor Fahrtantritt gebucht werden.

Ohnehin ist eine Buchung bis spätestens 2 Tage vor Fahrtantritt bei der schottischen Bahn stets lohnend, da man so die günstigen ***APEX-Tickets*** erwerben kann.

Das ***Island Rover Ticket*** erlaubt 8 (£ 43/Pers., £ 210/Auto) oder 15 (£ 63/Pers., £ 315/Auto) Tage frei wählbare Fährbenutzung auf annähernd allen Linien der *Caledonian MacBrayne*. Man erhält das Ticket an den Schaltern der Gesellschaft.

Das ***Island Hopscotch Ticket*** ist ein interessantes Angebot von *Caledonian MacBrayne*, das eine große Zahl an festgelegten Fährkombinationen beinhaltet. Es eignet sich besonders in dem Fall, wenn Sie sich über die Routen, auf denen Sie beispielsweise die Äußeren Hebriden erkunden wollen, bereits vorher im klaren sind. Das Ticket ist für Fußgänger und Radfahrer genauso wie für Autofahrer an allen Schaltern von *Caledonian MacBrayne* erhältlich.

Trampen

Da vor allem die ländlichen Regionen Schottlands nicht zu den reichsten Gegenden Europas zählen, können sich hier bis heute viele Menschen kein Auto leisten. Selbst Einheimische trampen öfter mal in die Stadt. Hinzu kommt, dass die Verbrechensrate im bevölkerungsarmen Schottland recht niedrig liegt und man deshalb vor Trampern weniger Angst hat. Uns ist es öfters passiert, dass uns sogar alte Damen auf dem Weg zum Einkaufen mitgenommen haben und wohlmeinend erklärten, sie wüssten ja, dass die jungen Leute heute nicht viel Geld hätten. Lange Rede, kurzer Sinn: ***Es trampt sich gut*** in Schottland.

Im Südwesten, Norden und Nordwesten sowie auf den Inseln kann Trampen dagegen nur als Ergänzung zum Busfahren oder Wandern dienen, da hier nur noch sehr selten Autos verkehren.

Wie schon im Anreisekapitel erwähnt, eignen sich in Großbritannien die *roundabouts* (Verkehrskreisel) hervorragend für Tramper. Die Autos sind beim Passieren noch nicht so schnell und können meist sehr gut halten.

Fahrrad

In puncto Fahrrad ist Schottland differenziert zu werten. Einerseits eignen sich die einsamen Straßen des Hochlandes hervorragend zum Fahrradfahren, gerade vom Fahrrad aus ist die Landschaft richtig zu genießen, andererseits sind die ***Bedingungen zum Fahrradfahren*** aber auch sehr ungünstig. Das zeigt sich in der Unerfahrenheit der Autofahrer im Umgang mit den schwächeren Verkehrspartnern, an den fehlenden Fahrradwegen bei stark befahrenen Straßen - die A 9 ist ein Schrecken für Radfahrer - und daran, dass in den Städten gerade die Fahrbahnränder ungeheuer beschädigt sind und Kanaldeckel oft genug 10-15 cm tief im Asphalt liegen. Die meisten dieser Nachteile liegen darin begründet, dass die Schotten selbst nur wenig Fahrrad fahren. Lassen Sie sich von dieser Aufzählung aber nicht zu sehr schrecken, auf dem Land ist Fahrrad fahren ein Vergnügen, man gewöhnt sich mit der Zeit sogar an den Regen.

Bei der Anreise mit dem ***Fahrrad auf dem Autodachständer*** sollten Sie unbedingt darauf achten, dass alle empfindlichen Teile der Räder gut eingefettet sind, da Wind und Regen auf dem Autodach die Korrosion ungemein beschleunigen.

Sie sollten auch für die wichtigsten ***Reparaturen*** Werkzeug und Kleinteile einstecken. Als ich einmal einen winzigen Defekt beheben wollte und dazu eine der kleinen, chaotischen Landwerkstätten anfuhr, musste ich erst eine halbe Stunde lang Schraubenschlüssel ausprobieren, bis ich einen fand, der passte. Nicht nur die Entfernungen meiden in Schottland metrische Maße, auch Schrauben und Muttern messen sich in Zoll.

Bei der Anreise mit der ***Fähre*** wie auch auf den Inlandfähren wird in der

Regel kein Zusatzpreis für Fahrräder verlangt. Die schottische ***Bahn*** verlangt eine Pauschale von £ 3 für die Beförderung auf allen Fahrten oder £ 15 für eine Woche. Vor Antritt der Fahrt muss eine Reservierung für das Rad vorgenommen werden.

Bei den ***Fluglinien*** hat man nur bei der Anreise keine Probleme; die Flugzeuge innerhalb Schottlands befördern in der Regel keine Fahrräder, sie sind meist einfach zu klein.

Wichtige Worte rund ums Fahrrad

Achse	*spindle*
Felge	*rim*
Felgenbremse	*caliper brake*
Gangschaltung	*gear shift*
Kettenblatt	*chain ring*
Kettenwerfer	*changer*
Kurbelkeil	*crank wedge*
Lenker	*handlebar*
Nabe	*hub*
Reifen	*tyre*
Sattel	*saddle*
Schlauch	*inner tube*
Schutzblech	*mudguard*
Tretlager	*bottom bracket*
Tretkurbel	*crank*

Die Alternative zur Mitnahme eines Fahrrades besteht im ***Ausleihen*** vor Ort. Für alle wichtigeren Orte haben wir in diesem Führer Fahrradverleihstellen angegeben. Dabei kann man davon ausgehen, dass die meisten Fahrradverleihe mittlerweile Mountainbikes anbieten. Die Leihgebühren sind meist nicht billig. Sie liegen in der Regel um £ 15/Tag, abhängig natürlich von der touristischen Erschlossenheit des Gebietes.

Manchmal können auch billigere Wochentarife in Anspruch genommen werden. Oftmals verleihen auch die Jugendherbergen Fahrräder. In Großbritannien existiert neben den Automobilclubs auch ein Fahrradclub. Über den *Cyclists' Touring Club* sind alle das Fahrrad betreffenden Informationen, wie etwa Listen von Fahrradverleihen oder -werkstätten zu erhalten. Mitgliedern werden noch weitere Leistungen geboten. Adresse: CTC, 69 Meadrow, Godalming, Surrey GU7 3HS, T: 0870/873 0060, www.ctc.org.uk

Wandern

Schottland ist ein Paradies für Wanderer, und das Laufen gehört zu den schönsten Arten, das Land zu erkunden. Dabei sollte man aber daran denken, dass das maritime Klima Schottlands sehr wechselhaft ist und Wandern daher wetterfeste Schuhe und Kleidung erfordert.

Zelten in der Landschaft ist in Schottland offiziell nicht verboten, es sei denn, es handelt sich um Privatgrund. In diesem Falle bitte erst die Erlaubnis des Besitzers einholen - wir sind noch nirgends abgewiesen worden. Verboten ist auch das Anzünden von ***offenem Feuer.*** Auch auf die Gas- oder Spirituskocher sollte gut aufgepasst werden.

Durch Schottland sind bisher drei so genannte ***long-distance ranks*** angelegt, d. h. Wanderwege, die über so lange Strecken führen, dass sie nur in mehreren Tagesetappen zu bewältigen sind. Die Wege sind ausgeschildert und in Begleitheften be-

Über Glens und Bens – Der West Highland Way

Noch bekannter als der *Southern Upland Way* ist wohl der Fernwanderweg Schottlands, der *West Highland Way*. Von Milngavie, einem nördlichen Vorort Glasgows, bis nach Fort William am Beginn des Great Glen hat die *Scottish Countryside Commission* einen 148 km langen Wanderweg durch eine der landschaftlich reizvollsten Gegenden Schottlands angelegt. Von der größten Stadt Schottlands führt der Weg zunächst durch die weiche Lowlandlandschaft bis zum größten See des Landes. Am Ostufer des Loch Lomond entlang führt der Weg dann langsam in rauere Gebiete. Spätestens ab Crianlarich befindet man sich im tiefsten Hochland. Die Gegend wird einsamer und auch die Quartiersuche kann sich schwieriger gestalten. Weiter nördlich streift der Weg das Rannoch-Moor, die Einöde, in der sich früher Verbrecher versteckten. Quer durch das grandiose Glen Coe nähert man sich dann Fort William, der kleinen Stadt am Fuße des größten Berges im Königreich.

Der Weg folgt zu einem großen Teil ***historischen Pfaden***. Von alten Viehtrieben, Militärstraßen zur „Befriedung" des Hochlandes, früheren Postkutschenrouten bis hin zu ausgedienten Eisenbahnlinien werden alle möglichen Arten von früheren Verkehrsverbindungen genutzt. Die Countryside Commission hat ihn gut ***mit Zeichen markiert***, dennoch sollte man auf Karte und Kompass nicht verzichten. Wie auf allen Fernwanderwegen in Schottland weist die von einem Sechseck gerahmte Distel, hier in dunkelbrauner Farbe, den Weg.

Die meisten Wanderer beginnen den Weg erst in Balmaha am Ufer von Loch Lomond. Hier findet sich eine Infotafel, die den weiteren Weg erklärt. Der Weg steigt hier steil an, bietet auf der Höhe aber einen grandiosen Blick über den See.

Einige Teilstücke im Süden des Weges sind relativ leicht begehbar, so dass auch unerfahrene und nicht so ausdauernde Wanderer sie beschreiten können. Vor allem der nördliche Teil, ab dem Loch Lomond, ist aber nur noch von erfahrenen und ***trainierten Wanderern*** zu bewältigen. Da an einigen Stellen auch mal geklettert werden muss, ganz abgesehen von den Möglichkeiten, die umliegenden Bergspitzen zu erklimmen, sind feste Wanderschuhe unerlässlich für die Tour. Auch wasser- und winddichte Kleidung sowie warme Sachen dürfen nicht fehlen, da in dieser Gegend auch im Sommer mit allen Witterungen zu rechnen ist - und das manchmal in erstaunlich schnellem Wechsel. ***Wettervorhersagen*** kann man über *Mountaincall* (T: 01898/500 442) oder die *Climb Line* (T: 01898/654 669) erfragen. Die Tagesetappen sollten nicht zu groß gewählt werden, da das Wandern im oft morastigen Hochland besonders anstrengend ist. Bei allem was nötig ist an ***Gepäck***, besonders wenn man plant zu zelten, sollte der Rucksack nie schwerer bepackt werden als ca. 1/5 des Körpergewichts. Zu Beginn der Wanderung sollte man jemanden über das Vorhaben unterrichten (nicht vergessen, nach der Ankunft Entwarnung zu geben).

Entlang des Weges haben sich einige ***B&B und Hotels*** besonders auf Wanderer eingerichtet, was vor allem heißt, dass auf verschlammte Schuhe nicht sauer reagiert wird und Trockenmöglichkeiten bestehen. Diese Unterkünfte erkennt man an der Wegweiserdistel, die mit einem „*Walkers Welcome*" umrandet ist. Ratsam ist es, besonders im Sommer zur Hauptsaison die Unterkünfte schon vor Beginn der Wanderung zu buchen.

Eine ***Broschüre*** über den Weg, die Route und auch einige Unterkunftsmöglichkeiten gibt *Scottish Natural Heritage* (12, Hope Terrace, Edinburgh EH9 2AS, T: 0131/447 4784, www.snh.org.uk) heraus. Man erhält sie auch in den betreffenden Tourist Informations. Ein guter Führer mit einer Wanderkarte (1:50.000) ist von Robert Aitken für ca. £ 9 in den meisten Buchhandlungen erhältlich.

schrieben, in denen auch Unterkünfte entlang des Weges angegeben werden.

The Southern Upland Way beginnt im Westen bei Portpatrick in Galloway und endet an der Ostküste der Borders in Cockburnspath. Der Weg führt teilweise über höher gelegene Gebiete und erfordert entsprechende Ausrüstung. Insgesamt werden 341 km zurückgelegt.

The West Highland Way beginnt am Rande Glasgows in Milngavie und führt am Loch Lomond entlang, durch Teile des Glen Coe und endet nach 152 km in Fort William. Streckenweise ist dieser Weg, der insbesondere im Norden durch traumhaft schöne Gebiete verläuft, rau und nur für geübte Wanderer begehbar.

The Speyside Way ist mit 77 km Gesamtlänge der kürzeste der drei Langstreckenwege. Der Weg beginnt in Tugnet an der Mündung des River Spey, verläuft in zwei Routen entlang des Flusses und endet in Tomintoul bzw. Dufftown.

Im Frühjahr 2003 soll ein vierter Fernwanderweg, der *Great Glen Way,* eröffnet werden. Er verbindet Fort William mit Inverness, umfasst 73 Meilen und ist somit quasi die Verlängerung des *West Highland Way.*

Außer den großen Wanderwegen sind auch viele Pfade für einen Tagesausflug angelegt, beispielsweise über die Grampians, oder durch das Glen Coe und viele Täler der Highlands.

Broschüren zu den Wanderwegen sind bei den jeweils zuständigen Fremdenverkehrsämtern erhältlich. Das *Scottish Tourist Board* gibt zudem den Führer *„Scotland: Walks and Trails“* über Wandern und Wanderwege heraus.

Abschließend sei noch auf ein paar ***Verhaltensregeln*** hingewiesen, die

Drahtseilakt: Hängebrücke bei Strath of Kildonan

eigentlich selbstverständlich sein sollten, trotzdem oft nicht eingehalten werden:

- Kein offenes Feuer anzünden und auch sonst jegliche Brandgefahr vermeiden!
- Gatter hinter sich wieder schließen, da ansonsten das Vieh ausbricht!
- Wenn Sie sich auf Privatgrund befinden, die Wege nicht verlassen!
- Keinen Abfall liegen lassen!
- Zäune, Mauern oder Hecken nicht beschädigen!
- Wilde Tiere, Pflanzen und Bäume nicht schädigen bzw. beschädigen, und ganz allgemein auf die Natur Rücksicht nehmen!
- In Küstengegenden und vor allem auf den Orkneys brüten viele Vögel im Gras, da nicht ausreichend Bäume zur Verfügung stehen. Solche Wiesen möglichst meiden oder nur sehr vorsichtig betreten!

Bergwandern

Es gibt in Schottland 279 sog. *Munros*, d. h. ***Berge,*** die über 3000 ft (914 m) hoch sind. Über 4000 ft (1290 m) ragen jedoch nur noch die Spitzen von sieben Bergen hinaus, und selbst der höchste Berg Schottlands, der Ben Nevis, kann gerade mit einer Höhe von 1343 m aufwarten.

Ausrüstung

Die meisten Berge können von geübten Wanderern in einem Tag er-

Fragile Schönheit: alte Steinbrücke auf Skye

klommen werden, Vorraussetzung ist dabei natürlich die richtige Ausrüstung. Auch wenn die Berge recht einfach zu besteigen sind, kommen trotzdem jedes Jahr mehrere Urlauber in den schottischen „Gebirgen" um. Zurückzuführen ist dies einerseits auf den Leichtsinn vieler Wanderer, andererseits auf das schottische Wetter. Beginnt man seine Tour bei schönstem Sonnenschein, steht man vielleicht eine halbe Stunde später im dicksten Nebel und kann keine Hand mehr vor den Augen, geschweige denn einen Wanderweg, erkennen.

Um sich nicht unnötiger Gefahr auszusetzen, gilt es, ein paar grundlegende Vorsichtsmaßnahmen zu treffen, die einfach und ohne großen Aufwand erfüllt werden können:

Zweckmäßige ***Kleidung:*** Außer dem unbedingt erforderlichen festen Schuhwerk sollte man immer ausreichend warme, wind- und wasserfeste Kleidung mitführen. Dies gilt auch bei strahlendstem Sonnenschein, denn auf den Bergen kann es winterlich kalt werden.

Ausreichend ***Nahrung:*** Lebensmittelrationen nicht zu knapp bemessen, da man sich aufgrund widriger Witterungsverhältnisse eventuell auf einen längeren Aufenthalt bei Mutter Natur einrichten muss. Die Essrationen sollten auch einige zucker- oder glukosehaltige Dinge enthalten, wie Schokoladenriegel oder Fruchtkuchen. Getränke sollten ebenfalls in großzügig bemessenen Mengen mitgeführt werden.

Orientierungsmittel: Zur Grundausrüstung eines jeden Bergwanderers sollte ein Kompass und eine topografische Karte der Umgebung (Maßstab 1:50.000) gehören, vor allem, wenn Sie vorhaben, sich abseits der großen Wanderwege zu bewegen. Diese beiden Gegenstände ermöglichen eine Orientierung auch bei Nebel, wenn man ohne Kompass Gefahr läuft, im Kreis zu gehen. Gefährlich ist es dagegen, sich bei Nebel von Zäunen oder ähnlichem führen zu lassen, wenn man nicht weiß, wo diese hinführen. Nicht selten enden sie abrupt an einem steilen Abgrund.

Wandergruppen sollten eine ***Trillerpfeife*** mitführen. Falls Sie sich dann im Nebel verlieren, können Sie sich mit ihrer Hilfe leichter wiederfinden.

Ins Gepäck gehören außerdem einiges ***Verbandszeug*** und eine ***Taschenlampe.***

Vor dem Aufbruch sollte man eine Beschreibung der ***geplanten Route*** hinterlassen sowie den voraussichtlichen Zeitpunkt der Rückkehr. In diesem Fall können dann gegebenenfalls Rettungsmaßnahmen eingeleitet werden. Nach der Rückkehr darf natürlich nicht vergessen werden, Bescheid zu geben, dass alles gut verlaufen ist.

Genauere ***Informationen,*** auch über Wanderwege, erteilt das jeweils zuständige Tourist Information Centre. Außerdem gibt das *Scottish Tourist Board* den Führer „Scotland: Hillwalking" heraus.

Buchtipps:
- GPS-Outdoor-Navigation,
- Orientierung mit Kompass und GPS,
- Richtig Kartenlesen u.v.m.; **Praxis-Reihe**, REISE KNOW-HOW Verlag, Bielefeld

Orientierung

Ausschilderung von Straßen

In Großbritannien im Allgemeinen und Schottland im speziellen besteht ein kleiner Unterschied in der Ausschilderung von Straßen gegenüber dem Kontinent. In Schottland haben alle Straßen eine Nummer. Straßen mit einem „M“ und einer Zahl sind Autobahnen, *motorways*. Die Ausfahrten der ***Autobahnen*** sind ebenfalls nummeriert und zwar fortlaufend vom Anfang der Autobahn, bis sie irgendwo endet oder mündet. Besonders in der Nähe großer Städte macht sich dieses System bezahlt, da man sich nicht die Namen der Ortsteile anzusehen braucht, sondern nur auf der Karte die entsprechende Nummer der Ausfahrt heraussucht und abwartet. In allen guten Karten sind die Nummern der Ausfahrten (engl. *junction)* abgedruckt.

Die ***normalen Straßen*** haben in Schottland ebenfalls eine Nummerierung. Straßen, die unseren Bundesstraßen entsprechen, d. h. (meistens) bessere Landstraßen, besitzen ein „A“ vor der Zahl, die anderen Straßen ein „B“. Straßen ohne Nummern muss man nicht unbedingt misstrauen, sie sind aber in der Regel schlecht ausgebaut, meistens *single track roads* und nicht selten Sackgassen.

Wie mit den Ausfahrten der Autobahnen verhält es sich auch mit den Straßen. In erster Linie sind die Nummern ausgeschildert. Wenn das Reiseziel und die Route feststeht, sucht man sich auf der Karte also nicht Ortschaften als Etappenziele heraus, sondern man merkt sich lediglich die Nummern der Straßen, die man benutzen will. An manchen Kreuzungen sind nicht einmal die Richtungen ausgeschildert, sondern lediglich die Straßennummern.

Auch ***Vorwegweiser*** zu größeren Straßen existieren, die man daran erkennt, dass auf einem Schild die Nummer der befahrenen Straße in einem Rechteck steht und dahinter in einem gestrichelten Rechteck die

Benutzung des Kompasses

Bei der Benutzung des Kompasses ergibt sich ein kleines Problem. Da der magnetische Nordpol, auf den die Kompassnadel immer zeigt, 2100 km südlich des geografischen Nordpols liegt, der von den Karten angepeilt wird, können kleine Abweichungen entstehen. Diese Abweichungen nennt man Missweisung oder ***Deklination.*** Auf topografischen Karten, und nur solche sollte man beim Wandern benutzen, ist bei der Legende auch die Missweisung angegeben. Da sich die Deklination jährlich um ½ bis 1 Grad ändern kann, wird der Angabe immer noch die Jahreszahl hinzugefügt und angegeben, wie sich die Abweichung in den folgenden Jahren entwickeln wird. In Schottland liegt die Deklination bei ca. 6. Man kann die Missweisung auch selbst feststellen, indem man seinen Kompass in einer klaren Nacht auf den Polarstern (man findet ihn, indem man die Rückwand des Großen Wagens ca. fünfmal nach oben verlängert) ausrichtet. Da dieser Stern genau über dem geografischen Pol steht, zeigt die Abweichung der Kompassnadel nun exakt die Deklination an.

Nummer der Straße oder der Straßen, die man auf dieser Strecke erreicht.

Nach einer gewissen Eingewöhnungszeit empfanden wir dieses System als bedeutend besser als unser bundesdeutsches, da es ersparte, sich manchmal unaussprechliche Ortsnamen zu merken, nur weil wir dort vielleicht abbiegen mussten.

Orientierung im Gelände

Die großen Wanderwege in Schottland sind gut markiert und in Broschüren schön beschrieben, so dass man sich dort eigentlich nicht verirren dürfte, meint man. In Schottland muss man aber damit rechnen, dass Nebel schnell jede Orientierung unmöglich macht. Außerdem sind vor allem kleinere Wanderwege manchmal gar nicht als solche erkennbar, größere dagegen verzweigen sich tausendfach, weil jeder Weg, den mehr als zehn Leute nacheinander gegangen sind, sich in ein einziges Morastloch verwandelt. Es ist also auch auf den großen Wanderwegen äußerst ratsam, einen Kompass zur Orientierung dabeizuhaben.

Zur ***Standortbestimmung*** peilt man über Kimme und Korn des Kompasses nacheinander zwei markante, möglichst weit entfernte Punkte in der Landschaft an, die auch auf der Karte eingezeichnet sind. Durch den Spiegel schauend, lässt sich nun der Ring mit der Gradeinteilung so weit drehen, dass die Nadelspitze auf die Nordmarkierung (bzw. die Gradzahl lt. Deklination) zeigt. Dann liest man die Gradzahl ab, die der Richtung zum jeweiligen Objekt entspricht. Anschließend zeichnet man durch jeden der angepeilten Punkte auf der Karte eine Linie in dem abgelesenen Winkel (Deklination beachten). Die Gradzahl auf dem Kompass entspricht dem Winkel der Linie zu einem der Längengrade auf der Karte. Im Schnittpunkt der Linien liegt der eigene Standort.

Zur Orientierung muss nun nur noch die ***Karte eingenordet*** werden. Hierzu legt man lediglich die Linealkante des Kompass an einen der Längengrade auf der Karte an und dreht beide solange, bis die Nadel im „N" der Scheibe steht.

Unterkunft

In Schottland bieten sich für den Reisenden mehrere Arten der Übernachtungen. Dazu zählen wie überall das Zelten, Jugendherbergen, Hotels und Selbstversorgerunterkünfte, zudem gibt es die B&B-Unterkünfte. In diesem Buch finden Sie bei größeren Orten Hotels mit Adressen und den niedrigsten Übernachtungspreisen. In Städten sind Hotels in allen Preislagen aufgeführt, in kleineren Ortschaften zumeist das Hotel mit der billigsten Unterkunft.

B&B haben wir nur in seltensten Fällen aufgeführt, da es wegen des übergroßen Angebots wenig Schwierigkeiten bereitet, eine solche Unterkunft zu finden. Zudem umfasst die Kapazität eines B&B-Anbieters in der Regel nur ein bis zwei Zimmer, die bei einer Nennung schnell hoffnungslos überfüllt wären. Campingplätze sind ebenso wie die Jugendherbergen bei den jeweiligen Orten mit Adresse angeführt, zudem haben wir uns bemüht, eine kurze Wegbeschreibung zu geben.

Zu den jeweiligen Unterkunftsarten gibt das *Scottish Tourist Board* Führer heraus, in denen eine sehr große Auswahl an Hotels, B&B usw. aufgelistet ist. Zusätzlich enthält dieser Führer Wegbeschreibungen, Angaben zu Ausstattung und Preisen sowie eine Bewertungsskala, mit der die einzelnen Herbergen ihrer Güte entsprechend klassifiziert sind.

Wer sich selbst auf Unterkunftssuche begibt, für den betreiben die örtlichen *Tourist Information Centres* gegen eine geringe Vermittlungsgebühr eine ***Zimmervermittlung.***

Hotels und Gasthöfe

Das Hotelangebot ist in Schottland sehr groß, das Angebot reicht von vornehmen Luxushotels bis zu Gasthöfen mit moderaten Preisen. Normalerweise schließen die Zimmerpreise das Frühstück ein, doch ist auch Voll- oder Halbpension möglich. Die meisten Hotels führen gleichzeitig ein Restaurant, und in kleineren Ortschaften ist oft die Dorfkneipe ebenfalls im Hotel untergebracht. In kleineren Dörfern finden sich weniger Hotels als Gasthöfe, hier beginnen die Preise für eine Übernachtung mit Frühstück oft schon bei £ 18.

B&B

B&B bzw. *Bed and Breakfast* ist eine typisch britische Art der Unterkunft. B&B beinhaltet Übernachtung mit Frühstück und wird zumeist von privaten Gastgebern angeboten, die sich auf diesem Wege ein Nebeneinkommen verdienen. Morgens wird ein britisches Frühstück serviert, das oft so reichhaltig ist, dass sich jegliches Mittagessen erübrigt.

Die Suche nach B&B gestaltet sich selbst in abgelegeneren Gegenden einfach. Schilder vor den Haustüren zeigen eine B&B-Unterkunft an. Der Preis für eine Übernachtung mit Frühstück liegt zwischen ca. £ 15 und £ 20. Generell ist die Übernachtung in abgelegeneren Gebieten billiger als in Städten oder touristisch stark erschlossenen Gebieten. Während der Sommermonate werden zudem des Öfteren Zimmer in Studentenwohnheimen an B&B-Suchende vermietet. Adressen dieser zumeist etwas billigeren Übernachtungsmöglichkeit sind ebenso wie andere kostengünstige Herbergen in dem Führer ***Budget Accommodation*** aufgeführt, der bei den Tourist Information Centres erhältlich ist.

Jugendherbergen

In Schottland gibt es etwa 80 Jugendherbergen, die über das ganze Land verteilt sind. Die einzelnen Herbergen sind in verschiedene Kategorien unterteilt, die mit einer Gradeinteilung gekennzeichnet wird. Schottische Jugendherbergen sind für Selbstversorger immer mit einer Küche ausgestattet, Frühstück und Abendessen sind nur in wenigen Herbergen des Higher Grade erhältlich. Diese Herbergen schließen abends um 2.00 Uhr, in Herbergen des Standard Grade und des Standard L Grade muss man bis 23.45 Uhr heimkehren. In Simple Grade Herbergen schließen die Pforten gar um 23.00 Uhr, zudem sind sie mittags und nachmittags geschlossen. Morgens müssen die Zimmer bis 9.00 Uhr geräumt werden.

Im Sommer empfiehlt es sich, die Betten im Voraus zu buchen. Seit neuestem betreibt die *SYHA* einen ***„Central Reservation Service“*** (CRS). Unter der Nummer 0870/ 155 3255 kann man sämtliche Herbergen telefonisch von zu Hause buchen. Schriftliche Buchungen können gegen Vorkasse beim Headoffice in Stirling vorgenommen werden oder im Internet (s.u.) bzw. via e-mail: reservations@syha.org.uk. Zudem besteht die Möglichkeit, unterwegs in anderen Herbergen zu buchen, auch hier wird die Übernachtungsgebühr im Voraus verlangt.

Der Begriff ***Junior*** und ***Senior*** werden in Schottland anders gebraucht als in der Bundesrepublik. *Senior* sind alle Personen über 18 Jahre.

Higher Grade Herbergen bieten warme Duschen, kleinere Zimmer und z. T. auch einen Waschraum. Die Preise liegen zwischen £ 11 und £ 18. ***Standard Grade Herbergen*** verlangen eine geringe Gebühr für warme Duschen und kosten £ 8.50-13. ***Simple Hostels*** schließlich bieten nur geringen Komfort (keine Duschen). Eine Übernachtung kostet hier zwischen £ 8 und £ 10.

Jugendherberge

Ein ***Jugendherbergsführer*** ist bei Jugendherbergen und in *Tourist Information Centres* erhältlich. Die Hauptzentrale des *SYHA* ist in Stirling.

Neben den offiziellen Jugendherbergen gibt es ***Independent Hostels,*** die meist erheblich billiger sind. Eine Liste dieser Herbergen ist (gegen einen internationalen Antwortcoupon) beim *IBHS* erhältlich.

- ***SYHA National Office,*** 7 Glebe Crescent, Stirling, FK8 2JA, T: 01786/891 400, Fax 891 333, e-mail: info@syha.org.uk, www.syha.org.uk.
- ***IBHS*** (Independent Backpackers Hostels Scotland), Fraoch Lodge, Boat of Garden, PH24 3BN, T: 01479/831331, info@hostelscotland.co.uk

Camping

Überall in Schottland sind ***Campingplätze*** angelegt. Eine Übernachtung mit Zelt kostet um £ 8, auf einigen Campingplätzen kann man schon für £ 5 sein Zelt aufschlagen.

Wild Zelten ist in Schottland nicht verboten. Doch sollte man sich vergewissern, dass man nicht auf Privatgrund zeltet bzw. dann vorher fragen. Keine Angst, schottische Bauern sind durchweg äußerst freundlich und werden auf eine höfliche Frage auch entsprechend antworten.

Schwieriger ist es für Campingbus und Wohnmobilfahrer, da auf nahezu allen Parkplätzen das Übernachten verboten ist.

Selbstversorger

In Schottland werden neben Ferienhäusern und -wohnungen auch oft Wohnwagen als Übernachtungsmöglichkeit angeboten. Die ***Wohnwagen*** sind mit einer Küche ausgestattet und bieten in der Regel Platz für 6-8 Personen. Wohnwagen werden zumeist ab einer Übernachtungsdauer von 3 Tagen vermietet, Anbieter sind Campingplätze und Privatpersonen. Der Mietpreis für einen Wohnwagen beträgt um £ 20, manche sind auch schon ab £ 15 zu mieten. Ist man in einer etwas größeren Gruppe unterwegs und möchte für mehrere Tage an einem Ort bleiben, bietet sich in den Wohnwagen eine der günstigsten Übernachtungsmöglichkeiten, denn selbst Jugendherbergen sind oft teurer.

Post und Telefon

Post und Porto

Da im schottischen Hochland und in kleineren Ortschaften die ***Postämter*** in der Regel in ein Lebensmittelgeschäft integriert sind, beschränkt sich hier ihr Aufgabenbereich auf den Briefmarkenverkauf und die Brief- und Päckchenannahme. In größeren Städten unterscheidet sich die Post dagegen in nichts von den hiesigen Einrichtungen, außer in ihrer Farbe: die Post ist in Großbritannien rot.

Postkarten zum Kontinent müssen mit der lilafarbenen 37p-Marke frankiert werden und sind etwa 3-6 Tage unterwegs. ***Briefe*** kosten 40p. Für ***Päckchen*** gilt: das Porto ist oft teurer als der Inhalt.

Wer Post erwartet und keine Kontaktadresse in Schottland hat, kann sich die Briefe in größeren Ortschaften auch postlagernd zusenden lassen.

Zu den Öffnungszeiten der Ämter siehe Kapitel „Öffnungszeiten".

Telefonieren innerhalb Schottlands

Zum Bedauern vieler Nostalgiker fallen nach den Londoner Bussen und den schwarzen Taxis nun auch die legendären roten Telefonzellen dem Modernisierungswillen der Briten zum Opfer und werden bald der Vergangenheit angehören. Immer mehr davon werden durch neue Zellen aus Plexiglas ersetzt, und nur wenige werden auch in Zukunft noch das Auge des Touristen erfreuen können. Die neuen Telefonzellen sind in zwei Kategorien aufgeteilt.

Zellen mit grün-weißen Streifen werden mit ***Telefonkarten*** bedient.

Postamt mit Selbstbedienung: Briefkasten in Schottland

Nützliche Telefonnummern

- ***Auskunft:*** national 192, international 153.
- ***Vermittlung:*** national 100, intern. 155.
- ***Notruf:*** Polizei, Feuerwehr und Rettungswagen erreicht man unter der Nummer 999.
- Anmelden von R-Gesprächen in die BRD: 0800 890 049.

Die Karten sind bei allen Postämtern, Flughäfen, größeren Bahnhöfen sowie überall da, wo ein grünes Telefonkartenzeichen angebracht ist, erhältlich. Karten gibt es in folgenden Ausführungen: 20 Einheiten = £ 2, 40 Einheiten = £ 4, 100 Einheiten = £ 10 und 200 Einheiten = £ 20 (doppelseitig). Zudem werden inzwischen sog. ***Jubilee Phone Cards*** verkauft, die statt eines Chips eine Nummer tragen. Diese Karten werden nicht in das Telefon gesteckt. Stattdessen wird die Nummer der eigentlichen Anschlussnummer vorausgewählt. Auf diese Weise wählt man immer automatisch die günstigste Verbindung. Am Ende des Gesprächs wird das Restguthaben angesagt.

Zellen mit gelb-blauen Streifen sind ***Münztelefone,*** die Münzen zu 10p, 20p, 50p und £ 1 akzeptieren. Telefoniert man an Münztelefonen, wählt man zuerst die Nummer und wirft erst nach Zustandekommen der Verbindung die Münzen ein.

Auslandsgespräche

Auslandsgespräche kann man von allen Telefonzellen aus führen. In den Telefonzellen, die eine Rufnummer am Apparat aufweisen, kann man sich auch anrufen lassen.

Vorwahl Bundesrepublik Deutschland 0049, Österreich 0043 und Schweiz 0041. Nach dieser Nummer wählt man die Vorwahl der entsprechenden Stadt ohne die erste Null, dann die Teilnehmernummer. Will man vom Ausland nach Schottland telefonieren, ist die Vorwahl 0044. Sollte es Schwierigkeiten geben, eine Verbindung zu erhalten, kann man sich unter der Nummer 155 vermitteln lassen.

Will man von Schottland mit dem ***Handy*** nach Hause telefonieren, sucht sich das Handy selbst das britische Netz, das ein Abkommen mit der eigenen Telefongesellschaft hat. Der Benutzer zahlt dann den eigenen Tarif zuzüglich des Tarifs des Partnernetzes. Wer in Schottland von zu Hause auf dem Handy angerufen wird, zahlt selbst die Differenz zwischen Inlands- und Auslandstarif, während der Anrufer lediglich den Inlandstarif bezahlt. Für die Netzabdeckung gilt, dass in den Metropolen sowie im Süden und Osten, keine Probleme mit dem Empfang bestehen, während man im westlichen Hochland durchaus streckenweise kein Netz mehr findet.

Essen und Trinken

Die schottische Küche

Die schottische Küche ist nicht so schlecht wie ihr Ruf, denn die Rohprodukte für die Speisen sind von extrem guter Qualität. Das ***Fleisch*** etwa der Angus- und Galloway-Rinder zählt zum besten der Welt, obwohl es durch BSE sehr in Verruf gekommen ist.

Ebenso gut schmeckt der ***Fisch,*** der immer frisch ist und in jeder Zubereitung köstlich mundet, und die ***Scottish Broth,*** ein Eintopf mit Hammelfleisch und Graupen, steht in dem Ruf, die einzige gute britische Suppe zu sein.

Absolutes Stiefkind der schottischen Küche ist das ***Brot.*** In Schottland ist es nahezu unmöglich, etwas anderes als Toastbrot zu finden, und je weiter man gen Norden reist, um so schwieriger wird es. Die Suche nach dem geeigneten Belag ist von unterschiedlichem Erfolg gekrönt. Die Wurst ist nahezu ungenießbar, der Käse gut und die etwas teuren Gelees und Marmeladen sind ausgezeichnet.

Das bekannteste schottische Gericht ist wahrscheinlich ***Haggis,*** mit fetten Schafsinnereien gefüllter Magen. Der *great Chieftain of the Pudding-race* ist in allen Metzgereien erhältlich und wird oft in Pubs als Mahlzeit angeboten.

Der ***Essrhythmus*** der Schotten unterscheidet sich etwas von dem der Deutschen. Das berühmte Frühstück ist ausschweifend, das Mittagessen (*lunch*) dafür weniger reichhaltig und abends wird mit dem *dinner* die Hauptmahlzeit eingenommen.

Fast Food

Fish and Chips ist in Schottland sehr beliebt und schmeckt auch Fast-Food-Gegnern. Der Fisch, zumeist Schellfisch oder Wittling, ist frittiert und in den Fischereihäfen die billigste Möglichkeit, frischen Fisch zu kosten. Viele Imbissstubenbesitzer können sich nicht entscheiden, ob sie Pommes Frites oder Bratkartoffeln

Basic Accommodation: Black House Jugendherbergen in Howmore auf South Uist

zum Fisch reichen, die Chips bilden oft den Mittelweg. Über Fisch und Chips spritzen viele Schotten Essig *(vinegar)* - reine Geschmackssache.

Gebäck

Schottisches Gebäck, insbesondere Kekse und Plätzchen, sind ausgezeichnet. ***Scones*** sind kleine, weiche Kuchen aus Gersten- oder Weizenmehl, oft mit viel Butter und Rosinen angereichert. ***Shortbread*** sind nahrhafte Butterplätzchen, die früher nur zu Weihnachten gebacken wurden. Shortbread gibt es inzwischen in den verschiedensten Ausführungen, die alle gut schmecken. Das Gebäck wird zum Tee gereicht, den man in Schottland mit Milch trinkt.

● Um ***Highlander-Shortbread*** zu ***backen,*** brauchen Sie: 50 g Zucker, 100 g Butter, 125 g Mehl, 50 g Stärke, Milch und Demerara Sugar (brauner, grober Zucker). Rühren Sie Zucker und Butter cremig und geben Sie dann Mehl und Stärke hinzu. Formen Sie anschließend den Teig zu einer Wurst, bestreichen diese mit Milch und rollen sie in dem Demerara Sugar. Danach wird die Rolle in ungefähr 18 - 20 Teile geschnitten, auf ein mit Backpapier ausgelegtes Blech gelegt und im vorgeheizten Ofen bei 200° C ca. 15 Minuten gebacken.

Scones bestehen aus 200 g Mehl, 50 g Butter, 1 gestr. Tl. Natron, 1 gestr. Tl. Backpulver, Zucker und Rosinen nach Geschmack. Dazu wird soviel Milch gegeben, bis der Teig knetbar ist. Daraus formt man mehrere kleine Brötchen und bäckt diese 15 Minuten bei 220° C.

Selbstversorger

Die Nahrungsmittelbeschaffung stellt den Schottlandreisenden ***im Süden*** des Landes bis hoch nach Inverness vor keine größeren Probleme, da jeder Ort ein Lebensmittelgeschäft besitzt, das so ziemlich alles führt, was das Herz begehrt.

Etwas schwieriger, wenn auch nicht direkt problematisch, wird es dagegen in den einsamen Gebieten des ***Hochlandes.*** Die Lebensmittelhändler sind nicht in jeder der weitgestreuten Ortschaften zu finden. Wenn die eigenen Vorräte zur Neige gehen, ist es daher generell ratsam, sich beim nächsten Händler einzudecken, denn nicht immer erreicht man einen zweiten vor Ladenschluss.

Einkäufe

Waren aller Art sind in Schottland meistens teurer als in der Bundesrepublik. Dies trifft seltsamerweise auch auf das urschottische Produkt, den ***Whisky,*** zu. *Blend* ist generell in Deutschland billiger, und auch den *Maltwhisky* (ab £ 20), den man in deutschen Supermärkten erhält, kauft man lieber zu Hause. Dafür ist die Auswahl in Schottland größer und viele Sorten, die in der Heimat nur in Spezialitätenläden stehen, kann man genauso teuer, oder manchmal sogar billiger in Schottland erstehen. Auf gar keinen Fall sollte man den Whisky direkt in den Brennereien *(distillery)* kaufen, die Preise hier sind völlig überhöht.

Wolle und Strickwaren, insbesondere handgestrickte, dicke Pullover, sind oft relativ preisgünstig.

Das Land ist nicht zuletzt für gute Textilwaren bekannt. Viele Besucher nehmen sich gern ein Stück Tartan oder Tweed mit nach Hause. Der handgewebte Harris-Tweed ist sogar wasserdicht, kostet aber leider dementsprechend viel.

Der Tourismus scheint auch das schottische ***Kunsthandwerk*** zu beleben. Viele Töpfereien stellen recht schöne Gebrauchskunst her, und Gold- und Silberschmiede lassen sich gerne von keltischen Mustern zu traditionell angehauchtem Schmuck inspirieren.

Manche Geschäfte erstatten dem Urlauber die ***Mehrwertsteuer*** zurück, wenn er wieder in seinem Heimatland ist. Näheres dazu im Kapitel „Rund ums Geld".

Sport und Erholung

In Schottland werden fast alle Urlaubssportmöglichkeiten angeboten. In vielen Orten sind Tennisplätze zu mieten, oft gibt es Schwimmbäder, da das Baden im kalten Meer nicht jedermanns Sache ist und auch die Wassertemperatur der schottischen Seen selten mehr als 15° C erreicht.

Zusätzlich zu den üblichen Sportarten wird in Schottland auf bestimmte Aktivitäten besonderer Wert gelegt:

Golf

Golf ist in Schottland ***Nationalsportart.*** Im Gegensatz zu anderen Ländern ist die Ausübung dieses Sports nicht erst ab einem bestimmten Jahreseinkommen möglich, in Schottland spielt jeder Golf. Daher gibt es über das ganze Land verteilt über 400 ***Golfplätze*** und somit mehr Plätze pro Kopf als irgendwo sonst in der Welt.

Der berühmteste Platz ist der Old Course von St Andrews, auf dem jeder Golfenthusiast einmal in seinem Leben gespielt haben möchte.

Nichtmitglieder können bei den meisten Golfplätzen gegen eine ***Gebühr*** von £ 7 bis £ 25 eine Runde spielen. Schläger und Bälle werden in der Regel mit vermietet, Tagestickets und manchmal auch Wochentickets sind ebenfalls erhältlich. Manche Golfclubs verlangen ein Handicap-Zertificat, das Auskunft über das Können eines Spielers gibt, oder eine Bescheinigung des Heimatclubs, bevor sie die Genehmigung zu einem Spiel erteilen.

Wer noch mehr wissen will, kann sich bei der Britischen Zentrale für Fremdenverkehr in Frankfurt erkundigen, die eine Broschüre mit allen Golfplätzen inklusive kurzer Beschreibung und Kontaktadressen herausgibt (siehe auch Exkurs).

Angeln

Schottland ist bekannt für seinen Fischreichtum, und das Angebot für den Angler reicht von Flussangeln über Angeln in den Seen bis hin zur Hochseefischerei. Allerdings ist es praktisch nirgends möglich, kostenlos zu angeln, immer müssen vor Beginn dementsprechende Angellizenzen erstanden werden.

Begehrtester Fisch ist der ***Lachs,*** der von Februar bis Oktober durch die Bäche und Flüsse Schottlands zu seinen Laichplätzen wandert, doch ist die Lizenz für die Lachsfischerei recht teuer. Billiger sind die Lizenzen für das ***Forellenangeln*** (zwischen März und Oktober), oder für den Fang anderer Fische wie Brasse, Barsch, Karpfen, Schleie, etc.

Die ***Angelsaison*** ist von Fisch zu Fisch und Ort zu Ort verschieden, ***Angellizenzen*** verkaufen in der Re-

Der Angler…

der Lachs…

gel die örtlich ansässigen Postämter, Hotels, Geschäfte oder die Tourist Information Centres. Der Preis für eine Lizenz variiert denn auch je nach Gebiet.

Forellenangeln im Tweed kostet z. B. zwischen £ 1 und £ 3 pro Tag, Lachsfischerei in Angus, Dumfries und Galloway zwischen £ 10 und £ 20, während das Angeln auf dem Tay und dem Spey bis zu £ 2000 pro Woche kosten kann.

Wichtige Begriffe für Angler

baits	Köder
dapping	mit Heuschrecken oder Maifliegen fischen
float	Schwimmer
fly-casting	mit Fliegen fischen
hook	Haken
landing net	Kescher
line	Schnur
lure, spinner, spoon	Blinker
maggots	Maden
reel	Rolle
rod	Angel
shot, weight	(Blei)-Gewicht
tackle	Anglerausrüstung
tackle shop	Anglerbedarfsladen
worms	Würmer

Anders als die Binnenfischerei haben die ***Hochseeangler*** das ganze Jahr über Saison. Vor allem Flundern, Makrelen, Kabeljau, Schellfisch, Schollen, Rochen und Seezunge können vor der schottischen Küste gefangen werden; im Norden, auf den Hebriden und vor Orkney und Shetland kann man sogar Heilbutt, Glattrochen oder Langfisch an den Haken bekommen.

Zum Hochseeangeln braucht man natürlich eine besondere Ausrüstung, aber von den meisten größeren Häfen starten des Öfteren Touren für Angler, oder man kann ein eigenes Boot chartern.

Genauere ***Informationen*** über Unterkünfte, Angelsaison und Sonstiges vermittelt die Broschüre *„Good fishing guide"*, die es für £ 9.99 im Buchhandel (British Bookshop, T: 069/280 492, www.british-bookshop.de) erhältlich ist.

Wassersport

Der Caledonian Canal und die Westküste sind nur zwei von vielen Gegenden, wo Boote und Yachten

...und das bittere Ende

Auf dem Trockenen: Jachthafen von North Berwick-Lothian

gechartert werden können, und zwar sowohl zum eigenhändigen ***Segeln*** als auch mit Bootsführer. Die große Beliebheit dieses Sportes erfordert allerdings eine rechtzeitige Buchung im Voraus. Information: Royal Yachting Association Scotland, Caledonian House South Gyle, Edinburgh, EH 12 9 DQ, T: 0131/317 7388.

Windsurfing findet ebenfalls viele Anhänger, und Seen wie Loch Earn, Loch Morlich oder im Strathclyde Park sind hierfür besonders geeignet. Auch andere Sportarten wie Wasserski, Kanufahren, Segeln oder Tauchen werden praktiziert, vor allem auf den Binnenseen, wie Loch Earn und Loch Tay, wo große Wassersportzentren angesiedelt sind. Hier kann man auch Geräte ausleihen oder Unterricht nehmen. Information: *Scottish Windsurfing Association,* Caledonian House, South Gyle, Edinburgh EH12 9DQ, T: 0131/317 7388, Fax: 0313/317 8566

Tauchen erfreut sich besonders auf den Orkneys großer Beliebtheit, da hier viele untergegangene Schiffe ein lohnendes Ziel für neugierige Taucher bieten. Das klare Wasser und der Artenreichtum locken dagegen viele Taucher nach St Abbs in Berwickshire, und dies sind nur zwei der interessanten Plätze in Schottland. Nichtsdestotrotz sei darauf hingewiesen, dass das Wasser teilweise sehr kalt ist, speziell an der Ostküste.

Rugby

Während in Deutschland nur eine kleine hartgesottene Minderheit auf den Rugbysport schwört, ist der „Bruder des Fußballspiels" in Schottland regulärer ***Schulsport.***

Geboren in der kleinen englischen Stadt Rugby, war das ***mittelalterliche „Rugbyspielen"*** wahrlich kein Friedensgottesdienst. Im Mittelalter bestand es aus dem erbitterten Kampf zwischen der männlichen Bevölkerung zweier Dörfer. Als Sieger galt dasjenige Dorf, das den Ball als Erstes durch das Tor des anderen Ortes beförderte. Mord und Totschlag waren keine Seltenheit. Später entschärfte man das Spiel, indem man das frühere Massenschlachten auf 30-40 Mann je Dorf beschränkte. Bis in die Mitte des 19. Jahrhunderts waren Tritte gegen das Schienbein des Gegenspielers oder auch das

Beinstellen noch legale Mittel, um seinen Gegner zu bremsen.

Mit der Gründung der ***Rugby Football Union*** in den 70er Jahren des 19. Jahrhunderts erhielt das Spiel endlich ein festes Regelwerk mit der Absicht, einen fairen Sport frei von Rohheiten zu schaffen. Es möge sich jeder seine eigene Meinung bilden, inwiefern Rugby ein friedvolles Gegeneinander ist, ein Spektakel stellt es allemal dar.

Wer sich ein Spiel ansehen möchte: Fast jedes größere Dorf im schottischen Südosten wie Peebles, Galashiels oder Kelso besitzt eine eigene Rugby-Truppe, die regelmäßig Spiele austrägt.

Eine ***Rugbymannschaft*** besteht aus 15 Personen; 8 Stürmern, 2 Halbspielern, 4 Dreiviertelspielern und einem Schlussmann. Während der Spielzeit von 2x40 min streiten sich die Rugby-Recken um das Leder-Ei mit dem Willen, es in das sogenannte gegnerische ***Malfeld*** zu treten, tragen, werfen oder rollen. Wem ein solcher Versuch gelingt, bekommt dafür 3 Punkte und zusätzlich die Möglichkeit, den Ball durch die beiden aufgestellten Stangen zu treten und zwar von jenem Ort, wo der Versuch gestartet wurde. Glückt dies, gibt es zwei Punkte extra. Spielern, denen es gelingt, den Ball aus dem Lauf durch die obere Hälfte des Mals zu treten, erobern 4 Punkte für ihre Mannschaft.

Ein ***Straftritt***, der Elfmeter des Rugbyspiels, wird bei grobem Foulspiel verhängt; aus einer Entfernung von etwa 20 m hat man die Gelegenheit, 3 Punkte zu erringen, indem man den Ball wiederum durch die beiden Malstangen tritt.

Eine kleine technische Einschränkung des Rugbyspiels ist die ***Abseitsregel,*** welche bestimmt, dass jeder Mitspieler vor dem Ball grundsätzlich abseits steht. Ausnahme: Der Spieler greift nicht ins Spielgeschehen ein. Weiterhin darf das Leder-Ei nur mit dem Fuß nach vorn gespielt werden.

Gesundheit

Ärztliche Versorgung

In Großbritannien ist das Gesundheitswesen verstaatlicht und die Behandlung für Einheimische kostenlos. Da zwischen der Bundesrepublik und dem Vereinigten Königreich ein Gesundheitsabkommen besteht, werden auch deutsche Touristen in der Regel kostenlos behandelt. Trotzdem ist es möglich, dass der behandelnde Arzt eine ***Rechnung*** erstellt.

Zahn- und Augenärzte sind dem Gesundheitsabkommen nicht angeschlossen und müssen bezahlt werden. In diesem Fall müssen Sie sich eine genaue Liste über Krankheit, Behandlungsart und Zeitpunkt der Behandlung, eine Rechnung und eine Quittung über den gezahlten Betrag mit der Adresse des Arztes ausstellen lassen. Bei Vorlage dieser Unterlagen übernimmt Ihre Krankenkasse höchstwahrscheinlich die Kosten.

Für die Reise können Sie auch zeitlich befristet eine ***Reisekrankenver-***

sicherung bei einer privaten Krankenversicherung abschließen, die für alle Kosten, die bei einer ärztlichen Behandlung entstehen, aufkommt. Eine Versicherung für vier Wochen kostet um € 18.

Auf keinen Fall kommt die Krankenkasse für einen eventuellen ***Rücktransport*** ins Heimatland auf, hier kann man sich gegen einen geringen Betrag für den Urlaub bei einem Reisebüro oder beim *ADAC* versichern lassen.

In einem ***Krankenhaus*** werden Sie seltener eine Rechnung erhalten als bei einer privaten Arztpraxis. Krankenhäuser finden sich in größeren Städten, ***Adressen von Ärzten*** sind auch in kleineren Ortschaften bei den örtlichen *Tourist Information Centres* zu erfahren. Generell ist das ärztliche Versorgungsnetz nicht so dicht gespannt wie bei uns, trotzdem werden Sie allenfalls in völlig abgelegenen Gebieten Schwierigkeiten bei der Arztsuche haben.

Mücken

Die schottischen Mücken *(midges),* wissenschaftlich *Culicoides impunctatus,* und verwandte Arten sind äußerst lästige Zeitgenossen. Sie sind winzig klein (Flügelspannweite 1,4 mm), treten zumeist in großen Schwärmen auf und - beißen!

Midges bevölkern Schottland in den Sommermonaten (Mai-August) und brüten in feuchten Moor- und Sumpfgebieten. Bevorzugte ***Aufenthaltsorte*** sind die Umgebung von Seen, Bächen und Wäldern im Hochland. Besonders an windstillen Tagen und in der Dämmerung kann niemand den aufdringlichen Midges entkommen. Dunkle Kleidung soll sie angeblich in ihren Annäherungsversuchen noch ermutigen.

Gegen die hierzulande üblichen ***Insektenabwehrmittel*** scheinen die kleinen Biester immun zu sein. Besser lässt man sich in einer schottischen Apotheke beraten und kauft dort seine Mückenrüstung (z. B. *Imoo).* Nach einem Biss schwören manche auf die Behandlung mit Zaubernuss, bei den meisten Menschen bleibt ein Biss jedoch ohne Wirkung, so dass sich die Behandlung erübrigt.

Öffnungszeiten

Geschäfte

Schottland besitzt kein Ladenschlussgesetz, trotzdem sind die Öffnungszeiten der Geschäfte ähnlich wie in der Bundesrepublik. In der Regel sind die Geschäfte Mo-Sa von 9.00 Uhr bis 17.30-18.00 Uhr geöffnet, einige Läden haben allerdings samstags am Nachmittag geschlossen. In touristisch stark erschlossenen Gebieten sind die Geschäfte oft bis spät in den Abend geöffnet, und in den Städten hat der ***lange Donnerstag*** Einzug gehalten; an diesem Tag werden erst zwischen 19.30 und 20.00 Uhr die Türen dicht gemacht.

In ländlichen Gebieten gibt es den ***Early-closing-day,*** an dem die Geschäfte nachmittags geschlossen sind. An welchem Wochentag Sie sich nur morgens dem Konsumrausch hingeben können, ist von Ort zu Ort verschieden, meistens fällt dieser Tag jedoch auf einen Mittwoch.

Andererseits findet man in Städten und größeren Ortschaften oft auch einen Supermarkt, der ***sonntags*** geöffnet ist.

Banken

Banken sind in der Regel Mo-Fr von 9.00-16.00 Uhr geöffnet, eine Ausnahme bildet hier lediglich die *Royal Bank of Scotland,* die erst ab 16.45 Uhr geschlossen ist. Donnerstags schließen sich die Banken der langen Öffnungszeit an und stehen ihren Kunden bis 17.30 Uhr zur Verfügung. Die *Girobank* ist immer in den Postämtern angesiedelt und hat Mo-Fr von 10.00-14.30 Uhr geöffnet. Die *TSB Scotland* öffnet samstags in größeren Städten zwischen 9.30-12.30 Uhr ihre Tore für die Kunden, zudem ist die *TSB* auch freitags bis 17.30 Uhr geöffnet.

Burgen, Schlösser und Museen

Hier variieren die Öffnungszeiten sehr stark und sind in diesem Buch bei den jeweiligen Sehenswürdigkeiten angegeben. Häufig hat sich jedoch folgende Standardöffnungszeit durchgesetzt: Apr.-Sept. Mo-Sa 9.30-18.00 h, So 14.00-18.00 h, Okt.-März Mo-Sa 9.30-16.00 h, So 14.00-16.00 h. Bei den Angaben in diesem Buch wird die Zeit von April bis September generell als „Sommer“ und die Zeit von Oktober bis März als „Winter“ bezeichnet. Weiterhin ist zu beachten, dass der letzte Einlass etwa 45 Minuten vor Schließung gewährt wird.

Restaurants und Pubs

Sowohl unabhängige als auch in Hotels angesiedelte ***Restaurants*** haben gewöhnlich von 12.00-14.30 h und von 18.00-24.00 h geöffnet. Diese Zeiten können jedoch stark variieren, besonders in ländlichen Gegenden schließen die Restaurants früher. Manche Restaurants, Bistros und Cafés öffnen zudem zum Frühstück und nachmittags zum Tee. In ländlichen Gebieten trifft man oft auf die Institution des ***High Tea,*** eine einfache Mahlzeit mit Tee, die zwischen 16.30-18.00 h gereicht wird.

Pubs haben in der Regel Mo-Sa von 11.00-14.30 und 17.00-23.00 Uhr, sowie sonntags von 12.30-14.30 und 18.30-23.00 Uhr geöffnet. An dieser Stelle ein Hinweis an Familien mit Kindern. Kindern unter 14 Jahren ist das Betreten eines Pubs mit Alkoholausschanklizenz selbst in Begleitung der Eltern verboten. Pubs, die über eine räumliche Trennung zwischen Bar und Lounge verfügen, empfangen Familien bis 20.00 h in ihrer Lounge.

Feiertage

Die Schotten sind zwar ein Volk, das gern und bei jeder Gelegenheit feiert, doch wann und wie, das lassen sie sich nicht gerne vorschreiben. So kommt es auch, dass in Schottland nur zwei ***gesetzliche Feiertage*** existieren. Der eine fällt auf Neujahr, also den ersten Januar, der andere auf den ersten Weihnachtsfeiertag, d. h. den 25. Dezember.

Neben diese beiden freien Tage gesellen sich dann noch die sogenannten ***Bankferien.*** Während der Bankferien sind im ganzen Land die Banken und gleichzeitig auch die Ämter geschlossen. Diese Feiertage sind der 2.1., Karfreitag, der erste und letzte Montag im Mai, der erste Montag im August sowie der 28.12.

Kirchliche und sonstige ***Feiertage*** können in Schottland, anders als in England, von den einzelnen Städten selbstständig festgelegt werden. Daraus resultiert, dass sie in den meisten Städten auch auf unterschiedliche Tage fallen.

Die *Glasgow Chamber of Commerce,* 30 George Square, Glasgow, G2, 1 EQ, T: 0141/204 2121 gibt eine Broschüre heraus, die die einzelnen regionalen Regelungen zusammenfasst. Auch die regionalen Tourist Information Centres geben gern Auskunft über Feiertage.

Ermäßigungen

In Großbritannien allgemein und Schottland im Besonderen werden die verschiedensten Ermäßigungskarten angeboten, die Reisenden das Fortkommen erleichtern oder z. B. Eintrittspreise verbilligen. Im Allgemeinen erhalten Senioren und Kinder bei Eintrittsgeldern Ermäßigung, wogegen Schüler und Studenten nur selten verbilligt Einlass bekommen. Normalerweise muss für die Ermäßigung ein gültiger Ausweis (Senioren-, Schüler-, Studentenausweis) vorgezeigt werden, aber meistens werden Sie an einen freundlichen Kassierer geraten, der Ihrem ehrlichen Gesicht vertraut.

im Folgenden listen wir noch einige Möglichkeiten für Sammel-, Ermäßigungs- oder Reisekarten auf:

Die Mitgliedschaft bei ***Historic Scotland*** (Jahresbeitrag £ 30, bzw. £ 23 für Studenten) oder im ***National Trust for Scotland*** (Jahresbeitrag Kinder und Junioren bis 25 £ 12, Senioren £ 28) öffnet Ihnen die Türen zu allen von diesen Organisationen verwalteten Sehenswürdigkeiten. Dazu gehört der überwiegende Teil aller historischen Gebäude oder Baulichkeiten in Schottland. Die Mitgliedschaft können Sie in allen entsprechenden Besitztümern erwerben.

Das ***National Trust Touring Ticket*** ermöglicht einen freien Eintritt in alle *NTS*-Besitzungen und kostet für 7 Tage £ 16 (Familie £ 26).

Das ***Scottish Explorer Ticket*** von *HS* gestattet den Eintritt in über 60 Sehenswürdigkeiten (darunter auch Edinburgh Castle). Es kostet für 3 Tage £ 15 (erm. £ 11), für 7 Tage £ 20 (£ 15) und für 14 Tage £ 23 (£ 9).

In Schottland werden viele Ermäßigungskarten für das Reisen innerhalb des Landes, sei es mit dem Zug, per Bus oder Fähre, vertrieben. Diese sind in dem Kapitel „Unterwegs in Schottland" aufgeführt.

Maße und Gewichte

Im Zuge der europäischen Einigung hat Großbritanninien 1995 seine Maß- und Gewichtseinheiten auf das metrische System umstellen müssen. Traditionsreiche Produkte wie z. B. Bier bilden jedoch eine Ausnahme und werden immer noch in den alten Mengen ausgeschenkt.

Und so wollen wir hier doch die alten Umrechnungstabellen auflisten (siehe auch im Anhang):

Längenmaße

1 inch (in.)	=	2,54 cm
1 foot (ft.)	= 12 inches	= 30,48 cm
1 yard (yd.)	= 3 feet	= 91,44 cm
1 mile (m.)	=	1,609 km

Hohlmaße

1 gill (gl.)	=	0,142 Liter
1 pint (pt.)	= 4 gills	= 0,568 Liter
1 quart (qt.)	= 2 pints	= 1,136 Liter
1 gallon (gal.)	= 4 quarts	= 4,546 Liter

Gewichte

1 ounce (oz.)	=	28,35 g
1 pound (lb.)	= 16 oz.	= 453,60 g
1 stone (st.)	= 14 lbs.	= 6,35 kg
1 quarter (qt.)	= 2 st.	= 12,7 kg
1 hundredweight	= 4 pt.	= 50,8 kg

Temperatureinheit

Die Temperatur wird in Großbritannien zumeist in Fahrenheit (°F) angegeben. Fahrenheit-Grade lassen sich in Celsius-Grade wie folgt umrechnen:

$$\frac{(°F \text{ minus } 32) \times 5}{9} = °C.$$

0 °C entsprechen demnach 32 °F, 25 °C = 77 °F, 100 °C = 212 °F.

Voll verkabelt: Strommast

Ohne Worte

Elektrizität und Wasser

Netzspannung

Die schottischen Steckdosen haben in der Regel 220 bis 240 Volt Wechselstrom. Da Schukostecker nicht in die schottischen Steckdosen passen, ist ein Zwischenstecker erforderlich, der bereits im Heimatland erworben werden kann.

Wasser

Schottisches Wasser ist kalkarm, also sehr weich, und schmeckt besonders gut. Der Tee, den Sie damit kochen, wird Ihnen in heimischen Gefilden selten so köstlich munden.

Im Hochland hat das Wasser aus den Leitungen oft eine bräunliche Färbung. Dies bedeutet nicht, dass es schmutzig ist, die Farbe zeigt lediglich die Herkunft, das Moor, an. Im Norden Schottlands können Sie oft auch aus den kleinen Bächen trinken, der Genuss von stehendem Wasser oder solchem aus größeren Bächen ist nicht empfehlenswert.

Zeitdifferenz

In Großbritannien gilt die westeuropäische Zeit (WEZ), d.h. die Uhren gehen im Vergleich zu unserer Zeit (MEZ) eine Stunde nach, der Urlauber muss folglich die Uhren um eine Stunde zurückstellen. Dies gilt ebenso für den Sommer, da auch in Großbritannien im Frühjahr die Uhren umgestellt werden.

Lernen und Arbeiten in Schottland

Das Studium in Schottland

Das ***akademische Jahr*** ist in Schottland im Gegensatz zu hiesigen Gewohnheiten in Trimester eingeteilt, d.h. in drei jeweils acht- bis zehnwöchige Abschnitte. Das Studienjahr beginnt im Oktober und endet im Juni oder Juli des darauffolgenden Jahres. Trotz Trimestereinteilung wird die Studiendauer nicht nach Trimestern, sondern nach Studienjahren berechnet, d.h., die Studierenden befinden sich im 1st, 2nd, 3rd year, etc.

Das ***Studium in Schottland*** ist in zwei deutlich voneinander abgegrenzte Bereiche unterteilt. Der erste Abschnitt, die *undergraduate studies*, ist stark reguliert und bietet in seiner Organisation kaum Wahlmöglichkeiten. Am Ende dieser *undergraduate studies* steht der Erwerb eines akademischen Abschlusses, in der Regel des *Bachelor Degree* bzw. des *Master of Arts* oder des *Bachelor of Science.* Studierende, die diese Abschlussprüfung mit guten Noten bestanden haben, können in einem anschließenden, zweiten Studienabschnitt, der freier organisiert ist, Forschung betreiben und sich auf einen höheren akademischen Grad vorbereiten.

Die traditionelle Aufgabe der Hochschulen ist weniger die spezifische Berufsvorbereitung als die Persönlichkeitsentfaltung und die Entwicklung intellektueller Fähigkeiten. Berufsspezifische Kenntnisse erhalten die Studenten so vermehrt erst in der Praxis.

Ein Studium ist in Großbritannien immer noch ein Privileg für die reicheren Schichten, da pro Jahr immens hohe ***Studiengebühren*** bezahlt werden müssen, die nur die wenigsten aufbringen können. Allerdings gibt es für mittellose Studierende auch einen *grant,* eine Art Bafög, das aber nicht zurückgezahlt werden muss. Inhaber eines *grant* müssen zudem in den ersten vier Jahren keine Studiengebühr zahlen. Ausländischen Studierenden erlassen viele schottische Hochschulen ebenfalls die Studiengebühr, Teilnehmern eines Sokrates-Austauschprogrammes generell, anderen gegebenenfalls nach vorheriger Absprache mit der entsprechenden Universität.

Für ***deutsche Studenten,*** die an einer schottischen Hochschule zugelassen werden wollen, gilt als Mindestvoraussetzung der Nachweis der deutschen Hochschulzugangsberechtigung. Studienanfänger, die einen vollen Studiengang in Schottland absolvieren wollen, müssen den Zulassungsantrag dem *Universities Central Council on Admission (UCCA)*, PO Box 28, Cheltenham, Gloucestershire GL50 3SA, vorlegen.

Studienbewerber, die nur für eine begrenzte Zeit in Schottland studieren wollen und bereits an einer deutschen Hochschule eingeschrieben sind oder auch als Studienanfänger beispielsweise nur ein Jahr studieren wollen, müssen ihren Zulassungsantrag direkt an de*n Admission Officer* der Hochschule ihrer Wahl schicken.

Ansprechpartner in der BRD ist: *Deutscher Akademischer Austauschdienst - DAAD*, Kennedyallee 50, 53175 Bonn 2, T: 0228/8820, 8821, e-mail: auslandsstudium@daad.de

Arbeitserlaubnis

Großbritannien ist bekannterweise Mitglied der *Europäischen Gemeinschaft*, so dass für Bürger der Bundesrepublik Deutschland keine spezielle Arbeitserlaubnis erforderlich ist. Ein Reisender kann also durchaus, wenn er plötzlich in finanzielle Nöte gerät, einen ***Ferienjob*** annehmen, der allerdings schwer zu finden ist. Studierenden an schottischen Universitäten gestatten es die Universitäten oft nicht, während des Semesters ein Arbeitsverhältnis einzugehen.

Sprachkurse

Wer seine Englischkenntnisse in Schottland auffrischen oder vertiefen möchte, kann aus einer umfangreichen Palette an Sprachkursen wählen. Die Kurse dauern von einer Woche bis zu einem Jahr; dementsprechend variieren die Preise von ca. £ 50 an aufwärts. Das komplette Angebot enthält die Broschüre „Learn English in Scotland“, die man beim Fremdenverkehrsamt in Frankfurt erhalten kann (Adresse siehe „Information“).

Land und Leute

Geografie

Zwischen dem 55. und 66. ***Breitengrad*** liegt Schottland auf gleicher Höhe mit der russischen Hauptstadt Moskau. Dank des wärmenden ***Golfstromes*** müssen sich die Schotten jedoch nicht mit den vergleichbaren russischen Wintertemperaturen plagen.

Zu Schottland, das den Norden der Britischen Inseln umfasst, gehören neben dem sogenannten schottischen *mainland* die Inselgruppen der westlich gelegenen Äußeren und Inneren Hebriden sowie die nördlichen Orkney- und Shetlandinseln. Insgesamt zählt man 790 ***schottische Inseln,*** von denen 130 von Menschen bewohnt werden.

Regenwolken sind hier nicht selten

Mit einer ***Fläche*** von rund 78.000 km² hat Schottland in etwa die gleiche Größe wie Österreich oder Bayern. Damit umfasst das Land ungefähr 1/3 von Großbritannien. Das schottische *mainland,* das Hauptland ohne die Inseln, hat eine Nord-Süd-Ausdehnung von 440 km, von Osten nach Westen sind es rund 248 km. Die Länge der Küstenlinie, eingeschlossen die der Inseln, beträgt beachtliche 10.140 km, ein Ergebnis der vielen Buchten und Fjorde.

Die Nachbarn der Schotten sind die Engländer und das Meer. Geographisch trennen Schottland von England die Hügelkette der Cheviots und der Fluss Tweed, entlang der ca. 100 km lange Grenze verläuft.

Grob betrachtet, gliedert sich das Land im Norden Großbritanniens in drei große ***geografische Regionen:***

- das Gebiet der ***Southern Uplands,*** dessen sanfte Bergzüge sich über das Grenzgebiet zu England, der Borders Region, und der westlich davon gelegenen Region Dumfries and Galloway ziehen
- das ***mittelschottische Flachland,*** das sich zwischen dem *Firth of Clyde* am Atlantik und dem *Firth of Forth* an der Nordsee erstreckt
- das schottische ***Hochland,*** zu welchem die Highlands und die Grampians zählen, sowie die Hebriden-, Orkney- und Shetlandinseln.

In Schottland finden sich einzig im Hochland jene ***Berge,*** die die Einheimischen *munro* nennen. Das Kennzeichen eines Munro ist seine Höhe, welche über 3000 englischen Fuß (914 m) liegen muss. 279 Munros verteilen sich über die Highlands und die Grampians. Der König der Munros ist der Ben Nevis (1344 m), gleichzeitig der höchste Berg der Britischen Inseln.

Geologie

Der überwiegende Teil Schottlands ist bergiges Hochland. Die ***Böden des Hochlandes*** bestehen aus kieselsauren Gesteinen und liegen meist über einer Höhe, die eine landwirtschaftliche Bestellung erlaubt. Das ***nordwestliche Hochland,*** das sich jenseits des 96 km langen ***Kaledonischen Grabens*** erhebt, setzt sich aus Gneisen zusammen, wobei sich zur Westküste hin Sandstein, zum kaledonischen Graben hin Glimmerschiefer anlagert. Die starken Winde, die meist von Westen her über Schottland hinwegfegen, haben dem Hochland ihren Stempel aufgedrückt und zu einer enormen Erosion geführt. Viele Täler der Westküste verlaufen deshalb in Ost-West-Richtung, bevor sie in den *firths*, den langgestreckten Meeresbuchten, im Atlantik auslaufen.

Östlich des kaledonischen Grabens liegen die ***Grampians*** auf einem geschlossenen Untergrund aus Glimmerschiefer und Granit (wie z. B. in Deutschland auch der Harz oder der Schwarzwald). Die östliche Küste von Caithness, des Moray Firth und die Orkneys liegen auf einer dünnen Schicht aus Sandstein.

Zwischen dem nördlichen Hochland und der mittelschottischen Senke bildet die sogenannte ***Highland Boundary Fault*** die natürliche Grenze. Diese Verwerfung erstreckt sich von der Ostküste bei Stonehaven (südlich von Aberdeen) bis zum Firth of Clyde.

Das flachere ***Mittelschottland*** selbst weist eine große Bandbreite von Gesteinen, u. a. Sandstein auf. Ferner befinden sich in Mittelschottland Steinkohlelager. Fruchtbare Böden aus Lehmen und Braunerden ermöglichen außerdem einen ertragreichen Ackerbau.

Das ***südschottische Bergland*** besteht aus einem Sockel von Tonschiefer, Sandstein und Grauwacken, welcher von verschiedenen anderen Gesteinen überlagert wird.

Die fruchtbaren ***Niederungen des Südens*** können im Gegensatz zum Hochland landwirtschaftlich genutzt werden. Vor allem das Land an der Solway-Küste ist wegen des sehr guten Bodens eine Hochburg der Landwirtschaft.

Klima

In Schottland herrscht ein ***ozeanisches Klima***, das sich auszeichnet durch mäßig warme Sommer und milde Winter sowie eine allgemeine Unberechenbarkeit des Wetters. Jede noch so kleine Wolke überrascht mit einem Regenguss. Die Verantwortung für das relativ milde ozeanische Klima trägt der ***Golfstrom***, der seinen Ursprung im Golf von Mexiko hat. Von dort aus versorgt er Schottland das ganze Jahr über mit er-

Mittlere Anzahl der Tage mit Niederschlag pro Monat

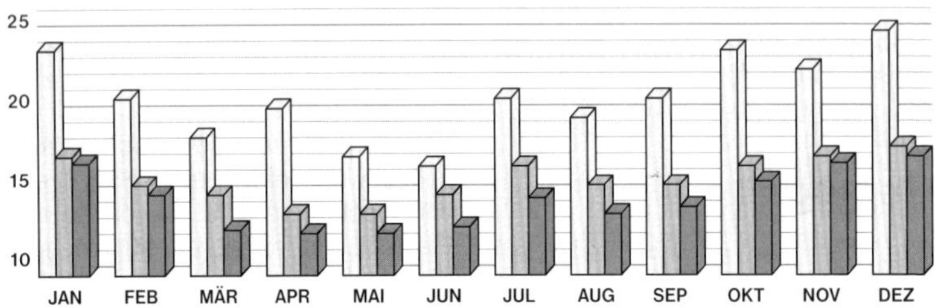

Stornoway (Hebriden)
Edinburgh
Tynemouth (Ostküste)

Mittlere Niederschlagsmenge pro Monat in mm

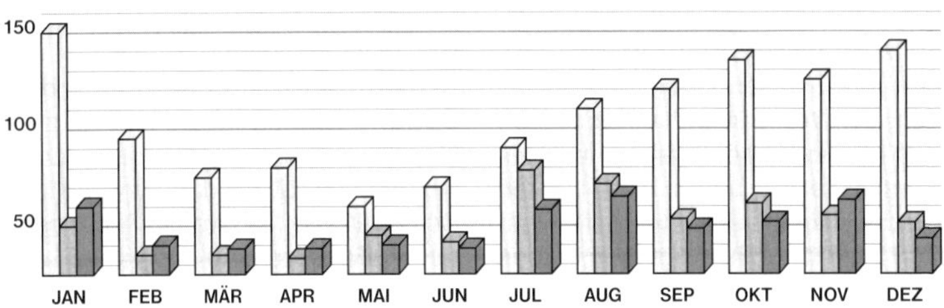

Mittlere tägliche Maximum- und Minimumtemperaturen in °C

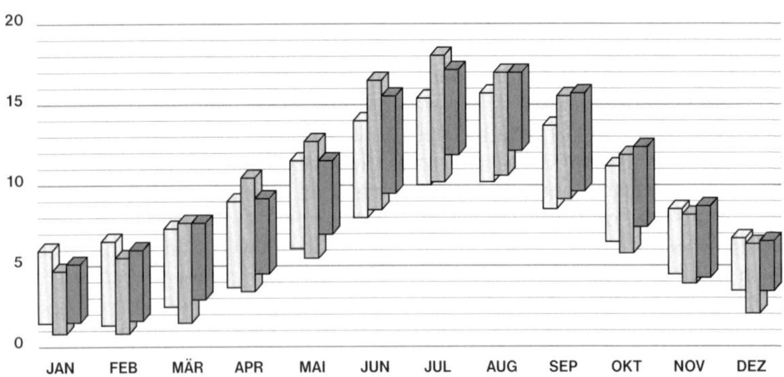

wärmtem Wasser (bis zu 27 °C) und entsprechend warmen Winden.

Vor allem an der schottischen ***Nordwestküste,*** die ohne schützende Berge den Winden und Wettern des Golfstromes ausgeliefert ist, macht sich das ozeanische Klima bemerkbar. An zwei von drei Tagen fällt Niederschlag, die Sonne versteckt sich oft hinter jenen Wolken, die der Golfstrom unaufhörlich herbeischafft. Die Temperaturschwankung, über ein Jahr betrachtet, ist relativ gering. In Stornoway, auf der äußeren Hebrideninsel Lewis, beträgt die durchschnittliche Temperatur beispielsweise im Juli 13 °C, im Wintermonat Januar 4,7 °C.

Die ***Berge des Hochlandes*** sind der Hauptregenfänger in Schottland. In Lagen oberhalb 300 m regnet es über 2000 mm im Jahr. Auf dem Ben Nevis bei Fort William erreichen die Niederschläge gar über 4000 mm. Der 1346 m hohe Gipfel wird bei Durchschnittstemperaturen von - 4,8 °C im Januar und 5,4 °C im Juli nahezu das ganze Jahr über von Frost heimgesucht.

Da der Wind in Schottland fast immer aus SW-NW weht und unweigerlich die atlantischen Tiefdruckgebiete über die Hochlande treibt, bleiben die Wolken in den Bergen der Grampians und Highlands hängen und regnen sich dort aus. Die Folge: Das ***mittelschottische Tiefland*** sowie die ***Ostküste*** weisen vergleichsweise geringere Niederschläge auf. Das Klima im östlichen Schottland ist im Allgemeinen beständiger. An der Ostküste bei Aberdeen werden im Jahresmittel Regenmengen zwischen 600 und 900 mm verzeichnet. Die Winter sind kälter als an der Westküste, da sich der Einfluss des wärmenden Golfstromes hier weniger auswirkt.

Die Abnahme der Schauerneigung von West nach Ost trifft, mit Abstrichen, auch auf das ***südschottische Bergland*** zu. In den Tälern sind die Sommer kühl, die Winter mild. Je nach Höhenlage fallen zwischen 600 und 2000 mm Niederschlag im Jahr.

Die ***Westküste des schottischen Südens*** liegt allerdings im Regenschatten von Irland, der Halbinsel von Kintyre und der vorgelagerten Hebriden-Inseln. Daher regnet es an der Küste von Ayrshire im Süden Schottlands nicht so häufig wie an der nördlichen Westküste.

Tierwelt

Die artenreiche schottische Tierwelt hat in den letzten Jahrhunderten ***Verluste*** hinnehmen müssen: Im 18. Jh. wurde der letzte Wolf geschossen. Auch der Elch ist ausgerottet. Eine andere Tierart hat sich dafür ausgebreitet: der ***Hirsch,*** *deer,* der auf Arran, Islay und anderen Inseln lebt. Der einzige Feind des Hirsches ist der Mensch, der Ende August, Anfang September auf Jagd geht und die Hirschbestände in Grenzen hält.

Während der Kriegsjahre vermehrten sich die ***Wildkatze,*** *wild cat,* und der ***Fuchs,*** *fox.* Die Wildkatze ist der gefährlichste Räuber in Schottland, allerdings ist ihr Bestand in den letzten Jahren wieder stark zurückgegangen.

Ein anderer Räuber, eine Nummer kleiner als die Wildkatze, ist das ***Hermelin,*** *stoat,* eine Wieselart, dessen wertvoller weißer Winterpelz früher von Fürsten und hohen Geistlichen zu Festen getragen wurde. Die weiße auffällige Farbe hat das Hermelin, das nachts auf Jagd geht, in schneelosen Wintern oft das Leben gekostet.

Der ***Dachs,*** *badger,* ist ebenso wie das Hermelin ein nächtlicher Räuber. Doch er ist lieber gesehen als das ***Wiesel,*** *weasel,* das schon so manches Huhn getötet hat, denn er fängt in den Schonungen die ***Kaninchen,*** *rabbit,* und ***Hasen,*** *hare,* die zum Teil verheerende Schäden an jungem Baumbestand anrichten.

An Flüssen und felsiger Küste findet man den ***Otter,*** *otter,* der sowohl im Süß- als auch im Salzwasser zu Hause ist. Otter sind Feinschmecker: Sie verspeisen gerne Lachs und ziehen im Frühjahr weite Wege, um den Laich von Fröschen zu verzehren. Auf der schottischen Kiefer lebt der seltene *pine marten,* ein ***Marder,*** der des Öfteren für ein großes Eichhörnchen gehalten wird.

Schon fast ein Wahrzeichen von Schottland sind die ***Robben,*** *seals,* auch Seehunde genannt. Die Seals haben sich fast völlig an das Leben im Wasser angepasst. An Land können sie sich lediglich durch kurze Sprünge bewegen. Zwischen den fünf Zehen ihrer Flossenfüße ist im Laufe der Evolution eine Schwimmhaut gewachsen. Die Robben ernähren sich ausschließlich von Fisch.

Der größte Artgenosse der Robben ist das ***Walross,*** *walrus,* das über 1000 kg Körpergewicht auf die Waagschale bringt. Das Walross gebärt seinen Nachwuchs unüblicherweise im Herbst, während die anderen Robben ihr Junges im Mai oder Juni bekommen. Zum Gebären verlassen die Robben das Meer und ziehen sich auf unbewohnte Inseln oder in abgelegene Höhlen zurück. Die neugeborenen Seehunde tragen ein weiches weißes Fell zum Schutz vor den heftigen atlantischen Winden. Dieses Fell ist sehr begehrt für Kleidungsstücke. In der Vergangenheit haben deshalb Robbenfänger den Bestand an Robben erheblich dezimiert. Erst in den achtziger Jahren wurde durch Aktionen von

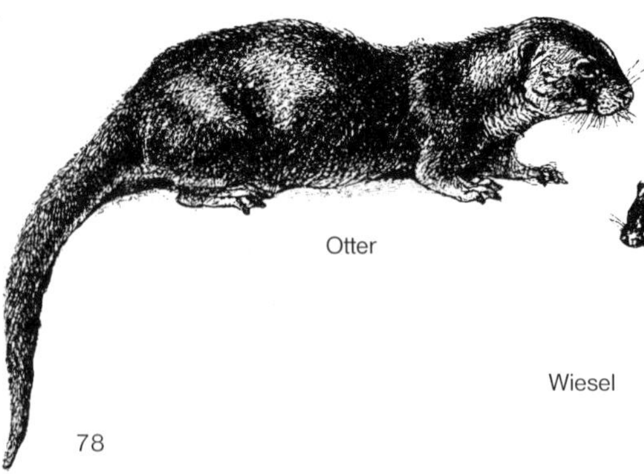

Otter

Wiesel

Green-Peace-Mitgliedern das Abschlachten der jungen Robben verhindert. Die Naturschützer färbten den kleinen Robben ihr Fell ein und machten es damit als Kleidungsstück unbrauchbar.

Bussard

Vogelwelt

Raubvögel

Jeder Vogelfreund wird seine helle Freude am reichen schottischen Vogelleben haben, angefangen beim ***Stein- oder Goldadler,*** der in Mitteleuropa als ausgestorben gilt. In den Lüften Schottlands kreist der *golden eagle* mit seiner Spannweite von 180-210 cm nach wie vor, obwohl er unermüdlich von seinem einzigen Feind, dem Menschen, gejagt worden ist. Auf den bergigen Inseln der Hebriden und im Hochland lebt der König der Lüfte. Obwohl die Adler ihre Eier bzw. ihre ausgeschlüpften Jungen wie ihren eigenen Augapfel bewachen, schaffen es einige Menschen, sogenannte „Eiersammler", auch heute noch, den Tieren ihre Nachkommenschaft zu stehlen. Der Steinadler ist ein großer, dunkelgefärbter Raubvogel, dessen englischer Name *golden eagle* sich von der goldgelben Färbung an Nacken und Kopf ableitet.

Ein kleinerer König der Lüfte ist der ***Wanderfalke,*** *peregrine falcon,* der im Gegensatz zum Steinadler ein verschwenderischer Jäger ist. des Öfteren tötet er ohne Grund oder lässt seine Beute fallen, wenn er eine bessere entdeckt hat. Den Wanderfalken entdeckt man in den felsigen Regionen des schottischen Hochlandes. Zeitweise war dieser Jagdvogel, der im Sturzflug Geschwindigkeiten bis zu 280 km/h erreicht, vom Aussterben bedroht, weil das mittlerweile verbotene Pflanzengift DDT die Schale seiner Eier brüchig machte.

Über das ganze Land verbreitet sind zwei andere Raubvögel, der ***Bussard,*** *buzzard,* und der ***Hühnerhabicht,*** *hen harrier.*

Hühnervögel

Eine beliebte Mahlzeit der Raubvögel ist das ***Sumpfhuhn,*** *grouse.* Das unauffällige Sumpfhuhn mit rotem Gefieder lebt in den Mooren und Marschgebieten an flachen Küstenstreifen. Es wird vermutet, dass das Sumpfhuhn ein Abkömmling des ***Schneehuhns,*** *ptarmigan,* ist, das ein weißes Federkleid trägt. Nach

Schottisches Moorschneehuhn

dem Ende der letzten Eiszeit hatte die weiße Tarnfarbe des Schneehuhns ihre Funktion verloren. Die Natur verpasste den Hühnern ein rotes Federkleid, das sie fortan in der braunen Moorlandschaft besser tarnte. Das Sumpfhuhn ernährt sich vor allem von Milben, Maden und Regenwürmern.

Austernfischer

Der Austernfischer

Eine dem Kontinentaleuropäer wenig bekannte Vogelart ist der Austernfischer, *oyster catcher.* Dieser Vogel hat sich seinen Lebensraum an den salzigen Fjorden des Hochlandes eingerichtet. Dort knackt der schwarz-weiße Vogel mit seinem langen roten Schnabel die Muscheln, die das Meer an Land spült. Zu erkennen ist der Austernfischer an seinem Gefieder, Kopf und Federkleid sind schwarz, der Bauch weiß gefärbt. Dieser Vogel veranstaltet lärmintensive Pieptiraden. Austernfischer, die am Strand auf Nahrungssuche sind, zwitschern gerne ihren Artgenossen grüßend zu, die droben durch die Luft schwirren.

Möwen

Eine Vogelart, die man überall in Schottland, insbesondere in Fischerhäfen, findet, ist die Möwe, *gull.* Große Möwenkolonien brüten an der Steilküste, wie auf den Orkney-Inseln oder auf Islay. Die Möwe ernährt sich in der Regel von Fisch, entweder fängt sie ihre Opfer selbst oder aast am Fleisch toter Lebewesen. Die ***Silbermöwe*** mit ihren silbergrauen Flügeln und die kleinere, schwarzgeflügelte ***Lachmöwe*** sieht man am häufigsten.

Wildgänse

Jahr für Jahr kommen im Herbst Abertausende von Wildgänsen, *geese,* nach Schottland, um dem arktischen Winter zu entfliehen. Sie brüten in den sumpfigen Küstenstreifen südlich von Dumfries und auf der Insel Islay. In den Monaten März und April verlassen sie das Land wieder gen Norden. Gänse sind insofern ungewöhnliche Vögel, als sie in der Lage sind, Gras zu verdauen. Ansonsten ernähren sie sich von Kleinlebewesen, Würmern und so ziemlich allem, was ihnen vor den Schnabel kommt.

Andere Zugvögel

Der ***Regenpfeifer,*** *dotterel,* ein gedrungener Wattvogel mit auffälligem Gefieder, zieht im Sommer in die Bergwelt des schottischen Nordens ein. In den flacheren Gebieten Schottlands lebt ein weiterer Zugvogel, die ***Schwalbe,*** *swallow.* Sie ernährt sich von den Insektenschwärmen, die in den Sommermonaten über der Heidelandschaft schwirren.

Pflanzenwelt

Die schottische Pflanzenwelt erweist sich weniger artenreich als die des europäischen Festlandes. Eine Erklärung bietet das Inseldasein Großbritanniens. Nur etwa 1050 verschiedene Pflanzenarten werden in Schottland gezählt. Die geringe Anzahl von Arten zeigt sich insbesondere in der Baumwelt. Die *scots pine,* die ***schottische Kiefer,*** ist der einzige verbreitete einheimische Baum, der in Höhenlagen bis 600 m vorstößt. Andere Baumarten, wie die Lärche, die Douglas-Tanne oder die Norwegische Fichte, sind nach Schottland zwecks Aufforstung importiert worden.

Ehemals war ganz Schottland bis auf 400-500 m Höhe mit Wald bedeckt, vorherrschend mit der Scots Pine, einem erstaunlich widerstandsfähigem Baum. Auf dem Boden der Pinien-Wälder blühten Blumen und Gewächse wie das efeuartige ***Wintergrün,*** die ***Vogelmiere*** oder ***Orchideen.*** Leider ist der Bestand des ursprünglichen *Caledonian Forests* bis auf wenige Ausnahmen, wie den *Black Wood of Rannoch* oder *Rothiemurchus Forest,* von der schottischen Bildfläche verschwunden. Der heutige Waldbestand ist zum größten Teil aufgeforstet. Die Waldlandschaft dominieren schnellwachsende Tannen, die zwar im ersten Moment gewinnträchtig erscheinen, aber dem Boden bei intensivem Anbau sehr viele Reserven entziehen.

So kennt Schottland kaum noch Naturwald, obwohl einst überall der

Königin der Lüfte: die Silbermöwe

Kaledonische Wald stand, der über die Jahrhunderte hinweg abgeholzt oder brandgerodet wurde, um Weideflächen für die Schaf- und Rinderzucht zu gewinnen. Heute herrscht eine morastige Heidelandschaft im Hochland vor. Dem Boden mangelt es oft an mineralischen Salzen wie Kalium, Calcium oder Magnesium. Auf dem nährstoffarmen Grund gedeiht lediglich das ***Heidekraut,*** *calluna,* das der Landschaft einen purpurroten Anstrich gibt.

Ein Anzeiger für nährstoffreicheren Boden ist das *bracken fern,* das ***Farnkraut,*** welches nicht selten mannshoch gedeiht und im Herbst golden glänzt. Überfeuchter Boden dagegen zeigt sich am Vorkommen von ***Schilfgras,*** *sedge.*

Rose of Scotland

Auf weniger feuchtem Heideboden wachsen die ***Heidelbeere,*** *whorthleberry,* und die ***Schwarzbeere,*** *blackberry,* welche beide im Spätsommer reifen. Beide Beeren eignen sich aufgrund ihrer geringen Größe kaum als Magenfüller, eher als Genussmittel.

Nach der letzten Eiszeit bedeckten weite ***Moosteppiche*** vor allem den regenreichen Westen Schottlands, aus denen sich Schicht für Schicht der Torf bildete, der auf den Hebriden-Inseln, wie z. B. Islay, gestochen wird. Auf jenem torfigen, feuchten Boden sind Aufforstungsmaßnahmen nur mit Drainagen zu realisieren, wie auf Skye zu sehen. Schottische Kiefern wachsen kaum auf dem feuchten Torfboden, dafür die ***Norwegische Fichte.***

Im Hochland haben die Pflanzen alpinen, arktischen Charakter, ***Flechten*** und ***Moose*** bedecken die Berge. Die Bäume und Sträucher der oberen Höhenlagen wie der *saxifrage,* der ***Körnersteinbrech,*** sind meist untersetzt. Sie gedeihen selbst auf felsigem Boden. Die dicken verwachsenen Stämme erreichen meist nur eine geringe Höhe. Einzig in den feuchten, felsigen Bergen der Cuillin Hills auf der Insel Skye findet man die seltene ***Felsenkresse,*** *rock cress.*

An der Ostküste Schottlands erkennt man kaum mehr einen Unterschied zwischen einer schottischen Wiese mit ihren Hecken und Blumen und einer Wiese in Mitteleuropa.

An der Westküste zeigt sich dagegen eine reichere Vegetation, beeinflusst vom „warmen" Golfstrom. ***Hortensien, Azaleen*** und ***Fuchsien*** blühen hier vor allem in den öffentlichen Gärten.

Häufig stößt man auf ***Rhododendren,*** deren Blütenpracht die Landschaft purpur bis hellrot färbt. Der Rhododendron, der vor allem in den Alpen zu finden ist, gehört zur Familie der Heidekrautgewächse. Die bis zu drei Meter hohen Sträucher tragen das ganze Jahr über ein grünes Blätterkleid.

Kurze Geschichte Schottlands

Geschichte in Schottland ist allgegenwärtig: in den Häusern, Burgen, Palästen, in den Reden der Politiker, auf Whiskyflaschen, auf Festen und in Trachten, vor allem aber im Bewusstsein und den Herzen der Menschen. Es ist nichts Ungewöhnliches, wenn Ihr Nachbar an der Theke einer Glasgower Kellerbar beginnt, *Burns* Lieder zu singen und von *Bonnie Prince Charlie* und seinen Fourtyfivern zu erzählen. Auch ist es kein Zufall, wenn die Bewohner der Inseln *Orkney* und *Shetland* auf ihren seit 1468 ungeklärten Verfassungsstatus hinweisen, um gegen die Errichtung eines Atomkraftwerks zu protestieren.

Geschichte erscheint dem Besucher in diesem Land der Clans und tragischen Könige häufig als real existierende Romantik, die oft für die verschiedensten Zwecke verklärt und missbraucht wird (nicht zuletzt, um Touristen Nebensächlichkeiten anzupreisen). Als 1707 die Unabhängigkeit des Landes beendet wurde, kommentierte einer der schottischen Verhandlungsführer: „This is the end of an auld sang!"

Vorgeschichte

Die Geschichte beginnt in Schottland weit früher als anderswo. Ein Volk von Nomaden und Fischern besiedelte schon ***vor ca.***

Magische Zeugen der Vergangenheit: Standing Stones of Callanish/Lewis

6000-7000 Jahren das heute als Schottland bezeichnete Gebiet im Norden der Britischen Inseln. Um ***3000 vor unserer Zeitrechnung*** ergriffen dann von Irland aus sesshafte Bauern Besitz von den damals noch fruchtbaren Landstrichen. Bevor dieses Volk wieder im Dunkel der Geschichte verschwand, hatte es die großen vorgeschichtlichen Monumente errichtet, die noch heute den Betrachter faszinieren: das Dorf Skara Brae und das Grab Maes Howe auf Orkney, vor allem den Steinkreis von Callanish auf Lewis und viele Stätten mehr. Doch all diese frühen Kulturen versanken auf rätselhafte Weise wieder, und kein Wissenschaftler vermag zu erklären, warum und wohin.

Um ***400 v. Chr.*** wanderten die ***Kelten*** von Irland her ein. Wie sie sich selbst nannten, wissen wir nicht; von den Römern erhielten sie wegen ihrer vielen Tätowierungen den Namen ***picti*** (lat. = die Bemalten). Die Pikten errichteten ein Königreich in Mittelschottland (heutiges Grampian) und wurden zum stärksten ethnischen Element im späteren Völkergemisch der Schotten.

Die Bezeichnung Schotten leitet sich von den ***Skoten*** ab, einem anderen keltisch-irischen Stamm, der im ***6. Jh. n. Chr.*** einwanderte und das Königreich Dalriada im Südwesten Schottlands (heute Strathclyde) gründete.

Im Süden des Landes siedelten sich zur gleichen Zeit die ebenfalls keltischen ***Briten*** an, die von der angelsächsischen Invasion aus England vertrieben worden waren. Doch die germanischen ***Angelsachsen,*** die aus Norddeutschland kamen, folgten ihnen auf dem Fuße und siedelten in ihrer Nachbarschaft im Südosten.

Die Entstehung Schottlands

Diese vier Völkerschaften vereinigten sich im Laufe des frühen Mittelalters zur Nation der Schotten. Um ***563 n. Chr.*** hatte der Ire *Columba* auf der kleinen Insel Iona ein Kloster gegründet und begann, das schottische Festland zu christianisieren. Im Laufe der Zeit wurde dadurch das ***Christentum*** zu einem der wichtigsten einigenden Elemente unter den verschiedenen Völkerschaften.

Eine zweite Voraussetzung für die Vereinigung der Volksgruppen war der Aufstieg der Pikten. Der Aufbau und die Organisation ihrer Kleinkönigtümer entwickelte sich soweit, dass sie den Rahmen für ein Reich bilden konnten. Der dritte wichtige Grund für die Entstehung eines einigen Reiches war der Druck von außen. Die gesamten Küstengebiete des Nordens und Westens wurden immer wieder von plündernden und brandschatzenden Wikingerhorden heimgesucht, und der Druck der expandierenden Angelsachsen von Süden her wuchs stetig.

Durch den äußeren Druck, gefördert von den einigenden Elementen der Religion und der gemeinsamen keltischen Kultur entstand ein Königreich. ***843*** erbte der Scotenkönig *Kenneth MacAlpine* durch Heirat die Krone von *Scone* und vereinigte so Skoten und Pikten zum ***Königreich Alba.*** Dieses Königreich – auf gälisch heißt Schottland noch heute *Alba* - dehnte sich im Laufe der Zeit immer weiter nach Süden aus. *Malcolm II.* (1005-1034) schloss ein Bündnis mit den Sachsen und besiegte die Briten, um sich das fruchtbare Lothian einzuverleiben. Von nun an hieß das Königreich *Scotia* - Schottland.

Duncan, der Sohn *Malcolms II.,* unterlag ***1040*** *MacBeth,* einem anderen Thronanwärter im Kampf um die Krone. Bei den Pikten waren Verwandtschaft und Erbrecht über die weiblichen Linien Tradition. Dies führte dazu, dass bis ins hohe Mittelalter hinein die Thronfolge stets umstritten war und der jeweilige König sich erst durchsetzen musste. *MacBeth* regierte 17 Jahre lang. Doch wie viele schottische Könige nach ihm, verlor er die Unterstützung des Adels. *Duncans* Sohn *Malcolm* hatte sich zu den Engländern geflüchtet und kehrte mit einer englischen Prinzessin zurück, um mit Hilfe des Adels seinerseits *MacBeth* zu schlagen.

Unter *Malcolm III.* (1057-1093) gewann die ***englische Kultur Einfluss auf Schottland.*** Seine englische Frau, die *Hl. Margaret,* führte den Katholizismus ein, der durch seine hierarchische Organisation dem König half, sein Reich in einen „modernen" Feudalstaat umzuwandeln.

Malcolms Söhne setzten sein Werk fort. *David I.* (1124-1153) hatte seine Jugend am englischen Hof zugebracht. Als er zurück nach Schottland kam, brachte er befreundete anglonormannische Adelige mit und schenkte ihnen Land im Südwesten. Sie wurden die Stammväter mächtiger Clans wie *Bruce, Balliol* oder der *Comyn.* Daneben verbesserte er die wirtschaftliche Infrastruktur, indem er Klöster (z. B. *Holyrood* oder *Melrose*) gründete. Klöster waren im Mittelalter eine wichtige Basis der Wirtschaft, da sie am besten mit Geld umgehen konnten, bemüht waren, den Bodenertrag zu erhöhen oder neues Land zu roden, vor allem aber, weil die Mönche sehr diszipliniert und arbeitsam waren.

1175 schloss *William the Lyon* einen ***Pakt mit Frankreich,*** der als *„The Auld Alliance"* immer wieder erneuert, bis ins 18. Jh. seine Wirkung zeitigen sollte. Aufgrund dieses Paktes fiel *„der Löwe"* in England ein, um Gebiete zurückzuerobern, die sein Vater verloren hatte, scheiterte jedoch und wurde gefangen genommen. Daraufhin zwang ihn England zum Lehnseid: Schottland verlor seine Unabhängigkeit.

Die Unabhängigkeitskriege

Die Stellung des Landes festigt sich wieder unter dem starken König *Alexander III.,* der ***1263*** in der ***Schlacht bei Largs*** (an der Küste westlich von Glasgow) die Norweger schlägt und die bis dahin unter Herrschaft der Wikinger stehenden, westlichen Inseln einschließlich der *Isle of Man* für Schottland erobert.

Nach seinem Tod kommt es zum Thronstreit. Die streitenden Parteien der *Bruces, Balliols* und *Comyns* rufen *Edward I.* von England als Schiedsrichter an. Der fordert als Pfand die wichtigsten schottischen Festungen und von *John Balliol,* den er zum König macht, den Lehnseid. *John Balliols* Regierung ***(1292-1296)*** endet im Desaster. *Edward* fordert zu viel von den Schotten und bewirkt nur, dass sich *Balliol* gegen ihn erhebt. Doch mit Hilfe der Lowland Barone (Lords), die auch Gebiete in England besitzen, stürzt *Edward I., „the Hammer of the Scots",* den neuen König und lässt Schottland durch Statthalter regieren.

Robert the Bruce

Einer der großen Volkshelden Schottlands, ***Sir William Wallace,*** treibt daraufhin die Engländer aus ihren wichtigsten Festungen. Sogar ein englisches Heer besiegt er bei *Stirling.* Doch dem Nichtadeligen, der sich auf Bürger und Bauern stützt, folgen die schottischen Großen nur ungern. *Edward* kann ihn durch Verrat gefangen nehmen und lässt ihn, der ihm nie den Lehnseid geschworen hat, ***1305*** als Verräter hinrichten.

Nun beginnt der Aufstieg eines der volkstümlichsten und berühmtesten schottischen Helden. ***Robert the Bruce (1274-1329)*** hatte einen Thronanwärter zum Vater, der von *Edward* zurückgesetzt worden war. Zunächst kollaborierte *Bruce* mit den Engländern und wurde sogar zum Mitregenten von Schottland ernannt. Nach einem Streit mit seinem Kollegen und Thronrivalen *John Comyn* erschlug er diesen in einer Kirche. Das Verbrechen, das ihm die Exkommunikation einbrachte, führte zu der großen Wandlung des *Bruce* zum Freiheitshelden.

Um sich der Strafe zu entziehen, lässt er sich in Anwesenheit von nur wenigen Adeligen ***1306*** in Scone zum König krönen. Den berühmten *„Stone of Scone„* oder *„Stone of Destiny"* allerdings, den Krönungsstein der schottischen Könige, hatte *Edward I.* nach England mitgenommen, von wo er erst 1996 in einer feierlichen Zeremonie nach Edinburgh zurückgekehrt ist.

Die schottischen Adeligen hatten *Bruces* unrühmliche Rolle in den zurückliegenden Jahren der Besatzung jedoch nicht vergessen. Er erhält nur wenig Unterstützung und flieht, mehrmals von *Edward* geschlagen, auf eine der Hebrideninseln. Dort wendet sich sein Schicksal. *Edward I.* stirbt und sein Sohn, *Edward II.,* erweist sich als ein schwacher König. Einige kleine Siege bringen neue Sympathien und Unterstützung für große Siege: ***1314*** wurde nur noch das uneinnehmbare Stirling Castle von einer englischen Besatzung gehalten. *Edward II.* versucht, es mit einem starken Ritterheer zu entsetzen. Trotz seiner Unterlegenheit entscheidet sich *Bruce* zur Schlacht. Bei *Bannockburn,* kurz vor Stirling, vernichtet er durch sein strategisches Genie das Reiterheer und wird nun unanfechtbar der König Schottlands.

1327 musste *Edward III.* die ***Unabhängigkeit Schottlands*** im Vertrag von York anerkennen. *Robert I. Bruce* war aber nicht nur Vater der Unabhängigkeit Schottlands, sondern auch ein großer König, der einen gut organisierten Staat mit einer starken Zentralgewalt gründete. Unter anderem war er der erste König, der ein Parlament mit Vertretern der Städte einberief.

David II., Roberts Sohn und Nachfolger, verspielte um ein Haar das Erreichte wieder. Er begab sich wieder in Abhängigkeit zum englischen Hof. Nur dem schottischen Adel war es zu danken, dass in den folgenden blutigen Bürgerkriegen die Unabhängigkeit nicht wieder verloren ging.

Die frühen Stewarts

Als *David II.* kinderlos starb, brach die Epoche der berühmten wie unglücklichen *Stewarts* mit *Robert II.,* dem Schwiegersohn von *Robert I. Bruce,* an. *Stewart* ist die Bezeichnung für einen Maier oder Hofmarschall. Als solche hatten die *Stewarts* es zu immer mehr Ansehen gebracht, bis *Bruce* seine Tochter an seinen *High Stewart* verheiratete.

Nicht von ursprünglich königlichem Geblüt hatten es die *Stewarts* in der Folgezeit schwer, sich gegen den mächtigen Adel, der sie nicht als Gleichgestellte betrachtete, durchzusetzen. ***James I. (1406-1437)*** versuchte es mit Gewalt: er wurde ermordet. Sein Sohn, ***James II. (1437-1460),*** hatte einigen Erfolg; er unterwarf die mächtige Familie der *Douglas* (ihr Sitz war das trutzige *Tantallon Castle* in Lothian). ***James III. (1460-1488)*** dagegen starb durch die Hand eines Meuchlers.

Die starke Stellung des Adels wurde begünstigt durch die häufige Minderjährigkeit der Könige und ihre frühen Tode, wodurch wieder nur ein Kind als Nachfolger zurückblieb. Die Regenten der Zwischenzeit arbeiteten für die Macht des Adels im Allgemeinen und die Macht der eigenen Familie im Besonderen. ***James IV. Stewart (1488-1513)*** war der erste schottische Renaissancekönig. Während seiner Regierungszeit versuchte er, das schottische Staatswesen zu erneuern. Er gründete ***1495*** zu den zwei bereits existierenden Universitäten St Andrews (1412) und Glasgow (1451) noch eine dritte in Aberdeen. Eine stehende Armee sollte ihn im Kampf gegen den Adel stärken. Er rüstete sein Heer erstmals mit Kanonen aus und begann mit dem Aufbau einer kleinen Flotte. Die alte Allianz mit Frankreich wurde ihm zum Schicksal. Zwar hatte er 1503 *Margaret,* die Schwester *Heinrichs VIII.* von England, geheiratet, doch war er ***1513*** gezwungen, in den Krieg gegen das hochgerüstete England zu ziehen, da *Heinrich VIII.* in Frankreich eingefallen war. Mit einem zum Teil noch feudal organisierten Heer überschritt er die Grenze und traf bei Flodden Field auf einen wohlvorbereiteten Gegner. Die Schlacht endete strategisch zwar unentschieden, doch fielen so viele Schotten, darunter Herzöge, Grafen, Barone und – der König, dass nur noch wenige in der Nacht nach Schottland flüchten konnten. Die „Blumen des Landes waren abgemäht“, so beklagt seitdem ein oft gesungenes Volkslied die Katastrophe *(„the flowers of the forest“).*

Wieder trat ein Minderjähriger die Nachfolge an. ***James V. (1513-1542)*** gelang es nach seiner Volljährigkeit jedoch endlich, die Macht seines Adels zu brechen. Mit Hilfe der Kirche, die nun langsam unter den Druck der Reformation geriet, baute er einen zentral gelenkten absolutistischen Staat auf. Aber auch *James V.* musste im Bündnis mit Frankreich gegen England ziehen und erlitt, wie sein Vater, am Solway Moss eine vernichtende Niederlage. Gebrochen starb er ***1542*** in Linlithgow und hinterließ nur eine neugeborene Tochter: *Maria Stewart,* die sich in Frankreich später *Stuart* nennt, da im Französischen kein w existiert.

Die Reformation

Um *Maria*, die kindliche Königin, vor machtbesessenen Kidnappern zu schützen, wurde sie schnell nach Frankreich in Sicherheit gebracht. Dort wuchs sie bei Hofe auf und heiratet ***1558*** den französischen Thronfolger.

Währenddessen regierte ihre Mutter, ***Maria Guise,*** eine französische Hochadelige, in Schottland. Sie hielt sich mit Hilfe des französischen Hofes und ihrer einflussreichen Verwandten an der Macht. Darüberhinaus stützte sie sich auf die Kirche, der sie, wie alle katholischen europäischen Könige, unter dem Eindruck der Reformation immense Summen abverlangte. Die Kirche war bereit, diese zu zahlen, um von der Krone vor der Reformation beschützt zu werden. Die Prälaten und Bischöfe hatten sich allerdings an ihr verschwenderisches Leben gewöhnt und erhöhten deshalb einfach die Pacht für ihre Hörigen. Zu der Unzufriedenheit über die Ausbeutung durch die Kirche kam der Argwohn gegenüber einer veralteten und dem neuen Denken der Renaissance widerstrebenden Theologie.

Wie auf dem Kontinent nutzten einige Adelige die Gelegenheit der Reformation. Gegen die ungeliebte frankophile Regierung der *Maria Guise* formierte sich eine an England angelehnte Opposition der Barone. Königin *Elisabeth I.* von England unterstützte diese Opposition und die von ihr ausgehende Reformation, da sie ihr protestantisches Land von allen katholischen Mächten Europas, besonders von Frankreich und Spanien, bedroht sah.

Die Leitfigur der schottischen Reformation wurde der fanatische Prediger ***John Knox.*** Seine bewegte Geschichte begann, als er zum Galeerensträfling verurteilt wurde, weil er in einem Aufstand in St. Andrews die geistige Führung übernommen hatte. Mit englischer Hilfe entkam er aus der Gefangenschaft und zog durch Europa, wo ihn besonders die Lehre *Calvins* beeindruckte. Obwohl in Abwesenheit zum Tode verurteilt, kehrte er nach Schottland zurück, als seine Gönner ihm genug Schutz zu bieten vermochten. ***1555*** gründete er die calvinistische *Church of Scotland,* die ***1560*** zur Staatskirche wurde.

Maria Stuart, die Königin von Schottland, kehrte erst ***1561*** in ihre Heimat zurück, nachdem ihr erster Mann, der König von Frankreich, gestorben war. Sie blieb zwar ihrer Konfession treu, doch an der Reformation konnte sie nichts mehr ändern.

Da die Königin von Schottland nicht bereit war, auf ihre englischen Thronansprüche zu verzichten, die sie aus katholischer Sicht zur legitimen Königin Englands machten, geriet sie in einen scharfen Gegensatz zu *Elisabeth I.* von England. Der verstärkte sich noch, als Maria ihren Vetter *Lord Darnley* heiratete, der ebenfalls Ansprüche auf den englischen Thron stellte.

Doch die Ehe scheiterte und Darnley erlag einer Intrige, die ihn das Leben kostete. Als *Maria Stuart* kurz darauf den Hauptverdächtigen heiratete, brachte sie den Adel gegen sich auf. Man zwang sie zur Abdankung zugunsten ihres kleinen Sohnes *James VI.* und verbannte die Königin von Schottland nach Loch Leven Castle. Nach einjähriger Gefangenschaft gelang ihr die Flucht, doch konnte sie nicht mehr genügend Anhänger um sich scharen, so dass ihr nur die weitere Flucht nach England zu ihrer Cousine *Elisabeth I.* blieb. Da *Maria* aber nicht auf ihre Thronansprüche verzichten wollte, ließ *Elisabeth* sie 19 Jahre lang in *Fotheringhay Castle* einsperren und dann, mit Zustimmung von *James VI.*, ihrem Sohn, ***1587*** hinrichten (siehe auch den Exkurs „Mary Queen of Scots").

Von der Einigung der Kronen zur Einigung der Parlamente

Nach der Flucht *Maria Stuarts* stand der nun elternlose ***James VI.*** in Schottland zwischen den verschiedenen rivalisierenden Adelsparteien. Man ließ ihn, im Gegensatz zu seiner Mutter, im Sinne eines streng reformierten Calvinismus erziehen. Der Renaissancephilosoph *George Buchanan* als sein Erzieher versuchte, ihm die Ideale der Volkssouveränität und der beschränkten Königsgewalt nahezubringen. Die Versuchung der Macht verdrängte in den späteren Jahren jedoch diese Prägung des Königs.

Schon früh zum Lavieren zwischen den Parteien gezwungen, lernte *James VI.* sehr bald diplomatisches Handeln. Nach seiner Volljährigkeit gelang es ihm, die rebellierenden katholischen Adeligen des Nordens gegen die Protestanten des Südens auszuspielen und die Königsmacht zu stärken. Das zentrale Ziel seiner Innen- und Außenpolitik blieb aber die ***Erringung der englischen Krone.*** Seine Anstrengungen wurden mit Erfolg „gekrönt", als er ***1603*** der ohne Nachkommen verstorbenen *Elisabeth* auf dem Thron folgte. Die Personalunion mit dem wirtschaftlich mächtigen und auch an Einwohnerzahl weit überlegenen England brachte der Königsmacht in Schottland eine ungeahnte Stärkung. Für den König in London bestand keine Gefahr mehr, von rebellierenden Adeligen gefangen genommen oder sogar ermordet zu werden. Er konnte Schottland „mit dem Stift" regieren, wie er es vorher „mit dem Schwert" nicht vermocht hatte. *James VI. und I. von Großbritannien* war es nun möglich, absolutistisch zu regieren, Schottland von ernannten Regenten unter Kontrolle zu halten.

Schon bald begann *James,* für seine Ziele auch die Kirche einzuspannen. Die refomierte Kirche war *presbyterianisch,* dass heißt auf der Basis selbstständiger Gemeinden organisiert. *James* brachte sie unter seine Kontrolle, indem er wieder Bischöfe einführte, die über die Gemeinden wachten. Dies ließen sich die Schotten noch gefallen, doch als er darüber hinaus die anglikanische (englische), größtenteils katholisch geprägte Liturgie einführte, war der Bogen zum Zerreißen gespannt.

Sein Sohn und Nachfolger ***Charles I. (1625-1649)*** brachte das Fass zum Überlaufen, als er die Liturgie noch weiter an die verhasste katholische Form annähern wollte. Die Führer der schottischen Gesellschaft, Adel und Pfarrer, schlossen den *„National Covenant",* einen Vertrag, in welchem sie sich gegenseitig versicherten, die Reformation aufrechtzuerhalten und zu schützen. Gleichzeitig hatte *Charles* das englische Parlament durch seinen kompromisslosen Absolutismus herausgefordert: Es kam zum Aufstand. Der schottische *Covenant* und das englische *Parliament* griffen zu den Waffen. Gemeinsam besiegten sie in einem kurzen, blutigen Bürgerkrieg den König.

Doch *Charles* floh zu den Schotten und versprach ihnen eine eigene Kirche. Der *Covenant,* der die Freiheit der Kirche, nicht aber den Sturz des Königs wollte, war damit zufrieden und schlug sich auf die Seite *Charles'.* Doch die neue Allianz wurde besiegt, und nach der Niederlage mussten die Schotten ihren König an die Engländer unter Führung des neuen Generales ***Oliver Cromwell*** ausliefern. Dessen Armee machte mit dem *Stuart* kurzen Prozess, und ***1649*** wurde *Charles I.* in Whitehall enthauptet. *Cromwell* ernannte sich zum *Lordprotektor,* zum Diktator über das gesamte Vereinigte Königreich.

Der Covenant in Schottland, schockiert von der Hinrichtung des Königs und abgestoßen von *Cromwell,* dessen soldatisch rationaler Geist den frommen Schotten als ketzerisch erschien, verbündete sich daraufhin mit *Charles II.,* dem Sohn des hingerichteten Königs. Er hatte vorher, taktisch klug, ebenfalls den Covenant unterschrieben. Unter dem Befehl von *David Leslie* sammelten sie ihre Armee und erwarteten den Angriff. *Cromwells* Armee kam ***1650***. Sie war abhängig von der Verbindung mit der Flotte, und so beschloss Cromwell, den Hafen von *Edinburgh* zu erobern. *Leslie* hatte jedoch gut vorsorgen lassen, seine befestigten Stellungen waren für den Engländer unbezwingbar. *Cromwell* musste sich zurückziehen. Aber vom schlechten Wetter getrieben und in der Annahme, die Engländer schifften sich wieder ein, verließen die Schotten ihre Stellungen zu früh. *Cromwell* erkannte seine Chance, packte den Gegner in der Flanke und rollte das ganze Feld auf. Nun beherrschte

Cromwell das Terrain in Schottland; seinem militärischen Genius waren *Charles II.* und seine Covenanter nicht gewachsen. Bis ***1652*** waren alle Festungen in seiner Hand.

Der König floh nach Frankreich, und Schottland blieb die nächsten neun Jahre unter der Herrschaft *Cromwells.* Für das Land, das von den vielen Bürgerkriegen, Aufständen und Fehden seit der Reformation ausgeblutet, heruntergekommen und verarmt war, brach eine Zeit des Friedens an. Zwar litt Schottland unter hohen Steuern und Fremdherrschaft, doch der Frieden verhalf der am Boden liegenden Wirtschaft etwas auf die Beine. Zudem war die Rechtsprechung der Engländer, befreit von den bisher geltenden Bindungen der Freundschaft und Verwandtschaft *(„kith and kin"),* effektiver, schneller und gerechter.

Dennoch begrüßte die ganze schottische Nation ***1660***, nach dem Tod *Cromwells,* begeistert die ***Rückkehr Charles II.*** aus dem französischen Exil. Doch mit *Charles II.* ***(1660-1685)*** begann die Geschichte, sich zu wiederholen. Er regierte wie sein Großvater absolut, hatte aber gelernt, dass er zwar die Bischofskirche wieder einführen könne, doch die presbyterianische Liturgie unangetastet lassen musste. Diesen Fehler beging sein Sohn, *James VII./II.* Er wollte den Katholizismus wieder einführen. Nachdem seine Politik gescheitert war, musste er vor der Revolution nach Frankreich fliehen.

Das englische Parlament bot ***1689 Wilhelm von Oranien,*** dem Statthalter der Niederlande, einem Enkel *Charles' I.* und Schwiegersohn *James' VII./II.,* die Krone an. *Wilhelm* akzeptierte, musste aber zuvor dem Parlament in den *bill of rights* weitgehende Rechte zugestehen. Diese *bill of rights* begründeten die konstitutionelle Monarchie in England. In Schottland fand sich eine schwache Mehrheit im Parlament, die sich ebenfalls für diese Lösung entschied und kurz darauf unter der Bedingung freier Religionsausübung *Wilhelm III.* die Krone des Reiches anbot.

Doch vor allem in den Highlands sammelten sich die Anhänger der Stuarts unter der Führung von *Lord Claverhouse, Viscount Dundee,* dem *„Bonnie Dundee"* der Volkserzählungen. Dieser zettelte noch im gleichen Jahr eine Rebellion an, den ersten der ***Jacobitenaufstände***, die nach dem Sohn des gestürzten Königs, *James* (schott. Jacob), benannt sind. In der Schlucht von Killiecrankie brachte Lord Claverhouse einer überlegenen antiroyalistischen Armee eine vernichtende Niederlage bei, doch er selbst fiel in der Schlacht. Ohne ihn war der Aufstand führerlos und brach in sich zusammen.

Der neue König saß danach fest im Sattel. An das *„Revolution Settlement",* die Bedingungen seiner Machtübernahme (er sollte regelmäßig ein Parlament einberufen, sich an dessen Beschlüsse halten, die Bischofskirche abschaffen u. a.), hielt er sich nur zum Teil. Er behielt den *Secretary of State for Scotland,* den administrativen Lenker Schottlands, in London und setzte ihn persönlich ein, als das schottische Parlament opponierte. In einem neuen Schwur, der ebenfalls gegen das *Settlement* verstieß, mussten alle Schotten ihn als König nicht nur theoretisch, sondern auch praktisch anerkennen. In der Folge dieses Eides kam es dann zum ***Massaker von Glen Coe*** (siehe auch Exkurs „Schottlands Tal der Tränen").

Als *Wilhelm III.* 1702 starb, folgte ihm seine Schwägerin ***Anna (1702-1714),*** eine protestantische Tochter *James' VII./II.,* auf dem Thron. Gleich nach ihrem Amtsantritt berief sie eine beratende Versammlung ein, die eine Union der beiden Königreiche einleiten sollte. In Schottland war diese Union zunächst unbeliebt. Verschiedene Ereignisse hatten Unmut gegen England aufkommen lassen. Aktionen wie das Massaker von Glen Coe hatten *Wilhelm* sehr unbeliebt gemacht. England gewährte den Schotten keinen Freihandel und brachte den *Darien Plan,* die Gründung einer schottischen Kolonie in Panama, zum Scheitern.

Dennoch wurde ***1707*** eine ***Vereinigung der Parlamente*** beider Länder vorgenommen. Die vernünftigen Politiker beider Seiten hatten dabei immer die Konsequenzen eines Scheiterns ihres Planes vor Augen. England stand im Krieg mit Frankreich und konnte sich keinen jacobitischen Feind im Norden leisten, außerdem wollte es die Thronfolge des Hauses Hannover auf die kinderlose *Anna,* der letzten *Stuart,* gesichert sehen. Andererseits war die schottische Wirtschaft auf den Freihandel mit dem englischen Partner angewiesen, und die schottischen Verhandlungsführer hatten die Gefahr eines blutigen Bürgerkrieges und eines neuerlichen katholischen Königs vor Augen.

Die Einigung sah folgendermaßen aus: Die beiden Königreiche sollten unter dem Namen Großbritannien eine Flagge, ein Staatssiegel und eine Währung besitzen. Die Thronfolge sollte an die Hannoversche Prinzessin, eine Enkelin *James VI./I.,* und ihre Erben übergehen. Schottland sollte eine angemessene Zahl *Peers* (Vertreter des Hochadels) in das Oberhaus und Abgeordnete in das Unterhaus entsenden sowie seine eigene Rechtsprechung behalten. Die schottische Rechtsprechung beruht bis heute auf dem römischen Recht, wogegen in England das Prinzip des Gewohnheitsrechtes herrscht.

Schottland profitierte von der Einigung. Die Wirtschaft begann, befreit von der Last der Zölle und mit freiem Zugang zu den Märkten der englischen Kolonien, zu florieren. Die Maschinenweberei wurde eingeführt, und als ***1765*** der Schotte *James Watt* die Dampfmaschine betriebsreif verbesserte, begann für Europa die Industrielle Revolution. In der Landwirtschaft brachten neue Anbaumethoden verbesserte Erträge, die Einführung der Kartoffel schaffte die Hungersnöte ab und trug zum Bevölkerungswachstum bei. im Großen und Ganzen nahm Schottland, das nach den ***„sieben schlechten Jahren“*** der Regierung *Wilhelms I.* unter großer Armut litt, nach der Vereinigung mit England endlich seinen Aufschwung. Das 18. Jh. wurde zum goldenen Zeitalter der schottischen Geschichte.

Die Jacobitenaufstände

Dennoch gab es immer noch Jacobiten, die von der Restauration einer katholischen Stuartmonarchie träumten. Unterstützt wurden die Exilstuarts und ihre fast ausschließlich schottischen Anhänger von Frankreich und dem Vatikan. Die Aufstände, die als Jacobitenaufstände in die britische Geschichte eingingen, haben bis heute eine große Bedeutung im schottischen Geschichtsbild.

Den ***ersten Versuch einer Invasion*** unternahm der Sohn des exilierten *James VII./II.,* der „Old Pretender“, den die Franzosen als *James III.* anerkannt hatten. ***1708*** segelte er mit französischen Schiffen und Soldaten nach Schottland, doch verhinderte schlechtes Wetter, französische Unlust und das Auftauchen englischer Fregatten eine Landung im Firth of Forth. Die Schiffe drehten ab und kehrten nach Frankreich zurück.

1715 führte der *Earl of Mar* den ***zweiten Aufstand.*** Er brachte die Highlands und Grampian hinter sich und konnte neben der allgemeinen Unzufriedenheit auf die Unterstützung der episkopalischen Pfarrer, Anhänger der Bischofskirche, hoffen. In Braemar zog er im Beisein einiger weniger Persönlichkeiten die königliche Flagge auf und stellte ein Heer von 12.000 Mann auf. Aber Frankreich versagte die Unterstützung, die Städte südlich des Tay wandten sich gegen die Jacobiten und der *Earl of Sutherland* bedrängte sie von Norden her. In Sheriffmuir bei Dunblane wurde der Earl of Mar geschlagen. Mit dem inzwischen eingetroffenen *„Old Pretender“* floh er nach Frankreich. Da ihre zurückgebliebenen Anhänger in Schottland breite Sympathie genossen, erhielten sie keine zu hohen Strafen, bis auf den Clan der *MacGregors,* deren Name bereits seit 1617 verboten war und die ihre Bürgerrechte erst 1774 zurückerhalten sollten.

Am bekanntesten ist die Rebellion ***„The rising of Fourty Five“.*** Diese Erhebung, angeführt von *Charles Edward Stuart, „Bonnie Prince Charlie“,* dem Enkel des gestürzten Königs, birgt alle Elemente der Romantik in sich. Dem *„Young Pretender“,* wie ihn die Engländer nannten, sollte es noch einmal aufgrund seines Charismas und seines Wagemutes gelingen, die Clans zu vereinigen. Er marschierte mit einer Armee bis Derby in Mittelengland, bevor er umkehren musste und auf dem Culloden Moor bei Inverness vernichtend geschlagen wurde. Die folgende abenteuerliche Flucht durch das Hochland machte seine Geschichte zur Legende. Auf eine nähere Schilderung der Rebellion wollen wir an dieser Stelle aber mit dem

Hinweis auf den Exkurs „Bonnie Prince Charlie - Held oder Abenteurer?" verzichten.

Die Rebellionen der Jacobiten waren von Anbeginn zum Scheitern verurteilt gewesen. Nicht einmal in Schottland fand sich eine Mehrheit für das katholische Königshaus, die Stuarts hatten sich als Dynastie überlebt. Die Jacobitenaufstände werden von schottischen Nationalisten jedoch bis heute als Befreiungskriege verklärt und romantisiert. Für das Hochland war die Niederlage ein Desaster. Um endlich jeder weiteren Rebellion den Boden zu entziehen, griff die Hannoversche Dynastie zu brutalen Methoden. Der Tartan und der Kilt (Karomuster und Schottenrock) wurden genauso verboten wie das Dudelsackspielen. Schlimmer noch war, dass viele der Hochland-Chiefs enteignet und abgesetzt wurden und das Land oft an Engländer verkauft wurde. Die uralte Clansgemeinschaft, in welcher der Chief sich um seine Angehörigen sorgte, wurde zerstört. Hinzu kam, dass für den Laird nicht mehr wichtig war, wie viele Männer er unter Waffen stellen konnte. Er sah den Reichtum der Lowland Lords und wollte nun ebenfalls aus seinem Land Geld herausholen. In der Folge des letzten Jacobitenaufstandes wurde somit die alte Hochlandkultur zerstört.

Das 18. Jahrhundert

Politisch betrachtet, hatten diese Aufstände jedoch keine Wirkung. Im südlichen Tiefland ging das Leben weiter wie bisher. Besonders der Handel mit den nordamerikanischen Kolonien brachte große Gewinne. Nicht nur Handel und Industrie in Schottland erlebten im 18. Jh. ihren großen Aufschwung, auch das Geistesleben hatte in diesem Jahrhundert seine große Epoche. Edinburgh wurde das geistige Zentrum des Landes und den vielen Philosophen und Wissenschaftlern verdankt die Stadt neben ihrer herausragenden klassizistischen Architektur den Ruf eines „Athens des Nordens". *Adam Smiths* „An inquiry into the Nature and Causes of the Wealth of Nations" ist bis heute ein Klassiker der Wirtschaftswissenschaft geblieben. Der Erfolg der *Bank of Scotland* inspirierte die Gründung der berühmten *Bank of England.* Ja, manche Spötter behaupten sogar, um schon den Kindern das Geldverdienen beizubringen, wurde im frommen Schottland auf die Rückseite der Katechismen eine Rechentabelle gedruckt.

Der romantische Dichter *Walter Scott* wertete mit seinen Historienromanen das schottische Selbstbewusstsein ebenso auf, wie es der Volksdichter *Robert Burns* mit seinen Liedern tat, oder wie *Ian MacPherson,* der mit seinen gefälschten Ossian-Balladen auf die uralte keltische Kultur verwies.

Industrialisierung und 20. Jahrhundert

In das 19. Jh. trat ein wirtschaftlich aufstrebendes und wieder selbstbewusstes Schottland ein. Dieses Jahrhundert war das schottische Biedermeier, das ***Zeitalter des Victorianismus.*** Ruhe und Ordnung gingen einher mit wirtschaftlicher Entwicklung. Schottland wurde dem englischen Teil des Königreiches immer mehr gleichgestellt und hatte einen großen Anteil an der Gründung und Verwaltung der Kolonien wie an dem expandierenden Handel und der Industrie.

Um Glasgow herum entstand eine sich entwickelnde ***Schwerindustrie.*** Weiter südlich in Lanark und am Forth in Dundee florierte die Webereiindustrie. Straßen wurden gebaut. Der *Clyde-Forth-Canal* wie das technische Meisterwerk des *Kaledonischen Kanals* sollten die wirtschaftliche Infrastruktur verbessern. In der zweiten Hälfte des Jahrhunderts setzte der Eisenbahnbau ein, der die ländlichen Regionen besser mit den städtischen Industriemetropolen verband.

Dieser florierende Aufschwung im Süden des Landes wurde jedoch überschattet von dem Elend, das sich in den Highlands abspielte. Die kleinen Pachthöfe, die sich im Hochland gegen die Annahme verbesserter Anbaumethoden wehrten, konnten wie überall in Europa die steigende Zahl ihrer Bewohner nicht mehr ernähren. ***Auswanderungen,*** besonders nach Kanada und Australien, begannen. Verschlimmert wurde die Not der Highlander durch die erwachende

Profitgier der Grundbesitzer, die keine verantwortungsbewussten Clansführer mehr sein wollten. Als sie bemerkten, dass mit dem Verkauf von Wolle mehr Profit zu machen war als mit Landverpachtung, trieben viele die kleinen Pächter von ihrem Land.

Das für den englischen Schiffbau abgeholzte Hochland *(„man made desert")* verödete durch die Überweidung noch mehr. Als durch das Überangebot der Wollpreis fiel, vertrieben die Grundbesitzer auch noch die letzten verbliebenen Schafhirten und ließen vermehrt Rotwild ansiedeln. Die Hobbyjäger der europäischen High Society erbringen bis heute die höchsten Einnahmen von dem ausgebluteten Land.

Erst ***1886*** nahm sich das Londoner Parlament der geschundenen Hochländer an und erließ viel zu spät die ***„Crofters Charter"***, die den Pächtern ein Bleiberecht auf ihren angestammten Crofts verbriefte (s.a. den Exkurs „Die Erschaffung der Einsamkeit – Highland Clearances im 19. Jh.").

Im Schiffbau und in der Leinenproduktion stieg Schottland an die Weltspitze auf. So war gut möglich, dass amerikanischer Weizen nach der Ernte in Säcken aus der Leinenhochburg Dundee mit Lokomotiven aus Springfield zu Schiffen gebracht wurde, die am *Clyde* gefertigt worden waren.

Im ***ersten Weltkrieg (1914-1918)*** erreichte Schottland die Spitze seiner Produktion. Nachdem Deutschland in seinem uneingeschränkten U-Boot-Krieg viele britische Handelsschiffe versenkt hatte, brauchte Großbritannien jedes Schiff, das die Werften am Clyde hergaben. Nach dem Krieg verdienten die großen Industrien noch ein, zwei Jahre am Wiederaufbau, doch danach ging es steil bergab.

Die ***Weltwirtschaftskrise*** der späten 20er Jahre tat ein Übriges. Die darniederliegende Schwerindustrie des Landes, die einen Großteil der Gesamtwirtschaft ausgemacht hatte, kam nie mehr auf die Beine. Namentlich der Schiffbau wurde zu teuer, um der Konkurrenz aus dem Fernen Osten standhalten zu können.

Daran änderte auch die zweite große Weltkatastrophe nichts. Zwar wurden nun Zweige der Leichtindustrie, wie die Automobilproduktion, aufgebaut, doch befanden sich diese fast ausschließlich im Besitz von ausländischen, meist amerikanischen Konzernen. Die Arbeitslosenrate Schottlands lag seit dem ersten Weltkrieg immer weit über dem englischen Durchschnitt. Erst heute zeigen die Anstrengungen in Richtung auf die Entwicklung neuer, modernerer Industriezweige langsam ihre Wirkung. Selbst Glasgow befreit sich langsam aus dem Sumpf, in dem es nun über ein halbes Jahrhundert unterzugehen drohte.

Nach dem Zweiten Weltkrieg stieg ein neues Phänomen am politischen Horizont auf: der ***Nationalismus***. Schon vor dem Krieg hatte sich eine neue Partei gegründet, die *Scottish National Party (SNP)*, die sich besonders ein Schlagwort auf die Fahnen geschrieben hat, die Forderung nach *„Home Rule"*. Home Rule bedeutet, Schottland von Schottland aus regieren, bedeutet mehr Unabhängigkeit. Zunächst war dieser politische Nationalismus nicht sehr erfolgreich, doch die wachsende Unzufriedenheit aufgrund der wirtschaftlichen Misere brachte ihm immer mehr Zulauf.

Nachdem seit Mitte der ***70er Jahre*** in der schottischen Nordsee ***Öl*** gefunden wird, hat die *SNP* ein Argument mehr, nach Unabhängigkeit zu rufen, damit nicht das Öl an Schottlands Ökonomie vorbeifließt.

Bei den Unterhauswahlen von 1974 erreichten die Nationalisten über 30 % der Stimmen. Um diese Entwicklung einzudämmen, brachte die Labourregierung unter Premier *Gallaghan* 1976 einen Gesetzentwurf zur Dezentralisierung in das Unterhaus ein. Nach jahrelangem wahltaktischen Hin und Her wurde für den ***1. März 1979*** ein ***Referendum*** festgesetzt, in dem die Schotten über größere Autonomie entscheiden sollten. Die Abstimmung ergab mit 51,6 % zwar ein knappes „Ja" zum Parlament, doch scheiterte die Reform an der geringen Wahlbeteiligung. Das schottische Selbstbewusstsein war erst am Wiedererstarken, jedoch noch nicht so weit wie es die *SNP* gerne sah.

In dieser Entwicklung stellt das Referendum eher den Start- als den Schlusspunkt dar. ***Seit 1979*** waren in London die kompromisslosen Zentralisten um ***Margaret***

Thatchers Tories an der Macht. Die Depression der 80er Jahre, die rigide Sozial- und liberale Wirtschaftspolitik der Konservativen stieß auf wenig Gegenliebe in Schottland. Man fühlte sich unverstanden und „ohne Stimme" in London. Die Forderung nach ***„Home Rule"*** wurde wieder lauter. Als die Thatcherregierung 1990 die ***Polltax,*** eine kommunale Kopfsteuer, einführte, kam es in Schottland zu dramatischen Zuständen. Die Steuer wurde einfach boykottiert, was in kürzester Zeit zur praktischen Zahlungsunfähigkeit vieler Kommunen führte. Die Krise führte zum Sturz von Frau *Thatcher.*

Andererseits hatte das liberale Stehvermögen des Thatcherismus nicht nur England zu einer der wirtschaftlich gesündesten Nationen Europas gemacht, sondern auch den Grundstein für den ökonomischen Aufschwung Schottlands gelegt. Der wirtschaftliche Erfolg und das Wachstum der Städte ermöglichten eine kulturelle Blüte die das ***neue Selbstbewusstsein*** der Schotten in einem lange nicht gekannten Selbstvertrauen aufgehen ließ.

Schon mit den Unterhauswahlen von 1993 war Schottland zur „toriefreien Zone" geworden, doch erst der Sieg von *Tony Blairs „New Labour"* bei den Wahlen 1997 ebnete dem gewandelten Bewusstsein den Weg, ein neues Sein zu schaffen. Am 700. Jahrestag der Schlacht von Stirling, als *William Wallace* die Engländer geschlagen hatte, am 11. Sept. 1997, stimmten in einer neuen Volksabstimmung 74 % für die Errichtung eines eigenen ***schottischen Parlamentes*** mit einer eigenen Exekutive. Im Mai 1999 wurden die 129 Abgeordneten gewählt, die in der konstituierenden Sitzung im Juli das erste schottische Parlament seit 292 Jahren bildeten. Die Schotten haben nun die Möglichkeit, ihre Gesetze wie ein Bundesstaat selbst zu machen. Außen- und Sicherheitspolitik bleiben zwar in Händen Großbritanniens, doch haben die Schotten eigene Vertreter beim Europäischen Parlament in Brüssel. Natürlich gibt es Rufe, die eine weitergehende Souveränität fordern, und die Schattenseiten der nationalen Bewegung zeigten sich in der jüngsten Vergangenheit bei Übergriffen gegen Engländer.

Für die Nationalisten der *SNP* stellt das Parlament den Ursprung eines eigenen schottischen Staates unter dem Dach der Europäischen Union dar. Für die *Tories* ist es der Anfang vom Ende Großbritanniens. Der Wahrheit am nächsten werden aber *Labour* und die *Liberalen* kommen. Im föderalistischen Konzept sehen sie eine Chance, regionale Bedürfnisse regional zu befriedigen und Schottland wieder im Königreich zu verankern.

Bevölkerung

Das Königreich Schottland ist mit einer ***Fläche*** von 78.772 km² etwa so groß wie Bayern und nimmt ein Drittel der Fläche des Vereinigten Königreiches von Großbritannien ein. Allerdings lebt nur knapp ein Zehntel der britischen ***Bevölkerung,*** 5,2 von 55,8 Millionen Einwohnern, in Schottland. Im Landesdurchschnitt liegt die ***Bevölkerungsdichte*** also bei 65 Einwohnern je Quadratkilometer. Die Quote Englands liegt im Vergleich dazu etwa viermal so hoch, die Bundesrepublik hat eine Bevölkerungsdichte von 230 Einw./km².

Auffallend ist in Schottland die unregelmäßige ***Verteilung der Bevölkerung:*** Im Großraum Glasgow leben etwa 1,7 Mill. Menschen, ein Drittel aller Schotten. Im industriell gut erschlossenen Tieflandgürtel liegt die Bevölkerungsdichte bei ca. 700 Einw./km², im Hochland aber nur noch bei 15 Einw./km², mit einer abnehmenden Tendenz, je weiter man nach Norden vorstößt. Im gesamten Hochland und den nördlichen Inseln, in einem Gebiet, das die Hälfte des Landes umfasst, leben nur 353.000 Menschen, 7 % der Bevölkerung.

Die Clans

Der Clan – für Kontinentaleuropäer gehört diese Gemeinschaft gleichnamiger, Schottenrock tragender Hochlandbewohner genauso zu Schottland wie Whisky oder Dudelsackmusik. Der Begriff Clan ist heute so bekannt, dass er auf der ganzen Welt als Synonym für die verschworene Gemeinsamkeit einer Großfamilie steht.

Tatsächlich bedeutet das gälische Wort Clan „Kinder", der Clan verstand sich als Großfamilie. Als keltische Stämme, von Irland kommend, Schottland besiedelten, ließ sich in jedem der unzugänglichen wilden Hochlandtäler eine kleine Stammesgemeinschaft nieder, die sich im Laufe der Zeit auf einen gemeinsamen Stammvater zurückführten. So kam es auch, dass die Stammesmitglieder als Beinamen alle den Namen des Stammvaters führten. Der Clansmann Connor MacNeil war also niemand anders als „Connor, der Sohn von Neil". Die Führung der Familiengemeinschaften, der Kith and Kin („Freunde und Verwandte"), in den Tälern übernahmen Oberhäupter, die sich **Chieftains** oder **Lairds** – im Gegensatz zur Lowlandbezeichnung „Lord" nannten. Bei den Hochlandadeligen muss man darüber hinaus noch zwischen drei unterschiedlichen Namen unterscheiden. Sie führten als erstes den Familien- oder Clansnamen, daneben besaßen sie den Adelsnamen und oftmals noch den Hochlandnamen. So hieß der Chief der Campbells etwa *Robert Campbell, Duke of Argyle* und mit Hochlandnamen *Mac Callum Moore.*

Die Chiefs verteilten unter ihren Clanskindern das Land oder auch die Beute aus den unvermeidlichen Raubzügen gegen die benachbarten Clans. Hunger und Elend gab es in diesem System nicht und wenn, dann nur gemeinschaftlich. In Zeiten der Not, wie bei Missernten, rationierte der Chief die Vorräte und besorgte Reserven. Die Clans entwickelten sich zu Schutz- und Trutzgemeinschaften, deren Siedlungsgebiete zu kleinen **Familienkleinstaaten** wurden. *James V.* schrieb an seine Braut in Frankreich fast resigniert: „Meine Lords betrachten einen König, der wirklich König sein will, als unerträglichen Rivalen."

Tatsächlich waren die Clans bis in die Neuzeit hinein festgefügte Solidargemeinschaften, in denen der Häuptling treu für seine „Kinder" sorgte, diese ihm dafür in unverbrüchlicher Treue und Ergebenheit folgten. Kein König vermochte dem etwas entgegenzusetzen. Der König war immer nur *primus inter pares* und musste mit bitterster Fehde rechnen, wenn er versuchte, die Macht der Kleinkönige in den Hochlandtälern in Frage zu stellen.

Das **Ende der Clans** kam mit dem Ende der Unabhängigkeit. Ein König in London brauchte die Clans nicht zu fürchten. Die Chiefs konnten nicht mehr mit militärischer Überlegenheit drohen, sondern mussten sich teure Stadtpaläste leisten, wollten sie Einfluss behalten. Es war nicht mehr wichtig, wie viele Männer ein Laird unter Waffen stellen konnte, sondern wie viel seine Ländereien abwarfen. Das Sozialsystem, das die Einführung des Lehnswesens genauso überdauert hatte wie die Einrichtung des Pachtwesens, zerbrach.

Nach dem Desaster von Culloden 1745, als der letzte Traum vom schottischen Königtum in Feuer und Eisen zerbarst, versetzte die englische Administration aus Angst vor einem weiteren jacobitischen Aufbegehren den Clans den Todesstoß. Immer wieder waren es vor allem die Clans aus dem Hochland gewesen, die dem vertriebenen Königshaus der Stuarts wieder auf den Thron verhelfen wollten.

Diese jacobitischen Widerstandsnester sollten nun trockengelegt werden. Die gälische Sprache wurde verboten, das Dudelsackspielen mit Strafe belegt, wer es wagte, den Tartan, das Karomuster als Kennzeichen der Clans, zu tragen, riskierte Verbannung und der Name der MacGregors wurde sogar gänzlich verboten. Viele der abtrünnigen, alten Clanchiefs wurden abgesetzt, verbannt und durch junge ehrgeizige Adlige ersetzt. Die väterliche Bindung zwischen Oberhaupt und Familie ging verloren; im 19. Jh. zierte sich kein Chief, als es darum ging, seine Clansmen zu vertreiben, um den Schafen Platz zu schaffen (siehe Exkurs „Clearances"). Viele der Clansmen wanderten aus nach Übersee.

Wenn heute von einer ***Clansrenaissance*** gesprochen wird, so muss darunter vor allem das aufflammende Interesse der Nachkommen dieser Auswanderer an dem Herkunftsort ihrer Ahnen verstanden werden. Sollten Sie in Schottland also vermehrt rocktragende Männer in den Straßen sehen, achten Sie einmal darauf, dass fast alle eine Videokamera tragen und einen stark kanadisch gefärbten Akzent sprechen.

Der Schottenrock

Geblieben aus der großen Zeit der Clans ist jedoch ein Stück Stoff, das so berühmt ist wie der Clan selbst: der ***Tartan***. Als Tartan bezeichnet man das Muster, dass im Hochland traditionell den Wollstoffen eingewebt wurde. Jeder Clan bewohnte mehr oder weniger autark und abgeschieden ein Tal in den Bergen. Irgendwann begann man, die Wolle, aus der die Kleidung hergestellt werden sollte, mit Hilfe der am Ort vorhandenen Pflanzen und Gesteine zu färben. Manche behaupten, dass dieser Brauch bis in die Zeit der Römer zurückzuverfolgen sei. Auf jeden Fall bildeten sich, bedingt durch die regionalen Unterschiede in der Vegetation, mit der Zeit verschiedene voneinander abweichende ***Muster*** heraus. Irgendwann im Mittelalter wurde es zur Regel, dass jeder Clan seine Tücher in einem eigenen Muster färbte: der Tartan war geboren.

Die verschiedenen Muster dienten fortan auch der Unterscheidung der Clansangehörigen während bewaffneter Auseinandersetzungen. Außerdem durften Personen verschiedener Ränge Tartans mit einer bestimmten Anzahl von Farben tragen; gewöhnlichen Clanmitgliedern war nur eine Farbe erlaubt, den Anführern drei, und die königliche Familie durfte sich in sieben Farben kleiden.

Schottische Trachten des 18. Jh.

Theodor Fontane berichtet, dass man anhand der Farben auch die Herkunft der Clans erkennen könne: die Tartans mit viel Rot würden von den Clans getragen, die von den keltischen Briten abstammen, und viel Gelb verwendeten die Clans, die sich von den Wikingern ableiteten, und schließlich herrschte bei den irisch-gälischen Stämmen das Grün vor.

Getragen wurde der Tartan ursprünglich in Form des ***Plaids.*** Diese große, warme Wolldecke wurde nach einem bestimmten Verfahren um den Körper gewickelt und diente so als Kleidung am Tage und als Decke in der Nacht. Nur ungern hören es Schotten, dass der Erfinder des eigentlichen ***Schottenrocks,*** des ***Kilts,*** ein Engländer gewesen sein soll, der zu Beginn des 18. Jh. eine Gießerei in Schottland besaß. Irgendwann konnte er nicht mehr zusehen, wie unbeweglich seine Arbeiter waren, wenn sie den Plaid trugen. Kurzerhand ließ er die riesige Wolldecke soweit kürzen, bis nur noch ein Rock übrig war.

Als 1745 dann der Tartan verboten wurde, gerieten viele der Muster in Vergessenheit. Erst als es 1822 *Sir Walter Scott* fertiggebracht hatte, dass der junge König *George IV.* während seines Edinburghbesuchs den Kilt trug, begann eine Renaissance. Die vergessenen Tartans wurden schnell durch neu erfundene ersetzt. Heute existieren ca. 600 verschiedene Tartans (weit mehr, als es je Clans gab), über deren Reinheit verschiedene Gesellschaften wachen.

An vielen Stellen in Schottland (z. B. an der Royal Mile in Edinburgh) kann man sich, falls man schottische Vorfahren besitzt, per Computer seine Clanszugehörigkeit, seinen Tartan, das Wappen und den unerlässlichen Schlachtruf bescheinigen lassen - ein Service, der sehr oft von kanadischen Touristen in Anspruch genommen wird. Die seriöseste Datenbank für einschlägige Auskünfte verwaltet *The Scots Ancestry Research Society*, 20 York Place, in Edinburgh.

Sprache

Gälisch

Im Schottland des 10. Jh. war Gälisch die Sprache der Einheimischen. Sie wurde von allen gesprochen und verstanden. Seitdem verlor diese Sprache immer mehr an Boden zugunsten des Englischen, und bald verständigten sich nur noch die Bewohner der Highlands auf gälisch. Heute sind die äußeren Hebriden das letzte Reservat der gälischen Sprache, doch geht zumindest in den letzten Jahren die Tendenz wieder dahin, mehr gälisch zu sprechen.

Gälisch gehört zur ***keltischen Sprachfamilie.*** Das schottische Gälisch ist eng verwandt mit dem Irlands, unterscheidet sich aber von Walisisch oder Bretonisch. Gälisch sprechende Iren und Schotten können sich mit einiger Mühe verstehen. Im Gegensatz zu Irland gibt es in Schottland keine Dialekte, sondern nur regionale Abweichungen und Akzente. Auf den Hebriden sprechen noch ca. 75 % der Bevölkerung Gälisch als Muttersprache.

Schottische Trachten des 18. Jahrhunderts (S. 96/97)

S. 96: Ein Krieger des *Macdougal-of-Lorne-Clan* im traditionellen Kilt und beschlagener Felltasche (oben li.); sein über 1,50 m langer Zweihänder hat einen bleigefüllten Griff, um das Gewicht der Klinge auszugleichen. Wie auch das Stammesmitglied des *Ferguson-Clans* rechts daneben trägt er ein Hemd aus safrangelber Farbe, die in Schottland besonders beliebt war. Die Stellung des Dudelsackpfeifers, hier einer aus dem *MacCruimin-Clan* (Mitte li.), wird vererbt. Er war nicht nur eine wichtige Figur am Königshof, sondern feuerte die Krieger auch bei Auseinandersetzungen an. Der Bogenschütze vom *MacLaurin-Clan* (Mitte re.) trägt einen kegelförmigen Helm. Wie man französische Eleganz mit schottischem Chic verbindet, zeigt der Ehrenmann aus dem *Robertson-Clan,* der am Hofe Ludwigs XV. lebte (unten, 2. v. li.). Auch verschwenderische Goldverzierungen, Samt und Seide werden mit dem traditionellen Tartanstoff kombiniert, was von den Ehrenmänner des *Macintosh-Clans* bevorzugt wurde (unten, 2. v. re.).

S. 97: Das Stammesmitglied des *Ogilvie-Clans* (oben li.) trägt seinen Plaid nach der Mode von 1745. Daneben (kl. Abb.) ein Mitglied des *Davidson-Clans,* der seinen Plaid als Kapuze benutzt, was vor allem bei rauem Highland-Wetter eine günstige Variante war. Die Galionsfigur der 45er Rebellion *„Bonnie Prince Charlie"* (re. daneben) trägt die *Stuart-Tracht.* In der Hand hält er die Samthaube mit dem Symbol der weißen Rose. Die barfüßige Dame aus dem *Sinclair-Clan* (Mitte li.) ist mit einem langen Schal bekleidet. Das Barfußlaufen war jedoch kein Zeichen der Armut, sondern im Hochland eher üblich. Ein häufig getragener Plaid war der *Arisad,* der die Trägerin aus dem *Urquhart-Clan* (unten li.) von Kopf bis Fuß einhüllt.

In jüngster Zeit werden Versuche unternommen, die Sprache zu retten. In den Schulen wird wieder Gälisch unterrichtet und BBC gründete in Stornoway einen ***gälischen Radiosender,*** doch können sich diese Versuche nicht mit den Anstrengungen messen, die in dieser Beziehung in Irland unternommen werden. Auf der Halbinsel Sleat, im Süden von Skye, gibt es allerdings ein Business-College, das in gälischer Sprache unterrichtet. Hier können im Sommer Interessierte in 1-2-wöchigen Kursen die Sprache und Musik Schottlands kennen lernen. (Adresse: Sabhal Mòr Ostaig, Donnie Campel (Short Courses), Teangue, Sleat, Isle of Skye IV44 8RQ)

Abschließend noch eine kleine Liste der wichtigsten ***Ausspracheregeln,*** da Nichteingeweihte oft ratlos vor Ortsschildern stehen ohne die leiseste Ahnung, wie die Namen auszusprechen sind:

ao (i)	-	meist ähnlich wie ö
ai	-	a
bh	-	v; u nach a/o
chd	-	chk
d	-	d; dsch bei i/e
dh	-	g; j bei i/e
fh	-	h oder stumm
gh	-	stimmhaftes ch; j bei i/e
mh	-	v; u nach a/o
ph	-	f
s	-	s; sch bei i/e
sh	-	h
t	-	t; tsch bei i/e
th	-	h oder stumm

Akzente bezeichnen Langvokale, und die Betonung liegt auf der ersten Silbe. Ansonsten ähnelt die Aussprache dem Deutschen.

Wörterbuch

Die folgende Wörterliste enthält schottische Ausdrücke, die häufig in Ortsnamen auftauchen oder in anderer Weise öfters benutzt werden. In den Klammern ist jeweils die Herkunft angegeben: *S* bedeutet Scots, *G* steht für Gälisch und *N* für Nordisch.

abhainn (G)	Fluss
achadh (G)	Feld
adhar (G)	Himmel
aiseag (G)	Fähre
Alba (G)	Schottland
ard (G)	Hügel
ay/ey (N)	Insel
baile (G)	Ort
beag (G)	klein
beck (N)	Bach
beinn/ben (G)	Berg
blar/blair (G)	Moor, Ebene
bray/brei (N)	breit
brig (S)	Brücke
burach (G)	Ufer
burn (S)	Bach
caol (G)	Meerenge
carn/cairn (G)	Steinhaufen
ceilidh (G)	Treffen bei gälischer Musik, Balladen
cill (G)	Grab
cnoc/knock (G)	Hügel
croft (S)	Kleinbauernhof
eas (G)	Wasserfall
eilean/ayle (G)	Insel
fell (N)	rauer Hügel
fraoch (G)	Heide
gleann/glen (G)	Tal
heugh (S)	niedriger Hügel
holm (N)	kleine Insel
hope (N)	Bucht
inbhir/inver (G)	Mündung, Zusammenfluss
kirk (N)	Kirche
knowe (S)	Erdhügel
lag (G)	Höhle, Senke
land (S)	Mietshaus
law (S)	konischer Hügel
learg/larg (G)	Küste, Ebene
links (S)	Sanddünen
lochan (G)	kleiner See
loch (G)	See
meal/mull (G)	karges Vorgebirge, Hügel
monadh (G)	Moor
muckle (S)	breit, groß
muir (G)	Meer
mullach (G)	Gipfel
mull/mool (N)	Vorgebirge
ness (N)	Vorland
ob, plur. *oban* (G)	Bucht
poll/pool (G)	Teich
ros (G)	Wald
scall (N)	Hütte
sean (G)	alt
shieling (S)	Hirtenhütte
sleat/slat (N)	Ebene
soa/soay (N)	Schafe
stain/sten (N)	Stein
tigh/tay (G)	Haus
tir (G)	Land
tobar (G)	Quelle
tolbooth (S)	Gefängnis
traigh (G)	Watt, Strand
tuath (G)	Norden
uig (G)	Ecke
uisge (G)	Regen, Wasser
usquebaugh (S)	Whisky
vennel (S)	Allee
weem (S)	Höhle
wick (N)	Bach, Bucht
wight (S)	kräftig, stark
wynd (S)	enge Straße

Weitere ***Informationen*** über die gälische Sprache sind erhältlich bei: *An Comunn Gaidhealach,* 109 Church Street, Inverness, T: 01463/231 226.

Scots

Die andere Sprache Schottlands nennt sich Scots und ist aus einem nordenglischen Dialekt entstanden. Französische, germanische sowie nordische Einflüsse wurden in dieser Sprache verarbeitet, die sich vom Englischen vor allem im Vokabular unterscheidet. Satzkonstruktionen differieren dagegen nur selten, die schottische Grammatik ist der englischen gleich.

Scots war die Sprache des schottischen Hofes, bis *James VI.* 1603 zum englischen König gekrönt wurde und Schottland verließ. Von da an begann auch Scots, ähnlich wie das Gälische, an Einfluss zu verlieren und erhielt niemals eine Schreibform. In den letzten Jahren erlebt auch Scots eine kleine Renaissance, und das schottische Wörterbuch *„Concise Scots Dictionary“,* das vor einiger Zeit veröffentlicht wurde, landete bald in den schottischen Bestsellerlisten.

- Um den Erhalt des Scots bemühen sich: ***Scottish National Dictionary Association,*** 27 George Square, Edinburgh, T: 0131/667 1011; sowie ***Scots Language Society,*** Secretary: *Mr I. Murray,* 60 Victoria Road, Falkirk FK2 7AX, T: 01324/621 567.

Buchtipps:
- ***Scots, die Sprache der Schotten,*** Kauderwelsch Band 86
- ***Irisch-Gälisch Wort für Wort,*** Kauderwelsch Band 90

Reise Know How Verlag, Bielefeld

Religion

Die Schotten sind zum großen Teil sehr religiös und regelmäßige Kirchgänger, so dass der sonntägliche Besuch des Gottesdienstes fester Bestandteil des wöchentlichen Programms der schottischen Bewohner ist. Die Schotten sind seit dem 16. Jh. evangelisch mit stark puritanisch-calvinistischer Ausrichtung und unterscheiden sich so von der anglikanischen Kirche Englands. Seit 1668 kommt der protestantischen Kirche in Schottland der Rang einer Art Staatskirche zu.

Von den vielen verschiedenen Ausrichtungen der schottischen evangelischen Kirche nimmt die ***Church of Scotland (Presbyterian)*** die herausragendste Stellung ein. Diese ist mit 838.650 regelmäßig an Gottesdiensten teilnehmenden Mitgliedern die größte Kirche Schottlands. Sie ist stark von *John Knox,* dem schottischen Radikalreformator und Calvinjünger, geprägt und unterliegt der Presbyterialverfassung. Diese sieht nur das kirchliche Amt eines Geistlichen *(Presbyter)* vor und kennt keine übergeordneten Instanzen. Einmal im Jahr treffen sich die Abgesandten der über 1700 Gemeinden der *Church of Scotland* zu Beratungen in Edinburgh.

Andere Ausrichtungen der evangelischen Kirche sind die *Episcopalian,*

Protestant, Baptist Church und *Free Church.* Die **Episcopalian Church** ist eine aus der englischen Reformation hervorgegangene Kirche mit bischöflicher Verfassung. Die ***Free Church of Scotland*** ist unabhängig von staatlichen Einflüssen, frei konstituiert, und die Mitglieder werden nur nach ausdrücklich erklärtem eigenem Willen aufgenommen.

Die ***katholische Kirche*** in Schottland hat sich vor allem auf den Äußeren Hebriden sowie in Glasgow und an der Westküste durch irische Einwanderer erhalten. Heute ist sie nach der *Presbyterian Church* die zweitgrößte Kirche Schottlands.

Auf dem schottischen Festland wird die Einhaltung der ***Sonntagsruhe*** heute nicht mehr so ernst genommen, doch auf den Hebriden-Inseln, wo der Einfluss der *Free Church* sehr stark ist, wird sie zumeist noch strikt eingehalten. Einen Verstoß gegen die Sonntagsruhe tolerieren die dortigen Bewohner noch nicht einmal bei der ansonsten so geliebten Königsfamilie. Der sonntägliche Besuch eines Pferderennens seitens der Queen wurde als skandalös und pietätlos empfunden und tagelang in den Regionalblättern diskutiert.

Für den Urlauber bedeutet diese strikte Auslegung der Sonntagsruhe, dass er eventuell keine Unterkunft mehr findet, kein Bus mehr fährt und alle Tankstellen etc. geschlossen bleiben. Insbesondere trifft dies auf die Inseln Lewis und Harris der Äußeren Hebriden zu. Die Bewohner der südlicheren Inseln der Äußeren Hebriden sind dagegen römisch-katholisch, die Einwohner nicht streng dogmatisch.

Folklore

Lebendige Tradition oder Touristenattraktion?

Schottland hat sich bis heute eine sehr lebendige traditionelle Kultur bewahrt. Trotz oder gerade wegen der jahrhundertelangen Unterdrükkung der schottischen Kultur durch die Engländer sind die Schotten stolz auf ihre Wahrzeichen und besitzen daher meistens auch einen Kilt in ihren Clansfarben. Selbstverständlich wird der ***Schottenrock*** nicht im normalen Leben getragen, allenfalls von Kanadiern und Amerikanern schottischer Abstammung, die sich noch traditionsbewusster geben. Aber bei festlichen Anlässen wie Hochzei-

Tradition alive: Pipemajor in Braemar – Zentrales Hochland

ten und Empfängen, wenn Smoking Pflicht ist, trägt der Schotte zum schwarzen Jacket seinen Kilt.

Auch die ***Highland Games,*** die im Spätsommer stattfinden, sind keine speziell touristisch aufbereiteten folkloristischen Veranstaltungen, sondern haben wirklichen Volksfestcharakter und werden vor allen Dingen von Schotten für Schotten ausgetragen.

Vor großen Sehenswürdigkeiten oder auf den Straßen der Großstädte sieht man oft Schotten in Tracht oder gar vollständige Bands, die sich ihr Geld mit ***Dudelsackspielen*** verdienen. Oft werden diese *Piper* auch extra von den Fremdenverkehrsämtern engagiert, um den Touristen ein möglichst authentisches Bild von Schottland zu vermitteln. Nichtsdestotrotz gehört der Dudelsack zum Leben der Schotten. Es gibt unzählige *Piperbands*, die durchaus nicht nur Touristen erfreuen sollen, sondern in erster Linie bei *Highlandgames,* Festivals, größeren Festen und offiziellen Anlässen für schottisches Publikum spielen.

Feste und Veranstaltungen

Über das ganze Jahr verteilt, mit Schwerpunkt auf den Sommermonaten, finden in Schottland Festivitäten aller Art statt. Das Angebot reicht von kleinen Verkaufsveranstaltungen über Folkfestivals und Highland Games bis hin zu internationalen Kunst- und Theaterfestivals.

Jedes Jahr erscheint Ende März die Broschüre „Events in Scotland" des *Scottish Tourist Board,* in der sämtliche Veranstaltungen mit Terminen aufgelistet sind. Die örtlichen *Tourist Information Centres* geben zusätzlich auch Auskunft über kleinere Veranstaltungen.

In der ***Burns' Night,*** am 25. Januar jeden Jahres, wird der Geburtstag des beliebtesten schottischen Dichters, *Robert Burns,* begangen. Begleitet von Dudelsackmusik wird ein *Haggis* feierlich in den Speisesaal getragen und dann das Gedicht *Burns',* das dieser der schottischen Spezialität gewidmet hat, rezitiert. Hinterher wird noch ein Toast auf den Dichter ausgesprochen, der den Rest des Abends mit Unmengen von Whisky begossen wird.

Zwischen Mai und September finden im schottischen Hochland die sog. ***Highland Games*** statt. Nahezu jede Gemeinde veranstaltet ihre eigenen Spiele, bei denen sich starke Mannen u. a. im Baumstammwerfen, Tauziehen und Dudelsackspielen messen und zierliche Mädchen beim Hochlandtanz die kompliziertesten Schritte vollführen. Ebenfalls fester Bestandteil der Spiele ist das abendliche Besäufnis aller Teilnehmer und Zuschauer (s.a. Exkurs).

Die ***Borders Fairs*** sind Grenzlandfeste, die im Laufe des Sommers stattfinden. Die Festivitäten beinhalten Schäfer- und Jagdhundeprüfungen, Pferdeshows und verschiedene Sportveranstaltungen.

Jedes Jahr im Herbst veranstalten die einzelnen Gemeinden der Grampian Region an einem Samstag oder Sonntag ein sog. ***Sale of Work.*** An diesem Tag verkaufen dann hauptsächlich die Frauen der Gemeinden, was sie im Laufe des vorangegangenen Jahres hergestellt haben. Selbstgemachte Gelees und Marmeladen gehören ebenso zum Angebot wie handgestrickte Pullover. Der Eintritt kostet meistens um 50 p, und zum Abschluss wird Tee und Kuchen gereicht. Zettel, die die Veranstaltung ankündigen, hängen zumeist beim örtlichen „Tante-Emma-Laden" aus.

Festivals

Darüber hinaus laden, über das Jahr verteilt, diverse Folk-Festivals zu einem Besuch ein. Diese Festivals bieten ein Forum für die traditionelle Volksmusik, Tanzgruppen, Theater, und alles, was nur entfernt etwas mit Folklore zu tun hat.

Das ***Edinburgh Folk Festival*** im März ist vermutlich das bestbesetzte und größte Folk Festival in Schottland. Über hundert Veranstaltungen werden innerhalb von zehn Tagen angeboten, die Auswahl umfasst sowohl einheimische Tanz- und Musikgruppen als auch international bekannte Künstler.

Das größte und auf jeden Fall das bedeutendste schottische Festival ist das ***Edinburgh International Festival of Music and Drama,*** das immer in den letzten zwei Augustwochen und der ersten Septemberwoche stattfindet. Mit 2000 Veranstaltungen ist das Festival sogar weltweit das größte seiner Art. Dargeboten werden Theater, Musik aller Art, d.h. sowohl klassische Musik als auch Jazz oder Folk. Das ***Fringe Festival*** innerhalb des offiziellen Festivals beinhaltet ein Alternativprogramm mit

Lebendige Tradition: Mittelalterfest in Inverness

Darbietungen unbekannter, zumeist junger Gruppen.

Landesweit startet im Sommer (24.-25. Juni) auch das ***Midsummer Festival Weekend.***

Halloween am 31. Oktober bevölkert die Straßen mit Hexen, Geistern und Dämonen, wenn die schottischen Kinder in ihrer Verkleidung auf Halloween-Parties gehen.

Der ***Guy Fawkes Day*** am 5. November ehrt den Mann, der im Jahre 1607 versuchte, das englische Parlament in die Luft zu sprengen, um gegen die antikatholischen Gesetze *James VI./I.* zu protestieren. Der Plan wurde jedoch vor der Ausführung aufgedeckt und *Guy Fawkes* verbrannt. Das Fest erfreut heute vor allem die schottischen Kinder, da an diesem Tag allerlei Feuerwerkskörper in die Luft gesprengt werden.

St Andrew's Day am 30. November wird ähnlich wie die *Burns' Night* mit *Haggis* und viel Whisky begangen, nur wird diesmal der schottische Nationalheilige geehrt.

Up Helly Aa ist das größte und bekannteste Festival Shetlands. Es findet alljährlich in Lerwick am letzten Dienstag des Januar statt und erinnert an die nordische Vergangenheit der Shetland Inseln, denn die Wikinger begingen das Ende des Winters mit einem großen Fest und rituellem Feuer. *Up Helly Aa* ist auch heute ein Feuerfest, bei dem die Shetländer in nordischer Tracht auftreten und auch ein wikingisches Langschiff vorfährt.

Eine ***Broschüre*** über alle Festivals hält das Scottish Tourist Board, Edinburgh, EH4 3TP, bereit.

Die schottische Presse

Schottland hatte ehemals eine blühende Zeitungsindustrie, die einen wichtigen Zweig der nationalen Wirtschaft bildete. Doch das 20. Jahrhundert war gekennzeichnet vom Niedergang der großen schottischen Zeitungsimperien, so dass sich die Auswahl schottischer Zeitungen deutlich verkleinert hat.

Der ***Daily Record*** ist ein Sensationsblatt ähnlich der *Bild-Zeitung* und findet eine breite Leserschaft. Das sonntägliche Äquivalent zum *Daily Record* ist die ***Sunday Mail.***

Der ***Glasgow Herald*** ist eine seriöse, landesweit gelesene Zeitung mit einer politischen Ausrichtung, die leicht nach rechts tendiert.

The Press and Journal ist in Aberdeen beheimatet, wird aber ebenfalls in ganz Schottland gelesen und fällt durch seine sehr ausführliche Berichterstattung auf.

The Scotsman vertritt zwar den Anspruch, eine überregionale Zeitung zu sein, die auch über die national relevanten Ereignisse berichtet, nichtsdestotrotz liegt der Schwerpunkt dieser Zeitung eindeutig in Edinburgh und bei der offiziellen Politik.

Die ***Sunday Post*** schließlich ist ein beliebtes Sonntagsblatt, das allerdings mehr für seine Comics als für gute Berichterstattung bekannt ist. Wendet man sich von den Comics den Artikeln zu, sind diese zumeist rechtsgerichtet und leicht moralisierend.

Gespensterglaube – eine schottische Leidenschaft

Schottland ist seit eh und je ein Paradies für Geister und Gespenster gewesen. Sie sind ein Teil dieses Landes wie karierte Röcke, Schafe oder die klagenden Töne des Dudelsacks. Wer könnte sich auch eine passendere Kulisse für einen traditionsbewussten Geist denken als schroffe, von düsteren Regenwolken verhangene Berge und karge, sturmgepeitschte Moore? Wo gäbe es ein schaurigeres Kettenrasseln als in den zugigen Verliesen der schottischen Ruinen?

Burgen gibt es in Schottland zur Genüge und meist sind es keine dekadenten Lustschlösschen, sondern trutzige Bilderbuchburgen, die wehrhaft auf einsamen Hügeln thronen. Vor diesem Hintergrund ist der Gedanke an die Unterwelt nicht fern, und sogar der nüchterne Mensch des 20. Jh. kann sich bei einbrechender Dunkelheit, wenn langsam die Nebelwolken aus dem Moor aufsteigen, eines leichten Gruselns nicht erwehren.

Zudem gibt es wohl kaum ein Volk, dass eine größere Liebe für seine Gespensterwelt hegt, denn immerhin glaubt fast die Hälfte aller Schotten an deren Existenz oder gibt dies zumindest mit einem leichten Augenzwinkern vor. Jeder siebente Einwohner ist bereits von einer Erscheinung heimgesucht worden, und daran können auch mehr als tausend Jahre Christianisierung nichts ändern.

Sei dem, wie es ist, wenn es kein anderes Volk gibt, das seine Gespenster mehr liebt, so existiert noch viel weniger ein anderes Volk, das von seinen Geistern lieber erzählt als das schottische. Jeder Burg ihr eigener ***Burggeist,*** und wenn es sich dabei nur um ein weißgekleidetes Wesen mit rasselnden Ketten handelt, ist man lediglich auf einen Vertreter der Spezies gemeiner Schlossgespenster getroffen. Ungewöhnlicher, dabei aber doch recht weit verbreitet, sind Damen in jeglichen Farbzusammenstellungen. In Crathes Castle im Deetal und im Comlungan Castle unweit von Gretna Green treibt beispielsweise jeweils eine ***Grüne Dame*** ihr Unwesen. Glamis Castle, das berühmteste Spukschloss Schottlands, kann mit einer ***Grauen Dame*** aufwarten, der zudem vom *Earl Beardie* und einem namenlosen Schlossmonster, vermutlich einem ungeliebten Sohn des *Earl of Strathmore*, Gesellschaft geleistet wird.

Doch nicht nur Menschen vergangener Jahrhunderte konnten sich von der Erde nicht so recht trennen und fristen nun ein Schattendasein zwischen Tod und Leben, die Geisterwelt macht auch vor diesem Jahrhundert nicht halt und bedient sich sogar modernster Technologien. Auf dem verlassenen Flughafen von Montrose spuken angeblich zwei tote Piloten, die sich nach ihrem Flugzeugabsturz nicht vom Ort des Geschehens trennen konnten, und auf der Straße zwischen Edinburgh und Stow soll ein Phantomauto sein Unwesen treiben.

Traditionsreicher und zudem über das ganze Land verteilt sind dagegen einige Gestalten aus der schottischen Mythologie: Die ***Schwarze Annis*** zieht ohne festen Wohnsitz durch Schottland und ist ein widerliches altes Weib mit bläulicher Haut und nur einem einzigen, durchdringenden Auge. Bei Gerüchten über ihr Erscheinen sehen sich Mütter veranlasst, ihre Kinder einzusperren, und einsame Wanderer suchen sich einen Begleiter, denn die *Schwarze Annis* ernährt sich von Menschenfleisch. Sollte sie jedoch keines erbeuten, begnügt sie sich auch mit Schaf- oder Hirschfleisch.

Von ganz anderer Wesensart sind die ***Brownies***, kleine freundliche Erdgeister mit flachen Gesichtern und lediglich zwei Löchern an Nases statt. Die kleinen behaarten Wesen sind nicht sonderlich attraktiv, haben dafür aber einen ausnehmend liebenswürdigen und hilfreichen Charakter. Sterbliche mit den gleichen guten Eigenschaften können die *Brownies* sehen, doch leider gibt es kaum noch Menschen dieser Art, außer den Kindern, mit denen die Brownies in sehr gutem Einverständnis leben. Wenn sich die *Brownies* auch den Erwachsenen nicht zeigen, hält es sie trotzdem nicht davon ab, ihnen jederzeit hilfreich zur Seite zu stehen.

Ehemals auch hilfreiche Wesen, haben sich die ***Gremlins*** heute zu kleinen, frechen Werkzeug- und Maschinengeistern verwandelt. Noch *James Watt* konnte von der technischen Findigkeit der *Gremlins* profitieren, als ihn ein solcher die Dampfkraft entdecken ließ, indem er den Deckel eines kochenden Wasserkessels auf und ab hüpfen ließ. Als die Menschen jedoch vergaßen, den *Gremlins* für ihre Hilfe Dank zu zollen, verwandelten sie sich in kleine Störgeister, die vor allem ungeübten Heimwerkern zur Last fallen. Jeder Haushalt erbt einen *Gremlin* und wenn der Hebel vom Toaster unten bleibt, so dass der Toast verkohlt, die Luft aus dem Autoreifen entweicht oder die Benzinleitung des Rasenmähers verstopft, können Sie sicher sein, Opfer des sog. „Gremlin-Effektes", kurz GE, geworden zu sein.

Weniger harmlosen Schabernack treiben dagegen ***Rotkappen,*** üble Kobolde, die ihre roten Kappen mit Menschenblut färben oder ein ***Kelpie,*** das Wasserross der Flüsse Schottlands, das schon manchen einsamen Reiter zu Tode gedrückt oder zumindest erschreckt hat.

Banshees schließlich sind selten gesehene, aber häufig gehörte weibliche Geister, die entsetzliche Schreie ausstoßen und so den Tod eines Familienmitgliedes ankündigen.

Unheimlicher jedoch als alle Geisterwesen ist oft der ***schottische Humor,*** der nicht davor zurückschreckt, ohnehin schon ängstlichen Touristen in aller Freundlichkeit einen leichten Schauer über den Rücken zu jagen.

Neben den Tageszeitungen werden in Schottland noch einige Magazine publiziert, die regelmäßig in größeren Abständen erscheinen.

Das ***Scots Magazine*** erscheint einmal im Monat und veröffentlicht Artikel zu den Themen schottische Geschichte, Landschaft, Lebensart, Sprache, etc.

Ebenfalls einmal im Monat berichtet ***Scottish Field*** über all das, was Grundbesitzer, Feldsportler oder Jäger interessiert.

Der *Scottish Office* ediert einmal jährlich das Magazin ***Scottish Abstracts of Statistics,*** das, wie der Name schon sagt, allerlei Statistiken über Arbeit, Wohnungsbau, Einkommen und Ausgaben, regionale Angelegenheiten, das immer wieder interessante Wetter, etc. enthält.

Etwas weniger abstrakt gibt sich die vierteljährlich erscheinende ***Scottish Review: Arts and Environment,*** die neben kurzen Artikeln und Berichten über alle Bereiche der schottischen Tradition und Kunst auch Gedichte veröffentlicht.

Ebenfalls vierteljährlich erscheint ***Tocher***, das in seinem Untertitel *Tales, Songs, Tradition* schon alles über seinen Inhalt verrät. *Tocher* publiziert jeweils eine Auswahl an traditionellen Erzählungen, Liedern, Folklore und mündlich überlieferter Geschichte, die sich im Archiv der *School of Scottish Studies* in Edinburgh finden, das über die größte Sammlung dieser Thematik in Schottland verfügt.

Einmal im Jahr gewährt die *School of Scottish Studies* der *University of Edinburgh* Einblick in ihre Forschungsarbeit über traditionelles Leben in Schottland, wenn sie ihre neuesten Erkenntnisse in den ***Scottish Studies*** veröffentlicht.

Ebenfalls im Abstand von einem Jahr schließlich erscheint das Heft ***Transactions of the Gaelic Society of Inverness,*** das über die gälische Kultur und die Geschichte des Hochlandes informiert.

Literatur

Ähnlich wie in Irland waren die keltischen Vorfahren der Schotten erfüllt von dem Drang zur Poesie. Dies zeigt sich in der lebendigen Tradition des Volksliedes und -gedichtes. Diese Lieder und Gedichte wurden fast ausschließlich mündlich überliefert und erst im 18. Jahrhundert kam dann auch die schriftliche Literatur zur Geltung. Im 18. Jahrhundert erlebte die schottische Literatur eine Blütezeit, die insbesondere mit den zwei Namen *Robert Burns* und *Sir Walter Scott* verbunden ist.

Weitere schottische Literaten

Eine literarische Kuriosität hat Schottland in ***James Macpherson*** (1736-1796) zu bieten. Dieser sorgte für Furore, als er eine Sammlung von Fragmenten alter Dichtungen und die Prosawerke „Fingal" und „Temora" veröffentlichte, die von dem keltischen Barden *Ossian* im 3. Jh. aufgeschrieben worden sein sollten. *Macpherson* gab vor, das Werk entdeckt und ins Englische übersetzt zu haben. Der *Ossian* galt als Sensation, auch deutsche Klassiker wie *Goethe* gerieten in eine wahre *Ossian*-Euphorie und stellten das Werk auf eine Stufe mit *Homers Ilias*. Erst nach Jahren erkannte man, dass es sich um eine geniale Fälschung handelte. *Macpherson* hatte alte Sagenfragmente mit seiner eigenen, reichen Phantasie kunstvoll verwoben und somit ein gelungenes Kunstwerk geschaffen.

Andere bekannte Literaten sind ***Sir Arthur Conan Doyle*** (1889-1930), der mit seinen Sherlock-Holmes- Romanen auch heute noch Leser in aller Welt fesselt, und ***Robert Louis Stevenson*** (1850-94).

Stevenson erweckte den Abenteuerroman zu neuem Leben. Sein erster Bucherfolg „Treasure Island" („Die Schatzinsel", 1883), dem Schilderungen ungewöhnlicher Reisen vorausgegangen waren, ist nicht unbekümmert draufloserzählt, sondern zeigt ein feines psychologisches Einfühlungsvermögen in die einzelnen Figuren. Die Spannung des Abenteuers ist vermischt mit einer unheilvollen Atmosphäre, die von Anfang an über der Schiffsbesatzung lastet. Seine Neigung zum Geheimnisvollen und Unheimlichen, sein Interesse für die Welt des Unterbewusstseins spiegeln sich in dem experimentierenden psychologischen Roman „The Strange Case of Dr. Jekyll and Mr. Hyde" (1886) wider, in dem *Stevenson* das Motiv des gespaltenen Ichs ausführt.

Zudem gibt es in vielen Regionen Schottlands Volksdichter, die in ihrem eigenen Gebiet gelesen und geliebt werden, jedoch nicht über die Grenzen ihrer Heimat hinaus Bekanntheit erlangten.

Literatur im 20. Jahrhundert

Am Anfang des 20. Jh. schien die schottische Kultur völlig von der englischen absorbiert zu sein. Man musste bis zu *Scott* zurückdenken, um einen Literaten zu finden, dessen Literatur und Präsentation Schottlands und der Schotten internationales Interesse und Anerkennung gefunden hatten. So stand der Jahrhundertanfang unter dem unglücklichen Stern des kulturellen Niedergangs Schottlands und war geprägt von einer massiven ***Vergangenheitsverklärung.*** Auch die gälischsprachigen Schriftsteller arbeiteten in dem Bewusstsein, eine Kultur zu vertreten, die bald aussterben würde.

Zu der ohnehin schwierigen kulturellen Lage der Autoren kam der wirtschaftliche ***Niedergang*** der ehemals wichtigen ***schottischen Verlagshäuser,*** und 1930 verschwanden auch viele kleinere Magazine, die bis dahin „Newcomer" unterstützt hatten. Erst in den 60er und 70er Jahren verbesserte sich die Lage der Literaten, als der *Scottish Arts Council* begann, Schriftsteller zu unterstützen.

Ein anderes Problem war und ist die ***Rolle der Literatur im Erziehungswesen.*** Literatur wird an schottischen Schulen und Universitäten immer unter dem Titel „Englisch" gelehrt, Studiengänge wie „Scottish studies" sind erst ein Produkt jüngerer Zeit und immer noch selten. Das Wertesystem, in dem englische Kultur das ideale Modell der menschlichen und humanistischen Entwicklung darstellt, wurde mit großem Enthusiasmus an schotti-

Sir Walter Scott

Walter Scott wurde 1771 in Edinburgh geboren und starb 1832 in Abbotsford. Er war nicht nur ein großer schottischer Schriftsteller, sondern auch einer der bedeutendsten Romantiker und Begründer des historischen Romans. Für Schotten mögen sein überzeugter Patriotismus und seine Initiative, die 1818 zur Wiederentdeckung der schottischen Kronjuwelen führte, bedeutsamer sein.

Seine Kindheit verbrachte er zum großen Teil bei seinen Großeltern in den Borders. Seine Großmutter erzählte ihm die Balladen und Legenden der Region und weckte dadurch sein Interesse für die Geschichten des Landes. In der ersten Stufe seines literarischen Schaffens (1796-1805) trat er daher als ***Sammler, Herausgeber*** und ***Übersetzer*** hervor. 1803 veröffentlichte er die dreibändige „Minstrelsy of the Scottish Border", in denen er schottische Balladen in einer von ihm überarbeiteten Form niederschrieb und so die Sammlung „Percy's Reliques", die er schon als Jugendlicher gelesen hatte, ergänzte.

Seine zweite dichterische Epoche (1805-1814) kann als eine folgerichtige Weiterentwicklung der ersten Phase gesehen werden. Der Versuch, die Borderlegenden *Gilpin Horner's* in einer Ballade zu gestalten, endete in der Versdichtung „Lay of the Last Minstrel" (1805), dem ersten Bucherfolg der ***Romantik.*** *Scott* verwob hierin Geist und Schauplatz der Borderballaden mit einer Rittergeschichte und romantisierte das bunte Allerlei aus Rittern, Burgfräuleins, Mönchen, sanften Tälern und wildem Hochland mit einer Zauberin und einem Zwerg.

Weitere Werke dieser Periode sind u.a. „Marmion" (1808), „Lady of the Lake" (1810) und „Lord of the Isles" (1815), die alle Motive aus der schottischen und englischen Geschichte thematisieren. Sie bilden damit eine ***Übergangsform*** zwischen der alten Versdichtung und dem historischen Prosaroman, den *Scott* in seiner letzten Schaffensphase entwickelte.

Diese Phase (1814-1832) in der Entwicklung Scotts gilt als die literarisch bedeutsamste. „Waverley", der erste Roman der Gattung des ***historischen Romans,*** erzählt eine Begebenheit aus der für *Scott* jüngsten Geschichte, den Jakobitenaufständen. „Waverley" wurde ein großer Publikumserfolg und besticht vor allem durch die genauen Zustandsbeschreibungen. So war *Scott* auch nicht Moralist, sondern Beobachter, er wertete nicht, er beschrieb. Die nächsten drei Romane, unter ihnen „Guy Mannering" (1815), widmen sich allein dem Leben im schottischen Tiefland und fallen wegen der gelungenen Charakterstudien auf.

Mit „Rob Roy" (1818) griff *Scott* wieder auf die Historie zurück, es folgten weitere historische Romane, sog. *Novels of Manners,* die dem Alltagsleben gewidmet waren, und frei erfundene, romantische Abenteuerromane. In dieser Zeit entstand auch „The Heart of Midlothian" (1818), das zu den besten seiner Romane zählt und berühmt ist für die Figur der *Jeanie Dean* sowie die Schilderung der sog. *Porteous Riots.*

Später griff der Schriftsteller auch auf ***Motive aus dem Mittelalter*** zurück, und viele werden in ihrer Jugend den Ritterroman „Ivanhoe" (1819) gelesen haben, dessen Charakterstudien allerdings etwas oberflächlich bleiben.

1826 ging der Verlag, an dem *Scott* finanziell beteiligt war, bankrott, und *Scott* war gezwungen, in den folgenden Jahren eine Schuld von über £ 100.000 zu begleichen. Um dies zu leisten, begann er eine Art ***Massenproduktion.*** Ab fünf Uhr früh saß er am Schreibtisch und schrieb bis in den späten Abend hinein. 1832 starb er in Abbotsford, in dem Haus, das er sich zusammen mit seiner Frau *Margaret Charlotte Carpenter* errichtet hatte.

Robert Burns

Walter Scott kommen große Verdienste für Schottland und die kulturelle Anerkennung des Landes zu, doch konnte er nur die gebildeteren Schichten für sich gewinnen, nie aber das Herz des Volkes. Der ***Dichter-Held der Schotten*** über alle sozialen Grenzen hinweg, dabei von nicht minderer literarischer Qualität, ist *Robert Burns.* Auch *Goethe* schätzte *Burns* und nannte ihn einen „Dichter von Mäusen und Menschen". Noch heute wird *Burns* in Schottland verehrt wie kein anderer. Überall trifft man auf sein Bildnis und jeder „echte" Schotte weiß mindestens ein *Burns-Gedicht* zu rezitieren.

Robert Burns wurde 1759 als Sohn eines Bauern in Alloway geboren, und bis auf die letzten sechs Jahre seines Lebens, in denen er als eine Art Gerichtsvollzieher arbeitete, verdiente auch er sich sein Brot als Bauer. Er liebte die Frauen und zeugte mindestens 15 Kinder - nicht alle davon ehelich - war regelmäßiger Kneipengänger und ein aufrührerischer Geist. *Burns* starb 1796 im Alter von 37 Jahren und hinterließ seiner Frau *Jean Armour* sechs Kinder und keinen Penny.

Robert Burns

Seine Gedichte sind ***lebensverbunden und erdnah,*** sie kennen keine künstliche Herkunft oder gesellschaftlichen Rangstufen und zeigen gleichzeitig ein Streben nach formaler Vollendung. In seinem ersten Gedichtband „Poems Chiefly in Scottish Dialect" (1786) betonte er die Notwendigkeit, schottisch zu schreiben, um dem Leben und Fühlen seiner bäuerlichen Mitmenschen gerecht zu werden. So sind die meisten und besten seiner Gedichte und Lieder im schottischen Dialekt geschrieben, während seine englischsprachigen Werke nur zum Teil in gleicher Weise mitreißen können.

Burns dichterisches Können zeigt sich auch in der Umarbeitung oder Neudichtung alter, abgenutzter ***Volkslieder,*** die er mit wenigen Kunstgriffen zu neuem Leben erweckte und dabei Lieder schuf, mit denen sich ganz Schottland identifizieren konnte. Seine Gedichte sind aufrichtig und ungekünstelt. Die Natur seiner Heimat sah er nie romantisch verklärt, sondern stets realistisch; sie ist Hintergrund für das Leben, das sie bevölkert. Dieses Leben und die Menschen beschreibt er ohne Illusionen, und doch sind seine Gedichte erfüllt von der Liebe zum Leben in all seinen Facetten.

Die Engstirnigkeit der ***Kirche*** karikiert *Burns* in „Twa Herds", den heuchlerischen Geistlichen in „Holy Willie's Prayer". „The Cotter's Saturday Night" und das herausfordernde „A Man's a Man for a' that" sind Manifeste seines demokratischen ***Unabhängigkeitssinnes,*** die Erzählung „Tam o' Shanter" und die Satire „Death and Doctor Hornbrook" von einem faunischen Lachen erfüllt.

Die Schotten feiern den Geburtstag des beliebtesten schottischen Dichters jedes Jahr am 25. Januar mit der ***Burns' Night,*** in der man *Haggis* isst, Unmengen an Whisky trinkt und *Burns-Gedichte* rezitiert.

(Siehe auch im Kapitel „Dumfries und Galloway")

schen Schulen gelehrt und brachte fast automatisch eine völlige Vernachlässigung der eigentlichen Traditionen des Landes mit sich. Schottische Literatur wurde allenfalls als Untergruppe der englischen gelehrt und, wenn sie nicht mit dieser konform lief, als nichtig betrachtet.

Trotz dieser widrigen Umstände ist schottische Literatur im 20. Jh. nicht nur nicht von der Bildfläche verschwunden, sondern hat sogar eine ***Blütezeit*** erlebt. Es scheint gerade von der Tatsache, zwischen verschiedenen Kulturen zu stehen, statt mit einer fest verankert zu sein, eine große Inspiration auszugehen. Dabei hat schottische Literatur immer eine gewisse Unabhängigkeit von der englischen bewahrt, denn Schottland steht weniger mit England in einem kulturellen Kontext als mit Europa. Zeitgenössische schottische Literatur erreicht einen Grad von Abstraktion, der ungewöhnlich ist für englische Literatur des 20. Jh. Gleichzeitig ist sie philosophischer und mehr an der Arbeiterklasse orientiert als die englische.

Auch die ***Wahl der Sprache*** ist ein wichtiger Aspekt der schottischen Literatur. Die meisten Schriftsteller sind zweisprachig und stehen so immer vor der Wahl, in welcher Sprache sie schreiben sollen. Diese Zweisprachigkeit kann neben einer reichen Quelle für sprachliche Lebendigkeit auch eine große Einschränkung bedeuten.

Schreibt ein Autor in Gälisch oder in Scots, dann verfasst er seine Werke nur für ein kleines Publikum, denn nur wenige lesen diese Sprachen, und außerhalb Schottlands gibt es praktisch kein Publikum für diese Schriften. Entscheiden sich Schriftsteller dagegen für das Englische, werden sie sogleich von der englischen Kultur absorbiert und forthin als englische Autoren gehandelt. Aus dieser Problematik erklärt sich die oft geäußerte Ansicht, dass schottische Literatur entweder engstirnig (Autoren einer Minderheit schreiben für eine Minderheit) oder schwach sei (große schottische Literaten sind wahrhaftiger Teil der englischen Literatur).

Die erste Blütezeit erlebte die schottische Literatur in den 20er Jahren, die heute die ***Scottish Literary Renaissance*** genannt wird. Nach dem ersten Weltkrieg brach die englische Kultur zusammen und bot damit Gelegenheit für Schriftsteller auch in Nordamerika, Australien und den nicht englischen Teilen des United Kingdom, Manifeste kultureller Unabhängigkeit zu schaffen. Sie erkannten die englische Kulturtradition als Beschränkung ihrer ursprünglichen Sprachformen und die englische Sprache den modernen literarischen Bedürfnissen als nicht mehr angepasst.

Schottische Autoren nahmen, maßgeblich von *Hugh MacDiarmid* beeinflusst, mit Scots als literarischer Sprache die Möglichkeit wahr, Klassenkonflikte aufzuzeigen und internationale, politische und soziale Themen auf eine Weise auszudrücken, die das Englische, wo Schreiben in Dialekten kaum üblich war, nicht bot. So ist die schottische Renaissance geprägt von der Verbindung zwischen internationalem Modernismus

Schottische Schriftsteller des 20. Jahrhunderts

Hugh MacDiarmid wurde 1892 in Langholm als *Christopher Murray Grieve* geboren und gilt als einer der Begründer der sog. *Scottish Renaissance*, deren Ziel es war, die schottische Literatur von der Sentimentalität des 19. Jh. zu befreien und in Einklang mit modernem europäischem Denken zu bringen. Sein Leben lang schwankte er zwischen kommunistischen und nationalen Interessen und war so abwechselnd Mitglied der Kommunistischen Partei und der Nationalen Partei Schottlands.

MacDiarmid entdeckte Scots wieder als literarische Sprache, wobei er eine große Bandbreite schottischer Dialektwörter in völlig neue Zusammenhänge brachte, und zwar mit der erklärten Absicht, eine ländliche Sprache den wesentlich komplexeren Bedürfnissen der städtischen Zivilisation anzupassen. 1926 erschien „A drunk man looks at the thistle", ein Gedicht von 2865 Zeilen, das allgemein als sein bestes Werk angesehen wird. *MacDiarmid* verstarb 1978 in Brownsbank.

Neil Gunn (1891-1973) wird aufgrund seiner Fähigkeit, die Landschaft und die Menschen der Highlands zu beschreiben, der Verbindung von Mythos und Realität und seiner großen Vorstellungskraft oft als der größte schottische Romanschriftsteller des 20. Jh. bezeichnet.

Sein erster erfolgreicher Roman, „The Morning Tide", den er 1930 veröffentlichte, spiegelt seine Kindheitserfahrungen als Fischerjunge wider und thematisiert das Verhältnis von Mensch und Meer. „Sun Circle" aus dem Jahre 1933 zeugt von dem Interesse Gunns für die Vergangenheit und erzählt die Geschichte einer Wikingerinvasion in Schottland. Gleichzeitig verdeutlicht der Roman seinen Glauben an ein Goldenes Zeitalter während der piktischen Periode in Schottland, ein Gedanke, der ihn sein ganzes Leben begleitete.

Während des Krieges erschien unter anderem der Roman „The Silver Darlings" (1941), der wieder das uralte Thema von der Hassliebe des Menschen zum Meer aufnimmt. Der Held dieses Romans ist eine Reinkarnation des Finns der epischen Legende, der durch sein Handeln die gälische Kultur fortsetzt.

Muriel Spark ist eine jener Schriftstellerinnen von Weltruhm, die immer zur englischen Literatur gezählt werden, obwohl sie selbst die wichtige Bedeutung ihrer schottischen Herkunft und Erziehung für ihr Werk betont. 1918 in Edinburgh geboren, lebte sie seit dem zweiten Weltkrieg zunächst in London, ab 1949 abwechselnd in Rom und New York. 1954 trat sie zum Katholizismus über und wird seitdem mit der englisch-katholischen Dichtungstradition verbunden.

„The Prime of Miss Jean Brodie" (1961), ihr einziger Roman, der in Schottland spielt, thematisiert die Triebkräfte des Calvinismus. Miss Jean Brodie lehrt an einer Edinburgher Mädchenschule und schwärmt für die Ideale des faschistischen Italiens Mussolinis, während sie andererseits eine fortschrittliche Erziehung praktiziert. In der Unterteilung Brodies zwischen der Elite (ihren Schülerinnen) und dem Rest (die Schülerinnen, die nicht von ihr erzogen werden) spiegelt sich zudem das calvinistische Dogma von den 'Erwählten' und 'Verdammten' wider.

Sparks Auffassung von der nicht eindeutigen Moral des Gut und Böse erscheint auch in einigen anderen ihrer Romangestalten, wie „Dougal Douglas" in „The Ballad of Peckham Rye" (1960), Mrs Pettigrew in „Memento Mori" (1959) oder Patrick Seton in „The Bachelors" (1961). Diese Figuren legen das Bild des Teufels als ein fürchterliches menschliches Wesen nah, das trotz allem Anlass zur Komik bietet, eine Konzeption, die sich schon bei *Robert Burns* findet.

und heimatsprachlicher Wiederbelebung. Zugleich zeichnet die Schriftsteller eine unermüdliche Suche nach einer dauerhaften schottischen Identität aus, ein Unterfangen, dass nicht unbedingt von Erfolg gekrönt schien, da aufgrund von Einwanderungs- und Auswanderungswellen kein homogenes Bild von Schottland entstehen konnte. Das Land befand sich sozusagen auf dem Kreuzweg zwischen den Städten der neuen Welt und den niedergehenden ländlichen Gemeinden der alten Welt.

Die schottische Identität war unstetig und gespalten, und das Motiv dieser Zerissenheit spiegelte sich nicht nur in den Charakteren der literarischen Werke wider, sondern auch in der Tendenz der Autoren, unter einem Pseudonym zu schreiben. Diese Zerstückelung verliert erst mit Fortschreiten des Jahrhunderts an Bedeutung, als durch die Teilung auch vieler anderer Kulturen die Zweisprachigkeit und das Stehen zwischen zwei Kulturen nicht mehr als anormal empfunden wird.

Die ***zweite Blütezeit des Jahrhunderts*** umfasst etwa die Jahre 1950-1970 und ist von einer zunehmenden Hinwendung zur amerikanischen Literatur gekennzeichnet. Diese Zuwendung erfolgte jedoch nicht im Sinne einer Nachahmung, sondern war von der Faszination für eine englische Sprache geprägt, die in Klang und Vokabular nicht mehr fest an das Englische gebunden war, wenn sie auch noch innerhalb dessen grammatikalischen Systems funktionierte. Diese „Befreiung der Sprache" beflügelte die schottischen Autoren, zumal die rasche Veränderung der sozialen Situation in Schottland, vor allem der Niedergang der Industrie, ausreichend Themen bot, die weit davon entfernt waren, von rein lokaler Bedeutung zu sein.

Malerei

Schottische Malerei machte erstmals im 18. Jh. mit den ***Portraitmalern*** *Allan Ramsay* (1713-84) und *Sir Henry Raeburn* (1756-1823) von sich reden. Deren vortreffliche Werke unterscheiden sich vor allem im Ausdruck von den ansonsten oft künstlich und leblos wirkenden Portraits anderer Künstler. Auf die Gemälde *Ramsay's* und *Raeburn's* stößt man in einigen Schlössern oder in den Galerien von Edinburgh.

Nach 1750 erfreute sich die ***Landschaftsmalerei*** zunehmender Beliebtheit. Hier sind u. a. *Sir David Wilkie* (1785-1841), *John Thomson* (1787-1840), *William McTaggart* (1855-1910) und *Horatio Maculloch* (1805-67) zu nennen.

Anfang des 20. Jahrhunderts entfaltete in Glasgow der ***Jugendstil*** seine Blüten. Viele junge Künstler ließen sich von der neuen Kunstrichtung inspirieren, allen voran die Künstler *Charles Rennie Mackintosh* und *Martha Macdonald Mackintosh,* die in Glasgow eine ganz eigene Richtung des Jugendstils entwarfen. Der schottische Jugendstil ist weniger verschnörkelt als der kontinentaleuropäische und in seinen klaren Linien oft stark von der Klassik beeinflusst. (Zu *Charles Rennie Mackintosh* s.a. Kap. „Architektur" und Exkurs im Kap. „Glasgow")

Architektur

Bis ins 20. Jh. verwendeten die Bauherren Schottlands nahezu ausschließlich den Baustoff, den es in Hülle und Fülle gibt, den Stein. Schon die ersten Zeugnisse der schottischen Architektur in der Bronze- und Eisenzeit wurden in Stein gebaut, etwa die Grabkammern von Maes Howe auf den Orkney-Inseln oder die ***Brochs.*** Unter Brochs versteht man jene runden Steinhäuser, die ohne Verwendung von Mörtel aufgeschichtet wurden, der *broch von Mousa* auf den Shetland-Inseln beispielsweise.

Die Anfänge

Die ***Römer*** hinterließen nach ihrer Besetzung Englands und des Südens von Schottland als markantestes und in Teilen bis heute erhaltenes Bauwerk den ***Antonius Wall*** (143 n. Chr.), ferner jene Forts oder Festungsanlagen, die den Wall gegen die wilden Schotten schützten sollten. Die Hauptleistung der Römer bestand allerdings in der Anlage des Straßennetzes, das bis in die Gegenwart das Grundgerüst des südschottischen ***Straßennetzes*** darstellt.

Irische Einflüsse

Von Irland kam das Christentum nach Schottland. Im 6. Jh. n. Chr. kam der irische *Mönch Columba* auf die kleine westschottische Insel Iona und brachte, indem er ein Kloster auf dem Eiland gründete, neben dem Christentum die ***irische Bauweise*** mit nach Schottland.

Die ***frühen Klosteranlagen*** bestanden aus losen Gruppen von Holz- oder ***Flechtwerkshütten*** mit Scheune, Stall, Mühle, Bäckerei und gemeinsamem Speisesaal, dem Refektorium, sowie einer kleinen Kirche. Vor Angriffen wurde die Anlage durch einen Erdwall geschützt, wahrscheinlich nicht ausreichend, denn im Laufe der Zeit ersetzte man den Baustoff durch Stein.

Außerdem errichtete man wie in Irland befestigte ***Rundtürme,*** zu sehen in Abernethy oder Brechin, wohin der Klerus sich verzog, wenn feindliche Segel über den Atlantik kamen. Andere irische Architekturelemente, die man an jenen Rundtür-

Turm nach irischem Vorbild

men entdeckt, sind die geneigten Türpfosten oder die schmalen Fenster, die mit einem Rundbogen abschließen.

Kontinentaler Einfluss

Das Christentum breitete sich wie ein Flächenbrand über Schottland aus. Die römische Kirche erweiterte ihren Einfluss und schuf die schottische Kirche nach eigenem Vorbild. Mit der christlichen Kirche drang der kontinentale ***romanische Baustil*** nach Schottland. Die herausragenden Bauwerke dieser Zeit entstanden in Edinburgh (St Margaret Chapel), in St Andrews (St Regulus Cathedral) und in Kirkwall (St Magnus Cathedral) auf den Orkney-Inseln.

Zu erkennen gibt sich die romanische Architektur durch den Rundbogen, dicke, massive Wände, lange, schmale Räume und flache Holzdecken.

Der gotische Baustil

Ende des 12. Jh. hielt der gotische Baustil seinen Einzug auf den britischen Inseln, angeregt durch ***französischen Einfluss***. Der schottische *König David I.* gründete in der Borders Region, an der Grenze zu England, einige Klöster, die wie die Dryburgh Abbey in gotischem Stil erbaut wurden. Aus dem Rundbogen der Romanik entwickelte sich der Spitzbogen. Dank des technischen Fortschritts konnte man mit dem Kreuzgewölbe größere und höhere Räume bauen, die durch emporstrebende Fenster beleuchtet sind. Die Glasgow Cathedral mit ihrer Krypta und dem kunstvollen Gewölbe gehört ebenso in die gotische Epoche wie die Arbroath Abbey.

Im Laufe der Zeit entwickelte sich aus dem puren gotischen Stil die verspieltere Variante des ***Decorated Gothic***. Die Gewölbe und Fenster erhielten Verzierungen, wie z. B. die Melrose Abbey, Sweetheart Abbey oder Dunblane Cathedral.

Burgenbau

Im 12. Jh. entstanden auch die ***ersten Burgen*** in Schottland. Federführend für den Bau erwiesen sich die unter *David I.* ins Land geholten normannischen Adelsfamilien. Ihre Burgen dienten nicht nur militärischen Zwecken, sondern bildeten gleichzeitig den Sitz der lokalen Verwaltung. Anfangs noch aus Holz und Erdwerk errichtet, entstanden im 13. Jh. die ersten Burgen aus massivem Stein, beispielsweise das Castle Duffus in Morayshire oder Dirleton in East Lothian.

Eine Weiterentwicklung der Burg ist der so genannte ***Palace,*** dessen Schwerpunkt sich im Gegensatz zur frühen Verteidigungsburg in Richtung ***Wohnburg*** verschoben hat. Das Zentrum des Palace bildet in der Regel ein zweigeschossiger Saal, der als Wohn- und Essraum dient. Der Linlithgow Palace am gleichnamigen See verbindet Alt und Neu: der Palace schließt direkt an die alte Burg an. Die Anregungen für diese großzügigere Architektur lieferte Frankreich, der Bündnispartner Schottlands gegen England.

Fassadenbruch - Inverness/zentrales Hochland

Eine kleinere lokale Variante des Palastes ist der ***Wohnturm,*** wie das Neidpath Castle in der Nähe von Peebles mit seinen massigen Wänden und seinem Kellergewölbe, auf dem sich in den oberen Etagen die Wohnräume türmen.

Wohnhäuser

Kein weiter Weg führt von jenem Wohnturm zum eigentlichen ***bürgerlichen Wohnhaus*** des 16. Jh. Das älteste Wohngebäude Schottlands steht in Glasgow, Provand's Lordship. Viele Elemente des Burgenbaus leben in den Wohnhäusern fort, wie verstrebte Fenster, zinnenartige Fassaden oder kleine Türme. Gleiches lässt sich an den alten ***Herrenhäusern*** Schottlands feststellen, beispielsweise dem *Traquair House* bei Innerleithen oder dem Pilmour House in East Lothian.

Der ***Renaissance-Stil*** des Kontinentes hielt in Schottland lediglich als Dekorationsstil Einzug. Die Säle des Edinburgh Castle oder des Falkland Palace bei Glenrothes schmücken Motive, die der französischen Renaissance entliehen sind.

Architekten

Bis ins frühe 17. Jahrhundert. folgten die Schotten mit ihrer Architektur einem eigenen, ***heimatverbundenen Weg,*** der danach lediglich beim Bau der Bauernkaten und Landhäuser weiterverfolgt wurde.

Dann begann die Phase, die sehr stark von einzelnen Charakteren, sprich Architekten, geprägt wurde. Ein erster Name lautet ***William***

Bruce, der die Entwürfe für Merchants' Steeple in Glasgow sowie das Kinross House an Loch Leven zeichnete. Beide Bauten liebäugeln mit dem französischen Barock.

Ein anderer Architekt, ***William Adam,*** führte den Klassizismus nach Schottland ein, ausgeführt an seinem Yester House in der Nähe von Grifford. Populärer als *William* war dessen Spross ***Robert Adam,*** der sich ausgiebig mit der Architektur Italiens und anderer Mittelmeerländer beschäftigte. *Robert* schuf das Culzean Castle in Strathclyde, das er als Gesamtkunstwerk sowohl innen wie außen gestaltete.

Der Klassizismus Adamscher Machart wurde noch vertieft durch das sogenannte ***Greek Revival,*** das sich zurück in die griechische Antike orientierte. In Anlehnung ans alte Griechenland entwarf ***Playfair*** die National Galery in Edinburgh. Die Royal High School in der gleichen Stadt baute der sogenannte „Griechen-Thomson", ***Alexander Thomson,*** der vor allem in Glasgow arbeitete.

Eine andere Strömung des 19. Jh. versuchte, die ***gotische Bauweise*** wiederzubeleben. Das romantische ***Balmoral Castle*** in der Nähe der Highland-Games-Stadt Braemar steht als Musterbeispiel für diese unselbstständige Art der Gebäudegestaltung. Nur wenige Architekten, wie ***Sir Robert Lorimer,*** brachten es zu einem eigenständigeren Stil.

Als sich das Tor zum 20. Jahrhundert noch nicht geöffnet hatte, war ein Mann geistig bereits über die Schwelle ins neue Jahrhundert gesprungen: ***Charles Rennie Mackintosh.*** Der Schotte schüttelte die romantisierenden Bauweisen ab und gelangte zu einer Architektur, in der sich Elemente des Jugenstils mit denen des schottischen Burgenbaus vereinen.

Wohnen im Museum: Culross/Fife

Nach der Architektur von *Mackintosh* folgte wenig, was das Prädikat „typisch schottisch" verdient hätte. Als Beispiele schottischer ***Architektur der Gegenwart*** seien abschließend erwähnt: Das Art Centre der St.-Andrews-Universität von *Stirling,* das Headquarter der Scottish Amicable Society in Glasgow von dem Architekten-Trio *King, Main, Ellison* oder die Burrell Collection in Glasgow.

Musik

Folkmusic

In seiner langen Geschichte hat Schottland noch keinen Komponisten von Weltruhm hervorgebracht. Nichtsdestotrotz gibt es eine lebendige musikalische Tradition, die sich im Bereich der Volksmusik äußert. Jeder kennt die schottischen ***Dudelsackpfeifer*** *(Piper),* deren Melodien zumeist von Trommlern mit komplizierten Rhythmen unterlegt werden. Andere beliebte Instrumente sind die Geige, die in teilweise atemberaubendem Tempo gespielt wird, und die Harfe.

Die schottische Volksmusik ist eng verbunden mit der gälischen Sprache. Die ***gälische Musik*** baut auf pentatonischen Skalen auf, das heißt, die Melodien enthalten meist nur fünf verschiedene Töne. Dies unterscheidet die schottische Volksmusik von der in anderen Teilen Europas.

Seit einigen Jahren erlebt diese Volksmusik eine ***Renaissance.*** Oft wird abends in Kneipen Live-Musik gespielt, oder es werden Abende organisiert, an denen Musik mit dem Vortrag von schottischen Gedichten kombiniert wird. In ganz Schottland werden zudem mehr und mehr Folklore-Festivals veranstaltet, die vor allem jungen Musikern ein Forum zur Pflege traditioneller Musik sein sollen.

In den letzten Jahren findet die sogenannte Folkmusik auch auf dem europäischen Kontinent, vor allem beim jüngeren Publikum, wieder mehr Zuspruch. Diese Entwicklung, die zunächst insbesondere die irische Musik betraf, hat inzwischen auch vor der schottischen Musiktradition nicht haltgemacht. Als Anfang der 90er Jahre *The Scottish Folk Festival* durch Deutschland tourte, waren die Karten für die Konzerte bald ausverkauft. Neben mitreißenden Dudelsack-Tänzen, getragenen Harfenklängen, kämpferischen Liedern über einstige Schlachten und traurigen Balladen fand auch die siebenköpfige Gruppe *Ceolbeg* großen Anklang, die in ihrer Musik traditionelle und moderne Klänge verbindet (s. auch Exkurs „Dudelsack").

Klassische Musik

Seit Kriegsende findet auch die klassische Musik wieder mehr Zuspruch. 1949 wurde das *Scottish National Orchestra* gegründet, 1962 folgte die Eröffnung der *Scottish Opera* in Glasgow, die inzwischen internationalen Ruhm besitzt. Das *Scottish Ballet* mit Sitz ebenfalls in Glasgow wurde etwa zur gleichen Zeit gegründet. Sein Repertoire umfasst sowohl klassische als auch zeitgenössische Werke.

Das *Scottish Chamber Orchestra* bereist ebenso wie das erwähnte Nationalorchester regelmäßig Schottland, tritt aber auch außerhalb der Landesgrenzen, in erster Linie in England, jedoch auch auf dem Kontinent, auf. Beide Orchester sind vor allem für ihr Bemühen um moderne Musik bekannt. Neben den bisher genannten Ensembles ist noch das *BBC Scottish Symphony Orchestra* erwähnenswert, das ebenso außerhalb der Landesgrenzen bekannt ist.

Rock und Pop

Schottland kann sich in der Anzahl erfolgreicher Bands oder SängerInnen in keiner Weise mit seinem großen Bruder England und dessen überaus reger Musikproduktion messen. Nichtsdestoweniger vermag auch Schottland, mit einigen bekannten Musikern aufzuwarten.

Seit einiger Zeit macht die von Skye stammende Gruppe *Runrig* von sich reden. Mit Rockmusik und Balladen mit zum Teil gälischen Texten füllte sie in Deutschland schon mehrere Konzerthallen.

Derek W. Dick, besser bekannt unter dem Namen *Fish* und Ex-Sänger von *Marillion,* steuert jetzt auch solo auf Erfolgskurs und hat inzwischen seine dritte Solo-CD herausgebracht. Musikalisch knüpft er zwar vor allem an alte *Marillion*-Zeiten an, verwedet aber auch viele traditionelle Themen. *Fish* hat sein Domizil übrigens in der schottischen Hauptstadt Edinburgh.

Ebenfalls aus Edinburgh stammen *The Proclaimers,* die 1993 die Filmmusik zu *Benny & Joon* mit *Johnny Depp* und *Mary Stuart Masterson* komponierten.

Neben *Ceolbeg* tourte auch *Wolfstone* mit dem *Scottish Folk Festival* durch die Bundesrepublik und überraschte mit für dieses Festival ungewohnt harten Klängen à la frühe *Deep Purple*.

Erfolge in jüngerer Zeit konnten auch *Wet Wet Wet* verbuchen, die mit erdigen Klängen zwischen Soul und Rock auch außerhalb Schottlands immer mehr Anhänger finden.

Abschließend sei noch auf einen prominenten Bewohner Schottlands hingewiesen, der allerdings nicht auf schottischem Boden, sondern in Liverpool geboren ist. Ex-Beatle *Paul McCartney* trägt nicht nur einen schottischen Namen, sondern lebt schon seit einigen Jahren auf einer Farm auf der Halbinsel Kintyre, die er in seiner Hymne „Mull of Kintyre" besang.

Verwaltung

Seit 1707 in der ***Union of parliaments*** das schottische im britischen Parlament aufging, hatte Schottland keine eigene Legislative mehr. Im gemeinsamen Unterhaus von England, Schottland, Wales und Nordirland stellt Schottland 72 der 635 Abgeordneten. Dennoch behielt Schottland einige eigenen Rechte, die v. a. Fragen der Kirchen, des Bildungswesens, der kommunalen Verwaltung, aber auch das Recht auf Emission eigener Banknoten betrafen.

Im Londoner Kabinett wird Schottland seit 1975 durch einen ***Schottlandminister*** repräsentiert, der im St. Andrew's House auf dem Calton Hill in Edinburgh seinen Amtssitz hat. In sein Ressort fallen Landwirtschaft, Erziehung und Bildung, Strukturplanung und Regionalentwicklung, Industrie- und Gesundheitswesen.

Das Verhältnis zwischen Schottland und England ist seit der Union immer ein gespanntes geblieben. Seit dem Ende des Zweiten Weltkrieges wächst in den britischen Regionen jedoch ein neuer Patriotismus, der sich gegen Zentralismus, ökonomische, soziale und kulturelle Bevormundung wehrt. Sichtbarer Ausdruck ist das Erstarken der ***Scottish National Party*** (SNP), in Deutschland v.a. durch ihren prominentesten Wahlkämpfer *Sean Connery* bekannt.

Den neuen Patriotismus versuchte erstmals die Labourregierung 1979 für sich zu nutzen, als sie ein Referendum zur Einführung eines Regionalparlamentes abhielt. Die Zeit war allerdings noch nicht reif; das Vorhaben scheiterte knapp. Doch die soziale Kälte und der ökonomische Erfolg des Thatcherismus der 80er Jahre legte das Fundament für das wachsende schottische Selbstvertrauen und die immer lauter werdende Forderung nach ***Home Rule.***

Mit dem Wahlsieg von *Tony Blair* und seiner *New Labour* wurde eine neue Ära eingeleutet. Noch im gleichen Jahr, am 11. Sept. 1997 sprach sich eine neue Abstimmung für ein ***schottisches Parlament*** mit einer eigenen regionalen Regierung aus, und 1999 konstituierte sich in Edinburgh nach 292 Jahren wieder ein Parlament mit weitgehenden Autonomierechten. Seine Zuständigkeiten umfassen die Bereiche Bildung und Gesundheit, Rechts- und Verkehrswesen, Wohnungsbau, Umwelt, Landwirtschaft und Sport. Die Regierung unter *prime minister Donald Dewar* verwaltet selbstständig das aus London fließende Budget und kann, vom Parlament kontrolliert, in eigener Vollkommenheit den Satz der Einkommensteuer um 3 % verändern. Auch im Europäischen Parlament sind die Schotten nun mit eigenen Abgeordneten vertreten.

Bis 1974 war Schottland verwaltungstechnisch in 33 ***Grafschaften*** untergliedert. Eine Verwaltungs- und Bodenreform hob diese Unterteilung auf und schuf eine neue Gliederung mit 12 Bezirken (schott.: *region*): Dumfries and Galloway, Borders, Lothian, Strathclyde, Central, Tayside, Grampian, Fife, die Western Isles, die damit erstmals ungeteilt selbstverwaltet waren, Highland sowie Orkney and Shetland. Nicht alle Ein-

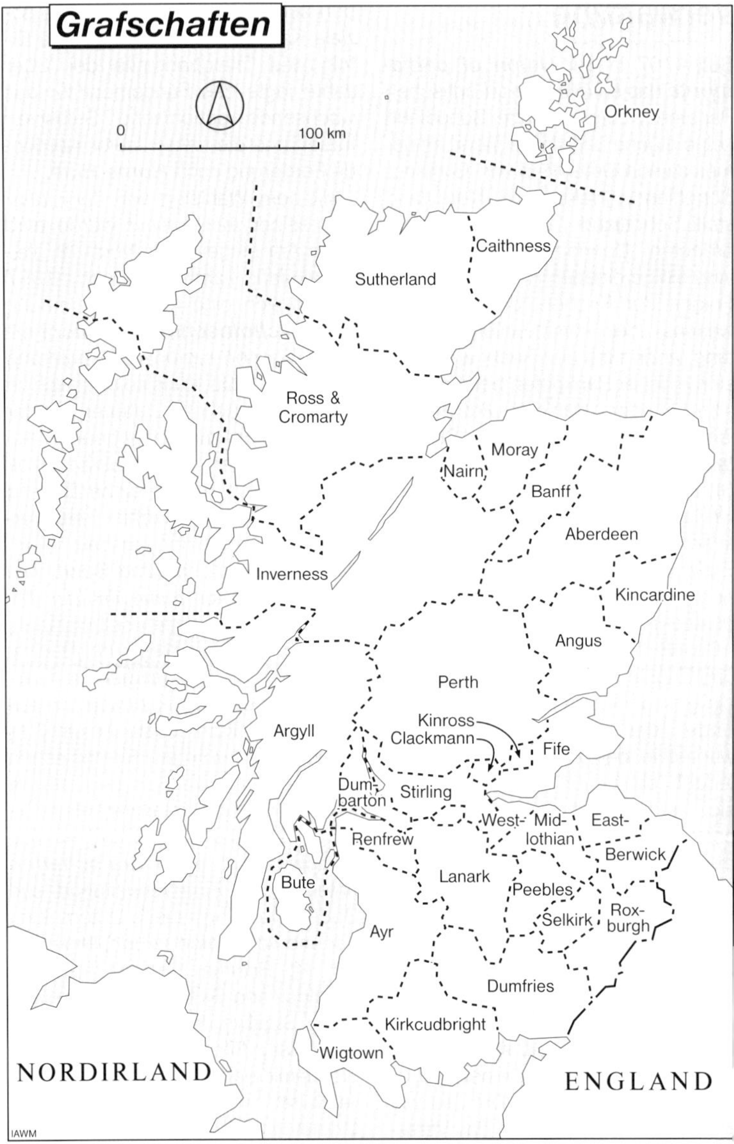
Grafschaften
0
100 km
Orkney
Caithness
Sutherland
Ross &
Cromarty
Moray
Nairn
Banff
Aberdeen
Inverness
Kincardine
Angus
Perth
Kinross
Clackmann
Fife
Argyll
Dum-
barton
Stirling
West-
Mid-
lothian
East-
Renfrew
Berwick
Lanark
Bute
Peebles
Selkirk
Rox-
burgh
Ayr
Dumfries
Kirkcudbright
Wigtown
NORDIRLAND
ENGLAND
IAWM

Regionen
0
100 km
Shetland
Orkney
Thurso
Wick
Stornoway
Western Isles
Ullapool
Highland
Inverness
Peterhead
Grampian
Aberdeen
Fort William
Tayside
Dundee
Oban
Perth
St. Andrews
Central
Fife
Stirling
Edinburgh
Glasgow
Lothian
Strathclyde
Galashiels
Borders
Ayr
Dumfries & Galloway
Dumfries
NORDIRLAND
ENGLAND
AWM

wohner der Bezirke waren glücklich über die neue Einteilung, da oft die gewachsenen Grenzen uralter Grafschaften zerschnitten wurden. Die Halbinsel Fife etwa sollte auf die Regionen Lothian und Tayside aufgeteilt werden. Doch die Bewohner, die sich immer wieder auf die Traditionen Fifes als altes piktisches Königreich beriefen, demonstrierten so lange für ihre Selbstverwaltung, bis sie einen eigenen Bezirk erhielten.

Bis heute haben sich die Schotten noch nicht ganz an die neue Gliederung gewöhnt und benutzen häufig noch die alten Grafschaftsbezeichnungen (schott.: *-shire*). Vor allem in Adressen werden sie noch gerne verwendet, um die Zuordnung innerhalb der teilweise sehr großen Regionen zu erleichtern.

Wirtschaft

Geschichte

Trotz des nach wie vor einfachen Lebens in einigen Regionen Schottlands und der landwirtschaftlichen Prägung, der nahezu das ganze Land unterliegt, kann man Schottland gemeinsam mit England als die erste Industrienation der Weltgeschichte bezeichnen. Hier wurde die Erfindung gemacht, die zum Meilenstein der wichtigsten Revolution der neueren Geschichte wurde: *James Watt* verbesserte 1765 die ***Dampfmaschine*** und setzte damit die ***Industrielle Revolution*** in Gang.

Auch die geistige Grundlage der neuen Wirtschaft kam aus Schottland. 1776 veröffentlichte *Adam Smith* seine „Untersuchung der Beschaffenheit und Ursachen für den Wohlstand der Nationen", die bis heute zu den Standardwerken der wirtschaftswissenschaftlichen Literatur zählt. Zusammen mit dem Londoner Bankier *David Ricardo* wurde *Smith* dadurch zum Begründer des wirtschaftlichen Liberalismus, dessen grundsätzliche Ideen gerade heute wieder Triumphe feiern.

Mit der Dampfmaschine wurde es nun möglich, die ***Kohlengruben*** in Zentralschottland auszubeuten, der erste Boom begann. Im 19. Jahrhundert entwickelte sich dann vor allem um die Clydemetropole Glasgow eine pulsierende ***Schwerindustrie.*** Die Dampflokomotiven aus Springfield wurden in alle Welt verschifft, und in Dundee blühte die ***Leinenproduktion.*** Während in Glasgow die ersten Ozeanriesen gebaut wurden, machten die schnellen Teeclipper aus Aberdeen den Maschinenschiffen zum letzten Mal Konkurrenz.

Viele Hochländer und Iren, die nicht nach Übersee auswanderten, kamen nach Glasgow, um nach Arbeit zu suchen. Die Elendsviertel füllten sich, und die ***Strukturprobleme,*** mit denen die Stadt noch heute zu kämpfen hat, entstanden. *Robert Owen,* der berühmte britische Frühsozialist versuchte in New Lanark mit seinem Experiment der kollektiven Arbeit, neue Wege aus dem Elend der Industriearbeiter zu finden.

Nach dem ersten Weltkrieg kam die ***Weltwirtschaftskrise,*** die auch die schottische Wirtschaft ruinierte. Darüber hinaus wurde die Konkurrenz in Fernost immer größer, so dass die Werften am Clyde langsam, aber sicher zugrunde gingen. Die schottische Wirtschaft machte eine ihrer größten ***Krisen*** durch: „Wenn die englische Wirtschaft den Schnupfen hat, bekommen wir die Lungenentzündung", sagt man in Schottland.

Doch die schottische Ökonomie ist auf dem Wege der Besserung. Durch den reichen ***Ölsegen,*** der seit den späten siebziger Jahren aus der Nordsee sprudelt, wurde es möglich, die Investitionen stark zu erhöhen. Mittels geschickter Ansiedelung neuer Industrien gelingt es dem Land, sich langsam aus den Fängen des schwerindustriellen Erbes zu befreien, wenngleich man noch auf absehbare Zeit damit zu kämpfen haben wird.

Ölförderung

1969 wurde das erste große Ölfeld in der schottischen Nordsee entdeckt. In erstaunlich kurzer Zeit wurde die notwendige Förder-, Verarbeitungs- und Serviceindustrie aufgebaut, und seit Mitte der siebziger Jahre läuft die Ausbeutung der Vorkommen auf vollen Touren. Heute sind Ölplattformen auf nahezu vierzig Feldern installiert.

Die entstandene neue Ölindustrie half der siechenden schottischen Ökonomie wieder auf die Beine. Der Primäreffekt bestand zunächst vor allem in der Schaffung von Arbeitsplätzen. Doch das Öl half nicht nur, das Elend der Massenarbeitslosigkeit zu mildern, sondern es erschloss der schottischen Wirtschaft auch neue Industriezweige und gab ihr dadurch das verlorene Selbstvertrauen zurück.

Die primären Wirkungen sind mittlerweile alle ausgereizt, mit weiteren Auswirkungen auf den Arbeitsmarkt wird nicht mehr gerechnet, doch hofft man, dass in Folge weiter steigender Weltmarktpreise für Rohöl die Ausbeutung marginaler Felder lohnender wird. Dadurch könnte der Ölsegen noch etwas verlängert werden, der wegen der Erschöpfung der Vorkommen in absehbarer Zeit versiegen würde.

Werftindustrie

Die am Boden liegende Schiffsbauindustrie wurde in den letzten Jahren drastisch gesundgeschrumpft. Auf der anderen Seite investierten vor allem der Staat und amerikanische Investoren in die Modernisierung der Anlagen. Mit der Entwicklung von Spezialschiffen, die in der Ölförderung benötigt werden, hofft man, wieder in den Markt einsteigen zu können, der den Schotten, wie allen Europäern, wegen der zu hohen Lohnkosten von der fernöstlichen Konkurrenz verschlossen wird. In einem gewissen Umfang haben sich die Erwartungen in den letzten Jahren auch erfüllt.

Hochtechnologien

Ein wichtiger Sekundäreffekt des Ölbooms ist das Geld, das Großbritannien mit dem Verkauf des Rohöls verdient. Ein Teil der staatlichen Einnahmen fließt wieder in die Kassen Schottlands zurück, wenn auch viel zu wenig, wie viele Schotten meinen und deshalb noch lauter die Unabhängigkeit fordern. Mit diesen finanziellen Mitteln konnten verschiedene neue Projekte in Angriff genommen werden, die Schottlands veraltete Industrie in das Zeitalter der Hochtechnologie einführten.

Besonders das ***Highland and Island Development Board*** (HIDB), das das wirtschaftlich rückständige Hochland und die Inseln entwickeln soll, unternimmt große Anstrengungen, in die ***Computertechnologie*** einzusteigen. Dieser Industriezweig ist nicht so stark wie etwa die Schwerindustrie auf die Infrastruktur angewiesen, die bisher im Hochland gering ausgebaut ist. So wurde z. B. auf Orkney ein Forschungszentrum aufgebaut, das sich allgemein mit der strukturellen Entwicklung von Inseln auseinandersetzt. Seine Pläne und Programme werden heute in die ganze Welt verkauft. Die Universität von Aberdeen beschäftigt sich u. a. mit der Entwicklung von Computertechnologien zur Ölförderung. Eine Studie hat unlängst ergeben, dass Schottland neben der Republik Irland und der Bundesrepublik Deutschland zu den zukunftsträchtigsten Standorten für die Mikroelektronikindustrie gehört.

Insgesamt verschiebt sich in Schottland also der Schwerpunkt von der früheren Schwerindustrie auf die Hochtechnologien, die heute schon einen Anteil von 15 % am gesamten industriellen Umsatz von Großbritannien haben. Dennoch hält die Schwerindustrie in Schottland ihre Stellung. Immer noch produzieren die schottischen Stahlfabriken 8 % des gesamten britischen Ausstoßes.

Tourismus

Ein expandierender Zweig der schottischen Gesamtwirtschaft ist neben den obengenannten Hochtechnologien auch die Tourismusbranche. Jährlich nimmt die Zahl der Urlauber in Schottland zu. Besonders hoch ist dabei der Anteil von Besuchern aus Übersee, meist schottischstämmigen Amerikanern oder Kanadiern, und aus Japan. Das HIDB und das *Scottish Tourist Board* (STB) bemühen sich seit ihrem Bestehen darum, das Niveau des Angebotes zu erhöhen und besonders die Unterbringungsmöglichkeiten zu verbessern. Besonders in einigen strukturschwachen Regionen des Hochlandes gehört die Tourismusbranche heute zu den wichtigsten Arbeitgebern.

Energieversorgung

Vor allem dem Besucher der Highlands wird eine Besonderheit in der Energiegewinnung Schottlands auffallen. In vielen der unbewohnten, engen Täler des Hochlandes wurden Talsperren errichtet, um durch die saubere ***Wasserenergie*** Strom zu produzieren. Diese saubere und alternative Form der Energiegewinnung hat das Land jedoch nicht vor der Installation von ***Kernkraftwerken*** bewahren können. Das erste britische Atomkraftwerk wurde in Schottland errichtet, um die Gefahr, solange sie noch unerforscht war, so weit wie möglich von London entfern zu halten. Heute hat die Kernenergie 36,8 % Anteil am Gesamtelektrizitätsverbrauch in Schottland. Dieser Anteil liegt damit höher als irgendwo sonst in Großbritannien.

Der Finanzsektor

Einer der wichtigsten Zweige der schottischen Wirtschaft ist das Finanzwesen. Schottland errichtete bereits 1695 mit der *Bank of Scotland* erstmals in der Geschichte eine Staatsbank. Von der erfolgreichen Arbeit der ***Bank of Scotland*** beeindruckt, wurde später die *Bank of England* gegründet, die im Laufe der Geschichte zum Vorbild für alle übrigen Staatsbanken wurde. Manche Schotten behaupten sogar stolz, das *banking* sei von ihnen erfunden worden. (Spötter erzählen, dass im 17. Jh. im frommen Schottland auf der Rückseite der Katechismen eine Rechentabelle abgedruckt gewesen sei.)

Fest steht, dass Edinburgh heute nach London der zweitgrößte Finanzplatz Großbritanniens ist. Neben der *Bank of Scotland* besitzen die *Royal Bank of Scotland,* die 1727 gegründet wurde, weil man erstere als jacobitisch verdächtigte, und die *Clydesdale Bank* (1838) das Recht, eigene Banknoten herauszugeben, die im ganzen Land angenommen werden.

Mit dem ***berüchtigten Geiz,*** der den Schotten nachgesagt wird, hat das jedoch nichts zu tun. Dieses Vorurteil beruht auf der großen Armut, unter der die Schotten noch im 19. Jahrhundert litten und über die sich ihre englischen Nachbarn gern lustig machten.

Agrarwirtschaft

Überblick

Schottland besitzt in etwa die gleiche Größe wie Österreich. Von 7,7 Mio. ha Gesamtfläche können die Schotten für die intensive Landbewirtschaftung ungefähr ¼ nutzen. Jenes Land wird als Acker- oder Grasland bestellt. Dabei nimmt Gras 65 % der bebauten Fläche ein, Getreide 25 %, der Rest entfällt auf Kartoffeln, Zuckerrüben etc.

Auf weit über der Hälfte des schottischen Landes wird dagegen nichts angebaut, das Land besteht aus Naturweide, Moorland oder Forst, in welchem oftmals Rotwild gehalten wird.

Der durchschnittliche Agrarbetrieb eines schottischen Bauern bewirtschaftet 67 ha. Die meisten Landwirte sind ***Feierabendbauern,*** *crofter*. An der schottischen Westküste sind ¾ aller Landwirte Kleinerzeuger, die sich für ihren Lebensunterhalt in der Regel mit dem Fremdenverkehr ein zweites Standbein geschaffen haben.

Ähnlich wie in anderen EU-Staaten gehen viele kleine und mittelständische Bauernhöfe zugrunde, weil sie dem Konkurrenzkampf gegen die ***Viehfabriken*** und ***Landmultis*** nicht gewachsen sind. Jedes Jahr vermindert sich die Zahl der schottischen Bauernhöfe um 2 %.

Die britische Regierung versucht, jener Entwicklung entgegenzusteuern. Die ***Erfahrung des 2. Weltkrieges,*** als das Deutsche Reich die Britischen Inseln mit einer Seeblockade von der Außenwelt abschnitt, offenbarte den britischen Mägen, wie wichtig eine intakte Landwirtschaft ist, welche die eigene Bevölkerung wenigstens zu einem großen Teil ernähren kann. Nicht zuletzt aufgrund jenes Schocks werden die britischen Bauern staatlich unterstützt, Festpreise für die landwirtschaftlichen Produkte garantiert sowie Beihilfen für Düngemittel, Viehzucht, Modernisierung von Gebäuden und die Ausstattung kleinerer Betriebe gezahlt.

Naturweide

Der größte Teil des schottischen Bodens ist wenig fruchtbar, entweder sauer, wie vor allem an der nördlichen Westküste, oder besteht aus steinigem Hochlandboden. Nur der geringere Teil des schottischen Bodens kann intensiv, z. B. für den Anbau von Getreide, genutzt werden.

Den Löwenanteil nimmt daher die ***extensive Weidenutzung*** ein, der Naturweidebetrieb. Dieses sogenannte *rough grazing* trifft man generell in Höhenlagen über 250-300 m an. Die Naturweiden jener Höhenlagen bestehen aus naturbelassenem Land, auf welchem Raschgräser, Binsen, Farne, Heidekraut und Zwergsträucher wachsen, Pflanzen mit geringem Nährwert.

Schafe

Von diesen kargen Böden des schottischen Berglandes ernährt sich das Schaf, der ständige Begleiter eines Schottlandurlaubers. Allerdings erlauben die Böden des schottischen Berglandes nur eine geringe Zahl von Schafen pro m^2 Weideland, ganz im Gegensatz zum fruchtbaren Tiefland im südlichen Schottland, z.B. dem Tweed-Tal, wo sich das Schaf an üppigem Gras weidet.

In jenen tiefergelegenen Gebieten werden die Schafe vor allem gemästet – Lammfleisch ist sehr populär in Schottland. Mastschafe sind meistens ***Cheviots,*** anzutreffen im Tiefland. Im schottischen Norden, den Cairngorms und Monadhlioth Mountains, züchtet man vor allem das ***Blackface Sheep,*** z.T. auch im südschottischen Bergland. Das Blackface Sheep zeichnet sich durch eine hohe Widerstandsfähigkeit gegen Wind und Wetter aus.

Auf den Shetland-Inseln weidet das ***Shetland Sheep,*** ein kleinwüchsiges, wetterfestes Wesen, dessen weiche Wolle im Lauf der Jahrhunderte zur Ausbildung einer ***Stickerei- und Webereiindustrie*** auf den Shetland-Inseln geführt hat. Ähnlich bildet die Schafhaltung auf den Äußeren Hebriden den Grundstock für die Erzeugung des weltberühmten Stoffgewebes des ***Harris Tweeds*** (vergl. Exkurs).

Für die schottischen Schafzüchter spielt die Wollproduktion heutzutage nur noch eine untergeordnete Rolle, da ausländische Wollimporte billiger sind. Die schottischen Schafzüchter konzentrieren sich daher mehr und mehr auf die ***Mastlammerzeugung.***

„False alarm, girls,it's just another local"

Kein Platz für Klaustrophobie: Schaftransport auf den Hebriden

Das Rind

Langhaarige, zottelige Rinder mit verbogenen Hörnern haben einst das gesamte Hochland bevölkert. Jene ***Highland Cattles,*** aus denen in den vergangenen Jahren das ausgestorbene ***Urrind*** oder der Auerochse zurückgezüchtet wurden, zeigen sich resistent gegen das raue Hochlandklima. Heutzutage wird das Highland Cattle allerdings eher als Touristenattraktion denn als Fleischrind gehalten, da es im Vergleich zu anderen Rassen kein lohnenswertes Schlachtgewicht auf die Waage bringt. Höchstens Hotels der gehobenen Preisklasse nehmen das Fleisch der Highland Cattles ab, welches dann als Spezialität auf der Speisekarte erscheint.

Zum Mästen bevorzugt der schottische Bauer die einheimischen Rassen der ***Galloway oder Aberdeen-Angus-Rinder.*** Vor allem in Nordostschottland und im schottischen Süden liegen die Aufzuchtstationen jener Rinder. Das schottische Rindfleisch ist zwar im Grunde von hervorragender Qualität, aber durch BSE, den sog. Rinderwahnsinn, in den letzten Jahren in Verruf geraten. Die britische Regierung hat Anstrengungen unternommen, das Problem zu lösen - derzeit tagt immer noch ein Untersuchungsausschuss, über dessen Entwicklung sowie andere BSE-relevante Fragen die Internetseite: www.bse.org.uk informiert.

Im Gegensatz zu den eingeborenen Mastrindern rekrutiert sich der Bestand an Milchvieh aus importierten Rindern; die Milchkühe sind in der Regel ***schwarzbunte Rinder*** aus ***Friesland.*** Die einheimische Ausnahme findet sich an der Westküste in Ayrshire, wo das gleichnamige schwarze ***Ayrshire-Rind*** seine Heimatweide hat.

Getreideanbau

Fruchtbares Land existiert in der mittelschottischen Senke, dem flachen Küstengebiet nördlich der Grenze zu England und der Solway-Küste. Dort liegen die ***Hauptanbaugebiete*** der schottischen Landwirte. Bestellt werden die Felder vor allem mit ***Weizen*** und Gerste. Das relativ milde Klima des schottischen Südens erlaubt den Anbau von Winterweizen. Die Erträge auf dem lehmigen Boden der Solwayküste sind

Kuhhaupt

nicht nur hoch, sondern gehören zu den höchsten in der Welt.

Ein Wermutstropfen: Einzig der sogenannte *Soft Wheat,* eine Weizensorte, die sehr viel Feuchtigkeit verträgt, gedeiht in Schottland. Der Soft Wheat eignet sich zwar hervorragend zum Backen von Weißbrot und Biskuits. Der richtige Weizen für Schwarzbrot, der *Hard Wheat,* muss leider vollständig aus Ländern mit trockenerem Klima, wie Kanada, importiert werden.

Für Whisky und Bier brauchen die schottischen Brenner- und Brauereien ***Malz,*** das aus dem Korn der Gerste gewonnen wird. Auf den Hebriden-Inseln, wie Islay oder im Hochland, wo sich viele Destillerien befinden, lohnt sich der Anbau der Gerste nicht. Das raue Klima verringert die Erträge. Die benötigte Gerste beziehen die Brennereien deshalb von den Bauern des schottischen Südens.

Im Gegensatz zu Weizen und Gerste kann sich der ***Hafer*** (*oats*) auch mit weniger fruchtbaren Böden arrangieren, er wächst an der Südwest-Küste Schottlands, wurde früher fast überall in Schottland angebaut. Der Anbau von Hafer ist jedoch stark rückläufig, da sich die Zahl der Hauptabnehmer seit Anfang des 20. Jahrhunderts um über 90 % verringert hat. Die Rede ist vom Pferd, das früher ebenso unverzichtbar war für die Bestellung der Felder wie als Mittel zur Fortbewegung. Auch im Vergleich zu Gerste und Weizen lohnt sich der Anbau von Hafer für den schottischen Landwirt nicht, da die Erträge zu gering sind.

Weiterverarbeitung

Schottland stellt nicht nur landwirtschaftliche Rohprodukte her, sondern hat in den letzten Jahren auch beträchtliche Kapazitäten in der Weiterverarbeitungs- und Veredelungsindustrie aufgebaut. Besonders die Herstellung von Milchfertigprodukten, wie etwa des bekannten ***Cheddar-Käses,*** nimmt einen wichtigen Platz ein.

Der weitaus umsatzgrößte Einzelzweig dieser Industrie ist in Schottland selbstverständlich die ***Whiskyherstellung.*** 116 Malzwhiskybrennereien existieren in Schottland. Daneben gibt es noch ein paar Erzeuger von Grainwhisky (siehe auch Kapitel „Grampian"). Das Zentrum der Whiskydestillation ist ***Speyside***, südöstlich von Inverness, während die Verblendungen (Verschneidungen von Malz- und Grainwhisky zum Blend) in Glasgow vorgenommen werden.

Forstwirtschaft

Bis zum Anfang des 20. Jahrhunderts verminderte sich der Waldanteil in Schottland auf 5 % der Gesamtfläche. Holz musste aus anderen Ländern, zumeist aus den skandinavischen, importiert werden. Größere Aufforstungsmaßnahmen starteten erst nach dem 1. Weltkrieg. Im Jahre 1919 wurde eine ***staatliche Forstbehörde,*** die *Forestry Comission,* mit dem Ziel gegründet, eine angemessene Holzreserve aufzubauen. Eingeschränkt wird die Forstbehörde durch die staatliche Auflage, lediglich Landstriche zur ***Aufforstung*** zu erwerben, die landwirtschaftlich nicht intensiv genutzt werden können.

Für Schottland bedeutet dies, ärmere moorige Gebiete aufzuforsten, die sich in der Regel im Hochland befinden. Die Aufforstung jener Regionen bereitet viel Mühe. Der Boden muss vor dem Pflanzen junger Bäume entsprechend vorbereitet werden, durch Drainagen, tiefes Umpflügen und Düngung.

Entweder zäunt man die Neuanpflanzungen dann ein oder steckt ein Plastikrohr über den jungen Baum, so dass er vor Wild bzw. vor starken Winden geschützt ist. In der Regel werden ***raschwachsende Nadelhölzer*** aufgeforstet, die nicht einheimisch sind, wie *Douglasien* oder *Sitkafichten*. Mittlerweile hat sich die Forstwirtschaft in einigen Regionen, z. B. dem Argyll Forest Park, zu einem wichtigen Wirtschaftszweig entwickelt. In der Umgebung von Fort William haben die Wiederaufforstungsmaßnahmen die Papier- und Zelluloseindustrie angelockt.

Das ehemals fast kahlgeschlagene Land besitzt heute wieder nahezu 10.000 km^2 Wald. Über die Hälfte davon gehört der *Forestry Commission* unter der Schirmherrschaft des *HIDB*. Das staatliche Forstamt ist bemüht, nicht nur effektive Forstwirtschaft zu betreiben und durch den Aufbau kleinerer örtlicher Weiterverarbeitungsfabriken das Arbeitsplatzangebot in den strukturschwa-

Buntes Chaos: Fischkutter

chen Regionen des Hochlandes zu verbessern, sondern durch die Anlage von Hütten, Camping- und Picknickplätzen auch den Freizeitwert von diesen Waldgebieten zu steigern.

Fischereiindustrie

Neben Landwirtschaft und Forstwirtschaft nimmt die ***Hochseefischerei*** einen wichtigen Platz in der nichtindustriellen Produktion Schottlands ein. 72 % der britischen Fangerträge werden von schottischen Booten angelandet. Über 2260 Schiffe sind auf Fischfang von schottischen Häfen aus unterwegs. Die größten Fischereihäfen sind Aberdeen und Peterhead, Makrelen werden besonders in Ullapool an Land gebracht, und der größte Heringshafen ist seit Jahrhunderten Lerwick auf Shetland.

Neben dem Hochseefischfang spielt die ***Fischzucht,*** besonders von Lachs und Forelle, eine immer größere Rolle. Die Nachfrage nach diesen Fischen steigt ständig, und da das Angeln der Fische in den Flüssen zu kostspielig ist und den Sportanglern und Touristen vorbehalten bleibt, hilft das *Highland and Island Development Board* seit einigen Jahren vor allem in den entlegenen Gebieten, wie den äußeren Hebriden und dem Nordwesten, bei der Gründung von Fischfarmen. Die ökologische Problematik von Fischfarmen, deren Ablagerungen ähnliche Probleme aufwerfen wie die Flut der Jauche aus norddeutschen Schweinemästereien, spielt dabei in Schottland noch keine Rolle.

Umweltschutz

Waldvernichtung und Wiederaufforstung

Wiederaufforstung gehört mit Sicherheit zu den dringendsten Aufgaben des Naturschutzes in Schottland. Noch vor weniger als dreihundert Jahren bedeckten noch ausgedehnte Kiefernwälder die schottischen Hochlande. Vorherrschende Baumart war die einheimische Scotch Pine. Doch wo sind die Wälder geblieben?

Die ***Anfänge der Waldvernichtung*** reichen zurück bis in die Bronzezeit; schon damals musste Wald gerodet werden, um für die wachsende Bevölkerung Kulturland zu gewinnen. Später bewirkten die zahlreichen Kriege weitere Waldvernichtung. Zur besseren Kriegsführung wurde beispielsweise von den Römern Wald abgeholzt oder schlichtweg abgebrannt.

Seit dem 16. Jahrhundert verschlang dann der ***Schiffsbau*** enorme Holzmengen. Der Bau eines mittelgroßen Kriegsschiffes kostete mindestens 1000 Eichen das Leben.

Im 18. und 19. Jahrhundert versetzte die ***Schafzucht*** dem schottischen Wald den entscheidenden Schlag, immer neue Weiden für die Schafe wurden gerodet. Noch heute sind im Hochland die Wurzeln der Bäume zu sehen, die damals gerodet wurden.

Die letzte Phase der Waldvernichtung hängt mit der ***industriellen Revolution*** zusammen. Zum einen

Teil benötigte die Industrie Holz zur Feuerung der Dampfmaschinen, zum anderen verwandte aber auch die im 19. Jahrhundert explosionsartig wachsende Bevölkerung als naheliegenden Brennstoff Holz.

Mittlerweile verspüren die Schotten die ***Folgen*** der jahrhundertelangen Waldrodung mit aller Konsequenz, denn wo der Wald abgeholzt ist, kann der Wind, der gnadenlos über Schottland hinwegfegt, ungehindert fruchtbare Erde mitreißen. Ferner haben die Waldtiere, Rehe, Hirsche und Füchse den Großteil ihres Lebensraums verloren. Seit Beginn des 20. Jahrhunderts versuchen die Schotten, das Rad der Geschichte wieder zurückzudrehen und den Wald aufzuforsten. Beispiele der ***Wiederaufforstungsmaßnahmen*** sind der Argyll Forest Park an der schottischen Westküste oder der Queen Elizabeth Forest Park bei Loch Lomond.

Doch augenscheinlich verfolgt die zuständige staatliche Behörde, die *Forestry Commission,* weniger das Ziel, den ursprünglichen Wald wiederzubeleben, als vielmehr, ***schnellwachsenden Forst*** zu schaffen, der wirtschaftlich einträglich ist. des Öfteren steht man deshalb in Schottland entsetzt vor Wüstungen und totem Wald. Der allgemein wenig fruchtbare Boden wurde mit einer zu hohen Baumdichte bzw. zu häufig bepflanzt, was zur Folge hatte, dass der Erde zu viele Nährstoffe entzogen wurden und ganze Schonungen abstarben. Als Ergebnis blieb nicht nur toter Wald, sondern auch tote Erde zurück.

Gewässerschutz

Allgemein kann man sagen, dass die ***Flüsse*** in Schottland wenig verschmutzt sind, vor allem jene in den Gebieten des schottischen Hochlandes, denn dort gibt es nur eine geringe Anzahl von Verschmutzern, d.h. weder Industrie noch eine intensive Landwirtschaft.

Eine krasse Ausnahme bilden die Gewässer, welche durch die schottischen Städte fließen. Im Clyde beispielsweise, der Glasgow durchfließt, wurde seit 1860, dem Beginn der industriellen Revolution, bis zum Jahre 1986 kein einziger Lachs mehr gesichtet. Erst seit Anfang der 80er Jahre begann man, der Reinheit der Flüsse größere Bedeutung beizumessen.

Die schottischen Flüsse und Seen kontrolliert seitdem das *Scottish Development Department*. Diese Behörde erstellt Gutachten über die Qualität der Gewässer. Der ***Verschmutzungsgrad*** von Flüssen wird in vier Kategorien eingeteilt:

In der ersten Kategorie befinden sich Flüsse, die Trinkwasserqualität aufweisen. Dazu zählen immerhin 95 % der Flüsse oder 45.712 Flusskilometer. Leicht verschmutzt sind 4 % (1822 km), stark verschmutzt 1 % (283 km) der Flüsse. Der Anteil biologisch toter Flüsse beträgt weniger als 1 % (167 km).

Damit liegen die schottischen Flüsse im ***europäischen Vergleich*** obenauf, denn nur 75 % der europäischen Flüsse rangieren in der ersten Kategorie, d.h. besitzen Trinkwasserqualität.

Wächter am Tor zu Skye: Castle Moil in Kyleakin

Von den schottischen ***Seen*** erreichten zuletzt allerdings nur 70 % den Standard eines Badegewässers entsprechend der europäischen Norm.

Geschützte Gebiete

Im Gegensatz zu England und Wales sucht man in Schottland vergeblich nach Nationalparks. Der höchste Schutzgrad, den ein schottischer Landstrich erreichen kann, heißt ***national scenic area.*** Vierzig solcher Gebiete bedecken insgesamt 13 % der Gesamtoberfläche Schottlands.

Weite Teile der Hebriden, die Berg- und Seenlandschaft North West Sutherland, Wester Ross, die Cuillins auf Skye, die Cairngorms sowie Ben Nevis/Clen Coe rechnen sich zu diesen ausgezeichneten Landschaften.

Die Betreuung dieser Areale obliegt der ***Countryside Commission for Scotland.*** Die *Countryside Commission* unterstützt die Arbeit anderer Organisationen, die auf dem weiten Feld des Umweltschutzes direkt oder indirekt tätig sind, wie den *National Trust for Scotland*, den *Woodland Trust* oder die *Royal Society for the Protection of Birds*. Zu den Hauptaufgaben der Kommission gehören Erhaltung und Organisation schützenswerter Gebiete und die Kontrolle der Fischfarmen und Skigebiete. Für die Zukunft ist geplant, das Gebiet zwischen Glasgow und Edinburgh als großes Naherholungsgebiet zu gestalten, womit entsprechende Aufforstungsmaßnahmen verbunden wären.

Während die *Countryside Commission* eine staatliche Organisation ist, vertritt der ***National Trust*** die Interessen von Privatleuten. Der *Trust* zeigt sich als größter Landeigentümer in Schottland mit einer Landfläche von über 40.000 ha. Er kümmert sich um über 100 geschützte Ländereien und Gebäude und die dortigen Fuß- und Wanderwege.

Müll

Ähnlich wie in der Bundesrepublik hat auch in Schottland erst Ende der 80er Jahre ein wirkliches Umdenken in Punkto Müll eingesetzt. Eine ***getrennte Hausmüllsammlung*** wird man allerdings vergeblich suchen. Der Schotte sammelt, wenn er will, seinen Müll getrennt und bringt ihn zu den öffentlichen Müllstationen für Papier, Glas und Metall. In abgelegenen Landstrichen wird man allerdings keine öffentlichen Container finden, denn für jene Gemeinden liegen die Kosten für eine Getrenntmüllsammlung oft zu hoch.

An dieser Stelle möchten wir jeden Besucher Schottlands bitten, ***keinen***

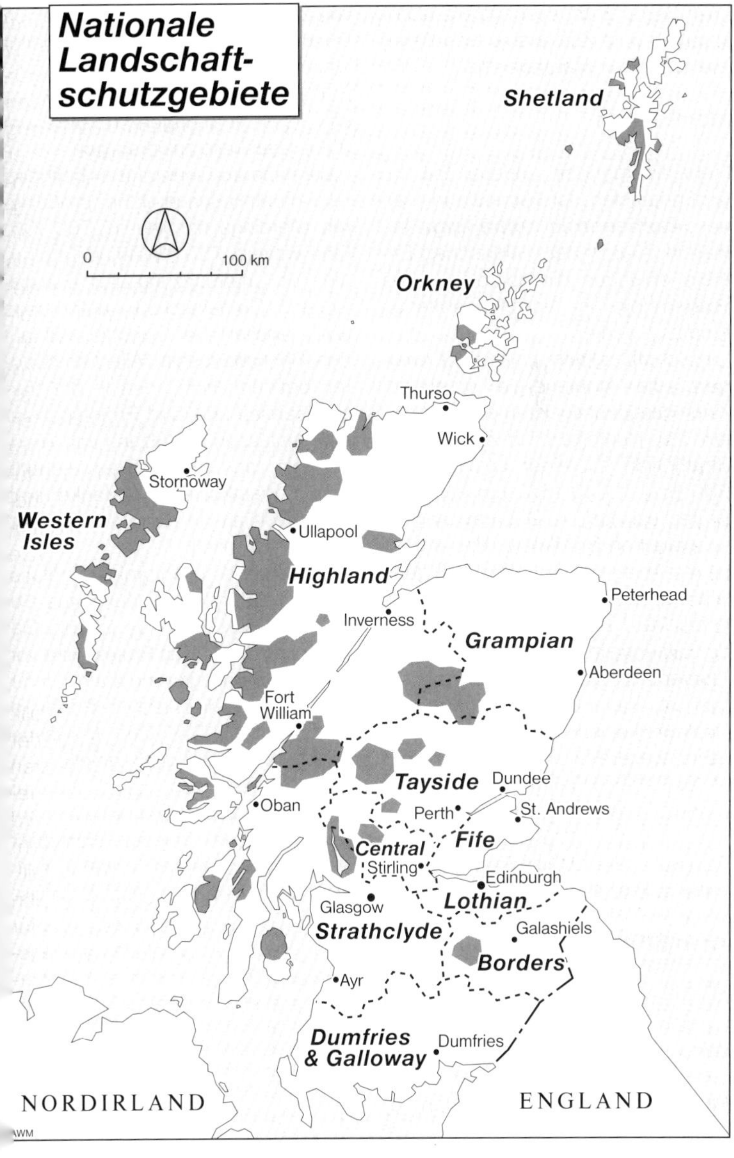
Nationale Landschaft-schutzgebiete
0
100 km
Shetland
Orkney
Thurso
Wick
Stornoway
Western Isles
Ullapool
Highland
Peterhead
Inverness
Grampian
Aberdeen
Fort William
Tayside
Dundee
Oban
Perth
St. Andrews
Central
Fife
Stirling
Edinburgh
Glasgow
Lothian
Strathclyde
Galashiels
Borders
Ayr
Dumfries & Galloway
Dumfries
NORDIRLAND
ENGLAND
WM

Müll liegenzulassen und die Landschaft in dem Zustand zu bewahren, wie man sie vorgefunden hat.

Atomenergie

Mehr als irgendein anderer Teil von Großbritannien ist Schottland von der ***Atomenergie abhängig.*** Immerhin 36,8 % der elektrischen Energie erzeugen die spätestens seit Tschernobyl in Verruf geratenen Atomkraftwerke.

In Schottland findet man ***fünf Anlagen,*** die Atomenergie erzeugen. Zwei gasgekühlte Kraftwerke arbeiten bei Hunterston in der Region Strathclyde mit einer Leistung von 300 bzw. 1.040 MW. Ein schneller Brüter existiert in Dounray an der schottischen Nordküste, die umstrittenste Anlage in Schottland. Eigentlich war geplant, Dounray bis zur Mitte der 90er Jahre zu schließen, doch da mittlerweile die Debatte um die Atomenergie wieder einmal verklungen ist, kann von Schließung des Reaktors keine Rede mehr sein.

Eine weitere Anlage in Chapelcross in der Region Dumfries und Galloway produziert eine Energieleistung von 196 MW, die 1400 MW-Anlage von Torness in der Lothian Region wurde 1988 in Betrieb genommen.

Alternative Energiequellen

Als Energiequelle Nummer eins bietet sich in Schottland eigentlich der ***Wind*** an, denn er fegt beständig über das Land hinweg. Der größte Windkraftgenerator steht auf Orkney bei Burgar Hill. Er hat eine Kapazität von 3 MW, sein Rotorflügel hat einen Durchmesser von 60 m, er arbeitet ab einer Windstärke von 7 m pro sek. Bei einer Windstärke von 17 m pro sek. liefert er genügend Energie, um 2000 Haushalte zu versorgen.

Zwei andere Generatoren befinden sich in unmittelbarer Nähe, produzieren allerdings nur jeweils 300 KW. Eine weitere 750 KW-Wind-Turbine, die mit Unterstützung der Europäischen Gemeinschaft unterhalten wird, existiert bei Susetter Hill auf den Shetland-Inseln. Alle Generatoren befinden sich noch in der Versuchsphase und sind Prototypen für eine umfassende Nutzung von Wind-Turbinen an der windigen schottischen Westküste. Ihr Manko liegt hauptsächlich in der mangelnden Wirtschaftlichkeit.

Ein anderes Pilotprojekt befasst sich mit Energiegewinnung aus ***Ebbe und Flut.*** Die Rede ist vom Gezeitenkraftwerk. Das Projekt wird von der britische Regierung auf der Inneren-Hebriden-Insel Islay in Portnahaven realisiert. Das Gezeitenwasser wird in ein Kanalsystem geleitet. Dabei wird die darin befindliche Luft verdrängt und komprimiert. Die komprimierte Luft bewegt schließlich eine Turbine, welche an einen elektrischen Generator angeschlossen ist

Regionen und Orte

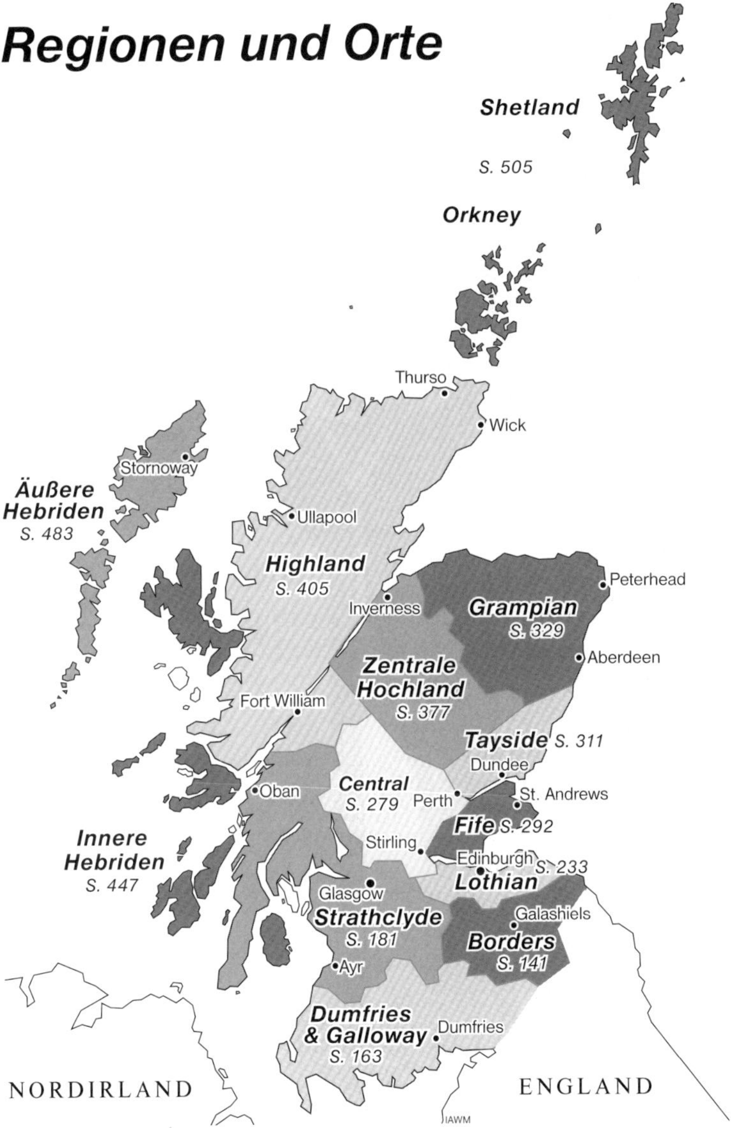

Borders

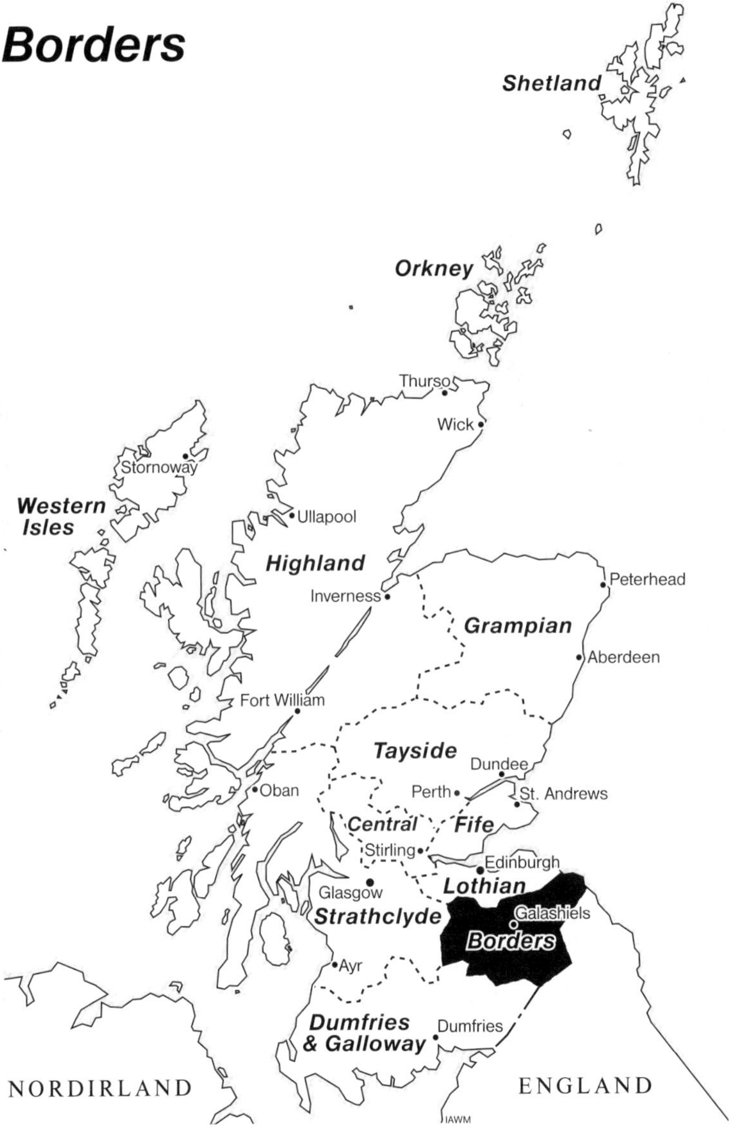
Shetland
Orkney
Thurso
Wick
Stornoway
Western Isles
Ullapool
Highland
Peterhead
Inverness
Grampian
Aberdeen
Fort William
Tayside
Dundee
Oban
Perth
St. Andrews
Central
Fife
Stirling
Edinburgh
Glasgow
Lothian
Galashiels
Strathclyde
Borders
Ayr
Dumfries & Galloway
Dumfries
NORDIRLAND
ENGLAND
IAWM

Überblick

Die Cheviot Hills und der Fluss Tweed bilden die natürliche Grenze zwischen England und Schottland, das schottische Gebiet jenseits dieser Grenze nennt sich *Borders.* Über viele Jahrhunderte hinweg waren die Borders ein erbittert umkämpfter Landstrich. In der Antike versuchten die Römer, dort Fuß zu fassen; sie bauten Forts und zwischen Carlisle und Newcastle einen Schutzwall, den ***Hadrians-Wall,*** um sich gegen die unberechenbaren Attacken der „Barbaren" zu schützen.

Wenn in späteren Jahrhunderten die englische Krone die Absicht hegte, einen Krieg gegen die Schotten zu führen, waren die Borders an vorderster Stelle betroffen, denn die englischen Truppen mussten in Richtung Norden zwangsläufig durch die Borders marschieren. Im Mittelalter waren die vier schottischen ***Grenzklöster*** Melrose, Jedburgh, Dryburgh und Kelso ein beliebtes Angriffsziel der Engländer in der Absicht, die Schotten am wirtschaftlichen Nerv zu treffen.

Jedburgh Abbey

Lebten die Schotten mit den Engländern einmal in Frieden, gab es immer noch einen Feind in ihren eigenen Reihen: die sogenannten *Border Reivers,* ***Schmuggler- und Räuberbanden,*** die ihr Unwesen an der Ostküste trieben.

Im Herzland der Borders, in den Tälern der Flüsse Tweed und Teviot, herrscht eine sanfte, meist land- oder forstwirtschaftlich genutzte Landschaft vor. Die grünen Hügel sind so friedlich gewellt, dass man kaum glauben kann, sich auf ehemaligen Schlachtfeldern zu bewegen.

Bergiger wird die Natur dagegen an der ***Grenze zu England,*** wo sich die Cheviot Hills erheben, und im Westen der Borders – in den Tweedsmuir Hills. Dramatisch ist die ***Nordseeküste*** um St. Abb's Head, wo sie steil zum Meer hin abfällt; die Gegend ist zum Naturschutzgebiet erklärt worden. Jener Küstenstreifen an der Nordsee zählt zu den schönsten Tauchgründen Schottlands.

Die Borders sind weniger für eine außergewöhnliche Landschaft bekannt, als für zwei Erscheinungen anderer Art: den ***Romancier Sir Walter Scott*** und ein Wollgewebe namens ***Tweed,*** das in den Borders erfunden wurde.

Die Romane von *Sir Walter Scott,* eines romantischen Schriftstellers des 19. Jh., spielen an historischen Orten in den Borders, wie der Melrose

Abbey oder dem Hermitage Castle. Seine historischen Romane, die flugs in der westlichen Welt berühmt wurden, lösten schon kurz nach dem Tod von *Sir Walter Scott* ein regelrechtes Schottlandfieber aus. Das Wohnhaus von Scott in Abbotsford haben seit dem Berühmtwerden des Schriftstellers Generationen von Touristen besucht, nicht allein wegen der Person von *Scott,* sondern wegen der verspielten Architektur seines Heimathauses, des ***Abbotsford House,*** das Elemente vieler Epochen in sich vereint.

Stilechte Häuser dagegen sind das ***Mellerstain House*** in Kelso, entworfen von *William Adam* und seinem Sohn *Robert* - oder das ***Manderston House*** bei Duns, dem Geburtsort des mittelalterlichen Philosophen *John Duns Scotus*, seines Zeichens Franziskanermönch. Das königliche ***Traquair House,*** erbaut im 10. Jh. in der Nähe von Peebles, ist das älteste Haus in Schottland; ein

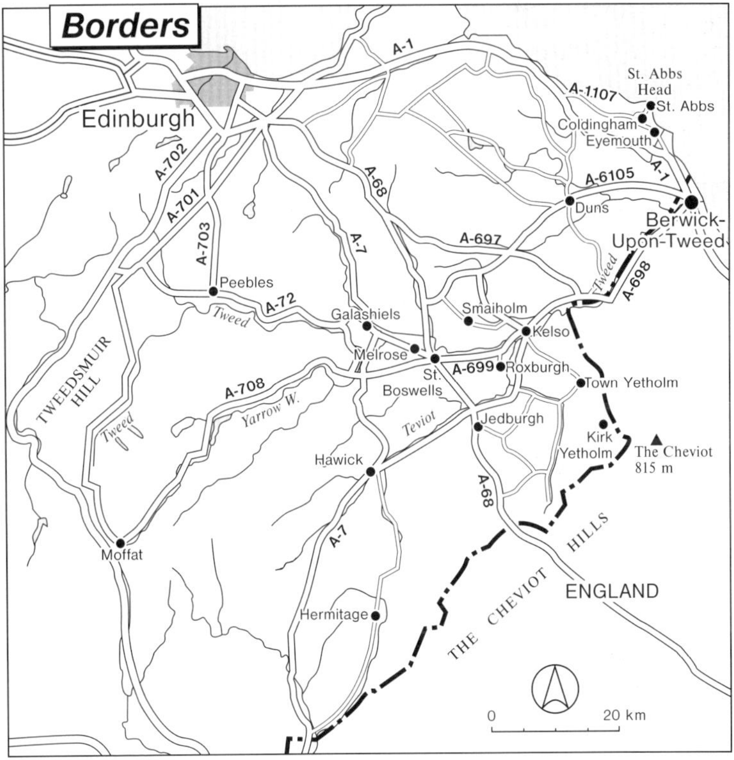

Gruppendynamik in den Borders

historischer Ort, der viele schottische Monarchen beherbergte.

Die wichtigsten Städte der Borders-Region liegen entlang zweier Flüsse. Der ***Tweed*** ist der zweitlängste schottische Fluss. In einem Flussbett von ca. 156 km Länge fließt das Wasser von den Tweedsmuir Hills an der Grenze zu Dumfries and Galloway durch die Städte Peebles, Galashiels und Kelso. Auf dem Mündungsweg in die Nordsee bildet der Tweed zwischen Coldstream und der nordenglischen Stadt Berwick-upon-Tweed die natürliche Grenze zu England.

Südlich des Tweed-Tales befindet sich ein weiteres Tal, dem die Baumwollindustrie den Stempel aufgedrückt hat, das ***Tal des Teviot.*** Der Fluss Teviot entspringt im Eskdalemuir Forest, östlich von Moffat. Er schlängelt sich durch die Städte Hawick und Denholm, macht einen kleinen Bogen um Denholm und mündet schließlich in Kelso im River Tweed.

Verbindungen

Zug

- Der Zug ist das falsche Verkehrsmittel, um die Borders-Region zu erkunden. An der Ostküste verläuft zwar eine Eisenbahnstrecke, die fährt jedoch Non-Stop durch die Borders. Wer mit dem Zug anreist und sich das „Grenzland" ansehen möchte, steigt am besten in der englischen Grenzstadt Berwick-upon-Tweed auf den Bus um.

Bus

- Der ***Harrier Scenic Bus Service*** fährt die Touristen in den Sommermonaten zu Orten, die der normale Linienbus nicht ansteuert. Informationen erteilt jedes Touristenbüro.
- Zu empfehlen sind ***Bus Rover Tickets,*** die für einen Tag ab ca. £ 5 kosten und für fast alle Busse der *First Edinburgh* im Süden Schottlands gelten. Zu kaufen gibt es die Tickets direkt im Bus.
- ***First Edinburgh*** ist die Busgellschaft in den Borders-Städtchen: Von Jedburgh verkehren Busse (National Express) nach Newcastle und weiter. Tickets verkauft *Tourist Information Center* in Jedburgh, T: 01835/ 863 435.

Kelso

In Kelso trifft sich der Fluss Teviot mit dem Tweed. Eine ***fünfbögige Brücke,*** im Jahre 1803 vom schottischen Ingenieur *John Rennie* entworfen, überspannt den Tweed. Die Brücke stand 1811 Modell für die alte Waterloo Bridge in London, die allerdings 1934 abgerissen wurde.

Die Innenstadt von Kelso zeigt sich wie ein feines ***Schmuckkästchen***. *Sir Walter Scott* kürte das Städtchen einst gar zum schönsten der ganzen Borders Region. Das Zentrum bildet der rechteckige, großflächige Marktplatz. Von dem einst mächtigen ***Kloster*** in Kelso aus dem Jahre 1128 haben die vielen kriegerischen Auseinandersetzungen in den Borders nur wenig heilgelassen.

Keine Schäden zeigt dagegen das ***Floors Castle,*** ein romantisches Schloss aus dem 18. Jh. Der *Herzog von Roxburghe* ist der Besitzer des massiven Gebäudes, in dem *Prinz Andrew* und seine rothaarige Braut *Sarah Ferguson* ihre Verlobung feierten.

Im September steht Kelso unter einem landwirtschaftlichen Stern. Das ***Kelso Ram Sales*** (Anfang Sept.) und das ***Kelso Horse Sales*** (Ende

Sept.) sind beides Volksfeste, bei denen Schafe, Pferde und Ponys zum Verkauf feilgeboten werden.

Sehenswertes

Die Reste der ***Kelso Abbey*** stehen in der Nähe des Marktplatzes von Kelso, in Richtung Coldstream. Der schottische König *David I.* gründete das Kloster im Jahre 1128. Schnell wuchs die Kelso Abbey in der Borders Region zu einem reichen und mächtigen Wirtschaftszentrum empor. *James III.* wurde in der Abteikirche 1460 zum schottischen König gekrönt. In der ersten Hälfte des 16. Jh. zerstörten die Engländer die Abbey wiederholt. Im Jahre 1545 radierten sie das Kloster fast vollständig aus: Das Kloster wurde außer dem Turm und der Fassade des Nordwestteils gründlichst zerstört, so dass sich ein Besuch nur noch lohnt, um von der Geschichte der einst mächtigen Klosteranlagen zu träumen. (Ö: April-Dezember Mo-Sa 9.30-19.00 h, So 14.00-19.00 h, Januar-März nach Schlüssel fragen, E: frei)

Das ***Floors Castle,*** 2 km westlich von Kelso, bezeichnet sich als „größtes bewohntes Schloss in Schottland". In der Tat: Die Ausmaße sind überwältigend, eine Vielzahl von Türmen und Zinnen vermittelt das Gefühl, keine einzelne Burg, sondern eine ganze Burgfamilie vor sich zu sehen. Wer romantische Burgen mag, wird entzückt sein von diesem Märchenschloss. Die Innenausstattung des Gebäudes ist dagegen weniger überladen. Zu besichtigen ist eine

Gestreifte Kühe - Belted Galloway

Ausstellung von Porzellan, Portraits und Teppichen.

Im Floors Castle, das in den Jahren 1721-1725 nach einem Entwurf von *William Adam* gebaut wurde, hat der Herzog *Duke von Roxburghe* seinen Wohnsitz. In den 30er Jahren des 20. Jh. war das protzige Schloss der Drehort für den Tarzan-Film „Greystoke“. (Ö: im Sommer 10.00-16.30 h, E: £ 5, Senioren £ 4.50, Kind £ 3, Gruppenermäßigung)

Das ***Mellerstain House,*** ein Herrenhaus im Georgianischen Stil 11 km nordwestlich von Kelso in Richtung Lauder (A 6089), wurde ebenfalls von den Adams, der berühmten Architektenfamilie Schottlands entworfen: *W. Adam* begann, das Herrenhaus im Jahre 1725 zu bauen, sein Sohn Robert, der auch das Culzean Castle an der schottischen Westküste entwarf, vollendete die Arbeit seines Vaters im Jahre 1778. Von außen wirkt das Mellerstain House eher schlicht. Elegant und bis ins Detail geplant ist dafür die Inneneinrichtung. Die Möbel sind von Designern wie *Chippendale* entworfen. Die Gemäldesammlung umfasst die Maler *A. Ramsay* u. *Gainsborough.* Liebhaber gediegenen Wohnens sollten sich das Mellerstein House nicht entgehen lassen. (Ö: Im Sommer So-Fr 12.30-17.00 h, E: £ 5, Senioren £ 4.50, Kinder £ 2)

Information

- Die ***Touristen-Information*** in Kelso ist im Town House in der Nähe des Marktplatzes untergebracht; T: 01573/223 464, e-mail: kelso@scot-borders.co.uk

Unterkunft

- ***Queen's Head Hotel,*** 24 Bridge Street, T: 01573/224 636, liegt zentral in Kelso, die Preise für B&B bewegen sich zwischen £ 25 und £ 40.
- ***Cross Keys Hotel,*** 36-37 Square, T: 01573/223 303, gehört zur höchsten Preisklasse in Kelso, befindet sich zentral an der großen Piazza in Kelso. B&B: ab £ 45 für ein Einzel-, ab £ 32 für ein Doppelzimmer.
- ***Black Swan Inn,*** zentral, Horsemarket, T: 01573/ 224 563, nimmt für B&B ab £ 20.
- ***Jugendherberge: Kirk Yetholm,*** Grad 2, T: 01786/891 400, ideal zum Wandern in den Cheviot Hills. Die Jugendherberge befindet sich in dem Ort Yetholm, 11 km südöstlich von Kelso Ortsausgang in Richtung Pawston.
- ***Camping: Springwood Caravan Park,*** 1,5 km südlich von Kelso an der A 699, T: 01573/224 596, ab £ 9.

Melrose

Der kleine, geschäftige Ort Melrose liegt in der hügeligen Landschaft der Eildon Hills südöstlich von Galashiels an der A 609. Die Hauptattraktion ist unbestritten die ***Melrose Abbey,*** die Klosterruine aus dem 12. Jh. Auf einer Anhöhe über der Klosteranlage thront die Jugendherberge, untergebracht in einer schönen Villa. Melrose liegt sehr zentral in den Borders, eine gute Basis für Ausflüge zum Traquair House in der Nähe von Peebles, dem Neidpath Castle oder den vielen anderen Sehenswürdigkeiten im Grenzland.

Sehenswertes

Der ***Melrose Abbey*** eilt der Ruf voraus, „unter den Klosterruinen der Borders die schönste zu sein." Die romantische Ruine findet sich, von der Market Square in der Ortsmitte von Melrose aus gesehen, rechts an der Abbey Street. Ihre Gründung durch *König David I.* war ca. 1136. Mönche des Zisterzienserordens von Rievaulx in Yorkshire legten den Grundstein für das Kloster in Melrose und widmeten ihr Werk Maria, der Mutter Jesu'. Schnell entwickelte sich die Abtei zu einer wirtschaftlichen Macht in den Borders und verleibte sich große Ländereien ein.

Das Herz des schottischen *Königs Robert Bruce* wurde in der Abteikirche bestattet, nachdem es in einer Silberkapsel die Reise nach Jerusalem angetreten hatte, um nach dem Wunsch des Königs dort begraben zu werden. Doch die Sarazenen verhinderten die Grablegung der Silberkapsel, und das Herz kehrte zur Bestattung wieder nach Schottland zurück.

Den ersten großen Rückschlag brachte der Melrose Abbey das Jahr 1385. *Richard II.*, König von England, fügte dem Kloster bei einem Feldzug gegen Schottland großen Schaden zu. Endgültig zerstört wurde die Melrose Abbey durch einen englischen

Ruine des Klosters Melrose

Angriff, geführt im Jahre 1545 vom Earl of Hertford. Nach den Angriffen nutzte die Bevölkerung von Melrose die Ruine fortan als Steinbruch.

Das Kreuzschiff, das in Kapellen unterteilte Seitenschiff und die freigelegte Gründung vermitteln ein Bild, wie die Melrose Abbey einst ausgesehen hat. Leider sind einige dekorative Details an der Fassade mit dem bloßen Auge schwer zu erkennen, wie etwa das dudelsackspielende Schwein am Dach der Abteikirche.

Sir Walter Scott, dessen Roman „Das Kloster" (1820) in der Melrose Abbey spielt, rät den Besuchern: „Und willst du des Zaubers sicher sein, so besuche Melros' bei Mondenschein; Die goldne Sonne, des Tages Licht, sie passen zu seinen Trümmern nicht." (nach einer Übersetzung von *Theodor Fontane*) Leider vereiteln die Öffnungszeiten den Ratschlag des Dichters (Ö: Apr.-Sept. Mo-Sa 9.30-18.30 h, So 14.00-18.30 h, Okt.-März Mo-Sa 9.30-16.30 h, So 14.00-16.30 h, E: £ 3, Senioren £ 2.30, Kind £ 1).

Wer sich weitergehend mit der Melrose Abbey beschäftigen möchte: Das Museum im ***Commdendator's House*** **–** ganz in der Nähe über die Cloisters Road hinweg - dokumentiert die Geschichte der Melrose Abbey. Ferner informiert es über die Spuren, die einst die Römer in der

Steinmetzarbeit an Melrose Abbey

Borders-Region hinterließen, und stellt Fundstücke jener Zeit aus.

Die ***Trimontium Exhibition,*** Ormiston Institute, Melrose, The Square, taucht tief in die römische Geschichte ein, die sich im schottischen Süden abgespielt hat. (Ö: Apr.-Okt. 10.30-16.30 h, Eintritt £ 1.50, ermäßigt £ 1)

Im ***Abbotsford House*** verbrachte *Sir Walter Scott* die letzten Jahre seines Lebens, bevor er dort 1832 verstarb. Das Herrenhaus nahe der A 7 zwischen Melrose und Galashiels ist ein buntes Allerlei verschiedener Baustile. Der englische Architekt *William Atkinson* entwarf das Gebäude 1822 nach dem strengen Willen des Romandichters. *Scott* war nicht nur ein leidenschaftlicher Literat, sondern auch ein Sammler von Kuriositäten, die in seiner Bibliothek mit über 9000 Büchern ausgestellt sind: Locken von *Admiral Nelson* und *Bonnie Prince Charlie,* eine Nachbildung des Totenschädels von *Robert Bruce* etc. (Ö: März-Okt. Mo-Sa 10.00-17.00 h, So 14.00-17.00 h, E: £ 4, Kind £ 2)

Wer seinen Kindern eine Freude bereiten möchte oder wer bei „Land unter"-Wetterlage nicht ins Freie möchte, dem sei das ***Teddy Bear Museum*** empfohlen, The Wynd, in Melrose. (Ö: Sommer 10.00-17.00 h, Eintritt: £ 1.50, Kind/ermäßigt 50p)

Information

- ***Touristen-Information*** in Melrose, Abbey House, Abbey Street, T: 01896/822 555.

Unterkunft

- ***Burts Hotel,*** Market Square, T: 01896/822 285, bereitet gute Mahlzeiten. Preis: B&B ab £ 46.
- ***Dunfermline House,*** T: 01896/822 148 liegt zentral mit Blick über die Abbey, B&B ab £ 23.

B&B

- ***Mrs S. Graham,*** Braidwood, Buccleuch Street, T: 01896/822 148, verlangt ab £ 22. Die Lady findet sich ganz in der Nähe der Melrose Abbey.
- ***Mrs Aitken,*** High Street, 01896/822 479, ab £ 20.
- ***The Gables B&B,*** 1 km südlich in Darnik, T: 01896/822 479, ab £ 18.
- ***Mrs P. Schofield,*** High Cross Avenue, T: 01896/822 220, £ 22.

Jugendherberge

- Vom Market Cross in der Ortsmitte von Melrose sind es 5-10 min zu Fuß bis zum ***Melrose Youth Hostel*** (B&B ab £ 10). Man folgt der Straße East Port und biegt nach ca. 500 m nach links in die Priorwood Road ein. Die Jugendherberge ist in einer alten Villa eingerichtet, mit Blick auf die Melrose Abbey, T: 01896/822 521.

Camping

- Der Campingplatz ***Gibson Park*** befindet sich in Melrose in einer Nebenstraße, die von der High Street abzweigt. Der Stellplatz kostet ab £ 6,20, T: 01896/822 969.

Galashiels

Neben Hawick, das weiter südlich im Teviot-Tal liegt, ist Galashiels die größte Stadt in den Borders. Die Textilindustrie hat der Stadt ihren Stempel aufgedrückt: Viele Woll- und Stoffläden zeugen noch heute davon. Ein College bildet Textildesigner aus. Wer sich des Weiteren über die Wollproduktion informieren möchte, kann dies im Galashiels Museum oder im ***Borders Wool Centre*** (an der Weatlands Road in Richtung Peebles). Ein Besucherzentrum erläutert den Vorgang der Wollverarbeitung vom Schafscheren bis zum fertigen Pullover.

Der Name Galashiels hat seinen Ursprung in den sogenannten *shielings*. Das sind Unterstände, welche die Schafhirten vor vielen hundert Jahren am Ufer von Gala Water bauten.

Sehenswertes

In Galashiels gibt das ***Lochcarron of Scotland Cashmere and Wool Centre,*** Waverley Mill, an der Huddersfield Street, Auskunft über die Geschichte der Wollindustrie in Schottland vom Ein-Mann-Betrieb bis zur Großindustrie. Ein Geschäft vor Ort verkauft Wollsachen aus eigener Herstellung. Wer sich einen schönen Pullover aus Schottland mitbringen möchte, sollte sich diese Kaufgelegenheit nicht entgehen lassen. (Ö: Mo-Do 9.00-17.30 h, Führungen um 10.30, 11.30, 13.30, 14.30 h, E: £ 2.50, Gruppe £ 2)

Das ***Borders Wool Centre*** zeigt und erläutert den Vorgang des Spinnens und Webens; ferner informiert es über die verschiedenen britischen Schafsrassen. Am Ende der Weathlands Road in Galashiels ist das Woll-Zentrum ausgeschildert. (Ö: Apr.-Sept. Mo-Sa 9.00-17.00 h, So im Aug. 9.00-16.00 h)

Das ***Traquair House*** aus dem 10. Jahrhundert (ca. 20 km westlich von Galashiels, hinter Walkerburn an der A 72 nach links abbiegen) ist „das älteste fortwährend bewohnte Herrenhaus in Schottland". Einst nutzten es die schottischen Könige als Jagdschloss. Die schlichte Fassade erinnert mit ihren trutzig kleinen Fenstern und den Ecktürmen eher an eine Burg als an ein Herrenhaus. Gediegen ist dafür das Innenleben des Hauses: die Originaleinrichtung stammt größtenteils aus dem 18. Jh. Viele berühmte Personen gaben sich im Traquair House ein Stelldichein, insgesamt 27 Monarchen, darunter *Mary Queen of Scots* oder *William the Lion*, der hier 1175 ein Dokument unterschrieb, welches Glasgow in die Riege der königlichen Städte erhob. Damit hatte Glasgow das Recht erhalten, jeden Donnerstag einen Markt abzuhalten. Seit 1492 besitzt die Familie *Stuart* das Traquair House mit seiner weiten Parkanlage, mit einer Brauerei und diversen Kunsthandwerksläden. Momentan nennt die Witwe des 20. Laird (Gutsherr) das Herrenhaus ihr eigen. (Ö: Mai-Sept. 12.30-17.30 h, Juni, Juli, Aug. 10.30-17.30 h , E: £ 5.30, Kind £ 2.80)

Information

- ***Touristen-Information*** in Galashiels ist in der 3 St. John's Street, TD1 3JX, zu finden, T: 01896/ 755 551 (Ö: April-Oktober).

Unterkunft

- ***Abbotsford Arms Hotel,*** Stirling Street, T: 01896/752 517, bereitet hausgemachte Speisen, Doppelzimmer ab £ 30, Einzelzimmer ab £ 38.

Borders

- ***Kirklands,*** Gala Terrace, T: 01896/753 762 für Wanderer, Radfahrer, ab £ 16,50.
- ***Ettrickvale,*** Abbotsford Road, liegt außerhalb von Galashiels nahe des Tweed. B&B kostet ab £ 33, zu empfehlen für Familien, T: 01896/755224.
- In Galashiels selbst gibt es keine Jugendherberge. Es besteht die Möglichkeit, in die etwas dezentral, aber ruhig gelegene ***Jugendherberge Broadmeadows*** (Grad 3) auszuweichen. Sie befindet sich südwestlich von Galashiels an der A 708 von Selkirk nach Moffat kurz vor dem kleinen Ort Yarrowford (T: 01750/76 262), ca. £ 6.
- Oder man quartiert sich in der ***Jugendherberge von Melrose*** (Grad 1) ein, einer Villa im Ortskern von Melrose (T: 01896/82 252).

Peebles

Von der geräumigen Hauptstraße in Peebles, der ***High Street***, zweigen enge Gassen ab, die eine Entdekkung wert sind. Die High Street ist die Pulsader von Peebles und mit Geschäften, Cafés, Imbissbuden etc. gesäumt und führt direkt auf die Kirche von Peebles zu. Direkt vor der Kirche teilt sich die High Street: Nach links führt sie über die Tweed-Brücke (15. Jh.) in die Neustadt von Peebles, nach rechts gelangt man

Schottisches Herrenhaus

zur ***Ruine der Cross Kirk.*** Von der alten Klosteranlage aus dem 13. Jh. sind ein Schiff und der Westturm übrig geblieben, aber aus dem freigelegten Fundament erschließt sich der einstige Grundriss der Cross Kirk.

An einem Felshang am Tweed, 2 km westlich von Peebles an der A 72, thront das gut erhaltene ***Neidpath Castle,*** eine Befestigungsanlage aus dem 13. Jh., die zurzeit renoviert wird. Im 17. Jh. hielten die dicken Mauern der Burg den Angriffen von *Cromwells* Truppen länger stand als die irgendeines anderen Border-Castles. Eine kleine, aber feine Ausstellung in der Eingangshalle informiert über die Geschichte des Neidpath Castle und berichtet über mittelalterliche Foltermethoden. (Ö: Apr.-Sept. Mo-Sa 11.00-17.00 h, So 13.00-17.00 h, E: £ 3, Senioren £ 2,50, Kind £ 1)

Information

- Die ***Touristen-Information*** von Peebles ist in der High Street, T: 01721/720 138, e-mail: peebles@scot-borders.co.uk

Unterkunft

- ***Cross Keys Hotel,*** Northgate, serviert auch Speisen zu moderaten Preisen, B&B: ab £ 26, T: 01721/724 222.
- ***The Tontine,*** High Street, T: 01721/720 892, mit Kneipe/Restaurant, kostet ab £ 35.
- ***Green Tree Hotel,*** 41 Eastgate, T: 01721/720 582, am östlichen Ende von Peebles, ab £ 30.
- Ein Zelt- und Wohnwagenplatz ganz in der Nähe von Peebles ist der ***Rosetta Camping Park,*** T: 01721/720 770, eine gute Basis, um das Tal des Tweed zu erwandern. Von Peebles fährt oder geht man auf der A 72 vom Zentrum in Peebles in Richtung Glasgow, bis rechts ein ausgeschilderter Weg auf den Platz hinweist. Preis pro Stellplatz ab £ 10, Ö: April-Oktober.

Fahrräder

- ***Scottish Border Trails*** in Glentress an der A 72 von Innerleithen nach Peebles, T: 01721/22 934, veranstaltet Touren mit dem Mountain Bike durch die Hügel und Wälder zwischen den Flüssen Tweed und Yarrow, ab £ 16 pro Tag/Person.
- ***Bikesport,*** Peebles Road in Innerleithen, 6 km südöstlich von Peebles, Veranstalter von Mountain-Bike-Touren und Verleih, T: 01896/830 880.

Umgebung

- Peebles ist ein belebtes Städtchen, günstig gelegen zum ***Wandern*** in den südlich angrenzenden Tweedsmuir Hills oder nördlich in den Moorfoot Hills.

- Von Edinburgh trennen Peebles rund 30 km, nicht zu weit, um einen ***Ausflug in die Hauptstadt*** von Schottland zu unternehmen oder während des Edinburgh Festivals zur Übernachtung nach Peebles auszuweichen, denn in Edinburgh findet sich während des internationalen Festes nur schwer eine Möglichkeit zu übernachten.

Jedburgh

An einem kleinen Nebenfluss des Teviot, dem Jed Water, liegt Jedburgh. 16 km südlich von Jedburgh beginnt bereits die Grenze zu England, an der sich die Cheviot Hills erheben. Die Jedburgh Abbey aus rotem Sandstein ist zwar eine Ruine, oft zerstört und wieder aufgebaut, aber von allen Borders-Klöstern das am besten erhaltene.

Sehenswertes

Auf einem Hügel hoch über der Stadt thront das ehemalige Gefängnis von Jedburgh, ***Castle Jail,*** das heute ein Museum für Sozialgeschichte beherbergt. (Ö: im Sommer Mo-Sa 10.00-16.30 h, So 13.00-16.00 h, E: £ 1.25, Senioren £ 0,75, Kinder frei)

Ebenfalls ein Museum ist aus jenem Haus geworden, in welchem *Mary Queen of Scots* im Jahre 1566 für einige Zeit in Jedburgh verweilte. Das ***Mary Queen of Scots House*** erzählt die tragische Geschichte der Schottenkönigin. (Ö: Apr.-Okt. 10.00-17.00 h, E: £ 2, Senioren £ 1, Kinder unter 17 Jahren frei)

Das Kloster aus rotem Sandstein, die ***Jedburgh Abbey,*** besitzt eine ähnliche Geschichte der fortwährenden Zerstörung wie die anderen Abteien in der Borders Region: Der schottische König *David I.* gründete das Kloster im 12. Jh.; in der wirren Zeit des Mittelalters war das Kloster oftmals Ziel englischer Angriffe, und im 16. Jh. eroberten die Engländer auf Befehl *Henry VIII.* die Jedburgh Abbey und fügten ihr dabei großen Schaden zu.

Im Zentrum von Jedburgh, in der High Street, steht die ***Ruine des Augustiner-Klosters.*** Überlebt haben lediglich der 25 m hohe Kirchturm der Abtei und Teile des Hauptschiffes. Über die geschichtliche Seite der Jedburgh Abbey und das Leben der Mönche klärt eine Ausstellung vor Ort auf. (Ö: Mai-Sep. Mo-Sa 9.30-18.30 h, Okt.-März Mo-Sa 9.30-16.30 h, So 14.00-16.30 h, E: £ 3, Kind £ 1, Senioren £ 2.30)

Information

- Das ***Tourist Information Centre*** liegt in Jedburgh im Park Murray's Green und hat ganzjährig geöffnet, T: 01835/863 688 oder 863 435, e-mail: info@scotborders.co.uk

Unterkunft

- ***The Friars Willow Court,*** T: 01835/863 702, ein paar Minuten vom Zentrum, ab £ 25.
- ***Royal Hotel,*** Canongate, T: 01835/863 152, zentral, kostet ab £ 22.50.
- Der ***Campingplatz Lilliardsedge Park*** in Ancrum, T: 01835/830 271, liegt 8 km nördlich von Jedburgh an der A 68. Der Stellplatz kostet ab £ 10 (Ö: Ostern-Okt.).
- ***Jedwater Caravan Park,*** Jedburgh, T: 01835/840 219 am Fluss Jed, kostet ab £ 7.

Hawick

Am Ufer des Flusses Teviot liegt Hawick - zu sprechen „Heuk"-, die Stadt mit der größten ***Textilindustrie*** in den Borders und vielen einschlägigen Geschäften, die Tweed und Strickwaren verkaufen.

Die ***Bronzestatue*** in der Stadtmitte, ein Pferd mit einem Reiter, der stolz sein Banner gen Himmel reckt, erinnert an 1514, das Jahr nach der vernichtenden schottischen Niederlage bei Floddenfield. Alle wehrtüchtigen Männer der Stadt starben in der Schlacht von Floddenfield. Eine Truppe Heranwachsender aus Hawick rettete die schottische Ehre. Die Pubertierenden zeigten den Engländern die Zähne, als sie plündernde englische Soldaten in die Flucht schlugen und den Engländern ihr Banner raubten. Jenes Banner hält der bronzene Reiter stolz in seiner rechten Hand. Dieses Ereignis aus dem 16. Jh. wird noch heute während des ***Common-Riding-Festes*** im Juni gefeiert.

In der ***Johnnie Armstrong Gallery*** formen Künstler keltische Gegenstände nach alten Mustern sowie allerlei Kunsthandwerk; Henderson's Knowe, Teviothead, 15 km südlich von Hawick an der A 7.

Das ***Hermitage Castle*** ist eine Trutzburg, 26 km südlich von Hawick an der B 8399 in Richtung Newcastleton. In einer hügeligen Gegend nahe der englischen Grenze gelegen, überblickt man von der Burg ein weites Gebiet. Von außen schaut sie mit ihren mächtigen Ecktürmen intakt aus, innen sind die Schäden vergangener Tage nicht zu übersehen. Das Castle, das kein Liebhaber von Burgen- und Rittersagen verpassen sollte, ist ein beliebter Drehort für Maria-Stuart und Macbeth-Filme.

Im Jahre 1566 ritt *Mary Queen of Scots* in mörderischem Galopp vom 40 km entfernten Jedburg zum Hermitage Castle, um ihren Geliebten Bothwell zu sehen, der bei einem

Borders

Gefecht stark verwundet worden war. Der Ritt stresste Mary derart, dass sie ein starkes Fieber befiel, von dem sie sich nur langsam wieder erholte. (Ö: Apr.-Sept. Mo-So 9.30-18.30 h, Okt.-März Mo-Sa 9.30-16.00 h, So 14.00-16.00 h, E: £ 1.80, Kinder 75p, Senioren £ 1.30)

Information

● Die ***Touristen-Information*** ist in Hawick am Drumlanrig's Tower, in der Ortsmitte, T: 09706/080 404, e-mail: hawick@scotborders.co.uk

Aktivitäten

● ***Scottish Academy of Falconry*** bietet einen kompletten Ferienaufenthalt an, der Kurse in der Abrichtung von Falken und Habichten beinhaltet. Adresse: The Wigg, Bonchester Bridge, Hawick TD9 9TB, T: 01450/860 666.

● ***Raleigh Cycle Centre,*** Mart Street, T: 01450/373 352, vermietet Fahrräder vom gewöhnlichen Tourenrad bis zum Mountain Bike. Preise: pro Tag ab ca. £ 10.

Unterkunft

● ***Kirklands Hotel,*** West Stewart Place, T: 01450/372 263, gehört zur gehobenen Klasse der Hotels, sowohl von der Unterkunft wie von der Essenszubereitung. Untergebracht in einem viktorianischen Haus, kostet das Doppelzimmer pro Person ab £ 30.

● ***The Buccleuch Hotel,*** 1 Trinity Street, T: 01450/372 368, zwei min vom Zentrum, B&B: ab £ 18.

● ***Mrs. Telfer,*** in der Nähe des historischen Zentrums, 6 Weensland Road, T: 01450/ 373 506, B&B: ab £ 15.

● Der Campingplatz ***Craith Farm*** bietet sich als ideale Ausgangsbasis für Radfahrer, Wanderer und Angler an. T: 01450/880 265, ab £ 6.

Duns

Im ***Merse,*** dem Marschgebiet an der Ostküste, befindet sich der Ort Duns, der geprägt wird von landwirtschaftlichen Betrieben. Zwei berühmte Menschen sind in Duns geboren: einer der führenden Philosophen des Mittelalters, *John Duns Scotus,* und der Formel-1-Rennfahrer *Jim Clark,* dessen Trophäen im ***Jim Clark Room*** zu bewundern sind. Wer sich für Autorennsport interessiert, kann sich die Pokale und Erinnerungsstücke von *Jim Clark* in der Newton Street in Duns, an der A 6105, ansehen.

Nördlich von Duns befindet sich ein ***Naturschutzgebiet*** mit Wanderpfaden. In diesem Gebietes lag einst der Ort Duns. Der engl. König *Henry VIII.* unternahm jedoch im Jahre 1544 aus Wut, dass *Mary Stuart,* Queen of Scots, seinen Sohn nicht geheiratet hatte, einen Rachefeldzug nach Schottland, bei dem das „alte" Duns völlig verwüstet wurde.

Unterkunft

● ***Barnikan House Hotel,*** 18 Murray Street, T: 01361/882 466, B&B ab £ 25.

● ***Mrs S. Blackley,*** 8/10 Murray Street, zentral gelegen, T: 01361/883 880, ab £ 18.

● ***Mrs E. Graham,*** The Smithy, Cranshaws, Duns TD11 35J, T: 01361/890 277, liegt im Grünen und bietet sich an für Familienurlaub oder auch Edinburgh-Festivalbesucher, ohne Frühstück ab £ 12.

Umgebung

● Das ***Manderston House,*** ein edles schottisches Landhaus in edwardianischem Baustil (18. Jh.) steht abseits der A 6105, 3 km östlich von Duns. An der Innenausstattung wurde nicht gespart, ein Treppenhaus ist in Silber ausgeführt, im Ballsaal hängen Vorhänge aus Samt mit gold- und silberbestickten Gardinen.

Ein Garten mit Rhododendren und Azaleen vervollständigt das Manderston House. (Ö: Mitte Mai-Sept. Do und So 14.00-17.30 h, E: £ 5, Kind £ 2.50, nur Garten £ 3)

• Das ***Paxton House*** zählt zu den schönsten Landhäusern in Großbritannien und beherbergt die größte Chippendale-Sammlung in Schottland. Das von *John und James Adam* entworfene Haus aus dem 18. Jh. ist in einen Gartenpark gebettet, der zum Spazierengehen lädt. (Ö: Apr.-Okt. 11.15-16.15 h (letzte Tour), E: £ 5, Senioren £ 4.75, Kinder £ 2.50)

• ***Abbey St Bathans,*** Abbey Fell Ponies, Duns, Berwickshire, bietet Reiterferien an, £ 15 pro Tag, £ 60 pro Woche. Maximal vier Reiter können sich anmelden, Kinder unter 11 Jahren sind nicht zugelassen für den Reiturlaub.

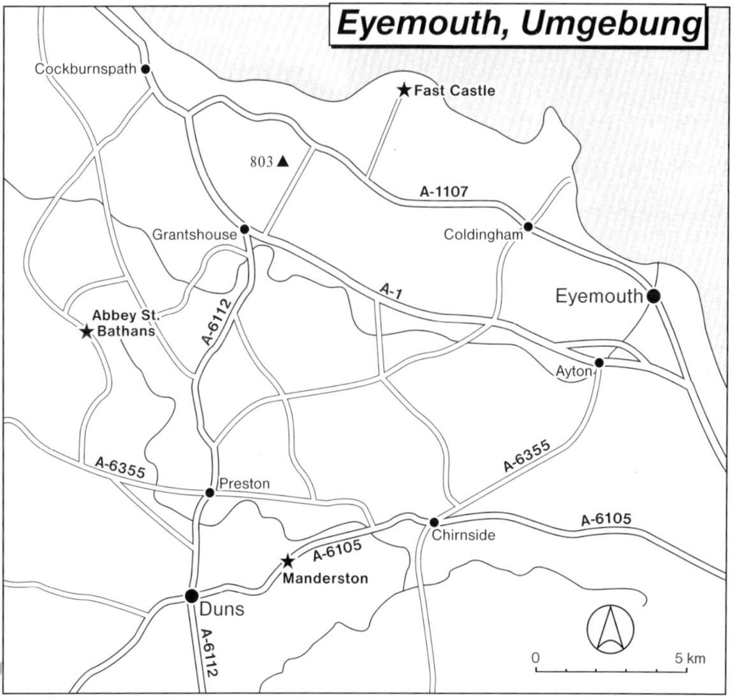

Vom Aussterben bedroht: rote Telefonzelle

• Die ***Swinton Pottery*** in Swinton, 5 km südlich von Duns stellt Sammlerstücke für Burgenfans her, kleine Zauberer, Burgen und anderes mehr. 25-27 Main Street in Swinton. (Ö: Di-Fr 10.00-17.00 h)

Eyemouth

Die Küstenlinie der Borders Region hat zwar nur eine Länge von rund 40 km, dafür ist sie um so spektakulärer - nirgends an der Ostküste Schottlands existiert eine vergleichbare Steilküste. Zum Teil ist der Küstenstreifen wie der um St Abbs Head nördlich von Eyemouth zum Naturschutzgebiet erklärt.

Direkt am Meer ist das Fischerdorf Eyemouth angesiedelt, der letzte größere Ort Schottlands vor der englischen Grenze. Das lebendige Dorf zieht viele ***Wassersportfreunde*** an, denen sich Möglichkeiten zum Tauchen, Segeln und Baden eröffnen. Wer keine Wasserratte ist, kann die Küste erkunden, die von Sandstränden, Höhlen und einer herrlichen Steilküste geprägt wird. Das Eyemouth Museum erinnert an ein Ereignis aus dem Jahre 1881. Ein Tornado vernichtete einen Großteil der Fischerflotte von Eyemouth, wobei 129 Männer starben.

Sehenswertes

Das verspielte ***Ayton Castle*** aus dem Jahre 1846, ein viktorianisierter Bau, wurde erst kürzlich saniert und wird bewohnt. (Ö: Mitte Mai bis Mitte Sept. 14-17 h, E: £ 3)

Information

• ***Touristen-Information,*** Auld Kirk in Eyemouth, T: 01890/750 678. Das Büro hat von April bis Oktober geöffnet.

Unterkunft und Essen

• ***The Churches,*** Albert Road, T: 018907/50 401, bereitet hausgemachte Spezialitäten, B&B ab £ 35.
• ***Ship Hotel,*** Harbour Road, T: 018907/50 224, ist ein guter Ort, um die Wassersportmöglichkeiten von Eyemouth wahrzunehmen. Preis: B&B ab £ 18.
• ***Dolphin Hotel,*** North Street, T: 018907/50 280, kostet ab £ 25.
• Die ***Jugendherberge Coldingham*** (Grad 2) liegt direkt am Meer in der Nähe von St Abbs, 2 km entfernt von Coldingham, T: 018907/77 12 98. Wegbeschreibung: In Coldingham läuft man in Richtung St. Abbs, passiert einen Lebensmittelladen. Auf der rechten Seite taucht der ***Campingplatz von Coldingham*** auf, hinter welchem man nach rechts abbiegt. Von dort bis zur Jugendherberge, die rechts auf einer kleinen Anhöhe steht, ist noch eine Strecke von rund 3 km zu bewältigen.

Umgebung

• Vom ***Fast Castle,*** ca. 16 km nördlich von Eyemouth, ist kaum mehr als die Gründung erhalten. Stolz hat die Burg einmal auf jenem Felsvorsprung gestanden, den die Wellen der Nordsee unaufhörlich bearbeiten. Von der Felsklippe hat man einen wunderbaren Blick entlang der Küste in Richtung Nordwesten. Etwas störend wirkt allerdings das Kraftwerk, das man in weiter Ferne entdeckt.

Vom Erbauer des Fast Castle ist leider nichts Näheres bekannt. Im

14. Jh. war die Home-Familie im Besitz der Burg. Später sollen sich Schmuggler und Seeräuber hier verschanzt haben. Fast Castle liegt nordwestlich von Eyemouth an der Steilküste. Von Eyemouth fährt man nordwestlich nach Coldingham, von dort entlang der A 1107 (!) in Richtung Cockspurnpath. Ca. 7 km hinter Coldingham biegt eine Straße nach rechts ab. Man überquert den Telegraph Hill und kommt zu einer Farm, an welcher der Fahrweg endet. Der Rest der Strecke zum Fast Castle muss zu Fuß zurückgelegt werden. Vorsicht, das letzte Stück über blanken Fels bis zur Ruine ist nicht ganz ungefährlich!

Dumfries und Galloway

Überblick

Viele Reisende schenken der Region Dumfries und Galloway im Südwesten Schottlands zu Unrecht wenig oder gar keine Beachtung, wenn sie die Region auf der A 74 durchqueren, der Schnellstraße von Carlisle nach Glasgow. Dumfries & Galloway besitzt genügend landschaftliche Reize, angefangen von der Berglandschaft bei Moffat bis zur Steilküste der Rhinns of Galloway.

Die ***Rhinns of Galloway*** sind eine hammerförmige Halbinsel, die an der äußersten, südwestlichen Ecke Schottlands nach Irland weist. Von Stranraer, der größten Stadt auf der Halbinsel, laufen Fähren nach Douglas (Nord-Irland) aus. Weiter südlich, in Portpatrick, beginnen die 339 Kilometer des Southern Upland Way, des Wanderweges von der West- bis zur Ostküste.

Die Küste der Rhinns of Galloway verläuft felsig und fällt steil ab. Nur ab und an schiebt sich zwischen die schroffen Felsen eine sandige Bucht, in der ein kleines Dorf Schutz findet, wie das südlichste Dorf Schottlands, Drummore. Südlicher noch liegt das ***Mull of Galloway.*** Von hier kann man einen herrlichen Ausblick genießen, nach Irland, der Küste des Solway Firth und der Englischen Westküste.

Vor den Rhinns of Galloway erstreckt sich die kahle, flache Landschaft ***The Moors,*** besiedelt von

Ebbe an der Südküste bei Dumfries

vereinzelten Farmen und kleinen Siedlungen. Nördlich davon ragen die waldgesäumten Hügel des Galloway-Forest-Parks bis knapp 800 m in die Höhe und laden zum Wandern und zum Baden in den höchsten Binnenseen Schottlands ein. Baden allerdings bedeutet hier ein kühles Vergnügen.

Ähnlich wie The Moors ist ein anderer Landstrich mit Namen ***The Machars,*** der wie eine große Nase in den Atlantik ragt, von der Landwirtschaft geprägt. Den sogenannten Galloway Rindern bietet The Machars ausgezeichnete Weiden. In dem kleinen Dorf Whithorn am Solway Firth landete im Jahre 379 der ***Heilige Ninian*** und legte dort den Grundstein für die erste christliche Kirche in Schottland. Irische Pikten folgten Ninian, gingen ebenso am Solway Firth an Land und brachten das Christentum mit ins Land. Vom Süden Schottlands breiteten sie sich langsam gen Norden aus, an der Westküste und über die Inseln, wo sie das sagenhafte Königreich Dalriada gründeten.

Einen Verkehrsknotenpunkt in Dumfries und Galloway bildet die landwirtschaftlich geprägte Marktstadt ***Newton Stewart,*** ein idealer Fleck, um den Südwesten Schottlands zu erkunden. In Newton Stewart gibt es eine Jugendherberge ohne großen Komfort, aber mit viel Atmosphäre.

Die größte und wirtschaftlich bedeutendste Stadt der Region ist

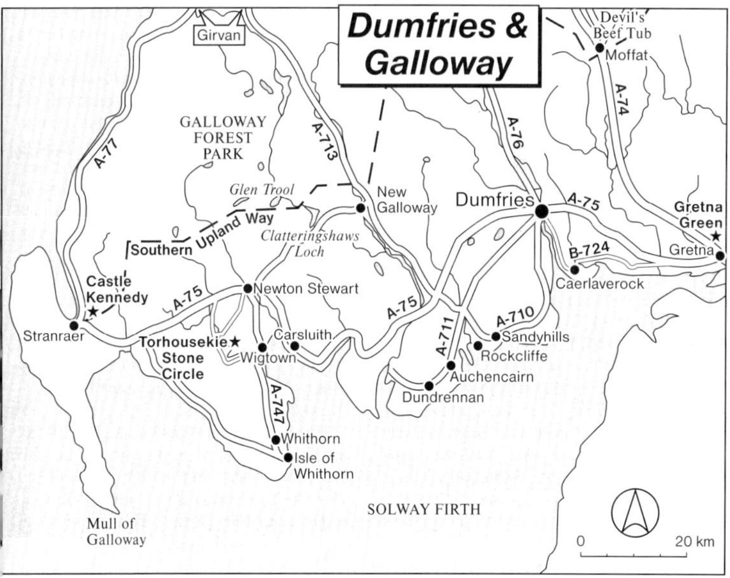

Dumfries. Der schottische Barde *Robert Burns* hat hier die letzten vier Jahre seines Lebens als Beamter verbracht. Auf dem Michaels-Friedhof in Dumfries liegt er beerdigt. Die Tweedsmuir Hills, nördlich von Dumfries an der Grenze zu der Borders-Region, sind landschaftlich reizvoll. Die roten, zum Teil felsigen Sandsteinberge erreichen Höhen von über 800 m.

Die Auszeichnung „Best Kept Village" hat ***Moffat,*** das Kurstädtchen am südlichen Rand der Tweedsmuir Hills, mehrmals gewonnen. Wahrhaftig, Moffat ist ein Vorzeigestädtchen. Die Straßen sind wie geleckt, Touristen sitzen in den Cafés an der

Gretna Green

Fragt man Eltern oder Großeltern nach der Bedeutung des schottischen Ortes Gretna Green, erhält man meist diffuse Antworten: „Hat das nicht irgend etwas mit schrankenlosem Heiraten zu tun?" „Ach, das ist doch die Vermählung von Minderjährigen durch einen Schmied, oder?" etc.

An alledem ist etwas Richtiges, nun aber die ganze Wahrheit: Nachdem man auf der A 74 die Brücke über den kleinen Fluss Sark passiert hat, befindet man sich in Schottland, England ist vergessen. Die Gegend hat sich kaum gewandelt, sie ist immer noch flach und langweilig. Kurz hinter der Brücke über den River Sark taucht linker Hand das Städtchen Gretna auf, das man auch links liegen lässt. Wenig später ist es soweit. Das schottische Örtchen Gretna Green ist erreicht.

Ein kurzer Ausflug in die Geschichte: Schottland behielt nach der Union mit England im Jahre 1707 seine eigene Rechtssprechung. Als 1754 in England durch den Hardwick Marriage Act heimliche Hochzeiten per Gesetz verboten wurden, flüchteten verliebte Paare über die Grenze nach Schottland, wo nach wie vor die alte Rechtssprechung besagte, dass eine Heirat mit dem Ja-Wort der Geliebten vor zwei Zeugen beschlossene Sache ist, vorausgesetzt, beide Teilnehmer haben ein Alter von 16 Jahren erreicht.

So überquerten viele heiratswütige Menschen die Grenze von England nach Schottland, um sich meist gegen den Willen der Eltern in Gretna Green zu lieben, in die Ehe zu stürzen und nicht selten ins Unglück. Um der Trauung ein wenig Pomp zu verleihen, vollzog im Laufe der Jahre ein Hufschmied über einem Amboss oder ein Gastwirt die Trauung. Kluge schottische Köpfe kamen auf die Idee, von der ganzen Ehegeschichte ihren Profit abzuzwacken. Mitte des 19. Jahrhunderts enstand ein Gesetz mit der Bestimmung, dass sich einer der beiden Ehewilligen vor der Trauung für mindestens 21 Tage in Schottland aufhalten müsse. Damit machten die Hotels in Gretna Green ihre ersten Geschäfte, vor allem mit reichen, adligen Söhnen, die sich gegen den Willen der Eltern in Bürgertöchter verschossen hatten.

Die Herrlichkeit der heimlichen Eheschließung währte bis 1940, als das Parlament diese Art der Hochzeit unterband. Fortan lebte nur noch der Ruf von Gretna Green als einstiger Zufluchtsort für heimliche Heiratswillige fort.

Dieses Image führt bis heute eine Unzahl von Touristen nach Gretna Green, die sich je nach Bedarf von einem Hufschmied über einem Amboss vermählen können- allerdings nur zum Schein, aber für ein echtes schottisches Pfund.

Hauptstraße und verspeisen ihre Sahnetorte. Moffat ist zwar ein idealer Ausgangspunkt für Wanderungen zu der Schlucht Devil's Beef Tub oder dem Wasserfall Grey Mare's Tail, aber nicht für jeden ein Ort zum Wohlfühlen.

Ähnlich bestellt ist es um die Ortschaft ***Gretna Green,*** jenes bekannte schottische Grenzdorf, das früher ein Zufluchtsort für heiratswillige Menschen aus dem benachbarten England war.

Stranraer

Geschützt im Loch Ryan im Südwesten Schottlands liegt die Hafenstadt Stranraer. Von hier verkehren Fähren nach Irland. Schmuckstücke sind Hafenstädte selten. Das gilt auch für Stranraer. Doch das sollte niemanden abschrecken, dorthin zu fahren, denn immerhin verfügt die Stadt über ein reiches Sportangebot von Angeln bis zum Freizeitbad. Eher als Stranraer ist das nahe ***Portpatrick*** ein guter Standort zur Erkundung der landschaftlich reizvollen Halbinsel Rhinns of Galloway.

Die Wurzeln Stranraers reichen zurück bis in die ***Römerzeit.*** Die Römer nutzten die geschützte Lage am Loch Ryan aus, um hier vor Anker zu gehen. Damals nannte sich das kleine Städtchen noch *Rericonius Sinus,* was soviel bedeutet wie „geschützter Meerbusen".

Vom ***Castle of St John*** im Zentrum der Stadt Stranraer erzählt die Legende, dass es einst auf Wollballen erbaut wurde, damit seine Steinmauern nicht im sumpfigen Boden verschwinden. Die gut erhaltene Burg stammt aus dem 15. Jahrhundert. Sie war einst der Wohnsitz von *John Graham of Claverhouse,* jenes Bluthundes, der als großer Verfolger der Covenanters in die Geschichte einging. Vom 17. bis hinein ins 19. Jahrhundert nutzte man das Castle als Gefängnis und Sitz der Polizei. (Ö: Apr.-Sept. Mo-Sa 10.00-13.00 h und 14.00-17.00 h, E: £ 1.20, ermäßigt 60p)

Information

- Die ***Touristen-Information*** findet sich in Stranraer in der Harbour Street, T: 01776/702 595.

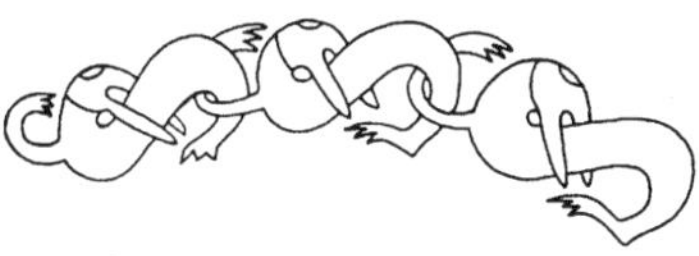

Verbindungen

- ***Stena Line Ltd.*** verkehrt zwischen Stranraer und Belfast, die Überfahrt dauert zwischen 2 h 20 min. und 3 h 15 min, T: 08705/707 070, Hin- und Rückfahrt kosten ab £ 28, mit PKW ca £ 130.
- Die Fähren der ***P&O European Ferries LTD,*** The Harbour, Cairnryan, 8 km nördlich von Stranraer, laufen ca. sechsmal am Tag nach Nordirland aus, Fahrzeit: 1 h (Express) 2 h 15 min., Rückfahrkarte ab £ 22, mit PKW ca. £ 130, www.poirishsea.com, T: 0870/242 47 77.
- Die Fähre in Stranraer ist direkt verbunden mit den ***Zügen,*** die aus dem Norden kommen. 6 Züge verkehren mit Ayr und Glasgow. Abfahrt Stranraer: 7.09/10.00/11.43/14.37/19.40/21.10 h. Ca. £ 15 einfach. Auskunft am Bahnhof: T: 0141/332 9811.
- Busse der ***Scottish Citylink*** verbinden Glasgow und Stranraer. Abfahrt Stranraer,

Dumfries/Gallo.

Stena Terminal: 9.45 h und 14.30 h, T: 08705/505 050.

- Busse von **National Express** verkehren zwischen London (Victoria) und Stranraer (Stena Terminal), über Birmingham/Coach Str./Dumfries/Newton Stewart. London: Abfahrt 18.30/8.30 h, Stranraer: Abfahrt 10.00 h/00.15 h, £ 32, erm. £ 22, T: 0121/ 423 8477.

Unterkunft

- ***Harbour Guest House,*** Market Street, liegt direkt am Hafen, ideale Übernachtungsmöglichkeit für Irlandreisende. B&B ab £ 19, T: 01776/704 626.
- ***Fernlea Guest House,*** Lewis Street, liegt in der Nähe des Hafens. T: 01776/703 037, ab £ 16.
- Zwischen Stranraer und Portpatrick liegt der ***Drumlochart Caravan Park*** mit Möglichkeiten zum Fischen und Bootfahren (Ö: März-Okt.), T: 01776/870 232, ab £ 8,50.

Aktivitäten

- ***Logan Botanic Garden:*** ungewöhnliche Pflanzen, Palmen, Farne etc. 22,5 km südlich von Stranraer an der B 7065 (Ö: 10-18 h), £ 3, erm. £ 2.50, Kinder £ 1.
- Wer seine Ferien auf dem Wasser verbringen möchte, kann mit seiner Familie oder mit Freunden (max. 12 Personen) eine ***Jacht chartern*** und zu den westlichen Inseln segeln: *Northwest Ventures* Portamaggie Dunskey Estate, Portpatrick, T: 01776/810 584 oder 810 481.
- In Portpatrick, dem Ausgangspunkt des Wanderweges *Southern Upland Way,* ge-

Portpatrick am „Hammer von Galloway“

währt das ***Colfin Smokehouse,*** T: 01776/820 622, einen Einblick in das traditionelle Räuchern von Lachs und bietet darüber hinaus über 100 verschiedene Sorten von Malt Whisky, shortbread u.a. zum Verkauf an.

● In der Nähe von Stranraer finden sich die 18 Löcher des ***Portpatrick (Dunskey) Golf Club,*** Golf Course Road, T: 01776/810 273.

Umgebung

● Das ***Castle Kennedy,*** erbaut im 15. Jh., war der ehemalige Sitz des *Earls of Stair.* Heute leben der Graf und seine Frau im Viktorianischen Lochinch Castle gegenüber der alten Burgruine.

Die Gärten um die beiden Burgen, die ***Castle Kennedy Gardens,*** wurden bereits im 18. Jh. angelegt. Extra für die Gartenarbeiten befreite der zweite *Earl of Stair* seine Soldaten von ihren militärischen Pflichten. Als Gesandter des Königs hatte der *Earl of Stair* Frankreich besucht und kehrte beeindruckt von der Gartenanlage in Versailles nach Schottland zurück. Er wählte einen schmalen Landstrich zwischen zwei kleinen Seen für seinen eigenen Gartenpark, den er mit Rhododendren, Azaleen und wilden Sträuchern bepflanzen ließ.

Die Anlage, die zu ausgedehnten Spaziergängen animiert, befindet sich etwa 5 km vor Stranraer nördlich der A 75 zwischen den Seen Black Loch und White Loch. (Ö: Apr.-Sept. 10.00-17.00 h, E: £ 3, Senioren £ 2, Kinder unter 16 Jahren £ 1)

● Am Südzipfel der Rhinns of Galloway erhebt sich das ***Mull of Galloway*** vom Meeresspiegel auf eine Höhe von über 60 m. Von hier, dem südlichsten Punkt Schottlands, blickt man bei klarer Fernsicht bis an die irische Küste, die 40 km entfernt ist. Von Stranraer bis zum Mull of Galloway beträgt die Distanz ca. 35 km.

Newton Stewart

Das Städtchen Newton Stewart, am südlichen Rand des Galloway-Forest-Parks und am Fluss Cree gelegen, ist mit rund 4000 Einwohnern eine ***sympathische Kleinstadt,*** eingebettet in eine angenehme landwirtschaftliche Atmosphäre, mit einem allwöchentlichen Viehmarkt in der Ortsmitte. Die Haupstraße A 714, die sich durch den Ort schlängelt, schmücken bunte, einfache Häuser, die sehr gepflegt wirken. In den Häusern sind Kneipen, Hotels und Geschäfte vom Antiquariat bis zum Lachsverkauf untergebracht. Der Ort eignet sich gut als Ausgangspunkt für Ausflüge in den Galloway Forest Park und zu den südlich gelegenen frühchristlichen Stätten.

Information

● Das Büro der ***Touristen-Information*** befindet sich im Ortskern an der Markthalle, Dashwood Square, T: 01671/402 431.

Unterkunft

● ***Mrs. H. Dickson,*** 4 Corvisel Road, T: 01671/403 047, ab £ 17.

- Das ***Flower Bank Guest House*** befindet sich in Minigaff, der Ortschaft auf der anderen Seite des Flusses direkt am Ufer des Cree. T: 01671/402 629, B&B ab £ 19.
- Clugston Farm, ca. 8 km westlich an der A 75, T: 01671/830 338, ab £ 16.
- Die ***Jugendherberge Minnigaff*** liegt in dem gleichnamigen Ort, jenseits des Flusses Cree. Nachdem man die Brücke überquert hat, biegt der Weg zur Jugendherberge direkt hinter dem Krämerladen nach links ab. Von dort geht man ca. 1-2 km immerzu geradeaus, bis die Jugendherberge linker Hand auftaucht. Einen eigenen Charakter hat sie: Viele Einzelreisende machen hier Station, die Schlafsäle sind groß und die Betten etwas ausgeleiert, doch mit den Leuten hier lassen sich angenehme Tage verbringen, T: 01671/402 211, Ö: Apr.-Okt., ca. £ 8.
- 11 km westlich von Newton Stewart finden Camper auf dem ***Three Lochs Caravan Park,*** T: 01671/830 304, einen Stellplatz ab £ 7 (Zelt), Ö: März-Okt. Sie fahren von Newton Stewart in Richtung Kircowan und bleiben einige km auf der A 75, bis rechter Hand ein Hinweisschild „Whitecairn Farm" auftaucht, welchem Sie folgen. Der Campingplatz liegt ca. 6 km hinter der Farm.

Umgebung

- Am Clatteringhaws Loch, 9 km vor New Galloway an der A 712, befindet sich das ***Forest Wildlife Centre.*** Die umgebaute Farm zeigt anhand von lebenden Hirschen und Informationstafeln, wie diese Tiere leben und sich in freier Wildbahn verhalten. Eine weitere Ausstellung vor Ort ist dem Lachs gewidmet. (Ö: nur im Sommer 10.00-17.00 h, E: frei) Ausgangspunkt zum Wandern und Rad fahren.

- Wahrscheinlich im Bronzezeitalter wurden die 19 Steinblöcke des ***Torhouse Stone Circle*** aufgestellt. Der Steinkreis befindet sich auf einem Erdhügel abseits der B 733, ca. 7 km westlich von *Wigtown,* und gehört zu den umfangreichsten in Großbritannien. Die 19 rundlichen Steine beschreiben einen Kreis mit einem Durchmesser von 183 m. Die Mitte des Kreises markieren drei weitere Steinblöcke.

- ***Monreith Animal World & Museum,*** 10 km westlich von Withorn an der A 747, informiert über Leben und Überleben an der Küste. Mit kleinem Museum über *Gavin Maxwell* (E: £ 3, Senioren £ 2.80, Kinder £ 1.50)

- 6 km südlich von Withorn entlang der Küste führt ein 5 km langer Spaziergang zu einer Höhle, welche *St. Ninian,* dem schottischen Missionar, als Elfenbeinturm diente: ***St Ninian's Cave.***

- ***Whithorn Cradle of Christianity,*** eine archäologische Ausgrabungsstätte mit Besucherzentrum, findet sich in der George Street in Whithorn. Die Geschichtsforscher graben nach Zeugnissen aus der Zeit der ersten christlichen Gemeinde und einem Dorf der Wikinger, die hier einst siedelten. Über bereits Entdecktes informiert eine Führung. Ein Lichtbildvortrag im Besucherzentrum erhellt den geschichtlichen Hintergrund, berichtet von den Lebensbedingungen der Pilger im Mittelalter und erzählt von den Taten des Heiligen Ninian (Ö: Apr.-Okt. 10.30-17.00 h, So 13.00-17.00 h, E: Erwachsene £ 2.70, ermäßigt £ 1.50).

●***Bladnoch Distillery Visitor Centre,*** 1 km südlich von Wigtown, gewährt einen tiefen Einblick in die Kunst des Whisky-Brauens. Eine reizvolle Kulisse für eine Brennerei, die nichts Neues mehr für den Markt produziert, bilden die herrliche Landschaft mit kleinen Flüsschen (auch für Camper!), sowie die stilvollen alten Gebäude des Hauses Bladnoch. Eine Ohrenweide ist der „dialektische" Vortrag der jungen Frau, die liebevoll durch die alten Whiskyfässer geleitet - wenn auch nicht immer zu verstehen... (geöffnet in der Zeit von März bis Oktober, E: £ 1)

●Nördlich von Newton Stewart erstreckt sich der 400 km² große ***Galloway Forest Park.*** Der von der *Forestry Commission* verwaltete Park ist kein natürlich entstandenes Waldgebiet, die meisten Bäume sind von Menschenhand gepflanzt und dienen wirtschaftlichen Interessen. Die Touristeninformation im Ortskern von Newton Stewart verteilt eine Beschreibung der Wanderwege durch das ruhige, dünnbesiedelte Gebiet mit den zum Teil felsigen Bergen. Der Merrick, höchster Berg in den Southern Uplands, erreicht eine Höhe von 843 m.

●Ein interessantes Wandergebiet erstreckt sich an der Verbindungsstraße von Newton Stewart nach New Galloway - wegen ihrer königlichen Landschaft auch ***Queensway*** genannt. *Robert Bruce,* der schottische Herrscher von 1306-1329, hat an dem heute so friedlich ausschau-

Kuhhaupt

enden See die ***Schlacht von Rapploch Moss*** im Jahre 1307 gegen die Engländer geführt - und gewonnen. Er und seine Schotten zogen sich auf die Anhöhe zurück und rollten Felsblöcke von der Anhöhe hinab auf die englischen Streitkräfte. Zum Gedenken an diese Schlacht steht der ***Bruce's Stone*** auf einem Hügel und blickt voller Stolz hinab auf das Clatteringshaw Loch. Der Weg zum Bruce's Stone ist mit einem Zeichen des National Trust markiert.

Eine andere Schlacht hat *Robert Bruce* im Tal ***Glen Trool*** nördlich von Newton Stewart gegen die Engländer geschlagen und gewonnen, der Auftaktsieg zur Schlacht von ***Bannockburn.*** Auch für diesen Sieg haben die stolzen Schotten ihrem einstigen Chef einen Stein aufgestellt. Er befindet sich nördlich des Loch Trool. Zu erreichen ist das landschaftlich sehr reizvolle Glen Trool, indem man in Clauchaneasy, ca. 15 km nördlich von Newton Stewart, nach rechts abbiegt in Richtung Glen Trool Lodge: Ein absolutes Muss für Wanderer!

Kunst für Schafe im Glenkiln Reservoir (WS)

Zwischen Dumfries und Newton Stewart

Zwischen den beiden zentral gelegenen Orten des Südwestens sind einige sehenswerte Bauten erhalten geblieben.

Auf dem Weg bis zu der Ortschaft Gatehouse of Fleet, an der A 75, stehen zwei Tower Houses, eine Art Mischform zwischen Burg und Wohnhaus. Hinter Creetown an der rechten Straßenseite befindet sich das eine: die dachlose Ruine des ***Carsluith Castle*** aus dem Jahre 1560 (Ö: Apr.-Sept. Mo-Sa 9.30-19.00 h, So 14.00-19.00 h, Okt.-März Mo-Sa 9.30-16.00 h, So 14.00-16.00 h, E: frei).

Die zweite „Wohnburg", das vierstöckige ***Cardonnes Castle*** aus dem 15. Jh., kann vor Gatehouse of Fleet auf der linken Seite besichtigt werden. Die Ruine stammt aus dem 15. Jh. Interessant sind die Kellergewölbe, die Wendeltreppe, die steinernen Bänke und die Kamine. Vom Burgturm eröffnet sich ein weiter Blick über die Fleet Bay (Ö: Apr.-Sept. Mo-Sa 9.30-18.30 h, So

14.00-18.30 h, Okt.-März Mo-Sa 9.30-16.30 h, So 14.00-16.30 h, E: £ 2, erm. £ 1,50, Kinder 75p).

Die 10 km südöstlich von Kirkcudbright (A 711) gelegene ***Dundrennan Abbey*** aus dem 12. Jh. ist sehr zerfallen, dennoch sind einige interessante Gebäudeteile erhalten. Während der Reformationszeit wurde das ehemalige Zisterzienser-Kloster stark beschädigt und konnte wegen der großen Zerstörung nicht mehr bewohnt werden. Die Leute aus dem Dorf Dundrennan nutzten die Ruine fortan als Steinbruch, um mit wenig Aufwand an Baumaterial für eigene Gebäude zu kommen. Daher entdeckt man in vielen Häusern des Dorfes ehemalige Steine der Dundrennan Abbey.

Ihre letzte Nacht auf schottischem Boden soll *Mary, Queen of Scots,* 1568 in der Dundrennan Abbey verbracht haben, bevor sie sich nach England begab. (Ö: Apr.-Sept. Mo-So 9.30-18.30 h, Okt.-März Mo-Sa 9.30-16.00 h, So 14.00-16.00 h, E: £ 1.80, Senioren £ 1,30, Kinder 75p)

Die einzige runde „Wohnburg" in Schottland, der ***Orchardton Tower,*** erbaut im 15. Jh., liegt abseits der A 711, zwischen Auchencairn und Palnackie, über einen befestigten Weg zu erreichen. Der Rundturm ist normalerweise für Irland typisch. (Ö: Apr.-Sept. Mo-Sa 9.30-19.00 h, So 14.00-19.00 h, Okt.-März Mo-Sa 9.30-16.00 h, So 14.00-16.00 h, E: frei)

Auf einem Werder im Fluss Dee, der bei Kirkcudbright mündet, steht

Thron ohne Palast: Henry Moores „König und Königin" im Glenkiln Reservoir - Dumfries

die Festung ***Threave Castle*** vor dem Ort Castle Douglas abseits der A 75 auf der rechten Seite. *Archibald „der Schreckliche"*, der dritte *Earl der Douglasses*, die Galloway einst regierten, legte im Jahre 1369 den Grundstein für die stramme Festung auf der damals nahezu uneinnehmbaren Flussinsel. Ein Angreifer hatte keine Deckungsmöglichkeit. Er war den Geschützen der Verteidiger hoffnungslos ausgeliefert.

Bei einer Konfrontation der sogenannten schwarzen *Douglasses* mit dem schottischen *König James II.* verteidigte sich das Threave Castle als letzte Festung der *Douglasses*. Im Jahre 1455 fiel die Burg nach langer Belagerung in die Hände von *James II.* und gehörte fortan der schottischen Krone.

Ein Motorboot setzt den Besucher auf die flache, grasbewachsene Insel im Dee über. (Ö: Apr.-Sept. Mo-Sa 9.30-18.00 h, So 14.00-18.00 h, Okt.-März Mo-Sa 9.30-16.00 h, So 14.00-16.00 h, E: £ 2, Senioren £ 1.50, Kind 75p)

Threave Gardens and Wildfowl Refuge sind knapp 2 km südlich von der Burg enfernt. Die meisten Pflanzen der viktorianischen Anlage blühen im Juni, Juli und im August. (Täglich geöffnet von 9.00-17.00 h, E: £ 4.50, Kind £ 2.90)

In einer Landschaft von grün rollenden Hügeln, den Glenkiln, sitzt das Paar „King and Queen", zwei Bron-

Threave Castle

zefiguren des Künstlers *Henry Moore*. Ein Kaufmann stellte diese und andere von Künstlern geschaffene Skulpturen in die freie Natur. Die besondere Begegnung mit den Kunstobjekten erlebt man im ***Glenkiln Reservoir.*** Zu erreichen: zwischen Crocketford und Dumfries linker Hand nach Shawhead abbiegen, in Shawhead wieder nach links abzweigen und schon durchfährt man das Gebiet des Glenkiln.

Dumfries

Geschichte

Als ***„The Queen of the South"*** war Dumfries einst bekannt, mit 33.000 Einwohnern die größte Stadt im Süden Schottlands. In geographischer Hinsicht hat die Stadt am Fluss Nith ihren Ruf bewahrt, allein wenn man sich auf der Landkarte die Straßen betrachtet, die auf das wirtschaftliche Zentrum der Region zusteuern.

Wie ein roter Faden durchzieht die Geschichte Dumfries' der fortwährende Kampf um ihren Besitz zwischen Engländern und Schotten. Die Stadt an der Mündung des Nith er-

Schafversteigerung in Newton Stewart

langte bereits im 12. Jh. den Rang einer *Royal Burgh,* was ihr einige Rechte einbrachte. Im Jahr 1301 brachte *Edward I.* die Stadt in englische Hand. Doch ganze fünf Jahre später gab *Robert the Bruce* in Dumfries das Signal für den Aufstand gegen die verhassten Engländer. Vor dem Hochaltar der Franziskanerkirche erschlug der spätere schottische Herrscher den Abgesandten des Königs. Der Aufstand verlief erfolgreich, Dumfries wurde wieder schottisch. Umgekehrt siegten die Engländer in den Jahren 1448, 1536 und 1570 gegen die Schotten. *Bonnie Prince Charlie* versuchte 1745, noch einmal Einfluss in Dumfries zu gewinnen, scheiterte aber.

Im 20. Jh. wurde die Bevölkerung von Dumfries unmittelbar mit Leid und Weh eines Krieges konfrontiert, denn die Stadt war während des 2. Weltkrieges das Hauptquartier des Norwegischen Militärs.

Sehenswertes

Schottlands Nationaldichter ***Robert Burns*** hat die letzten vier Jahre seines Lebens in Dumfries als Steuereinnehmer gearbeitet; seine Hauptaufgabe war es, Schmugglern das Handwerk zu legen. Die harte, schlechtbezahlte Arbeit bei Wind und Wetter, mit der er fünf Kinder und seine Frau Jean Armour ernähren musste, zehrte den Dichter mit der Zeit auf. Im Alter von 36 Jahren starb Rober Burns früh, auf dem Friedhof von St Michaels ist er bestattet. Über seinem Grab prangt ein kleiner griechischer Tempel, ein Relief darin bildet den Dichter in seinem ehemaligen Beruf als Landwirt ab.

Zwei seiner Stammkneipen, ***The Globe Tavern*** und das ***Hole in the Wa,*** in der High Street, haben *Robert Burns* in guter Erinnerung bewahrt. In eine Fensterscheibe des The Globe Tavern hat Burns eine Liebeserklärung an die Kellnerin geritzt. Böse Zungen behaupten, der Dichter sei nach einer Zechtour in seiner Lieblingskneipe The Globe Tavern volltrunken im Schnee liegengeblieben und habe seine Gesundheit bei jenem Umtrunk dermaßen ruiniert, dass er sich nicht mehr erholte und schließlich starb.

Informationen über Burns' Leben in Dumfries hält das ***Robert Burns Centre*** am Ufer des Nith bereit - die beste Möglichkeit, sich einen Überblick über das Leben des Poeten in Dumfries zu verschaffen. (Ö: Apr.-Sept. Mo-Sa 10.00-20.00 h, So 14.00-17.00 h, Okt.-März Di-Sa 10.00-13.00 h, 14.00-17.00 h, E: £ 1.50, ermäßigt 75p)

Information

- Die ***Touristen-Information*** in Dumfries ist ganzjährig geöffnet, Dumfries & Galloway Tourist Board, 64 Whitesands, DG1 2RS, T: 01387/245 550, www.galloway.co.uk

Verbindungen

Zug

- Von Dumfries verkehren Züge direkt in Richtung Norden ***nach Glasgow,*** in Richtung Süden ***nach Carlisle*** (England). Um ***Edingburgh*** zu besuchen, muss man per Bahn entweder nach Carlisle zurück oder sich per Bus nach Lockerbie durchschlagen, von wo jeweils direkte Züge nach Edingburgh fahren.

- Wer mit der Bahn ***von London*** (Bahnhof Euston) nach Dumfries fahren möchte, muss in Carlisle umsteigen. Von dort verkehren direkte Züge nach Dumfries.
- Eine direkte Bahnlinie von Dumfries ***nach Stranraer,*** dem Fährhafen nach Irland, existiert leider nicht. Abhilfe verschaffen die Busse der Station Link Coaches, die Dumfries und Stranraer verbinden und mit der Bahnlinie abgestimmt sind. Service 500.
- Nähere ***Auskünfte*** erteilt *Scot Rail,* T: 08457/484 950.

Bus

- ***Stagecoach Western Buses*** unterhält die Hauptverbindungen im Südwesten Schottlands, nach Stranraer und anderen Orten an der A 75, Annan, Castle Douglas, Kirkcudbright, Twynholm, Gatehouse of Fleet, Creetown, Newton Stewart und Glenluce. Außerdem verkehren Langstreckenbusse nach Glasgow und Ayrshire. Fahrpläne und Auskünfte über den *Public Transport* bekommt man am besten bei der ***Travel Information Line***, T: 0870/608 2608, sowie in jeder Touristeninformation. Das ***Day Discoverer-Ticket*** ist bei jedem Busfahrer zu kaufen, ab £ 5, Kind £ 2, Familien £ 10.
- ***MacEwan's Coach Services*** steuert Edinburgh an, allerdings nur an Wochenenden. Die Busse halten u. a. in Tweedmuir und Moffat und benötigen ca. 2 h bis Edinburgh. In der Regel starten die Busse um 10 h in Dumfries, an der Bushaltestelle Whitesands. Nähere Auskünfte sind dort zu erhalten oder telefonisch unter 01387/256 533.

Unterkunft

Hotels

- ***Station Hotel,*** 49 Lovers Park, T: 01387/254 316, Fax: 250 388, kostet ab £ 40, in der Nähe der Bahnstation von Dumfries.
- ***Aberdour Hotel,*** 16-20 Newall Terrace, zentral, T: 01387/252 060, ab £ 27.50.
- ***Dalston Hotel,*** 5 Laurieknowe, im Zentrum von Dumfries, ab £ 25, T/Fax: 01387/254 422.

B&B

- ***Dumfries & Galloway College Heathhall,*** ganzjährig geöffnet, T: 01387/243 840, ab £ 13 ohne Frühstück.
- ***The Rondo Guest House***, 62 Queen Street, kostet ab £ 16, T: 01387/265 501.
- ***Glenlossie Guest House,*** 75 Annan Road, T: 01387/254 305, 5 Minuten zu Fuß vom Bahnhof, ab £ 17.50.

Camping

- ***Beeswing Caravan Park*** liegt von Dumfries nach Delbeattie (A 711) 1 km hinter Beeswing. T: 01387/760 242, ab £ 6.10.

Essen und Trinken

- ***The Venue,*** Church Place, gelegen in der Stadtmitte, serviert flotte Rhythmen und umfangreiche Menüs, T: 01387/263 623.
- ***The Old Bank Restaurant,*** 94 Irish Street im Stadtzentrum (Bank Street Corner), serviert Frühstück, Salate, vegetarische Gerichte, Mittagsmahlzeiten und natürlich Tee am Nachmittag, T: 01387/253 499.
- ***Artist's Cafe & Crafts.*** Vegetarisch essen und ein interessantes Angebot an Kunst und Kunsthandwerk. Auch auf Kinder eingestellt. (Ö: Apr.-Okt., 10.00-21.00 h, Nov.-März 10.00-16.00 h, Wochenende bis 21.00 h), T: 01387/279 680.
- ***The Five Arches,*** 345 Annan Road, liegt direkt an der A 75 in Richtung Annan. Für vernünftige Preise wird eine gute Mahlzeit zubereitet. Am Wochenende spielen des Öfteren Live-Bands. T: 01387/264 328.

Umgebung

- In New Abbey, ca. 10 km südlich an der A 710, steht die gut erhaltene Ruine der ***Sweetheart Abbey,*** gestiftet von der Witwe *Devorgilla Balliol*.

Die Ruine der Sweetheart Abbey

Als ihr Mann *John* im Jahre 1269 starb, ließ die Witwe sein Herz einbalsamieren und trug es in einem Kästchen aus Elfenbein stets an ihrem Herzen. Im Jahre 1273 legte *Devorgilla* zu Ehren ihres verstorbenen Gatten den Grundstein für ein ***Zisterzienser-Kloster*** in New Abbey. Als die Witwe im Jahre 1290 im Alter von 80 Jahren starb, wurden sie und das einbalsamierte Herz ihres „sweet, silent companion" im Kloster beigesetzt. Die Mönche des Zisterzienserordens wussten die unsterbliche Liebe zu würdigen und gaben dem aus rotem Sandstein gebauten Kloster den Namen Sweetheart Abbey. (Ö: Apr.-Sept. Mo-Sa 9.30-18.30 h, So 14.00-18.00 h, Okt.-März Mo, Mi, Sa 9.30-16.30 h, So 14.00-16.30 h. E: £ 1.50, Senioren £ 1.10, Kind 60p)

• Ebenfalls in New Abbey, in der Dorfmitte, befindet sich die ***Corn Mill***, eine Mühle aus dem 19. Jh., die mit Wasserkraft betrieben wird und den Besuchern demonstriert, wie man aus Getreide feines Mehl schrotet und mahlt. (Ö: Apr.-Sept. Mo-Sa 9.30-19.00 h, So 14.00-19.00 h, Okt.-März Mo-Sa 9.30-16.00 h, So 14.00-16.00 h, E: £ 1, Senioren, Kind 50p)

• Das Besondere an der Wasserburg ***Caerlaverock Castle***, ca. 15 km südlich von Dumfries an der B 725, ist ihr dreieckiger Grundriss. Das Eingangstor markieren zwei Rundtürme, ebenso findet sich an den beiden anderen Ecken ein Rundturm. Die Burg wurde von den Engländern am Ende des 13. Jh. als Brückenkopf für eine Invasion in Schottland gebaut. Doch die Schotten besiegten den englischen Monarchen *Edward I.* und nutzten die Burg fortan selbst zur Grenzsicherung. Im 13. Jh. soll die Festung mit lediglich 60 Leuten 2 Tage lang einer Übermacht von 3000 angreifenden Engländern getrotzt haben. Leider wurde die stolze Festung im 17. Jh. von den *Convenanters* erobert und beschädigt, so dass von der Innenausstattung nicht viel übrig blieb. Erhalten sind die mächtigen Grundmauern und die Türme, die jedem Burgenliebhaber ein imposantes Bild des einstigen Maxwell-Castles vermitteln. (Ö: Sommer Mo-Fr 9.30-18.30 h, Sa 9.30-16.30 h, So 14.00-18.00 h,

Eckturm des Caerlaverock Castle

Winter Mo-Sa 9.30-16.00 h, So 14.00-16.00 h, E: £ 2.80, Senioren £ 2, Kind £ 1)

•In der Nähe der Burg Caerlaverock findet jeden Winter ein Naturspektakel statt. Ca. 12.000 ***Ringelgänse*** kommen aus Grönland Jahr für Jahr zum Brüten dorthin, außerdem Schwäne, Enten und Stelzvögel. Das marschige Gebiet zwischen der Mündung des Nith und des Lochar Water gehört zum großen Teil dem *Wildfowl & Wetlands Centre*. Das unter Naturschutz gestellte Gebiet ist ganzjährig geöffnet, und vom Castle aus gut per pedes zu erreichen. (E: £ 4, Senioren £ 3.25, Kinder £ 2.50)

•Von Caerlaverock weiter in Richtung Annan, steht an der B 747 in der Kirche von Ruthwell das ***Ruthwell Cross,*** ein gut erhaltenes Hochkreuz aus dem 7. Jh. Die ***Ruthwell Church*** wurde zum Schutz des Kreuzes vor Wind und Wetter im 18. Jh. gebaut. (Ö: beliebig, E: frei)

•Und noch einmal ***Robert Burns:*** Das schottische Dichter-Idol lebte auf der Ellisland Farm in den Jahren 1788-1791. Zu finden ist das Domizil 10 km nördlich von Dumfries an der A 76 in Holywood. (Ö: Apr.-Sep. Mo-Fr 10.00-13.00 h, 14.00-17.00, Okt.-März 10.00-16.00, E: £ 2.50, Kind, Senioren £ 1)

Friedhof in Wigtown

Moffat

Der Kurort Moffat liegt in einer Landschaft, die zu den schönsten des schottischen Südens zählt. Ein idealer Ausgangspunkt, um die Reize der *Southern Uplands* zu kosten. Viele Touristen legen auf ihrem Weg ins schottische Hochland einen Zwischenstop in Moffat ein, denn der bekannte Ort befindet sich nur 2-3 km abseits der Schnellstraße A 74 nach Glasgow.

Die Landschaft um Moffat ist attraktiv, den Ort selbst haben wir aber auf seltsame Art als unschottisch, sprich: unfreundlich kennen gelernt. Einige Cafés untersagen durchnässten Wanderern gar den Eintritt in ihre gute Stube. Die Einheimischen antworten einem auf die Frage, woran dieses unschottische Klima denn liege, mit „an jenen griesgrämigen Engländern, die sich für wenig Geld Grundstücke in unserem Kurstädtchen kaufen - denn die Grundstücke in Schottland sind billiger als in England. Wenn jene Engländer irgendwann ins Rentenalter kommen, ziehen sie sich für ihren Lebensabend nach Moffat zurück und bewirken eine ziemlich lebensmüde Stimmung."

Information

- Urlaubsgäste können ihr Zimmer in der ***Touristen-Information***, Churchgate, gegenüber der Kirche in der Ortsmitte buchen. Wer Moffat als Stützpunkt zum Wandern auserkoren hat, kann hier die entsprechenden Karten kaufen, T: 01683/220 620.

Unterkunft

- Die meisten Hotels und Restaurants stehen im Zentrum von Moffat an der High Street. Die Zimmervermittlung befindet sich in der Touristen-Information gegenüber der Kirche. Sollte diese geschlossen sein, kann man auf einem Bildschirm ersehen, welches Zimmer im Ort noch frei ist.
- Liebhaber gediegener Architektur aufgepasst: ***Moffat House Hotel,*** entworfen von Robert Adam, High Street, T: 01683/220 039, Fax: 221 288, ab £ 35.
- ***Star Hotel,*** High Street, T: 01683/220 156, an der Hauptstraße von Moffat, ab £ 28.
- ***Wellview Private Hotel,*** Ballplay Road, T: 01683/220 184, verlangt für die Übernachtung mit Frühstück ab £ 36.
- ***Barnhill Springs Country Guest House,*** ein Landhaus an der A 74, südlich von Moffat, ist eine gute Zwischenstation für Wanderer auf dem Southern Upland Way. Die Preise beginnen bei £ 22, T: 01683/220 580.
- ***Seamore Guest House,*** Academy Road, zentral in Moffat, T: 01683/220 404, ab £ 16.
- Eine Möglichkeit, dem Trubel in Moffat aus dem Weg zu gehen, ist ***Hammerland's Farm,*** T: 01683/220 436. Der Stellplatz kostet ab £ 11.80 pro Nacht.

Verbindungen

- Moffat besucht man am besten mit dem Auto. Der ***Busverkehr*** in Richtung der Borders-Region, wo sich das Wandergebiet der Moffat Hills erstreckt, lässt zu wünschen übrig, eine Bahnlinie nach Osten in die Borders existiert überhaupt nicht.
- Wer mit der ***Bahn*** nach Moffat anreist, muss in Beattock, 3 km südlich von Moffat, aussteigen.
- Di. und Do. (Juli-Sept.) sowie am Wochenende verkehrt ***The Harrier Scenic Bus Services*** nach Dumfries südlich von Moffat und nach Melrose in den Borders. Die Busse halten übrigens auch an dem Wasserfall Frey Mare's Tail (s.u.). Die genauen Abfahrtszeiten erfährt man in der Touristen-Information im Moffat, T: 01683/220 620.

Umgebung

•Die nördlich von Moffat gelegenen Berge, die ***Tweedsmuir Hills,*** erreichen eine Höhe von über 800 m. In einer riesigen Schlucht, der ***Devil's Beef Tub,*** in den Bergen 10 km nördlich von Moffat, versteckten Viehdiebe einst ihr Diebesgut. Die ***Schlucht*** ist zu Fuß von Moffat in etwa 3 Stunden zu erreichen. Mit dem Auto hat man etwa 9 km nördlich von Moffat von der A 701 einen guten Einblick in die Schlucht.

•Nordöstlich von Moffat gelangt man zu ***Grey Mare's Tail,*** einem ***Wasserfall*** am Fuße des Berges White Cöomb. Der „Schwanz der Grauen Stute" fällt in mehreren Etappen von Loch Skeen über 60 Höhenmeter hinab bis zur Mündung in den Fluss Moffat Water. Leider ist der Wasserfall fast nur mit dem PKW zu erreichen, denn Busse entlang der A 708 sind eine Seltenheit. Von Moffat folgt man der A 708 ca. 18 km in Richtung Galashiels. Durch das Gebiet um Loch Skeen, das schon an der Grenze zu den Borders liegt, ziehen sich zwei Wanderpfade, einer führt zum Wasserfall, der andere umrundet den See.

•Weitere Wanderwege führen durch das Berggebiet westlich der A 708 zum ***Hart Fell*** mit einer Höhe von 808 m und zum ***Lochcraig Head*** mit 800 m. Aufpassen sollte man bei Wettereinbrüchen und auf keinen Fall die vorgeschriebenen Routen verlassen, denn vor einigen Jahren sollen hier vier Leute bei schlechtem Wetter tödlich verunglückt sein.

Wanderkarten verkauft die Touristen-Information in Moffat gegenüber der Kirche.

Strathclyde

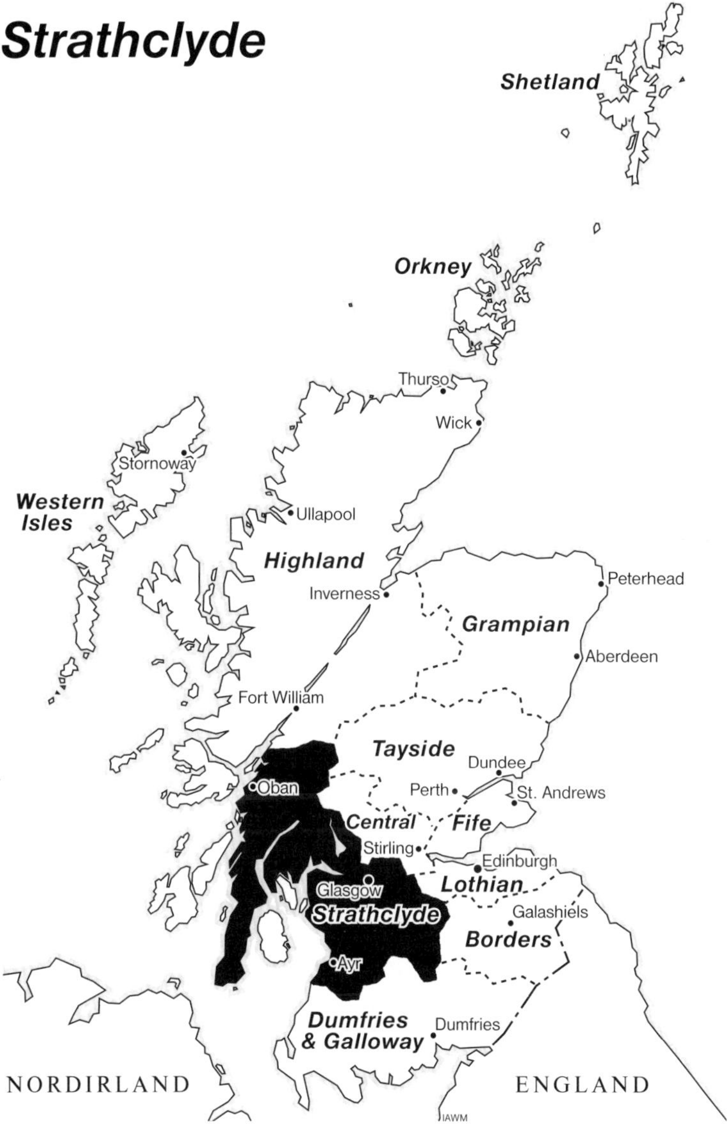

Überblick

Der Süden von Strathclyde, des größten Regierungsbezirks, besteht aus den ehemaligen Grafschaften Renfrewshire, Ayrshire und Lanarkshire. Die Landschaft ist hier meist sanft, es gibt keine rauen Berge. Grasbewachsene Hügel bestimmen das Landschaftsbild. Auch die Küste ist weniger bizarr als die des Nordwestens. Flache Strände, einzig südlich von Ayr fällt die Küste an den Heads of Ayr steiler ab. Seglern und Badegästen kommt der ***flache Küstenverlauf*** entgegen. Wer lieber Trockensport treibt, kann Golf spielen. An der Westküste hat jeder die freie Auswahl. Von Largs über Irvine, Thron, Ayr bis Girvan gibt es über 15 Golfplätze.

Getrübt wird der Freizeitspaß leider von den ***Industriestädtchen*** Irvine, Saltcoats und Ayr. In Prestwick, das nördlich an Ayr grenzt, hat Schottlands Flughafen für internationale Flüge seine Heimat.

Während sich die Industriebetriebe vor allem in Küstennähe angesiedelt haben, prägen Bauernhöfe und kleinere Siedlungen das Hinterland.

In einem dieser kleinen Orte, Alloway, südlich von Ayr, wurde im Jahre 1759 der Volksdichter ***Robert Burns*** geboren. Sein Geist ist noch allgegenwärtig. Der ***Burns Heritage Trail*** folgt wichtigen Stationen im Leben von Burns und führt zu Orten, die ihn zu seinen Gedichten inspiriert haben. Burns ist zweifellos die große Attraktion der Grafschaft Ayrshire an der Westküste.

Loch Lomond

Während *Robert Burns* eine nationale Größe im eigenen Land darstellt, sind die Ideen eines anderen Mannes weit über die Grenzen Schottlands bekannt. Die Rede ist von ***Robert Owen,*** dem Sozialreformer und Vater des englischen Sozialismus. In seiner Baumwollfabrik in New Lanark, südöstlich von Glasgow, verwandelte Owen seine Ideen von der genossenschaftlichen Organisation eines Betriebes unmittelbar in Tatsachen. Aus dem ehemaligen Industriezentrum von Lanark in schöner, abgeschiedener Lage am Fluss Clyde ist heute ein Museum geworden.

Der wirtschaftliche und kulturelle Brennpunkt der Region ist ***Glasgow,*** die Weltstadt am Firth of Clyde. Auch wenn einige Probleme aus dem 19. Jh. der einstigen Schwerindustriemetropole noch immer ihrer Entsorgung harren, präsentiert sich Glasgow als Kulturstadt, die immer mehr Besucher in ihren Bann zieht.

Zum Norden Strathclydes gehören die Inneren Hebriden, Skye, Loch Lomond, die Halbinseln Cowal und Kintyre sowie das Gebiet der ehemaligen Grafschaften Argyll und Lorne.

Die ***Insel Cowal*** und die Gegend um ***Loch Lomond*** sind mühelos in einer Stunde von Glasgow mit dem Auto oder der Fähre zu erreichen. Nördlich von Dumbarton, einer Industriestadt am Firth of Clyde, werden bei Loch Lomond aus sanften Hügeln allmählich die Berge des Schottischen Hochlandes, wie der knapp 1000 m hohe Ben Lomond oder der Beinn Ime.

Westlich von Loch Lomond, des größten Sees in Schottland, erstreckt sich der ***Argyll Forest Park.*** In den Niederungen des aufgeforsteten Landstriches stehen keine schottischen Gehölze, sondern kanadische Douglasien, die wesentlich schneller wachsen als z.B. die schottische Kiefer oder die Eiche und somit scheinbar rentabler sind.

Das Gebiet südlich des Argyll-Forest-Parkes, die ***Halbinsel Cowal,*** lädt zu ausgedehnten Wanderungen ein. Das Landesinnere der Halbinsel ist tief eingeschnitten von fjordähnlichen Meeresbuchten. Die Berge erheben sich hier selten höher als 600 m. Mit rund 9000 Einwohnern ist die Stadt Dunoon am Firth of Clyde das touristische Zentrum von Cowal.

Ayr

Die Hafenstadt Ayr am Firth of Clyde steht auf einem altem Grund. Ihre Geschichte datiert zurück bis ins 8. Jh. *Robert Bruce*, der im Jahre 1314 für Schottland die Unabhängigkeit erkämpfte, fügte hier den Truppen *Edwards I.* von England eine schwere Niederlage zu, als er ihre Unterkünfte in Brand steckte, wobei 500 Engländer verbrannten.

Doch vergessen ist die Vergangenheit. Heutzutage ist Ayr ein großer Urlaubsmagnet an der unteren Westküste. Touristen aus ganz Großbritannien reisen an und nutzen die breite Palette an ***Sport- und Freizeitmöglichkeiten.*** Ein über 3 km langer Sandstrand, die vielen Geschäfte und Lokale, die drei Golfplätze und die

Autorennstrecke von Ayr ziehen in den Sommermonaten die Urlauber in ihren Bann.

Über allem jedoch steht das Markenzeichen von Ayr: *„the ploughman poet“*, der Volksdichter ***Robert Burns***. Die Stadt ist ein geeigneter Ausgangspunkt, um ein paar historische Lebensstationen von *Burns* zu erkunden. (s. „Umgebung“)

Information

- ***Ayrshire & Arran Tourist Board,*** 22 Sangate KA 7 1BW, versorgt die gesamte Region mit Informationen, T: 01292/470 700, Fax: 01292/28 86 86, www.ayrshire-arran.com
- ***Ayrshire & Arran Tourist Board,*** 15 Skye Road, Prestwick, KA 9 2TA, T: 01292/678 100.

Aktivitäten

- *Mark McCrindle* veranstaltet ***Seetouren nach Ailsa Craig,*** der kartoffelförmigen Insel vor der Küste Girvans (südlich von Ayr). Die Insel steht unter Naturschutz und bietet den Tieren ein Paradies, denn sie ist von Menschen nicht bewohnt. Genauer berät *McCrindle* selbst, 7 Harbour Street, Girvan KA26 9AJ, T: 01465/713 219.
- Du bist mein bester Freund, ***Johnnie Walker & Sons Ltd.*** in Kilmarnock lädt ein zu einem Scotch Whisky. Die Führungen durch eine der größten Brennereien der Welt finden montags bis donnerstags jeweils um 9.45 h und um 13.45 h, freitags nur um 9.45 h statt. Johnnie Walker findet man in der Hill Street in Kilmarnock, T: 01563/23 401.
- ***Ayrshire Equitation Centre,*** South Mains, Corton Road, Ayr KA6 6BY, vermietet Pferde ab £ 10 die Stunde. T: 01292/ 266 267, Fax: 610 323.
- ***Ayr Marine Charters,*** 92 Dalmilling Crescent, Ayr KA8 0QJ, T: 01292/281 638, vermietet Boote für Taucher, Angler und Erkundungsfahrten.
- Anfang Juni findet das ***Ayrshire Arts Festival*** mit Tanz, Theater, Musik und diversen Künstlern statt. Das Fest verteilt sich auf Ayr und die benachbarten Städte.
- ***Sovereign Chauffeur Drive,*** 15 Main Street, Dundonald KA2 9HF, vermietet Rolls Royce, Jaguar, kleine Busse usw., T: 01563/850 971, Fax: 850 660.

Verbindungen

- Nördlich an Ayr grenzt ***Prestwick*** mit seinem internationalen Flughafen. 48 km von Glasgow, Züge nach Glasgow alle 30 Min., Bus jede Stunde, Taxi £ 45.
- Ayr und Prestwick besitzen eine erstklassige ***Zugverbindung*** mit Glasgow. Der Bahnhof in Prestwick liegt in der Nähe des Flughafens. Ayr hat zwei Bahnhöfe. Alle halbe Stunde verkehrt ein Zug zwischen Ayr und Glasgow. Er benötigt eine Fahrzeit von ca. 50 min. Zwischen London's Euston Station und Ayr verkehrt ein Nachtzug (außer sonntags).
- Die ***A.A. Motor Services Limited***, Bus Station, 7 Boswell Park, Ayr, T: 01292/ 263 382, befährt die Orte um Ayr, sie verkehrt auf den Strecken zwischen Ayr, Annbank, Troon Irvine, Stewarton, Saltcoats und Ardrossan.
- Die ***Western Scottish Omnibuses Ltd*** fährt durch den Südwesten von Schottland, Sandgate Bus Station in Ayr, T: 01292/ 264643. Die Gesellschaft bietet spezielle Tickets für Touristen an.
- Der schnellste Weg mit dem ***Auto*** zwischen Glasgow und Prestwick/Ayr ist die A 77. Landschaftlich wesentlich reizvoller, aber um so zeitaufwändiger und allein von der Strecke doppelt so lang, ist die ***Küstenstraße,*** zuerst die A 8, später die A 78 von Glasgow, über Gourock, Largs, Ardrossan (Fährablegestelle zur Insel Arran) nach Prestwick und Ayr.
- ***Sea Cat Troon-Belfast,*** 2-3-mal täglich, 2 Std., 30 Min., T: 02890/329 461, www.seacat.co.uk
- Die ***Taxis und Kleinbusse*** von Central Radio Taxis in Ayr sind erreichbar unter: T: 01292/267 655.

Unterkunft

- ***Langley Bank Guest House,*** 39 Carrick Road, Ayr, ab £ 16, T: 01292/264 246.
- ***Pickwick Hotel,*** 19 Racecourse Road, T: 01292/260 111, ab £ 35.
- ***Belmont Guest House,*** 15 Park Circus, ab £ 20, T: 01292/265 588.
- Nach ***Bed and Breakfast*** sucht man in Ayr am besten in der Prestwick Road oder in der Castlehill Road.
- Die ***Jugendherberge Ayr Hostel,*** 5 Craigwell Road, ist vom Bahnhof in rund 15 min zu Fuß zu erreichen, £ 10-11, T: 01292/262 322, Ö: ganzjährig.
- ***Crofthead Caravan Park,*** von Ayr in Richtung Cumnock (A 70), die erste Straße rechts nach dem Kreisverkehr, £ 7-9, T: 01292/263 516.
- ***Heads of Ayr Caravan Park,*** Dumure Road. T: 01292/442 269, ab £ 8.50.
- ***Wilson Hall SAC,*** das Scottish Agricultural College, ab £ 12, Ö: Juli-Sep., T: 01292/525 361, Fax: 525 360.

Umgebung

- Der ***Burns Heritage Trail,*** eine mit blauen Schildern markierte Straße, führt zu wichtigen Stationen im Leben des Dichters. Die Straße beginnt in Alloway, dem Geburtsort von *Burns,*

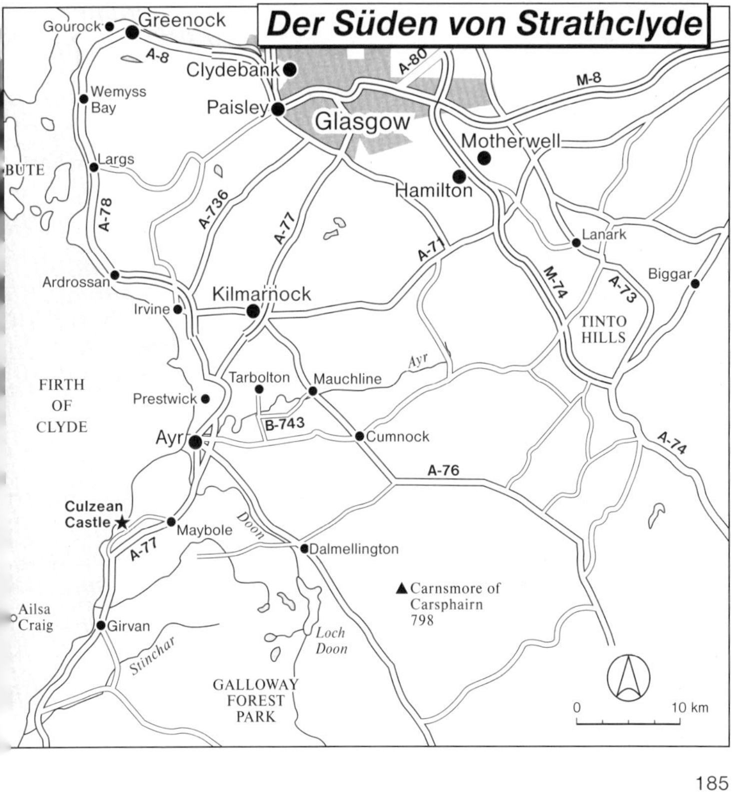

Vom Gotteshaus zum Hexenkult: Auld Kirk of Alloway - Strathclyde und endet in Dumfries, wo *Burns* im Alter von nur 37 Jahren begraben wurde.

•Im ***Burns National Heritage Park*** in Alloway, 3 km südlich von Ayr an der B 7024 in Richtung Maybole, ist das Buch „Poems and Songs of Robert Burns“ erhältlich, das Interessierten den notwendigen Hintergrund liefert, um den Stationen des Heritage Trail die richtige Bedeutung beizumessen. Darüber hinaus informiert eine Ausstellung über das Leben von Burns (Ö: Sommer 9.00-18.00, Winter 10.00-16.00, E: £ 4.50).

Im Haus, in dem sich heute das ***Burns' Cottage and Museum*** befindet, ist *Robert Burns* am 25. Januar des Jahres 1759 geboren worden und die ersten sieben Jahre seines Lebens aufgewachsen. Das strohgedeckte Haus hat der Vater gebaut. Das Mobiliar stammt zum Teil noch aus der Originaleinrichtung des Hauses. Im Museum befinden sich Manuskripte, Briefe und Bücher des Dichters ausgestellt.

Wenn man die Straße vor dem Land O'Burns Centre überquert und immer geradeaus läuft, steuert man genau auf die ***Alloway Kirk*** zu. Die kleine Kirche, die schon zu Burns Lebzeiten eine Ruine war, ist der Schauplatz des Gedichtes „Tam O'Shanter“.

Auf dem Nachhauseweg von der Kneipe beobachtete der angetrunkene Farmer Tam O'Shanter durch das Kirchenfenster der Alloway Kirk angeblich einen wilden Tanz der Hexen, zu dem der Teufel auf dem Dudelsack aufspielte. Die Hexen anzuschauen, war keine Freude für Tam, knochig, spindeldürr und alt. „Doch Tam war keineswegs von Sinnen: / Er sah ein hübsches Dirnlein drinnen“. Der Zechbruder war verzückt von der Perle unter den hässlichen Weibern, verzückt von ihrem kurzen Rock: „Nun wars um Tams Verstand getan / Er schrie ihr: 'Bravo Kurzhemd!' zu, / Da – all der Glanz verlosch im Nu; / Kaum hat sich Tam aufs Pferd geschwungen / So kam das Höllenheer gesprungen.“ Tam floh auf seinem Pferd vor den wilden Schreien der Hexen, „O Tam, zum Lohn für deine Taten / Wirst du bald in der Hölle braten“, und hielt auf die Brig o'Doon zu, eine kleine, einbögige Brücke, die in der Nähe der kleinen Kirche das braune Wasser des Doon überspannt, denn Hexen können nicht über Wasser gehen. Sein Pferd Grete lief um Tod oder Leben, verfolgt von der wilden Hexenschar. „Doch wilder noch war Gretes Mut, ein letzter Sprung – und Tam war frei; / Doch sie verlor den Schweif dabei: / Die Hexe packt' ihn dicht am Rumpf / Und ließ der Grete kaum nen Stumpf.“ (Übersetzung nach *Theodor Fontane)*

1995 wurden das *Burns'-Cottage, -Museum, -Monument, Auld Brig o'Doon and Alloway Kirk* im ***Burns' National Heritage Park*** zusammen gefasst. Dazu gehört auch die sogenannte ***Tam O'Shanter Experience,*** eine multimediale Schau.

•Am River Doon, in Sichtweite der Brücke, haben die Schotten ihrem Nationaldichter das ***Burns Monu-***

Strathclyde

ment errichtet, einen kleinen Tempel in griechischem Stil. Im Inneren sind diverse Bücher und Dokumente ausgestellt, die mit dem Leben von *Burns* in Beziehung stehen. Zwei besondere Andenken an das Liebesleben des Dichters liegen in den Vitrinen: eine Locke und die Bibel seiner geliebten *Mary Campell,* der ***Highland Mary,*** die kurz vor der geplanten Heirat mit *Robert Burns* aus dem Leben schied.

•In der Nähe von Failford, östlich von Ayr an der B 743, steht zu *Marys* Gedenken das ***Highland Mary's Monument***. Dort sollen sich *Robert* und *Mary* die Ehe versprochen haben, die nie Wirklichkeit wurde.

•Andere wichtige Stationen im Leben von Burns befinden sich östlich von Ayr, in ***Mauchline,*** 16 km von Ayr entfernt, weiter der B 743 folgend. Im ***Burns House Museum,*** Castle Street, hatte *Robert Burns* 1788 ein Techtelmechtel mit seiner späteren Frau *Jean Armour* (Ö: Sommer Mo-Sa 10.30-17.00 h, So 14.00-17.00 h, E: £ 1.60). In der näheren Umgebung finden sich weitere Burns- Stätten. ***Poosie Nansie's,*** eine Bierschenke, die noch heute in Betrieb ist, regte *Burns* zu seinem Lied „The Jolly Beggars" an, noch heute in Schottland gesungen wird.

•In ***Tarbolton,*** an der B 730, die nördlich von der A 743 abzweigt, fin-

Der berühmteste Trunkenbold des Landes: Tam-O'Shanter-Denkmal in Alloway det man ***The Bachelors Club.*** Burns hat hier die Tanzschule besucht und mit Freunden eine Lesegemeinschaft ins Leben gerufen. (Ö: Sommer 13.30-17.30 h, Eintritt £ 1.66)

•Als eine weitere Station sei noch ***Souter Johnnie's Cottage*** genannt, ca. 20 km auf der A 77 südlich von Ayr, in Kirkoswald, hinter der Stadt Maybole. Im Sommer 1775 lernte der junge *Robert Burns* im ***Kirkoswald's Inn*** zechenderweise den Farmer und Schmuggler *Douglas Graham,* genannt *Tam* von der Shanter Farm, und den örtlichen Schuhmacher, *Souter Johnnie,* kennen. *Johnnie* und *Tam* waren das lebende Vorbild für die Figuren in *Burns* Ballade „Tam-O'Shanter". Lebensgroß aus Stein gemeißelt, sitzen die beiden, der Wirt des Kirkoswald's Inn und dessen Frau vor der Hütte von *Douglas „Tam" Graham.* (Ö: Sommer 12.00-17.00 h, E: £ 2.20, Kinder £ 1.30)

•Das ***Culzean Castle***, ein großartiges Schloss und deshalb eine häufig besuchte Sehenswürdigkeit Schottlands, steht am Rande der Steilküste 18 km südlich von Ayr in Richtung Girvan. Im Jahre 1777 wurde das Culzean Castle nach einem Entwurf von *Robert Adam* gebaut, dem bekanntesten Spross der berühmten schottischen Architektenfamilie *Adam.* Das Gebäude vermittelt von außen

Culzean Castle - Architektur als Selbstdarstellung

den Eindruck eines Wohnpalastes, der im schlichten Stil einer Burg mit Rundtürmen und Schießscharten erbaut wurde. Innen dagegen erschlägt einen dagegen die Pracht der Ausstattung, die *Robert Adams* komplett bis ins Detail gestaltet hat, vom Teppichboden bis zur Stuckdecke. Besonders ansprechend wirken das ovale Treppenhaus sowie das runde Gesellschaftszimmer, in welchem zahlreiche Details von *Adam* entworfen und in Beziehung zur Gesamtgestaltung abgestimmt wurden.

Ein 225 ha großer Park mit terassenförmigen Gärten und einem Treibhaus, mit einem Vogelhaus, Palmen und Sträuchern runden die Anlagen des Culzean Castle ab. Der Park ist übrigens auch von *R. Adam* entworfen. Für eine der meistbesuchten Sehenswürdigkeiten Schottlands kann man bei gutem Wetter getrost einen Tag einplanen. (Ö: Mai-Aug. 10.00-18.00 h, Apr.-Okt. 10.30-17.30 h. E: Castle & Contry Park: £ 9, ermäßigt £ 6.50, Fam. £ 22, nur Castle: E: £ 5.40, erm. £ 3.50).

• ***Crossragual Abbey***, 3 km südlich von Maybole an der A 77, eine gut erhaltene Klosteranlage aus dem frühen 13. Jh., vermittelt ein eindrucksvolles Bild, wie das mittelalterliche Treiben einmal gewesen sein könnte. Ö: Sommer, E: £ 1.80, Kind £ 90p.

Glasgow

Überblick

In einer Talsenke am Firth of Clyde liegt das wirtschaftliche Nervenzentrum der Region Strathclyde, die Stadt Glasgow. In der ***Weltstadt am Atlantik*** leben über 700.000 Einwohner, das sind fast ein Drittel aller Schotten.

Geografisch trennen Glasgow von der Hauptstadt Edinburgh an der schottischen Nordseeküste lediglich 60 Straßenkilometer, doch die beiden Städte hinterlassen einen grundsätzlich verschiedenen Eindruck. Edinburgh wirkt sauber, städtebaulich gesund: eine langsam gewachsene Stadt. In der Arbeiterstadt Glasgow hatten die Stadtplaner große Mühe, für die wachsende Bevölkerung Stadtquartiere und Wohnungen bereit zu stellen. Das ***Stadtbild*** hinterlässt einen zerrissenen Eindruck. Kahle, moderne Hochbauten haben sich zwischen viktorianische Schmuckhäuschen gedrängt. Bis in die 70er Jahre des 20. Jahrhunderts waren Glasgows Bauten überzogen mit einer schwarzen Rußschicht, die vor allem durch die Kohlebeheizung der Wohnhäuser und den Dreck der Schwerindustrie verursacht wurde.

Anfang der 80-er Jahre nahmen sich die Stadtväter Glasgows vor, das heruntergekommene Image der dreckigen Industriestadt am Clyde aufzupolieren. Unter dem Motto „Glasgow is Miles better" wurden viele Fassaden in der Innenstadt mit dem Sandstrahler gesäubert, einige

Gebäude renoviert. Kein Geld aber investierte die Stadt in ihre *suburbs*. So liegen die ***Vorstädte*** wie Castlemilk nach wie vor im Koma, sind teilweise unbewohnbar, teilweise an der Schwelle zur Verslummung.

Die Aktion „Glasgow is Miles better" brachte jedoch insgesamt einen großen Erfolg, die Stadt überwand ihr schlechtes Image, wurde 1990 prompt zur ***„Europäischen Kulturhauptstadt"*** gewählt und stand plötzlich in einer Reihe mit Städten wie Athen, Florenz, Berlin oder Paris, welche die Auszeichnung in den Jahren zuvor gewonnen hatten.

Den Preis erhielt Glasgow zu Recht, denn die Stadt besitzt ein ***blühendes Kulturleben.*** Die Scottish Opera, das Scottish National Orchestra und das Scottish Ballett haben ihren Sitz in Glasgow. Der keltischen Traditon werden die sogenannten ***Celtic Connections*** gerecht, mit allen möglichen Veranstaltungen von Tanz bis Konzert. (Viele Veranstaltungen finden in der *Royal Concert Hall,* Sauchiehall Street, statt, Monat: Januar!)

Zwei weitere ***Festivals*** finden im Sommer statt, das „Glasgow International Jazz Festival", Ende Juni-Mitte Juli, und das „World Pipe Band Championship", Anfang August. Seiner Rolle als „Hauptstadt" von Architektur & Design wurde Glasgow 1999 gerecht, denn in jenem Jahr war die Mackintosh-Stadt UK-City of Architecture & Design.

Der Jugendstil-Architekt ***Charles Rennie Mackintosh*** hat in Glasgow seine schönsten Gebäude geschaffen, wie die School of Arts in der Renfrew Street oder den Willow Tea Room in der Sauchiehall Street.

Bei aller Kultur und allen Sehenswürdigkeiten, das Herz Glasgows sind zweifelsohne die ***Bewohner der Stadt.*** „Can I help you?", fragt der Glasgower hilfsbereit einen Touristen, der offensichtlich die Orientierung verloren hat. „Can I help you?", fragt er genauso jenen Besucher, der einsam im Pub sein Pint Bier trinkt. Schnell verwickelt einen der offenherzige Glasgower ins Gespräch. Er ist großzügig und gibt den ersten Whisky aus. Nicht selten beginnt so eine muntere Unterhaltung, begleitet von einem ebenso munteren Trinken.

Einige Schwierigkeit bereitet dem Ausländer des Öfteren die Sprache der Glasgower, der schottische Slang. Schade, wegen des Sprachproblems wird man manchen verruchten Witz nicht verstehen, den ein Glasgower des Abends erzählt.

Sehenswertes

Da Glasgow an der wetterunbeständigen Westküste Schottlands liegt, sind plötzliche Regenschauer keine Seltenheit. Doch keine Sorge, bei schlechtem Wetter weicht man in Glasgows ***Museen*** aus, die fast alle einen kostenlosen Eintritt gewähren. Im bekanntesten, der Burrell Collection, einer Sammlung von Kunsthandwerk aus aller Welt, kann man mit Leichtigkeit einen ganzen Tag verbringen. An Galerien und Kunstausstellungen besitzt Glasgow neben vielen kleinen, zwei große Kunst-

Geschichte Glasgows

Glasgows Geschichte begann der ***Legende*** nach im Jahre 600 nach Christus in Lothian mit einer gescheiterten Liebe: Eine piktische Prinzessin, die Tochter von *König Loth von Lothian,* trieb sich nicht ohne Folgen mit einem Mann von unstandesgemäßer Herkunft herum.

Der Vater, *König Loth,* lachte nicht; er setzte seine geschwängerte Tochter in einer Barke im Firth of Forth aus. Das Meer spülte die Schande in Culross (Fife) an Land. Ein Christ, *St Servanus,* nahm sich der Mutter gewordenen Prinzessin an und taufte das Kind auf den Namen *Mungo.* Das Kind wuchs und reifte zum Missionar. Eines Tages sprach Gott zu ihm: „Mungo, trage die heiligen Knochen des toten St Fergus so weit und lange, bis Dir meine Stimme gebietet: STOPP!“

Mungo ging gen Westen, der STOPP erfolgte in einem lieblichen grünen Grunde, wo heute Glasgows Kathedrale steht und die Fergusknochen in einer Gruft liegen.

Leute siedelten sich in der Nähe der Gebeine an und tauften ihr Dorf auf den ***Namen Glas Cau,*** weil die gälischen Worte „lieber grüner Ort“ bedeuten. Glas Cau wuchs zur mittelalterlichen Stadt. Im 12. Jh. wurde ein Castle gebaut, im Jahre 1253 die heutige Form der Kathedrale begründet. Dies waren die Voraussetzungen, dass Glasgow im Mittelalter die Stadtrechte erhielt, die es erlaubten, wöchentlich einen Markt und jährlich eine Messe zu veranstalten.

Als 1707 das englische Parlament mit dem schottischen fusionierte, eröffneten sich den Glasgowern neue Märkte in Übersee: die englischen Kolonien in Amerika und Westindien. Glasgow, wegen der Lage an der Westküste durch einen relativ kurzen Schiffsweg mit Amerika verbunden, stieg in den ***Welthandel*** ein: Tabak, Zucker, Wolle, Menschensklaven kurbelten die Wirtschaft der Stadt an. Die Vereinigung der Parlamente hatte auch positive Folgen für den Binnenhandel. Die Wegzölle fielen weg und die ganzen britischen Inseln wurden Freihandelsgebiet.

Die florierende Wirtschaft in Glasgow mit ihren aufstrebenden Manufakturen zog viele Arbeitslose und Arme aus dem schottischen Hochland an. Auch aus Irland wanderten die Menschen nach Glasgow ein. So war es kein Wunder, dass die Bevölkerungszahl rapide in die Höhe schnellte. Dadurch entstanden große ***soziale Probleme***, denn es gab weder genügend Wohnungen noch ausreichend Arbeit in Glasgow. Alles in allem führte der wirtschaftliche Aufstieg zu einer Verarmung des Mittelstandes, der sich vor allem aus Handwerkern zusammensetzte. Gegenüber den arbeitsteiligen Manufakturen waren die Handwerker nicht konkurrenzfähig. Den sozialen Aufstieg erlebte dagegen die kleine reiche Schicht von Tabakbaronen, Manufakturbesitzern und Kaufleuten, die sich eine dicke Geldbörse an dem Handel mit den Kolonien verdiente.

Als die USA im Jahre 1776 ihre Unabhängigkeit erklärten, erlebte der Handel in Glasgow einen derben ***Rückschlag***, denn viele Kapitalanlagen in den USA waren mit einem Schlag verloren. Während der napoleonischen Kriege brach zudem noch der Handel mit Westindien zusammen. Das Ergebnis: Die Kaufleute und die rotbemantelten Tabakbarone mussten nach anderen Wirtschaftszweigen Ausschau halten.

Doch die Weichen waren bereits gestellt für ein neues Zeitalter.

Für die ***Industrialisierung*** Glasgows mussten einige Voraussetzungen erfüllt sein. Wichtig war die Schiffbarmachung des Clyde und damit ein direkter Transportweg zum Atlantik. Wirtschaftlich gesehen, musste Kapital für Investitionen vorhanden sein und ein überschüssiges Potential an Arbeitskräften. Beide Voraussetzungen waren in Glasgow erfüllt, der Handel hatte in den Kolonien enorme Geldreserven erwirtschaftet und Arbeitssuchende gab es mehr als genug im Einzugsbereich der Stadt.

Eine andere Bedingung für die Industrialisierung waren verschiedene Erfindungen, die ***Spinnmaschine*** von *Arkwright* ebenso wie der mechanischen Webstuhls. Mit die wichtigste Entwicklung gelang allerdings in Glasgow. Im Jahre 1764 entwickelte *James Watt* in Glasgow die ***Dampfmaschine.*** Nach einigen Verbesserungen konnte sie erstmals im Jahre 1776 in einer Fabrik eingesetzt werden.

Wie Pilze schossen dann die ***Fabriken*** zu Anfang des 19. Jh. aus dem Boden; auf der einen Seite die wollverarbeitende Industrie, auf der anderen die Schwerindustrie. Die Fabrikbesitzer verdienten sich in der Eisen-, Stahl- oder Schiffsindustrie eine goldene Nase, während die Arbeiternase im Dreck steckte. Die Bevölkerung hatte sich rapide vermehrt, von 66.000 Einwohnern im Jahre 1791 auf 202.000 im Jahre 1831. Die Stadt platzte förmlich aus den Nähten, in der Unterschicht herrschte ***Armut,*** Wohnungsnot und Hunger vor. Die Leute lebten auf engstem Raum, von Hygiene keine Spur. So wüteten im 19. Jh. einige Seuchenwellen, Pest und Cholera unter der Bevölkerung.

Der ***Bürgerkrieg in den USA*** (1860-66) bescherte den Glasgowern eine ähnliche ***wirtschaftliche Pleite*** wie das Jahr 1776. Wieder gingen Kapitalanlagen in Amerika verloren. Die Glasgower hatten ihr Kapital in den Südstaaten investiert, denn diese waren ihr Handelspartner im Baumwollgeschäft. Doch die Südstaaten waren die Unterlegenen im Bürgerkrieg. Das investierte Geld der Kaufleute aus Glasgow fiel in die Hände der siegreichen Nordstaaten. Für die Baumwollindustrie in Glasgow war die Niederlage der Südstaaten ein schwerer Schlag, denn die Folge des amerikanischen Bürgerkriegs war das Ende des Sklavendaseins der schwarzen Bevölkerung und somit eine Verteuerung der Baumwolle. Die Baumwollindustrie in Glasgow siechte allmählich dahin. Zudem war es für einen Unternehmer moderner und mannhafter, sich in der Schwerindustrie zu betätigen.

So wandten sich viele Unternehmer der Stahl- und Eisenproduktion zu. Am Ende des 19. Jh. schossen die Zahlen der Schiffs- und Eisenbahnproduktion in die Höhe. Im ***Schiffbau*** wurden die Werften am Clyde führend in der Welt - 20 % aller neuen Schiffe in der Welt wurden noch im Jahre 1928 am Clyde hergestellt. Danach folgte, ausgelöst durch den „Schwarzen Freitag" in den USA, eine wirtschaftliche ***Talfahrt der Schwerindustrie.*** Der 2. Weltkrieg bremste die Misere für ein Jahrzehnt, denn er verschaffte der Kriegsindustrie unerwartete Aufträge. Danach führte die wachsende internationale Konkurrenz, vor allem die asiatische, in den 60/70er Jahren zu einem Niedergang des Schiffbaus. Eine Werft nach der anderen ging bankrott.

Heutzutage existiert nicht einmal mehr eine Handvoll Werften in Glasgow, dafür sehr viele ***Arbeitslose.*** Mit einer Arbeitslosenquote von rund 15 %, das heißt, fast jeder sechste Erwachsene ist arbeitslos, krankt die Stadt noch heute an dem Niedergang der Schwerindustrie.

häuser, die Hunterian und die Kelvingrove Gallery.

Im Südosten Glasgows am Clyde liegt Glasgow Green, ein Ort für Müßiggänger, ein schöner grüner Park. Man erreicht Glasgow Green von der U-Bahn-Station St Enoch im Zentrum Glasgows durch die Trongate Street und die London Road. Mittendrin steht ein glasüberdachter Wintergarten, der ***People's Palace,*** wie die Glasgower den Palast aus Glas nennen. Das Innere des Glaspalastes zieren tropische Pflanzen und Sonnenschirme. Da es manchmal undicht ist und es bei starkem Regen von der Decke tropft, nutzt man die Sonnenschirme des Öfteren als Regenschutz. Hier treffen sich die Leute, um bei Kaffee, Tee und Kuchen oder dem Mittagessen einen netten Plausch zu führen.

Für das geistige Wohl sorgt ein ungewöhnliches Museum, das sich im People's Palace befindet. Die Ausstellung informiert über die Sozial- und Industriegeschichte Glasgows vom 12. Jh. bis heute. Auch von der Frauenbewegung, den Gewerkschaften und der industriellen Entwicklung weiß das Museum zu berichten. Die Ausstellung hat Überraschungen zu bieten, man begegnet einem Punker, der sich Nägel in den Kopf geschlagen hat. Erst auf den dritten Blick entdeckt man, dass der Punker gar nicht atmet, sondern eine leblose Puppe ist (Ö: Mo-Sa 10.00-17.00 h, So 11.00-17.00 h, E: frei).

Gegenüber dem People's Palace steht die ehemalige ***Templeton's Carpet Factory.*** *Templeton,* ein Teppichfabrikant aus Glasgow, war nach

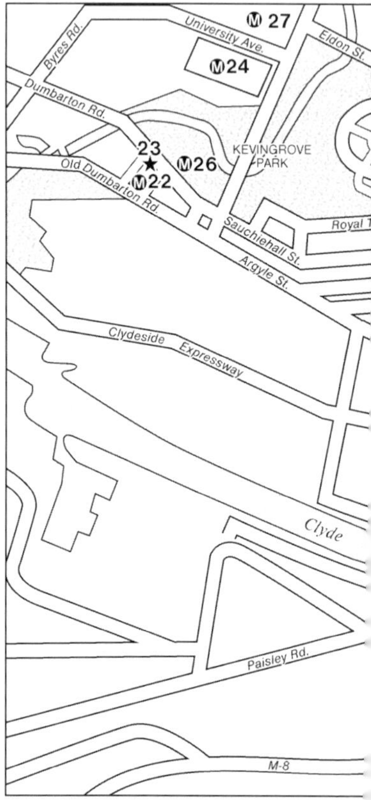

★ 1 People's Palace
★ 2 Tempelton's Carpet Factory
★ 3 Flohmarkt Barras
ii 4 Glasgow Cathedral
★ 5 Provand's Lordship
★ 6 Necropolis
• 7 George Square
★ 8 City Chambers
✉ 9 Postamt
ℹ 10 Touristeninformation
• 11 Nordbahnhof Queen Street Stati

- • 12 Südbahnhof Central Station
- Ⓑ 13 Busbahnhof Buchanan
- ★ 14 Glasgow International Concert Hall
- Ⓜ 15 Gallery of Modern Art
- • 16 Reiseauskunft St Enoch Square
- • 17 Ticket-Büro/City-Halls
- ★ 18 Citizen Theatre
- Ⓜ 19 Centre for Contemporary Arts
- ★ 20 Willow Tearoom
- • 21 Polizei
- Ⓜ 22 Glasgow Transport Museum
- ★ 23 Kelvin Hall
- Ⓜ 24 Universität und Hunterian Museum
- 25 Jugendherberge
- Ⓜ 26 Kelvingrove Art Gallery & Museum
- Ⓜ 27 Hunterian Art Gallery
- ★ 28 Burell Collection
- ★ 29 Pollok House
- ★ 30 Haggs Castle
- ★ 31 Tramway Theatre

Strathclyde

einer Italienreise vom Dogenpalast in Venedig so fasziniert, dass er die Fassade seiner Fabrik im gleichen Stil erbauen ließ.

Ganz in der Nähe, zwischen Gallowgate und London Road, befindet sich der ***Barras,*** der größte ***Flohmarkt*** Glasgows. Hier gibt es allerlei zu stöbern, von Jugendstilmöbeln bis zu alten Pantoffeln (Ö: Sa/So von 9.00-17.00 h,).

Der Highstreet nach Norden folgend, entlang der Castle Street (rund 20 Minuten zu Fuß), erreicht man die ältesten Gebäude der Stadt. ***Glasgow Cathedral*** (Ö: 9.30-18.30 h, So 14-17 h; E: frei) ist davon das älteste (Bj. 1136). Schwarz und rußig trotzt die gotische Kirche in einer Niederung der Luftverschmutzung und dem königlichen Krankenhaus links daneben. Im östlichen Teil der Kathedrale liegt der Altarplatz *(choir),* der sich in zwei Ebenen gliedert. In der oberen Ebene, hinter dem Hochaltar, steht der Schrein des heiligen *St Mungo,* des sagenhaften Gründers von Glasgow. Unten, in einer Gruft der Kathedrale, liegt er unter dem Hochaltar beerdigt.

Schräg gegenüber der Kathedrale an der Ecke Castle Street/Mac Leod Street, befindet sich ein anderer Oldtimer, ***Provand's Lordship,*** Baujahr 1471, das älteste erhaltene Wohnhaus der Stadt. In seiner Frühzeit berherbergte das Gebäude ein Krankenhaus, das St Nicholas Hospital, später wohnte der *provand* hier: der Pfründner, der die Einnahmen aus den Kirchengütern verwaltete. Im Inneren des renovierten „Gottesschif-

Mystik in der Glasgow Cathedral

Straßenszene in Glasgow

fes" ist eine Möbelausstellung aus dem 17. Jh. zu betrachten (Ö: Mo-So 10.00-17.00 h, So 11.00-17.00 h).

Hinter den alten Bauten auf dem Hügel *Fir Park Hill* hinter der Kathedrale liegt der ***Friedhof Necropolis,*** die „Schwarze Stadt"; er beherbergt die Überreste der High Society des 18./19. Jh. An den Gedenkstätten der Fabrikbesitzer und Bankiers durften Künstler aller Stilrichtungen schaffen. So braucht man sich nicht zu wundern, auf griechische, indische oder chinesische Grabmäler zu stoßen.

Als ich an einem Herbstabend die Stätte besuche, hängt ein Schild „Kein Eintritt" am verschlossenen Haupteingang. Davon lasse man sich nicht schrecken Dann ist vielleicht der Nebeneingang geöffnet und trägt kein Verbotsschild.

Stadtwappen von Glasgow

Der Anstieg zum Friedhofshügel und die Aussicht, die sich auf Glasgow bietet, zwingen des Öfteren zur Rast. Dann erreicht man das Hochplateu des Hügels und da ragen sie in den Himmel: die Kapitalisten. Lebensecht aus Stein gehauen, stehen sie auf ihren Gräbern, oder ihr Grab ist als kleiner Tempel inszeniert. In der Dämmerung schimmert das Kupferdach der Kathedrale in den letzten Strahlen der Sonne.

Ein Fußmarsch von einer Viertelstunde führt entlang der Castle Street und der George Street zum Nabel Glasgows: Der ***George Square*** ist der große Platz in der Mitte der Innenstadt. Zentral gelegen eignet er sich hervorragend als Orientierungspunkt bei einem Erkundungstrip durch die Stadt. Viele fremde Sprachen hört man hier, denn der George Square ist die erste Anlaufstelle für viele Auswärtige, die sich einen Eindruck von Glasgow verschaffen möchten, oder für müßige Leute, die lediglich ein Stück Zuckerkuchen aus der Bäckerei am Platz verspeisen möchten und das in der Anwesenheit von *Sir Walter Scott,* der als Statue das chaotische Treiben der Menschen unter sich aus einer Höhe von 24 Metern gelassen hinnimmt.

Neben Scott zieren andere berühmte Schotten als Standbilder den George Square, wie der Nationaldichter *Robert Burns* oder der erfindungsreichste Glasgower, *James Watt.* Den Sommer über bläst ab und an eine Militärband den Dudelsack. In der Nähe des Georg Square hat 1996 ein Museum für zeitgenössische Kunst eröffnet, die ***Gallery of Modern Art,*** Queen Street (Ö: Mo-Sa 10.00-17.00 h, So 11.00-17.00 h, E: frei).

City Chambers nennt sich das Rathaus Glasgows an der Ostseite des Platzes. Ende 1883 im italienischen Renaissancestil entworfen, lohnt es einen Besuch wegen seiner mehr als prachtvollen Innenausstattung. Führungen durch das Rathaus finden jeweils Mo, Di, Mi und Fr um 10.30 h und um 14.30 h (E: frei) statt.

Was hat Glasgow zu bieten, wenn der Himmel unter Wasser steht? Bei schlechtem Wetter, damit muss man rechnen, sucht man am besten den Westteil der Stadt auf, das Gebiet rund um den Kelvingrove Park (an der U-Bahnstation Kelvinhall aussteigen). Dort unterhält das ***Glasgow Transport Museum*** jeden Technikinteressierten. Eine Menge Oldtimer, alte Eisenbahnen, eine Original Tramway (Straßenbahn), landwirtschaftliche Traktoren und Geräte aus der Vorkriegszeit und als Extrabonbon der historische Nachbau der Kelvin Street des Jahres 1938 sind die herausragenden Exponate, deren Besichtigung gut und gerne einen halben Tag ausfüllt. Das Museum befindet sich hinter der Kelvin Hall an der Bunhouse Road. (Ö: Mo-Sa 10-17 h, So 11-17 h, E: frei)

Die ***Kelvin Hall*** an der Argyle Street ist übrigens der Austragungsort sportlicher Großereignisse, hier fand die Leichtathletik-EM 1990 statt. Wer gerne Sport treibt, kann hier auch Squash spielen oder den Fitness-Raum benutzen.

Schräg gegenüber der Kelvin Hall zeigt das ***Kelvingrove Art Gallery***

'Im Inneren eines Wales' - People's Palace in Glasgow

and Museum internationale Malerei in erlesener Vielfalt. Allein die Namen der berühmten Künstler lohnen einen Besuch: *Rubens* und *Rembrandt,* als die Altmeister, oder modernere wie *Turner, Whistler* und *Alan Ramsay.* *(Salvador Dalís* berühmtes Gemälde „Christ of John of the Cross" hängt mittlerweile nicht mehr hier, sondern im ***St. Mungo Museum*** neben der Kathedrale.)

Andere Werke, die im Museum ausgestellt werden, sind von namenlosen Steinzeitmenschen geschaffen: Waffen aus Knochen, Tongefäße und Steinkeile. Der Antonius Wall, eine Befestigungsanlage der Römer zwischen den Mündungen des Forth und des Clyde, ist im Museum nachgestellt. Der „schottische Limes", errichtet im Jahre 143 nach Christi, konnte nicht lange gegen die Pikten, die Vorfahren der Schotten, verteidigt werden. Bereits Ende des 2. Jahrhunderts mussten die Römer den mit Forts und Gräbern gesicherten Erdwall aufgeben.

Ferner gibt es im Museum Ausstellungen über Naturgeschichte, Archäologie und Geschichte (Ö: Mo-Do 10.00-17.00 h, Fr-So 11.00-17.00 h, E: frei).

Ein anderes Museum liegt im Norden des Kelvingrove Parks, das ***Hunterian Museum.*** Zu Fuß sind es ca. 20 min von der Art Gallery & Museum bis zum Hunterian Museum. Man geht den Kelvin Way entlang, der quer durch den Kelvingrove Park führt, vorbei an einigen älteren Männern, die sich im Bowlingspiel messen.

Das Ziel des Weges ragt gotisch in den Himmel, die Glasgow University. Im Hauptgebäude ist das Hunterian Museum untergebracht, Glasgows ältestes Museum (seit 1807 geöffnet). Fundstücke von der Zeit menschlichen Höhlenlebens bis zur Invasion der Römer in Schottland sind hier ausgestellt, außerdem Material von *Captain Cooks* Reisen und die berühmte Münzsammlung von *William Hunter* (Ö: Mo-Sa 9.30-17.00 h; So geschlossen, E: frei).

Dem Hauptgebäude der Uni gegenüber in der Hillhead Street befindet sich die ***Hunterian Art Gallery.*** Angenehmes Tageslicht beleuchtet die impressionistischen Gemälde des US-Amerikaners *James Whistler* (1834-1904). An den Wänden hängen die schottische Moderne und weitere Impressionisten, etwa der Schotte *Edward Atkinson Hornel,* aber auch einige ältere Gemälde von *Chardin* und *Rembrandt.*

Ein Muss für Leute, die schöne Möbel und Inneneinrichtung lieben, ist in die Hunterian Art Gallery integriert, das ***Mackintosh House.*** Grafiken, Bilder und Möbel von *Charles Rennie Mackintosh,* dem Jugendstilkünstler, werden ausgestellt. (Ö: Mo-Sa 9.00-12.30, 13.30-17.00 h, E: frei). Ein weiteres Bonbon für Mackintosh-Fans: der Willow-Tearoom in der Sauchiehallstreet!

Im Pollok Country Park, südlich des Stadtzentrums, ist im Museum ***Burrell Collection*** eine eindrucksvolle Sammlung von Kunst und Kunsthandwerk untergebracht.

Der Großindustrielle *Sir William* und seine *Lady Burrell* setzten sich 1944 ihr eigenes Denkmal, indem sie ihre Kunstsammlung der Stadt

Glasgow vermachten. Schon die preisgekrönte Architektur der Burrell Collection ist einen Besuch wert. Die von Tageslicht durchflutete Architektur und der Blick ins Grüne tragen zur Entspannung während der „Kunstpausen“ bei.

Die Sammlung der *Burrells* umfasst über 8000 Kunstobjekte aus verschiedenen Kulturkreisen, antike, chinesische, orientalische und mittelalterliche Keramik, Tassen, Möbel und Teppiche. Die Zeichnungen und Gemälde der Ausstellung stammen aus dem 15. bis 19. Jh. und reichen von *Rembrandt* bis *Cezanne.* (Ö: Mo-Sa 10-17 h, So 11-17 h, E: frei)

Im Pollok Country Park gibt es eine weitere Schenkung eines Reichen an die Allgemeinheit, das ***Pollok House.*** Im Jahre 1750 entworfen von einem bekannten schottischen Architekten des 18. Jahrhunderts, *William Adam,* steht das Gebäude mitten im angelegten Grün. Schon allein seine schöne Lage macht einen Besuch lohnenswert. Im Jahre 1966 verschenkten die Eigentümer, die *Maxwells*, ihr Gebäude an die Stadt (jetzt: *NTS).* Heute werden spanische Gemälde von *El Greco, Goya, Blake* u. a. im Pollok House ausgestellt. (Ö: Mo-Sa 10.00-17.00 h, So 11.00-17.00 h, E: Winter frei, Sommer £ 4)

Mackintosh Museum/Glasgow

Kindern oder weniger Kunstbegeisterten bietet der ***Pollok Country Park*** genügend Alternativen, vom Spiel- oder Golfplatz bis zum Cricketfeld. Hobbygärtner können sich einen Lerngarten südlich des Pollok House ansehen.

Glasgows Beitrag zum neuen Jahrtausend heißt ***Glasgow Science Center.*** Es präsentiert technische Innovation, ein Planetarium, interaktive Ausstellungen, einen 100 m hohen Turm, der sich dreht sowie Schottlands einziges *IMAX*-Kino. Das Wissenschaftszentrum liegt am Fluss Clyde, 50 Pacific Quay. T: 0141/420 5010. (Ö und E auf Anfrage)

Information

● ***Tourist Board,*** 11 George Square, Glasgow G2 1DY, T: 0141/204 4400, Fax: 0141/204 4772, www.seeglasgow.com

Aktivitäten

Musik und Theater

Was kulturelle Veranstaltungen betrifft, braucht sich Glasgow hinter keiner europäischen Stadt zu verstecken.

● Das ***Centre for Contemporary Arts,*** ein Künstlerzentrum in der 270 Sauchiehallstreet, veranstaltet Theater, Konzerte, Kunstausstellungen und Lesungen. Ein Programm über die jeweiligen Veranstaltungen ist im Innern des Zentrums erhältlich. Ein Buchgeschäft im Foyer verkauft Bücher über laufende Ausstellungen und über Kunst. Die

Charles Rennie Mackintosh (1868-1928)

Die Kunstakademie in Glasgow bildete den Jugendstilarchitekten *Charles R. Mackintosh* aus; im Büro „The Studio" in London kam er schon früh in Berührung mit Arbeiten von *Jan Toorop*, welche ihn in Richtung Jugendstil beeinflussten. Im Jahre 1896 beteiligte sich *Mackintosh* am Wettbewerb für den Ausbau der ***Glasgower Kunstschule***. Er gewann, und seine eigenwillige Karriere konnte beginnen. Der Bau jener Schule, allgemein als sein *masterpiece* bezeichnet, steht ganz im Zeichens des Jugendstils. Die Gestaltung der Kunstschule, innen wie außen, ist komplett von *Mackintosh* und seiner Frau *Margaret,* einer Innenarchitektin, durchgeführt worden.

Das Besondere am Jugendstil *Mackintoshs* ist seine Art, aus der alten schottischen Tradition etwas Neues herauszukitzeln, die althergebrachte Formenwelt mit dem ***Neuland des Jugendstils*** zu kombinieren. Die Kreativität *Mackintoshs* sprühte über die Grenzen Schottlands, wirkte auf die Jugendstilbewegung Hollands und Österreichs. Vor allem auf *Joseph Maria Olbrich*, dessen Gebäude seelenverwandt sind mit denen des Schotten.

Mackintosh hatte einen ***schwierigen Charakter,*** wie des Öfteren willensstarke Leute. Der Firma *Honeyman & Keppie,* für die er arbeitete und an der er mit Aktien beteiligt war, kehrte *Charles* im Jahre 1913 den Rücken. Seine verbleibenden 15 Lebensjahre verbrachte er mit ***Malerei*** sowie Möbel- und Stoffentwürfen, bevor er im Alter von 70 Jahren starb.

Die wichtigsten Werke des Architekten:

1896	Glasgower Kunstschule
1897	Cranston-Teestuben in Glasgow
1899-01	Windyhill-House in Kilmacom
1902-03	Hill-House in Helensburgh
1906	Scotland Street School in Glasgow
1907-09	Bibliothek der Kunstschule in Glasgow

Selbstbedienungs-Bar bietet leckere Salate an. (Ö: Mo-So 10.00-18.00 h)

● Aufgepasst Opernfreunde: Im ***Theatre Royal*** in der Hope Street hat die ***Scottish Opera*** ihren Sitz, das einzige Opernhaus in Schottland, T: 0141/248 4567.

● Das ***Scottish National Orchestra*** gibt seine Konzerte in der ***Glasgow Royal Concert Hall,*** 2 Sauchiehall Street. Das Konzerthaus bietet Platz für 2500 Besucher, T: 0141/226 3868.

● ***The old Fruitmarket,*** hier finden das Jazz-Festival, die Celtic Connection und andere Festivitäten statt. Allison Street, T: 0141/ 287 8967.

● Eines der modernen Theater in Glasgow ist das ***Tramway Theatre,*** 25 Albert Drive, T: 0141/442 2023. Einst war hier das Museum for Transport beheimatet, heute führt das Theater Schauspiele, Opern und Ballett auf. Zu finden ist das Tramway Theatre südwestlich vom Zentrum. Man kann die U-Bahn benutzen, steigt an der Bridge Street aus. Von dort sind es ca. 20 min zu Fuß entlang der Eglington Street und Pollokshaws Street, von welcher der Albert Drive rechts abzweigt.

● Zeitgenössisches und Klassisches führt das ***Citizens Theatre*** auf. Das Schauspielhaus steht in der 119 Gorbals Street, T: 0141/429 0022.

● ***Tron Theatre,*** 63 Trongate, führt zeitgenössische Theaterstücke auf, seltener ältere Produktionen. Karten sollte man sich unbedingt früh genug kaufen. Die Abendkasse ist meist ausverkauft. In der modern eingerichteten Tron Bar am Tron Theatre kann vor und nach der Aufführung noch etwas getrunken werden. T: 0141/552 4267.

● Zum Lachen sind die Vorführungen des ***The Stand Comedy Club*** mit wechselndem Programm von Do-So. 333 Woodlands Road, T: 0870/600 6055.

● ***Ticketlink-Ticketservice,*** Candleriggs, vertreibt die Karten für die diversen Aufführungen, T: 0141/287 5511.

Straßenkultur: die Gruppe Street Biz in Glasgow

Kino

• ***Glasgow Film Theatre,*** 12 Rose Street, heißt das Programmkino (2 Kinos) mit attraktiven Filmen. Die Rose Street ist eine Seitenstraße der Sauchiehallstreet. Die Preise beginnen bei £ 5. T: 0141/332 6535.

Spezielles

• Für all diejenigen, die sich einen guten Überblick über Glasgow verschaffen möchten, bietet sich ein ***Stadtrundgang*** an. Information und Reservierung unter T/Fax: 0141/579 7676. Auf Deutsch: 0141/621 0417.

• ***Forge Market,*** 1201 Duke Street, gilt als der Basar der tausend Händler in Glasgow. Alles überdacht. Ö: Fr-So 9.00-17.00 h.

• Für Schwindelfreie: Die Hubschrauber von ***Clyde Helicopters,*** City Heliport, T: 0141/226 4261, eröffnen eine neue Perspektive auf Glasgow. Der Flughafen liegt im West End von Glasgow. Am besten zu erreichen mit der U-Bahn; man steigt an der Station Partrick aus und läuft die restlichen Meter entlang des Clydeside Expressway zu Fuß.

• Die ***Mitchell Library,*** Kent Road, ist die größte Bibliothek Europas und liegt am Ende der Bath Street nach links, in der Nähe der Charing Cross Zone, am Motorway 118. Hier können Bücherwürmer in einem Meer von Büchern versinken; vor allem geeignet für Leute, die sich über Schottland näher informieren möchten. Eine Ausstellung widmet sich dem Nationalpoeten *Robert Burns* (Ö: Mo-Fr 9.00-21h, Sa 9.00-17.00 h).

Verbindungen und Stadttransport

Flug

• Der europäische Glasgowreisende landet im ***Glasgow Airport*** (in der Nähe von Paisley oder Prestwick mit Ryanair). Alle 15 min pendelt ein Bus der *Fairline* mit der Nummer 500 zwischen dem Flughafen und den Busbahnhöfen Anderston und Buchanan hin und her. Der Bus benötigt eine Fahrzeit von ca. 20 min.

Ein anderer Weg zum Bahnhof oder zum Flughafen: Ein Zug verkehrt zwischen Glasgow Central, dem Hauptbahnhof, und dem

Gilmour Street Bahnhof in Paisley. Acht Züge fahren in der Stunde, Fahrzeit 12 min Vom Gilmour Street Bahnhof in Paisley fahren die Busse *Scottish Service* 160 oder 180 im 10-Minutentakt weiter zum Flughafen (für £ 3). Nach Edinburgh verkehrt ein stündlicher Bus-Service, Preis: £ 8.70.

• Die ***British Regional Airways*** (Loganair) steuert Ziele auf den Äußeren und Inneren Hebriden, Campeltown auf der Halbinsel Kintyre, Inverness, Southampton und Leeds/Bradford an. Nähere Informationen hierzu sind in allen Reisebüros Glasgows oder per Telefon unter der Nummer 0845/773 3377, www.britishairways.com zu erfahren. *Highland Rover Pass* ca. £ 160.

• Bei Flügen ins Ausland hilft das ***Glasgow Airport Tourist Information Desk*** weiter, Glasgow Airport, Paisley PA3 2ST, T: 0141/848 4440.

Zug

• *Scot Rail* verbindet Glasgow mit den Vororten und den größeren Städten (Edinburgh). Erkundigen Sie sich nach ***Touristentickets:*** Highland Rover, Freedom of Scotland Travel Pass, Scot Rail Area Rovers etc., T: 0141/8457 550033, www.scotrail.co.uk.

• Die beiden ***Hauptbahnhöfe*** *Glasgow Central* und *Glasgow Queen Street* sind der Ausgangspunkt für Reisen in die Highlands oder andere Ziele in Großbritannien. Zwischen

Strathclyde

Postmoderne Kopfbedeckung: Reiterstandbild in Glasgow

den beiden Hauptbahnhöfen verkehrt täglich außer So ein Bus im 15-Minutentakt, die einfache Fahrt kostet 50p, Kinder 30p.

- Einen 24-h-Auskunftsdienst bietet das ***National Rail Travel Enquiries*** an, T: 08457/484 950.

Stadtbus

- Glasgow ist eine Busstadt. Alle Sehenswürdigkeiten sind bequem mit dem meist ***zweistöckigen Bus*** zu erreichen. Wohin welcher Bus fährt, verrät ein „Führer für Besucher", erhältlich im ***Travel Centre,*** St Enoch Square, ***Buchanan Bus Station*** oder beim ***Tourist Board.*** An 4 U-Bahnhöfen kann vom Pkw auf Park & Ride umgestiegen werden.Der Buspass: £ 1.60.
- Die ***Nummern*** der Busse stehen an der jeweiligen Station. Das ***Bezahlsystem*** ist je nach Busunternehmen verschieden. Auf jeden Fall sollte man passendes Kleingeld (50p- und 10p-Münzen) bereithalten, da viele Busfahrer nicht wechseln.
- Vom *George Square* im Zentrum Glasgows fahren eine Vielzahl von ***Nachtbussen*** in einem Umkreis von 8 km zu den Vororten der Stadt. An Freitagen und Samstagen existieren zusätzlich Verbindungen zu Orten, die weiter außerhalb liegen. Details und Fahrpläne der Nachtstrecken sind im Travel Centre St Enoch Square (an der U-Bahn- Station) erhältlich.

U-Bahn

- Die U-Bahn fährt auf einer ***Rundstrecke*** mit 15 Stationen. Im Takt von 6-8 min taucht ein Untergrundzug auf. Morgens um 6.30 Uhr beginnt die U-Bahn zu kreisen, abends fällt die Klappe zwischen 22.00 und 23.00 Uhr. Die Öffnungszeit an Sonntagen ist auf 11.00 bis 18.00 Uhr beschränkt.
- Für die normale Fahrt zahlt der Erwachsene 70p, das Kind 35p, unabhängig von der Streckenlänge.

Kombinierte Tickets

- Für Besucher, die Glasgow nicht mehr loslässt, gibt es die ***Roundabout Tickets*** (ab £ 3.50) die für U-Bahn und die meisten Busse und Bahnen gilt. Das *Travel Centre* auf dem St Enoch Square, Glasgow, berät Sie über die billigste Fortbewegungsart. (Ö: Mo-Sa 9.30-17.30 h)
- Das ***Discovery ticket*** erlaubt für £ 2.50 einen Tag lang freie Fahrt für die weitere Umgebung von Glasgow kennen lernen möchten (gültig am Werktagen ab 9.30 h). Erkundigen Sie sich nach dem ***Day Tripper Ticket*** (für Familien ab £ 7.50).

Taxi

- Meistens schwarz und ein Oldtimer, das kennzeichnet ein Taxi in Glasgow und überhaupt in Großbritannien. Die vor allem im Zentrum Glasgows allgegenwärtigen Taxis halten auf Handzeichen. Im Vergleich zu deutschen Taxis sind die schottischen billiger. Fährt man zusammen mit mehreren Leuten, bedeutet eine Taxifahrt keinen Sprung ins finanzielle Fiasko und ist zusätzlich noch bequem und sicher. Das Taxi vom *Glasgow International Airport* ins Zentrum der Stadt kostet ca. £ 12.
- ***Radio Taxis,*** T: 0141/429 7070.
- ***Taxi Owners Association,*** T: 0141/332 7070.

Autoverleih

- ***Jim Nearly,*** 15 Fearly St, Glasgow G51 2SN, T: 0141/427 5475, Fax: 427 7244, vermietet Wagen, Kleinbusse, Landrover und LKW. Der gemietete Wagen wird bereits am Ankunftsort, z. B. am Flughafen, bereitgestellt.
- ***Universal Garage,*** 367 Alexandra Parade, Glasgow G31 3AD, Kleinwagen ab £ 135/pro Woche, T: 0141/554 5175

Unterkunft

Während der Sommerferienzeit ist Glasgow oft ausgebucht, zumal viele Besucher des Edinburgher Festivals nach Glasgow zur Übernachtung ausweichen. Ein Zimmer im Voraus ***zu buchen*** spart auf jeden Fall Ärger. Oft ist selbst die Jugendherberge überfüllt und andere billige Übernachtungsmöglichkeiten sind rar.

Anlaufstelle für Leute, die kein Zimmer finden, ist das ***Tourist Board,*** 11 George

Street, Glasgow G 2 1DY, T: 0141/ 221 0049. Es vermittelt Übernachtungen und nimmt Vorausbuchungen an.

Hotels

- ***Kirklee Hotel,*** in der Nähe der Glasgow University, ruhig gelegen, 11 Kensington Gate, T: 0141/334 5555, Einzelzimmer ab £ 48, Doppelzimmer ab £ 32.
- ***Copthorne Hotel,*** George Square, T: 0141/332 6711, Fax: 332 4264, befindet sich direkt am George Square, dem großen Platz am Rathaus City Chambers, und ist die ideale Ausgangsbasis zur Erkundung Glasgows. Das alles hat seinen Preis: Einzelzimmer ab £ 80, Doppelzimmer £ 45-70.
- ***Queens Park Hotel,*** 10 Balvicar Drive, T: 0141/423 1123, Fax: 0141/423 4917, liegt im Osten von Glasgow, an einer Parallelstraße der Duke Street. Von der Duke Street biegen Sie die vierte Straße nach dem Duke ST Hospital nach links ab, Preis: ab £ 24 Doppel-, £ 38 Einzelzimmer.
- ***Theatre Hotel,*** 25/27 Elmbank Street, Glasgow G2 4PB, T: 0141/337 3377, ab £ 22.50.

In der Stadtmitte finden sich einige Hotels mit moderaten Preisen:

- ***Smith's Hotel,*** 963 Sauchiehalstreet, T: 0141/339 7674, kostet ab £ 17.50.
- ***Campsi Guest House,*** 2 Onslow Drive, T: 0141/554 6797, ab £15.
- ***Seton Guest House,*** 6 Seton Terrace, T: 0141/556 7654, ab £ 17

B&B

- ***Dalrymple Hall,*** 22 Belhaven Terrace West, Glasgow G 12 0UW, T: 0141/339 5271, steht als Unterkunft der University of Glasgow nur während der Semesterferien zur Verfügung (März-Apr., Juli-Sep.). B&B kostet ab £ 22.50.
- ***Belle Vue Guest House,*** 163 Hamilton Road, Mount Vernon,T: 0141/778 1077, kostet ab £ 17 Doppel-, £ 20 Einzelzimmer.
- ***YMCA Aparthotel,*** David Naismith Court, 33 Petershill Drive, T: 0141/558 6166, im Nordosten Glasgows ist die wohl billigste Möglichkeit der Übernachtung neben der Jugendherberge oder dem Backpackers. B&B kostet £ 14. Im Hotel sind 4 Wohnungen für Selbstversorger für je 4-6 Personen vorhanden, Kosten pro Woche: £ 250.

Jugendherberge

- Das ***Youth Hostel,*** 7/8 Park Terrace, T 0141/332 3004, hat seinen Platz am Rande des Kelvingrove-Parks. Die Jugendherberge hat bis 2.00 Uhr nachts geöffnet. Übernachtung ab £ 12.25.

Für Zugreisende: Vom Bahnhof *Central Station* fährt ab der Hope Street die Buslinie 44 oder die Nummer 59 bis Lynedoch Street. Die Straße Park Terrace, an der sich die Jugendherberge befindet, grenzt unmittelbar an. Vom Bahnhof *Queen Street Station* fährt die Buslinie 10 von der Cathedral Street bis zur Woodlands Road.

- ***Backpackers Hotel,*** Glasgow, 17 Park Terrace, Glasgow, G 3, T: 0141/ 332 5412, die direkte Konkurrenz der Jugendherberge, kostet ab £ 9.50, hat allerdings nur von Anfang Juli - Ende Sept. geöffnet.

Camping

- Campern und Rucksackreisenden steht der ***Craigendmuir Caravan Park,*** Campsie View, in Stepps offen. Zwei Personen plus Zelt zahlen £ 9.50 für die Nacht. Stepps liegt nordöstlich von Glasgow und ist von Glasgow zu erreichen über die M 8 (Autobahn) und die A 80 Richtung Cumbernauld, T: 0141/779 2973, Geöffnet Jan.-Dez.

Essen und Trinken

Eine internationale Stadt wie Glasgow hat neben den schottischen Nationalgerichten wie Haggis natürlich auch eine internationale ***Küche*** zu bieten. Jeder kann etwas entdecken, das seinem Geschmack entspricht.

- Traditionell: ***Deirfiuracha*** (Dre-for-ga), 29 Ashton Lane, Mo-Sa 12.30-14.30 h, Mi-Sa 17.00-22.30 h.
- Feine Gerüche strömen aus dem ***The City Merchant Restaurant,*** 97/99 Candle-

riggs. Es hat in der Zeit von 12.00 bis 23.00 h geöffnet. Die aufgetischten schottischen Gerichte bewegen sich zumeist in der gehobenen Preiskategorie. Nach dem Essen beschleunigt ein Whisky in der Kellerbar die Verdauung. T: 0141/553 1577.

● Designed: ***Bargo,*** 80 Albion Street, Mo-Sa 11.00-24.00 h, So 12.00-24.00 h.

● In der gehobenen Preisklasse befindet sich das ***Rogano Seafood Bar & Restaurant,*** 11 Exchange Place.Das alteingesessene Art-Déco-Lokal serviert Austern, Sashimi und Lamm (um £ 15 für Hauptgerichte).T: 0141/248 4055.

● Das ***Café Gandolfi*** direkt am Candleriggs Market (zwischen Trongate und George Street) nimmt ab £ 5 aufwärts für ein gutes Menü. Ähnliche Preise verlangen die Pubs in der Woodland Road und der Sauchiehall Street.

● ***Ubiquitons Chip,*** 12 Ashton Lane, ein „Bistro" im Studentenmilieu weist ordentliche Küche mit einer guter Wein- und Whisky-Auswahl vor. T: 0141/334 5007, ab £ 12 (Menü).

Pubs

In Glasgows Pubs trifft sich jung und alt. Selbst wenn die Musik laut oder schräg ist, veranlasst das keine Altersgruppe, die Kneipe zu wechseln. In der Regel legt das Gesetz die Sperrstunde auf 24 Uhr fest, oder aber der Pub hat sich eine Lizenz für weitere Nachtstunden gekauft.

● Viele Kneipen gruppieren sich um den Candleriggs Market: Im ***Chubbie Chesters,*** Ingram Street (gegenüber zweigt die Glassford Street ab), bläst samstags zwischen 14 und 17 Uhr eine Jazz Big Band die Tuba.

● Das ***Black Friars*** zieht alle Altersklassen an. Abends am Wochenende gibt es Live-Musik. Die Küche ist preisgünstig und bereitet ein gutes Essen. Eine buntgemischte Palette an Bieren lässt sich im Black Friars versuchen.

● Preise für schmale Geldbörsen bietet das ***Horse Shoe,*** 17 Drury Street, 1.Stock, zwischen Bahnhof und George Square, ab £ 5 für komplette Menüs.

● Südlich der Argyle Street liegt ein altes Schlachtschiff in Glasgows Kneipenmeer:

Schulhof in Glasgow an der Woodlands Road

Die ***Scotia Bar,*** an der Ecke Howard/ Stockwell Street; eine Trink- und Billardkneipe. Gegen den Lärm aus den Musikboxen hilft kein Ohropax mehr und die stimmgewaltigen Besucher der Scotia Bar sind nicht weit davon entfernt, die Musikboxen noch zu übertönen. Gegenüber bei *Vicky* (Victoria Bar) gibt es 2 x wöchentlich schräge Konzerte.

●Freunde des Jugendstils besuchen das ***Caskie & Co „Serving the nation",*** 79 Vincent Street.

●Gediegen ist das ***Rab Has*** in der Hutchenson Street, die von der Trongate abzweigt.

●Im ***Uisge Betha*** (gäl.: Wasser des Lebens = *Whisky),* an der Ecke Woodland Road, Willowbank Cres. lebt die Tradition: Die Bedienung trägt den Schottenrock, stolze Clanführer hängen als Gemälde an der Wand und das Pfeifen des Dudelsacks in der Luft.

●***Victoria's Nightclub*** versorgt Nachtschwärmer bis 3.00 h nachts (Mi-So) mit Disco aus den 60er-70ern.

Einkäufe

●Der Stadtbummler tritt in ein Schlaraffenland. Zu seinen Füßen liegen im Zentrum Glasgows die zum großen Teil verkehrsberuhigten Straßen ***Sauchiehall, Buchanan*** und ***Argyle Street*** sowie die Nebenstraßen dieser großen Einkaufspassagen.

●Außerhalb des Stadtzentrums sind entlang der ***Great Western Road*** weitere Geschäfte und Kaufhäuser aller Art zu finden.

●Der ***Trödelmarkt Barras,*** zwischen Gallowgate und London Road, steht abseits der Leuchtreklame-Glitzer-Welt. Von neuen Elektrogeräten bis zu gebrauchten Antiquitäten gibt es hier beinahe alles zu kaufen. Auf dem Barras gibt es zu gucken, zu wühlen und zu feilschen. Der Markt findet jeweils samstags und sonntags von 9.00 bis 17.00 Uhr statt.

●Auf der Suche nach dem Zeitgeist stößt man auf moderne Einkaufszentren wie ***St Enochs, Parkland Forge*** oder ***Sauchie-***

George Square

hall Street Centre und den edlen ***Princess Square*** mit einer Vielzahl diverser Läden.

- Auf dem ***Forge Market,*** 1201 Duke Street, wird alles mögliche gehandelt: Schottlands größter Markt in vier Wänden.
- Wer sich in Glasgow modisch einkleiden möchte, der kauft bei ***Mademoiselle Anne,*** 133 Stockwell Street, oder bei ***The Adress,*** 3 Royal Exchange Court, ein.
- Keine modische, aber sehr individuelle Kleidung erhält man beim Highlandausstatter: ***Kiltmaker,*** 110 Buchanan Street, oder ***Geoffrey Highland Tailor,*** 309 Sauchiehall Street.
- Gebrauchte ***Schallplatten*** und ***Antiquitäten*** gibt es bei *Alba Seconhand Music,* 61 Otago Street, T: 01389/875 996.
- ***Tiso Graham,*** ein ***Ausrüstergeschäft*** in der 129 Buchanan Street, verkauft Zelte, Rucksäcke, Wanderschuhe und andere Utensilien, die für Wanderer und Bergsteiger unverzichtbar sind.

Umgebung

- Als Gott die Ausflugsziele verteilte, war Glasgow ein Schreihals. Im Westen lockt ***Paisley*** (zu erreichen mit den Buslinien 36, 37, 38 und 39 der Western Scottish von der Buchanan Bus Station). Mit dem Auto gelangt man auf der M 8 und A 737 zu der etwa 10 km entfernten Stadt. Paisley ist die Geburtsstätte des berühmten Paisley-Schals, der mit Tannenzapfensegmenten gefärbt ist. Das ***Paisley Museum and Art Galleries*** in der High Street stellt die Entwicklung des weltbekannten Schals dar und informiert über die Geschichte von Paisley. (Ö: Mo-Sa 10.00-17.00 h, E: frei)

Paisley besitzt ein Kloster aus dem 12. Jh. In der ***Paisley Abbey*** (Ö: Mo-Sa 10.00-15.30 h) an der Abbey Close in der Innenstadt steht ein keltisches Kreuz aus dem 10. Jh., das Barochan Cross, das einst einen festen Platz auf einem Hügel im Port Glasgow hatte. In der Abbey sind schöne Glasfenster zu sehen und die Gräber der *Bruces,* des Gründergeschlechts Schottlands. Andere Attraktionen befinden sich weiter südlich von Glasgow.

- Im ***Tal des Clyde*** steht das ***Bothwell Castle*** aus dem 13. Jh. bei Uddington an der A 74. Die Burg aus rotem Sandstein gehörte wie viele Castles im Süden Schottlands zum Machtbereich der Black Douglasses und war eines der größten im Lande. (Geöffnet von Apr.-Sept. Mo-So 9.30-18.30 h, Okt.-März Mo-Sa 9.30-16.00 h, So 14.00-16.00 h, E: £ 2, Senioren, Kinder 90p, Studenten £ 1.30)

- Das ***David Livingston Centre*** liegt bei Blantyre hinter Bothwell, von Glasgow auf der M 8/M 74 zu erreichen. *David Livingston,* der Missionar und Entdecker, wurde dort im Jahre 1813 geboren. Sein Vaterhaus, eine afrikanische Hütte mit einer Ausstellung über afrikanische Geschichte und Fundstücke, die *Livingston* von seinen Reisen mitgebracht hat, sind hier zu besichtigen. Ein Besuch lohnt sich vor allem für Leute, die sich für die Erschließung des afrikanischen Kontinents interessieren. (Ö: Mo-Sa 10.00-17.00 h, So 12.30-17.00 h, E: £ 2.95, Senioren £ 1.95, Kinder £ 1.60)

- Kombinieren lässt sich der Besuch des Livingston Centre eventuell mit einem Abstecher zum ***Zoo*** von Glasgow, der weiter nördlich bei Uddingtston an der M 74 zu finden ist (Ö: Mo-So 9.30-18.00 h, Winter 9.30-16.00 h, E: £ 4.30, Senioren, Kinder £ 2.60).

- Weiter südlich bei Lanark im Tal des Clyde liegt ein Meilenstein der Sozialgeschichte, ***New Lanark.*** In der Industriesiedlung wirkte der Sozialreformer *Robert Owen.* In den mächtigen Baumwollfabriken von New Lanark hat Owen seine sozialistischen Ideen in die Tat umgesetzt und u. a. die erste Schule für Kinder in Schottland gegründet (siehe unten).

- Nördlich von Glasgow befindet sich das Naherholungsgebiet um ***Loch Lomond.*** Die Ufer von Loch Lomond säumen die Berge des schottischen Hochlandes. Bis zum größten See von Schottland fährt man von Glasgow etwa eine Stunde mit dem PKW (die Great Western Road führt in die Highlands). Auf der Strecke zum Loch Lomond verkehren auch Busse der *Scottish City Link* von der *Buchanan Bus Station* aus (vergl. Kap. „Loch Lomond“).

New Lanark

Dem Flusslauf des Clyde folgt von Glasgow die M74/ A72 in Richtung Lanark. Hinter Motherwell und Hamilton verlässt man die Vorstädte Glasgows. Allmählich werden die Ortschaften kleiner und die Landschaft attraktiver. Der höchste Berg des Clyde-Tales ist der Tinto-Hill, der fast 700 m hoch ist.

In einer malerischen Schlucht des Clyde südlich der Stadt Lanark stehen die Fabrikgebäude der einstmals ***größten Baumwollspinnerei*** von Großbritannien. Der Barbier *Richard Arkwright* trat 1783 an den Industriellen *David Dale* heran, um einen Geschäftspartner für seine Entwicklung einer mit Wasserkraft betriebenen Spinnmaschine zu finden. Dale und Arkwright wurden Partner, als Standort der Baumwollfabrik wählten die beiden den Fluss Clyde. Das Projekt wurde ein Erfolg, knapp 2500 Menschen lebten und arbeiteten in New Lanark. Allerdings waren die Arbeitsbedingungen katastrophal, Kinderarbeit an der Tagesordnung.

1799 heiratete der Waliser ***Robert Owen*** die Tochter von *David Dale* und wurde dessen Geschäftspartner. *Robert Owen,* ein sehr innovativer Mensch, versuchte durch Verbesserungen im sozialen Bereich respektablere Lebensbedingungen zu schaffen, mit der Erkenntnis im Hinterkopf: Ein zufriedener Arbeiter leistet mehr.

So führte Owen die kostenlose ärztliche Versorgung ein. Die Lebensmittelpreise wurden gesenkt, um Forderungen nach einer Lohnerhöhung vorzubeugen. „The New Institution for the Formation of Character“ hieß die Schule, die *Robert Owen* gründete, die erste Schule für Arbeiterkinder in Großbritannien. Kinder bis zum Alter von zehn Jahren wurden in einem großen Saal unterrichtet, ältere besuchten die Abendschule.

Doch der Unternehmer scheiterte mit seinen gutgemeinten Sozialreformen an der englischen Regierung, die ihm die finanzielle Unterstützung versagte. Er zog sich aus New Lanark zurück und versuchte in Amerika, einen genossenschaftlichen Betrieb zu verwirklichen. Der Versuch scheiterte ebenso, und Owen engagierte sich fortan für die Gewerkschaften.

Heute ist aus New Lanark ein ***Museum*** geworden, das in einer Ausstellung vorführt, unter welch harten Bedingungen Kinder zu Anfang des 19. Jh. leben und schuften mussten. Ferner wird erklärt, wie die Baumwollverarbeitung in jener Zeit funktionierte und das Wasser des Clyde für die Baumwollverarbeitung eingesetzt wurde. (Ö: täglich 11.00-17.00 h, E: £ 4.95, Kinder £ 3.45, Familien £ 13.45)

Ein ausgeschilderter Pfad führt von New Lanark am Ufer des Clyde entlang durch das ***Falls of Clyde Nature Reserve***. Leider raubt die Schleuse eines Wasserkraftwerks dem Clyde eine enorme Wassermenge, die die Stromschnellen und Wasserfälle einiges an Dramatik kostet. Für die Lachse, die den Clyde hinaufschwimmen oder -springen, genügt das reduzierte Wasservolumen, um die Granitfelsen und die Klippen zu überwinden. An einigen Sonntagen in den Sommermonaten wird die Schleuse für eine Stunde geöffnet, und die Clyde-Wasserfälle führen wieder Normalwasser.

Unterkunft

In New Lanark selbst gibt es nur sehr teure Unterkünfte (ab £ 33), dafür bietet die Stadt Lanark, 2 km entfernt von der Industriesiedlung, einige Übernachtungsmöglichkeiten an:

- ***Mrs. M. Findlater,*** Jerviswood Mains Farm, T: (01555/663 987) ab £ 20, 2 km östlich des Ortskerns.
- ***Bankhead Accomodation,*** Bankhead Farm, Braxfield Road, T: 01555/666 560, ab £ 18, nahe New Lanark (10 min)!

Dumbarton

Von Glasgow aus führt die A 82 in Richtung Norden tief in die Highlands hinein bis nach Fort William. Etwa 25 km hinter Glasgow passiert man die Industriestadt Dumbarton, die einst ein Zentrum des Schiffbaus war.

Mary Queen of Scots wurde im Alter von fünf Jahren von Dumbarton mit einem Schiff nach Frankreich gebracht, zum Schutz vor dem wütenden englischen Monarchen *Henry VIII*. Dieser hatte sich im 16. Jh. einen trickreichen Plan erdacht, um Schottland ohne Krieg ins englische Königreich einzugliedern. Sein Sohn Edward sollte mit *Mary Stewart,* der legitimen schottischen Thronfolgerin, vermählt werden und Edward dann die beiden Königreiche in einer Person (Personalunion) regieren.

Doch die Schotten durchschauten die Pläne des englischen Königs und krönten *Mary Stewart* im Jahre 1542 kurzerhand zur Königin von Schottland. *Henry VIII.,* furchtbar erzürnt über das schottische Handeln, reagierte seine Wut im südlichen Schottland ab, wo seine Truppen große Verwüstungen hinterließen – das Ereignis ging in die schottische Geschichte als „Rough Wooing" ein.

Sehenswertes

Mary wurde vom ***Dumbarton Castle*** vor den Truppen des englischen Königs nach Frankreich in Sicherheit gebracht. Von der ursprünglich mittelalterlichen Burg in Dumbarton sind heute das Burgverlies, ein Torweg und eine Sonnenuhr erhalten, die Königin Mary dem Castle geschenkt hat. Der große Rest des Inventars stammt aus späteren Jahrhunderten.

Das Dumbarton Castle steht auf einem Felsen, dem Dumbarton Rock, in der Stadtmitte. (Ö: im Sommer Mo-Sa 9.30-18.30 h, So 14.00-18.30 h, Okt.-März Mo-Sa 9.30-18.30 h, So 14.00-16.30 h, E: £ 2, erm. £ 1.50, Kinder 75p)

Verbindungen

- Von Glasgow fahren drei ***Busse*** der *Scottish Citylink* von der *Buchanan Bus Station* bis Dumbarton. Morgens um 8.30 h verkehrt der erste Bus, um 13.30 h (außer sonntags) der zweite, der letzte um 18.00 h. Studenten zahlen die Hälfte des Preises.
- Nach Dumbarton und weiter nach Loch Lomond führt ein ***Radweg,*** auf dem viele Glasscherben liegen: Flickzeug! Er startet in der Nähe des *Kelvin Hall & Transport Museums*. Weitere Informationen: *Sustrans,* 3 Coates Place, Edinburgh EH3 7AA, T: 0131/623 7600.

Helensburgh

Hinter Dumbarton führen 2 Straßen, die A 82 und die A 814, nach Norden in die Highlands. Beide treffen in Arrochar, einem Dorf hinter Loch Lomond, wieder zusammen. Die verkehrsreiche A 82 ist der Hauptverbindungsweg ins schottische Hochland und verläuft am linken Ufer von Loch Lomond. Die ruhigere, nicht ausgebaute A 814 folgt zuerst der Küstenlinie von Gare Loch, danach der des Loch Long. Etwa 13 Kilometer hinter Dumbarton erreicht die Straße Helensburgh.

Ein berühmter Mann ist im Jahre 1888 in der Stadt Helensburgh geboren worden, *John Logie Baird,* der Pionier der Fernsehtechnik. Er erfand einen mit infraroten Strahlen arbeitenden Fernsehapparat.

Die Küste von Helensburgh ist ein geeigneter Standort zum Schwimmen, Segeln oder Wandern. Die Berge im Hinterland von Helensburgh ermöglichen weite Blicke über Gare Loch und den Mündungsarm des Clyde. Ein schöner Weg führt durch Glen Fruin; ein Tal, das sich von der B 832 vor der Ortschaft Daligan erreichen lässt.

Sehenswertes

Im Jahre 1902 entstand das sogenannte ***Hill House,*** ein Landhaus, entworfen von *Charles Rennie Mackintosh,* dem einflussreichen Jugendstilarchitekten. *Mackintosh* begreift das Wohnhaus in seiner geschichtlichen Entwicklung als Fortführung der

Burg. Bewusst verwendet er Elemente der mittelalterlichen Burg-Architektur, wie den Turm, das verstrebte (vergitterte) Fenster oder den Erker. Diese architektonischen Elemente verbindet er mit seinen eigenen Vorstellungen von Baukunst. Einige Anregungen, wie die Pflanzen- oder Tierornamentik, hat *Mackintosh* aus dem asiatischen Kulturkreis übernommen. Unterstützt von seiner Frau, entwarf *Mackintosh* nicht nur das Äußere des Hill House, sondern auch die komplette Inneneinrichtung.

Das Hill House, Upper Colquhoun Street, liegt an der B 832 am Stadtausgang von Helensburgh in Richtung Daligan auf der rechten Seite, von wo

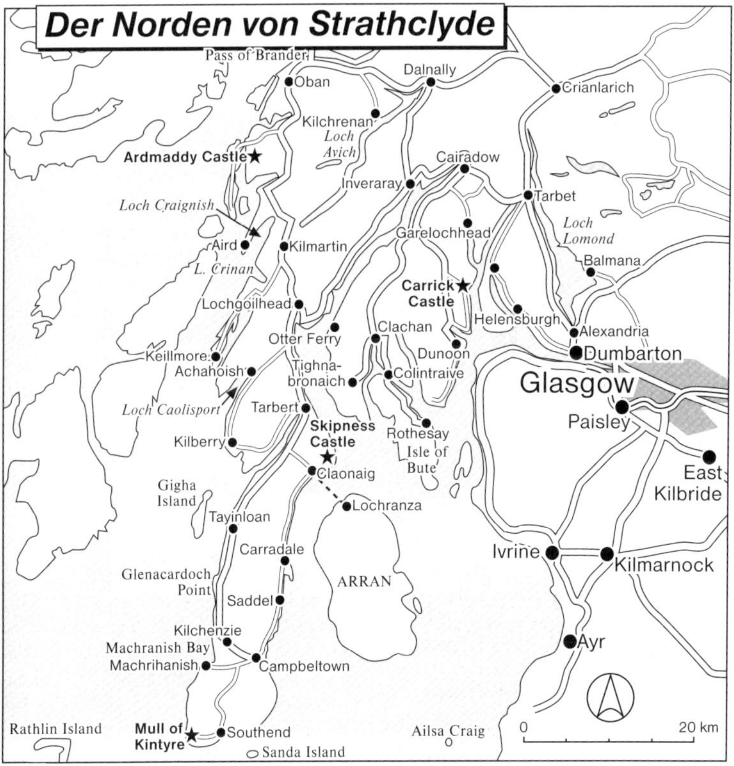

man den breiten Mündungsarm des Clyde überblickt. (Ö: täglich 13.00-17.00 h, E: £ 6, erm. £ 4.50)

Verbindungen

- Helensburgh ist mit dem ***Zug*** vom Bahnhof Glasgow, Queen St., zu erreichen (8.12 h, 12.42 h, 18.12 h).
- Eine ***Personenfähre*** verkehrt neunmal täglich mit den Orten Kilcreggan und Gourock, die sich am Mündungsarm des Clyde gegenüberliegen. Von Gourock laufen Fähren weiter nach Dunoon aus, dem Urlaubszentrum auf der Halbinsel Cowal.
- Die ***Busse*** der Scottish Citylink fahren vom Buchanan Busbahnhof ab, eventuell muss man in Dumbarton umsteigen.

Loch Lomond

Der ***größte Binnensee Großbritanniens*** zeigt sich dem Besucher von zwei verschiedenen Seiten. Das eine ist das touristische Westufer, an dem die laute Hauptverbindung, die A 82, entlangführt. Das andere ist das Ostufer, an dem der 917 m hohe, grasbewachsene Ben Lomond vom Ufer steil in den Himmel ragt. Die single-track-road B 837 entlang der östlichen Uferlinie endet kurz hinter dem Ort Rowardennan.

Mackintosh's Hill House in Helensburgh

Aktivitäten

- In Balloch oder Tarbet startet man am besten eine kleine oder große ***Bootsrundfahrt*** auf Loch Lomond.

Leider verkehrt die historische ***Countness Fiona*** nicht mehr auf Loch Lomond. Falls jemand £ 2.000 000 zur Restauration des Alten Schiffes übrig hat ...

- Das Gebiet um Loch Lomond eignet sich hervorragend für ***Wanderungen:*** Die Trossachs im Osten waren einst die Heimat von *Rob Roy.*

Unterkunft

- Das ***Anchorage Guest House*** in Balloch, am südlichen Ende von Loch Lomond, Balloch Raod, kostet ab £ 20, T: 01389/ 753 336.
- ***Balloch Hotel*** in Balloch nimmt für B&B ab £ 32, T: 01389/752 579. Wer das nötige Kleingeld besitzt, sollte hier das Essen probieren.
- Am nördlichen Ende von Loch Lomond, in Ardlui, liegt das gleichnamige ***Ardlui Hotel.*** Für B&B bezahlt man ab £ 30-40.
- Die *Forestry Comission* betreibt die ***Cashel Caravan & Dampsite,*** Rowardennan, geöffnet März-Okt., ab £ 8-9.60, T: 01360/ 870234.
- In Rowardennan bietet sich die gleichnamige ***Jugendherberge Rowardennan*** (Standard Grade), T: 01360/870 259, als Durchgangsstation an: für Wanderer auf dem West Highland Way, der am Ostufer von Loch Lomond verläuft, oder als längere Bleibe, um die Hügel und Seen des *Queen Elizabeth Park* ausgiebig zu erkunden. März-Okt., ab £ 8.
- Ganz in der Nähe der Ortschaft Balloch, an der A 82 in Richtung Norden, steht am linken Straßenrand die noble ***Jugendherberge Loch Lomond*** (Higher Grade), etwa 2 km vor Arden, T: 01389/850 226, ganzjährig geöffnet, £ 11.75-13.25.
- ***Mrs. A. Lennox,*** Shantron Farm in Luss offeriert B&B für £ 20-30, T/Fax: 01389/ 850 231.

Halbinsel Cowall

Dio Halbinsel Cowall, begrenzt von Loch Long im Osten und Loch Fyne im Westen, zerfurchen fjordartige Meeresarme. Freunden des ***Wassersports*** eröffnen sich hier viele Möglichkeiten. Auf der Segelschule in Tighnabruaich können Anfänger das nötige Handwerk lernen. Angelbegeisterte haben die freie Auswahl, ihr Glück in den salzigen Loch Long oder Loch Goil zu versuchen oder Forellen im Süßwasser von Loch Eck zu fangen. An der Küste südlich von Tighnabruaich laden Sandstrände zum Baden ein.

Im Norden Cowalls erstreckt sich der ***Argyll Forest Park.*** Ausgedehnte Wanderpfade führen durch die aufgeforsteten Gebiete zwischen Loch Eck und Loch Goil. Für Klettertouren ist das Bergmassiv, die „Arrochar Alps", im Norden Cowalls geeignet. Die Berge The Cobler und der Beinn Narnain erreichen beide eine Höhe von über 1000 m.

Eine gute Bleibe für Wanderer und Bergsteiger ist die ***Jugendherberge*** (T: 01301/702 362, ab £ 10, Standard Grade) in Ardgarten, das 4 km von Arrochar in Richtung Inveraray an der A 83 liegt. Busreisende, die sich in Ardgarten einquartieren möchten, wird der Busfahrer an einem günstigen Punkt an der Hauptstraße absetzen.

Die Straße A 815 erschließt das Gebiet der Halbinsel Cowall; sie zweigt kurz vor Cairndow von der A 83 ab, welche ihren Weg weiter nach Inveraray fortsetzt. Wer Hunger verspürt, sollte vor Erkundung Cowalls jedoch noch ein Stück weiter auf der A 83 nach Cairndow fahren. Die ***Clachan Farm*** serviert täglich von 9-18 h Austern und Fischspezialitäten.

Nach 4 km Fahrt auf der A 815 öffnet sich vor dem Fahrer das Tal ***Hell's Glen.*** Eine einspurige Straße, die B 839, schlängelt sich durch das tief eingeschnittene Tal bis nach Lochgoilhead und weiter an der Küste Loch Goils entlang bis Carrick, dem Ende der Straße!

In Carrick, auf einer kleinen Landzunge am Loch Goil, steht das ***Castle Carrick.*** Die Mauern der Burg aus dem 14. Jh. sind intakt, dafür fehlt das Dach. Die *Lords von Argyll* hielten hier Gericht, und Übeltäter fanden nach einem Urteilsspruch gleich ihren Platz im Gefängnis der Burg. Im Jahre 1685 brannten die Truppen des *Earls of Atholl's* die Burg nieder.

Zum ***Castle Lachlan*** fährt man 4 km hinter Strachur die B 8000 nach Newton ab. Die Burgruine liegt 4 km hinter Newton in Richtung Otter Ferry am Loch Fyne. Das Castle war früher der Sitz des Clans MacLachlan. Ein Besuch der grünüberwachsenen Burgruine, die zum ersten Mal im Jahre 1314 erwähnt wurde, lohnt vor allem unter landschaftlichen Gesichtspunkten.

Hinter dem Ort Clachan of Glendarual zweigt von der A 886 die A 8000 ab, eine single-track-road. Sie führt in eine Gegend, die schon allein wegen ihres Panoramas zu den feinsten auf Cowall zählt.

Dort, im Südwestzipfel der Halbinsel ist ***Tighnabruaich*** das geschäftigste Dorf. Einige Segelyachten liegen in der geschützten Bucht. Die *Tighnabruaich Sailing School* (T: 01700/ 811 717) erteilt Segel- und Surfkurse. Als Übernachtungsmöglichkeit bietet sich hier das ***Tighnabruaich Hotel,*** Main Street, an, mit 5 'bunk'-rooms, ab £ 12, T: 01700/ 811 615.

Auf einer Länge von 30 km setzt die A 815 ihren Weg nach Dunoon fort, dem größten Ort auf der Halbinsel Cowall. Die Straße verläuft am Ufer von Loch Eck, das sich wie ein Bandwurm zwischen den Bergen des Argyll Forest Parkes windet. Von den waldgesäumten Hügeln des Parks hat man eine hervorragende Aussicht auf Loch Fyne, Loch Long oder Loch Goil. In Kilmun, 10 km nördlich von Dunoon, lässt sich die ***Kilmun Church*** bestaunen. Dort war einst ein keltisches Kloster aus dem 7. Jh. Der Turm der Kirche stammt aus dem 15. Jh., das aktuelle Gebäude aus dem 19. Jh. Die Orgel wird mit Wasserkraft betrieben. (Ö: Ostern bis Sept. Di-Do 13.30 h-16.30 h, E: Spende)

Dunoon

In der Stadt Dunoon, am Firth of Clyde, leben über 9000 Menschen, mehr als 50 Prozent der gesamten Bevölkerung Cowalls. Die meisten von ihnen arbeiten in der ***Tourismusbranche*** oder sind in der Militäreinrichtung der US-Marine am Holy Loch beschäftigt. An Wochenenden und in den Sommerferien zieht Dunoon mit seinen Seen und bewaldeten Bergen in der unmittelbaren Umgebung erschöpfte Glasgower an, die abends die große Auswahl an Pubs genießen und tagsüber Wassersport treiben oder die Landschaft erwandern.

Vom geschichtsträchtigen ***Dunoon Castle,*** das auf einem kleinen Hügel die Stadt und den Firth of Clyde überblickt, sind nur noch die Reste der Grundmauern zu sehen. Das Dunoon Castle war lange Zeit ein Zankapfel zwischen den Schotten und Engländern, bis der Verfall der Burg aus dem 13. Jh. derart fortgeschritten war, dass es sich für die verfeindeten Parteien nicht mehr lohnte, um sie zu streiten.

Am Fuß des Burghügels steht eine ***Highland-Mary's Statue*** zu Ehren der Geliebten von *Robert Burns, Mary Campbell of Auchnamore,* die auf einer Farm nahe Dunoon geboren wurde. Der schottische Dichter hatte sich in das Mädchen vom Lande mit Haut und Haaren verliebt. Die beiden versprachen sich gegenseitig die Heirat, doch *Mary* starb, bevor die beiden Liebenden vor den Traualtar treten konnten.

The ***Cowall Highland Gathering*** nennen sich die Highland Games in Dunoon. Der Wettbewerb der Dudelsackbläser, Pipe-Bands, Hammerwerfer und vieler anderer Athleten findet am letzten Wochenende im August statt. Verbunden mit den Highland Games wird ein Tanzwettbewerb veranstaltet. Während der ***World Highland Dancing Championships*** messen sich Tanzgruppen aus aller Welt in der Disziplin des Schottentanzes. Die Wettbewerbe locken in der Regel sehr viele Besucher an, sind aber eine ausgesprochen touristische Veranstaltung. Die Eintrittskarten bestellt man am besten im Voraus: *Cowall Highland Gathering,* 2 Hanover Street, Dunoon, T: 01369/703 206.

Nicht verpassen sollte man den ***Younger Botanic Garden*** in Dunoon, einen 60 ha großen Landschaftspark mit riesigen Redwood-Bäumen. (Ö: März-Okt. 9.30-18.00 h, E: £ 2)

Information

- Wanderkarten, ein ausführliches Verzeichnis der Sehenswürdigkeiten auf Cowall und andere Informationen vertreibt das ***Dunoon & Cowall Tourist Board,*** 7 Alexandra Parade, Argyll PA23 8AB, T: 01369/703 785.

Aktivitäten

- ***Clyde Marine Cruises*** am Pier bietet kleine Kreuzfahrten rund um den Firth of Clyde an.
- ***Castle Tennis Club,*** Castle Gardens, hat vier Courts zur Verfügung.
- ***Dunoon & District Angling Club,*** 28 Royal Crescent, T: 01369/705 732, erteilt die Erlaubnisscheine zum Angeln.
- Im ***Cowal Golf Club,*** Ardenslate Road, T: 01369/705 673, spielt man auf einem 18-Loch-Platz. Die Runde kostet ab £ 16.
- ***Velvet Path Trekking & Pony Riding Centre,*** in Innellan südlich von Dunoon, verleiht Pferde an alle Reitbegeisterten.

Verbindungen

- Zwischen Gourock, auf der Ostseite des Firth of Clyde, und Dunoon verkehren in der Zeit von 7.00 und 19.00 h über 15 ***Fähren.*** Von Gourock besteht ein sehr guter Anschluss zum Bahnhof Glasgow Central. Die *Caledonian MacBrayne Ltd*, Dunoon Pier am Kiosk, T: 01369/706 491, unterhält die Fährverbindung mit Gourock. Die einfache Fahrt kostet ab £ 3.50, Pkw ab £ 7.50.

●Eine andere, etwas billigere Fährverbindung besteht zwischen Hunters Quay und McInroys Point, unterhalten wird die Strecke von *Western Ferries*, Abfahrtszeiten halbstündlich 6.30-23.30 h, T: 01369/704 452.

Unterkunft

●Im **West End Hotel,** West Bay Promenade, T: 01369/702 907, Fax: 706 266, kostet die Übernachtung ab £ 18.50.

●***Mrs E.M. Ramsay,*** 201 Marine Parade, Hunters Quay, nimmt für eine Übernachtung ab £ 15, T: 01369/702 889.

●***Bed & Breakfast*** findet sich rund um den Pier ab £ 16 in der Alexandra Parade und der Marine Parade.

●In der näheren Umgebung von Dunoon gibt es einige Campingplätze, die ***Cot House Caravan Site,*** Cot House Kilmun, T: 01369/840 351, kostet ab £ 9.

●***Stratheck Country Park,*** Loch Eck, an der A 815 bei Younger Botanic Garden, £ 5-12, T: 01369/840 472.

●Klein aber fein: ***R. Worters,*** hinter Ardentinny, an der A 880, Zelt schon ab £ 2, T: 01369/810 256.

Bute

Die Insel Bute trennt nur ein Katzensprung vom Festland der Halbinsel Cowall. Bute gehört zum Naherholungsgebiet von Glasgow. Das Zentrum der Insel ist die Stadt Rothesay an der Westküste mit rund 6000 Bewohnern; auf dem Lande leben dagegen zum Vergleich nur rund 1500 Menschen.

Bute ist touristisch von A-Z erschlossen. Im Mai wird ein Jazz Festival veranstaltet und Mitte August finden die ***Highland Games*** statt. Wenig später schließt sich die ***Rothesay Flower Show*** zu Beginn des Septembers an.

Kampf der Elemente am Mull of Galloway

Sehenswertes

In und um Rothesay gruppieren sich viele Sehenswürdigkeiten Butes. Die ***Ardencraig Gardens,*** südlich von Rothesay an der A 844, gehören der Royal Burgh of Rothesay; hier zieht man Pflanzen, die in ganz Bute vertrieben werden. In Käfigen sind Vögel aus aller Welt zu beobachten und allerlei verschiedene Fische schwimmen in den Teichen des Gartens. (Ö: Mo-Fr 9.00-16.30 h, Sa und So 13.00-16.30 h; Eintritt frei)

Das ***Bute Museum,*** Stuart Street, im Zentrum Rothesays gegenüber dem Rothesay Castle gelegen, stellt eine breite Palette von frühgeschichtlichen Funden aus und gibt Auskunft über die Geschichte der Seefahrt auf Bute. (Ö: Mo-Sa 10.30-16.30 h, So 14.30-16.30 h. E: £ 1.20, Senioren 70p).

Die Geschichte hat in Bute Spuren hinterlassen, die tiefste Spur im ***Rothesay Castle,*** das im 11. Jh. von den Wikingern gegründet wurde und in der Schlacht von Largs im Jahre 1263 in schottische Hände fiel. Die Burg wurde von den Truppen Cromwells im Civil War, dem Bürgerkrieg im 17. Jh., stark beschädigt. Das besondere an der mittelalterlichen Burg ist ihre Architektur: Vier Rundtürme sind zusammen mit hohen Mauern um einen runden Burghof angeordnet. Die Burg, eine Zeit lang Hauptquartier der *Stewarts,* des schottischen Herrschergeschlechts, befindet sich auf dem Castlehill, dem Burghügel mitten in Rothesay. (Ö: Apr.-Sept. Mo-Sa 9.30-18.30, So 14.00-18.30, Eintritt £ 2, Kind 75p)

Die Überreste einer mittelalterlichen Pfarrkirche zu Ehren der Mutter Jesu, ***St Mary's Chapel,*** finden sich im Süden von Rothesay an der Upper High Street, in Richtung Loch Fad. In der Kapelle, die wahrscheinlich im 12. Jh. errichtet wurde, sind zwei Grabmäler zu sehen. Auf einem ist ein Ritter in voller Rüstung abgebildet, auf dem anderen eine Mutter mit ihrem Kind. Ö: ganzjährig, E: frei)

Schon im 6. Jh. gründete der *Heilige Blane* die ***St Blane's Chapel*** ganz im Süden Butes, die heute leider nur noch eine Ruine ist. Zur Kapelle führt von Rothesay die A 845 nach Kingarth, in Richtung Süden. Kurz vor Kingarth muss man nach Garrochty rechts abbiegen. Die Kapelle liegt nach etwa 2 km links auf einer kleinen Anhöhe. Am Straßenrand auf dem Weg dorthin sind ein Steinkreis und einige Standing Stones zu sehen.

Auch der *Heilige Ninian* hat auf Bute im 6. Jh. eine Kirche gebaut. Von der ***St Ninians Chapel*** existieren allerdings nur noch die Grundmauern und der Klostergarten. Die Kapelle findet sich zwischen Glecknabae und Kilmichael an der Nordwestküste Butes.

Kames Castle liegt an der A 886 von Rothesay kommend hinter Port Bannatyne auf einer kleinen Anhöhe. Die Burg aus dem 14. Jh. ist allerdings für die Öffentlichkeit nicht zugänglich.

Information

- ***Isle of Bute Tourist Board,*** Rothesay, Isle of Bute PA 20 0AJ, T: 01700/502 151.

Verbindungen

- Die früheste von den ca. 15 ***Fähren*** nach Rothesay legt um 7.15 h von ***Wemyss Bay*** ab, die letzte um 20.40 h. Auf umgekehrtem Weg von Rothesay nach Wemyss Bay startet die erste Fähre um 6.30 h, die letzte um 19.45 h. Samstags und sonntags ist der Fährbetrieb eingeschränkt. Die einfache Fahrt kostet £ 3.35 für eine Person, ab £ 13.50 für einen PKW. Zum Einchecken sollte man 30 min vor Abfahrt an Ort und Stelle sein. T: 01475/520 521 (Wemyss Bay).
- Die andere ***Fährverbindungung*** nach Bute ist ***Colintraive-Rhubodach,*** im Norden Butes. Zwischen 5.30 h und 19.55 h verkehren die Fähren im 30-Minutentakt. Der Fahrpreis beträgt £ 1.05 für die einfache Fahrt, für Autos zahlt man ab £ 6.80. T: 01700/841 235
- Von *Glasgow Central Station* aus besteht eine direkte ***Zugverbindung*** nach Wemyss Bay, der Fährablegestelle nach Bute. Ab 7.35 h in der Frühe fahren nahezu stündlich Züge nach Wemyss Bay. T: 0345/484 950.
- ***Autofahrer*** nehmen von Glasgow die M 8 Richtung Port Glasgow/Greenock u.durchfahren Greenock in Richtung Largs. Etwa 15 km hinter Greenock erreicht man Wemyss Bay, die Fährablegestelle nach Bute.

Aktivitäten

- Ein weites Feld ist das Sportangebot auf Bute. ***Golfer*** können zwischen drei Golfplätzen wählen.
- ***Angler*** fangen Forellen in den Seen im Süden der Insel, Quien Loch, Loch Fad und Loch Ascog, vorausgesetzt, sie haben sich um die Angelerlaubnis gekümmert. Das *Bute Estate Office* in Rothesay, High Street, erteilt die Lizens, um im Quien Loch und im Loch Ascog Forellen zu angeln. Die Angelerlaubnis für Loch Fad bekommt man vom *Bute Tools,* 45 Montague Street in Rothesay.
- ***Reitersleuten*** offerieren zwei Farmen auf Bute Pony Trekking: das *Rothesay Riding Centre,* Ardbrannan, Canada Hill, in Rothesay und das *Kingarth Trekking Centre,* Old School, Kilchattan Bay im südlichen Teil der Isle of Bute, T: 01700/831 627.
- Für ***Segler, Surfer und Taucher*** ist die Stadt Rothesay die beste Adresse. Sowohl in Rothesay als auch in Port Bannatyne befindet sich eine Segelschule. Nähere Auskunft erteilt das *Tourist Board* am Pier in Rothesay, PA20 0AJ, T: 01700/502 151. Wer sich dem Tauchen verschrieben hat, wendet sich an *Bute Sailing School,* Battery Place, T: 01700/502 819. Dort kann man sich ein Boot chartern zum Tauchen oder Angeln auf hoher See.
- ***Wanderer*** versuchen ihr Glück im Norden Butes. Dort können sie auf den höchsten Hügel, den Windy Hill (278m), spazieren. Bergsteiger kommen in Bute nicht auf ihre Kosten.
- Das ideale Fortbewegungsmittel auf Bute ist das ***Fahrrad.*** Wer sein eigenes zu Hause gelassen hat, kann sich von den *Calder Brothers,* 7 Bridge Street, Rothesay, einen Drahtesel ausleihen, T: 01700/504 477.

Unterkunft

- ***Kames Castle,*** Port Bannatyne, ein Tower House aus dem 14. Jh, in einem alten Cottage, 4-9 Personen, die Woche £ 230-595, T: 01700/504 500.
- ***The Plan Farm,*** in der Nähe von Kingarth, hat Zimmer in landwirtschaftlichem Ambiente, ab £ 18. Schön gelegen am südlichen Zipfel von Bute, T: 01700/831 652.
- ***Guilford Court,*** liegt zentral am Hafen von Rothesay, nur eine Minute vom Ferry Terminal entfernt, 3 Watergate, PA20 9AB, T: 01700/503 770, ab £ 15.
- Bute besitzt zwei ***Campingplätze.*** Beide liegen in der Nähe von Rothesay. ***Lanerly Garth,*** Serpentine Road, bietet keine Möglichkeit zum Zelten, dafür Wohnwagen zum Mieten für Selbstversorger. Die Serpentine Road liegt in direkter Nachbarschaft zum Golfplatz. Wegbeschreibung: Der A 845, der High Street Richtung Loch Fad, dann der Minister's Brae nach links folgen, dann auf der Höhe nach rechts der Rosslin Road entlang, die nächste Straße links, dann wieder links. Der Campingplatz befindet sich gleich auf der rechten Seite, zwischen £ 105-240. T: 01700/502 048.
- Von ***Roseland Caravan Park,*** Canada Hill, Rothesay, hat man einen Überblick über

den Firth of Clyde. Der Campingplatz verfügt über zehn Wohnwagen sowie 3 Zeltstellplätze. T: 01700/ 504 529. Der Canada Hill ist der Hügel, der sich hinter Ardencraig auftürmt, £ 6-8.

Inveraray

Von Arrochar am Loch Long fährt man auf der A 83 etwa 40 km bis nach Inveraray, einem Städtchen mit einer merkwürdigen Geschichte. Das Städtchen am Loch Fyne ist der Sitz der Herzöge von Argyll. Im 18. Jh. ließ *Archibald*, der dritte Herzog (Duke) of Argyll, seine mittelalterliche Burg abreißen, weil sie seinen ästhetischen Maßstäben widersprach. Das Fischerdorf Inveraray störte seinen Sinn für Kunst ebenfalls, und daher wurde zusammen mit der alten Burg auch gleich das gesamte Fischerdorf abgerissen.

Der Reichtum Archibalds sorgte dafür, dass ein neues prunkvolles Schloss an der Stelle der alten Fischersiedlung entstand. Das neue Inveraray verlegte der leitende Architekt *Roger Morris* einen Kilometer weiter südwärts auf eine Landzunge. *Robert Mylne* entwarf das Argyll Arms Hotel und das Rathaus, ein anderer bedeutender Architekt seiner Zeit, *John Adam*, die Kirche. Das Städtchen, das auf dem Zeichenbrett entstand, hat mit seinen weißen Häusern an sich etwas Prachtvolles - wenn man über die Souvenirläden, die auf Touristen fixierten Cafés und Kneipen sowie die hohen Eintrittspreise hinwegsieht.

Sehenswertes

Das ***Inveraray Castle*** liegt einen Kilometer nördlich von Inveraray an der A 83. Das Schloss des *Duke of Argyll*, des Clanchiefs der *Campbells*, begonnen im Jahr 1744, beanspruchte über 40 Jahre Bauzeit. Das Ergebnis ist ein prachtvolles rechteckiges Märchenschloss mit vier runden Spitztürmen an jeder Ecke, eingebettet in eine künstlich angelegte Gartenlandschaft.

Das Innere des Schlosses wurde noch üppiger als das aufwändige Äußere gestaltet. Wertvolle Teppiche, Silbergeschirr und Porzellan aus China, die Waffenhalle mit Beutestücken vergangener Feldzüge und die Familienportraits, gemalt von Meistern wie *Ramsay* oder *Raeburn*, locken heute sehr viele Besucher an.

Inveraray Castle

(Ö: April-Okt. Mo-Sa 10.00-12.30 h, 14.00-17.00 h, So 13.00-17.00 h, Fr geschlossen, Juli und Aug. Mo-Sa 10.00-17.00 h, So 13.00-17.00 h. E: £ 5.50, Senioren £ 4.50, Kinder £ 3.50)

Inveraray Jail, das alte Gefängnis am Ufer von Loch Fyne, wurde umgestaltet in ein Gefängnismuseum. In den historisch präparierten Zellen sitzen Menschenpuppen. Eine Ausstellung klärt über die Foltermethoden des Mittelalters auf. (Ö: Apr.-Okt. 9.30-17.00 h. E: £ 4.90, Kinder £ 2.40, Senioren £ 3.10)

Der ***Argyll Wildlife Park*** ist ein 25 ha großer Tierpark an der A 83, 2 km südlich von Inveraray, berühmt für seine Eulen- und Wildhuhnsammlung. (Ö: täglich von 10.00-17.00 h, E: £ 4.50, Senioren £ 3.50, Kinder £ 2.20)

Das ***Auchindrain Township Open Air Museum*** liegt 9 km südlich von Inveraray. Das ursprüngliche Hochlanddorf wird heute als ***Freilichtmuseum*** genutzt. Die Landhäuser aus dem 18. und 19. Jh. sind wie zu ihrer Gründungszeit belassen, als die Bauern das Feld noch mit den einfachsten Geräten bestellen mussten. Das Empfangshaus hält bei Regen einen Schirm bereit. (Ö: Apr.-Sept. 10.00-17.00 h, E: £ 3.80, Senioren £ 3, Kinder £ 1.80)

Unterkunft

- Das ***Fernpoint Hotel*** am Pier kostet ab £ 20-45, T: 01499/302 170.
- ***George Hotel,*** für Inveraray preisgünstig, verlangt ab 20-35, T: 01499/302 111.
- Die Jugendherberge ***Youth Hostel*** in Inveraray findet sich in Richtung Dalmally/Oban. Von Arrochar kommend, biegt man am Ortseingang durch den steinernen Torbogen nach rechts ab. Nach etwa 500 m steht die Jugendherberge an der linken Straßenseite, T: 01499/302 454, £ 8.
- Der ***Campingplatz Argyll Caravan Park*** liegt 4 km südlich von Inveraray, an der Küstenstraße A 83, T: 01499/302 285, ein Wohnwagen kostet ab £ 200 die Woche (6 Personen), der Stellplatz zwischen £ 6.90 und £ 10.

Zwischen Inveraray und Oban

In Inveraray zweigt die A 819 nach Norden von der A 83 ab, die ihren Weg bis Lochgilphead fortsetzt. Auf einer Länge von etwa 25 km durchquert die A 819 das ***Glen Aray,*** ein waldgesäumtes Tal, dann erreicht die Straße hinter Cladich einen langgezogenen Inlandsee, ***Loch Awe.*** Folgt man ca. 8 km dem Uferverlauf des Sees, dann stößt man auf die A 85, die Verbindungsstraße zwischen Perth und Oban.

In Richtung Oban muss man nach links abbiegen. An der nördlichen Spitze von Loch Awe präsentiert sich ***Kilchurn Castle,*** eine Wohnburg aus dem 15. Jh. Die Burg wurde auf Veranlassung von *Sir Colin Campbell* gebaut, der Nord- und der Südteil stammen aus dem Jahre 1693. Die Burg besteht heute noch als Ruine. Man kann sie zu Fuß oder per Boot erreichen. (Ö: nur im Sommer, E: frei)

Zurück auf der Straße nach Oban, der A 85, passiert man kurz nach der Burg das Dorf ***Lochawe*** am gleichnamigen Loch Awe. Wer die mit ca.

37 km längste Bucht Schottlands mit ihrer reichen Vegetation erkunden möchte, für den ist der kleine Ort ein guter Ausgangspunkt. Vom Pier sticht ein ***restauriertes Dampfschiff,*** *Lady Rowena,* zu Erkundungsausflügen in See, allerdings nur im Sommer. Das Schiff fährt ca. um 10.30 h und um 16.00 h ab. Die Fahrt dauert zwischen einer und drei Stunden.

Nach Lochawe steigt die Straße allmählich an und überquert den Pass of Brander, rechts flankiert vom 1126 m hohen Ben Cruachan, von dessen Spitze sich bei klarem Wetter eine weite Aussicht eröffnet. Innen im Berg, in einer riesigen Aushöhlung, befindet sich die ***Cruachan Pumped Storage Power Station,*** ein Wasserkraftwerk mit einer Leistung von 400 MW. Die Einfahrt in das Kraftwerk befindet sich an den Waterfalls of Cruachan. Ein kleiner Bus fährt Besucher in den Berg. (Ö: Sommer 9.30-18.00 h, E: £ 3, Kinder £ 1.50, Senioren £ 2,75)

An dem Ort ***Taynuilt*** hat man die Passhöhe hinter sich gelassen. Die Landschaft wird weniger gebirgig; zur rechten liegt das Loch Etive, zur linken erstreckt sich ein Waldgebiet, der Fearnoch Forest. Wenn Sie in Taynuilt der A 845 nach rechts folgen, erwartet Sie dann am Loch Etive eine Besonderheit, ein Relikt aus der Anfangszeit der Industrialisierung: ***Bonawe Iron Furnace,*** ein mit Holzkohle gefeuerter Hochofen. Hier wird die Herstellung von Eisen vom Abholzen der Bäume, die sich auf Kohlemeilern in Holzkohle verwandeln, bis zur Verhüttung erklärt.

In dem „Hollow Mountain“ von Ben Cruachan (BTA, mit frdl. Genehmigung)

(Ö: Sommer Mo-Sa 9.30-18.30 h, So 14.00-18.30 h. E: £ 2.50, Kinder £ 1, ermäßigt £ 1.90)

Von Taynuilt bis nach Oban, der geschäftigen Touristenstadt am Firth of Lorn, sind es noch rund 20 km.

Oban

Die Hafenstadt am Firth of Lorne ist ein florierender Ort, mit 8000 Einwohnern der größte im weiten Umkreis. Bekannt ist Oban als Urlaubsgebiet für Wassersportler, vor allem für Segler und Taucher. Sie profitieren von der geschützten Lage der Stadt. Die Insel Kerrara liegt wie ein Wellenbrecher in einer Entfernung von 1-2 Kilometern vor der Küste Obans und schützt den Hafen. Für Inselreisende, die mit den Schiffen der *Caledonian MacBrayne* auf die Hebriden fahren möchten, ist die Stadt Oban Durchgangsstation.

Mitte/Ende August finden die ***Highland Games*** in Oban statt. Andere Feste: ***Ceilidh Festival*** und ***Oban Mod*** werden gewöhnlich in der 2. Junihälfte veranstaltet.

An Sehenswürdigkeiten ist Oban nicht reich, dafür besitzt es eine Kuriosität, den ***McCaig's Tower.*** Entworfen nach dem Vorbild eines Kolosseums, thront das eigenartige Bauwerk des Bankiers *McCaig* über der Stadt. Zwei Ziele verfolgte *McCaig* mit dem Bau, erstens sich und seiner Familie ein außergewöhnliches Denkmal zu schaffen, was ihm ohne Zweifel gelungen ist, und zweitens den vielen arbeitslosen Zeitgenossen eine Beschäftigung zu geben. Leider wurde das Bauwerk nicht vollendet, denn *McCaig* starb vorher und seine Erben verfolgten andere Ziele, als *McCaig's* Sozial-Turm zu vollenden. (Ö: beliebig, E: frei)

Nördlich von Oban, zu Fuß ca. ½ h, steht die Ruine des ***Dunollie Castle*** aus dem 13. Jh. Die Burg war der Stammsitz des *Clans Mac Dougall,* der die Grafschaft Lorne beherrschte. Von der Burgruine hat man einen schönen Ausblick auf die Bucht von Oban. Der Eintritt ist frei.

Eine andere Burg der *MacDougalls* findet sich weitere 6 km nördlich, abseits der A 85. Das ***Castle Dunstaffnage*** kontrollierte in strategisch günstiger Position die Einfahrt zum Loch Etive. (Ö: im Sommer Mo-Sa 9.30-18.30 h, So 14.00-18.30 h, E: £ 2, Senioren £ 1.50, Kinder 75p)

Information

- Das ***Tourist Board*** in Oban, Boswell House, Argyll Square, PA34 4AN übernimmt auch die Vermittlung von Zimmern, T: 01631/563 122, www.oban.org.uk

Aktivitäten

- ***Oban Rare Breeds Farm Park,*** 3 km südöstlich von Oban, Richtung Kilmore ist ein kleiner, natürlicher Park ohne viel Brimborium. Viele Tiere dürfen gestreichelt werden. Eine Tierärztin leitet den Park und klärt die Besucher über die vom Aussterben bedrohten Haustierrassen auf (Ö: im Sommer 10.00-17.30 h, Erwachsene £ 5, ermäßigt £ 3.50, Familie £ 15).
- ***Borro Boats,*** Dungallan Parks. Gallanach Road, T: 01631/563 292 verleiht kleinere Segel- und Motorboote.
- ***Oban Highland Theatre,*** in der George Street im Zentrum, führt zweimal wöchentlich Theater auf, außerdem die neuesten Kinofilme, T: 01631/562 444.

●Ein klassischer *Single-Malt* wird in der ***Oban Distillery*** hergestellt. (Ö: 9.30-17.00 h, Juli-Sept.9.30-20.30 h, So 12.00-17.00 h, E: £ 3.50)

●***Sea.fari,*** 4 Easdale Island, bei Oban, Argyll PA34 4RF, unternimmt Kayak-Expeditionen auf den Hebriden-Inseln und den Küstenstrichen vor Oban und Mull. Die Easdale Insel befindet sich ca. 25 km südlich von Oban. Man folgt von Oban zuerst der A 816 in Richtung Lochgilphead, bevor man dann bei Kilniver nach rechts zur Insel abbiegt.T: 01852/300 003.

●***L'ecume des Mers*** veranstaltet Segelkurse. Der Preis beträgt ab £ 350 für 5 Tage, der Turn geht ab zu den Äußeren Hebriden bis nach Irland, T: 01384/372 184, Adresse: 2 Quantry Road, West Midlands, DY7 6SA.

●Wer in die Luft gehen möchte: die ***Segelflugzeuge*** von ***Connel Gliding Club*** starten montags, mittwochs und freitags ab 7 h sowie samstags und sonntags den ganzen Tag über. D. Whitelaw, Creachann, Glenmore Road, Oban, Argyll, T: 01631/563 343.

Verbindungen

●Von Oban aus verkehren ***Autofähren*** mit den Hebrideninseln Mull, Lismore, Colonsay, Coll, Tiree, Barra und South Uist. Mittwochs ist eine Verbindung über Colonsay bis Islay möglich. Genauere Informationen über die Abfahrtszeiten der Fähren sind bei der jeweiligen Insel beschrieben.

●Oban ist mit der ***Bahn*** vom Bahnhof Glasgow Queen St. zu erreichen. Oban ist die letzte Station der Bahnlinie. Wer weiter nach Norden will, muss zurückfahren bis Crianlarich. Von dort geht die Bahnlinie weiter bis nach Mallaig, der Fährablegestelle nach Skye.

●Von *Glasgow Buchanan Bus Station* fahren die ***Busse*** der *Scottish Citylink* bis nach Oban.

Unterkunft

●An der Esplanade, der Hauptstraße in Oban, finden sich sehr viele Hotels und B&B. Das Tourist Board in Oban, Boswell House, Argyll Square, vermittelt Zimmer, T: 01631/563 122.

Hafenpromenade von Oban

- **Kings Knoll Hotel,** Dunollie Road, zentral, T: 01631/562 536, ab £ 20.
- ***Invercloy Guest House,*** Ardconnel Terrace, T: 01631/562 058, ab £ 15.
- ***Oban Backpackers,*** Breadalbane Street, PA34 5NZ, T: 01631/562 107, Rucksäcke und Reisende werden in 8 großen Räumen verstaut, £ 8.50-10.
- Die billige Adresse für Leute, die mit dem Rucksack unterwegs sind, heißt ***Jeremy Inglis,*** 21 Airds Crescent, T: 01631/565 065, ganzjährig geöffnet, £ 7-8.
- Sutherland Hotel, Corran Esplanade, T/Fax: 01631/562 539, ab £ 18.
- Das ***Youth Hostel*** in Oban, eine schöne Villa, liegt am Ufer an der Corran Esplanade in Richtung Norden, Fort William. Vom Bahnhof in Oban läuft man ca. 25 min bis zur Jugendherberge, T: 01631/562 025, £ 10.25/12.75.
- ***Oben Caravan & Camping Park,*** Gallanach Road, erreicht man über die kleine Küstenstraße südlich von Oban. Vom Zentrum der Stadt folgt man dem Hinweisschild Gallanach, T: 01631/562 425. Für den Stellplatz bezahlen Sie ab £ 7-8 pro Übernachtung.(Ö: April-Okt.)
- Zum Oban ***Country Divers Caravan Park,*** Glenshellach Road, T: 01631/562 755, biegt man in Oban in die High Street ein, lässt das Touristen-Büro rechts liegen und biegt nach links in die Glenshellach Road ein. Nach ca. 2 Kilometern erreicht man den Campingplatz, der Preis für den Stellplatz beträgt £ 6-9.
- ***James Inglis,*** Raera Farm für Selbstversorger, Chalet, Haus oder Cottage. Zwischen £ 100 und £ 420/Woche. T: 01852/316 271.

Die Halbinsel Kintyre

Überblick

Wie der mahnende Zeigefinger der schottischen Gegner englischer Nordirlandpolitik weist die über 100 km lange Halbinsel Kintyre auf die irische Nachbarinsel. Es scheint, als hätte die Natur vorausgeahnt, dass viele Schotten heute mit den katholischen Nordiren sympathisieren.

Die ***Landschaft*** der Halbinsel ist weich gewellt und besitzt für Schottland ungewöhnlich große Waldflächen. Unterhalb der Steilküsten erstrecken sich lange Sandstrände, denen verstreut herumliegende, ausgewaschene Felsen oft ein romantisches Aussehen verleihen. Unberührte Natur werden Sie in Kintyre nicht finden, da der größte Teil des Landes landwirtschaftlich genutzt wird. Für Ruhe und Erholung ist diese Gegend dennoch wie geschaffen.

Kintyre gehört zu den ***ältesten Siedlungsgebieten*** der irischstämmigen Kelten in Schottland. Kammergräber und Steinkreise zeugen darüber hinaus von einer noch älteren Kultur. Im frühen Mittelalter war die Halbinsel das Kernland der Scoten, deren Volksstamm Schottland den Namen gab. Im Hochmittelalter beherrschten die Wikinger Kintyre, wie die gesamte Westküste und die Inseln. Viele Ortsnamen weisen heute noch auf diese Phase der Geschichte hin.

Leider besitzt die ganze Halbinsel Kintyre keine Jugendherberge, die nächsten befinden sich in Oban oder Inveraray, so dass für dünne Geldbeutel nur Zelten oder das vergleichsweise teure B&B bleibt.

Verbindungen

- ***Loganair*** fliegt wochentags mehrmals von Glasgow aus Campbeltown an (Rückflug ab £ 56). Info: T: Glasgow 0141/889 3181.
- Scottish Citylink Coaches (Glasgow Busbahnhof: 0141/332 9191) unterhalten die ***Buslinie*** 926, die früh und abends, werktags auch noch nachmittags von Glasgow Buchanan Station über Inveraray nach Campbeltown fährt. Die Gegenrichtung wird genauso oft befahren. Die gesamte Fahrtzeit beträgt viereinhalb Stunden. Von Glasgow bis Campbeltown kostet die einfache Fahrt ca. £ 12 und von Tarbert ca. £ 6. Von Oban aus fährt nachmittags ein Bus bis Lochgilphead, von wo man mit dem Scottish Citylink weiterfahren kann. Auf der Rückfahrt ergibt sich diese Verbindung nur, wenn man schon um 7.15 h in Campbeltown losfährt.
- Von Kennacraig, 8 Kilometer südlich von Tarbert, fahren ***Autofähren*** nach den Inseln Islay und Jura. Von Claonaig, auf der B 8001 ca. 7 km im Südosten von Kennacraig, starten im Sommer Autofähren zur Insel Arran. Von Tayinloan an der A 83 auf halbem Weg zwischen Tarbert und Campbeltown verkehrt eine Autofähre zur Insel Gigha. Von Campbeltown verkehrt eine Fähre nach Ballycastle (Irland), T: 08705/523 523.

Von Oban nach Tarbert

Durch eine weiche und oft bewaldete Landschaft schlängelt sich die A 816 von Oban aus nach Süden. Etwa 10 km südlich von Oban lohnt ein Abstecher nach dem kleinen Hafenstädtchen Kilninver, das man auf der B 844 erreicht. Dort hat vor einiger Zeit das ***Highland Salmon Center*** eröffnet, zu dem ein Lachs-Museum und eine Zuchtfarm für Lachse gehören. Das Museum vermittelt viele interessante Informationen über den „König der Fische“ und über den Lachsfang. Star der Ausstellung ist ein 67-Pfünder, der größte je in Schottland gefangene Lachs. Highland Salmon Center, Kilninver by Oban, Argyll PA 34 4 QS, Schottland.

Nach weiteren 35 km Fahrt erreichen Sie die kleine Ortschaft ***Kilmartin.*** Am Ende des Dorfes finden Sie rechts einen Parkplatz. Gegenüber liegt ein Hotel mit einem gemütlichen Pub, das am Nachmittag auch einen für britische Verhältnisse guten Kaffee ausschenkt.

Neben dem Parkplatz steht das ***Kilmartin House – Museum of ancient culture.*** Wie der Name schon sagt, werden in dem fein restaurierten Gebäude alle möglichen prähistorischen Utensilien dargestellt und fassbar gemacht. (Ö: 10.00-17.30 h, Eintritt £ 3.90, Kind £ 1.20)

Im Tal, das sich rechts des Weges hinter Kilmartin ausbreitet, können Sie schon von der Straße aus einige einzelne stehende Steine erkennen. Wenn Sie auf die Nebenstraße entlang des Baches abbiegen, befinden Sie sich in einem der an vorgeschichtlichen Fundstätten reichsten Täler Schottlands. In den Feldern verstreut liegen mehrere ***Steinzeitgräber,*** die etwa 3000 v. Chr. aufgeschichtet wurden. Im Gegensatz zu den Typen Nordschottlands ist hier die Grabkammer nicht rund, sondern langgezogen.

In einem Eichenhain, dem ***Temple Wood,*** gleich rechts des Weges, stehen außerdem die Reste zweier Steinkreise. Im nördlichsten Stein des besser erhaltenen Kreises ist eine spiralförmige Einritzung zu erkennen, die Frühgeschichtler als ein Sonnensymbol deuten. Ein anderer Stein sollte im Mittelalter wohl als Mühlstein verwendet werden. Als er allerdings bei der Bearbeitung zerbrach, blieb er an der Kultstätte unbenutzt liegen. Die Folgen der Versuche des Müllers können Sie noch heute im östlichen Teil des Kreises erkennen.

Ein paar Kilometer weiter liegt in dem breiten Tal des gemächlich mäandernden Add ***Dunnadd Fort.*** Über einen holprigen Feldweg und eine alte Brücke erreichen Sie, wenn Sie von der Hauptstraße rechts abbiegen, den hochaufragenden einzelnen Felsen mitten in dem weiten Tal. Von der Festung, die hier auf dem Felsen vom 6. bis 9. Jh. Hauptstadt des Scotischen Königreiches Dalriada war, ist wenig mehr geblieben als einige wenige fast unsichtbare Mauerreste. Wem das nicht genügt, der wird sich dennoch begeistern lassen von der schönen

Bilderrätsel für Archäologen: Sonnensymbol am Temple Wood, Kilmartin/Kintyre

Aussicht auf den Fluss. Ein Fußabdruck, der in einen der Felsen gemeißelt ist, diente wahrscheinlich einer Zeremonie bei der Krönung des Königs.

In Lochgilphead, einem größeren Ort ohne nennenswerte Sehenswürdigkeiten, trifft die Straße auf die A 83, die weiter bis Campbeltown führt. Der Weg zieht sich nun am Westufer des Loch Fyne entlang, bis er nach 22 km ***Tarbert*** erreicht. Das Städtchen liegt auf der Ostseite der schmalsten Stelle von Kintyre. Das East Loch Tarbert erstreckt sich bis in den idyllischen kleinen Hafen des Ortes. Halbkreisförmig umstehen die Häuser das Hafenbecken, beschützt von der Ruine einer dornenumrankten Burg.

Unterkunft

- ***The Argyll Hotel,*** Lochnell Street, Lochgilphead PA31 8JN, T: 01546/602 221, Fax: 603 576, altes Gasthaus im Zentrum, manchmal gibt es Livemusik, wöchentlich Disko, B&B £ 18-25.
- ***Empire Travellers Lodge,*** Union Street, Lochgilphead PA31 8JS, T: 01546/602 381, Unterkunft im Lodge Stil in altem Kino aus der Empirezeit, B&B £ 22.
- ***Tarbet Hotel,*** Harbour Street in Tarbert, T: 01880/820 264, Fax: 820 847, guter Ausgangspunkt zur Erkundung der Westküste von Kintyre, ab £ 22.50.
- In Tarbert finden Sie am Hafen und in der Stadt verteilt mehrere ***B&B's*** für £ 17 bis £ 20.
- ***Lochgilphead Caravan Site***, Bank Park, Lochgilphead, PA31 8AX, T: 01546/602 003, Zelte und Wohnwagen £ 7.50. Der Platz liegt rechts der Straße von Lochgilphead Richtung Campbeltown. (Ö: April-Okt.)

Strathclyde

Spielwiese für Elfen: Kultsteine in Kintyre

Campbeltown

An der Westküste von Kintyre, begleitet von langgezogenen Sandstränden und Steilküsten, führt die A 83 weiter Richtung Campbeltown. Auf halbem Weg passieren Sie ***Tayinloan,*** den Fährort zur kleinen Insel Gigha. Hier finden Sie einen guten Campingplatz: ***Point Sands Caravan Park,*** Tayinloan, Tarbert, Argyll, T: 01583/441 263, Wohnwagen ab £ 9, Zelte ab £ 8.

61 km nach Tarbert erreichen Sie die Stadt der Campbels am Ende des gleichnamigen Fjords. Die Hügel um Campbeltown sind mit Weideflächen überzogen, die schon auf den ländlichen Charakter der Stadt hinweisen. Erst während des Heringsbooms im 19. Jahrhundert wuchs der Ort zur Stadt heran. Geblieben sind davon nur zwei Brennereien.

Gleich auf der Hafenmauer steht das ***Tourist Information Centre,*** in dem Sie sich nach Segelschulen oder Bootsverleihen erkundigen können.

Unterkunft

- ***Argyll Arms Hotel,*** Main Street, Campbeltown PA28 6AB, T: 01586/553 431, B&B im Stadtzentrum ab £ 30.
- ***Westbank Guest House,*** Dell Road, Campbeltown, Argyll PA28 6JG, T: 01586/553 660, B&B ab £ 18-23.
- ***B&B:*** In Campbeltown in der Shore Street oder der Fort Argyll Road, aber auch auf einigen der umliegenden Farmen gibt es B&B z. T. schon ab £ 15.
- ***Machrihanish Camping & Caravanning Club Site,*** East Trodigal, Campbeltown, PA28 6PT, T: 01586/810 366, Zelte wie Wohnwagen ab £ 9.60. Zum Platz folgen Sie von Campbeltown der B 843 Richtung Machrihanish. Der Platz liegt kurz vor dem Ort rechts der Straße.

Preiswerte Übernachtung

Mull of Kintyre

Ein Stück hinter Campbeltown endet die A 83. Um das Mull of Kintyre zu erreichen, fahren Sie von hier auf der B 842 weiter. 16 km hinter der Stadt gelangt man nach ***Southend,*** das aus ein paar Häusern entlang der Straße besteht. An der Küste erstreckt sich ein schöner langgezogener halbrunder Sandstrand. Das andere Ende des Strandes begrenzt der malerische ***Dunaverty Rock,*** auf dem sich einst eine Burg erhob, und der mit einer grauenvollen Erinnerung beladen ist: Sein zweiter Name lautet *Blood Rock.* 1647, während der Bürgerkriege, ließen die Covenanter hier 300 Königstreue niedermetzeln.

Hinter dem Berg liegt das Areal eines 18-Loch-Golfplatzes. Etwas weiter befindet sich rechts der Straße am Fuße eines hohen Felsens ein alter Friedhof. An seinem Ende, ein paar Meter den Hang hoch, ist an zwei Fußabdrücken noch gut die Stelle zu erkennen, an welcher der *Heilige Columba* 563 n. Chr. erstmals das schottische Festland betrat.

An der nächsten Abzweigung biegen Sie links ab und passieren die letzten Häuser. Nun schlängelt sich die Straße holprig und steil durch einsame Heidelandschaft dem Felsen ***Mull of Kintyre*** zu. Exbeatle *Paul McCartney*, der sich in der Nähe eine kleine Farm gekauft hat, besang diesen hoch aus dem Meer ragenden, auch im Sommer windumtosten Felsen in einem seiner größten Erfolge („Mull of Kintyre"). Von hier oben ist sogar eine Ortschaft in dem nur 20 km entfernten Nordirland zu erkennen.

Auf dem Rückweg von Campbeltown nach Norden bietet sich die schmale und idyllische B 842 entlang der Ostküste von Kintyre als Alternative zur schnellen A 83 an. Immer wieder steil hinauf und hinunter, passiert diese Route hübsche kleine Fischerorte und bietet herrliche Aussichten auf die Berge von Arran.

In Saddel auf dieser Route ca. 16 km hinter Campbeltown, verstecken sich am Waldrand die Reste der kleinen alten Zisterzienser-Abtei ***Saddel Abbey.*** Wenig ist heute von der Abtei erhalten, außer ein paar Mauern und Grabsteinen, doch die hohen alten Bäume und der versteckt plätschernde Bach machen den Ort zu einer romantischen Idylle.

In Claonaig, dem Fährhafen nach Arran, treffen Sie auf die B 8001, die nördlich nach Tarbert zurückführt. Vorher bietet sich noch ein Abstecher nach ***Skipness*** an. Der Weg führt auf einer engen Straße kurvig zwischen wüst wie von Riesenhand auf den Strand geworfenen Felsen hindurch. In Skipness erhebt sich mit einem schönen Blick auf Arran die Ruine von ***Skipness Castle,*** einer typischen Festung des 15. Jh.

In der Nähe der Burg gibt es eine kleine Kapelle, die älter ist als das Skipness Castle selbst. Sie stammt aus dem 14. Jh. und beherbergt fünf Grabsteine.

Christ
died
for
our sins
LIVING
MARXISM
WHO
WON?

Lothian

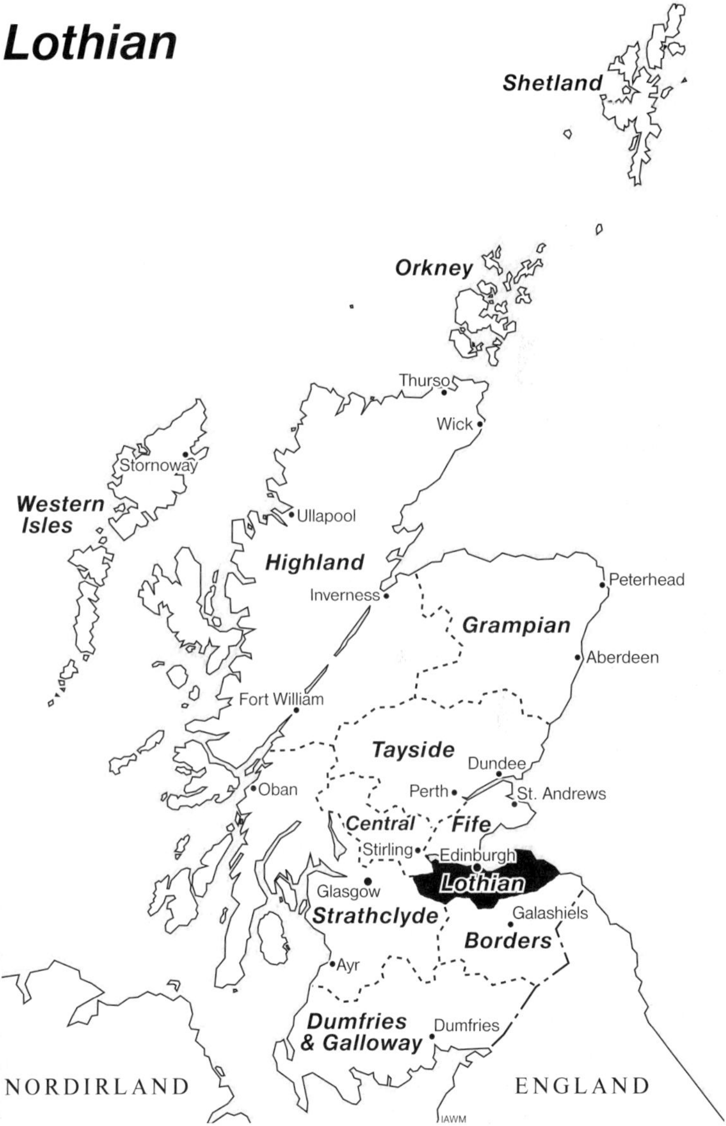
Shetland
Orkney
Thurso
Wick
Stornoway
Western Isles
Ullapool
Highland
Inverness
Peterhead
Grampian
Aberdeen
Fort William
Tayside
Dundee
Oban
Perth
St. Andrews
Central
Fife
Stirling
Edinburgh
Lothian
Glasgow
Strathclyde
Galashiels
Borders
Ayr
Dumfries & Galloway
Dumfries
NORDIRLAND
ENGLAND
IAWM

Überblick

Die im Südosten Schottlands gelegene Region Lothian wird von drei Seiten durch natürliche Barrieren begrenzt: im Norden durch den Firth of Forth, im Osten durch das Meer, und im Süden trennen drei Hügelketten, die Pentland-, die Moorfoot- und die Lammermuir Hills, das Land von den Borders. Einzig im Westen gibt es keine natürliche Grenze, hier verläuft die Regionalgrenze etwa auf halbem Wege zwischen Glasgow und Edinburgh. Zentrum und Hauptstadt dieser fruchtbaren Region ist Edinburgh.

Die ***historischen Wurzeln*** des Gebietes lassen sich bis in die Steinzeit zurückverfolgen. Schon damals lebten hier Menschen und hinterließen in den Lammermuir Hills Spuren von Hügelforts. Seit der Zeit der Römer bewohnten die Pikten Lothian, dessen Name sich vermutlich von einem ihrer Könige, *Loth,* ableitet. Den Pikten folgten die Angeln. Lothian bildete den Nordteil des Landes Bernicia und war so bis 1018 unabhängig vom übrigen Schottland. Dann aber besiegte *Malcolm II.* die Angeln und verleibte Lothian seinem Königreich ein. Noch im selben Jahrhundert wurde der schottische Gerichtshof nach Edinburgh verlegt, und von da an verlief die Geschichte Lothians mit der Edinburghs parallel.

Als mit Verlust der schottischen Unabhängigkeit Anfang des 18. Jh. friedlichere Zeiten in das Land einkehrten, verlor die Architektur ihren wehrhaften Charakter, und neue, feinere Herrenhäuser entstanden. Die Residenzen wurden oft mit den Gewinnen aus der Kohleförderung finanziert, einem Erwerbszweig, der schon vor 800 Jahren durch mittelalterliche Mönche Einzug in diese Region hielt.

Auch die ***Landwirtschaft*** spielt hier seit alters her eine wichtige wirtschaftliche Rolle. Noch heute ist Lothian eines der fruchtbarsten Gebiete Großbritanniens und versorgt u. a. Edinburgh. In den weiten Ebenen des Landes wird vor allem Gerste angebaut, während in den höher gelegenen, weniger fruchtbaren Gebieten Schafe weiden. Die großen Äcker und Felder erstrecken sich, soweit das Auge reicht, und prägen das Landschaftsbild, einzig unterbrochen von Hügeln aus Vulkangestein, die plötzlich und unerwartet wie Pickel aus der Landschaft aufragen.

Edinburgh

Überblick

Die Hauptstadt des Königreiches Schottland (452.000 Einwohner) erhebt sich inmitten eines urzeitlichen Vulkangebietes, dessen Berge von der Eiszeit durch tiefe Täler getrennt wurden. Die Täler, die sich oft als grüne Adern durch die Stadt ziehen, sind der Beitrag der Natur zum Flair dieser Stadt.

Das eigentlich Ungewöhnliche an Edinburgh ist jedoch das einmalige Nebeneinander einer gut erhaltenen schottischen Altstadt und des vielleicht größten klassizistischen Stadtviertels der Welt, der „Neustadt". Die Neustadt hatte Edinburgh einst den Ruf eines ***„Athens des Nordens"*** eingebracht. Jenen Beinamen prägte vor allem die an die griechische Antike angelehnte Architektur der Baumeister wie *Henry Playfair* und *Robert Adam*. Die Zeitgenossen erinnerte aber auch das von Philosophen wie *Dugald Stewart* und *David Hume,* von Dichtern wie *Robert Burns, Walter Scott* und *R. L. Stevenson* und von Ökonomen wie *Adam Smith* geprägte rege Geistesleben an die Blütezeit griechischer Kultur.

Wer mit dem Zug in Edinburgh ankommt, blickt, aus dem Bahnhof kommend, genau auf die Princes Street Gardens, die eine grüne Grenze zwischen Alt- und Neustadt bilden. Links thront auf dem Berg über der ***Oldtown*** die Burg, die für viele Schotten heute noch die Unabhängigkeit und Freiheit Schottlands repräsentiert. Rechts strahlt - wenn die Sonne einmal scheint - die georgianische ***Newtown*** Weltstadtflair, Wohlstand und Modernität Edinburghs aus.

Das Nebeneinander zweier so verschiedener Stadtcharaktere kann bei vielen Besuchern, die im Sommer in die Stadt strömen, den Eindruck eines riesigen Freilichtmuseums erwecken. Deshalb lohnt es, sich Zeit zu nehmen und auf Entdeckungssuche am Rande der Attraktionen zu gehen oder einfach mit den Bewohnern des „Museums" zu reden.

Während des weltberühmten ***Edinburgh Festivals*** und des parallel stattfindenden ***Edinburgh Fringe Festivals*** platzt die Stadt im Sommer regelmäßig aus allen Nähten. Das

Das recycelte Kloster: Holyrood Palace

Geschichte Edinburghs

Die Besiedelung Edinburghs begann schon in der Steinzeit, wie die Ausstellung im Huntly House Museum sehr anschaulich zeigt. Spätestens seit dem 7. Jh. war dann der Burgberg befestigt. Manche sagen, der Name *Edinburgh* verweise auf *Edwin*, den König von Northumbria, der die Burg gründete (Edwins burgh). Andere meinen, der Name ginge auf das gälische *Din Eidyn* zurück, das soviel wie Hügelfestung bedeutet. Die schottischen Könige bauten erst 1128 eine Burg auf dem Felsen, aber schon 1215 tagte hier das erste Parlament.

Die Stadt wuchs, und schon bald übertraf sie die alte Königsstadt Perth an Bedeutung, so dass *James II. Stewart* 1452 seine Residenz nach Edinburgh verlegte. Etwa in dieser Zeit wurde die erste Stadtmauer angelegt. 1530 brannte die ganze Stadt nieder, und was stehen blieb, zerstörten die Engländer *Heinrichs VIII.*, als sie Edinburgh 1544 einnahmen. Dies ist auch der Grund, warum außer St. Margaret's Chapel, St. Giles und Holyrood Abbey heute fast kein altes Gebäude mehr steht.

Als *Maria Stuart* 1561 in Edinburgh einzog, erlebten die Bürger der Stadt eines der verwirrendsten und aufregendsten Kapitel ihrer Geschichte. Die junge Königin in der Hand machtlüsterner Männer und ihr entschiedener Feind, der fanatische Prediger *John Knox* („Killjoy", der Freudentöter), hielten die Gemüter in Bewegung (siehe auch Exkurs weiter unten).

Nach der Reformation wurde 1583 die Universität gegründet. Als 1603 *Jacob VI.* auch *James I.* von England wurde, zog er mit seinem gesamten Hofstaat nach London um und ließ in Edinburgh Castle nur einen leeren Stuhl zurück.

Vom Ende der Stuarts kündete der Diktator *Cromwell*, der 1650 in Edinburgh einzog. Bis zum Ende der Bürgerkriege und Revolutionen blieb Edinburgh nun wieder Brennpunkt der Ereignisse in Schottland. Doch nachdem *Bonnie Prince Charlie* mit dem letzten Versuch der Jacobiten, den Thron zurückzuerobern, gescheitert war, fiel Edinburgh in Provinzrang zurück.

Erst nachdem *Sir Walter Scott* den britischen König *George IV.* 1822 für eine Schottlandreise gewinnen konnte, die zu einem Triumph für das britische Königshaus wie für die schottische Nation (der König trug Kilt) wurde, besuchen die britischen Staatsoberhäupter die Stadt wieder regelmäßiger.

Queen Victoria, die königliche Schottlandliebhaberin, verweilte später immer wieder einige Zeit in Edinburgh, seine alte Bedeutung als Hauptstadt erlangte die Metropole am Forth jedoch nie mehr. Auf den Gebieten der Kultur, der Wissenschaft und auch des Finanzwesens genießt Edinburgh jedoch auch heute noch Weltruhm.

dreiwöchige Festival, das mit über 2000 Veranstaltungen das größte Kunstfestival der Welt ist, verdoppelt jedes Jahr im August die Einwohnerzahl der Stadt.

Edinburgh lebt aber nicht nur vom Tourismus. Nach London ist die Stadt der zweitgrößte ***Bankenplatz*** des Vereinigten Königreiches. Fast alle großen britischen Banken und Versicherungsgesellschaften unterhalten hier eine Filiale und die Zentralen der drei größten schottischen Banken, der *Bank of Scotland*, der *Royal Bank of Scotland* und der *Clydesdale Bank* befinden sich in Edinburgh. Die Börse verbindet die Stadt mit den Finanzmärkten der Welt. Manche Schotten behaupten sogar, das *banking* sei hier erfunden worden.

Edinburgh ist im Gegensatz zur Industriemetropole Glasgow eine Stadt des Mittelstandes. Dennoch findet sich auch hier ***Industrie.*** Die wichtigsten Branchen sind die Gummi-, Maschinenbau- und die Elektronikindustrie. Auch die in Schottland unvermeidlichen Brauereien und Brennereien schaffen Arbeitsplätze. Besonders dem Edinburgher Bier begegnet man in ganz Schottland wieder.

Die ***Universität*** ist eine der ältesten des Landes. Sie ist im ganzen Vereinigten Königreich bekannt, und vor allem die medizinische Fakultät genießt Weltruhm. Als Beweis wird gerne erzählt, dass die Ärzte der russischen Zaren über Jahrhunderte hinweg Schotten waren.

Zwischen den beiden Metropolen Schottlands, ***Edinburgh und Glasgow,*** besteht seit Jahrhunderten eine stille Rivalität. Glasgower werfen den Edinburghern gerne Hochnäsigkeit vor. Dabei spielt sicherlich auch ein gutes Stück Neid auf die wirtschaftliche und damit soziale Gesundheit Edinburghs im Vergleich zur Nachbarin am Clyde mit. Tatsache ist aber, dass Edinburgher Fremden aufgrund deren massenhaften Auftretens erheblich gleichgültiger gegenüberstehen als die gastfreundlichen Glasgower.

Sehenswertes in der Old Town

Die Innenstadt Edinburghs teilt sich im Wesentlichen in die zwei Bereiche Altstadt und Neustadt. Im Zentrum der Altstadt, der *Old Town*, verläuft die ***Royal Mile,*** jene Straße, zusammengesetzt aus Castlehill, Lawn-

Edinburgh Castle

Lothian

market, Highstreet und Canongate, welche die Burg und das Schloss der schottischen Könige direkt miteinander verbindet. Ihren Anfang nimmt die königliche Meile am Castle.

Edinburgh Castle

Edinburgh Castle ist die ***bekannteste Burg des Landes,*** für Schotten zugleich auch die symbolträchtigste. Ersteres ist vor allem an der Besucherzahl von einer Million im Jahr und an dem Einbahnstraßensystem, durch das sich die Touristenmassen in der Hochsaison durchs Castle schieben, zu erkennen. Letzteres liegt daran, dass die Festung in den Kriegen gegen England oft hin und her wechselte, oft zerstört wurde, aber letztlich immer schottisch blieb und wieder aufgebaut wurde.

Der Vulkanfelsen des Burgberges (133 m) war schon in der Eisenzeit besiedelt. Spätestens seit dem 7. Jh. wurde er auch befestigt. Aufgrund ihrer strategisch günstigen Lage war die Burg bald wichtig und umkämpft. *Kirkaldy of Grange* hielt am längsten einer Belagerung stand: drei lange Jahre gegen die Feinde seiner Königin *Maria Stuart.* Der *Earl of Moray* nahm das Castle 1313 in einer Nacht: Er kletterte mit dreißig Mann den Felsen hoch und überrumpelte die Wachen im Handstreich. Heute ist die Burg immer noch Hauptquartier der schottischen Division, doch ist der Ansturm so groß, das eine Verteidigung gar nicht erst gewagt wird.

Man nähert sich der Burg über die ***Esplanade,*** dem alten Exerzierplatz, das ***Portcullis Gate.*** Das Original entstand hier 1574, doch das jetzige Gebäude ist das Ergebnis einer viktorianischen Rekonstruktion.

Oben auf der alten Burg angekommen, fällt ein winziges Kapellchen auf, ***St Margaret's Chapel.*** Sie ist das älteste Gebäude der Burg und der Stadt. Im normannischen Stil im 11. Jh. erbaut, ist sie der *hl. Margaret* geweiht, die als Frau *Malcolms III.* den Katholizismus und die englische Sprache nach Schottland brachte. Unterhalb der Kapelle auf einem Ab-

- 1 St Maragaret's Chapel
- ★ 2 Portcullis Gate
- ★ 3 War Memorial
- Ⓜ 4 Services Museum
- ★ 5 Great Hall
- ★ 6 Crown Room
- 7 Esplanade
- ★ 8 Outlook Tower
- ★ 9 Edinburgh Old Town Weaving Compa
- ★ 10 Assembly Hall
- ★ 11 Scotch Whisky Heritage Centre

satz Richtung Stadt blickt man auf einen Friedhof besonderer Art. Seit der Zeit Victorias werden hier auf dem *Cemetery for Soldier's dogs* besonders verdiente Vierbeiner aus der britischen Armee beigesetzt. Über der ***Halbmondbatterie*** (1574), die auf die Old Town zielt, erhebt sich der ***Palast,*** dessen Gebäude den ***Crown Square*** umschließen. Er datiert aus dem 15. Jh., wurde jedoch oft umgestaltet.

Im Ostflügel befinden sich der Crown Room und die Gemächer *Maria Stuarts.* Im ***Crown Room*** werden die Kroninsignien ausgestellt, die Krone *Jacobs V.*, die bis auf *Robert Bruce* zurückgeht, das Schwert und das Zepter, die der Papst um 1500 *Jacob IV.* überreichte. Diese Herrschaftszeichen waren über ein Jahrhundert, seit der Unionsakte 1707, die die Parlamente Schottlands und Englands vereinte,

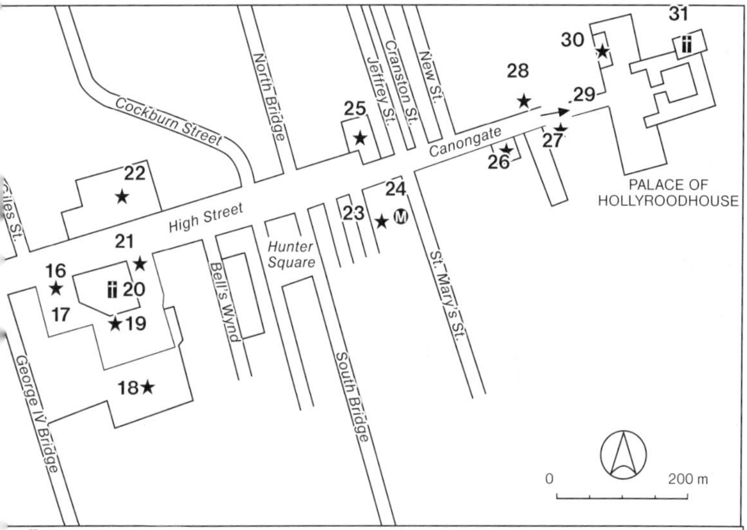

- ⛪ 12 Tolbooth Church
- ℹ 13 Edinburgh Festival Office
- ★ 14 Gladstone'Land
- Ⓜ 15 Writer's Museum
- ★ 16 Heart of Midlothian
- 17 Parliament Square
- ★ 18 Parliament House
- ★ 19 John Knox's Grave
- ⛪ 20 St Giles Cathedral
- ★ 21 Mercat Cross
- ★ 22 City Chambers
- ★ 23 South Gray's Close
- Ⓜ 24 Museum of Childhood
- ★ 25 John Knox's House
- ★ 26 Moray House
- ★ 27 Huntly House
- ★ 28 Canongate Tolbooth
- 29 Abbey Strand
- ★ 30 King Edward Memorial
- ⛪ 31 Abbey of Holyrood

verschollen. Erst 1818, als die schottische Öffentlichkeit sich ihrer plötzlich besann und glaubte, die Engländer hätten sie geraubt, öffnete *Sir Walter Scott* mit Erlaubnis *George IV.* eine bestimmte Truhe im Crown Room und entdeckte sie wieder. Seither sind die Insignien, die die Schotten nie mehr benutzen, aber hier im Castle aufbewahren dürfen, in diesem Raum ausgestellt.

Nebenan liegen die Gemächer *Maria Stuarts,* die hier in einem winzigen Zimmer *Jacob VI,* den späteren *James I,* zur Welt brachte. Die Räume sind mit einigen Reliquien von der Schlacht bei Culloden sowie einigen Portraits der Royal Family geschmückt. Über dem Eingang prangen die Monogramme *Marias* und ihres zweiten Mannes *Henry, Lord Darnley.*

Im Südbau befindet sich die in allen schottischen Burgen obligatorische ***Great Hall.*** Ihre Wände sind mit Unmengen von Kriegswerkzeug geschmückt.

Nicht weniger martialisch ist die Kanone aus dem 15. Jh., die unter dem großen Saal steht. Auch ***Mons Meg,*** wie sie im Volksmund heißt, war nach England verschwunden, und erst *Scott* konnte die Kanone, die schon 1681 platzte und seitdem nur noch Symbolwert besitzt, von *George IV.* zurückerwirken. In ihrem gewaltigen Rohr, so heißt es, seien auch schon Kinder gezeugt worden.

Im Westbau ist heute das ***Scottish United Forces Museum*** untergebracht. Dieses 1933 gegründete Museum präsentiert, wie viele ähnliche Museen in schottischen Castles, martialische Kriegstradition als eine

Das königliche Wappen der Stuarts am Edinburgh Castle

Art Kulturerbe. Die Nordseite des Palasthofes wird von einem Kriegerdenkmal abgeschlossen, das auf der Stelle errichtet wurde, auf der früher die Burgkapelle stand. Unterhalb der Bergkuppe, im jüngeren Teil des Castles, befinden sich noch einige Gebäude, die heute als Kasernen genutzt werden. Wer enttäuscht sein sollte von dem, was das von ferne so imposante Castle innen zu bieten hat, wird aber sicher mit der Hauptattraktion der Burg entschädigt werden: der herrlichen Aussicht über Edinburgh und den Forth. (Ö: Sommer Mo-So 9.30- 17.15 h, Winter nur bis 16.15 h; zu hoher Eintritt)

Entlang der Royal Mile

Direkt unterhalb des Castles, Ecke Castlehill/Ramsay Lane, liegt auf der rechten Seite der ***Outlooktower.*** Er beherbergt eine ***Camera Obscura,*** die den Blick über die Stadt auf eine Platte projiziert. Die letzte Führung findet ca. eine halbe Stunde vor Schließung statt (Ö: Sommer 9.30-18.00 h, Winter 10.00-17.00 h, hoher Eintritt).

Dem „Aussichtsturm" gegenüber liegt ***The Scotch Whisky Heritage.*** In Beschreibungen, aufgebauten Szenen und Ausstellungsstücken wird versucht, dem Thema Whisky gerecht zu werden. Als passionierte Whiskyliebhaber müssen wir jedoch viel eher den Besuch einer „lebenden" Brennerei im Hochland empfehlen. Wer schon in Edinburgh dem Lebenswasser näher kommen möchte, dem seien die Pubs am Grassmarket, einer der besten Whiskyläden der Welt, ***Cadenhead's Whisky Shop*** in der Canongate (vgl. „Ein-

Steinerne Geschichte - die Royal Mile

kaufen"), oder ein Tasting bei der altehrwürdigen ***Scotch Malt Whisky Society*** (vgl. „Essen und Trinken") angeraten. (Ö: Mo-So 10.00-17.00, hoher Eintritt)

Schräg gegenüber kann man sich in der ***Edinburgh Old Town Weaving Company*** seinen eigenen Tartan weben lassen. (Eintritt)

Vorbei an der ***Tolbooth Church*** (1844) und der ***Assembly Hall,*** der Versammlungshalle der *Church of Scotland,* gelangt man nach Lawnmarket, an dem nach einigen Metern auf der linken Seite ***Gladstones Land*** liegt.

„*Land*" ist die alte schottische Bezeichnung für einen Wohnblock. Gladstones Land war ein Mietshaus, das ein *Mr Gladstone* im 17. Jh. kaufte und ausbauen ließ. In jedem Stockwerk lebte eine Familie. Heute gehört das Haus dem *National Trust (NTS),* der es, wie alle seine Häuser, liebevoll mit Möbeln der Zeit eingerichtet hat und hier das Leben einer mittelständischen Familie des 17. Jh. nachstellt. Den originalgetreuen Eindruck versucht schon vor dem Eingang eine liegende Plastiksau in rührender Weise zu vermitteln. Durch das Haus wird man von den wie immer ehrenamtlichen, äußerst netten Helferinnen des Trusts geleitet. Einen Besuch dieses Museums können wir nur empfehlen. (Ö: Apr.-Okt. Mo-Sa 10.00-16.30 h, So 14.00-16.30 h, Eintritt)

Im Hinterhof hinter Gladstone's Land findet sich unvermutet das Lady Stair's House mit dem ***Writer's Museum,*** das einige Gegenstände der bekanntesten schottischen Schriftsteller *Burns* (sprich „Brrns"), *Scott*

Kinder mit viel Schwein vor Gladstones Land

und *Stevenson* beherbergt. Neben Büsten, Habseligkeiten und Originaltexten der Dichter kann auch eine alte Druckerpresse besichtigt werden. (Ö: Mo-Sa 10.00-17.00 h, Eintritt frei)

Etwas weiter bergab, am Anfang der Highstreet (Highstreet ist in allen alten schottischen Städten die Bezeichnung für die Hauptstraße) befindet sich der ***Parliament Square.*** Der Platz erhielt seinen Namen durch das ***Parliament House*** hinter St Giles, das bis 1707 Sitz des schottischen Parlaments war. Das gegenwärtige Aussehen des Platzes ist noch nicht sehr alt. Es entstand erst, als 1817 das Old Tolbooth (Gefängnis), einige Wohnblocks und der alte Friedhof von St Giles abgerissen wurden. Das ***Heart of Midlothian,*** ein herzförmiges Pflaster in der Straße, markiert die Stelle, an der sich einst die Todeszelle des alten Tolbooth befand.

Die ***Statue*** hinter der Kirche stellt ***Charles II.*** dar. Vor dem König soll an der Kirchenwand das Grab des schottischen Reformators *John Knox* gelegen haben, was heute nur noch an seinem Namen in einem der Kirchenfenster und an seiner Statue zu erkennen und daher immer noch etwas umstritten ist.

Den Platz beherrschend erhebt sich ***St Giles Cathedral,*** eines der Zentren der schottischen Geschichte. Hier wurden die Könige gekrönt, und *John Knox* predigte gegen die Katholiken. Heute ist sie die Hauptkirche der presbyterianischen Christenheit. Die Fundamente gehen auf eine normannische Gründung zurück, von der allerdings nur eine einzige, achteckige Säule erhalten geblieben ist. Der heutige Bau stammt zum größten Teil aus dem 15. Jh., jedoch wurde das Äußere 1829 erneuert, während man den typischen Turm in seiner ursprüngliches Form beließ. Sehenswert sind vor allem der Osteingang und die dort liegende ***Thistle Chapel,*** die Kapelle des ältesten schottischen Ritterordens, des *Thistle Orders* (Distelordens), die *Robert Lorimer* 1911 neu ausgestaltete. (Ö: Sommer Mo-Fr 9.00-19.00 h, Sa bis 17.00 h, So 13.00-17.00 h. Sonntags 5 Gottesdienste)

Gegenüber dem Osteingang der Kirche steht das ***Mercat Cross,*** das Zeichen der Stadtwürde im schottischen Mittelalter. Unter dem Hoheitszeichen, dem Einhorn, wurden früher öffentliche Enthauptungen durchgeführt.

Gegenüber dem Mercat Cross erhebt sich das ***Rathaus.*** Der Bau des Rathauses markierte den Beginn des Neoklassizismus in Edinburgh, der im Entwurf der New Town gipfelte. *John Adam* schuf das Gebäude 1761 ursprünglich als königliche Börse und erweiterte es später zum Rathaus und Sitz der Behörden.

Wer eine Abwechslung vom Sightseeingalltag braucht, sollte kurz vor dem Knox House links in den Chalmers Close einbiegen. Der britische Volkssport ***Brass Rubbing*** bietet hier in der Apsis der Trinity Church, dem einzigen Überrest der gotischen Trinity College Church von 1460, die Gelegenheit, sich nicht ganz alltägliche Souvenirs zu errubbeln. (Ö: Nur im Sommer Mo-Sa 10.00-17.00 h)

Es gibt Menschen, die behaupten, es sei kein Zufall, dass sich die Highstreet hinter dem ***John Knox House*** verengt, denn die bescheidene Straßenbreite scheint der streng puritanischen Einstellung des Reformators Rechnung zu tragen. In dem nur von außen schönen Haus, erbaut 1490, hat der Überlieferung nach der schottische Reformator *John Knox* 1561-72 gewohnt, beweisen lässt sich das allerdings nicht. Innen sind die meisten Räume unansehnlich, bis auf einen, den eine der wenigen erhaltenen prächtigen Deckenmalereien des 16. Jh. ziert. Die übrigen Räume sind spärlich mit Reliquien des protestantischen Heiligen ausgestattet. Auf einigen Tafeln wird die Geschichte der schottischen Reformation dargestellt. Gut ausgestattet ist nur der Eingangsraum mit seinen Souvenirs. Das Haus ist noch heute im Besitz der *Church of Scotland.* (Ö: Mo-Sa 10.00-16.30 h, Juli-Aug. auch So 12.00-16.30 Uhr, Eintritt)

Dem John Knox House schräg gegenüber liegt das ***Museum of Childhood.*** Das öffentliche Museum beherbergt Exponate, die alle Bereiche des kindlichen Lebens dokumentieren. Ein Bonbon für kindliche Museumsmuffel stellt die bemerkenswerte Sammlung von Spielzeugen aller Art dar. (Ö: Mo-Sa 10.00-17.00 h Juli-Aug. auch So. 12.00-17.00 h, E: frei)

In der Canongate, die ihren Namen nach den Kapitelherren (Kanonikern) des nahen Klosters erhielt, steht auf der linken Seite das ***Moray House.*** 1628 von einer Gräfin erbaut, gehört es zu den größten der alten aristokratischen Stadthäuser. Ein gutes Stück schottischer Geschichte spielte sich

Das Haus von John Knox

hier ab. So nahm *Cromwell* 1648 hier sein Hauptquartier und 1707 wurde in den Räumen der Unionsvertrag unterzeichnet. Heute befindet sich in dem Gebäude eine Schule.

Ein wenig unterhalb, auf der gegenüberliegenden Seite, befindet sich das ***Canongate Tolbooth.*** Das Gebäude von 1591 war einst Heimat von Stadtverwaltung, Justiz und Gefängnis. Die große Uhr an der Außenseite ist eine viktorianische Zutat. Heute beherbergt das Gebäude ***The People's Story,*** ein städtisches Museum, das in liebevoller und detailgetreuer Weise mit vielen Szenen, Ausstellungsstücken, Geräuschen und Erzählungen das tägliche Leben der Menschen des ausgehenden 18. Jh. nahezubringen versucht. Dieses Museum ist in jedem Fall einen Besuch wert. (Ö: Mo-Sa 10-17 h, während des Festivals auch So 14.00-17.00 Uhr, E: frei)

Gegenüber befindet sich das ***Huntly House City Museum.*** Auch Huntly House (erbaut 1517) gehört zu den großen alten Häusern von Edinburgh. Das heutige Heimatmuseum der Stadt führt umfangreich und liebevoll, bisweilen kurios durch die Geschichte Edinburghs und seines Umlandes seit der Zeit der ersten Besiedelung. (Ö: wie People's Story, E: frei)

Ein Blick in den ***White Horse Close*** kurz vor Holyrood auf der linken Seite lohnt sich. Aus dem schön renovierten Hinterhof fuhr früher die Postkutsche nach London ab.

The Palace of Holyrood House

Am östlichen Ende der Royal Mile erhebt sich The Palace of Holyrood House. *David I.* hatte im 12. Jh. an dieser Stelle eine Abtei gegründet, aus deren Gästehaus sich nach und nach der Palastbau entwickelte. *James IV.* beschloss, das Gebäude auszubauen, und sein Sohn *James V.* fügte 1528 den Nordwestturm hinzu, der als einziger Gebäudeteil vom alten Schloss erhalten blieb. In dieser Periode entstand auch der quadratische Grundriss der Anlage.

Während der sechs Jahre, in denen *Maria Stuart* in dem Palast residierte, war Holyrood Schauplatz bewegter Ereignisse.

Seine heutige Gestalt erhielt der Palast 1671-76, als *Charles II.*, obwohl nie in Edinburgh gewesen, beschloss, die Anlage umzubauen. *Sir William Bruce of Balcaskie* verordnete dem alten Palast eine Radikalkur. Er ließ, bis auf den Nordwestturm, alles wegreißen und neu errichten. Zur Vereinheitlichung der Front spiegelte er den überlebenden Turm im Südwesten und vereinigte so in der Anlage Renaissance mit Barock.

1745 erlebte das alte, von den britischen Königen vernachlässigte Gemäuer noch einmal ein paar kurze, aber glänzende Monate, als *Charles Edward Stuart* hier Hof hielt und die Clans versammelte. Doch nach der Niederlage von Culloden dauerte es 76 Jahre, bis 1822 unter *George IV.* Holyrood als Residenz wiedergeboren wurde. Seit der Zeit *Queen Victorias* wurde Holyrood dann wieder regelmäßige Residenz der britischen Könige. Es ist daher möglich, dass während der Aufenthalte von Mitgliedern der königlichen Familie das

Mary Queen of Scots – tragische Heldin oder Opfer ihrer selbst?

Man schrieb das Jahr 1542. Nach der Schlacht am *Solway Moss* lag *Jacob V.* zugrunde gerichtet in seiner Burg und wartete auf den Tod. Da schenkte ihm seine französische Frau einen Thronfolger. Aber, der Sohn war ein Mädchen. *Jacob* ließ es noch schnell auf den Namen seiner Mutter, *Marie de Guise*, taufen und sofort zur Königin salben, dann begab er sich enttäuscht zu seinen Ahnen.

Eine ***Königin in Windeln,*** das war es, worauf *Heinrich VIII.* nur gewartet hatte. Er plante, die Kleine, die als seine Nichte, solange er kinderlos blieb, auch seine Erbin war, zu entführen und sich dadurch Schottland zu sichern. *Mary of Guise* vereitelte das Vorhaben. Sie ließ ihre Tochter ***an den Hof von Frankreich*** zu ihren mächtigen Verwandten in Sicherheit bringen.

Unter den französischen Königskindern wuchs *Maria Stewart* zu einem fröhlichen jungen Mädchen heran. Der alte *König Heinrich II.* (reg. 1547-1559) von Frankreich nannte seinen Gast liebevoll „ma petite reigne" und vermählte sie 1558 mit seinem Sohn und Erben. Bald starb der alte König, und *Maria,* die sich nun auf französische Art *Stuart* nannte, wurde so ***Königin von Frankreich.*** Doch *Franz II.* war ein recht ungesunder Ehemann, der seine Frau schon 1561 zur Witwe werden ließ. Die junge Witwe war nun nur noch Königin von Schottland. Sie nahm ihren neuen Namen und kehrte in die alte Heimat zurück.

Nach Schottland zurückgekehrt, musste die junge Katholikin erkennen, dass nach dem Tod ihrer Mutter 1560 das schottische Parlament in Eigenregie den Protestantismus zur Staatsreligion erhoben hatte. *Maria* ließ sich aber nicht das Recht nehmen, die verbotene katholische Messe zu hören. Gleichzeitig trieb sie ihr wacher Intellekt dazu, sich das Gedankengut der neuen Konfession zu erschließen. Oft musste ***John Knox,*** der 1555 die *Church of Scotland* gegründet hatte, von seinem Haus auf der Royal Mile zum Holyrood Palace wandern und mit einer Frau über Theologie streiten. Der Frauenhasser, der mit seinen Schriften sogar seine frühere Beschützerin *Elisabeth I. von England* verärgert hatte, konnte mit seinen lebensfremden Bibelsprüchen die lebensfrohe Königin nicht beeindrucken. Dennoch verbündete sich die Pragmatikerin mit den protestantischen Lords und konnte dadurch eine stabile Regierung etablieren.

Als ***ledige Königin*** war *Maria* natürlich auch eine begehrte Braut. Um ihre Hand warben Kaiser- und Königssöhne aus ganz Europa. *Maria* plante, sich mit *Elisabeth* auf einen Kandidaten zu einigen. Sie hoffte dadurch und mit einem Verzicht auf ihre direkten Thronansprüche, *Elisabeths* Anerkennung als Erbin zu erhalten. Doch *Elisabeth* wollte nur eine minderwertige Heirat zulassen, und so regelte *Maria* die Angelegenheit schließlich für sich allein.

Sie ***heiratete 1566*** ihren Cousin *Henry Stewart, Lord Darnley,* der ebenfalls Ansprüche auf den englischen Thron besaß. Der junge Chevalier hatte der Königin den Kopf verdreht. Die Heirat sollte ihr Leben wenden. Nach der katholischen Hochzeit fürchteten viele Protestanten eine Gegenreformation. Zum Unglück für *Maria* zeigte sich bald nach der Hochzeit, dass *Lord Darnley* arrogant, dumm und treulos war. Er trank und betrog die junge Königin ununterbrochen.

Maria Stuart wendete sich deshalb immer mehr ihrem italienischen Sekretär ***David Rizzio*** zu. Er wurde nicht nur zum ersten Berater der Königin, sondern auch ihr Gesellschafter. *Lord Darnley* wurde misstrauisch und in seiner Eifersucht noch von einigen Lords bestärkt, die in *Rizzio* einen Spion des Papstes erkannt zu haben glaubten. Am 9. März 1566 ließ *Darnley* über eine enge Treppe, die seine Gemächer mit denen seiner Frau verband, seine Mitverschwörer ein. Vor den Augen der Hochschwangeren brachten sie den Italiener dann auf brutalste Art und Weise um. Noch heute wird in Holyrood Palace die Stelle gezeigt, an der *Rizzio* verblutet sein soll.

Maria Stuart vergaß ihrem Mann die Tat nie. Sie verstand es sehr schnell, ihn von seinen Anhängern zu isolieren und schickte alle an dem Mordkomplott Beteiligten ins Exil. Als im Juni ihr ***Sohn James geboren*** wurde, durfte der Vater ihn nicht einmal sehen. *Maria* ließ den Säugling in einem Korb heimlich am Festungsberg abseilen und nach Stirling in Sicherheit bringen.

Am frühen Morgen des 10. Februar 1567 zerbarst das Stadthaus ihres Mannes *Darnley* in einer Detonation. Sein erdrosselter Körper wurde in der Nähe gefunden. Gerüchte brodelten auf. Obwohl *Maria* eine Beteiligung nicht nachzuweisen war, wendete sich mit dieser Tat ihr Schicksal, denn sie ***heiratete zum dritten Mal,*** noch in der Trauerperiode, den Hauptverdächtigen *James Hepburn, fourth Earl of Bothwell.*

Nicht nur Schottland, auch *Marias* europäische Verbündete waren geschockt. Die Lords erhoben sich gegen *Bothwell*. In der Schlacht bei Musselburgh wurde er geschlagen und *Maria,* die in einem Nacht- und Nebelritt zu ihm geeilt war, wurde ***gefangen genommen.*** Sie wurde gezwungen, abzudanken und einen Regenten für den minderjährigen *James* einzusetzen. Sie selbst wurde in Loch Leven Castle gefangen gesetzt, *Bothwell* machte eine kurze Karriere als Seeräuber auf Orkney und endete in der Gefangenschaft des Dänischen Königs.

Am 2. Mai 1568 gelang es *Maria Stuart,* zu fliehen und zu ihren Verwandten in Südschottland zu gelangen. Doch in Langside bei Glasgow wurde ihre improvisiert zusammengestellte Armee geschlagen, und sie musste weiter ***nach England fliehen.*** Dort, so hatte sie gehofft, würde ihr *Elisabeth I.* Asyl gewähren.

Doch die englische Königin hatte *Marias* Ansprüche auf ihren Thron nie vergessen. Sie setzte ihre Cousine in Fotheringhay Castle gefangen. *Maria Stuart* versuchte aus der ***Gefangenschaft*** heraus immer wieder, gegen *Elisabeth* und sogar gegen ihren Sohn, *James VI.*, zu intrigieren. Nach 19 Jahren Haft wurde sie am 8. Februar 1587 enthauptet, nachdem man eine bis heute umstrittene Geheimkorrespondenz gefunden hatte, die sogar die Ermordung *Elisabeths* nicht ausschloss.

Seither haben sich immer wieder Historiker und Literaten mit dem dramatischen Leben dieser ungewöhnlichen Frage auseinandergesetzt. *Schillers* „Maria Stuart“ ist nur das bekannteste Beispiel dafür. Lesenswert ist auch die gleichnamige Romanbiografie von *Stefan Zweig.*

Schloss für die Öffentlichkeit geschlossen ist.

Zur Besichtigung freigegeben sind nur die offiziellen Staatsgemächer, die Galerie und die historischen Gemächer *Lord Darnleys* und *Maria Stuarts*. Der erste Teil der Führung, die zumeist zu einer Massenabfertigung gerät, bei der eine Gruppe der nächsten auf dem Fuße folgt, geht durch die ***Staatsgemächer.*** Diese enthalten wertvolle Gobelins aus ganz Europa und sind zum größten Teil mit Möbeln des 17. Jh. ausgestattet.

In der ***Gemäldegalerie,*** dem größten Saal des Palastes, fanden früher die Bälle *Bonnie Prince Charlies* statt. An den Wänden des Raumes hängen 111 Portraits schottischer Könige von *Fergus I.* (330 v. Chr.) bis *James VII.* (1685-88), der diese Ahnengalerie anlegen ließ. Der Maler, der Holländer *De Witt,* nahm sich mangels besserer Vorlagen einfach zwei Männer von der Straße, die er verschieden kostümierte und dann malte. Die Portraits zeigen, bis auf das *Maria Stuarts* und des Auftraggebers natürlich, folgerichtig nur zwei Gesichter in allen möglichen Gewändern des 17. Jh.

Die folgenden ***Räume Darnleys und Maria Stuarts*** in dem alten Nordwestturm sind nahezu leer, bis auf ein sehr wertvolles, noch erhaltenes Prunkbett aus dem 16. Jh. In *Maria Stuarts* Gemächern erinnert eine Messingplatte an die Stelle, an der ihr Sekretär, *David Rizzio*, ermordet wurde. *Darnley* hatte über eine enge Treppe, die seine Gemächer mit de-

Edinburgh Castle und Princess Street Gardens

nen seiner Frau verband, die Verschwörer eingelassen.

Der **Park** schließt sich dem Palast nach Osten an. Bewacht wird er von den königlichen Bogenschützen in ihrem grünen Ornat und ist für die Öffentlichkeit nicht zugänglich. Einmal im Jahr findet hier die *Royal Garden Party* statt, zu der mehr als 3000 Gäste geladen werden.

Den Namen Holyrood erbte das Schloss von der älteren **Abtei.** 1228 hatte *David I.* an der Stelle des heutigen Schlosses einen Jagdunfall. Vor dem sicheren Tod bewahrte ihn nur das Auftauchen eines heiligen Hirsches, dem angeblich, gleichsam als drittes Horn, ein Kruzifix zwischen dem Geweih stand. Daraufhin gründete der König an dieser Stelle ein Augustinerkloster, das zugleich den Einfluss des Katholizismus vergrößern sollte. Schon vor Ende des Jh. war die erste Kirche zu klein, und ein neuer Bau wurde begonnen. Den Bildersturm der Reformation *John Knox'* überlebte allerdings nur ein Teil, der in der Folge als reformierte Pfarrkirche genutzt wurde. Doch als *James VII.* das Gotteshaus zur Krönungskirche und Hauptkirche des *Thistle Ordre's* machte und wieder offen den Katholizismus einführte, fiel 1688 auch der Rest der Revolution zum Opfer. 1758 versuchte man noch einmal, das Gebäude zu retten und deckte die Kirche mit einem Steindach. Als dieses bereits zehn Jahre später einstürzte, überließ man die Kirche endgültig sich selbst.

Die romantische Ruine ist mit vielen Grabplatten und -steinen übersät, die der Stätte etwas Gespenstisches verleihen, sofern sie nicht von Besuchern übervölkert ist. (Ö: Mo-So 9.30-17.15, im Winter nur bis 15.45 h, zu hoher Eintritt).

Südlich der Royal Mile

Die Old Town besteht aber nicht nur aus der Royal Mile. Südlich unterhalb des Burgfelsens liegt mitten in der Altstadt ein hübscher alter Platz: der **Grassmarket.** Von ihm fuhren früher die Postkutschen ab, und hier fanden die niederen, nichtadligen Hinrichtungen statt. Früher wie heute finden sich am Grassmarket und seiner Umgebung die besten Kneipen der Stadt, billige Studentenküchen und Cafés.

Im Gasthaus **White Heart Inn,** das auf der zur Burg liegenden Seite des Platzes steht, kehrten auch schon *Burns, Wordsworth* und andere Persönlichkeiten regelmäßig ein. Während der drei Wochen des Festivals findet auf dem Platz jeden Samstag ein Flohmarkt statt, auf dem sich mit etwas Glück billig Antiquitäten ergattern lassen.

Von Grassmarket aus können Sie mit dem Rücken zum Castle die Candlemaker Row den Berg hinaufgehen. Am Ende der Gasse liegt rechts der Eingang der **Greyfriars Church** (erbaut 1620). Um die Greyfriars Church herum befindet sich der älteste Friedhof der Stadt. Er war Schauplatz der Unterzeichnung des *National Covenant* (1638), des Dokumentes, in dem sich die Unterzeichner gegenseitig das Festhalten an der Reformation versicherten. Auch die rührselige Geschichte von *Greyfriars Bobby,* dem Hündchen, das 14 Jahre

Theodor Fontane – Sammler schottischer Sagen und Legenden

1858, als *Theodor Fontane* in London lebte und sich als Zeitungskorrespondent seinen Unterhalt verdiente, ergriff er die Gelegenheit, in das raue und mythische Land zu reisen, das *Walter Scott* und dessen Dichtungen eine Heimat gewesen war. Als junger Mensch hatte *Fontane Scotts* „Minstrelsy of the Scottish Border" (1802/03) kennen gelernt, ein Werk, das, wie er selbst sagte, „auf Jahre hinaus meine Richtung und meinen Geschmack bestimmte". Der Realist *Fontane,* der die Romantik des eigenen Jahrhunderts als Modeströmung verurteilte, war begeistert von „Echtheit" und „Stil" des Werkes *Walter Scotts:* „Er war ein Hauptpfeiler echter, gesunder Romantik gegenüber jener falschen und krankhaften romantischen Richtung, die sich die eigentliche nannte..."

Im August 1858 brach *Fontane* mit seinem alten Freund *Bernhard von Lepel* zu einer zehntägigen Rundreise nach Schottland auf. Was *Fontane* vor allem „Jenseit des Tweed" suchte, davon gibt sein Reisebericht, den er später in Deutschland veröffentlichte, Auskunft. Er suchte nicht den Einblick in das Leben der Bevölkerung, sondern nach Geschichte und Geschichten. Die Beschreibung der Reise bildet nur den Rahmen für eine solche Zahl an Sagen, Morden und Gespenstern, dass es erstaunt, wie er sie in nur zehn Tagen hat sammeln können. Der ungewöhnlich romantische Bericht „Jenseit des Tweed" darf daher durchaus als Hommage *Fontanes* an sein altes Vorbild *Scott* gelesen werden.

Auch in Edinburgh, der ersten Station der beiden Freunde, hat *Fontane* eine ganze Perlenkette schöner Geschichten gesammelt. Die Schnur beginnt in Holyrood Palace, wo noch der grausige Blutfleck zu sehen war, den der arme *Rizzio* bei seiner Ermordung hinterlassen hatte. Aber es ist vor allem die Altstadt, die mit ihren zahllosen Legenden lockte. Da ist das Moray House in der Highstreet, in dem 1650 die Hochzeit zwischen dem jungen *Lord Argyle* und einer *Moray* gefeiert wurde. Während der Hochzeit geschah es, dass der lange gejagte *Marquis of Montrose,* der in den Revolutionswirren auf Seiten der Stuarts stand, als Gefangener die Highstreet hinaufgeschleppt wurde. Vom großen Balkon aus spuckte die alte *Lady Argyle* auf den stolzen Hochländer. 35 Jahre später zog wieder ein Zug die Royal Mile hinauf. Diesmal war es der *Graf von Argyle,* der den Royalisten in die Hände gefallen war. *Bonnie Dundee* ließ den damaligen Bräutigam so die erlittene Schmach büßen, bevor er enthauptet wurde.

Hinrichtungen fanden auf dem Mercat Cross statt. Doch vorher saßen die meisten Delinquenten im Old Tolbooth ein. Das besondere dieses Gefängnisses sah der junge *Fontane* nicht in der Leichtigkeit, mit der aus ihm auszubrechen war. Vielmehr war es eines der besten Verstecke für Flüchtige. In dem uralten Bau herrschte das Chaos. So kam es, dass *Robert Ferguson,* der sich an einem Komplott gegen *Charles II.* beteiligt hatte, hier wochenlang in der Zelle eines befreundeten Gefangenen unentdeckt leben konnte. Auch fanden hier 1746 einige Anhänger von *Bonnie Prince Charlie* Unterschlupf und Rettung, während die hannoverschen Soldaten ihre Spuren bis tief ins Hochland verfolgten.

Auf dem Mercat Cross fanden aber nicht nur Hinrichtungen statt. Hier wurden auch Bekanntmachungen verlesen oder von Geistern Prophezeiungen verkündet. 1513, als *König Jacob IV.* in Holyrood sein letztes Nachtlager nahm, bevor er zur tragischen Schlacht von Flodden Field gegen England aufbrach, vernahm man die ganze Nacht über eine Geisterstimme von der Plattform herab. Sie warnte vor dem Feldzug und nannte die Namen all derer, die fallen würden, sollte die Warnung ungehört bleiben. Der erste Name war der des Königs.

Oft ging es aber auch lustig zu in Edinburgh. So als der Magistrat der Stadt ein Festmahl zu Ehren *König Georgs I.* gab. Es sollte der schlechte jacobitische Ruf der Stadt im fernen London zerstreut werden. Unter aller Augen schmausten die Ratsherren auf der Plattform des Mercat Cross, als sie ein Wolkenbruch in die Flucht trieb. Zurück an der Tafel fanden sie - zur Freude der Jacobiten in der Stadt - statt Wein nur noch Wasser in ihren Gläsern. Sogleich lief ein Spottgedicht durch alle Gassen:

„Einstens zu Cana, als bei Tisch
Sich's um den fehlenden Wein gehandelt,
Hat der König des Himmels frisch
Alles Wasser in Wein verwandelt.

Gestern, als zu Braunschweigs Ehr'
Zechten unsre City-Prasser,
Sprach der Himmel: „nimmermehr!"
Wandelnd ihren Wein in Wasser."

Mehr noch als an den Geschichtslegenden fand Fontane jedoch Gefallen an Gespenstersagen. „Die Gespenster scheinen hier eine Art Landesprodukt zu sein", stellt er nicht ohne angenehmes Erschauern fest. Eine dieser Sagen spielt in Westbow. Hier wohnte *Major Weir,* ein gefeierter Veteran und frommer Puritaner, mit seiner Schwester. Weir war stets schwarz gekleidet und hatte immer einen langen schwarzen Stock bei sich. Er war eine feuriger Prediger in den Versammlungen und übte nicht geringen Einfluss in der Stadt aus. Es fiel aber auf, dass er alt und gebrechlich wurde, sobald er seinen Stab weggelegt hatte. Eines Tages erschien der gestrenge Major vor Gericht und klagte sich selbst an. Man wollte ihn abweisen, doch beharrte er so darauf, dass der Prozess eröffnet wurde. „Unerhörte Dinge kamen an's Licht; Betrug, Mord, Unzucht und jede Form nächtlicher Orgien." Der Major und seine Schwester wurden verbrannt. Auf dem Scheiterhaufen riss sie sich die Kleider vom Leib und murmelte, sie wolle „in aller Schande sterben". Dem Major konnten die Flammen erst etwas anhaben, als sein Stab verbrannt war. Seit dieser Zeit hörte man des Nachts aus dem ersten Stock des Hauses in der Westbow wildes Tanzen, Gläserklingen - und das Spinnrad von Grissel *Weir.*

Ein anderes Spukhaus befand sich in der Canongate. Ein Priester wurde des nachts in das Haus gerufen, um die Sterbesakramente zu verleihen. Er fand eine Wöchnerin, die offenbar in guter Verfassung war. Auf sein Einwenden, dass er hier wohl fehl am Platze sei, wurde er solange bedroht, bis er die letzte Ölung vornahm. Als er die Treppe zur Straße schritt, vernahm er einen Schuss. Mit einem Beutel Gold und der Drohung, nicht sein Leben durch Plaudern aufs Spiel zu setzen, entließ man ihn. Am Morgen sollte er erfahren, dass über Nacht das Haus des Lords Ravendale abgebrannt sei und dessen Tochter im Feuer den Tod gefunden habe. Der Priester wagte nicht zu sprechen. Jahre später, es war längst ein neues Haus an der Stelle errichtet worden, stand auch dieses plötzlich in Flammen. Der allgemeine Lärm und Tumult um den Brand verstummte abrupt, als aus den Flammen eine reich gekleidete junge Frau schritt und laut in die Stadt rief:

„Einmal verbrannt, zweimal verbrannt,
Das dritte Mal brennen Stadt und Land."

„Der Eindruck dieser Worte war so mächtig, dass, wenn in späteren Jahren noch, ein Feuer in der Nähe von Canongate ausbrach, die größten Anstrengungen gemacht wurden, das Umsichgreifen desselben zu verhindern, um nicht vielleicht jene furchtbare Prophezeiung in Erfüllung gehn zu sehen."

Auch wenn *Fontane* nicht unsere Leidenschaft für das Land im Norden teilte, ihm oft seine (damalige) Armut geradezu vorwarf und es mit seinem geliebten London verglich, die schier endlose Sammlung von Geschichten und Legenden machen seinen Reisebericht zu einer spannenden wie schaurigen Reise durch ganz Alba, nicht nur dessen Hauptstadt. Allen, die Gefallen finden an Geschichten und Gruselmären, sei *Fontanes* Werk daher wärmstens empfohlen. *Theodor Fontane:* Jenseit des Tweed, 1860, Neudruck: Insel Taschenbuch, Frankfurt a. M. 1989.

am Grab seines verstorbenen Herrn wachte, gut ernährt von den benachbarten Metzgern, trug sich hier zu.

Von der großen Kreuzung vor Greyfriars zweigt nach rechts die Chambers Street ab. Auf der rechten Seite liegt das ***Royal Scottish Museum.*** Das Gebäude, das 1861-88 von *Francis Fowke* erbaut wurde, ist das älteste noch stehende und eines der schönsten Beispiele viktorianischer Baukunst in Edinburgh. In seinen Räumen befinden sich Sammlungen zu fast allen Bereichen der Wissenschaft, wie z. B. der Archäologie, der Völkerkunde, der Naturgeschichte, der Technik. Darüber hinaus beherbergt das Museum noch eine hervorragende Sammlung von Kunstgewerbegegenständen. Gleich nebenan hat in einem modernen, imposanten Gebäude der Architekten *Benson* und *Forsyth* das neue ***Museum of Scotland*** seine Tore geöffnet. Die umfangreiche Sammlung zeigt auf 6 Stockwerken 10.000 Jahre schottischer Geschichte, ein Muss für jeden Schottlandfan. (Ö: Museum of Scotland und Royal Museum: Mo-Sa 10.00-17.00 h, Di bis 20.00 h, So 12.00-17.00 h, Eintritt, Ticket gilt für beide Museen)

Ebenfalls in der Chambers Street erhebt sich ein paar Schritte weiter auf der gleichen Straßenseite das ***Old College der Universität,*** die auf eine lange Tradition zurückblicken kann. 1583 gegründet, ist sie heute eine der größten im Vereinigten Königreich. Als 1789 ein neues Gebäude errichtet werden sollte, beauftragte man *Robert Adam* mit den Arbeiten. Nach dessen Tod vollendete *William Henry Playfair* den Bau des Old Col-

Edinburgh - heute oder gestern?

lege. Die große Kuppel über dem Torweg fügte *Rowand Anderson* 1883 hinzu. Der Innenhof beeindruckt durch die riesigen Dimensionen der klassizistischen Architektur. Das Old College ist bis heute das Herz der Universität mit ihren 10.000 Studenten und ca. 1500 Angestellten. In dem Gebäude befindet sich zudem das ***Talbot Rice Art Centre,*** das europäische Malerei und Bildhauerei des 16. und 17. Jh. ausstellt.

Am Rande der Old Town befinden sich noch zwei weitere interessante Museen. Die Edinburgher Feuerwehr nimmt für sich in Anspruch, die älteste Berufswehr der Welt zu sein. Am Lauriston Place (Ecke Lawson Street) kann man im ***Fire Department Museum*** unter anderem alte Feuerwehren sehen. (Einlass nur nach Absprache, T: 0131/228 2401)

Das ***City Arts Centre*** liegt in der Market Street, einer südlichen Parallelstraße der Royal Mile. In einem umgebauten Gebäude von 1899 sind die Kunstsammlungen der Stadt Edinburgh untergebracht. Sie umfassen hauptsächlich Werke schottischer Künstler seit dem 17. Jh., darüber hinaus finden wechselnde Ausstellungen statt. (Ö: Mo-Sa 10.00-17.00 h, E: frei)

Sehenswertes in der New Town

Den zweiten Schwerpunkt der Innenstadt bildet die Neustadt, die *New Town*. Diese „Neustadt" ist heute allerdings auch schon über 200 Jahre alt. Mitte des 18. Jh. drohte die Old Town aus allen Nähten zu platzen. Nach langem Ringen setzte der ambitionierte Bürgermeister Lord Pro-

Blick durch die New Town auf den Firth of Forth

Lothian

vost (schott. für Bürgermeister) *George Drummond* die Ausschreibung eines Neubaugebietes durch. Es sollte am nördlichen Ufer des Nor Loch, das bereits seit 1759 trockengelegt war und heute den Princes Street Garden bildet, entstehen.

Ein Architektenwettbewerb ließ überraschend den erst sechsundzwanzigjährigen *James Craig* als Sieger hervorgehen. *Craigs* Entwurf, *George IV.* gewidmet, sah eine breite Prachtstraße vor (George Street), die zwei Plätze, St Andrews Square und St George Square (heute Charlotte Square), als Allegorie für Schottland und England miteinander verband. George Street flankieren sollten zwei einseitig bebaute Straßen, die auf die Burg blickende Princes Street und die zum Firth of Forth zeigende Queens Street. Zwei weitere Parallelstraßen nahmen das Motiv Schottland-England wieder auf: Thistle (Distel) Street und Rose Street.

1767 wurde mit dem Bau begonnen. Zunächst entstand St Andrews Square, dann zogen sich die Bauarbeiten langsam nach Westen, bis 1811 auch der Charlotte Square (benannt nach der Frau *George III.)* fertiggestellt war. Die *New Town Conservation Area* ist mit 310 ha das größte Denkmalschutzgebiet Großbritanniens und eines der größten klassizistischen Stadtviertel überhaupt.

Ursprünglich sollte jeder der beiden großen Plätze auch eine Kirche erhalten. Dies wurde jedoch von *Sir Laurence Dundas* verhindert, indem er auf dem dafür vorgesehenen Grundstück am ***St Andrews Square*** eines der schönsten Stadthäuser errichten ließ. Heute ist es Sitz der *Royal Bank of Scotland* und eines der wenigen alten Gebäude am St Andrews Square. Da außer der *Royal Bank* noch unzählige weitere Banken und Versicherungen am St Andrews Square ihren Sitz haben, wird er manchmal auch der „reichste Platz der Welt“ genannt.

Sein Pendant, der ***Charlotte Square,*** hat, anders als jener, sein ursprüngliches Aussehen bewahrt. Die Nordseite ist ein Werk *Robert Adams*. Die Idee *Adams* war es, verschiedene Häuser mit einer einheitlichen palastartigen Fassade zu versehen. Charlotte Square No.7, eines der Adam-Häuser, beheimatet heute das ***Georgian House***. Der *National Trust (NTS)* hat das Haus liebevoll eingerichtet und dokumentiert den Lebensstil einer großbürgerlichen Familie um das Jahr 1800. Das Museum stellt sozusagen den Gegenpart zu Gladstones Land in der Old Town dar. Ein amüsanter Videofilm versucht, das tägliche Leben dieser Zeit anschaulich zu machen. Das Haus ist seiner Zeit getreu aufgeteilt: im Keller die reich ausgestattete Küche sowie die Bedienstetenzimmer, im Erdgeschoss die Bibliothek, Wohn- und Speisezimmer, Salon und Schlafzimmer im ersten, und weitere vier Zimmer im zweiten Stockwerk. Im Salon befindet sich das interessante Original einer Zeitung aus dem Juli 1789 mit einem Augenzeugenbericht von der französischen Revolution. (Ö: März-Apr. Mo-Sa 10.00-17.00, So ab 14.00 h, Nov-Dez. Mo-Sa 11.00-16.00 h, So ab 14.00 h, Eintritt)

Im Gegensatz zum St Andrews Square erhielt Charlotte Square seine Kirche. *Robert Reid* erbaute sie 1811 als St Georges Church. Heute befindet sich darin einer der Ableger des schottischen Staatsarchivs, das ***West Register House.*** Es birgt historische Unterlagen und stellt in seiner Eingangshalle interessante alte Urkunden aus. (Ö: Mo.-Fr. 9.00-16.00 h, Eintritt frei)

Nördlich der New Town verläuft die Queens Street, die die Princes Street spiegelt. An ihrem östlichen Ende erhebt sich ein großes Rotsandsteingebäude, das *Sir Rowand Anderson* Ende des 18. Jh. entwarf. In seinem Innern hat die ***Scottish National Portrait Gallery*** eine Heimat gefunden. Sie bewahrt Gemälde und seltene Fotografien berühmter Schotten und anderer Menschen auf, die seit dem 16. Jh. mit der schottischen Geschichte verbunden sind. (Ö: Mo-Sa 10.00-17.00, So 14.00-17.00 h, Eintritt frei)

An der Südseite der New Town liegt die Princes Street. An ihrem Ostende finden Sie das große ***Tourist Information Centre.*** Westlich davon erhebt sich wie die abgebrochene Spitze einer gotischen Kathedrale ***Scott's Monument.*** Inmitten seiner Romanfiguren thront der Dichter, *Sir Walter Scott,* unter diesem überdimensionalen Baldachin und betrachtet die Passanten.

Über die ***Princes Street Gardens,*** mit der ältesten Blumenuhr der Welt, blickt man von der Princes Street genau auf die Schokoladenseite des Castles. Die Princes Street Gardens werden durch ***The Mound*** (engl. Erdhügel) in einen westlichen und einen östlichen Teil unterteilt. The Mound entstand nach 1767, als man entgegen vielen Protesten hier den Bauschutt der entstehenden New Town aufschüttete. Auf diesem Hügel erbaute *William Henry Playfair* bis 1859 zwei Tempel. In dem der Princes Street am nächsten gelegenen dorischen Tempel, der ***Royal Scottish Academy,*** finden wechselnde Ausstellungen, die meist schottische Kunst zeigen, statt. Durch große Dachfenster ist die Academy hervorragend beleuchtet.

Neben der Academy erhebt sich ein ähnlicher Tempelbau, der die ***National Gallery of Scotland*** beherbergt. Zwar hat dieser Tempel die gleichen Oberlichter, doch die rote Tapete, die dem ganzen Museum eine gediegene Atmosphäre verleiht, schluckt viel von dem Licht. Die Möbel aus dem 16.-18. Jh., die in der ganzen Galerie verteilt stehen, unterstreichen zusätzlich die barocke Atmosphäre. Die Sammlung umfasst Werke der europäischen Malerei des 16.-19. Jh. *Tizian, El Greco, Velasquez* und *Rembrandt* sind dabei ebenso vertreten wie die Briten mit *Reynolds, Landseer* und *Turner*. Im ersten Stock findet sich außerdem eine kleine Impressionistensammlung mit Werken u. a. von *Sisley, Degas, Monet, Gauguin* und *Van Gogh.* (Ö: Mo-Sa 10.00-17.00 h, So 14.00-17.00 h, Eintritt frei)

Craigs New Town war noch nicht ganz fertig, da begann man bereits mit ihrer Erweiterung. Nach allen Seiten, nur nicht in die Princes Street Gardens hinein, wurde angebaut. Ein

Alte Stadtansicht

Lothian

weiteres Meisterwerk urbaner Architektur entstand auf den Grundstükken des *Earl of Moray* am westlichen Ende der Queen Street. Dieser ließ 1823 von *Gillispie Graham* die Dreieinigkeit von ***Randolph Crescent, Ainslie Place*** und ***Moray Place*** entwerfen. Mit dem Halbkreis, der Ellipse und dem Kreis vereinigt Graham in den Formen der Plätze drei verschiedene geometrische Figuren zu einer harmonischen Gesamtanlage.

An der Rückseite der Häuser des Moray Place fällt das Gelände steil ab zu den Ufern des Leith. Etwas flussaufwärts befindet sich ***Dean Village,*** ein altes Mühlen- und Bäckerviertel. Der durch Stromgewinnung künstlich gebändigte Leith trieb noch im 19. Jahrhundert an dieser Stelle elf Mühlen. Schon für das 12. Jh. sind in dem engen Tal Mühlen bezeugt. Heute ist Dean Village ein sehr ruhiges Wohnviertel, eine Idylle in direkter Nachbarschaft der stark frequentierten Ausfallstraße nach Norden.

Flussaufwärts lohnt sich ein entspannender ***Spaziergang*** entlang des Leith durch ein Dickicht aus Holz und Blättern, das die Nähe der Stadt fast vergessen lässt.

Südlich des Leith bei Dean Village liegt das Stadtviertel Westend. Hier im Eglinton Crescent sind eine der Jugendherbergen und gleich nebenan das ***Deutsche Konsulat*** zu finden. In der Nähe bezeugt unübersehbar ein Bau am Palmerston Place die Einfallslosigkeit viktorianischer Architekten. Auf den ersten Blick erscheint ***St Marys Episcopal Cathedral*** als ein Bauwerk aus dem 14. Jh. Auch ein weiterer Blick verrät nichts wesentlich Neues. Schlägt man allerdings im Führer nach, erhält man den Beweis: Diese Kirche wurde erst 1870-79 erbaut und stellt also ein neohochgotisches Plagiat dar. (Ö: Mo-Fr 7.30-18.00, Sa+So 7.30-17.00 h)

Am anderen Ende der New Town liegt an einer der belebtesten und befahrensten Kreuzungen der Stadt das ***Register House.*** Es wurde 1774 am Ostende der Princes Street angelegt, um das schottische Staatsarchiv aufzunehmen und ist eine von *Robert Adams* repräsentativsten Bauten. Heute hat das Archiv schon lange das Aufnahmevermögen des Gebäudes gesprengt, so dass es mittlerweile nur noch die Zentrale eines Netzes von Archiven darstellt. Es finden regelmäßig Ausstellungen statt. (Ö: Mo- Fr 10.00-16.00 h, Eintritt frei)

Am Register House vorbei den Waterloo Place hinauf gelangt man auf den Tempelberg Edinburghs: ***Calton Hill.*** In den Jahrzehnten um 1800 hatte die Aufklärung in Schottland ihre Blüte. Die vielen klassizistischen Gebäude und die verschiedenen, in der Stadt geborenen Philosophen wie *David Hume* oder *Dugald Stewart* brachten Edinburgh den Ruf eines „Athens des Nordens“ ein.

Diesem Anspruch wollten die Edinburgher die Krone aufsetzen, als sie 1822 mit dem Bau des ***Nationaldenkmals*** auf dem Calton Hill begannen. Das Denkmal sollte den schottischen Gefallenen in den Napoleonischen Kriegen gewidmet sein.

Doch die Begeisterung war größer als die Spendenfreude. Von der geplanten Kopie des Athener Parthenons wurden nur ein paar Säulen fertig. *„Scotland's pride and poverty"*, wie der Architekt *William Henry Playfair* resigniert feststellte.

Das Denkmal für die Schlacht bei Trafalgar, ***Nelson Monument,*** dagegen wurde fertiggestellt und kann bestiegen werden. (Ö: Apr.-Sept. Mo 13.00-18.00, Di-Sa 10.00-18.00, Okt.-März Mo-Sa 10.00-15.00 h, Eintritt)

Auf der Kuppe des Calton Hill erhebt sich das 1818 erbaute ***City Observatory,*** in dem man sich eine ***3D-Filmshow*** über Edinburgh anschauen kann. (Ö: Mo-Fr 14.00-17.00 h, Sa-So 10.30-17.00 h, Eintritt)

Vor dem Observatorium steht ein Denkmal für den Philosophen *Dugald Stewart.* Das schönste an Calton Hill ist aber die Aussicht. Man hat einen guten Blick über die Stadt, auf die Royal Mile bis zum Castle, den Forth, auf Holyrood und Arthur's Seat.

Etwas unterhalb von Calton Hill, zwischen dem burgartigen St Andrew's House, das die schottische Verwaltung beherbergt, und dem Waterloo Place, liegt der ***Old Calton Burying Ground,*** der ein Monument für *David Hume* beheimatet. Der Friedhof ist wie viele schottische Friedhöfe einen Besuch wert. Er strahlt in dem Chaos seiner halbverfallenen Grabsteine und vergessenen Monumente eine angenehme Ruhe aus, wie man sie nur auf schottischen Friedhöfen antrifft. Ähnliches gilt auch für den ***New Calton Burial Ground,*** der etwas weiter unten in der Calton Road gelegen ist und, obwohl jünger, den gleichen verwahrlosten, ruinenhaften Eindruck macht.

Dorf mitten in der Stadt: Mühlenviertel Dean Village

Sehenswertes außerhalb des Zentrums

Nördlich des Leith, an der Inverleith Road, kann man sich im wunderschönen ***Royal Botanic Garden*** vom Trubel der Stadt erholen. Auf einer Fläche von 27 ha wachsen im Botanischen Garten über 14.500 verschiedene Pflanzen, Blumen und Bäume. Er ist der zweitälteste Botanische Garten Großbritanniens und geht auf einen medizinischen Kräutergarten aus dem Jahre 1670 zurück. Nach zweimaliger Umsiedelung gedeiht er nun seit 1823 an seinem heutigen Ort. Berühmt ist er besonders wegen seines Rhododendrongartens, angeblich der größte der Welt.

Auch die riesigen, zum Teil noch viktorianischen Gewächshäuser machen den Besuch des Parks zum Erlebnis. Von einigen Stellen aus bietet sich darüber hinaus ein schöner Blick über die Stadt, mit Castle, Calton Hill und Arthur's Seat im Hintergrund.

Sehenswert ist auch der Steingarten, der, liebevoll angelegt, gleich in der Nähe des Osteingangs liegt. (Ö: im Sommer: Mo-So 9.30 h bis spätestens 19.00 h, im Winter: genauso, aber bis Sonnenuntergang, Eintritt frei. Die Gewächshäuser: Mo-Sa 10.00- 17.00 h, So 11.00-17.00 h oder eine Viertelstunde vor Schließung des Gartens, sofern die Sonne vor 17.00 h untergeht)

An der Belford Road westlich von Dean Village steht in einem kleinen Park die ***Scottish Gallery of Modern Art.*** Die kleine, aber feine Ausstellung der Kunst des 20. Jh., mit kurzen und guten Erläuterungen zu den Stilrichtungen versehen, ist etwas außerhalb in einem klassizistischen Gebäude untergebracht. Der das Gebäude umgebende Park bildet den idealen Rahmen für die Plastiken von *Henry Moore,* die vor dem Museum aufgestellt sind.

Die Sammlung enthält Werke einiger wichtiger Maler des 20. Jahrhunderts, wie *Picasso, Matisse, Miro, Braque, Liechtenstein,* u. a. Im ersten Stock finden wechselnde Ausstellungen statt. (Ö: Mo-Sa 10.00-17.00 h, So. 12.00-17.00 h, Galerie Eintritt frei, Ausstellungen kleiner Eintritt)

Auf der anderen Straßenseite der Belford Road wurde 1999 die ***Dean Gallery*** eröffnet. Zusammen mit der *Scottish National Portrait Gallery* und der *National Gallery of Scotland* bilden die beiden Museen die ***National Galleries of Scotland,*** wobei die *Dean Gallery* der modernen und zeitgenössischen Kunst gewidmet ist. (Ö: Mo-Sa 10.00-17.00 h, So 12.00-17.00 h, Eintritt frei)

Der schönste Weg zu den beiden Museen ist übrigens ein etwa halbstündiger ***Fußmarsch*** entlang des Leith, der in Dean Village seinen Anfang nimmt.

Südlich von Holyrood Palace liegt der 3,6 km^2 große ***Holyrood Park.*** Er bewahrt einen Hauch von Wildnis mitten in Edinburgh und seinen Vorstädten. Auf verschiedenen Wanderwegen kann man die höchste Kuppe ersteigen, ***Arthur's Seat,*** die 251 m über dem nahen Meer liegt. Von hier oben wird der beschwerliche Aufstieg mit einem grandiosen Blick über Edinburgh und sein ganzes Umland belohnt. Wer nicht so hoch hinaus will, kann es mit *George VI.* halten, der gerne die ***Radical Road*** unterhalb der Salisbury Crags, im Westen des Massivs, entlangspazierte. Auch von hier hat man bereits einen schönen Blick über die Stadt mit dem Castle.

Vier Meilen westlich des Zentrums dehnt sich an der Corstorphine Road der 1913 gegründete Zoo, die ***Royal Zoological Society,*** aus. Weltberühmt ist er für seine Pinguinparade, die im Sommer täglich um 14.30 h stattfindet. Das Areal betritt man von der Corstorphine Road (A 8) aus, ein Stückchen westlich des Zentrums. (Ö: Mo-So 9.00-18.00 h, im Winter bis 16.30 h, Eintritt)

Zwischen Edinburgh und dem Firth of Forth liegt ***Leith,*** das bis 1920 noch eine unabhängige Stadt (*burgh*) war, obwohl es immer schon Edinburghs Hafen am Forth war.

An der Straße The Shore, entlang des rechten Leithufers, und den umliegenden Gassen finden sich noch einige weitere Häuser des alten Leith. An der Mündung des Flüsschens liegt noch heute der geradezu winzig anmutende alte Hafen aus dem 16. Jh., der kaum an einen ehemaligen Marinehafen denken lässt. Rundherum stehen die historischen Dockhäuser und die alten Seemannsunterkünfte. Seit 1998 liegt hier auch die ehemalige königliche Yacht ***Britannia,*** die ihre 5 Decks für Besucher geöffnet hat. (Sa-So 9.30-16.30 h, im Sommer Mo-Fr 9.30-16.00 h, im Winter Mo-Fr 10.00-5.30 h, hoher Eintritt)

Die Küste entlang in Richtung Osten gelangt man bald nach ***Portobello,*** dem Edinburgher Brighton. Hier herrscht im Sommer reger Bade- und Strandbetrieb.

Information

- Das ***Tourist Information Centre,*** 3 Princes Street, Edinburgh EH2 2QP, T: 0131/ 473 3800, ist für alle touristischen Angelegenheiten die richtige Adresse. Hier vertreibt man auch gegen eine geringe Schutzgebühr einen hervorragenden Stadtplan und vermittelt Unterkünfte. Online erreicht man das Tourist Board über www. edinburgh.org.
- Für alle Fragen zum Edinburgh Festival ist ***The Hub, Edinburgh's Festival Centre*** zuständig. Castlehill, Royal Mile, Edinburgh EH1 2NE, T: 0131/473-2000, Fax: -2003, www.eif.co.uk, (s.a. „Unterhaltung").

Unterkunft

Für die Zeit des Festivals im August sollten Sie unbedingt vorbuchen, egal welche Unterkunftsart Sie bevorzugen!

Hotels

Edinburgh ist nicht nur die Hauptstadt Schottlands, sondern auch eine wichtige Kongress-, Industrie- und Festivalstadt und nicht zuletzt die Kapitale des Tourismus. Es gibt daher in der ganzen Stadt verteilt unzählige Hotels, von denen wir hier nur eine winzige Auswahl bieten können.

- ***Caledonian Hotel,*** Princes Street, Edinburgh EH1 2AB, T: 0131/459 9988, Fax: 225 6632, B&B ab £ 130, ist eines der besten Hotels der Stadt, direkt an der schönen Princes Street mit Blick auf die Burg.
- ***The George Intercontinental Hotel***, George Street, Edinburgh EH2 2PB, T: 0131/225 1251, Fax: 226 5644, B&B ab £ 90, im Zentrum der Newtown, gleich in der Nähe des St Andrew Square. Es beherbergt auch verschiedene Restaurants.
- ***Crowne Plaza Edinburgh,*** 80 High Street, Edinburgh, EH1 1TH, T: 0131/ 557 9797, Fax: 557 9789, B&B ab £ 60,

Hotel an der Royal Mile in einem der alten „lands" (Blöcke).

●***Edinburgh Nova Hotel,*** 5 Bruntsfield Crescent, Edinburgh EH10 4EZ, T: 0131/ 447 6437, www.novahotel.f9.com, B&B ab £ 35.

●***Greens Hotel,*** 24 Eglinton Crescent, Edinburgh EH12 5BY, T: 0131/337 1565, Fax: 554 7173, B&B ab £ 30, in ruhiger Lage dicht am Zentrum, Wegbeschreibung vergl. Jugendherberge.

●***Rosehall Hotel,*** 101 Dalkeith Road, Edinburgh EH16 5AJ, T: 0131/667 9372, Fax: 668 4989, B&B ab £ 22, an der A 68, südlich von Arthur's Seat.

●***Kingsview Guest House,*** 28 Gilmore Place, Edinburgh EH3 9NQ, T: 0131/229 8004, Fax: 2254998, B&B ab £ 15, im Süden des Stadtzentrums, nahe King's Theatre gelegen.

●***Beresford Hotel,*** 32 Coates Garden, Edinburgh EH12 5LE, T: 0131/337 0850, zentrumsnahes und familienfreundliches Hotel, B&B ab £18.

B&B

●Das Angebot an B&B ist in Edinburgh sehr reichhaltig, jedoch nicht immer leicht zu finden. Generell sind die Ausfallstraßen ein guter Tipp, um eine Unterkunft ausfindig zu machen. Trotzdem möchten wir für Edinburgh raten, ausnahmsweise den ***Buchungsservice des Tourist Information Centre*** (e-mail: esic@eltb.org) in der Princes Street in Anspruch zu nehmen. Dieser kostet zwar stolze £ 3, doch vermeidet man so eine nervenaufreibende Suche.

Jugendherbergen

●***18 Eglinton Crescent,*** T: 0131/337 1120, Higher Grade, £ 12 (ab 18 Jahren £ 14), geöffnet bis 2 h nachts, zu Fuß ca. 10 min westlich der Princes Street.

●***7 Bruntsfield Crescent,*** T: 0131/447 2994, Standard Grade, £ 13 (£ 11.50), geöffnet bis 2 h nachts, in der Nähe des King's Theatre, 3 km vom Bahnhof.

●Daneben gibt es zwei weitere zentral gelegene Higher Grade Herbergen, die nur im Juli und August geöffnet haben und dann £ 16,50 kosten: ***Edinburgh Central Y.H.,*** Castle Wynd, Cowgate, Edinburgh EH1 1LY, T: 0131/556 5566 und ***Edinburgh Pleasance Y.H.,*** New Arthur Place, Edinburgh, T: 0131/668 3423. Zentrale Reservierungsnummer: 0870/155 3255.

●Neben den offiziellen Jugendherbergen gibt es noch eine ganze Reihe privater Hostels, z. B.: das ***High Street Hostel,*** 8 Blackfriars Street, Edinburgh EH1 1NE, T: 0131/557 3984, Fax: 556 2981, Übernachtung ab £ 11 und das ***Royal Mile Backpackers,*** 105, High Street, Edinburgh EH1 1SG, T: 0131/557 6120, B&B ab £ 11. Beide Herbergen liegen in der Old Town.

●***Belford Hostel,*** Belford Church 6/8 Douglas Gardens, Edinburgh EH4 3DA, T: 0131/ 225 6209, www.hoppo.com, Ö: März-Nov., Übernachtung ab £ 10, in einer ehemaligen Kirche.

Camping

●***Edinburgh Caravan Club Site,*** Marine Drive, Edinburgh EH4 5 EN, T: 0131/ 312 6874, Wohnwagen und Zelt £ 8-15, vom Stadtzentrum nordöstlich der Queensferry Rd. folgen, dann ausgeschildert.

●***Mortonhall Caravan Park,*** 38 Mortonhall Gate, Frogston Road East, Edinburgh EH16 6TJ, T: 0131/664-1533, Fax: -5387, am Südring, Ausfahrt Station dann Richtung Mortonhall, Wohnwagen, Zelt £ 9-13.

Studentenunterkünfte

Neben den Standardunterkünften bieten auch die verschiedenen Edinburgher Universitäten und Colleges in den Semesterferien diverse Schlafgelegenheiten, meist als B&B, an.

●***Jewel & Esk Valley College,*** 24 Milton Road East, Edinburgh EH15 2PP, T: 0131/ 657.7222, Fax: 657.7253, B&B ab £ 24, im Osten der Stadt zwischen Portobello und Musselburgh.

●***Heriot-Watt University,*** Riccarton, Edinburgh EH14 4AS, T: 0131/451 3669, Fax: 451 3199, e-mail: ecc@hw.ac.uk, B&B ab £ 23.

Verbindungen und Stadttransport

Flug

• ***Edinburgh Airport*** (Edinburgh Airport Ltd., Edinburgh EH12 9DN, Auskunft: T: 0131/333 1000), an der A 8 etwa 11 km westlich außerhalb der Stadt, ist mit Flughäfen rund um den Erdball verbunden. British Airways, bze. deren Töchter fliegen Aberdeen, Kirkwall, Sumburgh, Wick und London an. Zu den Verbindungen mit Deutschland siehe das Kapitel „Reisetipps/Hin- und Rückreise“.

Zu Spitzenzeiten fahren alle halbe Stunde Busse in die Stadt, die vor Waverley Station im Zentrum enden. Die Fahrt dauert 20 min Eine Taxifahrt kostet ungefähr £ 20.

Für Ankommende auf dem Flughafen hat das Scottish Tourist Board einen eigenen ***City of Edinburgh Tourist Information Desk*** im Flughafen eingerichtet (T: 0131/473 3800), das vor allem Unterkünfte in Edinburgh vermitteln kann.

• ***British Airways*** (Reservierungen T: 0845/773 3377) fliegen u. a. täglich außer samstags einmal Aberdeen an, von wo eine direkte Weiterverbindung nach Shetland besteht.

Stadtbusse

Wie in allen großen Städten ist das Parkplatzangebot katastrophal gering, so dass Sie möglichst immer auf den öffentlichen Nahverkehr zurückgreifen sollten.

• Ein ***Stadtbesichtigungsbus*** mit offenem Dach fährt auf einem Rundkurs fast alle wichtigen Sehenswürdigkeiten der Innenstadt ab (Princes Street, Old Town mit Grassmarket und Royal Mile, Holyrood Palace, Calton Hill, St Andrew Square, Charlotte Square und New Town). Der Bus fährt viertelstündlich und hält an allen Sehenswürdigkeiten zum Ein- und Aussteigen. Da ein Fahrschein einen Tag Gültigkeit besitzt, können Sie eine Besichtigungstour mit individuellen Aufenthalten gestalten. Abfahrt ist alle Viertelstunde an der Waverley Bridge, (Erw. £ 7,50, Rentner, Studierende £ 6, Kinder 5-12 Jahre £ 2,50). Die Rundfahrt dauert ca. eine Stunde.

• Der ***Busbahnhof,*** mit Verbindungen von Orkney bis London, liegt gleich am Nordostende des St Andrew Square etwas versteckt in einem Hof. Man muss von der Straße aus erst durch die überdachte Einfahrt hindurchgehen. Hier erhält man Fahrpläne und Tickets der verschiedenen Gesellschaften und alle weiteren Informationen.

• ***Stadtbusverkehr und Lothian:*** Lothian Buses (T: 0131/5556363, Infobüro am Bahnhof an der Waverley Bridge) für Edinburgh und nähere Umgebung, das übrige Lothian wird von verschiedenen Busgesellschaften bedient (Info: Traveline: 0800/232323 oder unter T: 0131/225 3858). Man bezahlt die Fahrt dem Fahrer (möglichst passend) beim Einsteigen. In allen Bussen herrscht Rauchverbot.

• Das ***Day Saver Ticket*** ermöglicht für £ 2.20 (Kinder £ 1,50) einen Tag lang freie Fahrt auf allen Buslinien von *Lothian Buses.* Wer länger bleiben möchte, für den lohnt sich der Erwerb eines ***Ridacard Season Tickets,*** mit dem man für £ 10.50 eine Woche bzw. für £ 30.50 vier Wochen lang diese Busse, die in ganz Lothian verkehren, nutzen kann.

Überlandbusse

Von Edinburgh aus können Sie per Bus nahezu jeden Punkt erreichen. Mit der Westküste verbindet Sie Glasgow, mit dem Norden und Nordwesten Inverness, mit dem Nordosten Aberdeen. Da Abfahrtszeiten und Preise häufig geändert werden, versichern Sie sich vor der Abfahrt noch einmal genau.

• *National Express* (T: 08705/808 080): ***Nach London*** verkehren täglich zwischen 7.00 und 22.00 h 7 Linien. Fahrtzeit ca. 8h.

• ***Nach Aberdeen*** über Perth und Dundee fahren täglich zwischen 7.55 und 19.55 h 19 verschiedene Busse. Fahrtzeit ca. 4h.

• ***Nach Inverness*** über Perth und Aviemore fahren täglich zwischen 7.15 u. 20.45 h 13 verschiedene Busse. Fahrtzeit: 4h. Die ersten beiden und der Bus um 13.15 h haben direkten Anschluss in Inverness nach Thurso.

• ***Nach Glasgow*** verkehren verschiedene Linien mehrmals am Tag, die auch den größeren Glasgower Flughafen anbinden.

Die Fahrtzeit beträgt ca. 2 h, Beispiele: Citylink Linien 500 und 501.

- *Stagecoach*: Die X 60 fährt Mo-Sa zwischen 9.35 und 17.35 h fünfmal die Strecke ***nach St Andrews.*** Fahrtzeit ca. 3 h.

Zug

- Der ***Bahnhof*** (Infos around the clock: T: 08457/484 950) befindet sich direkt im Zentrum. Haupteingang ist von der Waverley Bridge aus (genau zwischen Princes Street und Market Street). Vom Edinburgher Hauptbahnhof fahren täglich Züge in alle Richtungen. Die Verbindungen mit den verschiedenen Landesteilen haben wir immer den entsprechenden Kapiteln vorangestellt.
- Auch ***mit London*** ist Edinburgh sehr gut verbunden. Mehrmals täglich fährt ein Expresszug die Strecke in beiden Richtungen.
- Zwischen 6.55 und 23.45 h fahren zwölf Züge, meist über Kirkcaldy in Fife, ***nach Perth.*** Sechs davon fahren weiter bis ***Inverness*** und halten unterwegs u. a. in Dunkeld, Pitlochry oder Aviemore.

Taxi

- ***Capital Castle Taxis,*** Tel. 0131/228 2555

Autoverleih

- ***Avis,*** 100 Dalry Road, Haymarket, T: 0131/337 6363.
- ***Arnold Clark Hire Drive,*** Lochrin Place, Tollcross, Edinburgh, T: 0131/228-4747, Fax: -1861, auch So. Auto/Tag ab £ 18.

Fahrradverleih

- ***Bike Trax Cycle Hire,*** 11 Lochrin Place, Tollcross, Edinburgh EH3 9QX, T: 0131/ 228 6633.

Einkaufen

In Schottland gibt es keine Ladenschlussgesetze. Zwar schließen in Edinburgh viele Geschäfte um 18.00 h, doch haben oft kleinere Läden, vor allem die der Pakistanis, zum Teil bis in die Nacht hinein geöffnet. In der Innenstadt haben viele Geschäfte auch Sonntag vormittags geöffnet.

- Eine der beliebtesten Einkaufsstraßen Edinburghs ist, wie sollte es anders sein, die Princes Street. Hier finden sich etliche Boutiquen, aber auch ***Kaufhäuser*** und ***Supermärkte.***
- ***Modeboutiquen*** haben sich in der Rose Street angesiedelt, Juweliere und elegante Modesalons in der George Street.
- ***Läden für jeden Bedarf*** (z. B. Fahrradläden) finden sich in der Nicholson Street, die in ihrer Verlängerung, der South Bridge, im rechten Winkel auf die Royal Mile trifft.
- Auch entlang des North West Circus Place und der Raeburn Street finden sich einige kleinere Geschäfte. Wer nach ***Antiquitäten*** sucht, sollte hier und vor allem in der abzweigenden St Stephen Street und im ganzen Stockbridge Ausschau halten. Daneben haben sich im ***Byzantinic Market*** in der Victoria Street an der Royal Mile einige Antiquitätenhändler zusammengetan.
- Ein ***Antiquariat*** befindet sich in der West Bow zwischen Grassmarket und Royal Mile.
- Es gibt in Edinburgh nur wenige ***Flohmärkte.*** Während des Festivals findet samstags auf Grassmarket einer statt. Während des übrigen Jahres gibt es sonntags ab 10.00 h auf dem Bistro Square einen Markt.
- Eine Pflichtadresse für jeden Maltwhiskyfreund liegt an der Royal Mile: ***Cadenhead's Whisky Shop.*** William Cadenhead füllt seine eigenen Malts, meist unfiltriert und in Fassstärke, ab. Dem urigen Laden in der Canongate 172 sieht man nicht an, dass Cadenhead die Abfüllungen mit dem eigenen label in alle Welt exportiert. T: 0131/556-5864, Fax (Einzelhandel): -2527.

Essen und Trinken

Restaurants

- In Edinburgh, wie in allen großen Städten, finden sich Restaurants aller Küchen und für jeden Geldbeutel. Die meisten sind entlang der Royal Mile und südlich davon gelegen. Aber auch im Bruntsfield Place und an der Leven Street in der Nähe des King's Theatre finden sich einige. Viele Studenten nehmen ihr Mittagessen in den Kneipen rund um die Universität südlich der Altstadt, v. a. am Grassmarket.

●***Mussel Inn,*** 61-65 Rose Street, T: 0131/225 5979, hat sich mit Gerichten um £ 15 auf schottische Meeresfrüchte spezialisiert.
●***The Witchery by the Castle,*** Castlehill, Royal Mile, T: 0131/225 5613, bietet Theatergängern noch späte Mahlzeiten oder auch komplette Menüs ab £ 20.
●***The Elephant House,*** 21 George IV Bridge, T: 0131/220 5355, steht für eine riesige Auswahl an Tee und Kaffee und über 600 Elefanten.
●***Howies Restaurant,*** 63 Dalry Road, T: 0131/313334 bietet gutes schottisches Essen auch für den kleineren Geldbeutel.
●Schottisch essen kann man in vielen Restaurants an der Royal Mile, oder im ***Famous Peacock Inn,*** The Village, Newhaven, T: 0131/552 5522, dem seit 1767 die Einheimischen die Treue halten, oder bei ***Stac Polly,*** 29-33 Dublin Street, T: 0131/556 2231.
●In der Victoria Street (Nr.9) findet das ***Royal Mile Banquet*** statt, ein historisches Essen mit mehreren Gängen, Spielleuten und Vorführungen (T: 0131/663 5155).
●Ein Leckerbissen für Whiskyfreunde ist ein Tasting, das die altehrwürdige ***Scotch Malt Whisky Society,*** der älteste und größte Whiskyclub der Welt, auf Anfrage auch für Gäste orgnisiert. The Vaults, 87 Giles Street (am unteren Ende des Leith Walk), Edinburgh EH6 6BZ, T: 0131/554 3451, Fax: 553 1003.
●Ein Tasting mit acht Highland Malts bietet die ***Bannerman's Bar*** in der Cowgate 112.

Pubs

●Am einfachsten finden Sie Unterhaltung und Gesellschaft in Schottland immer in den Pubs. Es gibt etwa 500 Pubs, die über ganz Edinburgh verteilt sind, nur in der New Town sind sie seltener.
●In der Rose Street z. B. ist die ***Abbotsford Bar*** zu empfehlen, die noch ein original georgianisches Interieur besitzt.
●Die meisten und besten Kneipen findet man aber am Grassmarket. Im ***Last Drop*** gehen Studenten wegen seiner guten barmeals Mittagessen. In ***Maggie Dickson's***, benannt nach einer Kindsmörderin, ist bisweilen die Hölle los. Auch das ***Beehive*** (Bienenkorb) macht seinem Namen alle Ehre. Im ***White Heart Inn*** verkehrten schon Burns und Wordsworth.

Unterhaltung

●Das ***Edinburgh Festival*** ist mittlerweile weltberühmt. Da Edinburgh zum Festival regelmäßig über 400.000 Besucher anzieht, ist dringend zu empfehlen, sich Unterkünfte möglichst lange vorher zu reservieren, besonders auch in den Jugendherbergen. In diesen Wochen finden überall, selbst auf allen Straßen und Plätzen, Konzerte, Theater, Aktionen und Veranstaltungen statt. Mit mehr als 2000 Veranstaltungen in drei Wochen ist das Festival das größte Kunstfest der Welt. Jedes Jahr im März kommt das Programm heraus und ab April können Karten im neu entstandenen Festival Centre, genannt *The Hub,* vorbestellt werden: ***The Hub, Edinburgh's Festival Centre,*** Castlehill. Royal Mile, Edinburgh EH1 2NE, T: 0131/473 2000, Fax: 0131/473 2003, www.eif. co.uk
●Begleitet wird das Festival vom ***Edinburgh Festival Fringe*** (engl. Fransen). Dies ist ein Programm mit moderneren Formen der Musik und des Theaters: Jazz, Folk, Kabarett, Experimentaltheater u. a. Besonders legen wir in diesem Zusammenhang den Jazz- und Folkfreunden den ***Fringe Club*** ans Herz. Hier, am Bistro Square, südwestlich des Old College in der alten Mensa der Uni, finden jeden Tag mehrere Konzerte, oft in verschiedenen Räumen gleichzeitig, statt. Ähnliches gilt auch für die ***New Calton Studios*** in der Calton Road. Das Programm und Karten gibt es beim ***Fringe Office,*** 180 High Street, Edinburgh EH1 1QS, T: 0131/226 5257, Fax: 220 4205, www. edfringe.com
●Genannt werden müssen noch das ***Edinburgh Hogmanay Festival*** (Silvester) sowie das ***Edinburgh Folk Festival*** im November (T: 0131/557 1050) und das Ende Juli/Anfang August stattfindende ***Edinburgh International Jazz & Blues Festival*** (Infos T: 0131/225 2202), die beide von weit überregionaler Bedeutung sind.
●***Folk Music*** live erster Klasse findet sich am Hunter Square auf der Royal Mile in ***The Tron Ceilidh House,*** T: 0131/226 0931.

- Der wichtigste Konzertsaal ist die ***Usher Hall*** (T: 0131/228 8616), die bedeutende Orchester aus der ganzen Welt empfängt. Das *Schottische Nationalorchester* gibt hier jedes Jahr eine Herbstsaison. Der Saal liegt südwestlich unterhalb des Castles an der Grindlay Street.
- Die größten Theater sind das ***King's Theatre*** (T: 0131/529 6000) am Beginn der Leven Street und das ***Royal Lyceum Theatre,*** (T: 0131/248 4848), das neben der Usher Hall steht.. Hier werden Theaterstücke, Opern und Ballette aufgeführt.
- Daneben gibt es in Edinburgh aber noch unzählige kleine Theater, wie das ***Church Hill Theatre,*** Morningside Road, T: 0131/ 447 7597. Das ***Edinburgh Playhouse,*** 18-22 Greenside Place, T: 0870/606 3424 ist die Adresse für Musicalfreunde. Das ***Ross Open Air Theatre,*** Princess Street Garden (nur im Sommer), T: 0131/228 8616, bietet Kultur im Freien. Das ***Traverse Theatre,*** Cambridge Street, T: 0131/228 1404 ist eine der besten britischen Bühnen für zeitgenössische Stücke.
- Spielpläne erhält man im Tourist Information Centre in der Princes Street. Eine ***Ticket Hotline*** für alle Veranstaltungen findet sich unter T: 0131/473 3838.

Stadtführungen

- Kostenlose Führungen entlang der Royal Mile werden von ***Edinburgh Festival Voluntary Guides Association,*** T: 0131/664 7180 organisiert.
- Zunehmender Beliebtheit erfreuen sich die zahlreicher werdenden ***Geistertouren*** durch das nächtliche Edinburgh. Von Lesern empfohlen wurde uns besonders *Adam Lyals* ***The Cadies Witchery Tours,*** die die schauerlichen Geschichten durch „echte" Geistererscheinungen illustriert (352 Castlehill, T: 0131/225 6745). Die Tour startet gegen 22 h auf der Royal Mile.
- Noch vor kurzem wurden im unterirdischen Mary King's Close Erscheinungen gesichtet. Diesen gruseligen Ort besucht man für £ 5 mit ***Mercat Walking Tours,*** Mercat House, Niddry Street South, Edinburgh EH1 1NJ, T: 0131/557 6464, Treffpunkt Mercat Cross.
- Gestresste Eltern können ihren Nachwuchs zur ***Children's adventure Tour*** schicken (4 Marchmont Street, T: 0131/ 229 9816).

Sport

- ***Heart of Midlothian*** und ***Hibernian*** sind die beliebtesten Fussballmannschaften, die auch die größten Stadien besitzen.
- Im ***Murrayfield Ice Link*** kann man Schlittschuh laufen.
- Das ***Powderhall Stadium*** in Broughton im Norden des Zentrums ist das Hauptstadion für Hunderennen.
- In ***Musselburgh,*** östlich von Edinburgh, finden Pferderennen statt.
- Das größte Sportzentrum ist ***Meadowbank Sports Centre*** an der London Road.
- Seit 1457 wird in Edinburgh Golf gespielt, ***The honourable Company of Edinburgh Golfers*** behauptet sogar, der älteste Golfclub der Welt zu sein. An den Stadtgrenzen gibt es 28 private und 9 städtische Golfplätze.
- Der ***Portobello Golf Club*** (Stanley Street, Edinburgh EH15, T: 0131/669 4361) ist ein günstiger Golfplatz für Externe. Die Preise anderer Club liegen bei ca. £ 20 je Runde.

Östlich und südlich von Edinburgh

Zug, Bus und Auto

- Bahnlinien gibt es in East Lothian zwischen Edinburgh und North Berwick sowie Dunbar und Edinburgh, besser ausgebaut sind die Busverbindungen, die nachfolgend bei den entsprechenden Orten angegeben sind.
- Für den Busverkehr in Lothian und Edinburgh ist *Lothian Buses* zuständig. Für einen Tagesausflug lohnt sich hier das ***Day Saver Ticket,*** das für £ 2.20 einen Tag lang die freie Fahrt auf diesen Linien erlaubt. Das ***Ridacard Season Ticket*** gilt dagegen entweder eine oder vier Wochen (die Woche beginnt immer sonntags) und kostet für sieben Tage £ 10.50 bzw. £ 30.50 für 4 Wochen. Die Tickets sind erhältlich im Fahrkartenbüro auf der Waverley Bridge.

●***Autoverleih:*** Amber Cars, The Old Joinery Shop, Thorny Bank Industrial Estate, Dalkeith Eh22 2NQ, T: 0131/6632201, amberdrive@btinternet.com

Fahrrad

Die schönste Art, die Gegend zu erkunden, ist per Fahrrad. Ruhige Straßen, eine sanft gewellte Landschaft und das für Schottland außergewöhnlich gute Wetter versprechen einen angenehmen, nicht zu anstrengenden Ausflug. Zudem führen entlang einiger stillgelegter Bahngleise Fahrradwege abseits der Autostraßen.

●Ein solcher Weg verbindet ***Haddington mit Longniddry.*** Wenn Sie in Haddington am östlichen Ortsausgang von der West Road in die Alderston Road abbiegen, zweigt kurz danach links der Fahrradweg ab.

●***Zwischen Musselburgh und Cowpits*** (bei Whitekirk) entlang des River Esk und hinter Whitekirk von Crossgatehall nach East Saltoun (bei Pencaitland) verlaufen ebenfalls solche stillgelegten Gleise mit Fahrradwegen.

●***Fahrradläden*** in East Lothian finden Sie in Musselburgh: *E.A. Peterson,* 35-39 High Street, T: 0131/665 2530, oder in North Berwick: *Law Cycles,* 2 Law Road, T: 01620/ 895 289.

Die Nordküste

Lothian lässt sich gut in ein bis zwei lohnenden Tagesausflügen von Edinburgh aus erkunden. Östlich von Edinburgh verläuft die A 1 durch ***Musselburgh.*** In dieser kleinen Hafenstadt befindet sich eine beliebte ***Pferderennbahn,*** auf der durchgehend während des ganzen Jahres Rennen stattfinden. Hier können Sie die Einheimischen bei einer ihrer Lieblingsbeschäftigungen beobachten. Termine erfahren Sie unter T: 0131/665 2859.

In Musselburgh zweigt die B 1348 von der A 1 ab. Sie führt der Küste entlang. Zwischen Musselburgh und Prestonpans lohnt sich ein Besuch des ***Scottish Mining Museum,*** Prestongrange. In dem alten Kohlebergwerk wird die Entwicklung der 800 Jahre alten schottischen Kohleförderung dargestellt. (Ö: Mo-So 10.00-17.00 h, Eintritt)

Weiter nordöstlich, an der Küstenstraße A 198, liegt die sehenswerte Ruine ***Dirleton Castle*** (Hinweisschild beachten). Die Burg mit den massiven Schutzmauern wurde um 1225 von *John de Vaux* erbaut und fiel 1650 unter dem Ansturm der Truppen *Cromwell's.* Zu sehen sind u. a. die Überreste der Wohnräume des Lords, die eigens mit Mauern eingefriedet sind, eine Halle aus dem 15. Jh. und das Jacobean House, das zurzeit der Regentschaft *James VI.* entstanden ist.

Innerhalb der Burgmauern steht ein bienenkorbförmiger Taubenschlag, der Platz für 1100 Nester bot. Bei den mittelalterlichen Herren als Geflügelvorrat beliebt, waren die Tauben von den Bauern gefürchtet, da sie das Saatgut pickten. Rings um die Burg befindet sich ein Park, in dem Einheimische gern Bowling spielen. (Ö: im Sommer täglich 9.30-18.30 h, im Winter Mo-Sa 9.30-16.30 h, So ab 14.30 h, mittlerer Eintritt)

North Berwick

Weiter die Küstenstraße entlang (Vorsicht, wenn die Straße über einen Golfplatz führt!) gelangt man in das ca. 12 km entfernte North Berwick. Der hübsche, kleine Ferien- und Fischerort North Berwick, im Osten

Lothians, ist stolz auf seinen ***Bass Rock.*** Der Vulkanfelsen liegt mitten in der Forth-Förde und ist ein Paradies für Vögel und Ornithologen. Dieser Tatsache trägt seit Mai 2000 das *Scottish Seabird Centre* Rechnung, indem man anhand einer Ausstellung und verschiedener Kameras und Fernrohre mehr über das Leben der Kormorane, Eiderenten, Papageientaucher, Möwen und sogar Tölpel erfahren kann. (Ö: im Sommer Mo-So 10.00-18.00 h, im Winter nur bis 16.00 h, am Wochenende bis 17.30 h, Eintritt) Das Zentrum befindet sich im Hafen North Berwicks, von wo aus im Sommer auch mehrmals täglich Schiffe zum Felsen starten.

Auf dem Felsen, der teilweise über 100 m senkrecht aus dem Meer ragt, befinden sich die Ruinen einer Kapelle aus dem Jahr 1542. Die ***St-Baldred-Kapelle*** war einem Heiligen gewidmet, der hier in der Einsamkeit gelebt haben und 606 n.Chr. gestorben sein soll.

Wer leicht seekrank wird und sich auf dem Land wohler fühlt, kann bei schönem Wetter auch ***The Law,*** den kegelförmigen Vulkanfelsen des Or-

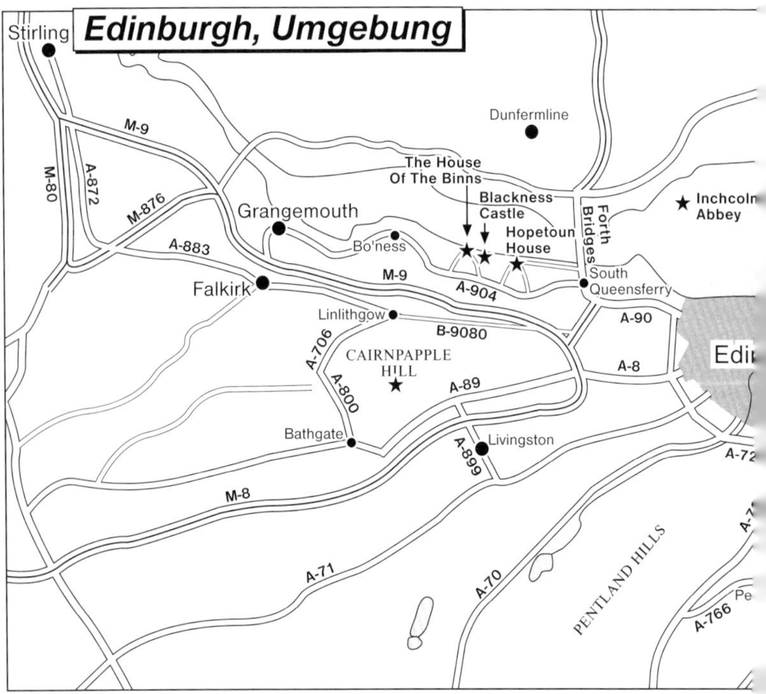

tes, besteigen. Es gilt, etwa 200 m Höhenunterschied zu bewältigen, doch wird die Mühsal des Aufstiegs schließlich mit einem wunderschönen Blick über die Umgebung belohnt. Das zerfallene Gebäude nahe des Gipfels stammt aus dem Jahr 1803 und diente zurzeit der Napoleonischen Kriege als Ausguck. Ganz auf der Spitze ist ein riesiger Bogen aus dem Jochbein eines Wales zu bestaunen. Seit 1709 vermutlich Handelsschiffe solch ein Jochbein als Trophäe mit in die Heimat brachten und auf dem Berg aufstellten, ist der Knochen bereits mehrmals ersetzt worden, obwohl niemand den genauen Grund für die Errichtung des „Denkmals" kennt. Der etwa halbstündige Aufstieg (direkte Route) ist zwar nicht sehr schwer, trotzdem sollten Sie unbedingt auf dem Weg bleiben.

Genauere Auskunft erteilt das örtliche ***Tourist Information Centre.*** Das Büro finden Sie in der Quality Street, der Straße, die geradewegs vom Hafen ins Ortszentrum führt. Adresse: Tourist Information Centre, 18 Quality Street, North Berwick,

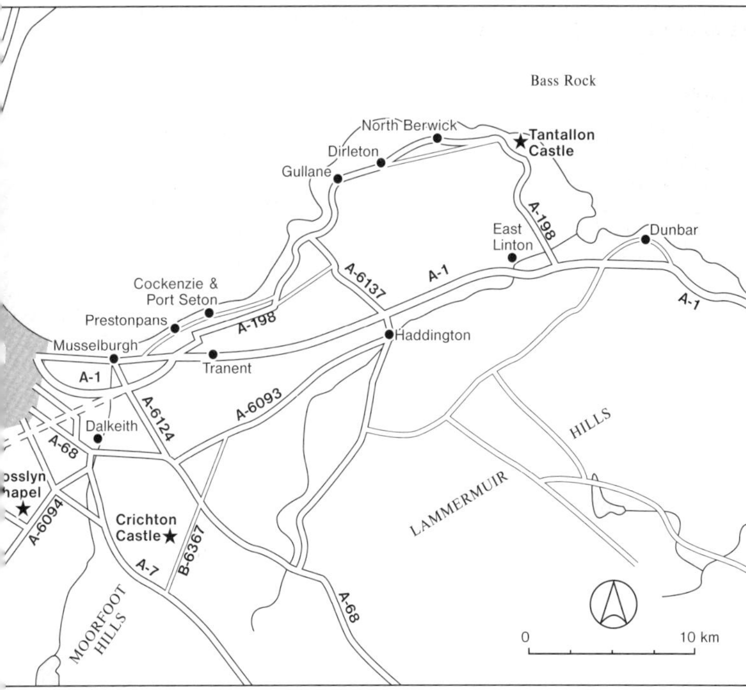

T: 01620/892 197. Wer sich entschließt, im Ort zu übernachten, für den übernimmt die Information auch die Zimmervermittlung.

Verbindungen

- ***Bus:*** Die Bushaltestelle nach Haddington und Dunbar liegt in der Quality Street, während die Busse nach Edinburgh in der Church Road, Ecke High Street, abfahren. Edinburgh und North Berwick werden durch die Buslinien 124 und 127 von *Lowland Omnibuses* miteinander verbunden. Abfahrtsort und Endstation in Edinburgh ist St Andrews Square Busstation. In den Sommermonaten fährt zwischen 8.00 h und 23.00 h (erster Bus etwa 6.00 h) jede halbe Stunde ein Bus ab. T: 0800/232 323.

Fahrrad

- ***Law Cycles,*** 2 Law Road, T: 01620/895 289.

Unterkunft

Die Hotels sind eher klein und familiär. Sie verteilen sich über die ganze Ortschaft und sind an den größeren Straßen angesiedelt.

- ***Belhaven Hotel,*** 28 Westgate, Noth Berwick, EH39 4AH, T: 01620/893 009, e-mail: enquiries@belhavenhotel.co.uk, B&B ab £ 20.
- ***The Marine Hotel,*** Cromwell Road, North Berwick, EH39 4LZ, T: 0870/400 8129, e-mail: heritagehotels_north_Berwick.marine @forte-hotels.com
- ***B&B:*** mehrere Anbieter finden sich in der Dirleton Road, der Straße nach Dirleton, oder in The Quadrant.
- ***Tantallon Caravan Park,*** Dunbar Road, North Berwick, East Lothian, EH39 5NJ, Wohnwagen und Zelte ab £ 17,50. Der Platz liegt etwas außerhalb an der A 198 nach Dunbar. T: 01620/893 348, Fax: 01620/895 623, www.meadowhead.co.uk/tantallon

Tantallon Castle

Ebenfalls an der A 198 gelegen, nur wenige km östlich von North Berwick, thront auf einer steilen Klippe das rote Tantallon Castle. Die aus rotem Sandstein erbaute, seit 300 Jahren zerstörte Burg ist mit ihren über 4 m starken Mauern ein eindrucksvolles Beispiel für die trutzigen Festungen nahe der englischen Grenze. Obwohl zu einer Zeit gebaut, als die meisten Clan Chiefs schon die weniger kostspielige Tower-House-Architektur bevorzugten, entschied sich *William I., Earl of Douglas,* 1358 für den Bau eines baronialen Courtyard-Castle, d.h. für eine Burg, die im Gegensatz zu den Turmhäusern einen Innenhof besitzt. Wahrscheinlich wollte er mit dem gewaltigen Bau seine wichtige Stellung im Land unterstreichen.

Nach seinem Tod teilten sich seine Nachfolger in die *„Red" Douglases* und die *„Black" Douglases,* und die „Roten" waren es, mit denen der Name des Castle weiterhin verbunden blieb. Die Burg wurde zur idealen Festung dieser mächtigen Familie, denn oft lagen sie wegen ihrer Eigenheit, die königliche Autorität vollkommen zu missachten, im Streit mit dem Königshaus. 1651 konnte jedoch auch Tantallon dem massiven Ansturm Cromwellscher Truppen nicht standhalten und liegt seitdem in Trümmern.

Obwohl Ruine, bietet das imposante Bauwerk immer noch einen beeindruckenden Anblick. Einen Besuch werden Sie bestimmt nicht bereuen. (Ö: im Sommer Mo-So 9.30-18.30, im Winter bis 16.30 h, Do nachmittags, Fr und So morgens geschlossen, mittlerer, aber lohnender Eintritt)

East Fortune

Zwischen North Berwick und Haddington, an der B 1377, lohnt für Fluginteressierte ein Abstecher zum ***Museum of Flight.*** In den Hangars eines Flugplatzes aus dem 2. Weltkrieg sind hier unzählige Flugzeuge, Raketen, Modelle usw. zu besichtigen. (Ö: im Sommer Mo-So 10.30-17.00 h, Eintritt)

Dunbar

Weiter südlich an der A 198 liegt die kleine Hafenstadt Dunbar. Ehemals ein wichtiger Fischerei- und berüchtigter Schmugglerhafen, wirkt das Städtchen heute eher verschlafen. In dem hübschen Ort lohnt es sich, ein bisschen herumzuschlendern. Insbesondere der High Street verleihen die kleinen, alten Häuser ein harmonisches Aussehen.

Das ***Rathaus,*** ungefähr in Straßenmitte, ist ein Renaissancebau aus dem frühen 17. Jh. und diente früher u. a. als Gefängnis. Heute beherbergt das Gebäude mit dem ungewöhnlichen, eckigen Turm das örtliche ***Heimatmuseum.*** (Ö: nur im Sommer Mo-So 12.30-16.30 h, Eintritt frei)

Dominiert wird die High Street jedoch vom ***Lauderdale House*** am nördlichen Ende der Straße. Das herrschaftliche Gebäude stammt aus dem 18. Jh. und wurde Ende des gleichen Jahrhunderts unter der Regie *Robert Adams* renoviert. Neben der Erneuerung der Fassade wurden auch zwei Seitenflügel angebaut, und noch heute verweisen viele Details wie die Sphinx, die Schornsteine, der Stuck und die Balustraden auf den großen schottischen Architekten.

Von der Zeit, als Dunbar ein bedeutender Fischereihafen war, zeugt heute nur noch die Existenz von gleich zwei Häfen: der ***Old*** oder ***Cromwell Harbour*** aus dem 17. Jh. und der ***New*** oder ***Victoria Harbour,*** erbaut um 1842. Am Victoria Harbour steht die Ruine des ***Dunbar Castle*** aus dem 15. Jh. 1566 flohen *Maria Stuart* und ihr Gemahl *Darnley* in die Burg, die heute nur noch nistenden Möwen Zuflucht gewährt.

Information

- Das ***Tourist Information Centre*** finden Sie im Town House (Rathaus), 143 High Street, Dunbar EH42 1ES, T: 01368/863 353.

Verbindungen

- ***Busse*** nach und aus Edinburgh, Haddington und North Berwick halten in der High Street unweit der Tourist Information. Zwischen Dunbar und Edinburgh verkehrt die Linie 106 mit Zwischenstopp in East Linton, Haddington und Musselburgh. Endstation in Edinburgh ist an der St Andrew's Square Bus Station. Die Busse starten etwa im Ein-Stunden-Rhythmus, die Fahrtzeit beträgt 90 Minuten.

Unterkunft

In Dunbar sind zahlreiche kleine Hotels u. a. in der Umgebung Bayswell Road, Bayswell Park und Marine Road, sowie am nördlichen Strand angesiedelt, dafür ist das Angebot an B&B verhältnismäßig klein. Auch in Dunbar vermittelt das Tourist Information Centre Zimmer.

- ***Springfield Guest House,*** Belhaven Road, Dunbar, East Lothian, EH42 1NH, T: 01368/862 502, B&B ab £ 18.

● ***B&B*** finden Sie in den etwas größeren Nebenstraßen, wie in der Baywell Road am nördlichen Strand oder in der East Links Road am östlichen Strand.
● ***Campingplatz: Belhaven Bay Caravan Park,*** Belhaven Bay, Dunbar, EH42 1TU, T: 01368/865 956, www.meadowhead.co.uk/belhaven, liegt im Westen Dunbars am Meer; Zelt und Wohnwagen ab £ 7.

East Linton

Etwa 9 km westlich Dunbars entlang der A 1 bei East Linton ist die ***Preston Mill and Phantassie Doocot*** zu sehen. Die malerische Wassermühle ist die einzige noch intakte ihrer Art in Schottland. *Doocot* leitet sich ab von *dovecot* (Taubenschlag), ein Verweis auf das Gebäude neben der Mühle, das früher Platz für 500 Vögel bot. (Ö: nur im Sommer Mo-Sa 11-13 h, 14-17 h, So 13.30-17 h, Okt. Sa-So 13.30-16, Eintritt)

Haddington

Das noch weiter westlich gelegene Städtchen Haddington gilt als einer der besterhaltenen Orte Schottlands. Der mittelalterliche Stadtaufbau ist noch vollständig, und insgesamt 286 der Gebäude werden als architektonisch besonders interessant eingestuft.

Besonders malerisch ist die High Street mit den alten Fassaden und Geschäftsfronten, insbesondere sind auf die etwas versteckten Zunftzeichen an der Ecke High Street, Ross's Close zu achten.

Die mittelalterliche Kirche ***St Mary's Parish Church*** in der Sidegate, einer Nebenstraße der High Street, ist ebenfalls sehenswert. Als diese Kirche aus dem 14. und 15. Jh. zwischen den Jahren 1971 und

Von der Kirche zum Pferdestall: die Kapelle von Crichton Castle

1973 komplett restauriert wurde, erhielt sie u. a. auch eine Fiberglasdecke. (Ö: nur im Sommer Mo-Sa 11.00-16.00 h, So 14.00-16.30 h).

Verbindungen

- Die Bushaltestelle liegt in der High Street, ***Busse*** nach Edinburgh und Dunbar etwa jede Stunde, Linie 106, Fahrzeit nach Edinburgh 1h , nach Dunbar 1/2 h.

Unterkunft

- ***Brown's Hotel,*** 1 West Road, Haddington, East Lothian, EH41 3RD, T & Fax: 01620/ 822 254, ist ein elegantes Hotel mit hervorragendem Restaurant, bietet B&B allerdings erst ab £ 43 an.
- ***Maitlandfield House Hotel,*** 24 Sidegate, Haddington, East Lothian, EH41 4BZ, T: 01620/826 513, Fax: 01620/826 713, B&B ab £ 25, geeignet besonders für Wanderer, Angler, Jäger.
- ***B&B*** finden Sie weniger im unmittelbaren Stadtzentrum als ein wenig außerhalb.
- ***Campingplatz: The Monks Muir Caravan Park,*** Haddington, East Lothian EH41 3SB, T: 01620/860 340, Fax: 861 770. Zelte ab £ 5, Caravans £ 12, liegt an der A 1 etwa 4 km östlich der Ortschaft.

Crichton Castle

Wenn Sie Edinburgh entlang der A 68 verlassen und in Pathhead, einige Kilometer hinter Dalkeith von der Hauptstraße auf die B 6367 Richtung Crichton abbiegen, gelangen Sie nach wenigen Kilometern zu Crichton Castle. Diese Burg war das Stammhaus der *Bothwell's,* dessen bekanntestes Mitglied, der *4. Earl of Bothwell,* als dritter Ehemann *Maria Stuarts* in die Geschichte einging (vergl. Exkurs „Mary Queen of Scots"). Die malerisch gelegene Ruine beeindruckt durch die kassettenartigen Steinmetzarbeiten an den Innenhofmauern. Aufbau und Ausstattung dieses Innenhofes sind einzigartig für eine schottische Burg aus dem 16. Jh. und wahrscheinlich nach italienischen oder spanischen Vorbildern entstanden. (Ö: nur Apr.-Sept. 9.30-18.30 h, Eintritt um £ 2)

Roslin

Zwischen der A 703 und der A 6094 liegt der hübsche Ort Roslin. Die „bewaldete" Umgebung, das Castle und die verschlafene Atmosphäre machen den Ort zu einem attraktiven Ausflugsziel. Herausragende Sehenswürdigkeit ist die ***Rosslyn Chapel*** mit ihren berühmten Steinmetzarbeiten. 1446 legte *William St Clair* den Grundstein für die Kapelle, doch als

Virtuose Steinmetzkunst: Prentice Pillar in Rosslyn Chapel

Lothian

er 40 Jahre später starb, waren die Arbeiten immer noch nicht beendet und wurden eingestellt. Erst auf Geheiß *Queen Victoria's* wurde 1862 die Taufkapelle errichtet, um dem Bau einen Abschluss zu geben.

Jeder Quadratzentimeter im Innern scheint mit Steinmetzarbeiten verziert zu sein, und gekrönt wird der Anblick von der Prentice Pillar, einem Meisterwerk dieser Kunst. Nachdem ein Lehrling diese Säule in vollendeter Manier geschaffen hatte, soll er vom Meister aus Neid erschlagen worden sein (Ö: im Sommer Mo-So 10.00-17.00 h, im Winter bis 16.30 h, nicht ganz billiger Eintritt). Im Tea Room bei der Kapelle kann man eine gemütliche Erholungspause einlegen.

Forth Bridge (WS)

Zwischen Edinburgh und Stirling

Verbindungen

- Entlang der A 9 führt eine regelmäßige ***Bahnverbindung*** von Edinburgh nach Stirling oder Glasgow. Haltestellen sind in Linlithgow und Falkirk. Auskünfte über genaue Abfahrtszeiten erhalten Sie bei den einzelnen Bahnhöfen. ***Bahnauskunft:*** T: 08457/ 484950.
- Die gleiche Strecke fahren täglich auch mehrere ***Buslinien.*** Eine weitere Buslinie, die von Edinburgh nach Fife fährt, hält in South Queensferry. Genauere Informationen erhalten Sie an der St Andrew Square Busstation in Edinburgh, T: 01324/613 777.
- ***West Lothian Travel Help Line:*** T: 01506/ 775 288.

South Queensferry

Wenn Sie einige Kilometer hinter Edinburgh die A 90 verlassen, gelangen Sie bald in das kleine South Queensferry. Seinen Namen erhielt die Ortschaft, als *Queen Margaret* im 11. Jh. hier des Öfteren die Fähre über den Forth nahm, um in die alte Königsstadt Dunfermline zu gelangen. Entsprechend findet sich am anderen Ufer auch ein North Queensferry.

Auch heute beginnt der Reisende seine Forthüberquerung in South Queensferry, doch nicht mehr mittels der Fähre, wie noch im letzten Jh. Nunmehr spannen sich über den Dächern der Stadt zwei Wunderwerke der Technik, die beiden ***Forth Bridges.*** Die ältere, die Eisenbahnbrücke, wurde 1890 fertiggestellt und fällt wegen der massiven Eisenverstrebungen und -verschränkungen schon von weitem ins Auge. Nach dem gleichen Prinzip wie der Eiffelturm in Paris konstruiert, zählt die 1,6 km lange Brücke zu den größten Ingenieurleistungen des 19. Jh. Neben dem massiven Gitter der Eisenbahnbrücke nimmt sich die elegante Gerade der Autobahnbrücke schwindelerregend zerbrechlich aus. Nur zwei Pfeiler tragen die über 2 km lange und damit größte Hängebrücke Europas, deren Bau 1964 eine ingenieurtechnische Glanzleistung darstellte.

Vom Hawes Pier in South Queensferry legt im Sommer ein- bis zweimal täglich ein Schiff zum im Forth gelegenen ***Inchcolm Island*** ab. Mit etwas Glück können Sie während der etwa halbstündigen Überfahrt einige Robben, die auf der Insel leben, beobachten. Auf der hübschen Insel selbst ist die ***Inchcolm Abbey*** zu besichtigen. Das mittelalterliche Kloster (um 1123) gilt als der besterhaltene Klosterkomplex Schottlands. Bemerkenswert ist das achteckige Kapitelhaus aus dem 13. Jh. (Ö: nur im Sommer Mo-Sa 9.30-18.30 h, So 14.00-18.30 h Eintritt)

Der Aufenthalt auf der Insel dauert 75 bis 90 Minuten. Schiffe fahren in der Zeit von Ostern bis Oktober ein- bis zweimal täglich. Die genauen Abfahrtszeiten erfährt man unter T: 0131/331 4857. Der Preis beträgt um £ 7.50, ermäßigt ca. £ 6 bzw. Kinder £ 4. Freitag- und samstagabends um 20.00 h legt die *Maid of the Forth* noch zu einer sog. „River Boat Shuffle" ab, einer zweistündigen Kreuzfahrt mit Live Jazz Band.

Hopetoun House

Einige Kilometer westlich von South Queensferry ist Hopetoun House, die herrschaftliche Residenz der *Hope-Familie*, auf jeden Fall einen Besuch wert. Ursprünglich von *Sir William Bruce* entworfen und 1703 fertiggestellt, ist das heutige Erscheinungsbild ein Werk der Architektenfamilie *Adam*. *William Adam* nahm 1721 Vergrößerungen vor, und nach dessen Tod zeichneten seine Söhne *John, Robert* und *James* für die Innengestaltung verantwortlich. Das Gebäude ist von einem wunderschönen Park umgeben und zeigt eine interessante, reichhaltige Inneneinrichtung. Einziges Manko ist der hohe Eintrittspreis. (Ö: Ostern-Sept. Mo-So 10.00-17.30 h, letzter Eintritt: 16.30 h)

Wem ein Besuch der Residenz zu teuer ist, der kann gegen ein geringeres Entgelt durch den Park schlendern, in dem u. a. ein Naturlehrpfad angelegt ist. Erholung von der Flut der Eindrücke findet man im vorzüglichen Restaurant im Tapestry Room mit allerdings gehobenen Preisen.

Blackness

Noch weiter westlich, auf halbem Weg nach Bo'ness verkörpert ***The House of the Binns*** einen völlig anderen Herrenhaustypus. *Binns* ist nicht der Name der Besitzer, sondern leitet sich vom schottischen Wort *ben* (Hügel) ab. Die Residenz ist seit 350 Jahren Heim der *Dalyell-Familie*, deren bekanntestes Mitglied, der berüchtigte *General Tam*, 1681 die *Roy-*

al Scots Greys anführte und nebenbei mit dem Teufel kommunizierte. Anfang des 17. Jh. erbaut, spiegelt der Bau beispielhaft den Übergang von einer befestigten Burg zum Herrenhaus wieder. Die beeindruckenden Stuckdecken in vier Haupträumen stammen aus dem Jahr 1630. (Ö: Mai-Sept. Sa-Do 13.30-17.30 h, hoher Eintritt)

Unweit des Hauses wurde auf einer kleinen Landzunge ***Blackness Castle*** angeblich in der Form eines Schiffes erbaut. Inwieweit das zutrifft, möge jeder selbst entscheiden. Fest steht, dass die Burg aus dem 15. Jh. noch sehr gut erhalten ist und von eindrucksvollem Anblick. Blackness war einst eine bedeutende Festung und eine der vier Burgen, die laut des Act of Union befestigt bleiben sollten. Später diente es als Gefängnis, dann als Sprengstoffmagazin und schließlich für kurze Zeit als Jugendherberge. (Ö: im Sommer Mo-Sa 9.30-18.30 h, So 14.00-18.30 h, im Winter Do-nachmittag + Fr. geschlossen, kleiner Eintritt)

Linlithgow

Richtung Südosten führt die A 9 durch die Kleinstadt Linlithgow, die mit historischen Stätten aufwarten kann. Im ***Linlithgow Palace*** lebten alle Stuart-Könige bis *James VI.,* und auch *Maria Stuart* wurde 1542 hier

Lichtstrahl auf den Glanz vergangener Tage: Linlithgow Palace

geboren, während ihr Vater im nahgelegenen Falkland Palace im Sterben lag. Leider ist der Palast im 18. Jh. abgebrannt. Geblieben sind eine immer noch mächtige Ruine sowie größtenteils intakte Gebäude und die phantastische Lage am Seeufer. Die obligatorische Great Hall und die Kapelle datieren aus dem späten 15. Jh. (Ö: im Sommer Mo-So 9.30-18.30 h, im Winter bis 16.30 h, So 14.30-16.30 h, E: mittlerer Eintritt)

Die mittelalterliche ***St Michael's Parish Church*** direkt neben dem Palast fällt auf wegen ihrer ungewöhnlichen, aber gelungenen Turmspitzenkonstruktion, die aus vier sich kreuzenden Aluminiumstreben besteht.

Wer noch weiter in die Geschichte zurückblicken möchte, sei auf den ***Cairnpapple Hill,*** ca. 5 km südlich von Linlithgow, verwiesen. Der Berg ist auf der A 706 in Richtung Süden zu erreichen, wenn man etwa 4 km nach dem Ortsausgang auf die B 792 nach Torphichen abbiegt. Kurz hinter Torphichen zweigt ein Fußweg ab zur Ausgrabungsstätte. Seit etwa 3000 v. Chr. diente er als Begräbnisstätte, später als Freilichttempel, schließlich um 1500 v. Chr. wieder als bronzezeitliches Grab. Die Ausgrabungsstätte gilt als eines der bedeutendsten prähistorischen Denkmäler Schottlands, und der Besucher erhält die Möglichkeit, in ein Bechergrab aus dem frühen Bronzezeitalter hinabzusteigen. (Ö: im Sommer Mo-Sa 9.30-18.30 h, So 14.00-18.30 h, im Winter geschlossen, kleiner Eintritt)

Westlich von Falkirk liegt an der B 816 ***Callendar House.*** Die Residenz kann auf eine 600 Jahre alte Geschichte zurückblicken, wurde jedoch im 18. Jh. vom Kupferhändler *William Forbes* völlig neu gestaltet. Höhepunkt der Führung ist die schön eingerichtete und funktionstüchtige georgianische Küche, in der kostümierte Darsteller im Sommer das Leben der Dienstboten im 18. Jh. nachstellen. (Ö: Mo-Sa 10.00-17.00 h, im Sommer auch So 14.00-17.00 h, Eintritt)

Information

- ***Tourist Information Centre,*** Linlithgow T.I.C., Burgh Halls, The Cross, Linlithgow, T: 01506/844 600, Fax: 01506/671 373.

Unterkunft

- ***Park Lodge Hotel,*** Camelon Road, Falkirk FK1 5RY, T: 01324/628 331, Fax: 01324/611 593, B&B ab £ 70.
- ***Ashbank Guest House,*** 105 Main Street, Redding, Falkirk, Stirlingshire, FK2 9UQ, T: 01324/716 649, Fax: 01324/712 431, B&B ab £ 23.
- ***West Port Hotel,*** 18-20 West Port, Linlithgow, EH49 7AZ, T: 01505/847456, B&B ab £ 25.
- Das katholische ***Laetare International Youth Centre,*** Blackness Road, Linlithgow, West Lothian, EH49 7JA, T: 01506/842 214, bietet Übernachtungen ab £ 7 an.
- ***Campingplatz: Beecraigs Caravan Park,*** Linlithgow, West Lothian, EH49 6PL, T: 01506/844 516, Fax: 01506/846 256, e-mail: mail@beecraigs.com Zelt ab £ 9, Wohnwagen ab £ 10, liegt etwa 3 km südlich von Linlithgow im Beecraigs Country Park.

THE WORLDS END
THE WORLDS END

Central

Shetland
Orkney
Thurso
Wick
Stornoway
Western Isles
Ullapool
Highland
Inverness
Peterhead
Grampian
Aberdeen
Fort William
Tayside
Dundee
Oban
Perth
St. Andrews
Central
Stirling
Fife
Edinburgh
Glasgow
Lothian
Strathclyde
Galashiels
Borders
Ayr
Dumfries & Galloway
Dumfries
NORDIRLAND
ENGLAND
IAWM

Überblick

Wie der Name bereits sagt, liegt Central im Herzen Schottlands. Die Region erstreckt sich etwa über das Gebiet zwischen Stirling im Osten und Loch Lomond im Westen. Das Gebiet ist relativ stark besiedelt, wobei sich die Industrie in Stirling konzentriert. Dennoch ist die Region landschaftlich reizvoll mit bewaldeten Tälern, romantischen Seen und Hügeln, die einen Vorgeschmack auf das schottische Hochland geben. Wegen der geographischen Nähe zu Edinburgh und zu Glasgow sowie seiner landschaftlichen Schönheit hat sich Central zum Naherholungsgebiet der schottischen Stadtbewohner entwickelt und ist im Sommer nahezu übervölkert.

Stirling

Überblick

Die an den Ufern des Forth gelegene Kleinstadt (36.000 Einw.) hat sich in den letzten zwei Jahrhunderten zu einer Verwaltungs- und Industriestadt entwickelt und lebt heute vor allem von der Produktion landwirtschaftlicher Geräte, Düngemittel und Textilien. Seit 1967 ist in Stirling zudem eine Universität beheimatet. Die Stadt kann auf eine lange kaufmännische Tradition zurückblicken, denn dank ihrer günstigen geographischen Lage erhielt sie schon vor Ende des 13. Jh. die Rechte einer *Royal Burgh*.

Der Name *Stirling* ist vermutlich eine Verballhornung des walisischen Ausdrucks *place of striving*, was soviel bedeutet wie „Ort des Streites“. Die Bezeichnung liegt nahe, betrachtet man die Geschichte Stirlings mit den zahllosen Schlachten, die hier stattgefunden haben und von denen heute noch das nahgelegene Schlachtfeld Bannockburn und der trutzige Charakter des Stirling Castle zeugen.

Stirling Castle

Das hoch auf einem Vulkanfelsen scheinbar uneinnehmbar thronende Stirling Castle findet erstmals Anfang des 12. Jh. im Zusammenhang mit *Alexander I.* urkundliche Erwähnung. Zu jener Zeit besaß Stirling Castle allerdings noch keine Ähnlichkeit mit der mächtigen Burg, die wir heute vorfinden. Vielmehr bestand sie zum größten Teil aus Holzbauten und Palisaden, denn Maurerarbeiten, freilich noch in geringem Ausmaß, sind erst aus dem späten 13. Jh. bekannt. Von umfangreicheren Arbeiten wird sogar erst seit dem 14. Jh. berichtet. Aus dieser Zeit stammt auch das ***North Gate,*** das sich aufgrund seiner Fertigstellung im Jahre 1381 das älteste, heute noch erhaltene Bauwerk der Burg nennen darf.

Wegen seiner strategisch günstigen Lage oberhalb des Forth war Stirling Castle während seiner 700-jährigen Geschichte stets ein beliebtes Objekt von Streitigkeiten: Kein anderes Schloss Schottlands hat so oft den Besitzer gewechselt. Doch auch von anderen Ereignissen weiß

Stirling zu berichten: Hier wurde *James III.* geboren, *James IV.* und *James V.* sind in Stirling aufgewachsen, *Maria Stuart* wurde in der örtlichen Kirche im Alter von 9 Monaten gekrönt, und auch *James VI.* feierte auf der Burg rauschende Feste, bevor er König von ganz Britannien wurde.

James IV. und *James V.* waren es auch, die größere Bautätigkeiten an Stirling Castle veranlassten. *James IV.* zeichnet hier vornehmlich für die Errichtung der Außenverteidigungsanlagen (um 1500) und den ***Royal Courtyard*** (heute Upper Square), um den sich die interessantesten

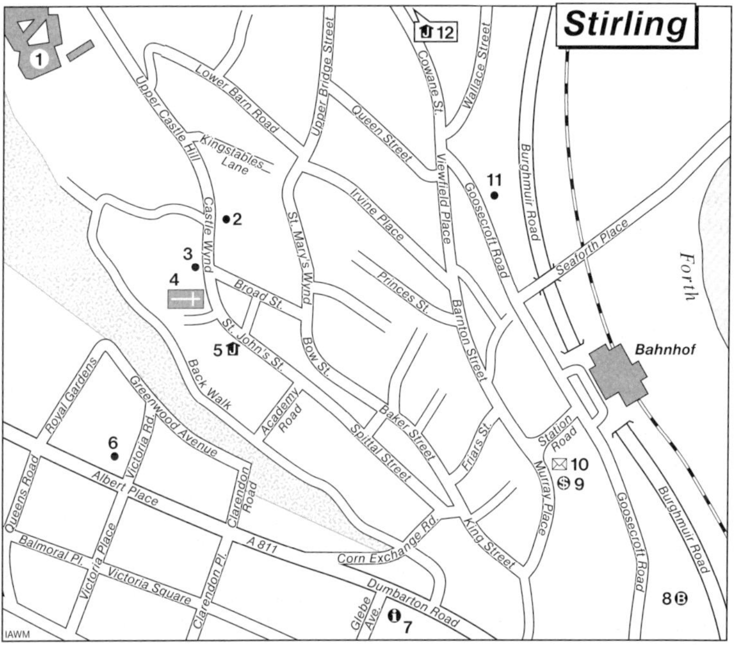

	1	Stirling Castle
•	2	Argyll's Lodging
•	3	Mar's Wark
✝	4	Church of the Holy Rude
	5	Jugendherberge
•	6	Smith Art Gallery & Information
ℹ	7	Information
Ⓑ	8	Busbahnhof
$	9	Bank
✉	10	Post
•	11	Rainbow Slides Liesure Centre
	12	Jugendherberge

Gebäude der Burg gruppieren, verantwortlich.

Die ***Kapelle,*** neben der Great Hall errichtet, ist so, wie sie sich heute darstellt, erst unter der Regentschaft *James VI.* entstanden, als dieser im Jahr 1594 eine angemessene Räumlichkeit für die Taufe seines ersten Sohnes, *Prince Henry,* benötigte. Doch bezeugt bereits die erste Erwähnung der Burg aus dem 12. Jh. die Existenz einer Kapelle innerhalb der Befestigung. Die Wandmalereien, die das Innere des rechteckigen Gebäudes schmücken, sind erst einige Jahre nach dem Bau der Kapelle, 1628, unter der Hand von *Valentine Jenkins* entstanden.

Die Fassade in ihrer klassischen Form und mit der Vielzahl an Dämonen, Wasserspeiern und anderen grotesken Gestalten macht den ***Palast*** zu einem der herausragendsten Beispiele der schottischen Frührenaissance. Deutlich sichtbar ist der Einfluss französischer Baumeister und Steinmetze, die diesen Stil nachhaltig prägten.

Auch im Innern hat der Palast, der in den 40er Jahren des 16. Jh. unter *James V.* errichtet wurde, eine Besonderheit zu bieten: die sogenannten ***Stirling Heads.*** Die großen Holzmedaillons mit eingeschnitzter Büste waren ehemals an der Decke des königlichen Gemaches befestigt, heute kann man die 28 noch verbliebenen Köpfe in den Räumen der Königin bewundern.

Über eine kleine, neogotische Brükke, unter der der Besucher bei Betreten des Upper Square hindurchgeht, gelangte *James V.* direkt vom Palast in die ***Great Hall.*** Da dieser separate

Blick auf Stirling Castle

Eingang jedoch den Königen vorbehalten war, gibt es für Normalsterbliche noch einen Eingang am Hof. Das imposante rechteckige Gebäude mit der Holzdecke ist um 1500 entstanden und diente als Versammlungsstätte bei Staatsgeschäften und größeren Zeremonien. Die letzten 200 Jahre beherbergte es eine Kaserne und wurde erst 1964 geräumt.

Im 4. Gebäude am Hof, dem sogenannten ***King's Old Building,*** das zum größten Teil erst aus dem 18. und 19. Jh. stammt, ist eines jener martialischen schottischen Militärmuseen untergebracht, wo, stetig untermalt durch Schlachtenlärm und -musik, die blutig-glorreiche Geschichte des *Argyll and Sutherland Highlander Regiment* dargestellt wird.

In dem Schloss gibt es noch mehr zu entdecken, doch vor allem bietet sich bei schönem Wetter ein herrlicher Blick von den Burgmauern über den Forth und die Umgebung Stirlings. (Im Sommer Mo-So 9.30-18.00 h, im Winter bis 17.00 Uhr, letzter Einlass 45 min vor Schluss, hoher, aber lohnender Eintritt)

Weitere Sehenswürdigkeiten

Neben seinem Aushängeschild, dem Castle, hat Stirling noch einiges anderes Sehenswertes zu bieten. In der reizvollen ***Altstadt*** erinnern noch mehrere Gebäude an die ehemalige Existenz als Königssitz. Am besten beginnen Sie den Rundgang in der Spittal Street, laufen über St John's Street und Castle Wynd zur Burg hoch und entdecken so auch die anderen Schönheiten Stirlings.

Die ***Church of the Holy Rude*** ist mit ihrem gotischen Mittelschiff eine der wenigen erhaltenen mittelalterlichen Kirchen Schottlands. Hier wurden auch *Maria Stuart* und später ihr Sohn, *James VI.,* zur Königin bzw. zum König gekrönt. (Ö: nur im Sommer Mo-So 10.00-17.00 h)

Neben der Kirche befindet sich ***Mar's Wark,*** das Haus des Vormundes *James VI.,* des *John Earl of Mar.* Auffallend ist die außergewöhnliche Renaissancefassade, die erstaunlich reich mit Pilastern, heraldischen Emblemen, Skulpturen und sogar einer in Tuch gehüllten Leiche versehen ist. Heute nur noch eine Ruine, ist Mar's Wark leider nicht von innen zu besichtigen.

Schräg gegenüber wurde ***Argyll's Lodging*** um 1630 auf Geheiß *Williams Earl of Stirling* errichtet. Später ging es in den Besitz des neunten *Earl of Argyll* über, der es 1670 vergrößern ließ. Einige der Räume sind restauriert und möbliert worden und seit 1996 dem Publikumsverkehr geöffnet. (Ö: im Sommer Mo-So 9.30-18.00 h, im Winter bis 17.00 h, mittlerer Eintritt)

Wer wissen möchte, wie die weniger reichen Menschen gelebt haben, der kann auf dem Weg vom Castle herunter in die Stadt in der Broad Street auch einige ***little houses*** aus dem 16.-18. Jh. betrachten.

2,5 km außerhalb von Stirling, vom Castle aus jedoch gut sichtbar, liegt auf dem Abbey Craig das ***National Wallace Monument.*** Der ca. 65 m hohe Turm wurde zu Ehren des Nationalhelden *Sir William Wallace* („Braveheart") errichtet und birgt in seinem Innern eine Ausstellung über den schottischen Freiheitskämpfer und die Schlacht bei Stirling, die die Schotten unter seiner Führung um 1300 gegen die Engländer gewannen. Der etwas beschwerliche Aufstieg zur Turmspitze wird zudem mit einem phantastischen Ausblick über die Umgebung belohnt. (Ö: Mo-So: Nov.-Feb. 10.30-16.00, März-Mai, Okt. 10-17, Juni, Sep. 10-18, Juli-Aug. 9.30-18.30 h, Eintritt)

Zu den anderen Attraktionen, die Stirling zu bieten hat, gehören die ***Royal Stirling Players,*** die im Sommer mit täglichen Aufführungen in der Burg die Geschichte der Stadt neu aufleben lassen. Plakate in der Burg informieren über die Themen der Aufführungen. Karten und Spielpläne sind auch in den Touristeninformationen der Stadt erhältlich.

Smith Art Gallery and Museum am Albert Place beherbergt neben einer interessanten Darstellung der Geschichte Stirlings jeweils wechselnde Ausstellungen.

Anfang Juli findet die ***Stirling Highland Games*** statt, und Ende August wird das ***Stirling Street Festival*** gefeiert. Genauere Auskünfte über Termine und Veranstaltungen erhält man bei der Information in der Dumbarton Road.

Wem weniger an kulturellen Streifzügen als an der reinen Erholung gelegen ist, der sei auf das ***Rainbow Slides Leisure Centre*** in der

In Stirling

Goosecroft Road verwiesen, das neben Sauna, Schwimmbad und Solarium auch durchsichtige Wasserröhren zu bieten hat, die man in atemberaubenden Spiralen herunterrutschen kann.

Die beste Unterhaltung sowie die einfachste Möglichkeit, Schotten kennen zu lernen, findet man allerdings wie überall in Schottland in einem der zahlreichen Pubs und Bars in der Innenstadt. Hierbei ist uns vor allem in der Barnton Street 3 ½ die ***Barnton Bar & Bistro*** aufgefallen, die im Jugendstil eingerichtet ist und schon nachmittags als Café geöffnet hat.

Information

- ***Tourist Information Centre,*** 41, Dumbarton Road, Stirling FK8 2QQ, T: 01786/ 475 019, oder ***T.I.C.,*** Royal Burgh of Stirling Visitor Centre, Castle Esplanade, T: 01786/ 479 901.

Verbindungen

- Der Bahnhof liegt mit seinem Standort Burghmuir Road relativ zentral. Regelmäßige ***Zugverbindungen*** führen nach Edinburgh, Glasgow und über Perth nach Dundee, Aberdeen und Inverness. Auskunft: T: 08457/ 484 950.
- Der Busbahnhof liegt ähnlich zentral wie der Bahnhof in der Goosecroft Street. ***Busverbindungen*** bestehen ebenfalls zu den genannten Städten. Zusätzlich erschließen Busse die weniger besiedelten Gebiete der Central Region und halten auch in kleineren Ortschaften, Auskunft: Traveline T: 0870/608 2608 oder bei First Bus, T: 01324/613 777.

Unterkunft

- ***Golden Lion Milton Hotel,*** 8 King Street, Stirling FK8 1BD, T: 01786/475 351, Fax: 01786/ 472 755, B&B ab £ 45.
- ***Castlecroft,*** Ballengeich Road, Stirling FK8 1TN, T: 01786/474 933, Fax: 01786/466 716, B&B ab £ 20.
- ***Forth Guest House,*** 23 Forth Place, Riverside, Stirling FK8 1UD, T: 01786/471 020, Fax: 10786/447 220, B&B ab £ 20.
- ***Jugendherbergen: Stirling Y.H.,*** St John Street, Stirling FK8 1EA, T: 01786/473 442, High, in der Nähe des Castle, und
- ***Stirling Y.H. Annexe,*** Union Street, Stirling FK8 1NZ, T: 01786/469 500, High, nur im Sommer geöffnet.
- ***Auchenbowie Caravan Site,*** Auchenbowie, by Stirling, Stirlingshire, FK7 8HE, T: 01324/823 999, Fax: 01324/822 950, Wohnwagen, Zelt £ 5-9. Der Platz liegt einige km südlich von Stirling. Abfahrt 9 von der M 80 und der M 9, auf der A 872 Richtung Denny nach etwa 1 km nach rechts abbiegen.

Weitere Informationen

- ***Einkaufen*** lässt sich in Stirling am besten in der Gegend um Baker Street, King Street, an deren Ende sich auch das ***Thistle Shopping Centre*** befindet, eines jener modernen Einkaufszentren, mit denen heutzutage fast jede schottische Stadt aufwarten kann.
- Sind Sie indes eher an ***Antiquitäten*** interessiert, wäre ein Besuch der Spittal Street lohnender, denn hier befinden sich gleich zwei Händler.
- ***Fahrradläden*** gibt es zum einen an der Ecke Barnton Street, Princess Street, zum anderen an der Kreuzung zwischen Broad Street und Castle Wynd. Der hiesige Besitzer betreibt zugleich einen ***Fahrradverleih.***
- ***Banken*** sind vornehmlich in der Barnton Street angesiedelt, wo auch die ***Post*** zu finden ist.
- ***Autoverleih:*** Arnold Clark Hire Drive, Kerse Road, Stirling FK7 7RY, T: 01786/ 478 686.

Bannockburn

Drei Kilometer südöstlich von Stirling liegt an der A 872 das Schlachtfeld von Bannockburn. Bannockburn hat für die Geschichte und das Selbstverständnis der Schotten eine ganz besondere Bedeutung, denn 1314 errangen hier die Schotten in einer entscheidenden Schlacht die Unabhängigkeit von den Engländern. Die Schotten unter *Robert the Bruce* waren damals zahlenmäßig weit unterlegen, doch *Robert* lockte die Engländer in den Sumpf; die gegnerische Reiterschaft blieb in dem Morast stecken, konnte ihre Überlegenheit nicht ausspielen, und die Schotten gingen als Sieger aus der Schlacht hervor. *Robert the Bruce* wurde schottischer König und das Land für mehrere Jahrhunderte unabhängig.

Vor diesem Hintergrund wird klar warum die Schotten zu diesem Ort pilgern, obwohl das Schlachtfeld selbst nicht von besonderem Interesse ist. Inzwischen hat der NTS die nationale Attraktion besucherwirksam aufbereitet und ein ***Bannockburn Heritage Centre*** errichtet. Ein Videofilm schildert den genauen Ablauf der Schlacht; Ritterstatuen in Lebensgröße sind genauso zu bewundern wie eine Ausstellung über das schottische Königreich von der Unabhängigkeit bis zur Vereinigung der Kronen.

Beeindruckend ist außerhalb des Zentrums die lebensgroße Bronzestatue von *Robert the Bruce* zu Pferd in Rüstung und mit der typischen Streitaxt in der Hand. (Ö: nur im Sommer Mo-So 10.00-17.30 h März/Nov. 10.30-16.00 h, Eintritt)

Von Stirling zum Loch Lomond

Verbindungen

- Durch das Gebiet führt keine Bahnstrecke, doch wird die Region von Glasgow und Stirling aus durch mehrere ***Busverbindungen*** erschlossen. Die Busse fahren in regelmäßigen Abständen zu den etwas größeren Ortschaften wie Aberfoyle oder Dunblane.

Dunblane

10 km nördlich von Stirling führt die A 9 in das Städtchen Dunblane. Das Schmuckstück von Dunblane ist seine hochgotische ***Kathedrale,*** ein herrliches dreischiffiges Gotteshaus, das größtenteils im 13. und 14. Jh. entstanden ist. Die Kathedrale hatte während der Reformation ihr Dach verloren, ist jedoch zwischen 1892 und 1895 vollständig restauriert worden. Virtuose Holzschnitzereien sind noch an der Kanzel, dem Chorgestühl und der Orgel zu bewundern. Prachtvolle alte Fenster stehen in gelungenem Einklang zu modernen; genauso wie das neue Chorgestühl (19./20. Jh.) mit den verzierten Stühlen aus dem 15. Jh., die sich um den Altar gruppieren, harmoniert.

Doune

Doune, 8 km westlich von Dunblane an der A 84, ist ein hübscher Ort mit einer sehr gut erhaltenen Burgruine. Das mittelalterliche ***Doune Castle*** wurde im 14. Jh. hauptsächlich unter *Robert Stewart,* dem jüngsten Sohn *Robert II.,* errichtet und war später Sitz der *Earls of Moray.* Doch schon früher, zu Zeiten der Römer, hat an dieser strategisch günstigen Stelle ein Fort gestanden, von dem nur noch der Erdhügel, auf dem die Burg

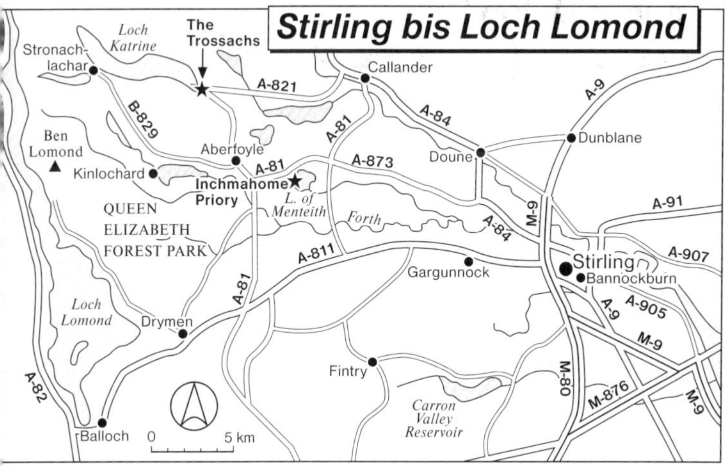

Central

Nicht rostfrei: ehemaliges Wellblechdach

steht, zeugt. In den letzten beiden Jahrhunderten wurde Doune Castle restauriert und die Laird's Hall und Great Hall wieder eingerichtet. (Ö: im Sommer, Mo-Sa 9.30-18.30 h, So ab 14.00 h, im Winter bis 16.30 h, Do nachmittags und Fr geschlossen, Eintritt)

Die Brücke innerhalb des Ortes ließ *Robert Spittal,* der Schneider *James IV.'s,* 1535 errichten, um sich an dem Fährmann zu rächen, der ihm die Überfahrt verweigert hatte.

The Trossachs

Von Doune führt die A 84 weiter Richtung Nordwesten, bis in Kilmahog die A 821 mitten durch die Trossachs zum Loch Kathrine abbiegt. Allgemein wird das gesamte Gebiet von Callander und Loch Earnhead im Osten bis zum Loch Lomond im Westen ***The Trossachs*** genannt, ursprünglich galt die Bezeichnung aber nur für die etwa zwei Kilometer lange Schlucht vom Loch Achray zum Loch Kathrine. Die ruhige, hügelige Gegend bietet einen leichten Vorgeschmack auf das Hochland und hat sich aufgrund ihrer geographischen Nähe zur Metropole Glasgow als Naherholungsgebiet der Glaswegians bewährt.

In Callander, einem touristisch aufbereitetem Städtchen an der A 84, hält das ***Rob Roy and Trossachs Visitor Centre*** seine Tore für Besucher offen, die mehr über *Rob Roy* erfahren wollen, jenes *Outlaws,* über den schon *Walter Scott* schrieb und dessen Geschichte in jüngster Zeit auch von Hollywood entdeckt worden ist. Wir konnten der Ausstellung allerdings keinen großen Reiz abgewinnen (Ö: Jan.-Feb. Sa-So 11.00-16.30, März-Mai, Okt.-Dez. 10.00-17.00, Juni/Sept. 10.00-18.00 h, Juli/Aug. 9.00-19.00 h, Eintritt).

Bereits im 19. Jahrhundert pilgerten viele romantische Walter-Scott-Verehrer zum ***Loch Kathrine,*** um auf den Spuren der „Lady of the Lake" zu wandeln, die laut *Scott* auf einem Eiland im See leben sollte. Doch auch wer die Novelle nicht gelesen hat, wird Gefallen an dem lieblichen See finden, besonders im Herbst, wenn der Wald um den See in allen Farben leuchtet. Am Nordufer des Loch Kathrine entlang führt eine einspurige Straße, die für Autos gesperrt ist, auf der Fahrradfahrer aber eine herrliche Fahrt am Seerand unternehmen können. Die andere Möglichkeit, Loch Kathrine kennen zu lernen, ist eine „Kreuzfahrt" mit dem Dampfschiff *SS Sir Walter Scott,* das im Sommer vom Trossachs Pier am Ostende des Sees nach Stronachlachar am Westende ablegt (Abfahrtzeiten: im Sommer So-Fr 11.00 h, 13.45 h und 15.15 h, Sa 13.45 h, 15.15 h). Reizvoll ist auch eine Verbindung von Fahrrad- und Schifffahrt, d.h. die Hinfahrt mit dem Schiff zu unternehmen, um dann am Nordufer mit dem Fahrrad zurückzufahren. Einen Fahrradverleih gibt es direkt am Pier.

Südlich des Sees erstreckt sich der ***Queen Elizabeth Forest Park.*** Durch den Naturpark führen mehrere ausgeschilderte Wanderwege, und wer genügend Energie aufbringt, kann auch den ***Ben Lomond*** besteigen, der von seiner Spitze in 974 m

Höhe bei klarem Wetter großartige Ausblicke gewährt.

Entlang des Queen Elizabeth Forest Park führt die B 829 in südlicher Richtung nach ***Aberfoyle.*** Aberfoyle ist umrahmt von schönster Natur und eignet sich als Ausgangspunkt für Ausflüge in die Umgebung.

Unterkunft

● ***The Forth Inn,*** Main Street, Aberfoyle FK8 3UQ, Tel. 01877/382372, www.forthinn.com, B&B ab £ 18.

● ***Covenanters Inn,*** Aberfoyle, Perthshire FK8 3XD, T: 01877/382 347, Fax: 01877/382 785, B&B ab £ 43.

● Die nächste ***Jugendherberge*** liegt am Loch Lomond in Rowardennon und ist über die B837 von Drymen aus erreichbar. ***Rowardennon Y.H.,*** Rowardennon, By Drymen, Glasgow G63 0AR, T: 01360/870 259, Standard.

● In Callander gibt es ein ***Independent Hostel: Trossachs Backpackers,*** Invertrossachs Road, Callander FK17 8HW, T und Fax: 01877/331 200, B&B ab £10.

● ***Campingplatz, Trossachs Holiday Park,*** Aberfoyle, Perthshire, FK8 3SA, T: 01877/382 614, Fax: 01877/382 732, Zelt, Wohnwagen ab £ 11. Der Park liegt etwa 5 km südlich von Aberfoyle an der A 81.

Lake of Menteith

Sechs Kilometer östlich von Aberfoyle stehen auf einer Insel im ***Lake of Menteith,*** dem einzigen *Lake* Schottlands, die Ruinen der ***Inchmahome Priory.*** Die Gebäude gehörten zu einem Augustinerkloster, das 1238 gegründet worden war. Von ***Port of Menteith*** fährt ein Boot zu der Insel. (Ö: nur im Sommer, Mo-Sa 9.30-18.30 h, So ab 14.00 h, sowohl Boot als auch Kloster verlangen Eintritt)

Fahrrad

Durch das Gebiet führt ein Radwanderweg, ***Glasgow - Loch Lomond - Killin Cycle Way,*** der das Lowland mit den Highlands verbindet. Der Weg beginnt in Glasgow am Ufer des Clyde beim Scottish Exhibition Centre, folgt dem Clyde weiter bis Dumbarton, um dann über Balloch am Loch Lomond bis nach Drymen zu führen. Von dort aus geht es über zwei verschiedene Routen durch den Queen Elisabeth Forest Park weiter nach Aberfoyle, von wo ab der Radfahrer sich entweder für den längeren Weg entlang des Loch Kathrine oder für die direkte Route bis nach Callander entscheiden kann. Von Callander schließlich geht es stracks nördlich bis zur Endstation Killin.

Der Weg ist insgesamt nicht immer gut ausgebaut und besteht teilweise aus Schotterstrecken, die, schwer bepackt, nur von robusten Fahrrädern unbeschadet genommen werden. Bei den Tourist Information Centres liegt eine Broschüre mit einer genaueren Beschreibung des Weges aus.

Fahrräder leihen kann man sich u. a. beim ***Trossachs Holiday Park*** (Adresse s. o.) oder bei ***Wheels Cycle Hire,*** Invertrossachs Road, Callander, Tel. 01877/331 100.

Fife

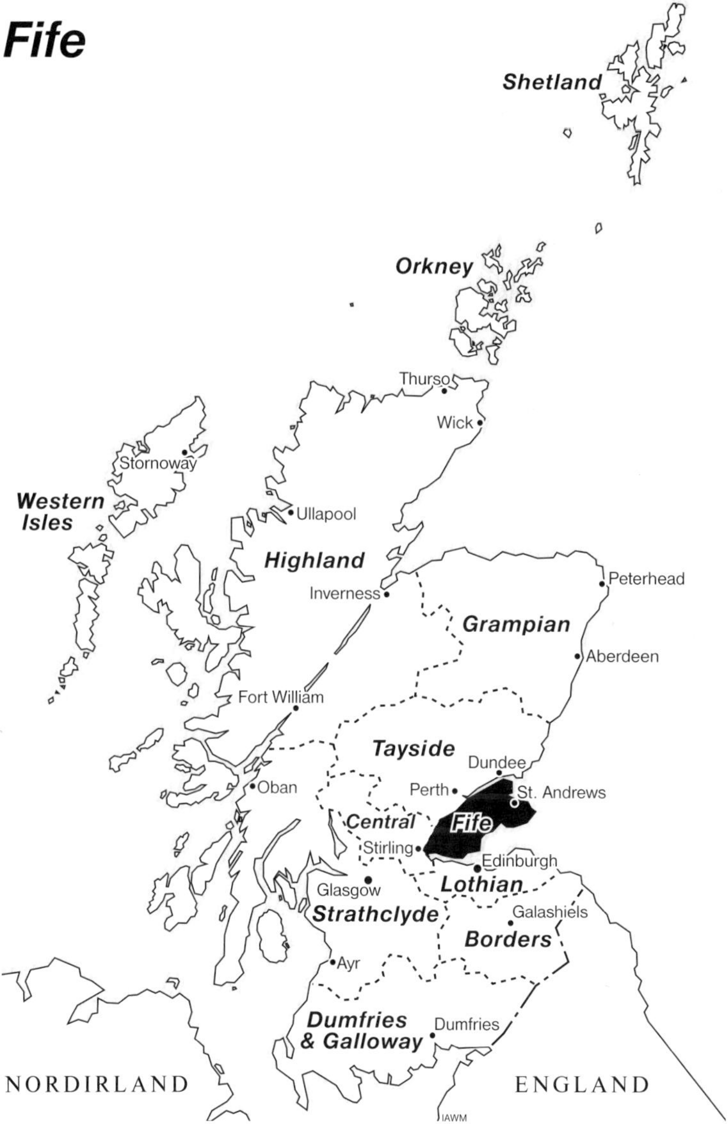

Shetland
Orkney
Thurso
Wick
Stornoway
Western Isles
Ullapool
Highland
Peterhead
Inverness
Grampian
Aberdeen
Fort William
Tayside
Dundee
Oban
Perth
St. Andrews
Central
Fife
Stirling
Edinburgh
Glasgow
Lothian
Strathclyde
Galashiels
Borders
Ayr
Dumfries & Galloway
Dumfries
NORDIRLAND
ENGLAND
IAWM

Überblick

Wie der Kopf einer Dogge ragt die Halbinsel Fife im Südosten Schottlands in das Meer hinaus. Gleich von drei Seiten umschließt Wasser - der Firth of Forth im Süden, der Firth of Tay im Norden und die offene See im Osten - das Land. Diesem Umstand verdankt Fife seine überdurchschnittlich lange Küstenlinie.

Geprägt ist die kleine Region von der Fischerei und der Landwirtschaft. Ersteres bezeugen die Fischerdörfer in East Neuk, letzteres ist kaum zu übersehen, durchquert man das Land. Bis zum Horizont, und der ist hier im flachen Fife weit, erstrecken sich die Felder, nur unterbrochen von gelegentlichen Waldstücken. Stolz sind die Einwohner auf die Geschichte ihrer Heimat, denn Fife war im 11. Jh. das schottische Königreich und Dunfermline die Hauptstadt. Noch heute sprechen die Menschen vom „ancient kingdom of Fife", vom alten Königreich Fife.

Culross

Im Süden Fifes, etwa 11 km westlich von Dunfermline, liegt das 500-Seelen-Dorf Culross. Keine Burg, große Kirche oder herrschaftliche Residenz machen die Anziehungskraft dieses Ortes aus, vielmehr die sogenannten ***little houses,*** kleine, bürgerliche Häuser aus dem 16. und 17. Jh. Seit seiner Gründung im Jahr 1931 hat sich der *National Trust for Scotland (NTS)* nicht nur für die Restaurierung herrschaftlicher Residenzen, sondern auch für den Erhalt kleinerer Wohnhäuser eingesetzt. Hier in Culross hat er vortreffliche Arbeit geleistet, der kleine Ort ist heute das beste schottische Beispiel bürgerlichen Lebens im 16. und 17. Jh.

Aushängestück des Dorfes ist der ***Palace,*** der allerdings nie königlicher Palast, sondern „nur" das größte Haus des Städtchens war. Der Palace wurde in zwei Etappen erbaut, der ältere Teil 1597. Die Buchstaben

GB über dem südlichen Mittelfenster verweisen auf den Besitzer, den Kaufmann *George Bruce*. Dieser revolutionierte Anfang des 17. Jh. den Kohlenbergbau und machte Culross zu einem damals bedeutenden Kohle- und Salzhafen.

Der jüngere Teil des Hauses stammt aus dem Jahr 1611, und die Initialen *SGB* über einem der Dachfenster verdeutlichen den Erfolg des Händlers: *Sir George Bruce* war wegen seiner Verdienste für die Wirtschaft zum Ritter geschlagen worden. Von der Einrichtung ist leider nicht viel erhalten, doch reizvoll sind die bemalten Decken in einigen Räumen (Ö: im Sommer Mo-So 10.00-18.00 h, März-Juni, Sept.-Okt. 12.00-17.00 h, hoher Eintritt, Öffnungszeiten und Ticket gelten auch für The Study und das Rathaus). Die kleine Teestube am Ausgang lädt dann abschließend zu einer Ruhepause ein.

Ein Besuch des ***Town House*** (Rathaus) vermittelt anhand einer Aus-

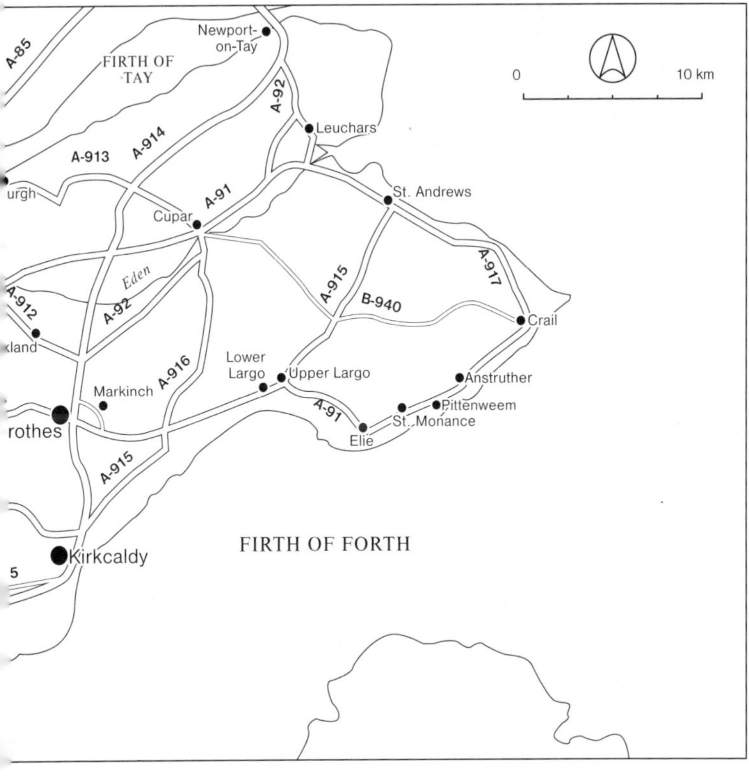

stellung und eines Videofilms die Geschichte von Culross und der *little houses*.

The Study (1613), neben dem obligatorischen Mercat Cross, ist das zweitgrößte Haus in Culross. *Bishop Leighton* hatte in dem Haus im späten 17. Jh. ein Studierzimmer eingerichtet und gab so dem Gebäude seinen Namen. Im ersten Stock ist ein großer Raum mit alten Möbeln und einer wundervollen niederländischen Decke zu besichtigen.

Über den Dächern der Stadt thront ***Culross Abbey,*** eine alte Zisterzienser-Abtei, 1217 von *Malcom, Earl of Fife,* gegründet. Die Kirche wurde 1633 renoviert und bietet u. a. Raum für ein George-Bruce-Denkmal aus Alabaster. Wenn Sie den Friedhof besuchen, lohnt ein Blick auf die Grabsteine, die oft mit Zunftzeichen geschmückt sind.

Trotz allem ist Culross kein Freilichtmuseum, sondern lebende Stadt. Die kleinen Häuser befinden sich in Privatbesitz und sind bewohnt, was dem Flair dieses Ortes nur zuträglich sein kann.

Verbindung

- Culross ist über die ***Buslinie*** 14a von *Fife Scottish,* die zwischen Dunfermline und Glasgow verkehrt, angebunden. T: 01383/ 621 249.

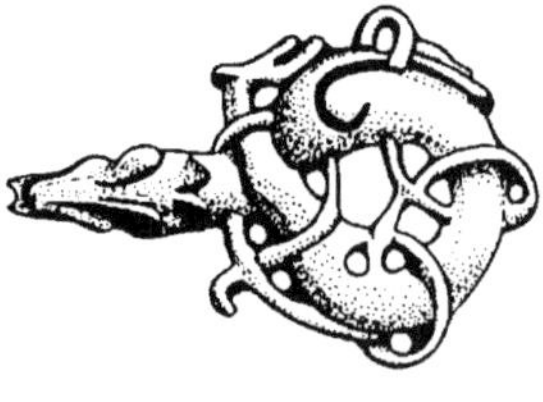

Dunfermline

Geschichte

Vor fast 1000 Jahren war The Auld Grey Toon of Dunfermline für kurze Zeit die Hauptstadt Schottlands. 1060 gab *Malcolm III.*, der Sohn des von *Macbeth* ermordeten *Duncan,* der Stadt an der Südküste Fife's den Vorzug vor der alten Hauptstadt Perth und verlegte seinen Hof nach Dunfermline. 10 Jahre später heiratete der grobschlächtige König die zarte sächsische Prinzessin *Margaret,* die es sich zur Aufgabe machte, sowohl die groben Sitten der Kelten zu verfeinern als auch ihre Kirche zu katholisieren.

Für ihre Anstrengungen und ihr Bemühen um die armem Menschen der Stadt wurde *Margaret* später heiliggesprochen. Aus ihrer Zeit stammen die Überreste des ***Palastes*** und der ***Culdee Church,*** die sie vergrößern ließ, beide neben der Abtei.

Sehenswertes

Die ***Abtei,*** die zusammen mit der Kirche das Stadtbild dominiert, wurde unter *David I.* im frühen 12. Jh. errichtet und diente als Begräbnisstätte der schottischen Könige von *Malcolm III.* bis *Robert the Bruce*. Heute ist nur noch das faszinierende normannische Kirchenschiff aus dieser Zeit erhalten. Die separat stehende eigentliche Kirche stammt aus dem 19. Jahrhundert. Nicht zu übersehen ist im neuen Chor das Grab *Robert Bruce's,* des Königs, der 1314 die schottische Unabhängigkeit erkämpfte. (Ö: im Sommer Mo-So 9.30-18.30 h, im Winter bis 16.30 h Do nachmittags, Fr und So morgens geschlossen)

Gleich nebenan liegt der weitläufige ***Pittencrieff Park,*** der bei schönem Wetter auf jeden Fall einen Blick wert ist. Ein Tierpark mit exotischen Vögeln, Ponys, Ziegen und Pfauen gehört ebenso dazu wie ein hübscher Bach mit romantischer Brücke, ein Musikpavillon mit Café und das ***Pittencrieff House*** mit wechselnden Foto- und Malereiausstellungen. (Ö: des Museums: im Sommer Mo-So 11.00-17.00 h, im Winter bis 16.00 h)

Der Park ist wie viele andere öffentliche Gebäude der Stadt eine Spende ihres angeblich „größten Sohnes", ***Andrew Carnegie.*** Dieser wurde 1835 als Sohn einer Weberfamilie in Dunfermline geboren und stand als Kind oft vor den Türen des Parks, den er nicht betreten durfte. 1848 emigrierte er mit seinen Eltern nach Amerika und verwirklichte dort den amerikanischen Traum „vom Tellerwäscher zum Millionär". In der expandierenden Stahl- und Eisenindustrie machte er sein Glück und starb als einer der reichsten Männer der Welt. 350 Mio. US-Dollar gab er während seines Lebens für wohltätige Zwecke aus und bedachte dabei auch immer wieder seine schottische Heimat.

Als Wohltäter der Menschheit feiert ihn heute Dunfermline und ehrt ihn mit einem ***Andrew Carnegie Birthplace Museum*** in der Moodie Street. (Ö: im Sommer Mo-Sa 11.00-17.00 h, So 14.00-17.00 h, Eintritt) Doch die immense Spendenfreudigkeit war nur eine Charakterseite dieses Mannes. Der Umgang mit seinen Arbeitern war geprägt von Skrupellosigkeit, und die Arbeitsbedingungen und Löhne waren derart schlecht, dass er sich sogar die Kritik anderer Musterkapitalisten einhandelte.

Das andere markante Gebäude in dem sonst eher grauen, fast verwahrlosten Stadtbild ist der ***Rathausturm*** (City Chambers, Old Highstreet). Seit Dunfermline 1112 freie Marktstadt (Burgh) wurde, findet sich hier auch ein Rathaus. Das jetzige stammt allerdings erst aus dem späten 19. Jh. und trägt neben neo-gotischen eindeutig viktorianische Züge.

Information

- ***Tourist Information Centre,*** 13/15 Maygate, Dunfermline KY12 7NE, T: 01383/720 999 (nur im Sommer).

Verbindungen

- Dunfermline ist mit einer regelmäßigen ***Bahnverbindung*** an Edinburgh angeschlossen. Die Fahrt dauert etwa eine halbe Stunde mit Zwischenstopps u. a. in Inverkeithing und North Queensferry. ***Bahnauskunft:*** T: 08457/484950.
- ***Busauskunft:*** T: 01383/621 249, bei der *Fife Council's Public Transport Information Line:* T: 01592/416060 oder allgemein bei *Traveline,* T: 0870/6082608.

Unterkunft

Das Hotelangebot ist erstaunlich groß; kleinere, gediegene Hotels sind überall in der Stadt zu finden. ***Buchungshotline*** des Fife Tourist Board, T: 01592/260 270.

- ***Pitreavie Guest House,*** 3 Aberdour Road, Dunfermline KY11 4PB, T und Fax: 01383/724 244, B&B ab £ 20.
- ***Abbey Park Hotel,*** 5 Abbey Park Place, Dunfermline, Fife KY12 7PT, T: 01383/739 686, Fax: 01383/722 801, B&B ab £ 22.
- ***Garvock House Hotel,*** St John's Drive, Transy Dunfermline, KY12 0UB, T: 01383/725474, www.garvock.co.uk, B&B ab £ 48.

East Neuk

Überblick

Das alte schottische Wort Neuk bedeutet Ecke. ***East Neuk*** heißt also „östliche Ecke" und beschreibt die Lage im Südosten Fifes. Sie bildet sozusagen die „Schnauze" des Hundekopfes Fife. Im Mittelalter wurde von hier aus reger Handel mit Frankreich, Skandinavien und den Niederlanden betrieben, wobei die Schotten Produkte wie Wolle, Kohle, Leder und Fisch gegen Holz und Fertigprodukte eintauschten.

Als der Handel zurückging, expandierte der ***Fischfang.*** Riesige Heringsflotten belebten die Häfen East Neuks, doch auch sie sind schon lange verschwunden, und nur noch wenig erinnert in den malerischen Fischerdörfern an die großen Zeiten des Handels und Fischfangs. Dem aufmerksamen Betrachter wird jedoch ein Relikt aus den mittelalterlichen Handelstagen nicht entgehen können. Die ***Treppengiebelhäuser,*** typisch für diese Gegend und in ganz Fife verbreitet, erinnern stark an die niederländische Dacharchitektur und sind auch zweifelsohne von dieser geprägt.

Die Häfen in East Neuk

Spricht man vom Charme Fifes, denkt man an die Küstendörfer East Neuks, mit den Fischkuttern, den engen Gassen und den rot geziegelten Dächern. Largo, Elie, St Monans, Pittenweem, Anstruther und Crail heißen die Dörfer, die bei aller Ähnlichkeit doch immer eine Besonderheit zu bieten haben.

Elie

Windsurfer und Bader schätzen besonders den Hafen bzw. den schönen Sandstrand bei Elie, die beide geschützt in einer Bucht liegen.

St Monans

Wenige Meilen weiter liegt ***St Monans*** mit einer ungewöhnlichen Fischerkirche aus dem 14. Jh. Die ***Auld Kirk*** kann, neben einem im Querschiff aufgehängten Schiffsmodell, wie so viele Kirchen in Schottland mit einem Superlativ aufwarten: The Auld Kirk ist angeblich die Kirche Schottlands, die sich am nächsten zum Meer befindet.

Pittenweem

In Pittenweem (piktisch für „Ort der Höhle"), noch ein paar Kilometer weiter, findet täglich frühmorgens ein ***Fischmarkt*** statt. Viele vom *NTS* restaurierte Häuser und ***St Fillan's Cave*** in Hafennähe, eine Höhle, in welcher der Missionar *St Fillan* gelebt haben soll, machen den Ort sehenswert. Pittenweem ist jährlich Anfang August Austragungsort des ***Pittenweem Arts Festivals*** mit Straßentheater, Musikveranstaltungen etc.

Anstruther

Anstruther (sprich: Anster), der größte East-Neuk-Hafen, beherbergt das ***Scottish Fisheries Museum,*** wo Einrichtungen aus Fischerhütten, Angelgeräte sowie ein Aquarium mit Tiefseefischen zu besichtigen sind. (direkt am Hafen, Ö: im Sommer 10.00-17.30 h, So 11.00-17.00 h, im Winter bis 16.30 h, So. 12.00-16.30 h, mittlerer Eintritt)

Crail

Crail schließlich, am Ostzipfel Fife's gelegen, ist der Archetypus eines East-Neuk-Fischerdorfes. Der pittoreske ***Hafen*** mit den alten Hafenmauern, die rotgedeckten Häuser und das flämisch beeinflusste ***Rathaus*** aus dem 16. Jh. machen die Atmosphäre des Ortes aus. Den großen Stein an der alten ***Church of St Mary*** (12. Jh.) schleuderte angeblich vor langer Zeit der Teufel in einem Wutanfall von der nahegelegenen Insel May auf das Gotteshaus, das er glücklicherweise jedoch knapp verfehlte.

Information

- ***Tourist Information Centres*** (T.I.C.), die auch Zimmer vermitteln, gibt es in Anstruther und in Crail. Beide haben jedoch nur im Sommer geöffnet.
- ***T.I.C. Anstruther,*** Scottish Fisheries Museum, T: 01333/311 073.
- ***T.I.C. Crail,*** Museum & Heritage Centre, Marketgate, Crail, T: 01333/450 869.

Verbindungen

Die East Neuk Dörfer sind über die Buslinie 95 etwa stündlich mit Leven und St Andrews verbunden. Von Leven hat man mit der Linie X60 unmittelbar weiter Anschluss nach Edinburgh, von St Andrews über die Linien X58, X59 und X60.

Unterkunft

- ***Beaumont Lodge Guest House,*** 43 Pittenweem Road, Anstruther KY10 3DT, B&B ab £ 22, T/Fax: 01333/310 315, e-mail: reservations@ beau-lodge.demon.co.uk
- ***Hazelton Guest House,*** 29 Marketgate, Crail, Fife KY10 3TH, T/Fax: 01333/450 250, B&B ab £ 20.
- ***The Golf Hotel,*** Bank Street, Elie, Fife KY9 1EF, T: 01333/330-209, Fax: -381, B&B ab £ 35, e-mail: golf@standrews. co.uk, liegt in der Nähe des Strandes.
- ***The Elms Guest House,*** 14 Park Place, Elie, Fife KY9 1DH, T/Fax: 01333/ 330 404, B&B ab £ 20, ist ein viktorianisches Haus mit schönem Garten.
- ***B&B*** finden Sie in Anstruther u. a. am Hafen, in Crail z. B. in der High Street und in Elie in der High Street und am Park Place. Die Preise beginnen in der Regel zwischen £ 15 und £ 20.
- ***Campingplatz: Sauchope Links Caravan Park,*** Crail, Fife, T: 01333/450 460, 1,5 km östlich von Crail an der A 917, Wohnw./Zelt ab £ 11.
- ***Shell Bay Caravan Site,*** Elie, Fife, T:01333/330 283, Fax: 330 008, Zelte ab £ 9, Caravans um £ 10, an der A 915 kurz vor Elie.
- ***Buchungshotline*** des Fife Tourist Board, T: 01592/260 270.

St Andrews

Überblick

An der Westküste Fife's liegt der Ort, dessen Name allein jedes Golferherz höher schlagen lässt: St Andrews, das Mekka des Golfsports, wo Golfer immer Vorfahrt haben und selbst der *St Andrews Scotch Whisky* in golfballförmige Flaschen abgefüllt wird. Im Jahre 1754 gründete sich die *Society of St Andrews Golfers,* die sich später in den *Royal and Ancient Golf Club of St Andrews* umbenannte. Das am Strand gelegene Clubhaus des *R&A*, das ***Royal and Ancient Clubhouse,*** ist heute weltweit offizielles Golf-Hauptquartier und letzte Instanz in allen Streitfragen.

Auf dem berühmten ***Old Course*** beim Clubhouse können Nicht-Clubmitglieder nach Entrichtung eines Entgeltes von £ 90 spielen, das Clubhaus ist allerdings männlichen Mitgliedern vorbehalten. Sonntags bleibt der Platz geschlossen. (Vorbuchungen müssen bis zu 2 Jahre im Voraus gemacht werden (Information: ***Golf Information Centre,*** The Links, Tel. 01334/466666). Ansonsten wird ein Teil der Plätze am Vortag verlost, bzw. einzelne Spieler können frühmorgens zum Platzwart gehen und vielleicht einen Platz erheischen.) Die anderen vier Golfplätze der Stadt sind dagegen sieben Tage, ohne Voranmeldung und bereits gegen eine Gebühr von

Hauptstadt des Golf: St Andrews zu Füßen des St Rule's Tower

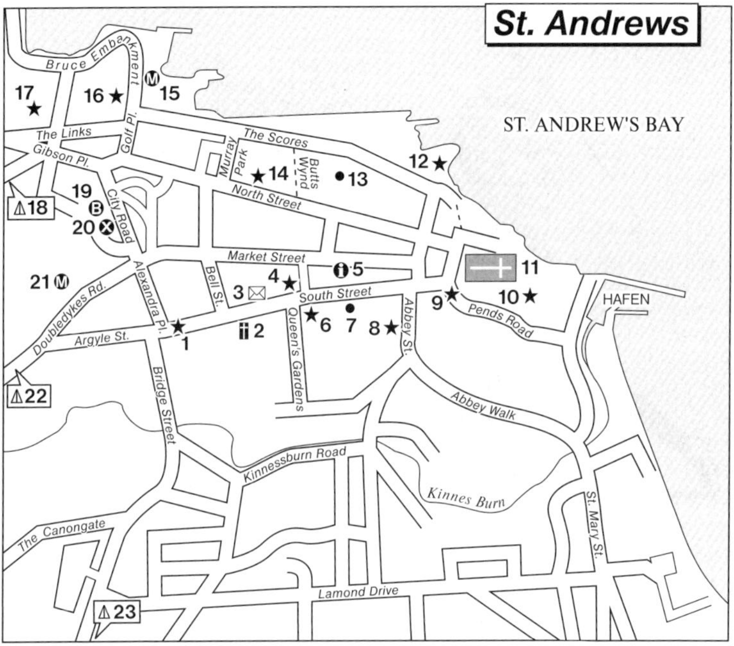

★ 1 West Port
ii 2 Black Friars Chapel
✉ 3 Postamt
★ 4 Town Kirk
i 5 Touristeninformation
★ 6 Town Hall
• 7 St Mary's College
★ 8 Byre Theater
★ 9 The Pends
★ 10 St Rules's Tower
ii 11 St Andrews Cathedral
★ 12 St Andrews Castle
• 13 St Salvator's College
★ 14 Crawford Centre for the Arts
M 15 British Golf Museum
★ 16 Royal and Ancient Golf Club
★ 17 Old Course
⚠ 18 Clayton Caravan Site
B 19 Busbahnhof
X 20 Taxistand
M 21 St. Andrwes Museum
⚠ 22 Craigtown Meadows Holiday Park
⚠ 23 Cairnsmill Caravan Site

Fife

Scotland - Home of Golf

Entgegen den Gewohnheiten anderer Länder ist Golf in Schottland Volkssport. Hier betreibt jede und jeder die vornehme Sportart rund um den kleinen weißen Ball unabhängig von Jahreseinkommen oder Standeszugehörigkeit. Von der allgemeinen Beliebheit des Sports zeugt auch die große Anzahl an Golfplätzen: mehr als 420 Plätze sind über das ganze Land verteilt und verhelfen Schottland zur größten Platzdichte der Welt.

Der Ursprung des Spieles ist unbekannt, doch soll ein schottischer Hirte eines Tages mit einem Stock einen Stein erst vor sich hergetrieben und dann immer weiter weg geschlagen haben. Als der Stein schließlich in einem Kaninchenloch verschwand, war das Golfspiel erfunden. Sei dem wie es ist, die erste schottische Erwähnung des Sportes stammt aus dem Jahr 1457, als *James II.* das Dekret *„Gowf and fitba to be utterly cryit doon and not usit"* erließ. Mit diesem Erlass verbot der König das Golf- und das Fußballspiel, da beide Sportarten die jungen Männer vom kriegerischen Bogenschießen abhielten.

Dies konnte jedoch die Ausbreitung des Golfspiels nicht verhindern, zumal selbst die königliche Nachkommenschaft von *James II.* dem Sport frönte: *Maria Stuart* war Anhängerin dieser Sportart und ihr Sohn, *James VI.*, ließ, sobald er englischer König wurde und nach London übersiedelte, den ersten Golfplatz südlich der schottischen Grenze errichten.

Ziel des Spieles ist bekanntermaßen, einen Ball mit einem Schläger über verschieden lange Bahnen in ein Loch zu treiben und dabei möglichst wenige Schläge zu benötigen. Ein Durchgang führt über insgesamt 18 Bahnen, bei Golfplätzen mit nur 9 Bahnen werden zwei Runden gespielt. Eine Bahn besteht aus dem Abschlag, der Spielbahn, genannt *Fairway*, und dem Grün bzw. *Green*, auf dem sich, gekennzeichnet mit einer roten Fahne, das Loch befindet. Rechts und links des Fairway liegen die sog. *Roughs*, d.h. nicht geschnittene Rasenflächen, Bäume, Teiche usw., in die man seinen Ball möglichst ebenso wenig schlagen sollte wie in die Sandbunker auf der Spielbahn. Auf die Suche nach seinem Ball darf man übrigens höchstens fünf Minuten verwenden, um nachfolgende Spieler nicht zu behindern.

Für jedes Loch ist eine Mindestanzahl an Schlägen vorgeben, das sog. *Par*. Für eine Bahn von einer Länge bis zu 238 m gilt ein Par von drei, bis 434 m vier und über 435 m fünf Schlägen. Locht man nach einer Schlagzahl von einem unter Par ein, ist das ein *Birdy*, zwei unter Par nennt man *Eagle*, drei unter Par heißt *Albatros* und das direkte Einlochen wird als *Ace* bezeichnet.

Ein Spieler darf bis zu 14 Schläger mit in die Runde nehmen, mit denen man je nach Material des Schlägerkopfes - Holz oder Eisen - und Neigungswinkel der Schlagfläche den Ball unterschiedlich weit schlagen kann.

Dass Golf in anderen Ländern als Sportart der Upper Class gilt, ist angeblich einer Werbekampagne der Whiskyfirma *Johnnie Walker* zu verdanken. *Johnnie Walker* wollten ihren Whisky auch nach Übersee exportieren, doch fand das Getränk in den Vereinigten Staaten keinen Absatz, denn der amerikanische Markt war völlig mit irischem Whiskey gesättigt. Werbestrategen erkannten aber den Bedarf der amerikanischen Oberschicht nach einer elitären Sportart, da Polo für die meisten zu gefährlich war. Also führten die Schotten ihren bis dahin unbekannten Volkssport Golf ein und gründeten Clubs mit ganz strengen Aufnahmekriterien und Scotch-Ausschank.

Ein Gastspieler sollte folgende Regeln der Etikette beachten:

- Golf wird in Schottland traditionell in einem recht flotten Tempo durchgespielt, und eine Runde sollte nicht länger als 3,5 Stunden dauern. Will man den Sport etwas gemächlicher angehen, sollte man nachfolgenden Spielern gestatten durchzuspielen.
- Locher, die man in den Rasen schlägt, sollte man wieder schließen, damit die Bahn nicht beschädigt wird.
- Manche Clubhäuser sind noch recht konservativ eingestellt, und in Bar und Speiserestaurant gilt Jackett- und Krawattenzwang. Auch ist der Gedanke der Gleichberechtigung von Mann und Frau noch nicht bis in alle Clubhäuser vorgedrungen. Mancherorts ist die Spielzeit für Frauen auf bestimmte Tage und Uhrzeiten beschränkt und der Haupteingang des Clubhauses für Frauen tabu. Vor allem aber konnte Mann ab und zu das Heiligtum Clubbar als letzte Bastion männlichen Herrschaftsdünkels gegen das bedrohliche Vordringen des weiblichen Geschlechts behaupten.

Vorfahrt für Golfer: Schild auf dem Old Course in St Andrews

Fife

Der Statik zum Trotz: St Andrews Cathedral

£ 5 bis £ 20 bespielbar. (Informationen siehe oben).

Im Bruce Embankment, schräg gegenüber dem Clubhaus, befindet sich das ***British Golf Museum.*** Die Ausstellung erzählt die Geschichte des Golf, zeigt u. a. Golfkleidung verschiedener Jahrhunderte. Eine Multimedia-Show darf natürlich auch nicht fehlen. (Ö: Ostern-Mitte Okt.: 9.30-17.30 h, Winter: Do-Mo 11.00-15.00 h, Eintritt)

Trotz ihrer 5 Golfplätze täte man der Stadt jedoch Unrecht, reduzierte man sie allein auf diesen Sport. Groß war der Einfluss auf die schottische Religionsgeschichte und das Bildungswesen. Im 8. Jh. erlitt der *heilige Regulus* Schiffbruch vor der Küste Fifes, konnte sich aber an Land retten. Mit sich führte er die Gebeine des ***Apostels Andreas,*** und aus Dankbarkeit für sein Überleben errichtete *Regulus* an der Stelle des heutigen St Andrews eine Kapelle. *St Andreas,* der an einem quergestellten Kreuz starb, wurde der Nationalheilige der Schotten und sein Zeichen, das Andreaskreuz, ist heute noch in der schottischen Fahne zu sehen. St Andrews entwickelte sich bald zu einem ***Wallfahrtsort*** für Tausende von Pilgern aus aller Welt, 1160 wurde die Kathedrale erbaut und um 1200 die Burg, als Festung und Palast des Bischofs. Mit der Reformation 1559 erlosch der religiöse Einfluss der Stadt, Kathedrale und Burg verfielen.

Wichtiger Meilenstein im schottischen Erziehungswesen war die Einrichtung der ersten schottischen Universität im Jahr 1412, gefolgt 1450 von der Gründung des ***St Salvator's College,*** und bis heute besitzt St Andrews eine der besten theologischen Fakultäten Großbritanniens. Die Studenten, die hier die Universität besuchen, sind sehr traditionsbewusst. Sie tragen noch ihren *red gown,* ihren roten Filzumhang, und flanieren sonntags auf der Hafenmauer.

Sehenswertes

Der noch erhaltene mittelalterliche Stadtgrundriss und viele alte Häuser machen einen Stadtrundgang lohnenswert. Den beginnen Sie am einfachsten am ***West Port,*** das schon im Mittelalter Einlass in die Stadt gewährte. Das Tor stand ursprünglich weiter östlich, wurde aber bereits 1589 an seinem jetzigen Standort wieder aufgebaut. Das Wappen *David I.*, der im 12. Jh. der Stadt die Marktrechte garantierte, das Stadtwappen an der Ostwand und die beiden Nebenbögen sind Zugaben aus dem 19. Jahrhundert.

Sie gehen nun weiter entlang der South Street Richtung Innenstadt. Die South Street selbst ist eine der drei Hauptstraßen der Altstadt, die alle an der Kathedrale zusammenlaufen. Etwa 200 m weiter sind auf der rechten Seite die Ruinen der ***Blackfriars Chapel*** zu sehen. Die Kapelle aus dem frühen 16. Jh. ist alles, was die Zerstörungswut der Reformatoren des Jahres 1559 vom Blackfriars- Kloster stehen ließ. An der gewölbten Decke sind noch die Überreste einer Kreuzigungsdarstellung zu sehen.

Die ***Town Hall,*** etwa 200 m entfernt, wurde erst 1858 errichtet. In den Vorraum wurde ein Stein aus dem alten Gefängnis mit eingebaut, dessen Eingravierungen das Datum 1565 und das Wappen eines ehemaligen Bürgermeisters zeigen.

Die ***Town Kirk*** auf der anderen Straßenseite ist weniger wegen architektonischer Besonderheiten als aufgrund der Vielzahl an ausgestellten Relikten sehenswert. Gegenstände wie die Bishop's Branks, ein grobes Eisengestell, das ahnungslosen Schwätzern während einer Messe plötzlich über den Kopf gezogen wurde, um sie mundtot zu machen, geben der Kirche den Charakter einer Art städtischen Museums.

Nur wenige Meter weiter können Sie auf der rechten Seite das schmiedeeiserene Tor des ***St Mary's College*** bewundern. In großen Lettern steht über dem Eingang *in principio erat verbum,* „am Anfang war das Wort", und verweist auf die hochgeistigen Studien, die hier betrieben werden. Durch das Tor gelangt man in den herrlichen, parkähnlichen Innenhof der Universität. Gleich zu Anfang wird man von einer 250-jährigen Eiche begrüßt, die zwar wunderbar gewachsen ist, sich jedoch vom Alter her nicht mit dem Dornenbaum am Glockenturm messen kann, den schon *Maria Stuart* gepflanzt haben soll.

St Mary's College wurde 1537 gegründet und 1554 fertiggestellt. Die Nord- und Westgebäude der rechteckigen Anlage stammen noch aus dieser Zeit, während die anderen Teile erst im 17. Jh. erbaut wurden. Die Sonnenuhr neben dem Glockenturm datiert ebenfalls aus dem 17. Jh., der obligatorische efeubewachsene Taubenschlag am anderen Ende des „Hofes" ist etwa 100 Jahre jünger.

Am Ende der South Street steht, ganz St Andrews überragend, die Kathedrale bzw. ihre Ruinen. Rechts der Straße ist der ehemalige Haupteingang des sakralen Geländes ***The Pends*** völlig erhalten; durch den gotischen Torweg führt nun eine Straße.

Die ***Kathedrale*** war vor ihrer Zerstörung während der Reformation die größte Kirche Schottlands, und Tausende von Pilgern beteten jährlich an den 31 Altären. Doch auch die Ruinen lassen die riesigen Ausmaße der zwischen 1160 und 1318 errichteten Kathedrale (109 m lang, 19 m breit) noch erahnen. Die westliche Giebelwand, die scheinbar entgegen allen Gesetzen der Statik 19 m in den Himmel ragt, gibt mit ihrem östlichen Pendant einen guten Eindruck von der einstigen Größe.

Auf dem Friedhof um die Kathedrale erhebt sich 30 m hoch ***St Rule's Tower.*** Der eckige normannische Turm einer noch älteren Kirche kann über eine enge, steile Wendeltreppe bestiegen werden, eine Anstrengung, die der weite Ausblick vom Turm zur Genüge belohnt.

Die Turmbesteigung kostet Eintritt, Tickets sind beim ***Kirchenmuseum*** auf dem Friedhof erhältlich. Das Museum selbst zeigt u. a. einige sehr schöne keltische Kreuzsteine. (Ö: die Kathedrale immer, Eintritt frei, Turm und Museum: im Sommer Mo-So 9.30-18.30 h, im Winter Mo-Sa bis 16.30 h, So 14.00-16.30 h, Eintritt)

Von St Rule's Tower herab können Sie einen schönen Blick auf ***St Andrews Castle*** werfen. Die Burg, um

1200 nördlich am Meer erbaut, war der Palast der Erzbischofs von St Andrews. In der Ruine sind ein finsteres Verlies und während einer Belagerung gegrabene Tunnel zu besichtigen. (Ö: im Sommer Mo-So 9.30-18.30 h, im Winter Mo-Sa bis 16.30 h, So 14.00-16.30 h, Eintritt)

Schlendern Sie nun The Scores weiter, am ***St Salvator's College*** entlang, und biegen Sie in den Butt's Wynd ab. An der Ecke zur North Street steht der Turm von St Salvator's Kirche und College. St Salvator's ist das älteste College in St Andrews und wurde 1450 gegründet. Der Turm und die Kirche sind Überreste aus dem Mittelalter und mit dem Namen des Erbauers *Bischof James Kennedy* verbunden, der in der Kirche begraben liegt. In der Kirche wird im April ein Universitätsgottesdienst abgehalten, zu dem die Studenten in ihren roten Umhängen erscheinen.

Weiter östlich in der North Street hat das ***Crawford Centre for the Arts*** geöffnet und zeigt wechselnde Kunstausstellungen. Im Sommer werden auch Theaterstücke aufgeführt (Ö: Mo-So 10.00-17.00 h, So 14.00-17.00 h, Eintritt frei). Unweit davon informiert das ***St Andrews Aquarium,*** in The Scores, über die verschiedenen Bewohner der schottischen See. (Ö: Mo-So 10.00-18.00 h, Eintritt)

Im Kinburn Park an der Doubledykes Road hat Anfang der 90er das ***St Andrews Museum*** eröffnet, das die lange und ereignisreiche Geschichte der Stadt illustriert. (Ö: im Sommer Mo-So 10.00-17.00 h, im Winter Mo-Fr 10.30-16.00 h, Sa-So 12.30-17.00 h)

Information

- ***Tourist Information Centre St Andrews,*** 70 Market Street, St Andrews KY16 9NU, T: 01334/472 021.

Aktivitäten

- Die Spielzeit des exzellenten ***Byre Theater*** in Abbey Street geht von Mitte Mai bis Ende Dezember und beinhaltet sehenswerte Aufführungen. Auskunft über Veranstaltungen unter der T: 01334/475 000.
- ***Lammas Fair*** ist der älteste mittelalterliche Markt Schottlands und immer ein großes Spektakel. Termin ist jedes Jahr vom zweiten Freitag im August bis zum folgenden Dienstag, am Sonntag ist der Markt geschlossen.
- Stadtführung: Die ***St Andrews Guided Walks*** starten im Sommer jeden Mittwoch um 11.00 h am Church Square, T: 01334/850 638, £ 4.
- Bei schönem Wetter können Sie sich am Sandstrand, den ***West Sands*** am Old Course, in der Sonne aalen.

Verbindungen

- In St Andrews gibt es keinen Bahnhof, der nächste liegt in Leuchars. Dort halten die ***Züge,*** die Aberdeen mit Edinburgh und Glasgow verbinden. Andere Stationen in Fife auf dieser Linie sind Inverkeithing, Kirkcaldy, Markinch for Glenrothes, Ladybank und Cupar. Die Züge fahren in etwas unregelmäßigen Abständen, aber ungefähr jede halbe Stunde, sonntags seltener.
- St Andrews wird mit Edinburgh durch die ***Buslinien*** X59 und X60 verbunden. Die Linie X59 hält u. a. in Cupar, Glenrothes und Kirkaldy, die X60 in Leven und Kirkaldy, beide Linien fahren in einstündigen Abständen. Reisende nach Glasgow müssen mit der X59 bis Glenrothes fahren und dann in die X24 umsteigen, nach Dundee fahren die Linien 96, über Leuchars, und die 99.
- ***Busbahnhof:*** Bus Station, City Road, St Andrews KY16 9HW, T: 01334/474 238. Unter dieser Adresse erhalten Sie auch nähere Auskünfte über Verbindungen bzw. unter T: 01592/416 060.

Viktorianisches Folly

●***Autowerkstatt und -verleih:*** Ian Cowe Couchworks, 78 Argyle Street, T: 01334/ 472 543.
●Ein ***Taxistand*** ist bei der Bus Station Ecke City Road, Station Road zu finden oder aber Jay Taxis, T: 01334/476 622.

Unterkunft

Hotels

Hotels finden Sie überall in der Altstadt, besonders in der Umgebung der North Street.
●***Doune House,*** 5 Murray Place, St Andrews, KY16 9AP, T und Fax: 01334/475 195, e-mail: dounehouse@aol.com, B&B ab £ 20.
●***Charlesworth House,*** 9 Murray Place, St Andrews KY 16 9AP, T: 01334/476 528, B&B ab £ 20.
●***Russel Hotel,*** 26, The Scores, St Andrews KY16 9AS, Tel. 01334/473 447, Fax 01334/478 279, russelhotel@talk21.com, B&B ab £ 35.
●***St Andrews Old Course Hotel,*** Old Station Road, St Andrews, Fife KY16 9SP, T: 01334/474 371, Fax: 477 668, B&B ab £ 195, ist „das" Golfhotel am Ort.

B&B

In der ganzen Stadt, z. B. in der Abbey Street (Seitenstraße der South Street) und ihrer Verlängerung Abbey Walk und St Mary's Street.
●***University Residences,*** Buchungen unter: Holidays, University of St Andrews, 79 North Street, St Andrews, Fife KY16 9AJ, T: 01334/462 000, Fax: 01334/462 500, B&B £ 24, geöffnet von Juni-Sept.

Herbergen

●***St Andrews Tourist Hostel,*** Inchcape House, St Mary's Place, Fife KY16 9UZ, T: 01334/479911, lee@eastgatehostel.com, bieten Basisunterkünfte zwischen £ 10-12.
●Der ***Cairnsmill Caravan Park*** (s. u.) betreibt auch ein Bunkhouse, in dem man für £ 8 übernachten kann.

Camping

●***Cairnsmill Caravan Park,*** Largo Road, St Andrews, T: 01334/473 604, Zelt ab. £ 4, Wohnwagen ab £ 11, entlang der A 915, 1,5 km südlich des Stadtrandes.
●***Clayton Caravan Park,*** St Andrews, T: 01334/870 242, Fax: 01334/870 057 Zelt ab £ 9, Wohnwagen ab £ 11, an der A 91, ca. 7 km westlich.
●***Craigtown Meadows Holiday Park,*** Mount Melville, St Andrews, Fife, KY16 8PQ, T: 01334/ 475 959, Fax: 476 424, Zelt, Wohnwagen ab £ 13, liegt zwischen St Andrews und Strathkinness.

Essen und Trinken

●***Pubs und Restaurants*** finden sich in der Altstadt zu Genüge. Besonders entlang der drei Hauptstraßen North Street, Market Street und South Street.
●***West Port*** in der South Street hat den ganzen Tag geöffnet und verfügt über einen Biergarten. ***The Vine Leaf,*** ebenfalls in der South Street, ist bekannt für gute Weinauswahl.
●Ebenfalls in der South Street sowie am Market Sqare befinden sich ***Eissalons.***
●***Ma Bells Tavern*** (tagsüber) und ***The Restaurant at the Golf*** (ab 19.00 h geöffnet) bieten Snacks bzw. elegante Abendessen und befinden sich im St Andrews Golf Hotel, 40 The Scores, T: 01334/472 611.
●Auch in den Nebenstraßen, welche die drei Hauptstraßen miteinander verbinden, finden Sie mehrere Pubs. Exzellent ist das ***Grange Inn*** in der Grange Road. In dem erstklassigen Restaurant können Sie für ca. £ 40 ein Menü für 2 Personen erhalten.

Weitere Informationen

●Mehrere ***Töpfereien*** in Church Square und der South Street sind ebenso einen Besuch wert wie die ***Goldschmieden*** in der South Street.
●Letzte Instanz in Sachen ***Golfausrüstung*** ist *Auchterlonies* am Golf Place.
●St Andrews hat zwar keinen Fischmarkt, aber *Keracher* in der Market Street bietet ei-

ne hervorragende Auswahl an frischem ***Fisch*** zu vernünftigen Preisen.

- ***Banken*** haben ihren Sitz in der Market Street und der South Street.
- Das ***Postamt*** liegt in der gleichen Straße schräg gegenüber der Information.
- Ein ***Supermarkt*** befindet sich in der Market Street, wo auch ein ***Fahrradhändler*** sein Geschäft betreibt.

Falkland

Sehenswertes

Im Landesinneren Fife's liegt am Fuße der ***Lomond Hills*** das kleine Städtchen Falkland. Zahlreiche ***little houses*** aus dem 16. und 17. Jh. wurden liebevoll restauriert und laden zu einem Gang durch die Straßen und Gassen ein.

Beherrschend, jedoch nicht erschlagend wirkt ***Falkland Palace,*** eines der sieben Schlösser der Stuart-Könige. Im Grunde zu klein für eine königliche Residenz, war der Palast das Jagdschloss der Stuarts und Brautgeschenk für die jeweilige Königin.

Die ursprünglichen Besitzer, die *Earl of Fife,* hatten den Palast im 12. Jh. als Festung erbaut, doch 300 Jahre später machte *James II.* den Palast zur königlichen Residenz und nahm zwischen 1453 und 1463 erhebliche Erweiterungen vor. *James IV.* und *James V.* sind die wichtigsten Bautätigkeiten zuzuschreiben, und unter *James V.* entstand auch der Südflügel, der, vergleichbar dem Palast von Stirling Castle, eines der schönsten Beispiele der schottischen Frührenaissance ist. Im 17. Jh.

Das Jagdschloss der Stuartkönige: Falkland Palace

brannte der Palast ab, wurde aber im 19. Jahrhundert weitestgehend wieder aufgebaut. Die Inneneinrichtung ist daher größtenteils nicht original, doch wurden die Möbel mit Sorgfalt ausgesucht und stammen zumeist aus der entsprechenden Epoche.

In dem wunderhübschen kleinen Park, der sich dem Palast hinten anschließt, ist ein ***Royal Tenniscourt*** aus dem Jahr 1539 zu bewundern, der älteste königliche Tennisplatz Großbritanniens. Im Unterschied zu normalen Tennisplätzen werden hier die Wände ähnlich wie beim Squash ins Spiel mit einbezogen. (Ö: im Sommer Mo-Sa 10.00-18.00 h, So 13.00-17.00 h, hoher Eintritt)

Rote Stuart-Löwen in Falkland

Unterkunft

- ***Covenanter Hotel,*** Falkland, KY15 7BU, T: 01337/857 224, Fax: 01337/857 163, B&B ab £ 24, gegenüber des Palastes gelegen.
- ***Mrs. McGregor,*** Templelands Farm, Falkland, Fife KY15 7DE, T: 01337/857 383, bietet B&B ab £ 15 an.
- ***Falkland Backpackers,*** Backwynd, Falkland, Fife KY15 7BX, T: 01337/857710, Falkland@backpackers.connectfree.co.uk, ist ein Independent Hostel.

Loch Leven

Schon außerhalb des Bezirks Fife, aber noch auf der Halbinsel liegt in der Nähe der M 90 der Loch Leven. Im April und September ist der reizvolle See Rastplatz für Scharen von Wildgänsen und Enten. Auf einer Insel inmitten des schönen Sees steht die Ruine eines Castles. ***Loch Leven Castle*** wurde um 1300 erbaut, trotzdem wird die Festung vor allem mit *Maria Stuart* assoziiert. Nach ihrer dritten Heirat mit dem *Earl of Bothwell* fiel die Königin in Ungnade bei ihren Fürsten, wurde nach Loch Leven gebracht, im Castle gefangen gehalten und gezwungen, zugunsten ihres Sohnes, *James VI.*, abzudanken.

Nach fast einjähriger Gefangenschaft gelang es *Maria* zu fliehen, doch nach einer verlorenen Schlacht verließ sie bereits 14 Tage nach ihrer Flucht Schottland für immer in Richtung England.

Ein Besuch des Castles ist heute von eher historischem Interesse, denn die Burg ist stark zerstört und allenfalls aufgrund ihrer Insellage als romantische Ruine zu bezeichnen. Boote fahren regelmäßig vom ***Kinross Pier*** ab, doch bei windigem Wetter ist die Überfahrt nur seefesten Reisenden zu empfehlen. (Ö: nur im Sommer Mo-Sa 9.30-18.30 h, So 14.00-18.30 h, Eintritt)

Die Kleinstadt ***Kinross,*** am Westufer des Sees gelegen, ist eine freundliche Stadt ohne große Anziehungskraft. Zu erreichen ist die Stadt über die B 996, der Pier liegt an einer Nebenstraße, die östlich von der Hauptstraße abbiegt. Am Pier liegt ein malerischer, alter ***Friedhof,*** der einen Blick wert ist. Nördlich des Friedhofes und des daran angrenzenden Parks liegt die andere Attraktion des Städtchens: ***Kinross House.*** Das herrschaftliche Gebäude wurde 1690 von *Sir William Bruce* entworfen und gebaut, ist aber leider nicht für den Publikumsverkehr geöffnet. Der dazugehörige Park kann dagegen zeitweise besichtigt werden.

Unterkunft

- Die einzige ***Jugendherberge*** von Fife befindet sich in Glendevon, an der A 823 zwischen Gleneagles und Dunfermline. Wer mit öffentlichen Verkehrsmitteln unterwegs ist, kann bis Glendevon den Postbus nehmen und muss dann noch 3 km Fußweg bewältigen: ***Glendevon Y.H.,*** Glendevon, Nr Dollar, Clackmannanshire, FK14 3JY, T: 01259/781 206, Simple, nur von März-Sept. geöffnet.

Tayside

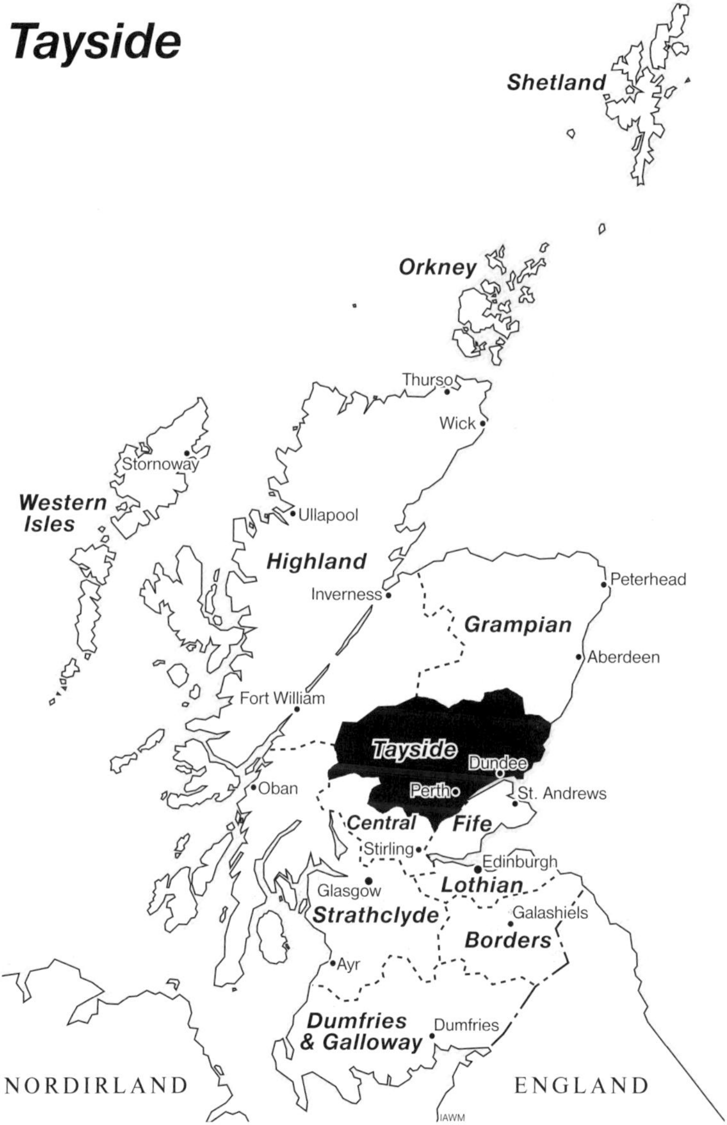
Shetland
Orkney
Thurso
Wick
Stornoway
Western Isles
Ullapool
Highland
Inverness
Peterhead
Grampian
Aberdeen
Fort William
Tayside
Dundee
Perth
Oban
St. Andrews
Central
Fife
Stirling
Edinburgh
Lothian
Glasgow
Strathclyde
Galashiels
Borders
Ayr
Dumfries & Galloway
Dumfries
NORDIRLAND
ENGLAND
IAWM

Überblick

Die Region Tayside, wie sie hier in diesem Buch behandelt wird, erstreckt sich über das Gebiet nördlich des Firth of Tay. Die Region wird für schottische Verhältnisse von der Sonne verwöhnt, und das ***Klima*** ist mild. Im Winter liegt Schnee auf den Bergspitzen, die im Sommer mit lila Heidekraut übersät sind.

Einst war Tayside Zentrum des piktischen Königreichs, bis im 9. Jh. die ***Pikten*** mit den Scoten unter *Kenneth Macalpine* vereint wurden. Das mysteriöse piktische Volk ist heute verschwunden, doch zeugen Hügelfestungen und Erdhäuser von der einstigen Anwesenheit der Pikten in dieser Region.

Das ***Landesinnere*** des Tayside ist sanft, mit schönen, teilweise bewaldeten Tälern und bewachsenen Hügeln. Der Boden wird landwirtschaftlich genutzt, denn die Landwirtschaft ist neben der Fischerei der Haupterwerbszweig. Die ***Küste*** verläuft oft steil mit atemberaubenden Felsformationen, die unterbrochen werden von sandigen Badestränden.

Industrie gibt es in Tayside nur um Dundee, der viertgrößten Stadt Schottlands. Whiskybrennerei spielt für die Wirtschaft eine ebenso große Rolle wie die ständig wachsende Tourismusbranche. In Perth, im Südwesten der Region, werden im Februar und im Oktober die sogenannten ***Bull Sales,*** große Viehmärkte, abgehalten.

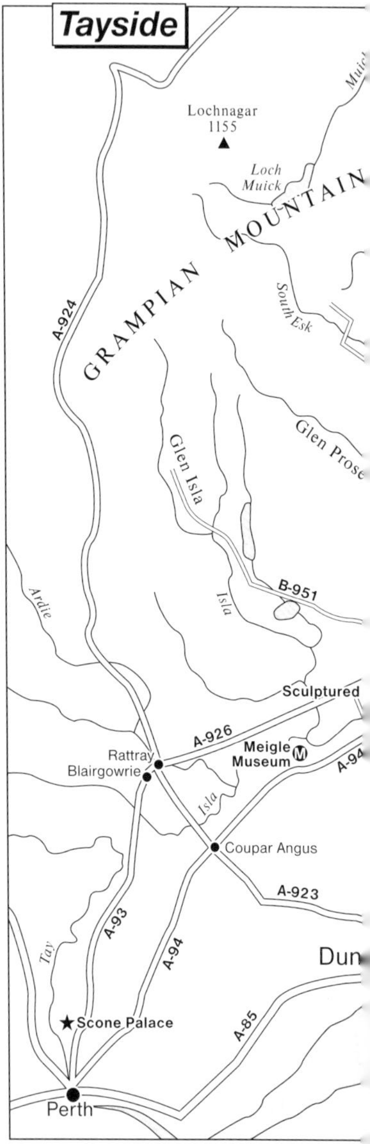

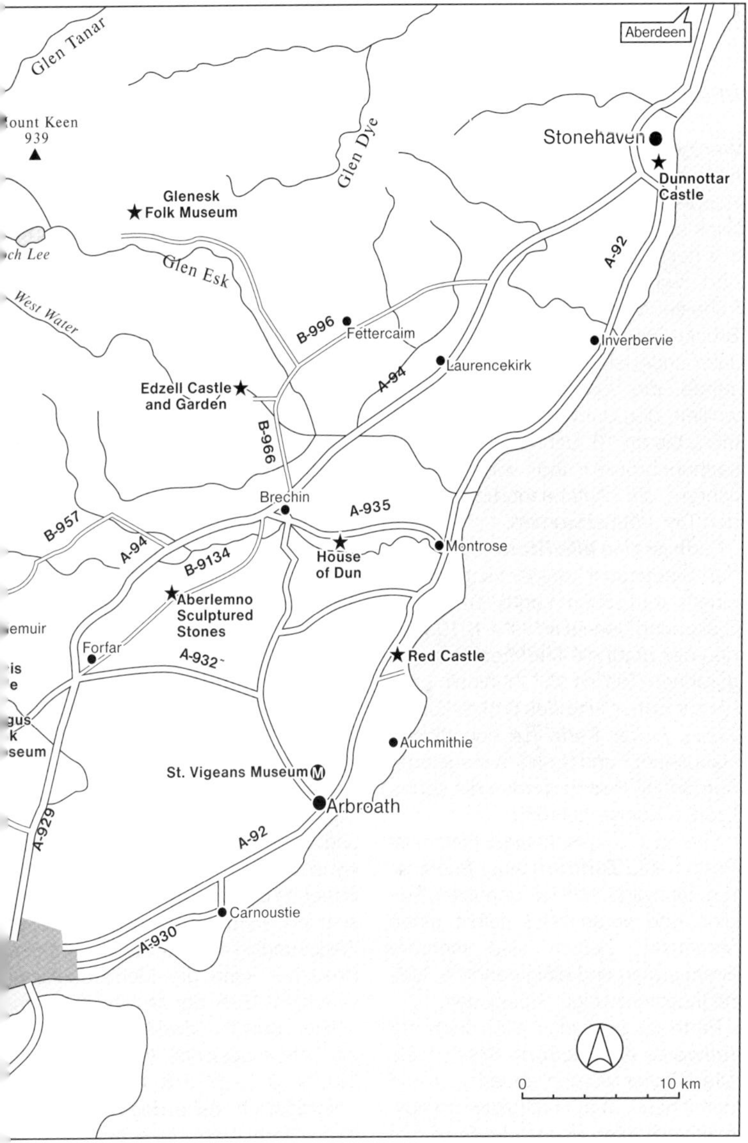
Glen Tanar
Aberdeen
Glen Dye
Stonehaven
Dunnottar Castle
Glenesk Folk Museum
Glen Esk
West Water
A-92
B-996
Fettercaim
Inverbervie
Laurencekirk
A-94
Edzell Castle and Garden
B-966
Brechin
A-935
B-957
A-94
B-9134
House of Dun
Montrose
Aberlemno Sculptured Stones
Forfar
A-932
Red Castle
Auchmithie
St. Vigeans Museum
Arbroath
A-929
A-92
Carnoustie
A-930
0
10 km

Perth

Überblick

Wenige Kilometer südlich von Perth führt die Autobahn M 90 über eine Kuppe und eröffnet einen herrlichen Blick auf die Stadt im Tal. Perth liegt in einer fruchtbaren ***Ebene am Tay,*** dort, wo vom Meer kommend die früheste Möglichkeit bestand, eine Brücke über den Fluss zu schlagen. Jahrhundertelang mussten alle Reisende, die von Fife nach Dundee wollten, den Umweg über Perth nehmen, bis im 19. Jahrhundert die Eisenbahnbrücke und vor wenigen Jahren die Autobahnbrücke über den Tay eröffnet wurden.

Perth ist eine ***alte Stadt.*** Überreste der Stadtmauer zeugen schon von einem römischen Lager an dieser Stelle, und bereits im Jahr 1210 wurden der Stadt die Marktrechte zugesprochen. Bis ins 15. Jh. hinein bzw. bis zur Ermordung des Dichterkönigs *James I.* war Perth die schottische Hauptstadt, und beim nahegelegenen Scone Palace wurden die schottischen Könige gekrönt.

Ehemals ein geschäftiger Hafen, ist Perth heute ***Zentrum*** einer fruchtbaren, landwirtschaftlich genutzten Region und veranstaltet selbst einen Viehmarkt. Zudem sind mehrere Brennereien und einige andere, kleine Industriezweige angesiedelt.

Perth ist zwar eine alte, doch nur ***teilweise eine schöne Stadt.*** Viele alte Häuser wurden abgerissen und durch neue, aber unattraktive, zweckmäßige Bauten ersetzt. Im Stadtzentrum zwischen den beiden Parkanlagen North Inch und South Inch, die seit jeher die Stadt eingrenzen, finden sich noch einige sehenswerte georgianische Bauten.

Sehenswertes

In der ***St John's Kirk*** am St John's Place hielt *John Knox* am 11.5.1559 eine feurige Predigt. Von der folgenden Zerstörungswut der aufgebrachten Bevölkerung blieb auch St John's nicht verschont, sie wurde jedoch nicht so stark zerstört wie andere Kirchen in Schottland.

Im 19. Jahrhundert wurde mit der Renovierung der Kirche begonnen, 1926 waren die Arbeiten beendet. Große Teile des Langschiffes sind zwischen 1100-1126 erbaut worden, Chor und Querschiff stammen aus dem 15. Jh. Die massiven Säulen und die prächtige Decke des Mittelschiffs stehen im Kontrast zu dem schlichten Kreuz und Altar aus dem 20. Jahrhundert. (Ö: im Sommer Mo-Sa 10.00-12.00, 14.00-16.00 h, So 12.00-14.00 h)

Von St John's Place nördlich in die High Street gehend, dann westlich und schließlich rechts in den Millwynd, stoßen Sie auf die West Mill Street, in der die ***Lower City Mills*** restauriert wurden. Die viktorianische Wassermühle arbeitet wieder, und der Besucher kann die Mehlproduktion verfolgen. Über der Mühle ist neben einigen Kunsthandwerksstuben auch ein Café angesiedelt. (Ö: im Sommer Mo-Sa 10.00-17.00 h, kleiner Eintritt)

Nordöstlich, nahe des North Inch, ist in North Port eines der ältesten

Gebäude der Stadt zu sehen. In dem ***Fair Maid's House*** wohnte *Catharine Glover*, die *Walter Scott* als „The Fair Maid" verewigt hat. Als die Mörder *James I.* 1437 ins nahgelegene Blackfriars Monastery eindringen wollten, verriegelte die tapfere *Catharine* die Tür in Ermangelung des eisernen Riegels mit ihrem Arm. Trotzdem konnte sie die Eindringlinge nur für kurze Zeit aufhalten und den Mord an *James* nicht verhindern. Das Haus beheimatet nun Kunsthandwerksläden und eine Galerie, in der wechselnde Ausstellungen gezeigt werden. (E: frei)

Gleich nebenan steht in der George Street ein großes georgianisches Gebäude. Es beherbergt die ***Art Gallery and Museum.*** Sammlungen zur örtlichen Geschichte, zur Whiskybrennerei der Umgebung, zu Naturkunde und Archäologie werden ebenso gezeigt wie verschiedene wechselnde Kunstausstellungen. (Ö: Mo-Sa 10.00-17.00 h, E: frei)

Am anderen Tay Ufer erstreckt sich ***Branklyn Garden.*** In dem kleinen, blühenden Park sind neben Rhododendren auch viele seltene Pflanzen zu sehen. Am schönsten ist ein Besuch im Frühling oder im Herbst. (Ö: März-Okt. 9.30 h bis Sonnenuntergang, Eintritt)

Information

- ***Tourist Information Centre,*** Lower City Mills, West Mill Street, Tel. 01738/450 600.

Zeitloses Opfer der Gegenwart: Skulptur an der St John's Kirk in Perth

Verbindungen

Zug

- Mehrmals täglich fährt in Perth ein Zug ab, der über Gleneagles und Stirling die Stadt mit ***Glasgow*** verbindet. Zudem verkehren mehrere Züge nach ***Edinburgh,*** die über Kircaldy und Inverkeithing ihren Weg in die schottische Hauptstadt nehmen.
- Ebenso besteht eine Bahnlinie ***nach Inverness*** über Dunkeld, Pitlochry, Blair Atholl und Dalwhinnie. Der Zug fährt ebenfalls mehrmals täglich, macht jedoch teilweise nur in Pitlochry Zwischenstation.
- Eine regelmäßige Verbindung besteht zwischen ***Aberdeen*** und Perth. Der Zug fährt entlang der Küste mit Stationen u. a. in ***Dundee*** und Arbroath.
- Der ***Bahnhof*** liegt am King's Place unweit des Busbahnhofs.
- Auskünfte erhalten Sie bei *Scotrail*, Railway Station, Leonard Street, Perth, T: 01738/621 211, oder bei der ***Zugauskunft,*** T: 08457/ 484 950.

Bus

- Zwischen den Städten Perth und ***Edinburgh*** verkehren mehrere Linien der *Scottish Citylink* (T: 08705/505 050). Die Route führt über Dunfermline und Kinross nach Perth und fährt etwa jede Stunde. Die Fahrt dauert etwa 80 Minuten und kostet £ 5.
- Von Perth fährt der Bus weiter nach ***Inverness,*** über Birnam Station (Dunkeld), Pitlochry, Kingussie und Aviemore. Die Fahrtdauer dieser Strecke beträgt 155 Minuten, der Fahrtpreis liegt etwa bei £ 10.
- Von Perth fahren mehrmals täglich die Linien 989 und 965 über Dundee ***nach Aberdeen.*** Die Linie 989 fährt ab Dundee durch das Landesinnere, die 965 entlang der Küste. Die gesamte Fahrtzeit beträgt 145 Minuten, die Kosten liegen um £ 10.
- ***Nach Glasgow*** fahren Linien der *Caledonian Express Stagecoach.*
- Der ***Busbahnhof*** liegt in der St Leonards Street, einer Nebenstraße der Verlängerung der A 9 aus Stirling. Lokal verkehrende Busse halten jedoch vorwiegend in der Mill Street, einer Parallelstraße der High Street.
- Auskunft über den Busfahrplan erhält man entweder direkt bei *Scottish Citylinks* unter T: 08705/505 050 oder bei der ***Verkehrshotline*** des *Perth and Kinross Council,* die Informationen und eine Broschüre über den öffentlichen Verkehr in Perthshire bereithält, T: 0845/301 1130.

Autoverleih

- ***Arnold Clark Hire Drive,*** St Leonard's Bank, Perth PH2 8EB, T: 01738/638 511.
- ***Pennywise Self Drive,*** Friarton Road, Perth PH2 8BB, T: 01738/638 384 (24-Stunden-Service).

Unterkunft

Hotels in allen Preisklassen sind im Stadtzentrum oder am östlichen Tayufer in der Dundee Road und am Pitcullen Crescent (A 94 nach Scone) angesiedelt:

- ***Park Lane Guest House,*** 17 Marshall Place, Perth PH2 8AG, T: 01738/637 218, Fax: 01738/643 519, B&B ab £ 23.
- ***Iona Guest House,*** 2 Pitcullen Crescent, Perth PH2 7HT, T: 01738/627 261, B&B ab £ 19, ungefähr 10 min vom Stadtzentrum entfernt.
- ***Beechgrove Guest House,*** Dundee Road, Perth, PH2 7AD, T: 01738/636 147, B&B ab £ 25.
- ***B&B*** findet sich vor allem an den größeren Straßen und am anderen Tayufer in der Dundee Road (A 85 nach Dundee) und am Pitcullen Crescent (A 94 nach Scone).
- ***Perth Youth Hostel,*** 107 Glasgow Road, Perth PH2 0NS, T: 01738/623 658, Standard. Die Glasgow Road ist die Straße nach Stirling und Glasgow. Die Herberge liegt nicht direkt an der Straße, sondern an der Rosebank, einer kleinen Sackgasse.
- ***Cleeve Caravan Park,*** Glasgow Road, Perth, T: 07138/639 521, Fax: 01738/441 690, am westlichen Stadtrand an der A 93 nach Stirling, Wohnwagen und Zelte ab £ 8.

Scone

Etwa 3 km nordöstlich von Perth an der A 94 liegt Scone, der Krönungsort der schottischen Könige. Im 9. Jh. soll *Kenneth MacAlpine*, der Vereiniger der Pikten und Scoten, den ***Stone of Destiny*** hierhergebracht haben, auf dem bis ins 13. Jh. alle schottischen Könige gekrönt wurden. 1296 wurde der Stein vom englischen König *Edward I.* aus Scone entwendet und in die Westminster Abbey gebracht. Erst 1996 kehrte er in einer feierlichen Zeremonie nach Schottland zurück und befindet sich heute im Edinburgh Castle.

Im 12. Jh. gründete *Alexander I.* in Scone ein Kloster, in dem der heilige Stein aufbewahrt wurde. Im 16. Jh. blieb auch dieses Kloster nicht von den wütenden Reformatoren verschont; es wurde zerstört und noch im selben Jahrhundert an gleicher Stelle ***Scone Palace*** errichtet.

Im 19. Jahrhundert ließ der *3. Earl of Mansfield* die herrschaftliche Residenz im victorianisch-gotischen Stil umbauen. Sonderlich reizvoll ist die Außenansicht des Palastes nicht, aber der Bau ist groß und die Innenausstattung sehenswert. In mehreren Räumen sind vorwiegend französische Möbel, Porzellan und eine Elfenbeinsammlung ausgestellt.

Gegenüber dem Palast steht eine kleine Kapelle auf einem unscheinbaren ***Hügel,*** dessen Erde aus allen Teilen Schottlands zusammengetragen wurde. Jedesmal, wenn die *Clan-Chiefs* auf einen neuen König schworen, brachten sie einen Stiefel voll Erde mit, um den Treueeid auf eigenem Boden zu leisten. (Ö: nur im Sommer, Mo-So 9.30-16.45 h, hoher Eintritt)

Dundee

Überblick

Nördlich von Fife, am anderen Ufer des Firth of Tay, liegt die Industriestadt Dundee, die ehemals für *Jute, Jam and Journalism* bekannt war. Heute ist von den drei großen „J" nur das Jam geblieben, denn ***Marmelade,*** wenn auch in etwas bescheideneren Mengen, wird in der 175.000-Einwohner-Stadt noch immer hergestellt. Manche behaupten, auch die berühmte English Marmelade, die Orangenmarmelade mit Schalen, sei in Dundee von einer *Mrs. Keiller* erfunden worden, eine Ansicht, die jedoch nicht überall geteilt wird.

Die ***Juteindustrie*** florierte in Dundee ein Jahrhundert lang. Die Planwagen der Siedler Amerikas waren bespannt mit Jute aus Dundee, und bis in die 50-er Jahre des 20. Jahrhunderts bot die Juteproduktion Beschäftigung für etwa 7000 Menschen. Doch seit die Inder begannen, ihre Rohjute selbst zu verarbeiten, wurde das Material knapp, und die Aufträge blieben aus. Heute wird nur noch wenig Jute hergestellt, von einer Industrie kann nicht mehr die Rede sein.

Das dritte „J", der ***Journalismus,*** bezog sich auf das Zeitungsimperium *Thompson & Legs,* das immer noch existiert und mehrere Blätter verlegt, aber stark an Bedeutung verloren hat. In einem anderen journalistischen Bereich sind die Dundonians jedoch noch immer führend: Die Helden der schottischen Kindheit, die Comicfiguren *Desperate Dan* und *Lord Snooky* und allen voran *Oor Wullie* und die *Broons* stammen aus den hiesigen Zeichnerstuben.

Dundee ist eine Industriestadt. In den 60er Jahren mussten viele alte Häuser neueren, zweckmäßigeren Gebäuden weichen und wurden abgerissen. Die Lebensqualität in Dundee wird von den Bewohnern selbst als recht hoch eingeschätzt, trotzdem ist die Stadt unserer Ansicht nach ***keine Touristenstadt.*** Einkaufen und wohnen lässt es sich gut in Dundee, ebenso bestehen regelmäßige Verbindungen zu allen größeren britischen Städten. Es gibt einen Flugplatz, einen Bahnhof, eine Autobahn und ein dichtes Busnetz, doch besitzt die Stadt weder viele Attraktionen, noch besticht sie durch ein besonders ansprechendes Stadtbild.

Sehenswertes

Im Hafen von Dundee liegt am Victoria Dock die königliche ***Fregatte Unicorn*** (ausgeschildert). Das Kriegsschiff mit dem Einhorn als Gallionsfigur wurde 1824 erbaut und bietet Platz für 46 Kanonen. Ein Rundgang im Innern des Rumpfes vermittelt einen Eindruck vom Leben in der *Royal Navy* des 19. Jh. Da dem Schiff die Masten fehlen, kann es äußerlich jedoch nicht mit dem majestätischen Anblick der Discovery konkurrieren. (Ö: im Winter Mo-Fr 10.00-16.00 h, im Sommer Mo-So 9.00-17.00 h, mittlerer Eintritt)

An der A 85 nach Perth, nahe der Taybrücken liegt die Dreimastbark ***Discovery*** im Discovery Point. Die Discovery lief unweit ihres jetzigen Standorts 1901 vom Stapel. Gebaut wurde sie für *Captain Scott,* der mit dem Schiff seine erste Antarktisexpedition unternahm, ein zu jener Zeit schier ungeheuerliches Abenteuer. Heute liegt der Dreimaster nach einer Restaurierung wieder in seinem Heimathafen und ist zur Besichtigung freigegeben. Seemannsmodelle, Originalgeräusche und -gerüche sowie ein Film sollen dem Besucher ein möglichst authentisches Erlebnis vermitteln. (Ö: Mo-Sa 10.00-17.00, So ab 11.00 h, im Winter bis 16.00 h, hoher Eintritt, aber es lohnt sich!)

Im Stadtzentrum (ausgeschildert) ist mitten zwischen hohen Häusern der alte Friedhof ***The Howff*** angelegt. Einstmals Garten des Greyfriars-Klosters, schenkte *Maria Stuart* das Grundstück im 16. Jh. der Stadt als Friedhof. Grabsteine aus drei Jahrhunderten bezeugen, dass bis vor hundert Jahren so mancher Dundonian hier seine letzte Ruhestätte fand. Zusätzlich diente der Friedhof als Treffpunkt *(howff)* der Handwerksgilden, und auch heute nimmt hier so mancher Dundonian sein Mittagessen ein. Biertrinken ist auf dem Grundstück verboten, wie gleich mehrere Schilder verkünden.

Im Osten begrenzt die Barrack Street die Anlage. Wenn Sie sich am nördlichen Ende der Straße nach rechts wenden, vorbei an The Howff, erreichen Sie den Albert Square und die ***McManus Galleries.*** Die Ausstellungen innerhalb der Galerie thematisieren die örtliche Geschichte und wirtschaftliche Entwicklung der Stadt. Die Kunstgalerie zeigt Werke flämischer, holländischer, französischer und britischer Meister, darunter einige sehenswerte Arbeiten des schottischen Jugendstilkünstlers *George Dutch Davidson.* (Ö: Mo-Sa 10.30-17.00 h, Do 10.00-19.00 h, So 12.30-16.00 h, Eintritt frei)

Einen Einblick in die Geschichte der Juteindustrie Dundees vermittelt das Museum ***Verdant Works*** im West Henderson's Wynd, westlich des Zentrums. (Ö: im Sommer Mo-So 10.00-17.00 h, im Winter Mi-So bis 16.00 h, hoher Eintritt)

Erst seit März 1999 hat ***Dundee Contemporary Arts*** in der Nethergate geöffnet. In dem Kunstzentrum gibt es zwei Galerien für zeitgenössische Kunst, Werkstätten für Künstler und zwei Kinos. (Ö: Galerien haben montags geschlossen, Eintritt frei)

Wer am Ufer des Firth of Tay steht, dem fallen die beiden großen ***Tay Bridges*** über den Fjord ins Auge. Links die Autobahn-, rechts die Eisenbahnbrücke, ragen in der Mitte noch die traurigen Überreste einer dritten Brücke aus dem Wasser. Die erste Eisenbahnbrücke über den Tay wurde nach sechs Jahren Bauarbeiten 1877 eingeweiht. Drei Kilometer lang war die Brücke, ein Wunderwerk der Technik, der Stolz Dundees. Doch bereits zwei Jahre später stürzte die Brücke während eines Unwetters ein und zog einen Zug und 75 Passagiere mit sich in den Abgrund. Der Sturm, der an diesem 28.12.1879 tobte, zerstörte nicht nur die Brücke, sondern auch die Träume allzu Fortschrittsgläubiger, denn als Unfallursache stellte sich vor allem technisches Versagen heraus.

In ***Broughty Ferry,*** etwa 5 km östlich des Stadtzentrums, steht am Ufer eines der besterhaltenen *Tower Houses* Schottlands. ***Claypotts Castle*** hat einen „Z"-förmigen Grundriss mit zwei Rundtürmen, die sich diagonal gegenüberstehen. Auf den Türmen sitzen wie Hauben hervorspringende Räumlichkeiten. Die Burg wurde im späten 16. Jh. für die *Strachan Familie* erbaut und war später u. a. im Besitz von *John Graham of Claverstone,* bekannter unter dem Namen *Bonnie Dundee* (vgl. auch Killiecranky im Kap. „Zentr. Hochland"); leider nur von außen zu besichtigen.

Geöffnet hat das nahe gelegene ***Broughty Ferry Castle*** aus dem späten 15. Jh. Es beherbergt das Heimatmuseum von Broughty Ferry und zeigt u. a. eine Ausstellung zum Walfang. Außerdem hat man einen schönen Blick auf das Meer (Ö: Mo-Sa 10.00-16.00 h, So ab 12.30 h, im Winter Mo geschlossen, E: frei).

Information

- ***Tourist Information Centre,*** 21 Castle Street, Dundee DD1 3AA, T: 01382/527 527, Fax: 01382/527 527.

Verbindungen

Zug

- Züge fahren regelmäßig mehrmals am Tag entlang der Küste nach ***Aberdeen,*** durch Fife ***nach Edinburgh*** und über Perth ***nach***

Glasgow. Der **Bahnhof** liegt in der Nähe der Taybrücken am Tayufer.

●**Auskunft** über den Fahrplan erhalten Sie bei *ScotRail,* Taybridge Station, South Union Street, Dundee, T: 08457/484 950.

Bus

●Durch Dundee fährt eine Linie der *Scottish Citylink* von Aberdeen **nach Edinburgh** und zurück. Der Bus fährt etwa jede Stunde, die Fahrtdauer **von Aberdeen** nach Dundee beträgt zwei Stunden.

Zwischenstationen auf dem Weg nach Aberdeen sind Muidrum, Arbroath, Montrose, Inverbervie und Stonehaven, zwischen Dundee und Edinburgh Perth, Kinross und Dunfermline. In Perth teilt sich diese Linie und fährt abwechselnd von Dundee nach Aberdeen nicht entlang der Küste, sondern über Forfar, Stracathro (für Brechin) und Laurencekirk. Fahrpreis für die gesamte Strecke etwa £ 14, zwischen Dundee und Aberdeen £ 7 und von Dundee nach Edinburgh £ 7. Station in Dundee ist die **Seagate Bus Station,** nördlich des Hafens gelegen.

●Genauere **Informationen** erhalten Sie bei der *Seagate Bus Station* oder bei *Strathtay Scottish Omnibusses,* Seagate Bus Station, Dundee, T: 01382/228 054 bzw. bei *Scottish Citylink* unter T: 08705/505 050.

●*Strathtay Scottish Omnibusses* bietet auch ein sog. **Rover Ticket** an, das pro Tag ca. £ 4.5 kostet und unbeschränkte Nutzung der Strathtaybusse ermöglicht, die in ganz Tayside verkehren.

Flug

Der Dundee Airport liegt nur etwas außerhalb des Stadtzentrums am Riverside Drive. Von hier verkehren tgl. Flugzeuge nach Manchester, Edinburgh und Aberdeen. Flugauskunft erhalten Sie unter T: 01382/643 242.

Taxi

●**Tele-Taxis Ltd.,** 223 Clepington Road, Dundee, T: 01382/669 333.

Autoverleih

●**Arnold Clark Car Rental,** East Dock Street, Dundee, T: 01382/226 521.

●**Avis Rent-A-Car,** c/o DIS, Old Glamis Road, Dundee, T: 01382/832 264.

Unterkunft

Hotels

Hotels finden sich in der ganzen Stadt, u. a. im Stadtzentrum, am Tay-Ufer und in Broughty Ferry am südöstlichen Stadtrand.

●**Beach House Hotel,** 22 Esplanade, Broughty Ferry, Dundee, Angus DD5 2EQ, T: 01382/776 614, Fax: 480 241, B&B ab £ 30, 6 km südlich vom Zentrum am Ufer des Tay.

●**The Queens Hotel,** 160 Nethergate, Dundee, Tayside DD1 4DU, T: 01382/322 515, Fax: 202 668, B&B ab £ 45, mitten im Stadtzentrum.

●**Cullaig Guest House,** 1 Rosemount Terrace, Upper Constitution Street, Dundee DD3 6JQ, T: 01382/322 154, B&B ab £ 16.

●**Dunlaw House Hotel,** 10 Union Terrace, Dundee DD3 6JD, T: 01382/221703, B&B ab £ 24.

B&B

●März/Apr. und Juli-Sept. wird ab £ 20 B&B auch in leerstehenden **Studentenwohnungen** angeboten. Nähere Informationen erteilt: *University of Dundee,* Residence Office (Box 100), Dundee DD1 4HN, T: 01382/344 039, Fax: 202 605. Zudem bietet die Universität Gruppen die Möglichkeit, Wohnungen mit 4-8 Schlafmöglichkeiten wöchentlich ab £ 200 anzumieten.

Camping

●**Riverview Caravan Park** in Monifieth ist der nächste Campingplatz und liegt im Osten von Dundee, noch hinter Broughty Ferry, an der A 930. Marine Drive, Monifieth DD5 4NN, T: 01382/535 471, Wohnwagen, Zelt ab £ 8.

Zwischen Dundee und Aberdeen

Überblick

Zwischen Dundee und Aberdeen liegt die ***Grafschaft Angus.*** Angus wird im Osten durch das Meer begrenzt und endet dort an einer herrlichen Küste mit steilen Klippen aus rotem Sandstein, die von sanften Buchten mit Sandstränden unterbrochen werden. Im Westen liegen die Grampian Mountains, wo schöne Täler, allen voran das Glen Esk, zum Wandern einladen. Zwischen dem Meer und den Bergen schließlich erstreckt sich ein schmaler Streifen mit hübschen Ortschaften, fruchtbaren Feldern und kleinen Waldflächen.

Verbindungen

- ***Zug:*** Aberdeen verlässt ca. jede halbe Stunde ein Zug in Richtung Dundee. Zwischenstationen sind in Stonehaven, Montrose und Arbroath. Die Fahrt dauert etwa 70 Minuten.
- ***Bus:*** Zwischen Aberdeen und Dundee verkehren die Buslinien der *Scottish Citylink.* Etwa jede Stunde fährt ein Bus mit Stopps in Arbroath, Montrose, Inverbervie und Stonehaven. Die Fahrtzeit beträgt ca. 110 Minuten, der Fahrpreis für die gesamte Strecke liegt bei £ 7. Haltestellen sind in Dundee, Seagate Busstation; Arbroath, Busstation; Montrose, High Station, Clydesdale Bank; Inverbervie, Co-op; Stonehaven, Cameron Street und Aberdeen, Guild Street Bus Station. Die Busse aus Aberdeen nach Dundee halten in Stonehaven in der Barclay Street. Von Aberdeen aus verkehren in dieser Gegend auch die Busse von *Bluebird*, die Linien 101 und 701 fahren z. B. jede Stunde von Aberdeen bis Montrose über Stonehaven und die Küstenorte. Auskunft: 01224/ 212 266 oder 08705/505 050.
- ***Auto:*** An der A92 zwischen Dundee und Aberdeen ist die *Angus Coastal Tourist Road* ausgeschildert, die als Alternative zur Hauptstrecke die Küste entlang führt.

Arbroath

Etwa 25 km nördlich von Dundee liegt das Städtchen Arbroath an der A 92. Schotten wird bei Nennung des Namens Arbroath die Unterzeichnung der schottischen ***Unabhängigkeitserklärung*** im Jahr 1320 einfallen. Nach dem Sieg von Bannockburn unter *Robert the Bruce* wurde die schottische Unabhängigkeit von England in Arbroath schriftlich besiegelt. Den nichtschottischen Besucher wird eher die Ruine von Arbroath Abbey und der *Arbroath smokie* interessieren.

Arbroath Abbey wurde 1178 von *William „the lion"* gegründet und von Tironensier-Mönchen bewohnt. Von der aus rotem Sandstein erbauten Abtei sind heute noch sehenswerte Teile der Kirche und der Wohngebäude erhalten. Auch das Haus des Abtes überdauerte und beherbergt heute eine Ausstellung über das Leben in der kirchlichen Gemeinschaft sowie einige Stücke mittelalterlicher Kunst. (Ö: im Sommer Mo-So 9.30-18.30 h, im Winter bis 16.30 h, mittlerer Eintritt)

Weiterhin ist die Stadt für ihren ***Arbroath smokie,*** den über Eichen- und Birkenspänen geräucherten Schellfisch, bekannt. Zwischen Abtei und Hafen wird fast überall frisch geräucherter Schellfisch verkauft, der besonders gut kalt, mit dunklem Brot, Butter, Pfeffer und viel Zitronensaft schmeckt.

Von der Hauptstraße geht innerhalb der Ortschaft eine Straße ab zur

Bucht und Klippe ***Whiting Ness.*** Hier beginnt ein enger Fußweg, der entlang der Küste in das etwa 5 km nördlich gelegene ***Auchmithie*** führt (bzw. kurz vor der Ortschaft an der Landstraße endet). Die faszinierende Steilküste aus rotem Sandstein, das Meer, das an die Felsen brandet, und die einsamen Schreie der Vögel versprechen vor allem bei schönem Wetter einen herrlichen Ausflug. Auchmithie ist ein malerisches Fischerdorf mit Häusern oberhalb der Klippen und einem kleinen Hafen unten am Meer.

Zwischen Arbroath und Stonehaven

St Vingeans

Nur wenige Meter hinter dem nördlichen Ortsausgang von Arbroath biegt links eine kleine Straße von der A 92 in Richtung St Vingeans ab. Von der Abzweigung ist es nur noch wenig mehr als ein Kilometer, bis Sie in den Ort gelangen, dessen kleine rote Kirche auf einem Hügel errichtet wurde. Um den Hügel gruppieren sich mehrere Häuser aus rotem Sandstein, von denen eines das äußerst interessante ***St Vingeans Museum*** beherbergt. 32 piktische Grabsteine werden hier ausgestellt und gut verständlich erklärt. (Ö: täglich, nur im Sommer, Eintritt frei)

Wenn Sie weiter entlang der A 92 fahren, lohnt es sich auf jeden Fall, einmal auf eine der östlichen Nebenstraßen Richtung Küste abzubiegen, um einen Blick über die roten Sandsteinklippen auf das Meer zu werfen. Auf halben Weg zwischen Arbroath und Montrose führt eine Seitenstraße zur ***Lunan Bay.*** Die Bucht mit dem schönen Sandstrand wird überragt von der Ruine des ***Red Castle.*** Die Burg stammt vermutlich aus dem 15. Jh., und das zerstörte Turmhaus thront noch immer aufrecht auf einem Felsen über dem Meer.

Montrose

Etwa 10 km weiter nördlich führt die Straße nach Montrose. Wie auf einer Halbinsel wird der Ort gleich von drei Seiten durch Wasser begrenzt: die See im Osten, ein Flusslauf im Süden und das Montrose Basin im Westen. Die freundliche Hafenstadt bietet gute Einkaufsmöglichkeiten, besitzt jedoch keine besonderen Attraktionen, abgesehen von den Heerscharen an Wildgänsen, die jeden Winter den See bevölkern. Die Vögel beobachten und mehr über sie erfahren kann man im ***Montrose Basin Wildlife Centre*** in Rossie Braes, Montrose. (Ö: im Sommer Mo-So 10.30-17.00 h, im Winter bis 16.00 h, Eintritt)

Wenn Sie die Stadt auf der A 935 in westlicher Richtung verlassen, erreichen Sie nach 5 km ein weiteres Meisterwerk des schottischen Architekten *William Adam. Adam* wurde 1730 von *David Erskine, Lord Dun,* beauftragt, als Ersatz für das alte Castle ein Landhaus mittlerer Größe zu entwerfen. Entstanden ist dabei das ***House of Dun,*** das wie viele Adam-Bauten insbesondere durch die ausgewogene Innenarchitektur besticht. Typisch für seinen Stil ist die Kombination von Halle und Salon im Erdgeschoss und der Bibliothek oberhalb des Salons. Den Salon schmücken aufwändige Stuckarbeiten von martialischer Thematik. Der Raum ist etwas höher als die übrigen Zimmer des Erdgeschosses und bedingt dadurch zwei Ebenen im ersten Stock, wo die Bibliothek dann über eine zusätzliche Treppe betreten werden kann.

Von außen bewirkt diese Einheit aus Salon und Bibliothek eine Auflösung der ansonsten eher strengen Linien des quadratischen Gebäudes. Die übrigen Räume sind liebevoll mit Möbelstücken, Gemälden, Vasen u. a. eingerichtet, und mehrere hilfsbereite, ehrenamtliche Mitarbeiterinnen des *NTS* stehen bei Fragen zur Verfügung. Um das Haus erstreckt sich ein Park mit schönen Spazierwegen. (Ö: nur im Sommer Fr-Di 12.00-17.00 h, Juli-Aug. 11.00-18.00 h, hoher Eintritt, Garten ganzjährig von 9.30 h bis Sonnenuntergang geöffnet)

Dunnotar Castle

Wieder zurück auf der A 92 ist ca. 3 km südlich von Stonehaven eine der faszinierendsten Ruinen Schottlands zu sehen. Dunnotar Castle besitzt keine Festungsmauern und war trotzdem so sicher, dass während der Cromwell'schen Kriege die schottischen Reichsinsignien hier aufbewahrt wurden.

Wie dies möglich war? Das Rätsel löst sich, hat man die Burg vor Augen. Dunnotar Castle steht auf einem über 50 m hohen Felsen im Meer, mit nur einer schmalen Verbindung zum Festland. Ein enger, steil gewundener Pfad war der einzige Zugang zur Burg und konnte mit nur wenigen Soldaten selbst gegen ein großes Heer verteidigt werden. Auch der heutige Besucher erklimmt den Felsen über den schmalen Pfad, und auf halbem Wege erwartet ihn wie einst der Wachposten ein Kassierer, der aufpasst, dass niemand ohne Ticket die Burg betritt.

Ursprünglich stand auf dem Felsen eine Kapelle, doch im 14. Jh. wurde die Kirche an ihren heutigen Standort am River Carron, ca. 3 km landeinwärts, verlegt. Unmittelbar darauf errichtete *Sir William Keith, Marischal of Scotland*, eine Festung auf dem Felsen und wurde dafür vom Erzbischof von St Andrews wegen „Entweihung geheiligten Bodens" exkommuniziert, eine Anordnung, die vom Papst jedoch wieder aufgehoben wurde. Zu sehen sind heute noch die Ruinen des Turmhauses, einiger Wohngebäude und der Kapelle. (Ö: im Sommer Mo-Sa 9.00-18.00 h, Mi+So 14.00-17.00 h, Eintritt)

Unterkunft

- Verlässt man Montrose entlang der A 92 nach Norden, erreicht man nach wenigen Kilometern ***St Cyrus.*** Das kleine Dorf mit einem schönen Sandstrand und wundervollem Blick über die ganze Bucht verfügt auch über einen sehr empfehlenswerten Campingplatz am Meer: ***East Bowstrips Caravan Park,*** St Cyrus, Aberdeenshire DD10 0DE, T/Fax: 01674/850 328, Zelt ab £ 7, Wohnwagen ab £ 7,50, ausgeschildert.
- ***Campingplatz Wairds Park,*** Beach Road, Johnshaven, T: 01561/362 395. Buchungen bei: Mrs. E. Adam, 2 Herd Crescent, Johnshaven DD10 0EZ, T: 01561/ 362616, liegt auf halbem Weg zwischen Montrose und Stonehaven an der Küste. Zelte, Wohnwagen ab £ 8.

Stonehaven

Stonehaven, ca. 15 km südlich von Aberdeen an der A 92 gelegen, ist eine kleine Stadt mit einem reizvollen Hafen am Fuße einer imposanten Sandsteinklippe. Der Felsen ist auf einem Fußweg zu erklimmen und verspricht bei schönem Wetter einen herrlichen Blick über das Meer und die Stadt. Von der Spitze nimmt auch ein Pfad zum 3 km entfernten Dunnotar Castle seinen Anfang, der entlang der dramatischen Küstenlinie verläuft.

Das Hafenbecken Stonehavens gewährt heute hauptsächlich Sportbooten Schutz, Fischerboote benutzen den Hafen kaum noch. Am Hafen steht das alte Gefängnis, das Tolbooth, das heute keine Gefangenen, sondern das örtliche ***Heimatmuseum*** beherbergt. (Ö: nur im Sommer, Mo-Sa 10.00-12.00 h und 14.00-17.00 h, Di geschlossen, Mi/So nur nachmittags, Eintritt frei)

Die Stadt bietet ein relativ breites Angebot an ***Freizeitaktivitäten,*** insbesondere im sportlichen Bereich. Die Auswahl reicht von Golf über Bowling, Tennis, Reiten, Angeln usw. bis zum Quoiting, einer alten, fast ausgestorbenen schottischen Sportart, die mit schweren Eisenringen gespielt wird. Angelscheine für die umliegenden Gewässer verkauft Davids, ***The Sports Shop,*** 31 Market Square, Tennis- und Bowlingplätze sind neben dem Schwimmbad am Strand zu finden.

An der Strandpromenade wurde ein beheiztes Meerwasserfreibad angelegt, in der Nähe befindet sich

Sinfonie der Schornsteine: Dächer von Stonehaven

auch das neueröffnete ***Leisure Centre*** mit Schwimmbad, Café u. a.

Gut essen kann man im ***Tolbooth Restaurant*** am Hafen, schöne Pubs sind überall in der Innenstadt oder am Hafen, wo auch das ***Ship Inn*** liegt, zu finden.

Information

- ***Tourist Information,*** 66 Allardice Street, T: 01569/762 806. Die Allardice Street ist die Verlängerung der A 92 aus Aberdeen.

Unterkunft

In Stonehaven sind mehrere Hotels vor allem in den etwas größeren Straßen, wie Allardice Street und Arduthie Road, anzutreffen.

- ***Arduthie House,*** Ann Street, Stonehaven, Kincardineshire, AB3 2DA, T: 01569/762 381, B&B ab £ 18, im Stadtzentrum gelegen.
- ***Heugh Hotel,*** Westfield Road, Stonehaven AB 39 2EE, T: 01569/762 379, B&B ab £ 30.
- ***Queen Elisabeth Caravan Park,*** Stonehaven, Aberdeenshire, Tel.01569/764 041, im Norden Stonehavens, neben dem Schwimmbad, der Campingplatz ist an der A 90 ausgeschildert.

Autoverleih und -reparatur

- ***Arduthie Motors,*** Auchenblae Road, Spurryhillock Industrial Estate, T: 01569/762 989.

Das Landesinnere von Angus

Verbindungen

- Wer von Dundee ***nach Stonehaven*** nicht entlang der Küste, sondern durch das Landesinnere fahren möchte, verlässt Dundee auf der A 929 in nördlicher Richtung und stößt in Forfar auf die A 94, die ebenso wie die A 92 nach Stonehaven führt.
- ***Bus:*** An dieser Strecke führt die Buslinie 989 von *Scottish Citylink* entlang, mit Zwischenstopps in Forfar, Stracathro Services (Brechin), Laurencekirk und Stonehaven.

Der Fahrpreis beträgt für die gesamte Strecke ca. £ 7. Haltestellen sind in Dundee, Seagate Bus Station; Forfar, Lentlands Road; Brechin, Stracathro Services; Laurencekirk, Main Street Car Park; Stonehaven, Cameron Street und Aberdeen, Guild Street Bus Station. Der Bus aus Aberdeen in Richtung Süden hält in Stonehaven in der Barclay Street.

Glamis und die Angus Glens

Auch abseits der Küstenlinie finden sich mehrere Sehenswürdigkeiten, unter denen ***Glamis Castle*** die herausragendste ist. Etwa auf halbem Wege zwischen Dundee und Forfar zweigt westlich die A 928 von der A 929 nach Glamis (sprich: Glarms) ab. Auf einer langen Allee nähert sich der Besucher dem Castle und sieht schon von weitem zwischen den Bäumen die großen rosa-grauen Mauern der Burg.

Das große L-förmige Turmhaus mit niedrigeren Anbauten auf beiden Seiten ist in seiner heutigen Form erst im 17. Jh. entstanden, trotzdem sind Teile des Towers wesentlich älter und wurden bereits im 14. Jh. errichtet. Glamis ist eine jener drei Burgen, die Schauplatz der Ermordung *Duncan's* durch *Macbeth* gewesen sein sollen. Doch ebenso wie bei den anderen Burgen spricht schon das Alter gegen diese Theorie, da *Duncan* bereits im 11. Jh. getötet wurde.

Glamis ist zudem berühmt für seine Gespenster. In einer Krypta spielt der riesige rotbärtige *Beardie Crawford* am Sabbath Karten mit dem Teufel, und niemand kann im Inneren des Castle das Zimmer zu einem Fenster finden, das von außen deutlich in einem der oberen Stockwerke zu sehen ist.

Durch die üppig ausgestatteten Innenräume leiten regelmäßig Führungen. Da *Queen Elisabeth,* the Queen Mother, in Glamis Castle aufgewachsen ist, beinhaltete in unserem Fall die Führung leider mehr Klatsch über die Königinmutter als Informationen zu Geschichte und Art der Gemächer. Nichtsdestotrotz sind die Räumlichkeiten sehenswert, doch der Eintrittspreis ist überhöht (Ö: nur im Sommer täglich 10.30-16.45 h, hoher Eintritt)

Als lohnend empfanden wir einen Besuch des kleinen ***Angus Folk Museum*** im Ort Glamis. In einem langgestreckten Gebäude, bestehend aus sechs alten Hütten, wird das Leben der schottischen Landbevölkerung und seine Veränderungen in den letzten 200 Jahren dargestellt. Ein Wohnraum und eine Spinnstube wurden ebenso eingerichtet wie ein Schulzimmer und auch eine Scheune mit verschiedenen landwirtschaftlichen Gerätschaften (Ö: nur im Sommer, Sa-Mi 12.00-17.00 h, Eintritt).

Westlich von Glamis liegt an der A 926 das kleine Städtchen ***Kirriemuir.*** Von hier aus lassen sich Wanderungen durch die herrlichen ***Angus Glens,*** die Täler der Region, wie Glen Isla, Glen Prosen oder Glen Clova, unternehmen. Genauere Informationen über Wanderwege erhalten Sie bei der örtlichen Tourist In-

Geburtsort der Königinmutter: Glamis Castle in Tayside

formation im Cumberland Close, T: 01575/574 097 (nur von April-Sept. geöffnet).

Einige Kilometer südwestlich von Glamis liegt an der A 94 das ***Meigle Museum.*** Das Museum stellt 25 Steine aus der keltisch-christlichen Zeit (6.-10. Jh.) aus, in die Bilder und Ornamente eingeritzt sind. Damit ist Meigle eine der wichtigsten europäischen Sammlungen von Bildhauerei aus dem frühen Mittelalter (Ö: nur im Sommer Mo-Sa 9.30-18.30 h, So 14.00-18.30 h, kleiner Eintritt).

Von Forfar nach Stonehaven

Nordöstlich von Glamis liegt an der A 94 ***Forfar*** mit einem hübschen Stadtzentrum aus roten Sandsteinhäusern. Von dem geschäftigen Forfar führen zwei Straßen ins nordöstliche Brechin, die gut ausgebaute A 90 und die schmale B 9134.

Wer sich für die kleinere Straße entscheidet, kann auf halbem Wege die ***Aberlemno Sculptured Stones*** bewundern, 4 keltische Steine, von denen drei direkt an der Straße stehen. Der vierte und schönste steht an einer Nebenstraße im Kirchhof (Hinweisschild), ein Kreuzstein aus dem 8. Jh. mit verschlungenen Ornamenten auf der einen und piktischen Symbolen und Figuren auf der anderen Seite.

Etwa 10 km weiter nordöstlich hat ***Brechin*** eine wirkliche Besonderheit zu bieten. Der ***Brechin Round Tower*** ist ein Rundturm irischen Typs, wie es ihn in Schottland nur noch einmal im 100 km weiter südlich gelegenen Abernethy gibt. Der schlanke Turm wurde im späten 11. Jh. erbaut und diente den Pikten als Zuflucht vor plündernden Wikingern. Das spitze Dach ist nicht piktisch, sondern wurde erst im 14. Jh. hinzugefügt.

Schutzpatronin schottischer Gartenkultur: die Geometria in Edzell Castle

Hinter Brechin stößt die A 935 dann auf die gut ausgebaute A 90 nach Stonehaven. Folgt man dieser Straße nach Stonehaven, zweigt bei Keithock die B 966 nach ***Edzell*** ab. Das attraktive Städtchen kann man durch den ***Dalhousie Arch,*** einen etwas absurd wirkenden Torbogen, der 1887 allein am Ortseingang aufgestellt wurde, betreten.

Schon etwas außerhalb der Ortschaft biegt links die Straße nach ***Edzell Castle*** ab. Die ursprüngliche Burg aus dem 12. Jh. befand sich ehemals etwa 300 m südwestlich des heutigen Standortes, und um diese Burg gruppierten sich die Häuser des ersten Ortes Edzell. Von Burg und Stadt blieb nur der Kirchhof erhalten, alles andere ist verschwunden. Das jetzige Castle, nun auch nur noch eine Ruine, wurde um 1500 in der damals üblichen Art des *Tower House* errichtet, d.h. eines Turms mit mehreren Stockwerken. Um den Turm reihten sich in einem verteidigungsfähigen Hof die Wohngebäude.

Bekannt ist Edzell Castle allerdings nicht für seine Gebäude, sondern seinen Garten, der schon seit 1552 zur Burg gehört. Der jetzige wurde 1604 von *David Lindsay* angelegt. Trotz oder gerade wegen der geringen Ausmaße besticht die Anlage durch ihre Komposition: Ornamente aus Blumen werden von kunstvoll zu den Wörtern „dum spiro spero" („solange ich atme, hoffe ich") geschnittenen Hecken umrahmt, und selbst an den Gartenmauern blühen Blumenarrangements, die sich mit dekorativ eingemeißelten Bildern abwechseln. (Ö: im Sommer Mo-So 9.30-18.30 h, im Winter bis 16.30 h, So ab 14.00 h, Do nachmittags und Fr geschlossen, kleiner Eintritt)

Wenn Sie auf die B 966 Richtung Fettercairn zurückkehren, werden Sie kurz hinter Edzell über eine alte Brücke den Fluss North Esk überqueren. Gleich hinter der Brücke ist eine kleine blaue Tür mit der Aufschrift „The Burn" zu sehen. Hinter dieser Tür erstreckt sich entlang des North Esk ein Privatgrundstück mit Durchgangserlaubnis für Spaziergänger. Der Pfad führt ein Stück entlang des North Esk durch das herrliche Tal ***Glen Esk,*** wo Sie bei den ***Rocks of Solitude*** in den Sommermonaten (ca. Mai-Juli) die Lachse auf dem Weg zu ihren Laichplätzen springen sehen können.

Durch das Tal führt ab Dalbog auch ein normaler Wanderweg, ebenso wie einige der zahlreichen umliegenden und durchweg sehenswerten Täler durch Wanderwege erschlossen sind. Von hier aus können Sie zu Fuß die Grampian Mountains überqueren und so ins Deetal gelangen. Genaue Informationen über Routen erhalten Sie beim Fremdenverkehrsbüro in Brechin oder in Kirriemuir. Für Autofahrer führt durch das Glen Esk auch eine schmale Straße.

Grampian

Shetland
Orkney
Thurso
Wick
Stornoway
Western Isles
Ullapool
Highland
Inverness
Peterhead
Grampian
Aberdeen
Fort William
Tayside
Dundee
Oban
Perth
St. Andrews
Central
Fife
Stirling
Edinburgh
Glasgow
Lothian
Strathclyde
Galashiels
Borders
Ayr
Dumfries & Galloway
Dumfries
NORDIRLAND
ENGLAND
IAWM

Überblick

Geografie und Wirtschaft

Grampian heißt die Region im Nordosten Schottlands nach den Grampian Mountains, die im Südwesten aufragen. Im Norden und Osten setzen der Firth of Moray und die Nordsee dem Gebiet eine natürliche Grenze. Zwischen Gebirge und Meer erstreckt sich eine fruchtbare Ebene aus weiten Feldern und bewaldeten Tälern, an der Küste wechseln sich atemberaubende Steilklippen und Felsformationen mit lieblichen Buchten und weißen Badestränden ab.

Die Menschen, die hier leben, ernähren sich traditionell vom ***Fischfang*** und neuerdings auch von der ***Ölindustrie,*** denn 1969 wurde hier vor der Küste das erste britische Ölfeld erschlossen.

Im Innern des Landes ist die Landwirtschaft der Haupterwerbszweig. Überall wird Ackerbau betrieben, und einige der vielen kleinen Dörfer veranstalten ihren eigenen Viehmarkt.

Die Erde der ***Grampian Mountains*** im Westen bietet nicht mehr ausreichend Nährstoffe für Feldfrüchte, nur die genügsame Erika kann hier überleben. Die Landschaft ist karg und großartig, und als einziges Zeichen der „Zivilisation" trifft man in dem dünnbesiedelten Gebiet über weite Strecken nur Schafe.

Grampian kann neben seiner vielfältigen Landschaft mit einer Vielzahl und Vielfalt an ***Burgen und Schlössern*** aufwarten wie kaum ein ande-

In den Grampian Mountains

rer Teil Schottlands. Zerfallene Ruinen stehen unweit von majestätischen Tower Houses oder herrschaftlichen Residenzen.

Für das leibliche Wohl sorgt zudem ein besonders dichtes Netz von ***Whiskybrennereien.*** Zentrum und administrative Hauptstadt der Region ist Aberdeen, die drittgrößte Stadt Schottlands, die sich seit Entdekkung der Ölquellen zur Ölhauptstadt Europas entwickelt hat.

Die Beschreibung der Region erfolgt strahlenförmig ausgehend von Aberdeen. Die erste Streckenbeschreibung ist die nördlichste, und danach gehen wir immer weiter nach Süden, bis im letzten Kapitel das Deetal beschrieben wird.

Geschichte

Obwohl Grampian schon früh besiedelt war, wie Bronzezeitgräber und Forts aus der Eisenzeit bezeugen, ist das erste bekannte Ereignis in der Geschichte Grampians die Vereinigung der Pikten und Dalriada Scots durch *Kenneth Macalpine* im 9. Jh. Später erlangten die *Comyns, Earls of Buchan,* die Herrschaft über die Region und wurden so mächtig, dass sie mit *Robert Bruce* um die Königswürde konkurrierten. Nach einer Niederlage gegen *Bruce* im Jahr 1307 verloren sie ihren Einfluss und mussten ihre beherrschende Position an die *Gordons* abtreten. Diese regierten das Land 250 Jahre lang wie Despoten, bis sie 1561 *Maria Stuart* den Anspruch auf die Krone streitig machten und ebenso wie die *Comyns* zuvor vernichtend geschlagen wurden. Von da an zeigten sich die Bewohner der Region zumeist königstreu und unterstützten auch die Jakobitenaufstände im 17. Jh.

Aberdeen

„Die graue Stadt am Meer". Hätte *Theodor Storm* Aberdeen gekannt, hätte er vielleicht nicht seine Heimatstadt Husum, sondern die schottische Handelsstadt so beschrieben. Grau, kalt und abweisend erscheint die granitene Stadt bei bewölktem Himmel, und nur wenig können die unzähligen berühmten Rosenanlagen den düsteren Eindruck aufhellen. Bahnen sich dann aber nach ei-

Rathausturm von Aberdeen

Geschichte und Wirtschaft Aberdeens

Das Datum der ***Stadtgründung*** ist unbekannt, doch schon im 11. Jh. erklärte *Alexander I.* Aberdeen zu einer seiner Hauptstädte. 1179 garantiert *William „the lion"* der Stadt die Rechte einer freien Hanse. Als Anfang des 14. Jh. die ***Unabhängigkeitskriege*** stattfanden, unterstützte Aberdeen *Robert the Bruce* und erhielt als Dank sein eigenes Jagdrevier (die heutigen Freedom Lands), sein Wappen und das Motto „Bon Accord" (Gute Übereinstimmung).

Von da an zeigten sich die Aberdonians jedoch recht unpolitisch, sieht man von einem kurzen Intermezzo zu Zeiten *Maria Stuarts* ab. Damals überkam den ***Earl of Huntly,*** den Chief des Gordon Clans, der unwiderstehliche Wunsch nach der Königswürde. Kräftig unterstützt wurde er hierin von seiner Frau, der eine örtlich ansässige Hexe prophezeit hatte, ihr Gemahl würde nach einem Gefecht zwar ins Gefängnis gebracht, aber keine Wunde davontragen. Als der Earl jedoch den Kampf verlor und gefangen genommen wurde, erlitt er durch den Schock der Niederlage einen tödlichen Herzinfarkt. Sein unverwundeter Leichnam wurde kurzzeitig im Gefängnis aufbewahrt.

Abgesehen von diesem Zwischenspiel überließen die Aberdonians das gegenseitige Köpfeeinschlagen den anderen und widmeten sich lieber dem Handel, so dass die Geschicke der Stadt schon seit jeher weniger von politischen Ereignissen als von wirtschaftlichen Entwicklungen bestimmt wurden.

Die ***Industrielle Revolution*** im 18./19. Jh. hinterließ hier deutlich ihre Spuren: Papier- und Textilfabriken wurden gegründet und in der Seefahrt die berühmten Aberdeen Clippers entwickelt, die schnellsten Segler ihrer Zeit. Als schließlich 1882 mit dem Bau von Dampfbooten für die Trawlfischerei begonnen wurde, zogen Heerscharen von Fischerfamilien nach Aberdeen.

Das wirtschaftliche Wachstum brachte Wohlstand und das Bedürfnis nach neuem Wohnraum, Verwaltungsgebäuden etc. mit sich. *Archibald Simpson* und *John Smith* stellten sich der Herausforderung und entwarfen eine Stadt ganz aus dem heimischen Granit. Damit prägten sie das bis heute kaum veränderte Stadtbild und den Beinamen Aberdeens: „Granite City". Die ***Granit-Architektur*** begann mit der Union Street, angelegt im Jahr 1801, und erreichte ihren Höhepunkt mit dem Bau der Fassade von Marischal College 1905. Die imposante Anlage in der Broadstreet gilt denn auch als das zweitgrößte Granitgebäude der Welt.

Die spektakulärste Veränderung fand dagegen erst im 20. Jahrhundert statt: Seit 1969 östlich von Aberdeen das erste britische Ölfeld erschlossen wurde, erlebte die Stadt einen ununterbrochenen wirtschaftlichen Boom, dessen Ende bis jetzt noch nicht abzusehen ist. In dieser Zeit entwickelte sich Aberdeen von einem überdimensionalen Fischerdorf, wie es von nichtaberdonischen Spöttern bisweilen genannt wurde, zur ***Ölhauptstadt Europas,*** ohne jedoch das charakteristische Erscheinungsbild durch unsensible Bauvorhaben zu zerstören. Die niedrigste Arbeitslosenquote der Britischen Inseln verdankt Aberdeen mit Sicherheit in erster Linie dem Öl und seiner Funktion als Verwaltungs- und Versorgungszentrum der britischen Offshore-Bohrinseln.

Dennoch ist Öl zwar das wichtigste, aber nicht das einzige Standbein der aberdonischen Wirtschaft: Im Handelszentrum des Nordosten Schottlands sind neben Fisch- und Viehmarkt, einer Werft und der traditionellen Papier- und Textilindustrie beispielsweise auch Maschinen- und Elektromaschinenbau angesiedelt.

nem Regenschauer ein paar Sonnenstrahlen den Weg durch die Wolkendecke, zeigt sich Aberdeen in einem anderen Licht. Überall beginnt der Granit silbrig zu glitzern, und auch die Behauptung, das Stadtbild spiegele den Charakter seiner Bewohner wieder, erhält eine neue Bedeutung.

Ob man sie nun mag oder nicht, einen eigenwilligen Charme kann man dieser drittgrößten Stadt Schottlands (ca. 200.000 Einwohner), die nördlicher liegt als Moskau, auf keinen Fall absprechen.

Sehenswertes

Wie schon im Mittelalter teilt sich auch heute noch Aberdeen in zwei Teile: die Handelsmetropole Central Aberdeen mit seinen georgianischen und viktorianischen Granitbauten einerseits und das Zentrum des studentischen Lebens, Old Aberdeen, eine unter Denkmalschutz stehende, mittelalterliche Stadt, andererseits.

Central Aberdeen

Central Aberdeen zeichnet sich durch die geografische Nähe seiner Sehenswürdigkeiten aus, was große Fußmärsche zwischen den einzelnen Attraktionen erspart.

Am besten beginnen Sie Ihren Rundgang in der Castle Street am ***Mercat Cross.*** Da Aberdeen schon seit dem Mittelalter Marktrecht besitzt, befindet sich hier das für die freien Marktstädte (Burgh) übliche Marktkreuz. In diesem Fall stammt es aus dem Jahr 1686 und wird von ei-

Kampf gegen Apartheid: vor dem Marktkreuz von Aberdeen

Kneipenschild in Aberdeen (WS)

nem Einhorn aus weißem Marmor gekrönt. Die Reliefs entlang der Arkade zeigen neben den Wappen der Krone und der Stadt auch die Portraits sämtlicher Stuart-Monarchen von *James I.* bis *James VII.*

Gleich nebenan, in der Union Street, steht das viktorianische ***Rathaus*** mit dem weithin sichtbaren Westturm. Der Granitturm stammt aus dem 19. Jahrhundert und ist somit ca. 250 Jahre jünger als sein Pendant im Osten des Rathauses, der Gefängnisturm. Hier ist das ***Tolbooth Museum*** untergebracht, das eine interessante Sammlung zur Sozialgeschichte der Stadt zeigt (Ö: nur im Sommer, Mo-Sa 10.00-17.00 h, Eintritt).

Marischal College in der Broad Street wurde 1593 von *Georg Keith, 5th Earl of Marischal,* gegründet, um ein protestantisches Gegengewicht zum katholischen King's College in Old Aberdeen zu schaffen. Als im 19. Jahrhundert das ursprüngliche Gebäude zu klein und baufällig wurde, entwarf 1837 *Archibald Simpson* eine neue Anlage aus vier Flügeln, die hinter dem alten College errichtet wurde. Ende des 19. Jh., Anfang des 20. Jh. schließlich verschwanden diese ursprünglichen Gebäude völlig und wurden nach einem Entwurf *A. Marshall Mackenzie's* durch eine neue Front für die Anlage *Simpsons* ersetzt. Aufwändige Verzierungen schmücken trotz des harten, schwer bearbeitbaren Granits diese Fassade.

Provost Skene's House in Guest Row (zu erreichen von der Broad Street) beherbergt das lohnende Städtische Museum. In mehreren

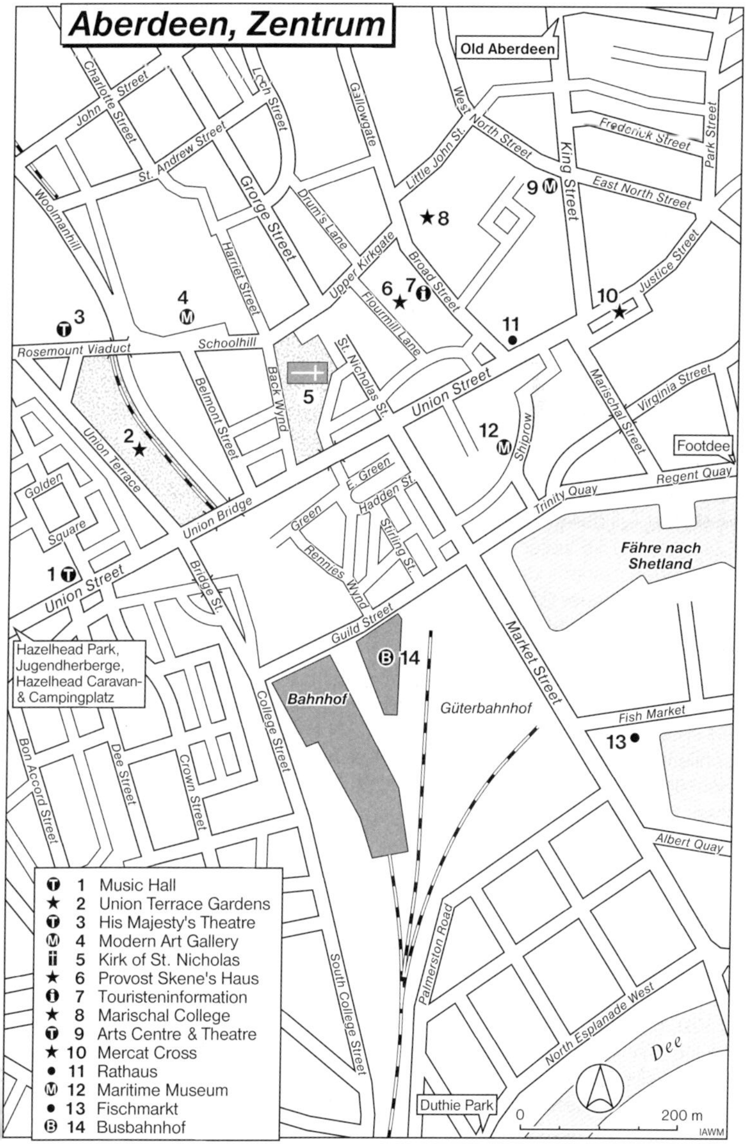
Aberdeen, Zentrum
Old Aberdeen
Charlotte Street
John Street
Loch Street
Gallowgate
West North Street
Little John St.
King Street
Frederick Street
Park Street
East North Street
St. Andrew Street
Woolmanhill
George Street
Drum's Lane
Harriet Street
Upper Kirkgate
Broad Street
Flourmill Lane
Justice Street
Rosemount Viaduct
Schoolhill
Back Wynd
St. Nicholas St.
Belmont Street
Union Street
Marischal Street
Virginia Street
Union Terrace
Shiprow
Footdee
Golden Square
E. Green
Hadden St.
Regent Quay
Trinity Quay
Union Bridge
Green
Stirling St.
Rennies Wynd
Fähre nach Shetland
Bridge St.
Guild Street
Market Street
Hazelhead Park, Jugendherberge, Hazelhead Caravan- & Campingplatz
Bahnhof
Güterbahnhof
College Street
Fish Market
Bon Accord Street
Dee Street
Crown Street
Albert Quay
South College Street
Palmerston Road
North Esplanade West
Dee
Duthie Park
0
200 m
IAWM
1 Music Hall
2 Union Terrace Gardens
3 His Majesty's Theatre
4 Modern Art Gallery
5 Kirk of St. Nicholas
6 Provost Skene's Haus
7 Touristeninformation
8 Marischal College
9 Arts Centre & Theatre
10 Mercat Cross
11 Rathaus
12 Maritime Museum
13 Fischmarkt
14 Busbahnhof

Etagen werden Einrichtungen aus den verschiedenen Epochen sowie historische und prähistorische Fundstücke ausgestellt. Provost (Bürgermeister) Skene's House selbst ist das älteste Haus im Stadtzentrum (erbaut 1545) und berühmt für die bemalte Holzdecke seiner Kapelle aus dem frühen 17. Jh. (Ö: Mo-Sa 10.00-17.00 h, So 13.00-16.00 h, Eintritt)

Nur wenige hundert Meter entfernt, sieht man die ***Kirk of St Nicholas*** am Back Wynd. Gegründet im 12. Jh. wurde die einst größte Pfarrkirche Schottlands während der Reformation in zwei Teile geteilt und bietet heute gleich drei verschiedenen Gemeinden Unterkunft. Der westliche Teil der Kirche ist zwischen 1741 und 1755 unter *James Gribbs* entstanden, einem der bedeutendsten Kirchenbauer Großbritanniens.

Im Osten befindet sich eine kleine steinerne Krypta, St Mary's (14. Jh.), in der im 17. Jh. mutmaßliche Hexen gefangen gehalten wurden, während sie später als Klempnerwerkstatt und schließlich als viktorianische Suppenküche wesentlich profaneren Zwecken diente. (Ö: im Sommer Mo-Fr 12.00-16.00 h, Sa 13.00-15.00, im Winter Mo-Fr 10.00-13.00 h)

Schön ist der Friedhof, der die Kirche umschließt und zur Union Street von dem freistehenden Säulenbau ***Facade,*** einer gewaltigen klassizistischen Absurdität aus dem Jahre 1829, begrenzt wird.

Eine der interessantesten Sehenswürdigkeiten in Aberdeen ist mit Sicherheit die ***Aberdeen Art Gallery*** am Schoolhill. Die Galerie zeigt zum einen eine sehr gute Sammlung von Kunstwerken aus den letzten drei Jahrhunderten, mit Schwerpunkt auf den zeitgenössischen Arbeiten, und besticht zum anderen durch die Innenarchitektur ihrer Eingangshalle: Das durch das hohe Glasdach scheinende Tageslicht, die aus verschiedenfarbigem Granit beschaffenen Säulen, der Springbrunnen und nicht zuletzt die großen modernen Skulpturen verbreiten eine Atmosphäre der Ruhe, die die Hast und Hektik der Straße vergessen und unwirklich erscheinen lassen. (Ö: Mo-Sa 10.00-17.00 h, So 14.00-17.00 h, Eintritt frei)

In einer Stadt, die seit Jahrhunderten von den Schätzen lebt, die das Meer ihr zugesteht, darf auch ein Seefahrtsmuseum nicht fehlen. Das ***Aberdeen Maritime Museum*** ist im ***Provost Ross's House,*** dem drittältesten Haus des Zentrums (1593), in der Shiprow untergebracht. Anhand von Modellen und Computeranimationen in Bild und Ton wird hier die heimische Geschichte der Fischerei, des Schiffbaus und der Nordsee-Ölgewinnung beschrieben (Ö: Mo-Sa 10.00-17.00 h, So ab 12.00-15.00 h, Eintritt).

Eine kleine Besonderheit befindet sich zudem an der Mündung des Dee. Hier ist das heute noch bewohnte Fischerdorf ***Footdee*** (aberdonisch *Fittie)* zu besichtigen, das im frühen 19. Jh. von den Fischern selbst entworfen wurde. Allgemein als Sehenswürdigkeit angepriesen, wurde es von uns allerdings als nicht besonders interessant empfunden.

Aberdeen ist berühmt für seine Gärten und Rosenanlagen, denn die

Stadt wurde bereits zehnmal zur Gewinnerin des Wettbewerbs *Beautiful Britain in Bloom* gekürt.

Besonders reizvoll ist der ***Duthie Park*** im Süden, der außer einem Hügel nur aus Rosen auch den größten Wintergarten der Welt zu bieten hat. Oder im Westen die weitläufigste Anlage Aberdeens, ***Hazlehead Park,*** in dem sich ein Irrgarten und gleich drei Golfplätze befinden. Oder der bereits erwähnte ***Seaton Park,*** der mit dem *Playground of the Year* von 1976 aufwarten kann. Oder ***Union Terrace Garden*** in der Stadtmitte, ein natürliches Amphitheater, das für Freilichtkonzerte, Tanz und Straßentheater genutzt wird. Oder …

Old Aberdeen

Atmosphärisch schöner, weil intimer als Central Aberdeen ist Old Aberdeen. Die mittelalterliche Stadt, die rund um die Kathedrale gewachsen ist, besaß bis ins 19. Jh. hinein eigenständiges Marktrecht und ein Gericht. Heute steht Old Aberdeen, dessen älteste Häuser um 1500 erbaut wurden, unter Denkmalschutz.

Als Ausgangspunkt für einen Rundgang eignet sich am besten ***King's College*** in der High Street. Die katholische Universität wurde 1495 von *Bishop William Elphinstone* gegründet und erst 1860 mit Marischal College im Zentrum vereinigt. Der größte Teil der Gebäude entstand wie Marischal erst nach 1820, doch die Kapelle ist noch ein Überbleibsel der ursprünglichen Anlage. Schon aus der Ferne beherrscht der Kirchturm das Stadtbild mit seiner markanten „gekrönten" Spitze, die an St Giles in Edinburgh erinnert. Innerhalb der Kapelle

Nicht nur für Kunstfreunde: die Aberdeen Art Gallery

ist ein Eichengestühl aus dem 16. Jh. zu bewundern, das einzig verbliebene seiner Art in Schottland. Ein Besucherzentrum illustriert außerdem die Geschichte der Universität Aberdeens. (Ö: Mo-Sa 10.00-17.00 h, So ab 12.00 h)

Anschließend führt die Route die High Street entlang bis ***St Machar's*** in der Straße Chanonry. Die Kirche besteht seit dem Jahr 1157 und wurde nach dem Heiligen benannt, der hier im 6. Jh. ein Kloster gegründet haben soll. Von der ursprünglichen Kirche blieben zwar nur die trutzigen Torbögen aus rotem Sandstein (14. Jh.) erhalten, doch ist St Machar's das älteste Granitgebäude Aberdeens und vor allem weltweit die einzige Kathedrale aus Granit. Innen eher karg ausgestattet, beeindruckt vor allem die berühmte Eichendecke aus dem Jahr 1520 mit 48 heraldischen Emblemen. (Ö: immer, Eintritt frei)

Gegenüber St Machar's lädt ein botanischer Garten, ***Cruishank Botanic Garden,*** zu einem schönen Spaziergang ein.

Wenn Sie weiter die Chanonry hinauf und durch den ***Seaton Park*** laufen, gelangen Sie nach einer Weile zum River Don und der mittelalterlichen Brücke ***Brig o'Balgownie.*** Die Brücke mit dem gotischen Bogen wurde um 1318 fertiggestellt und war bis ins 19. Jahrhundert der einzige nördliche Zugang in die Stadt. Der romantische Schwung des Flusses und die alten Häuser auf beiden Seiten der Brücke mit den blühenden Vorgärten verbreiten eine erholsame Atmosphäre, die zum Rasten verführt.

Morbide Kunst: Grabstein in St Machar's

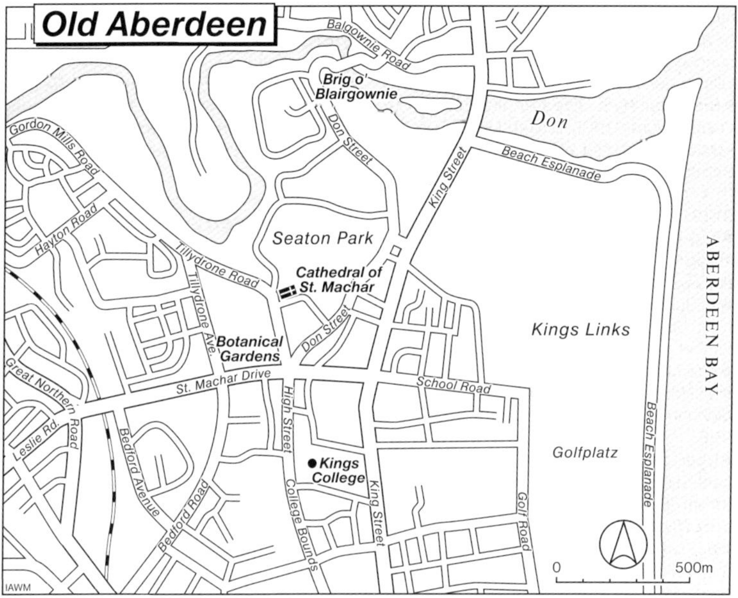

Auf keinen Fall verpassen sollte man den berühmten aberdonischen ***Fischmarkt.*** Diese Attraktion ist allerdings nichts für Siebenschläfer, denn, um den Fischmarkt besuchen zu können, muss man beizeiten aufstehen. Beginn ist an jedem Wochentag früh um 4.00 Uhr und bereits um 7.30 Uhr startet der Ausverkauf. In der kalten Morgendämmerung kann man hier die Fischer beobachten, wie sie in einem uns unverständlichen Sprachgemisch aus gellenden Schreien und Gesten ihre Ware verkaufen. Mit mehreren Hundert Tonnen Fischumsatz täglich ist der Aberdeener Fischmarkt einer der größten Großbritanniens.

Information

- ***Tourist Information Centre,*** St Nicholas House, Broad Street, Aberdeen AB9 1DE, T: 01224/632 727, www.agtb.org.

Aktivitäten

- Aberdeen besitzt ca. 3 km schönsten ***Sandstrandes.*** Hier in der Nordsee zu baden ist aufgrund der Wassertemperatur jedoch nicht jedermanns Sache.
- Angenehmer und ungefährlicher ist das Wellenbad des ***Beach Leisure Centre*** (Ö: täglich 8.30-22.30 h) oder ein Match auf ei-

nem der Golfplätze. Wem dies immer noch zu anstrengend ist, der sei auf den Vergnügungspark oder den Ballsaal, beide ebenfalls an der Strandpromenade, verwiesen.

● ***His Majesty's Theater*** im Rosemount Viaduct wurde 1906 erbaut, fasst 1500 Zuschauer und bietet ein gutes Programm an Ballett, Oper und Theater. Karten sind von £ 4 bis £ 12 erhältlich. T: (Box Office) 01224/641 122.

● In der ***Music Hall,*** Union Street, tritt regelmäßig das *Scottish Chamber Orchestra* und das *Scottish National Orchestra* auf.

● Im Juli findet im ***Arts Centre & Theatre,*** King Street, ein *Arts Carnival* und im September die Theatersaison statt.

● ***The Lemon Tree,*** 5 West North Street, ist ein kleines Kunstzentrum mit zwei Studiobühnen und einem Pub, T: 01224/647 999.

● Über das ganze Jahr verteilt sind zudem noch einige ***Festivals:*** Das *Bon Accord Festival* im Juni schließt die traditionellen *Aberdeen Highland Games* ein und das *International Youth Festival* im August bietet nonstop musikalische Unterhaltung. Daneben gibt es noch diverse Rosen- und Fischfestivals sowie ein Fußballfestival im Juli.

● Die besten ***Pubs*** finden Sie ohne Schwierigkeiten in der Innenstadt, insbesondere entlang der Union Street und ihrer Nebenstraßen. Je weiter man sich der Castle Street nähert, desto mehr Pubs gibt es. ***Triple Kirks,*** Belmont Street, befindet sich in einer ehemaligen Kirche und bietet regelmäßig Live-Musik. Im ***Under the Hammer,*** North Silver Street, findet man ein gemischtes einheimisches Publikum und gutes Bier.

● ***Clubs:*** Wer Indie- und Live-Musik mag, sollte in ***The Pelican*** im Keller des *Metro Hotels,* in der Market Street hereinschauen. Im ***Ministry of Sin,*** einer ehemaligen Kirche in der Dee Street, findet sich ein eher studentisches Publikum ein, ***Glow 303*** in der Belmont Street beeindruckt durch seine gestylte Einrichtung.

● ***Restaurants*** finden sich in Aberdeen praktisch in allen der zahlreichen ***Hotels.*** Ansonsten gibt es u. a. noch ein günstiges vegetarisches Restaurant mit einer guten Speisenkarte: ***Owlies,*** Little John Street. Oder das ***Ashvale Restaurant,*** 46 Great Western Road, bereitet angeblich eines der besten Fish an Chips Schottlands zu. ***Silver's Darling,*** Pocra Quay, North Pier, ist bekannt für seine ausgezeichneten Fischgerichte. Das ***Courtyard Restaurants,*** 1 Alford Lane, hat sich auf schottische Gerichte spezialisiert.

Verbindungen

Flug

● Der Aberdeener Flughafen ist einer der modernsten Großbritanniens, und die Flugzeit von London beträgt nur etwas über eine Stunde. Regelmäßige Flugverbindungen gibt es mit fast allen britischen Zentren. Flugauskunft: Aberdeen Airport, T: 01224/722 331.

Zug

● Gute und regelmäßige Bahnverbindungen existieren ebenfalls mit den anderen britischen Zentren. ***Von London*** aus verkehrt sogar ein Hochgeschwindigkeitszug zum zentral gelegenen Bahnhof in der Guildstreet. Zugauskunft: T: 01224/594 222 oder 08457/484 950.

● Etwa jede halbe Stunde verlässt ein Zug Aberdeen, der über Stonehaven und Montrose ***nach Dundee*** fährt, von wo jede Stunde ein Zug über Perth und Stirling nach ***Glasgow*** anschließt. Die Fahrt von Aberdeen nach Dundee dauert ca. $^1/_2$ Stunden.

● Seltener, jedoch ebenfalls mehrmals am Tag verkehrt ein Zug zwischen Aberdeen und ***Inverness,*** mit Zwischenstationen u. a. in Inverurie, Keith, Elgin und Forres; die Fahrtzeit beträgt etwas über zwei Stunden.

● Eine weitere Verbindung besteht zwischen Aberdeen über Dundee durch Fife nach ***Edinburgh,*** die im Ein-Stunden-Rhythmus die Stadt verlässt, Fahrtzeit etwa 1 $^3/_4$ Std.

Bus

● Für Ziele in der näheren Umgebung oder kleinere Ortschaften empfiehlt es sich, mit einem Bus zu fahren, da das Busnetz besser ausgebaut ist. Der ***Busbahnhof*** befindet sich wie der Bahnhof in der Guildstreet. Busauskunft: *Bluebird* für Grampian, T: 01224/ 212 266 oder bei *Grampian Busline*, T: 01224/ 650 065.

- Aberdeen bedient die ganze ***Grampian Region*** mit regelmäßigen Busverbindungen. Die Routen ziehen sich strahlenförmig durch das Gebiet und verkehren zumeist mehrmals täglich. Genauere Informationen finden Sie bei den jeweiligen Ortsbeschreibungen.
- Etwa alle zwei Stunden fährt eine Linie über Dundee nach ***Edinburgh,*** Zwischenstationen sind u. a. Stonehaven, Montrose und Kircaldy. Etwas öfter verkehrt der Bus aus Edinburgh, der die Route über Perth nimmt. Die Fahrtzeit beträgt jeweils 3 bis 3 ½ Stunden.

Taxi

- ***Mairs Taxis,*** T: 01224/724 040.

Fahrradhändler und -verleih

- ***Alpine Bikes,*** 103 Willowbank Road. Die Willowbank Road ist eine Seitenstraße der Holburn Street, die am Westende der Union Street schräg nach links abzweigt.

Unterkunft

Buchungsservice (für ganz Grampian) T: 01224/288 825.

Hotels

Während die neueren Hotels eher am Stadtrand angesiedelt sind, finden sich in der Innenstadt die alten, traditionsreichen Hotels.

- ***Caledonian Thistle Hotel,*** Union Terrace, Aberdeen AB9 1HE, T: 01224/640 233, Fax: 01224/641 627, B&B ab £ 48, ist ein altes, traditionsreiches Hotel im Stadtzentrum.
- ***Belhaven Private Hotel,*** 152 Bon-Accord Street, Aberdeen AB1 2TX, T/Fax: 01224/ 588 384, B&B ab £ 19, komfortables Hotel in der Nähe des Zentrums.
- ***Terrace Private Hotel,*** 1 Springbank Terrace, Aberdeen AB11 6SL, T: 01224/581 278, B&B ab £ 17, liegt westlich des Bahnhofs. In der Springbank Terrace finden sich mehrere günstige Hotels.
- ***Arkaig Guest House,*** 43 Powis Terrace, Aberdeen AB25 3PP, T: 01224/638 872, Fax: 01224/622 189, B&B ab £ 25.
- Die Aberdeener Universitäten vermieten während der Semesterferien (Juli-Sept.) wöchentlich Studentenappartments.

Accommodation Officer, Business & Vacation Accommodation Service, ***The Robert Gordon University,*** Schoolhill, Aberdeen AB10 1FR, T: 01224/262-134, Fax: -144, e-mail: accommodation @rgu.ac.uk, Appartment ab £ 230/Woche.

University of Aberdeen Conference Office (TB), King's College, Regent Walk, Aberdeen AB24 2FX, T: 01224/272 662, Fax: 276 246, Appartment ab £ 220 pro Woche, e-mail: i.m.pirie@abdn.ac.uk.

Jugendherberge

- ***Aberdeen Youth Hostel***, 8 Queen's Road, Aberdeen AB1 4ZT, T: 01224/ 646 988, Higher Grade. Vom westlichen Ende der Union Street biegt man schräg nach rechts ab in den Alford Place, Albyn Place, der wiederum übergeht in die Queen's Road. Kommt man aus Richtung Süden, ist die Queen's Road eine rechte Seitenstraße des Anderson Drive, der Verbindungsstraße zwischen A 92 und A 96 am westlichen Stadtrand. Vom Bahnhof fährt die Buslinie 27 zur Queen's Road, von der Union Street die Linien 14 und 15.

Camping

- ***Lower Deaside Holiday Park,*** Maryculter, Aberdeen, AB12 5FX, Tel. 01224/733 860, Wohnwagen ab £ 9, Zelte ab £ 7.50. Der Campingplatz befindet sich etwa 12 km von Aberdeen entfernt an der B 9077.

Weitere Informationen

- Jeden letzten Sonntag im Monat (außer Dez.) findet im Aberdeen Stakis Hotel, Springfield Road, der ***Aberdeen Antique and Collector's Market*** statt, Informationen unter T: 01224/313 377.
- Das am nördlichen Stadtrand gelegene ***Crombie Visitor Centre,*** Grandholm Mills,

Woodside, verkauft schottische Kleidung und zeigt eine Ausstellung über Stoffherstellung.

- Einen Besuch wert ist der Aberdeener ***Trödelmarkt,*** der donnerstags, freitags und samstags zwischen 9.00-16.00 h in der Castlegate stattfindet.
- Jeden letzten Samstag des Monats findet in der Belmont Street der ***Aberdeen Country Fair*** statt, auf dem Produkte (Lebensmittel und Kunsthandwerk) der Region verkauft werden.
- Die ***Post*** befindet sich in der Crown Street.
- ***Banken*** sind überall in der Innenstadt, vor allem entlang der Union Street, angesiedelt.

Die Küste Grampians

Überblick

Zwischen Aberdeen und Inverness erstreckt sich eine herrliche Küste. Steilklippen, unterbrochen von Badebuchten, Fischerdörfer und geschäftige Kleinstädte kennzeichnen die Region, die fast gänzlich vom Fischfang lebt.

Verbindung

Entlang dieser Strecke verläuft keine eigene Buslinie, d.h. man muss mehrmals umsteigen. Daher haben wir die Buslinie bei den entsprechenden Ortschaften aufgeführt.

Von Cruden Bay nach Peterhead

Etwa 40 km nördlich von Aberdeen liegt an der A 975 die ***Bay of Cruden,*** eine Bucht mit etwa 3 km schönstem Sandstrand. Die Bucht leitet ihren Namen von dem gälischen *croju-dane* (Gemetzel der Dänen) ab, eine Bezeichnung, die an eine Begebenheit aus dem Jahre 1012 erinnert. Damals versuchten die Dänen unter Führung des späteren englischen Königs *Knut*, an dieser Stelle in Schottland einzudringen, doch wurden sie in einer blutigen Schlacht von den Schotten unter *Malcolm II.* zurückgeschlagen.

Vom Ort Cruden Bay führt ein ***Fußweg*** nach Port Erroll, der dann entlang der Küste mit ihren atemberaubenden Steilklippen, vorbei an Slains Castle bis zu den 4 km entfernten Bullers of Buchan verläuft. Der Weg ist ausgeschildert, verlangt aber Vorsicht (vor allem mit Kindern), festes Schuhwerk und lange Hosen, da gerade um die Bullers of Buchan herum im Sommer Brennnesseln gedeihen.

Slains Castle liegt im Norden der Bucht an einer steilen Klippe. Die Burg wurde um 1597 vom *9. Earl of Erroll* erbaut und im 19. Jahrhundert erneuert und erweitert. Anfang des 20. Jahrhunderts geriet der *20. Earl of Erroll* in Geldnöte und musste Slains Castle verkaufen, das seitdem verfiel. Die heutige Ruine lässt kaum glauben, dass dieses Castle *Bram Stoker* zu seiner Erzählung *Dracula* inspiriert haben soll, ähnelt sie doch mehr einer baufälligen Fabrikhalle als einem schaurigen Gespensterort.

Vielleicht waren es mehr die Legenden, die sich um das umliegende Land ranken, die die Phantasie *Stoker's* beflügelt haben. Denn alle 12 Monate, so heißt es, kehren die Seemänner, die im vorausgegangenen Jahr vor der Küste ertrunken sind, aus dem Meer zurück. Dann entscheidet sich, ob ihre Seelen fortan im Himmel oder in der Hölle weiterleben.

3 km weiter nördlich ist eines der bekanntesten Felsengebilde Schottlands zu sehen. Die ***Bullers of Buchan*** ist eine 70 m tiefe Schlucht, in die durch einen Felsenbogen das Meerwasser hineinbraust. Entlang des Abgrundes führt ein schmaler Weg, der bei Feuchtigkeit glitschig sein kann. Dies konnte jedoch vor vielen Jahren einen Einheimischen nicht davon abhalten, im trunkenen Zustand zu wetten, er werde mit seinem Pferd einmal um die Schlucht herumreiten. Er umrundete den Abgrund tatsächlich, als er aber am nächsten Morgen von seinem Treiben hörte, starb er angeblich vor Schreck an einem Infarkt. Von der Straße ist die Bullers of Buchan 10 km südlich von Peterhead an der A 975 ausgeschildert.

Peterhead

Peterhead, einige Meilen weiter nördlich, ist mit 18.000 Einwohnern nach Inverness die größte Stadt nördlich von Aberdeen. Die Geschichte dieser Kleinstadt wurde seit jeher durch das Meer bestimmt. Bis Ende des 16. Jh. war Peterhead nur ein Fischerdorf, 1593 erhielt es dann Marktrechte. 1788 lief der erste Walfänger aus, und schon bald hatte die Stadt die größte Walfangflotte des Vereinigten Königreichs. Doch bereits 20 Jahre später wurde der Walfang von der florierenden ***Heringsfischerei*** verdrängt, und um 1850 galt Peterhead mit einer Flotte von über 400 Schiffen als der größte Heringshafen Schottlands nach Aberdeen. Unterstützt wurde diese Entwicklung durch die Vergrößerungsarbeiten an den Hafenanlagen, die größtenteils von Strafgefangenen durchgeführt wurden.

Obwohl Walfang und Heringsfischerei schon lange der Vergangenheit angehören, ist Peterhead noch immer einer der bedeutendsten Fischereihäfen der EU. Der örtliche ***Fischmarkt*** ist sogar größer als der Aberdeens. Der Markt findet täglich außer sonntags ab 7.30 Uhr, samstags ab 8.00 Uhr am Hafen statt und ist auf jeden Fall einen Besuch wert. Jeden Tag werden bis zu 14.000 Kisten Fisch verkauft und in Lastwagen verladen.

Peterhead ist von großer Geschäftigkeit geprägt, trotzdem erinnern noch manche Stellen an das alte Fischerdorf, so ***Buchanhaven*** im Norden und ***Roanheads*** nördlich des Hafens, wo noch einige der alten Fischerhäuser zu sehen sind.

Das älteste Haus der Stadt, das ***Ugie Salmon Fishings,*** steht ebenfalls im Norden an der Mündung des River Ugie. Das Baudatum 1585 ist in einen der Giebel eingeritzt. Im Innern werden immer noch Lachs und Forellen über einem Feuer aus Eichenholz geräuchert. (Ö: Mo-Fr 9.00-17.00 h, Sa 9.00-12.00 h)

Arbuthnot Museum in der St Peter Street im Stadtzentrum erzählt die Geschichte des Fisch- und Walfangs aus örtlicher Sicht und zeigt zudem eine Münzsammlung. (Ö: Mo-Sa 10.30-13.30 h, 14.30-17.00 h, Mi 10.30-13.30 h)

Ebenfalls dem maritimen Erbe Peterheads, allerdings mit Hilfe modernster Technik, widmet sich ***Peter-***

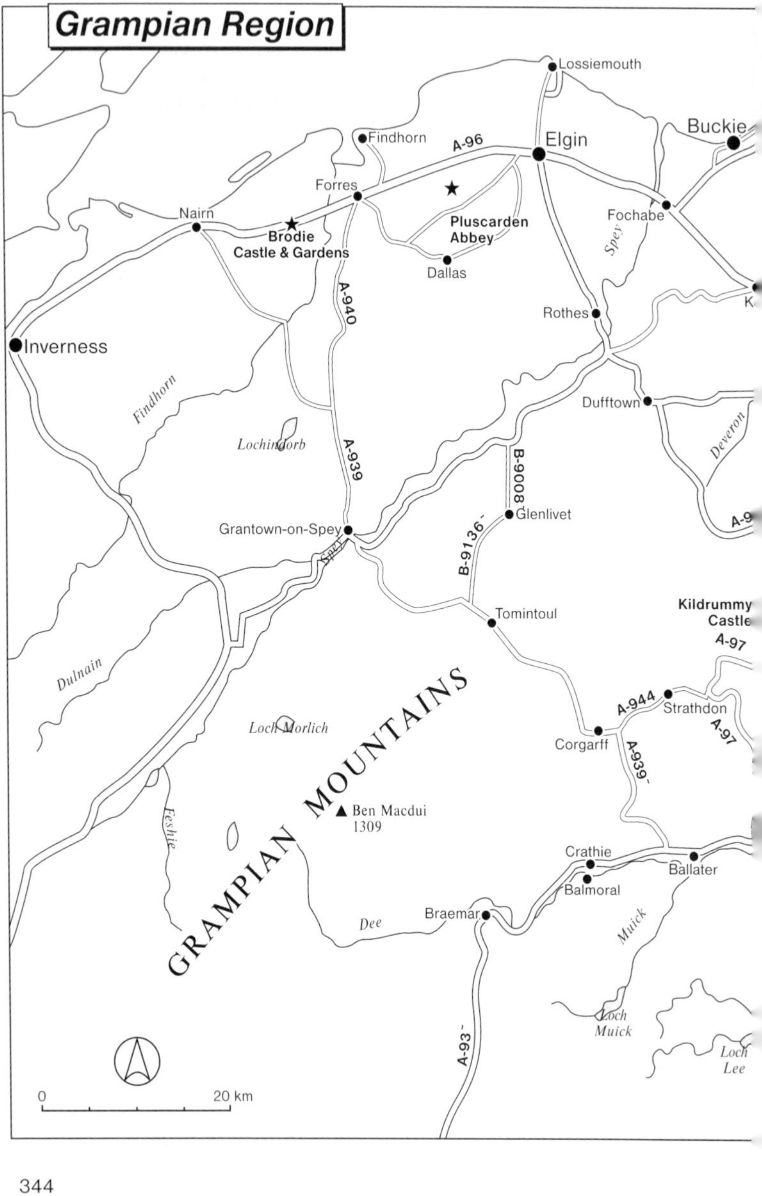
Grampian Region
Lossiemouth
Buckie
Findhorn
A-96
Elgin
Forres
Nairn
Brodie
Castle & Gardens
Pluscarden
Abbey
Fochabe
Spey
Dallas
A-940
Rothes
Inverness
Findhorn
Dufftown
Deveron
Lochindorb
A-939
B-9008
Glenlivet
Grantown-on-Spey
Spey
B-9136
Tomintoul
Kildrummy
Castle
A-97
Dulnain
GRAMPIAN MOUNTAINS
A-944
Strathdon
Loch Morlich
Corgarff
A-97
A-939
Feshie
Ben Macdui
1309
Crathie
Ballater
Balmoral
Braemar
Dee
Muick
Loch
Muick
A-93
Loch
Lee
0
20 km

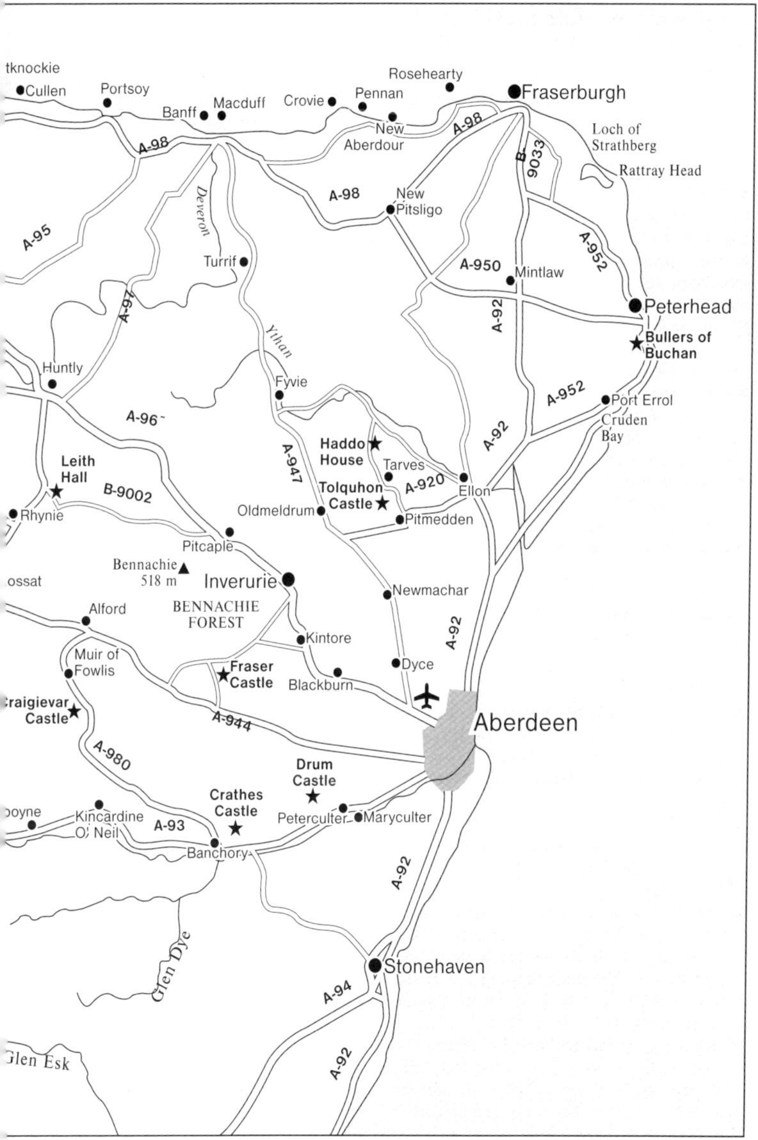
tknockie
Cullen
Portsoy
Banff
Macduff
Crovie
Pennan
Rosehearty
Fraserburgh
New Aberdour
A-98
Loch of Strathberg
Rattray Head
B-9033
A-98
New Pitsligo
A-95
Deveron
Turrif
A-950
Mintlaw
A-952
Peterhead
A-92
Bullers of Buchan
A-97
Ythan
Huntly
Fyvie
A-96
A-952
Port Errol
Cruden Bay
A-92
Haddo House
Leith Hall
A-947
Tarves
A-920
Ellon
B-9002
Tolquhon Castle
Rhynie
Oldmeldrum
Pitmedden
Pitcaple
Bennachie 518 m
ossat
Inverurie
Newmachar
Alford
BENNACHIE FOREST
Kintore
A-92
Muir of Fowlis
Fraser Castle
Dyce
Blackburn
raigievar Castle
A-944
Aberdeen
A-980
Drum Castle
Crathes Castle
oyne
Kincardine O' Neil
A-93
Peterculter
Maryculter
Banchory
A-92
Glen Dye
Stonehaven
A-94
A-92
Glen Esk

head Maritime Heritage, The Lido, South Road, im Süden der Stadt. (Ö: im Sommer Mo-Sa 10.00-17.00 h, So ab 12.00 h, im Winter Sa 10.00-16.00 h, So 12.00-16.00 h, Eintritt)

Verbindungen

- Zwischen Peterhead und ***Aberdeen*** verkehren Buslinien der *Bluebird*-Gesellschaft. Die Linien 264 und 263 verbinden Peterhead abwechselnd etwa alle halbe Stunde (sonntags seltener) mit Aberdeen, die 263 fährt über Cruden Bay, die 264 über Ellon. Station ist in Aberdeen Guild Street Bus Station, in Peterhead in der Chapel Street. Die Fahrtzeit beträgt etwa eine Stunde.
- Von Peterhead fährt jede Stunde die Linie 269 nach ***Fraserburgh.*** Die Fahrtzeit beträgt 35 Min, sonntags fährt nur nachmittags alle 2 Stunden ein Bus.
- ***Busauskunft:*** 01779/470 077.
- ***Taxi:*** Central Taxis, 65 Marischal Street, Peterhead, T: 01779/71 000/73 099.
- ***Autoverleih:*** Gillander Motors, Blackhouse Industrial Estate, Peterhead, Aberdeen-shire AB4 7BW, T: 01779/79 777.
- ***Fahrradverleih:*** Robertson Sports, 1-3 Kirk Street, Peterhead.

Unterkunft

- ***The Palace Hotel,*** Prince Street, Peterhead AB42 1PL, T: 01779/474 821, Fax: 01779/476 119, B&B ab £ 30.
- ***Carrick Guest House,*** 16 Merchant Street, Peterhead, Aberdeenshire, AB42 1DU, T/Fax: 01779/470610, B&B ab £ 22.
- ***Invernettie Guest House,*** South Road, Peterhead AB42 0YX, T: 01779/473 530, B&B ab £ 20.
- ***B&B*** finden Sie ab £ 15 pro Übernachtung überall in der Stadt, beispielsweise in der King Street, Oueen Street und South Road. King Street ist die Verlängerung der South Road (A 952) und stößt nördlich auf die Queen Street.
- ***Peterhead Caravan Park,*** South Bay, Peterhead AB4 6UW, T: 01779/473 358, Zelt ab £ 8, Wohnwagen ab £ 9, nur von Apr.-Sept. geöffnet. Der Platz liegt im Süden der Stadt, östlich der A 952.

Fraserburgh

Die A 952 verlässt im Norden Peterheads die Stadt und stößt nach etwa 20 km auf die A 92 nach Fraserburgh, der Stadt am nordöstlichsten Zipfel Schottlands. Zwischen den beiden Ortschaften verläuft entlang der Küste ein nahezu ununterbrochener Sandstrand. Bei ***Rattray Head*** kann man sogar Sanddünen bestaunen, die teilweise über 20 m hoch sind und das Loch of Strathbeg vom Meer trennen. Kurz nach der winzigen Ortschaft Oakhill verläuft die A 952 in Richtung Old Rattray. Um die Dünen zu sehen, muss man sich von Old Rattray per pedes weiterbewegen.

Das Zentrum der Stadt Fraserburgh (12.000 Einw.) wirkt kaum wie das einer gewachsenen Ortschaft, denn schnurgerade Straßen treffen rechtwinklig auf schnurgerade Straßen und ergeben somit einen Stadtplan, wie man ihn aus Trabantenstädten kennt. Nichtsdestotrotz geht die Geschichte Fraserburghs zurück bis ins 14. Jh., als die Stadt noch Faithlie hieß.

1570 ließ *Alexander Fraser, 8. Laird of Philorth,* im Nordosten der Stadt eine Burg errichten, die 200 Jahre später zum ersten ***Leuchtturm*** Schottlands umgebaut wurde. Auf dem Gelände befindet sich heute das lohnenswerte ***Museum of Scottish Lighthouses.*** Im Rahmen einer stündlich stattfindenden Führung, die im Eintrittspreis inbegriffen ist, kann man auch den Leuchtturm besteigen. (Ö: im Sommer Mo-Sa 10.00-18.00, So ab 12.00, im Winter bis 16.00 h, Eintritt)

Das älteste Gebäude ist allerdings nicht das ehemalige Castle, sondern der ***Wine Tower,*** ein rechteckiger Bruchsteinturm aus dem 16. Jh. Zu welchem Zweck der Turm errichtet wurde, ist ungewiss, der Volksmund weiß aber zu berichten, dass es im Innern spukt. Der Wine Tower, gleich neben dem Leuchturm, kann auf Anfrage besichtigt werden, Details erfahren Sie beim ***Tourist Information Centre*** am Saltoun Square.

Ebenfalls am Saltoun Square findet sich das ***Mercat Cross*** als Zeichen der Marktrechte Fraserburghs. Das Kreuz wird auf das Jahr 1763 datiert und zeigt als einziges Marktkreuz Schottlands sowohl das Wappen des Königreiches Schottland als auch das des Vereinigten Königreiches.

Information

- ***Tourist Information Centre,*** 3 Saltoun Square, Fraserburgh, T: 01346/518 315.

Verbindungen

- Die Buslinien 267 und 268 der *Bluebird Northern Scottish* verbinden Fraserburgh mit ***Aberdeen.*** Die Route führt über Ellon und Mintlaw. Die Busse fahren im Stundenrhythmus, sonntags alle 2 Stunden, die Fahrt dauert 70 Minuten.
- Die Linie 274 fährt alle halbe Stunde von Fraserburgh über Sandhaven nach ***Rosehearty,*** die Fahrtzeit beträgt 12 Minuten.
- Die Linie 269 nach ***Peterhead*** verkehrt jede Stunde.
- ***Businformationen:*** Bluebird, Hanover Street, Fraserburgh, T: 01346/517 000.
- ***Fahrradhändler:*** Cycle World, 45-55 Cross Street, Fraserburgh. Die Cross Street ist die Verlängerung des Saltoun Place.

Unterkunft

- Hotels befinden sich u. a. am Saltoun Square bei der Tourist Information. Hier bietet das ***Saltoun Arms Hotel,*** Saltoun Square, Fraserburgh, Aberdeenshire AB43 9DA, T: 01346/518 282, Fax: 01346/515 882, B&B ab £ 38.
- ***B&B*** ab £ 20 finden Sie in der Charlotte Street oder in der Viktoria Street, beide in der Stadtmitte.
- ***Esplanade Caravan Park,*** Harbour Road, Fraserburgh, T: 01346/510 041, Zelte ab £ 8, Caravans um £ 8,50 (nur von Apr.-Sept. geöffnet). Wenn Sie von Süden auf der A 92 in die Stadt kommen, biegen Sie rechts von der Maconochie Road in die Kessock Road, nach 250 m wieder links auf die Harbour Road.

Die Nordküste von Grampian

Ca. 8 km westlich von Fraserburgh verläuft die Küstenstraße B 9031 durch das freundliche Fischerdorf ***Rosehearty.*** Wenn Sie hier die erste Abzweigung nach links nehmen, erreichen Sie nach einem Kilometer ***Pitsligo Castle.*** Die beeindruckende Ruine mit bis zu 3 m dicken Mauern stammt aus dem 15. Jahrhundert und war Wohnsitz der *Frasers, Lairds of Pitsligo*. Letzter Burgherr war *Alexander Forbes, 4. Laird of Pitsligo*, ein begeisterter Jacobite und bekannt als Wohltäter der Armen. Nach Niederschlagung der 45. Jacobite Rebellion im Jahre 1746 bei Culloden versteckte er sich 46 Jahre lang bis zu seinem Tod, um der Gefangennahme durch die Engländer zu entgehen. (Ö: immer, Eintritt frei)

Wieder zurück auf die B 9031 Richtung Westen, biegt etwa 5 km hinter New Aberdour eine schmale Straße nach ***Pennan*** ab. Pennan ist eines der schönsten Fischerdörfer Schottlands und Drehort des Kultfilms aller Schottlandfans „Local Hero“. Steil führt die Straße hinab in das Dorf,

Local Heroes in Pennan

und Wohnwagen sowie Fahrzeuge mit schlechten Bremsen parken lieber oben. Im Rücken eine imposante Sandsteinklippe und vor den Augen das Meer, bietet die kleine Bucht gerade Platz genug für eine schmale Häuserzeile und eine Straße. Vielleicht 20 kleine weiße Häuser, ein Pub, ein Hafenbecken und eine rote Telefonzelle - das ist Pennan!

Crovie, 5 km westlich, ist nicht weniger malerisch. Hier war der Raum zwischen Felsen und Meer sogar derart begrenzt, dass nicht einmal mehr eine Straße Platz gefunden hat und das letzte Stück zu Fuß zurückgelegt werden muss.

Nochmals einige Kilometer westlich liegt am Fuße des Hill of Doune der geschäftige Fischerhafen ***Macduff.*** Hier können Sie allerlei Fischerei- und fischereiverwandtes Handwerk kennen lernen. Wochentags ab 8.00 h bietet sich ein Besuch des ***Fischmarkts*** an, und die ***Seaway Net Company*** im alten Bahnhof, Station Brae, gewährt Besuchern Einblick in ihr Gewerbe, die Fischernetzknüpferei (Ö: Mo-Fr 8.00-17.00 h, Sa 9.00-12.00 h). Am Westende des Hafens werden noch hölzerne Fischerboote gebaut, und durch das große Tor der Werkstätte können Sie den Handwerkern bei der Arbeit zusehen.

In der High Shore, ebenfalls in Hafennähe, hat Mo-So von 10.00-17.00 h das ***Macduff Marine Aquarium*** geöffnet.

Verbindungen

- In Macduff hält die Linie 305, die Aberdeen mit Elgin verbindet. Jede Stunde, sonntags nur alle 2-3 Stunden, fährt ein ***Bus,*** die Fahrtdauer beträgt 1,5 bzw. 2 Stunden. Die Linie 305 kommt aus Elgin über Fochaber, Cullen und Banff und fährt nach Aberdeen weiter über Turriff und Oldmeldrum. Zwischen Macduff und dem Nachbarort Banff verkehrt noch öfter eine eigene Linie. Busauskunft: Northern Scottish Omnibuses Ltd., Union Road, Macduff, T: 01261/833 533.
- ***Taxi:*** Victoria Taxis, The Garage, Commercial Street, Macduff, T: 01261/33 333.
- ***Autoverleih:*** Practical Used Car Rental, Bath Street, Macduff, T: 01261/33 524.

Unterkunft

- ***Knowes Hotel,*** Market Street, Macduff, AB44 1LL, T und Fax: 01261/832229, B&B ab £ 21.
- ***Western Bonnyton Farm Caravan & Camping Site,*** Gamrie, Banff, Banffshire AB45 3EP, T und Fax: 01261/832470, Zelt ab £ 5, Wohnwagen ab £ 5. Der Platz befindet sich etwa 3 km östlich von Macduff an der B9031.

Banff

Die Stadt am anderen Ende der Banff Bay, 3 km westlich, blickt auf eine lange Handelstradition zurück. Im 12. Jh. war Banff Mitglied der „Nördlichen Hanse“, eines Zusammenschlusses freier Handelsstädte (Burghs) mit Handelserlaubnis. Das Städtchen unterhielt Verbindungen mit ganz Europa, obwohl es erst ab dem 18. Jh. einen eigenen Hafen besaß. Einige Bauten erinnern noch heute an die lange Geschichte der Stadt, unter ihnen die Schutzmauern der Burg, die seit dem 12. Jh. vor räuberischen Wikingern schützen sollte.

Das ***Mercat Cross*** in der Low Street, einer Parallelstraße der High Street kann ein achteckiges, mit

Blattverzierungen geschmücktes Kapitell aufweisen, das ins frühe 16. Jh. datiert, sein Schaft dagegen ist 100 Jahre jünger.

Im 17. und 18. Jh. entdeckte die schottische Oberschicht Banff als idealen Ort, um hier den Winter zu verbringen. Der Strand, das Meer, das schöne Tal des Deveron und nicht zuletzt das für schottische Verhältnisse recht beständige Klima bewirkten und bewirken die Anziehungskraft des Ortes. Dieser Zeit hat Banff eine Vielzahl von eleganten ***georgianischen Landhäusern*** zu verdanken, die, wie nahezu die ganze Innenstadt, unter Denkmalschutz stehen. Auf den Mauern des mittelalterlichen Castles wurde ebenfalls im 18. Jh. ein neues Herrenhaus gebaut, nach einem Entwurf *John Adam's,* eines Mitgliedes des Architektenclans *Adam.*

In der High Street können Sie bei schlechtem Wetter dem ***Banff Museum*** einen Besuch abstatten. Dort werden Silberarbeiten, Waffen und Rüstungen ausgestellt, die örtliche Geschichte erzählt und Handwerkszeug des einheimischen Astronomen *James Ferguson* gezeigt. (Ö: nur im Sommer Mo-So 14.00-17.15 h, Do geschlossen, Eintritt frei)

Am südlichen Stadtrand findet sich ***Duff House,*** eine großartig angelegte architektonische Kuriosität inmitten des Royal Golf Course. Anfang des 18. Jh. erbte der junge *William*

Duff House

Duff, Lord Braco und späterer Earl of Fife, das größte Vermögen Schottlands. Seiner neuen Stellung entsprechend, entschloss er sich, eine neue, herrschaftliche Residenz zu bauen und beauftragte *William Adam* mit der Planung. Dem großen Architekten schwebte ein dreigliedriger Palast vor Augen, der junge Auftraggeber schenkte nur den immensen Baukosten Beachtung. Schließlich kam es zu einem Prozess und zur Einstellung der Arbeiten. *William Duff* soll der Bau ein solches Ärgernis gewesen sein, dass er den fertigen Mittelteil nie bewohnte. Erst seine Nachfahren verhalfen Duff House zu einer Blüte, als sie es für Feste benutzten.

Obwohl unvollendet, gehört Duff House zu den schönsten Exemplaren georgianischer Barockarchitektur Großbritanniens und gilt als Meisterwerk *William Adams*. Der dreistöckige Prunkbau wird an den Ecken von quadratischen Türmen abgeschlossen, korinthische Pilaster (flach aus der Wand heraustretende Säulen) und die obligatorische Balustrade schmücken die Fassade. Eine große Freitreppe bildet den Eingang zu Duff House, das, originalgetreu eingerichtet, heute einen Ableger der National Galleries of Scotland beherbergt. (Ö: im Sommer Mo-So 11.00-17.00 h, im Winter nur Do-So, bis 16 h, mittlerer Eintritt)

Von Duff House bringt Sie ein Spaziergang in südlicher Richtung entlang des River Deveron zur 3 km entfernten ***Bridge of Alvah,*** die sich in einem Bogen über die Schlucht des Deveron spannt.

Information

- ***Tourist Information Centre:*** Collie Lodge, Banff, AB15 1AU T: 01261/ 812 419, nur im Sommer!

Unterkunft

- Hotels sind in der High Street und in den Straßen östlich davon zu finden. In der Stadtmitte liegt das ***Carmelite House Private Hotel,*** Low Street, Banff AB45 1AY, T/Fax: 01261/ 812 152, B&B ab £ 20.
- ***Banff Links Caravan Park,*** Banff, AB45 2OO, T: 01261/812 228, Fax: 01261/833 646, Zelt ab £ 7, Wohnwagen ab £ 8. Verlassen Sie 1,5 km westlich von Banff die A 98 und biegen Sie nördlich auf die B 9139 ein, dann liegt der Platz nach 150 m auf der rechten Seite.

Cullen

20 km westlich von Banff liegt das Fischerdorf Cullen. Das hübsche Dorf wird von einem ***Eisenbahnviadukt,*** der sich quer über die Dächer der vielen kleinen Häuser spannt, geradezu erschlagen. Als 1886 hier eine Eisenbahnlinie erbaut wurde, weigerte sich die *Countess of Seafield*, die Linie über ihr großes Grundstück bei Cullen House verlaufen zu lassen. Daraufhin wurde über den Köpfen der Fischer, die sich nicht wehren konnten, das Viadukt errichtet. Die Linie wurde 1967 stillgelegt, und Teile der Schienenstrecke funktionierte man zu einem Fußweg um.

Durch die Bögen des Viadukts kann man auf den wunderschönen Strand der Bucht blicken. Mitten im Sand stehen drei große Felsen, die von den Einheimischen ***The Three Kings,*** die drei Könige, genannt werden.

Grampian

Unterkunft

- **Hotels** sind am Seafield Place oder in der Seafield Street in der Stadtmitte angesiedelt.
- **Cullen Bay Hotel,** Cullen, Buckie, Banffshire AB56 2XA, T: 01542/840 432, Fax: 01542/840 900, B&B ab £ 30.
- **B&B-Unterkünfte** häufen sich im Seafield Place, östlich an der Küste.

Autowerkstatt

- **Wakes Garage,** Blantyre Street, Cullen, T: 01542/840 506.

Portknockie

Von Cullen führt ein Fußweg etwa vier Kilometer entlang der z. T. überwältigenden Klippenformationen nach Portknockie. Der Weg beginnt am Golfplatz in Cullen und ist gut ausgeschildert. Eine andere Möglichkeit, zu Fuß nach Portknockie zu gelangen, ist entlang der stillgelegten Eisenbahnschienen (Ausgangspunkt Cullen Bay Hotel). Wer nicht nach Portknockie laufen will, für den führt auch eine Straße, und zwar die A 942, in die Stadt. Etwa 3 km nach Ortsausgang biegt die A 942 von der A 98 ab.

Erwähnenswert ist der Fischerort insbesondere aufgrund seiner fantastischen Steilküste. Im Osten des Ortes können Sie ein wahres Erosionskunstwerk bewundern. Der **Bow Fiddle Rock** ist ein spitz zulaufender Torbogen, der etwa 20 m vom Strand entfernt aus dem Meer aufragt. Zu erreichen ist der Felsen über einen kurzen Fußweg, der am Küstenweg in Portknockie beginnt.

Blick auf die Dächer von Cullen

Elgin

Wenn Sie von Osten auf der A 96 nach Elgin kommen, führt links eine Seitenstraße zur berühmten ***Elgin Cathedral*** (Hinweisschild). Die Kathedrale wurde 1224 gegründet und galt als die schönste Schottlands. „Die Laterne des Nordens" war ihr Beiname, und bereits 1390 leuchtete sie lichterloh, als der *„Wolf of Badenoch"*, ein Bruder *Robert III.*, die Kathedrale aus Rache für seine Exkommunikation abbrannte. Doch die Kirche wurde wieder aufgebaut und blieb bis zur Reformation unversehrt. Dann jedoch zerstörten aufgebrachte Reformatoren die Kathedrale erneut und endgültig. 1567 wurden die Spitzen der beiden Türme heruntergerissen, und der unwiderrufliche Verfall begann. Bis ins 19. Jahrhundert hinein diente die Kirche sogar als Steinbruch für örtliche Bauvorhaben, bis sie schließlich unter Denkmalschutz gestellt wurde.

Inzwischen werden zaghafte Restaurierungsversuche unternommen, wie man an einzelnen Fensterbögen bemerken kann. Relativ gut erhalten sind sowohl die Ost- als auch die Westfassade mit den zwei großen Türmen, die aufgrund ihrer abgebrochenen Spitzen an eine französische Kathedrale erinnern. Auch das achteckige Kapitelhaus gilt immer noch als das schönste Schottlands. (Ö: im Sommer Mo-So 9.30-18.30 h, im

Launenspiel des Meeres: Bow Fiddle Rock bei Portknockie

Winter Mo-Sa bis 16.30 h, Do nachmittags und Fr geschlossen, kleiner Eintritt)

Elgin selbst ist eine alte Stadt mit einer sehenswerten Hauptstraße. Mehrere alte Häuser, ein Marktkreuz und eine Kirche auf einer Verkehrsinsel sind in der High Street zu finden. Das Haus Nummer 7, ***Braco's Banking House,*** wurde 1694 erbaut und ist eines der wenigen Gebäude, das noch die ehemals typische Fassade aus Blendarkaden aufweist.

Steinerne Aufbahrung: Kathedrale von Elgin

St Giles Kirk auf der Verkehrsinsel wurde 1827-28 erbaut und von *Archibald Simpson* entworfen. Ihren ungewöhnlichen Standort verdankt die Kirche der Tatsache, dass genau an dieser Stelle bereits im Mittelalter ein Gotteshaus errichtet war.

Elgin Museum, am östlichen Eingang der High Street, beherbergt eine interessante Sammlung aus Fossilien und archäologischen Fundstücken. (Ö: im Sommer Mo-Fr 10.00-17.00 h, Sa 11.00-16.00 h, So 14.00-17.00 h, Eintritt)

Zahlreiche Cafés, Pubs und Restaurants finden sich ebenfalls in der High Street. In Elgin befindet sich auch einer der zwei wichtigsten unabhängigen Whiskyabfüller. Bei ***Gordon & MacPhail Ltd*** kann man die wichtigsten schottischen Malts erhalten, allerdings ist das Angebot wechselnd. Zu beachten ist außerdem, dass Gordon & MacPhail auf dem Etikett nur das Jahr des Brennens und nicht das Alter bei Abfüllung angeben. ***Gordon & Mac Phail,*** 58-60 South Street, Elgin, T: 01343/545 110.

Verbindungen

- ***Zug:*** In Elgin hält der Zug zwischen Aberdeen und Inverness, der etwa zwischen 5.00 h und 22.00 h im Zwei-Stunden-Rhythmus die Städte miteinander verbindet. Die Fahrzeit von Elgin nach Inverness beträgt etwa 30 Minuten, nach Aberdeen etwa zwei Stunden. Der Zug nach Inverness macht Zwischenstation in Forres und Nairn, der nach Aberdeen u. a. in Keith Huntly und Inverurie.
- ***Bus:*** Jede Stunde fährt die *Bluebird-Linie* 10 Aberdeen über Inverurie, Huntly, Keith, Elgin, Forres und Nairn nach Inverness. Die Fahrt von Aberdeen nach Elgin dauert zwei

Stunden und kostet um £ 8; die Fahrtdauer von Elgin nach Inverness beträgt eine Stunde, der Kostenpunkt liegt bei £ 6.

Die Linie 305 fährt jede Stunde, abends seltener, von Aberdeen u. a. über Turriff, Macduff, Banff und Buckie nach Elgin. Busauskunft: T: 01343/544 222.

- ***Autowerkstatt:*** Bishopmill Service Station, Lossiemouth Road, Elgin, T: 01343/542 941, bietet eine 24-h-Pannenhilfe an.
- ***Fahrradverleih:*** Williamson, 7 High Street, Elgin, T: 01343/549 656.

Information

- ***Tourist Information Centre,*** 17 High Street, Elgin, T: 01343/542 666.

Unterkunft

- ***Hotels*** in den unterschiedlichsten Preisklassen finden Sie in der High Street und den Nebenstraßen.
- ***Mansion House Hotel & Country Club,*** The Haugh, Elgin, Moray, IV30 1AW, T: 01343/548 811, Fax: 01343/547 916 am River Lossie, mit B&B ab £ 60 ist luxuriös, aber auch entsprechend teuer.
- ***The Lodge Guest House,*** 20 Duff Avenue, Elgin IV30 1QS, T/Fax: 01343/549 981, B&B ab £ 18.
- ***Saltire Independent Hostel,*** Plusgarden Road, Elgin Morayshire, Übernachtung £ 7,50.
- ***Riverside Caravan Park,*** West Road, Elgin IV30 8UN, Tel. 01343/542813, Zelt ab £ 4, Wohnwagen ab £ 9. Der Platz liegt unmittelbar westlich von Elgin an der A 96.

Forres und Umgebung

19 km weiter führt die A 96 durch das Städtchen Forres. Hier sollen laut *Shakespeare Macbeth* und *Banquo* mit den drei Hexen zusammengekommen sein. Heute jedoch wirkt das Städtchen alles andere als mystisch. Vielmehr verleihen die vielen gepflegten Parkanlagen, unter ihnen der ***Grant Park*** mit Blumengebilden u. a. in Form von Teddybären und eines Pfaus, der Stadt eine freundliche Atmosphäre.

Kommt man von Osten in die Stadt und biegt nach dem Ortseingang in die erste Seitenstraße auf der rechten Seite ein, dann gelangt man zu ***Sueno's Stone.*** Der etwa 6 Meter hohe Stein gehört zu den außergewöhnlichsten piktischen Bildersteinen Schottlands. Auf der einen Seite des schmalen Sandsteins ist eine Schlachtszene abgebildet. Köpfe, Körper und Waffen drängen sich um einen piktischen Rundturm, während die andere Seite ein Kreuz mit dem typischen Ring zeigt. Der Stein stammt wahrscheinlich aus dem 9. oder 10. Jh. und wurde vermutlich anlässlich eines Sieges über einfallende Wikinger aufgestellt.

Eine Broschüre über den Stein ist in der ***Tourist Information*** (nur im Sommer geöffnet), 116 High Street, T: 01309/672 938, erhältlich.

Wenn Sie die Stadt südlich auf der A 940 in Richtung Grantown on Spey verlassen, biegt ungefähr am Ortsausgang eine Straße links zur ***Dallas Dhu Distillery*** ab. Von hier sind es dann noch gut 2 km bis zur Brennerei. Die *Dallas Dhu Distillery* wurde vor einigen Jahren stillgelegt, von *Historic Buildings and Monuments* übernommen und in ein Museum umgewandelt. Nun kann der Besucher in aller Ruhe mit einer Broschüre in der Hand die einzelnen Stadien der Whiskybrennerei verfolgen und dann abschließend bei dem traditionellen Probeschluck einen Videofilm über die Geschichte der Whiskyherstellung betrachten.

Unser Dorf soll schöner werden: Musterdorf in Grampian

Zweifellos hat sich *Historic Buildings and Monuments* bei der Einrichtung des Museums große Mühe gegeben, doch die Kessel und Tonnen bleiben leer, niemand arbeitet hier, es fehlt der Lärm und vor allem der typische Geruch. (Ö: im Sommer Mo-So 9.30-18.30 h, im Winter Mo-Sa bis 16.30, So ab 14.00 h, Do nachmittags sowie Fr geschlossen, mittlerer Eintritt)

7,5 km westlich von Forres an der A 96 ist ***Brodie Castle*** zu besichtigen. Die Brodies leben schon seit dem 12. Jh. auf diesem Grund, doch das ursprüngliche Castle wurde 1645 zerstört. Die jetzige Burg basiert auf einem Tower House in Z-Form und wurde im 17. und 19. Jh. erweitert. Im Innern werden Möbel und Porzellan sowie eine Gemäldesammlung mit Werken aus dem 17. bis 19. Jh. ausgestellt. Durch den Grund um das Castle sind mehrere Spazierwege angelegt. (Ö:nur im Sommer Do-Mo 11.00-18.00 h, So 13.30-17.30 h, der Park ist ganzjährig von 9.30 h bis Sonnenuntergang geöffnet, hoher Eintritt)

Im Sommer veranstaltet der *NTS* regelmäßig Konzertabende in den Räumlichkeiten des Castels. Veranstaltungshinweise und Eintrittskarten für die Konzerte erhalten Sie bei den Tourist Information Centres in Elgin und Forres.

Von Aberdeen nach Banff

Überblick

Von Aberdeen nach Banff führt die A 947 durch das Landesinnere, eine Strecke, die sich insbesondere durch eine Vielzahl an Castles auszeichnet. Die Auswahl reicht von verfallenen Ruinen wie Tolquhon Castle über noch vollständig erhaltene Burgen wie Fyvie Castle bis zu herrschaftlichen Residenzen wie Haddo House.

Verbindungen

- Entlang der Strecke verläuft die ***Buslinie*** 305, die ungefähr im Ein-Stunden-Rhythmus (sonntags alle zwei Stunden) in Aberdeen, Busstation, abfährt und zwei Stunden später über Stationen in Newmachar, Oldmeldrum, Fyvie, Turriff und Macduff in Banff ankommt.

Von Aberdeen nach Fyvie

Kurz vor Oldmeldrum biegt die A 920 ostwärts nach Ellon ab. Wenn Sie dieser Richtung folgen, lohnt nach etwa 5 km ein Besuch des ***Pitmedden Garden.*** Im Mittelpunkt des 40 ha großen Grundstücks steht der sogenannte Great Garden. 1675 von *Alexander Seton* angelegt, zeigt der Garten vier große Blumenornamente. Drei der Muster wurden bei der Wiederherstellung der Anlage in Ermangelung der Originalpläne dem Garten von Holyroodhouse in Edinburgh entlehnt; das vierte zeigt als Tribut an den ursprünglichen Gartenarchitekten das Wappen Setons. Auf dem übrigen Gelände sind Spazierwege angelegt. Auch ein ***Museum of Farming Life*** kann besichtigt werden. (Ö: nur im Sommer, täglich 10.00-17.30 h, hoher Eintritt)

Falls Sie von Pitmedden entlang der B 999 zum nördlich gelegenen Haddo House fahren, können Sie nach ca. 2 km ***Tolquhon Castle*** besuchen, das links neben der Straße liegt (Hinweisschild). Die große Ruine gehörte einst der *Familie Forbes,* und *William Forbes* war es, der zwischen 1584 und 1589 das alte Tower House wesentlich erweiterte und in eine große rechteckige Anlage um einen Innenhof verwandelte. Stolz scheint *William Forbes* auf sein Werk gewesen zu sein, ließ er sich doch mittels einer Inschrift rechts des Torwegs als Bauherr verewigen: „Al this warke excep the auld tour was begun be William Forbes 15 Aprile 1584 und endet be him 20 October 1589". Zu sehen sind heute noch Küche, Keller, die Halle und das Zimmer des Laird. Besonders schön sind die beiden Wappen über dem Tor, wobei das untere, verwaschene, das Wappen von *William Forbes* und das obere das von *James VI.* darstellt. (Ö: im Sommer Mo-So 9.30-18.30 h, im Winter nur Sa 9.30-16.30 h, So 14.00-16.30 h, kleiner Eintritt)

Von Tolquhon führt die B 999 ins nahgelegene Tarves, von wo noch 6 km bis ***Haddo House*** zurückgelegt werden müssen (Hinweisschild). Die dreigliedrige herrschaftliche Residenz wurde 1731 von *William Adam* für *William, 2. Earl of Aberdeen,* ent-

Grampian

worfen. Das Zusammenspiel von einem größeren Hauptbau und zwei niedrigeren Seitenflügeln lässt denn auch leicht die Handschrift des großen schottischen Architekten erkennen. Die Freitreppe, die an der hinteren Fassade in einem eleganten Schwung direkt in den Salon führt, war dem *2. Earl of Aberdeen* indes häufig ein Ärgernis. Allzu oft führte das unbeständige Wetter dazu, dass man am ganzen Leibe vor Nässe triefend im Salon stand. Das Mobiliar im Innern des Hauses entstammt größtenteils nicht mehr dem 18. Jahrhundert, sondern ist original Adam-Revival aus dem Jahre 1880. (Ö: nur im Sommer, täglich 13.30-17.30 h, der Garten ist ganzjährig 9.30 h bis Sonnenuntergang geöffnet, hoher Eintritt)

Wieder zurück auf der A 947, liegt etwas nördlich des kleinen Ortes Fyvie eine der schönsten Burgen Schottlands (ausgeschildert). Die 5 Türme von ***Fyvie Castle*** stehen für je eine der 5 Familien, die einmal die Burg besaßen. Dementsprechend heißen die Türme *Preston, Meldrum, Seton, Gordon* und *Leith*. Der älteste Teil des Castles stammt bereits aus dem 13. Jh. und gilt heute als das

Craigston-Castle

großartigste Exemplar schottischer Baronialarchitektur.

Dies verdankt Fyvie nicht zuletzt seinen letzten Besitzern. Der Industrielle *Alexander Forbes-Leith* erstand das Gut 1889, restaurierte es gründlich und entfernte dabei so mancherlei unschönes Beiwerk, mit dem das Castle im Laufe der Zeit verziert worden war. Die Inneneinrichtung zeugt größtenteils vom Reichtum des *First Lord Leith of Fyvie*. Die Gemäldesammlung ist eine besonders schöne und kostbare Zusammenstellung verschiedener Portraits, unter ihnen Werke von *Gainsborough*, *Raeburn*, *Batoni*, *Romney*, *Opie* und *Hoppner*. Zudem werden Waffen und Rüstungen des 16. Jh. sowie mehrere Wandteppiche ausgestellt. (Ö: nur im Sommer, Sa-Mi 12.00-17-00 h, Juli-Aug. Mo-So 10.00-17.00 h, hoher Eintritt)

Turriff

Turriff, etwa 15 km weiter nördlich an der A 947, ist das Einkaufszentrum der Umgebung und eine Stadt mit sehr langer Vergangenheit. Denn schon im 6. Jh. wird Turriff als die Hauptstadt des piktischen Prinzen *Lathmon* erwähnt. Im 12. Jh. hatte der kriegerische Templerorden hier eine Niederlassung und rekrutierte Männer für die Kreuzzüge; im 17. Jh. war Turriff eine der Hauptstädte der Covenanter Rebellion.

Inzwischen ist es ruhiger geworden um den kleinen Ort mit den roten Sandsteinhäusern. Doch einmal jährlich, an zwei Tagen Anfang August, fallen wahre Besucherhorden in das Städtchen ein. 50.000 Menschen besuchen jährlich die ***Turriff Show,*** eine der größten landwirtschaftlichen Veranstaltungen Europas, u. a. kann man dort auch eine Viehauktion miterleben.

Eine Kuh war es auch, die 1913 die Stadt noch einmal in die Schlagzeilen brachte und die Souvenirindustrie florieren ließ. Damals weigerte sich der ***Farmer Robert Paterson,*** der neuen National Health Insurance beizutreten. Um die fehlende Beitragszahlung auszugleichen, pfändete die Polizei kurzerhand eine seiner Kühe und gab sie dem Verkauf preis. Versuche, das Tier in Turriff zu versteigern, endeten mit einem Tumult und der Flucht der Polizisten. Die Auktion in Aberdeen schlug ebenfalls fehl, bis Nachbarn von Paterson sich erbarmten, die Kuh ersteigerten und sie dem Bauern zurückgaben. Wundern Sie sich also nicht, sollten Sie auch heute noch Ansichtskarten von der „Turra Coo“ in den Souvenirläden entdecken, schließlich verhalf diese Geschichte Turriff zu neuem nationalen Ruhm.

Unterkunft

- ***Fife Arms Hotel,*** The Square, Turriff, AB53 4 AE, T: 01888/563 468, B&B ab £ 28.

Weitere Informationen

- In Green, etwa 11 km östlich von Turriff, wird jeden Sonntag von 11.00-17.00 h der ***Green Sunday Market*** abgehalten, wo u. a. auch Handwerksarbeiten verkauft werden. Standort: Union Motors, Parkhill Stores.
- ***Autowerkstatt:*** Central Engineers, Crown Street, Turriff, T: 01888/563 459.
- ***Taxi, Autoverleih und Tankstelle:*** Central Filling Station, Fife Street, Turriff, T: 01888/563 524.

Grampian

Von Aberdeen nach Keith

Zwischen Aberdeen und Keith bahnt sich am Fuße der Grampian Mountains die A 96 ihren Weg durch sanft gewellte, größtenteils landwirtschaftlich genutzte Flächen.

Verbindungen

- Der ***Zug*** von Aberdeen nach Inverness fährt mehrmals täglich in Abständen von ein bis zwei Stunden diese Strecke. Stationen sind in Inverurie, Huntly, Keith und Elgin. Die gesamte Fahrzeit beträgt etwa 130 Minuten.
- Zwischen Aberdeen und Keith verkehrt die Buslinie 10. Morgens um 6.00 h startet der erste ***Bus*** in Aberdeen, Guild Street Bus Station, danach verlassen die Busse bis 22.00 h im Stunden-Rhythmus die Stadt in Richtung Keith. Die Fahrt dauert etwa 1,5 Stunden, Zwischenstops sind in Blackburn, Kintore (Post Office), Inverurie (West High Street), Colpy, Huntly (Square) und schließlich Keith (Square). Von Keith fährt der Bus weiter bis Fochabers (Square), Elgin (Bus Station), Forres (Tolbooth), Nairn (Bus Station und Tradespark), bis er nach insgesamt 3,5 Stunden Fahrt in Inverness, Bus Station, ankommt. Der erste Bus in umgekehrter Richtung fährt in Inverness um 7.00 h los, danach jede Stunde bis 18.00 h.

Inverurie

Größter Ort nach Aberdeen ist mit 9300 Einwohnern das 25 km nordwestlich gelegene Inverurie. Obwohl der Ort keine größeren Sehenswürdigkeiten aufweisen kann, bietet er zumindest ein gutes Angebot an Einkaufs- und Unterkunftsmöglichkeiten und eignet sich zudem als Ausgangspunkt für Ausflüge in die reizvolle Umgebung.

Information

- ***Tourist Information Centre,*** 18 High Street, Inverurie, T: 01467/625 800.

Unterkunft

- ***Hotels*** finden Sie am Market Place oder am nordwestlichen Stadtrand.
- ***Ashdon Guest House,*** Old Kemnay Road, Port Elphinstone, Inverurie, AB51 5XJ, T. 01467/620 980, B&B ab £ 20.
- ***Hillhead Caravan Park,*** Kintore, Aberdeenshire AB51 0YX, T: 01467/632 809, Fax: 01467/633 173, Zelte und Wohnwagen ab £ 7,50. Biegen Sie in Kintore, 10 km südlich von Inverurie, von der Hauptstraße (A 96) ab nach Ratch Hill und nach etwa 1 km nochmals links nach Blairs, dann liegt der Park nach etwa einem Kilometer auf der linken Seite.

Autowerkstatt

- ***Easton Motor Service,*** Wardes Road, T: 01467/621 474.

Sehenswertes um Inverurie

Die ***Bennachie-Bergkette*** im Westen ist zu Recht sehr beliebt bei Ausflüglern und Wanderern, obwohl selbst die höchste der 5 Spitzen, ***Oxen Craig,*** lediglich 528 m Höhe aufweisen kann. Am Fuß der Berge wurden massive Aufforstungsarbeiten unternommen, doch die meisten der Spitzen sind kahl und zeigen nur den nackten Fels. Über Natur und Geschichte des Gebietes informiert das ***Bennachie Centre*** (auf der A96 Inverurie Richtung Norden verlassen, dann links Richtung Chapel of Garioch, schließlich nochmals links Richtung Bennachie Centre).

Im Zentrum beginnen mehrere Wanderwege unterschiedlicher Länge und Schwierigkeit. Wenn Sie zur ***Mi-***

ther Tap hochwandern, achten Sie auf die Erdmauern, die in einem Umfang von etwa 500 m die Spitze umfassen. Die über 6 m dicken Wälle gehörten zu einem Fort aus der Eisenzeit, das den Einheimischen wahrscheinlich als Zufluchtsort vor römischen Angriffen diente.

Ein „Guide to Bennachie" mit einer Fülle von Informationen zu Geschichte, Geologie, Fauna und Flora des Gebietes sowie Angaben zu Wanderwegen inklusive einer kleinen Karte gibt es für £ 1 bei der Tourist Information in Inverurie.

Das Eisenzeitfort auf der Mither Tap ist jedoch nicht der einzige Überrest aus vorschottischen Tagen. Einige Steinkreise und Gräber aus der Bronzezeit (2000-1000 v. Chr.), weitere Forts aus der Eisenzeit (500 v. Chr.-500 n. Chr.) und piktische Symbolsteine sind häufig in dieser Gegend anzutreffen und verweisen auf die früheren Bewohner.

Einen besonders schönen piktischen Symbolstein können Sie etwas südlich von Chapel of Gairloch (Seitenstraße der A 96) erblicken: den ***Maiden Stone.*** Ca. 300 m vor dem Stein lässt ein Kuriosum den Blick zum linken Waldrand abschweifen. Was sich von Weitem wie ein Buddha ausnimmt, entpuppt sich aus der Nähe als eine kolossale, barbrüstige Frauenstatue im Stil der 30-er Jahre, die, eher originell als schön, im Wald versteckt wurde.

Der 3 m hohe Maiden Stone aus dem 7. oder 8. Jh. weist auf einer Seite ein viergeteiltes Relief auf, in dem u. a. Spiegel, Kamm und ein Elefant abgebildet sind. Die andere Seite zeigt schöne Ornamente und ein piktisches Kreuz, das aber leider stark verwittert ist. Eine Legende weiß von der lieblichen Jungfrau von Drumdurno zu berichten, die der Teufel an dieser Stelle zu Stein verwandelte.

Wenn Sie Inverurie nicht auf der A 96, sondern der B 9001 verlassen, kommen Sie nach etwa 8 km zu der Abzweigung nach Daviot. Bei Daviot steht einer der besterhaltenen Steinkreise des schottischen Ostens. Der ***Loanhead Stone Circle*** umfasst

Fürstliche Hinterhofromantik: Leith Hall

10 stehende und einen liegenden Stein. In der Mitte ist ein Grab angelegt.

Eine weitere Alternative zur A 96 ist die B 9002, die ca. 10 km hinter Inverurie von der A 96 abzweigt. Sollten Sie sich für diese Strecke entscheiden, lohnt nach etwa 20 km ein Abstecher zu ***Leith Hall.*** Das kleine, aber feine Herrenhaus steht inmitten eines 114 ha großen Grundstücks und ist seit 1650 Heimat der *Leith-Familie*. Im Inneren des weißverputzten Gebäudes sind neben Möbeln persönliche Gegenstände der verschiedenen Lairds, die zumeist beim Militär dienten, ausgestellt. Dementsprechend ist auch die Sammlung „For Crown and Country: the Military Lairds of Leith Hall“ angelegt.

Durch das Grundstück führen mehrere Spazierwege, und neben Vögeln und Schafen sind auch einige Highland Cattles zu sehen. (Ö: nur in den Sommermonaten, Mi-So 12.00-17.00 h, hoher Eintritt, das Grundstück ist täglich, auch im Winter, von 9.30 h bis Sonnenuntergang geöffnet, Eintritt)

Huntly

In Huntly treffen 36 km hinter Inverurie die A 97 und die A 96 wieder zusammen. Am nördlichen Ende der freundlichen Kleinstadt steht die prächtige ***Ruine Huntly Castle,*** die mit herrlichen heraldischen Emblemen über dem Tor des Hauses und an den Burgmauern verziert ist. Schön kann man hier die architektonische Geschichte der Burg durch fünf Jahrhunderte beobachten: Die erste Burg aus dem 12. Jh. war eine Festung aus Erde und Holz, die zweite ein mittelalterliches L-förmiges Tower House, und die dritte wurde nach der Zerstörung des Turmhauses im 16. Jh. als eine fast palastartige Residenz gestaltet. 500 Jahre lang bewohnten die streng katholischen Gordons das Castle, bis es in den Bürgerkriegen Mitte des 17. Jh. endgültig zerstört wurde.

Recht gut erhalten ist auch das Brauhaus, eine Einrichtung, die bis ins 19. Jh. essentiell für alle größeren Haushalte war. So tranken die Mannen von Huntly in Ermangelung von Tee etwa eine Gallone (das sind etwa 4,5 Liter) Ale pro Tag und Mann, eine

Von Lords zu Lämmern: sozialer Abstieg einer Burg

Menge, die zu damaliger Zeit keineswegs unüblich war. Leider ist auch in Huntly wie bei allen anderen Ruinen nicht mehr allzu viel zu sehen, doch das Vorhandene ist gut erklärt und mit Hintergrundinformationen zum damaligen Leben angereichert. (Ö: im Sommer Mo-So 9.30-18.30 h, im Winter Mo-Sa bis 16.30 h, So ab 14.00 h, Do nachmittags und Fr geschlossen, mittlerer Eintritt.)

Information

- ***Tourist Information Centre,*** 9a The Square, Huntly, AB5 5AE, T: 01466/792 255.

Unterkunft

- ***Greenmount Guest House,*** 43 Gordon Street, Huntly, Aberdeenshire, AB54 8EQ, T: 01466/792 482, B&B ab £ 17.
- ***Castle Hotel,*** Huntly, Aberdeenshire, AB54 4SH, T: 01466/792 696, Fax: 792 641, herrschaftliche Residenz mit B&B ab £ 35.
- ***B&B*** findet sich im Stadtzentrum u. a. an der King Street, Castle Street und ihren Nebenstraßen.
- ***Huntly Castle Caravan Park,*** The Meadow, Huntly, AB 54 4UJ, T: 01466/794 999, www.huntlycastle.co.uk, Wohnwagen ab £ 10, Zelte ab £ 8.

Autoverleih

- ***Hay's,*** Halhill, Cobairdy, einige Kilometer nordöstlich an einer Seitenstraße der A 97.

Fahrradverleih

- ***Huntly Cycle Centre,*** 7 Granary Street, T: 01466/793 508.

Keith

18 km westlich von Huntly führt die A 96 durch die Kleinstadt Keith. Die 5000-Einwohner-Ortschaft liegt mitten in fruchtbarstem Ackerland und ist administratives und Einkaufszentrum der Umgebung. Das Stadtbild wurde vornehmlich im 18. und 19. Jh. geprägt, doch reicht die Geschichte der Stadt wesentlich weiter zurück. Schon im Jahr 700 missionierte der *heilige Maelrubha* die Einwohner der Stadt zum Christentum, und der erste nachreformatorische Heilige Schottlands, *St John Ogilvie*, erblickte 1580 in der Umgebung das Licht der Welt.

In der Church Road, der Fortsetzung der A 96, überrascht das Aussehen der ***St Thomas Church*** den Betrachter. 1830 gebaut, ist sie zumindest in Teilen der romanisch-dorischen Kirche „Santa Maria degli Angeli" in Rom nachempfunden. Im Innern der katholischen Kirche ist das Gemälde „Incredulity of St Thomas" von *Francois Dubois* eine Betrachtung wert. Das Gemälde wurde 1828 von *Charles X.* von Frankreich gestiftet.

Unweit der Kirche führt die ***Auld Brig*** wie schon im 17. Jh. über den River Isla. Die Brücke wurde 1609 erbaut und ist die älteste noch intakte Brücke der Region.

Ebenfalls einen Altersrekord hält die ***Strathisla Distillery*** in der Seafield Avenue, einer Nebenstraße der Church Street. Die 200 Jahre alte Brennerei ist eine der ältesten Schottlands. Führungen finden im Sommer Mo-Sa zwischen 10.00 h und 16.00 h statt, So ab 12.30. (Eintritt leider seit Kurzem £ 4, Kinder unter 8 Jahren dürfen die Produktionsstätten nicht betreten)

Anfang/Mitte Juni feiert Keith zwei Tage lang ein ***Festival of Traditional Music and Songs.***

Sollten Sie in der Stadt vorwiegend einkaufen wollen, wundern Sie sich nicht, wenn Sie entlang der Hauptstraße kaum Geschäfte sehen. Diese sind nämlich wie Restaurants und Pubs eher in der Mid Street, einer Parallelstraße, angesiedelt.

5 km südlich von Keith, an der B 9014, liegt am Fuße des ***Hill of Towie*** die ***Mill of Towie.*** Die imposante Hafermühle aus dem 19. Jh. wurde von ihrem jetzigen Besitzer mühsam instand gesetzt und arbeitet nun wieder wie in alten Zeiten. Der Müller höchstpersönlich führt durch die Mühle, und in der ehemaligen Getreidekammer ist ein Café und Restaurant eingerichtet. (Ö: nur im Sommer, Mo-Sa außer Di 10.30- 17.00 h, So 10.30-18.30, kleiner Eintritt)

Unterkunft

- ***The Houghs Farm Guest House,*** The Houghs, Keith, AB55 6QN, T: 01542/ 882238, B&B ab £ 20, ca. 1 km westlich von Keith an der A 96.
- ***B&B*** finden Sie u. a. leicht in der Fife Street, einer Nebenstraße der A 96 am nordwestlichen Stadtrand.

Autowerkstatt

- ***D C George***, 91-93 Regent Street, Keith, T: 01542/882 735, 24-Stunden-Pannenhilfe.

Von Aberdeen nach Dufftown

Zwischen Aberdeen und Elgin verlaufen die Straßen A 944, A 97, und schließlich die A 941, die zusammen die Grenzlinie zwischen dem dichtbesiedelten, verkehrstechnisch gut erschlossenen Nordosten der Region und der teilweise kargen, fast einsamen Berglandschaft im Südwesten bilden. Außerdem führen die Straßen mitten durch das Herz der Whiskyproduktion Schottlands, dessen unbestrittenes Zentrum Dufftown mit gleich sieben Brennereien darstellt.

Durch die Region führt auch der ***Scottish Malt Whisky Trail,*** der die 8 wichtigsten Speyside-Brennereien in einer Art Rundweg verbindet. Eine Broschüre zu dieser Touristenstraße liegt in jeder Tourist Information aus.

Castle Fraser

Falls Sie Aberdeen gen Westen auf der A 944 verlassen und 22 km weiter bei Dunecht auf die B 977 nach Norden abbiegen, führt kurz hinter dieser Kreuzung eine Nebenstraße in westlicher Richtung nach Achath. Von Achath aus ist es nicht mehr weit bis Castle Fraser.

Durch einen Park mit herrlichen alten Bäumen führt der Fußweg vom Parkplatz direkt auf die Burg zu, die teilweise zusammengewürfelt wirkt und doch ein harmonisches Ganzes bildet. Begonnen wurde der Bau der Burg von *Michael Fraser* im Jahre 1575 unter Nutzung des rechteckigen Tower Houses, das bereits früher hier gestanden hatte. Zunächst ließ *Fraser* den Rundturm und den viereckigen Turm einander diagonal gegenüber errichten, doch schon sein Sohn erweiterte das nun Z-förmige Tower House um die beiden niedrigen Seitenflügel.

Im Innern des prächtigen Castles erwarten den Besucher neben geschmackvoll eingerichteten Räumen auch ein paar reizvolle Kleinigkeiten. Eine ehrenamtliche Mitarbeiterin des NTS verwies uns, während sie den Weinkühler im Dining Room demonstrierte, auf das Holzbein des *Charles Mackenzie Fraser*. Dieser hatte im Jahre 1812 unter dem *Duke of Wellington* in Spanien gekämpft und dabei ein Bein verloren. Die Beinprothese sowie die beiden Kugeln, die ihn verletzten, werden nun als ganz besonderes Relikt in der Bibliothek ausgestellt.

Ein anderer aufmerksamer Helfer ließ uns durch das „Laird's Lug" schauen, ein unauffälliges Guckloch im Bailiff's Room, durch das der Gutsverwalter einst das Treiben in der Great Hall unter ihm beobachten konnte. (Ö: nur im Sommer Do-Mo 12.00-17.00 h, Juli-Aug. Mo-So 10.00-17.00 h, hoher, aber lohnender Eintritt)

Eines der schönsten Castles: Castle Fraser

Alford

Wieder zurück auf der A 944, erstreckt sich die Straße nochmals 22 km bis nach Alford. In dem verschlafenen Städtchen hat das ***Grampian Transport Museum*** eine Heimat gefunden. Pferdekutschen, Fahrräder, Motorräder, Dampffahrzeuge und jede Menge anderer Oldtimer demonstrieren, wie sich schon unsere Großeltern fortbewegten. (Ö: nur im Sommer, Mo-So 10.00-17.00 h, mittlerer Eintritt)

Information

- ***Tourist Information Centre,*** Railway Museum, Station Yard, Alford, T: 019755/62 052, nur im Sommer geöffnet.

Medienstar Craigievar: das Märchenschloss in Grampian

Unterkunft

- ***B&B*** gibt es z. B. bei Mrs J. Jack, Bydand B&B, 18 Balfour Road, Alford, Aberdeenshire, AB33 8NF, T: 019755/63 613, B&B ab £ 20.
- ***Haughton Caravan Park,*** Montgarrie Road, Alford, Aberdeenshire, AB33 8NA, T/Fax: 019755/62 107, Wohnwagen und Zelte um £ 7; die Montgarrie Road ist eine Seitenstraße der Hauptstraße.

Autowerkstatt und -verleih

- ***K.&A. Anderson,*** Lonenwell Garage, Alford, T: 019755/62 331.
- ***W.&R. Murray,*** Main Street, Alford, T: 019755/62 339.

Weitere Informationen

- Jeden Samstag findet in der Public Hall, Kingsford Road, ab 19.00 h ein ***Bingoabend*** statt, an dem fast der ganze Ort teilnimmt

Craigievar Castle

Südlich von Alford ist nach 10 km an der A 980 das Märchenschloss Craigievar Castle zu besichtigen. 1610 von *William Forbes* als ein L-förmiges Tower House erbaut, blieb Craigievar im 19. Jahrhundert von viktorianischen Schnörkeln verschont und stellt sich heute noch ebenso reizvoll dar wie zu Lebzeiten seines Bauherrn.

William Forbes war ein reicher Kaufmann, der aufgrund seiner guten Handelsverbindungen zum osteuropäischen Festland auch *„Willie the Merchant"* oder *„Danzig Willie"* genannt wurde. Starkes Nationalbewusstsein und die Notwendigkeit, aufgrund akuten Holzmangels möglichst viele Räume unter einem möglichst kleinen Dach unterzubringen, veranlassten ihn, ein typisch schottisches, fünfstöckiges Tower House zu errichten. 13 Jahre dauerten die Bauarbeiten, und erst 1623 konnte *Forbes* in sein neues Heim einziehen. Die Stuckdecken im Innern der Burg wurden sogar erst 1625, ein Jahr vor *Forbes* Tod, fertiggestellt.

Außen bildet der schlichte Turm einen schönen Kontrast zu der aufwändig gestalteten Dachkonstruktion. Wie Äste aus einem Baumstamm sprießen Türmchen, Schornsteine und Kuppeln aus den unteren Turmmauern. Durch die teilweise etwas dunklen Räume mit Originaleinrichtung findet etwa alle Viertelstunde eine Führung statt. (Ö: nur im Sommer, Mo-So 13.30-16.45 h, sehr hoher, aber lohnender Eintritt)

Upper Donside

Wieder zurück in Alford stößt die A 944 10 km westlich des Städtchens bei Mossat auf die A 97. Hier haben Sie die Möglichkeit, südlich in das Upper Donside, das obere Dontal, einzubiegen. Ein fruchtbares Tal, weniger wild als das Deetal, aber ebenso reizvoll, erwartet Sie hier, und besonders Glückliche sichten vielleicht sogar einen Adler oder einen Otter.

Normalerweise ist es still in dem Tal, doch einmal jährlich, am vierten Samstag im August, hält Unruhe Einzug in das friedliche Gebiet. An diesem Tag eröffnet traditionell der ***March of the Clansmen*** die örtlichen Highland Games. In voller Clanstracht, die Lanzen und Äxte in der Hand, versammeln sich die *Men of Lonach* am frühen Morgen, um lautstark durch das Tal des Don zu marschieren. Auf dem Weg wird bei den Schutzherren der Spiele Station gemacht und sich bei einem guten Schluck gestärkt, bevor die Mannen nachmittags ihre Kräfte im Ort Bellabeg messen.

Weiter flußaufwärts, 6 km von der Kreuzung in Mossat entfernt, stehen die Ruinen einer der ältesten Steinburgen in Schottland. ***Kildrummy Castle*** war Stammsitz der mächtigen *Earls of Mar* und wurde nach englischem Vorbild bereits im 13. Jh. errichtet, einer Zeit, als Steinfestungen in Schottland noch eine Seltenheit waren. Ursprünglich war der englische König *Edward I.* am Bau der Festung beteiligt, doch schon wenige Jahre später dienten die Gebäude als Unterschlupf für die Familie seines schottischen Widersachers *Robert Bruce*. Der darauf folgenden Belagerung durch die Engländer hielt die Burg zwar ohne Mühen stand, doch ein verräterischer Schmied setzte Kildrummy Castle von innen in Brand und zwang so die Burgbesatzung zur Aufgabe.

In den folgenden Jahrhunderten war die Festung immer wieder Schauplatz von Belagerung, Zerstörung und Wiederaufbau, bis 1716 die Burg nach der Niederlage des zweiten Jakobitenaufstands unter *James Stuart*, dem *„Old Pretender"*, endgültig verlassen und somit dem Zerfall preisgegeben wurde.

Allzu viel ist nicht mehr erhalten von den vier Rundtürmen, der rechteckigen Great Hall, dem jüngeren Torweg (16. Jh.) und den Wohngebäuden innerhalb der massiven Mauern, doch ein Gang um die Anlage entlang des Erdwalls vermittelt noch immer einen guten Eindruck von der einstigen Wehrhaftigkeit der Festung. (Ö: nur im Sommer Mo-So 9.30-18.30 h, kleiner Eintritt)

In der Nähe der Burg sind die ***Kildrummy Castle Gardens*** angelegt. Büsche und Hochgebirgspflanzen sind für Botaniker ebenso von Interesse wie ein Wassergarten und ein kleines Museum. (Ö: nur im Sommer, Mo-So 10.00-17.00 h, Eintritt)

Die A 97 streift 5 km nördlich von Kildrummy die schöne Ruine der mittelalterlichen ***St Mary's Kirk.*** Der Kirche fehlt heute zwar das Dach, doch ist sie ansonsten noch recht gut erhalten. Ein prächtiges romanisches Portal ist ebenso zu bewundern wie ein Gebeinhaus aus dem frühen 16. Jh.

Dufftown

Weiter führt die Straße A 97 bis Rhynie, wo die A 941 ins 30 km entfernte Dufftown abbiegt. *Rome was built on seven hills, Dufftown stands on seven stills.* Gleich sieben Quellen speisen sieben Brennereien und machen so den kleinen, freundlichen Ort zur Hauptzentrale der schottischen Whiskyherstellung. Auch eine der bekanntesten Whiskysorten, der Glenfiddich, wird in Dufftown gebrannt, und durch die ***Glenfiddich Distillery*** am Nordrand der Stadt drängen sich im Sommer täglich Touristenströme, um das Geheimnis der Whiskybrennerei zu erfahren. (Führungen durch die Produktionsanlagen finden im Sommer Mo-Sa 9.30-16.30 h und So 12.00-16.30 h, im Winter nur Mo-Fr statt, Eintritt frei)

Unweit der Distillery liegt die Ruine von ***Balvenie Castle,*** die m 13. Jh. als Festung des *Earl of Buchan* erbaut wurde. Die Burg entwickelte sich von der Festung eines feudalen Barons zu einem stattlichen Wohnsitz, wie er für einen Renaissance-Adligen angemessen erschien. Besonders deutlich wird dies an der Ostfront, wo *John Stewart, 4. Earl of Atholl,* um 1550 die alten Verteidigungsanlagen abreißen ließ. (Ö: nur im Sommer, Mo-So 9.30-18.30 h, kleiner Eintritt)

Der auffallend regelmäßige Grundriss der Ortschaft Dufftown (1680 Einw.) entstand erst im frühen 19. Jh., als *James Duff, 4. Earl of Fife,* die Stadt anlegen ließ, um die Arbeitslosigkeit nach den Napoleonischen Kriegen zu bekämpfen.

Die vier Hauptstraßen der Stadt treffen an einem Platz, The Square, in der Mitte des Ortes zusammen. Auf dem Platz steht weithin sichtbar der ***Clock Tower.*** Die Uhr am Turm stammt ursprünglich aus Banff und wird auch *The Clock that hanged MacPherson* genannt. *MacPherson* war ein Räuber in Robin-Hood-Manier. Im Jahr 1700 wurde er zum Tode verurteilt und sollte erhängt werden, doch die Bevölkerung setzte sich beim König für *MacPherson's* Begnadigung ein. Am Tage der Exekution war das Begnadigungsschreiben auf dem Weg, aber der schlitzohrige Sheriff von Banff stellte die Turmuhr eine Stunde vor, um das rechtzeitige Eintreffen des Schreibens zu verhindern.

Der Turm beheimatet außer dem Tourist Information Centre auch das

Dufftown Museum, eine kleine Ausstellung mit interessanten Stücken zur örtlichen Geschichte, wie alte Bügeleisen u. ä. (Ö: nur im Sommer, Mo- Sa 10.00-17.30 h, Juli-Aug. 9.30- 18.30 h, So 14.00-18.00 h, Eintritt frei)

Information

- ***Tourist Information Centre,*** Clock Tower, The Square, Dufftown, T: 01340/820 501, nur im Sommer geöffnet.

Unterkunft

- Hotels finden sich an den Hauptstraßen; das ***Tannoch Brae Guest House,*** 22 Fife Street, Dufftown, Keith, Banffshire AB55 4AL, T: 01340/820 541 bietet B&B ab £ 19 an.
- ***B&B*** finden Sie z. B. in der Church Street.

Autowerkstatt

- ***Johnstone & Stuart,*** 29 Fife Street, Dufftown, T: 01340/820 661, 24-Stunden- Pannenhilfe.

Rothes

Einige Kilometer nördlich von Dufftown ist bei Rothes die ***Glen Grant Distillery*** angesiedelt. Diese Brennerei ist kleiner und persönlicher als z. B. die große Glenfiddich Distillery. Der Besucher wird nicht durch die Anlagen gedrängt, sondern in einer informativen Führung geleitet. Anschließend wird als Probeschluck ein echter Maltwhisky gereicht. (Führungen nur im Sommer, Mo-Sa 10.00-16.00 h, So ab 12.30 h, Eintritt)

Ein Leben für das Lebenswasser: Destille in der Glen Grant Distillery

Whisky, das braune Wasser des Lebens

Ein Gerstenkorn kann es in Schottland weit bringen. Brot? Nun, das schottische Brot kann man bei aller Liebe nicht als ehrgeiziges Ziel bezeichnen. Bier? Nein, dafür muss die zweitbeste Gerste herhalten. In Schottland hat sich eine Form der Veredelung von Gerste (engl. *barley*) entwickelt, deren ***Ursprung*** manche bis in die Zeit der Pikten um die Zeitwende zurückverlegen. *Uisge beatha*, das „*Wasser des Lebens*", nennen es die Gälen, *Whisky* heißt es im Schottischen, das viele gälische Wörter einfach in eine Kurzform brachte.

Whisky gibt es nicht nur in Schottland - auch die Iren brennen passablen Malzbranntwein (Whiskey geschrieben), in Übersee wird eine degenerierte Form der irischen Spezies hergestellt, in Thailand findet sich welcher, neuerdings soll sogar in Japan ein eigener entdeckt worden sein - aber nur schottischer Whisky darf sich Scotch nennen, und nur er verdient diese Bezeichnung.

Die ***Herstellung*** von reinem Hochland-Malzwhisky ist eigentlich ganz einfach, doch benötigt man vier Dinge dazu, die es den Konkurrenten verwehren, das Flavour des schottischen Stoffs zu erreichen: schottischer Torf, schottisches Hochlandwasser, schottische Destillateure und die Highlands. Japaner hatten einmal die ersteren drei Dinge auf Schiffen nach Japan verfrachtet und versucht, eigenen Malt zu brennen; heute kaufen sie ihren Malt wieder in Schottland.

Malzwhisky (auf schottisch kurz *Malt*) wird aus Gerste gewonnen, die zunächst keimen muss, um das Malz (Zuckerkristalle) auszubilden. Danach wird sie über Torffeuern getrocknet und erhält dabei mit dem Torfrauch den typischen rauchigen Geschmack, der den schottischen Whisky von anderen unterscheidet. Viele der älteren Brennereien haben ihren alten, heute nicht mehr benutzten Räucherofen stehen lassen, den man an der typischen, an Pagoden erinnernden Form erkennt. Nach dem Trocknen wird die Gerste gemahlen und das Malz mit Wasser herausgewaschen. Die nun entstandene Flüssigkeit wird mit Hefe vergoren. Das Ergebnis, ein dem Bier sehr ähnliches Gebräu, wird nun destilliert. Der dadurch gewonnene Rohwhisky wird in Eichenfässer gefüllt und muss mindestens sieben Jahre lagern, bis ein Schotte ihn Whisky nennt.

Viele der ***Brennereien*** in Schottland lassen Besucher hinter die Kulissen schauen. Wir empfehlen besonders die kleineren, da die Gruppen kleiner sind, man dadurch Zwischenfragen stellen kann und vor allem, weil Sie am Schluss einen Probeschluck echten Maltwhiskys erhalten, die meisten großen Distilleries jedoch nur Blend anbieten.

Da die Herstellung von reinem Malzwhisky sehr langwierig ist - die meisten guten Whiskies lagern mindestens 12 Jahre -, wird häufig der leichter herstellbare ***Grainwhisky*** *(grain* kann alle möglichen Getreidesorten bedeuten) mit dem Malt zum billigeren *Blend* verschnitten (engl. *blended).*

Die meisten in Deutschland bekannteren Scotch Whiskies sind ***Blends,*** also nur zweitklassiger Whisky. Je höher aber der Maltanteil ist, desto weicher wird auch der Blend. Um den Unterschied, vor allem in der Schärfe, zu schmecken, sollten Sie es sich nicht nehmen lassen, einmal in einem Pub einen Malt nach einem Blend zu genießen.

Aber auch Malzwhisky ist nicht gleich Malzwhisky. Zum einen ist das ***Lageralter*** entscheidend. Je länger ein Whisky im Eichenfass gelegen hat, desto weicher wird er in der Regel, wobei Kenner allerdings der Meinung sind, das ein Alter über 12 Jahre keine spürbaren Veränderungen mehr bringt. Beim Alter zählt nur die Lagerzeit, da der Whisky aufhört sich zu verändern, sobald er in luftdichten Flaschen abgefüllt ist.

Weiterhin unterscheidet man zwischen *Pure und Single Malt* Der Pure Malt ist ein Verschnitt aus verschiedenen reinen Malzwhiskies, während der Single Malt aus einer einzigen Brennerei stammt, somit die Krone der Schöpfung darstellt. Die Whiskykenner unterscheiden darüber hinaus noch die ***Western und die Eastern Malts.*** Mit Eastern Malts sind vor allem die Whiskys aus der Whiskyregion Speyside gemeint, die durch ihr weiches, rundes Malzaroma bestechen. Die Western Malts, vor allem von den Inseln Islay und Skye und von Kintyre, besitzen ein erheblich raueres, torfigeres Aroma. Man sollte die Western Malts nach der schottischen Devise trinken:

„Drink no whisky without water and drink no water without whisky!"

Das Tal des River Dee

Überblick

Durch das Deetal führt die A 93 von Aberdeen nach Ballater. Das Tal ist hier breit und sanft, die Umgebung ist landwirtschaftlich genutzt und unterscheidet sich stark von der wilden Natur am Ursprung des Tales.

Verbindungen

- Durch das Deetal führt die Buslinie 201 der Bluebird Northern Scottish Ltd. Von Aberdeen startet alle halbe Stunde ein ***Bus nach Banchory,*** doch nur jede Stunde fährt der Bus weiter über Kincardine O'Neil, Aboyne, Ballater, Crathie bis ***nach Braemar.*** Genauere Auskunft über die Abfahrtszeiten erhalten Sie in Aberdeen beim Busbahnhof in der Guild Street oder in Ballater bei Bluebird Northern Scottish, Church Square, T: 013397/55 422.
- Frühaufsteher nimmt frühmorgens in Ballater auch der ***Postbus*** in begrenzter Anzahl mit. Seine Route führt über Braemar, Clunie Bridge und Linn of Dee wieder zurück nach Ballater. Auskunft über die genaue Abfahrtszeit dieses Busses erteilt die Tourist Information in Ballater.

Drum Castle und Crathes Castle

Der große, alte Turm von ***Drum Castle,*** 12 km weiter östlich vor Banchory, wurde bereits 1286 erbaut

Im Burgenparadies Grampian: Drum Castle

und gehört damit zu den drei ältesten Towerhäusern in Schottland. 1323 verschenkte *Robert Bruce* das Castle mit dem umliegenden Land an seinen treuen Gefolgsmann *William Irvine*. 1619 wurde der Turm um ein Herrenhaus erweitert, im 19. Jh. folgte ein weiterer viktorianischer Anbau. Von außen durchaus sehenswert, kann Drum Castle innen jedoch nicht mit dem nahegelegenen Crathes Castle konkurrieren. Die Möbel sind größtenteils georgianisch und viktorianisch, im alten Turm ist unten eine Bibliothek eingerichtet, doch der obere Teil gleicht eher einer Ruine. (Ö: nur im Sommer, Mo-So 12.00-17.00 h, Juli-Aug. 10.00-18.00 h, Park das ganze Jahr von 9.30 h bis Sonnenuntergang, zu hoher Eintritt)

8 km weiter westlich findet sich an der A 93 ein Schmuckstück der schottischen Tower-House-Architektur. ***Crathes Castle*** wurde zwischen 1556 und 1596 auf Geheiß *Alexander Burnett's* errichtet, dessen Familie schon seit über 300 Jahren auf diesem Grund lebte. Auch die nächsten 350 Jahre verbrachte die ***Burnett-Familie*** in der Burg, die Ende des 17. Jh. unter *Sir Thomas* und *Margaret Burnett* noch um einen Seitenflügel erweitert wurde, da die 21 Kinder des Paares nicht mehr genügend Platz im alten Turmhaus fanden.

Die geschmackvolle ***Inneneinrichtung*** der gelbverputzten Granitburg zeigt, bedingt durch die kontinuierliche Anwesenheit einer Familie über mehrere Jahrhunderte, eine sehenswerte Zusammenstellung von Möbeln seit dem 16. Jh. mit Schwerpunkt auf dem 17. Jh. Beeindruckend sind insbesondere die herrlich bemalten Decken in einigen Räumen, die im frühen 17. Jh. von einheimischen Künstlern geschaffen wurden. Ebenfalls eine Seltenheit ist die Eichendecke in der Long Gallery, wo von Zeit zu Zeit der *Laird's Court,* ein örtlicher Gerichtshof, abgehalten wurde.

In einer Burg mit solch langer Tradition darf auch das ***Burggespenst*** nicht fehlen. Erstmals gesichtet wurde die *Green Lady* im 18. Jh., 100 Jahre bevor das Gerippe eines Babys in der Wand des Green Lady's Room gefunden wurde. Augenzeugen wissen denn auch zu berichten, dass die *Green Lady* immer mit einem Kind im Arm erscheine.

Außerhalb von Crathes Castle erstreckt sich ein weitläufiger ***Park*** mit wunderschönen Linden und ein sehenswerter Garten mit einer unüberschaubaren Vielzahl an Blumen, die in allen nur erdenklichen Farben und Formen leuchten, sowie herrlichen Eibenhecken. (Ö: nur im Sommer, Mo-So 10.00-17.30 h, im Okt. bis 16.30 h, sehr hoher, aber lohnender Eintritt; Garten und Park, Ö: das ganze Jahr von 9.00 h bis Sonnenuntergang, Eintritt auch separat möglich) Ab 14.30 h finden im Sommer zusätzlich jeden Sonntag abwechselnd Piper-Band- und Highlanddance-Vorführungen statt.

Banchory

Banchory, die größte Ortschaft des Deetals, zeichnet sich wie Aboyne oder Ballater vor allem durch seine

Technische Ruine: Schottland und der Schrott

schöne Lage und die guten Unterkunftsmöglichkeiten aus.

Information

- ***Tourist Information Centre,*** Bridge Street, Banchory, AB31 3SX T: 01330/822 000, nur im Sommer geöffnet.

Unterkunft

- ***Burnett Arms Hotel,*** 25 High Street, Banchory, AB31 5TD, T: 01330/824 944, Fax: 01330/825 553, B&B ab £ 30.
- ***Village Guest House,*** 83 High Street, Banchory, AB31 5TJ, T/Fax: 01330/823 307, B&B ab £ 25, bietet hohe Qualität zu vernünftigen Preisen.
- ***Douglas Arms Hotel,*** 22 High Street, Banchory AB31 5SR, Tel. 01330/822547, B&B ab £ 20.
- ***Feughside Caravan Park,*** Strachan, Banchory, Kincardineshire AB31 6NT, T: 01330/850 669, Zelt £ 7, Wohnwagen £ 9. Der Platz liegt etwa 8 km südlich von Banchory, wenn Sie die B 974 nach Strachan nehmen, von dort geradeaus weiter auf der B 976, nach 3 km hinter dem Feughside Inn.

Autowerkstatt

- ***Banchory Service Station,*** North Deeside Road, T: 01330/822 336.

Autoverleih

- ***Banchory Car Centre,*** Tillybrake Road, T: 01330/824 848.

Taxi

- ***L.A. Taxis,*** North Deeside Road, Banchory, T: 01330/822 442.

Aboyne

Etwa 15 km weiter westlich streift die Straße ***Kincardine O'Neil,*** eine der ältesten Ortschaften des Deeside. Im Ortskern des hübschen Städtchens findet sich eine frühgotische Kirchenruine aus dem Jahr 1233.

Nur wenige Kilometer weiter westlich führt die Straße durch das Städtchen ***Aboyne.*** Diese freundliche Stadt eignet sich ähnlich wie Ballater gut als Ausgangspunkt für Exkursionen in das Umland. Fünf Kilometer westlich der Stadt veranstaltet der Deeside Gliding Club im Sommer ein- bis zweiwöchige Intensivkurse im ***Segelflug.*** Für bereits erfahrene Flieger ist auch eine einmonatige Mitgliedschaft möglich, die für diesen Zeitraum die Benutzung der Segelflugzeuge gestattet. Genauere Informationen erhalten Sie am Flugplatz oder unter der Rufnummer: 013398/85 339.

Unterkunft

- ***Hotels*** finden sich u. a. in der Charlestown Road und der Bridgeview Road, beide Nebenstraßen der Ballater Road aus Ballater.
- ***Gordon Arms Hotel,*** Kincardine O´Neil, AB34 5AA, T: 013398/84 236, B&B ab £ 35.
- ***Birse Lodge House,*** Charleston Road, Aboyne, Aberdeenshire AB34 5EL, T: 013398/86 253, Fax: 013398/87 796, B&B ab £ 30.

Fahrradverleih

- ***Huntly Arms Hotel***, Aboyne, T: 013398/86 101.

Ballater

Von Aboyne führen zwei parallelverlaufende Straßen nach Ballater. Die größere A 93 entlang des nördlichen Deeufers und die B 976 am südlichen Ufer. Entscheiden Sie sich für die A 93, führt Ihr Weg nach wenigen Kilometern vorbei an der romantisch zwischen alten Bäumen gelegen ***Tul-***

lich Church mit einigen völlig verwitterten, piktischen Symbolsteinen.

Ballater ist eine kleine Stadt ohne große Attraktionen, die sich gut als Einkaufs- und Übernachtungsstätte sowie als Ausgangspunkt für Ausflüge in die nähere Umgebung eignet. Die ***McEwan Gallery*** an der A 939, ca. 2 km westlich von Ballater, ist in einem ungewöhnlichen Haus untergebracht, das 1902 nach einem Entwurf des Schweizer Künstlers *Rudolph Christen* errichtet wurde. Ausgestellt werden Ölgemälde, Aquarelle und Drucke aus dem 18.-20. Jh., vornehmlich Arbeiten der schottischen Schule. (Ö: Mo-So 10.00-18.00 h, Eintritt frei)

Information

- ***Tourist Information Centre,*** Albert Hall, Station Square, Ballater, T: 013397/55 306.

Unterkunft

Ballater bietet eine sehr große Auswahl an Hotels von kleineren, preisgünstigen Herbergen bis zu luxuriösen Vier-Sterne-Hotels.

- ***The Glen Lui Hotel,*** Invercauld Road, Ballater AB35 5RP, T: 013397/55-402, Fax: -545, e-mail: infos@glen-lui-hotel.co.uk, hat 4 Sterne vom *AA* und vom *RAC* und bietet B&B ab £ 27.
- ***Moorside House,*** Braemar Road, Ballater AB35 5RL, T/Fax: 013397/55 492, B&B ab £ 20, klein, aber fein.
- ***Celicall Guest House,*** 3 Braemar Road, Ballater AB35 5RL, T: 013397/55699, B&B ab £ 17.
- ***Deeside Hotel,*** Braemar Road, Ballater AB35 5RQ, T: 013397/55-420, Fax: -357, B&B ab £ 24.
- ***B&B*** findet sich gehäuft an der Braemar Road, der A 93 aus Braemar.
- Der ***Anderson Road Caravan Park,*** T: 013397/55 727 liegt etwa 300m vom Town Square entfernt. Buchungen bei Anderson Road Caravan Park, Aberdeenshire, Council, Viewmount, Arduthie Road, Stonehaven, Kincardineshire AB31 4DN, T: 01569/762 001, Zelt und Wohnwagen ab £ 9.

Auto- und Fahrradverleih

- ***Riverside Garage,*** Tullich Road, Ballater, T: 013397/55 323.

Das zentrale Hochland

Von Perth nach Inverness

Die wichtigste und zwischen Perth und Inverness auch einzige Verbindung mit dem Norden ist die A 9. Der *highway to the highlands* windet sich über die unwegsamen Grampians nach Inverness. Da er der einzige direkte Weg nach Norden ist, wird er sehr stark befahren und ist deshalb eine der schlimmsten Unfallstrecken Schottlands. Lassen Sie sich von keiner Raserei anstecken: Der unvermittelte Übergang von zwei- auf einspurige Teilstücke und riskantes Überholen sind die häufigsten Quellen von Unfällen, besonders, wenn man noch nicht völlig an den Linksverkehr gewöhnt ist. Nehmen Sie sich lieber Zeit und genießen Sie die immer wilder und unbewohnter werdende Landschaft auf den Pässen durch die Grampians.

Verbindungen

- ***Zug:*** Da die Route, die die A 9 beschreibt, der einzige Übergang über die Grampians auf dem Weg nach Inverness ist, folgt auch die Bahn dieser Strecke. Rund um die Uhr fahren die Züge aus Richtung oder nach Edinburgh oder Glasgow. Täglich gibt es vier Verbindungen mit London. Die Fahrt von Perth bis Inverness dauert 3,5 h, mit dem Express, der, aus London kommend, in Perth einläuft, sogar nur 2 h. Info: T: 08457/484 950.
- ***Scottish Citylink Coaches*** (Fahrplan-Info T: 08705/505 050) unterhalten zwischen Glasgow und Inverness täglich acht Buslinien, von denen zwei aus London kommen. Von Edinburgh nach Inverness über Perth und Aviemore verkehren täglich zwischen 7.15 und 20.45 h 13 verschiedene Busse. Die Fahrtzeit beträgt ca. 3¾ h und kostet einfach ca. £ 13.
- Kürzere lokale Verbindungen werden z. T. von ***Postbussen*** abgedeckt. Insgesamt ist es also ein leichtes, auf der A 9 zwischen Perth und Inverness voranzukommen. Information Inverness Bus Station, T: 01463/ 233 371 oder bei der Perthshire Transport Hotline T: 0845/3011 130.
- Einen ***Busfahrplan für das Hochland*** kann man beim *Roads & Transport Highland Council,* Glenurquhart Road, Inverness IV3 5NX, T: 01436/702 695 oder per e-mail: sheila.fletcher@highland.gov.uk anfordern.

Einstimmen aufs Hochland: Der Weg bis Dunkeld

Etwa 15 km nördlich von Perth erhebt sich links der A 9 auf den Bergen **Birnam Wood:** „*Macbeth shall never vanquished be until, /Great Birnam Wood to high Dunsinane Hill /Shall come against him,*" das versprachen die drei Hexen dem Königsmörder. *Shakespeare* aber ließ *Malcolm Canmores* Heer, das *Macbeth* vernichten sollte, in Birnam das Lager aufschlagen. Um die Zahl seiner Soldaten zu verhüllen, ließ der Sohn des erschlagenen *Duncan* seine Mannen den Wald abholzen. Jeder hatte einen Baum vor sich her zu tragen, um sich zu tarnen. So kam es, dass Birnam Wood zu Dunsinane Hill zog, wo *Macbeth* in seiner Burg wartete und der Spruch der drei Hexen sich erfüllte.

Dunkeld

Dunkeld, ein ruhiges, hübsches Städtchen, zwei Kilometer von der A 9 entfernt, ist unbedingt einen Abstecher wert. Die romantische Lage

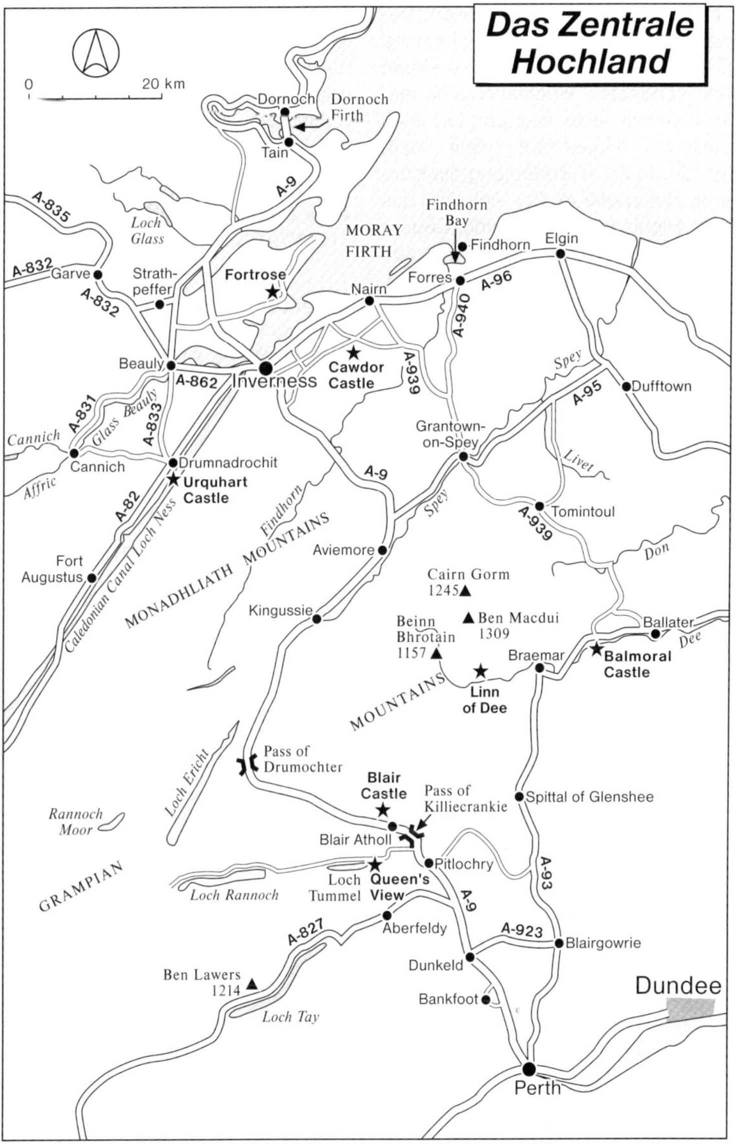
Das Zentrale Hochland
0
20 km
Dornoch
Dornoch Firth
Tain
A-9
A-835
Loch Glass
A-832
Garve
A-832
Strathpeffer
Fortrose
MORAY FIRTH
Findhorn Bay
Findhorn
Elgin
Forres
A-96
Nairn
A-940
Beauly
A-862
Inverness
Cawdor Castle
A-939
Spey
A-95
Dufftown
A-831
Glass
Beauly
A-833
Cannich
Cannich
Affric
Drumnadrochit
Urquhart Castle
Grantown-on-Spey
Livet
A-9
A-82
Loch Ness
Findhorn
MONADHLIATH MOUNTAINS
Spey
Tomintoul
A-939
Aviemore
Don
Fort Augustus
Caledonian Canal
Cairn Gorm 1245
Kingussie
Beinn Bhrotain 1157
Ben Macdui 1309
Ballater
Dee
Braemar
Balmoral Castle
Linn of Dee
MOUNTAINS
Pass of Drumochter
Loch Ericht
Blair Castle
Pass of Killiecrankie
Spittal of Glenshee
Rannoch Moor
Blair Atholl
Pitlochry
GRAMPIAN
Loch Rannoch
Loch Tummel
Queen's View
A-9
A-93
A-827
Aberfeldy
A-923
Blairgowrie
Dunkeld
Ben Lawers 1214
Dundee
Bankfoot
Loch Tay
Perth

Hochland

am Fluss zwischen den steilen, bewaldeten Bergen und der malerische Ortskern machen Dunkeld zu einem der schönsten Hochlandstädtchen. Im Frühmittelalter war der Ort eine piktische Hauptstadt. Seit dem 16. Jh. hatte er Bedeutung als Knotenpunkt zweier großer Viehzüge aus den Highlands in Richtung Süden. Einmal im Jahr wurde damals das zotteligen *highland cattle* auf festen Routen zusammengetrieben, um in die städtischen Zentren verkauft zu werden. Zwei der wichtigsten Viehzüge trafen sich in Dunkeld, von wo aus es auf dem Weg der heutigen A 9 der Schlachtbank in Edinburgh entgegenging. Seit 1809 überspannt eine Brücke den Tay, die den Viehzügen das Durchschwimmen des schnell fließenden Flusses ersparte, wobei stets viele Tiere ertranken.

Das Zentrum von Dunkeld wurde im Rahmen des *Little Houses Programm* des *National Trust (NTS)* wunderschön restauriert. Der *Trust* unterstützte die privaten Hausbesitzer finanziell bei der Restaurierung ihrer Häuser und erreichte dadurch, dass ein typisches Stadtbild des 17. Jh. erhalten blieb. Gleich in der ersten Straße nach der Brücke links befindet sich ein hübscher dreieckiger Platz, die High Street. In der hinteren rechten Ecke des Platzes steht das ***Tourist Information Centre,*** das einen kurzen Film über Dunkeld und seine Geschichte zeigt.

Vom Platz geradeaus weiter zwischen den *Little Houses* hindurch, vorbei am Geburtshaus von *Alexander MacKenzie,* dem berühmten Kanadadurchquerer, gelangt man zur ***Dunkeld Cathedral.*** Schon *Kenneth MacAlpine*, der Gründer Schottlands (843-860), hatte hier eine Kirche errichten lassen. Die heutige gotische Kathedrale wurde während des 14. Jh. gebaut.

Information

- ***The Cross,*** Dunkeld, PH8 0AN, T/Fax: 01350/727 688.

Unterkunft

Dunkeld selbst besitzt nur wenige Hotels, doch in Birnam, etwas südlich, befinden sich noch ein paar weitere.

- ***Royal Dunkeld Hotel,*** Atholl Street, Dunkeld, Perthshire, PH8 0AR, T: 01350/727 322, Fax: 728 989, B&B ab £ 35.
- ***Birnam House Hotel,*** Perth Road, Birnam, Perthshire PH8 0BQ, T: 01350/727 462, Fax: 728 979, B&B ab £ 35. Zwei-Sterne-Hotel in schönem victorianischem Bau an der Hauptstraße von Birnam.
- ***Waterbury Guest House,*** Murthly Terrace, Birnam, Perthshire PH8 0BG, T: 01350/727 324, B&B ab £ 20, kleines Hotel in historischem Haus in Birnam.
- ***Wester Caputh Independent Hostel,*** Manse Road, Wester Caputh, Perthshire PH1 4JH, T/Fax: 01738/710 617, info@westercaputh.co.uk. Übernachtung £ 7.50, liegt etwa 8 km östlich von Dunkeld an der A 984.
- ***Inver Mill Caravan Park***, Inver, Dunkeld, Perthshire PH8 0SR, nach Abbiegen auf die A 822 sofort rechts, T/Fax: 01350/727 477, Wohnw./Zelte £ 7-9.

Ferienzentrum Pitlochry

Weiter auf der A 9 Richtung Norden, gelangen Sie nach gut 20 km in die Touristenmetropole am River Tummel. Die Berge der Grampians beginnen hier, langsam immer näher an die A 9 zu rücken, und umrahmen Pitlochry mit einer grandiosen Kulisse. Die Stadt selber hat nicht viel Sehenswertes zu bieten, doch verfügt sie über eine Reihe guter Hotels und Unterkünfte. Im Sommer ist das ***Festival Theatre*** auf der gegenüberliegenden Seite des Tummel ein Anziehungspunkt. Karten für die Schauspiele, Konzerte und anderen Veranstaltungen erhält man am Theater oder in der Tourist Information.

Im Tal sind die Wasser des Tummel zum ***Loch Faskally*** gestaut, einer Idylle für Spaziergänger und Angler. Vor der Staumauer haben die Schotten eine künstliche Lachstreppe angelegt, auf die sie sehr stolz sind.

Das Wasserkraftwerk, ***Scottish Hydro Electric Centre,*** an gleicher Stelle kann Mo-So von 10.00-17.30 h gegen eine Gebühr besichtigt werden und bietet kostenlos auch noch einmal einen besseren Blick auf die Lachse. Seien Sie aber nicht zu enttäuscht, sollten Sie keine Fischschwärme fröhlich die Treppe hinaufspringen sehen, schließlich wird auch das Monster von Loch Ness nur selten gesichtet.

Information

- Die ***Tourist Information*** liegt an der Hauptstraße gleich nach dem Ortseingang auf der rechten Seite an einem großen Parkplatz: 22 Atholl Street, Pitlochry PH16 5BX, T: 01796/472 215, Fax 01796/474 046.

Unterkunft

- ***Knockendarroch House Hotel,*** Higher Oakfield, Pitlochry PH16 5HAT, T: 01796/473 473, Fax: 474 568, B&B ab £ 50.
- ***The Pinetrees Hotel,*** Strathview Terrace, Pitlochry, PH16 5QR, T: 01796/472-121, Fax: -460, hervorragendes kleines Hotel in hübschem victorianischen Landhaus über der Stadt, B&B ab £ 40.

Hochland

Ohne Worte

●***Birchwood Hotel,*** 2 East Moulin Road, Pitlochry, Perthshire, PH16 5DW, T: 01796/ 472 477, Fax: 473 951, exquisites Hotel in viktorianischem Bau, B&B ab £ 33.

●***Dunfallandy Country House,*** Logierait Road, Pitlochry, PH16 5NA, T: 01796/472 648, Fax: 07196/472 017, e-mail: dunfalhse@ad.com. B&B ab £ 34, hübsches georgianisches Hotel mit gutem Restaurant.

●***Carra Beag Guest House,*** 16 Toberargan Road, Pitlochry, Perthshire PH16 5HG, T/Fax: 01796/472 835, B&B ab £ 16, in der Stadtmitte, nahe der Tourist Information.

●***Derrybeg Guest House,*** 18 Lower Oakfield, Pitlochry, Perthshire PH16 5DS, T: 01769/472 070, B&B ab £ 18.

●***Jugendherberge:***, Knockard Road, Pitlochry PH16 5HJ, T: 01796/472 308, Standard, ganzjährig. Sie steht in der Knockard Rd., in der Ortsmitte rechts, dann erste Straße wieder rechts und dann links (ziemlich steil den Berg hinauf).

●***The Old Bank House Lodge,*** 82 Atholl Road, Pitlochry PH16 5BL, T: 01796/ 470 022, pitlochry@ scottishlodge.com, günstig, aber basic.

●***Camping: Faskally Caravan Park,*** Pitlochry PH16 5LA, T: 01796/472 007, Fax: 473 896, Wohnwagen ab £ 9, Zelte ab £ 8, liegt an der B 8019 nach Killiecrankie.

Verbindungen

●Um 8.00 Uhr fährt in Pitlochry der ***Postbus*** in Richtung Rannoch Station los, eine gute Möglichkeit, eine gemütliche Tour durch das Tummeltal und entlang des Loch Rannoch zu einer der entlegensten Bahnhöfe Europas zu machen. Nach kurzem Aufenthalt an der Rannoch Station kehrt der Bus bis ca. 13.30 Uhr wieder nach Pitlochry zurück.

●Bis Kinloch Rannoch geht zwei- bis dreimal am Tag auch ein normaler ***Bus,*** der etwas schneller ist als das Postauto, das ja auch die Post einsammeln und austeilen muss. Nach Blair Castle und weiter bis Calvine fahren mehrmals täglich Busse.

●***Businformation*** T:01796/472 290

Umgebung

●Pitlochry eignet sich bestens als Ausgangspunkt für Wanderungen in die nahen Berge. Die Umgebung der Stadt besitzt schon die Großartigkeit des Hochlandes, doch ist sie aufgrund ausgedehnter Forste lieblicher als die nordwestlichen Highlands. Aber auch wer gerade die wilde Ein-

Landschaftsromantik im Hochland

samkeit, atemberaubende Kargheit der Moor-, Fels- und Heideflächen des zentralen Hochlandes liebt, hat mit Pitlochry ein Sprungbrett.

- Nördlich der Stadt geht links nach Westen die B 8019 ab. Sie führt entlang dem Ufer des romantischen ***Loch Tummel*** weiter aufwärts zum ***Loch Rannoch.*** Wenige Kilometer hinter Pitlochry eröffnet sich dem Reisenden ein erster phantastischer Blick auf Loch Tummel, ein Anblick, den schon *Queen Victoria* besonders zu schätzen wusste und der seitdem ***Queen's View*** heißt. Westlich dieses Loch Rannoch endet die Straße an einer der entlegensten Bahnhöfe Großbritanniens: ***Rannoch Station.*** Hier beginnt Rannoch Moor, in dessen unwegsame Einsamkeit sich früher Verbrecher geflüchtet haben sollen.

- Ein anderer Ausflug von Pitlochry führt an das ***Loch Tay,*** im Südwesten. Verbinden Sie die Tour mit dem Besuch von ***Aberfeldy*** und dem westlich davon, in der Nähe der B 846 in Weem gelegenen ***Castle Menzies.*** (Ö: im Sommer Mo-Sa 10.30-17.00 h, So 14.00-17.00 h, Eintritt)

- Nördlich von Pitlochry verläuft die A 9 durch ein enges Tal, dessen Wände links der Straße steil in die ***Schlucht von Killiecrankie*** abfallen. Hier besiegte im ersten Jacobitenaufstand *Bonnie Dundee,* der *Marquis von Montrose,* am 28. Juli 1689 ein überlegenes englisches Heer. Er selbst fiel durch eine verirrte Kugel, die ihn nach Ende der Schlacht noch traf. Volkserzählungen wissen, dass es eine magische Freikugel war, da Dundee mit dem Teufel im Zweckbündnis stand und daher unverwundbar war. Als Beweis wird angeführt, dass das Wasser zu kochen begann, sobald der Feldherr ein Fußbad nehmen wollte. Durch seinen Tod war die Rebellion trotz des Sieges zum Scheitern verurteilt. Links der A 9 hat der *NTS* ein Besucherzentrum mit Informationen über diese nationale Prestigeschlacht eingerichtet. Eher lohnt sich jedoch eine Wanderung durch die wildromantische Schlucht.

- Ein Stückchen weiter biegt nach rechts eine Straße nach ***Blair Atholl*** ab. Von der Hauptstraße zweigt abermals rechts eine wunderbare lange Lindenallee ab, die zum ***Castle Blair,*** dem Sitz des *Duke of Atholl,* führt. Das strahlend weiße Castle gehört zu den sehenswertesten Schlössern in ganz Schottland. Die über dreißig begehbaren Räume und Säle sind voller unschätzbar wertvoller Antiquitäten: Waffen, Möbel aus dem 16.-19. Jh., eine Porzellansammlung, eine Kleidersammlung, wertvolle Bilder, u. a. von *de Witt, Lawrence* und *Landseer,* eines der drei authentischen Portraits von *Maria Stuart* und vieles andere machen das Castle zu einer Schatzkammer unter den schottischen Schlössern. Der *Duke of Atholl* besitzt als letzter Brite das Privileg, eine Privatarmee, die ***Atholl Highlanders,*** aufstellen zu dürfen (jährliche Parade Ende Mai, Anfang Juni). Jeden Tag um elf Uhr spielt ein Piper vor dem Eingang. (Ö: nur im Sommer, Mo-So 10.00-18.00 h, hoher, aber lohnender Eintritt. Die Zufahrt kostet bereits £ 2, dafür ist aber der Parkplatz kostenlos.)

Wer mit dem Zug nach Blair Atholl fahren will, kann sich vom Bahnhof von einem Minibus des Schlosses abholen lassen. T: 01796/481 207.

Vorbei an Blair Castle lockt nach wenigen Kilometern am *Bruar Visitor Centre* ein Spaziergang entlang der **Bruar Falls.**

Pass of Drumochter

Hinter Blair Atholl beginnt endgültig der Aufstieg in die Grampians. Zum Pass of Drumochter (462 m) klettert nur noch die A 9 empor. Vorbei die Möglichkeit, auf idyllischen kleinen Nebenstraßen den *highway to the highlands* zu meiden. Dennoch ist die Landschaft fantastisch. Links und rechts der Straße stürzen unzählige Bäche zu Tal, türmen sich immer kahler werdende Bergmassive auf. Oben auf dem Pass wachsen nur noch Moose und Erika, die im Hochsommer alles in Purpur tauchten. „*If you had seen these roads before they were made, you would rise your hands and bless general Wade!*", sagte man in den Highlands, als der General zur Befriedung der unruhigen Hochlande im frühen 18. Jh. hier erstmals Straßen baute. Auf dem Pass von Drumochter versteht man sicherlich am besten, was mit dem Spruch gemeint ist.

Kingussie

Auf der nördlichen Seite der Wasserscheide wird das Land allmählich wieder offener, wenn auch nicht sanfter. Kingussie (sprich *Kinjussie,*

Sitz des letzten Duke of Atholl: Castle Blair

1000 Einw.) ist der erste größere Ort im Spey-Tal. Auch er ist ein Touristenort, doch nicht so überlaufen wie Pitlochry.

Das ***Highland Folk Museum*** (vierte Straße nach Ortseingang rechts) bietet einen breiten Einblick in das Leben der Highlands vergangener Jahre. Im Freiluftteil stehen einige alte Gebäude, im Inneren des Museums werden landwirtschaftliche Gerätschaften, sowie Kunsthandwerk und Musikinstrumente ausgestellt. (Ö: Sommer: Mo-Sa 9.30-17.30 h, Eintritt). Im nahegelegenen Newtonmore befindet sich eine neue und noch größere Außenstelle des Museums. (Ö: nur im Sommer, Mo-Sa 10.30-17.30 h)

An der B 970, einen Kilometer südlich der Stadt, liegen die ***Ruthven Barracks,*** Überreste einer Kaserne aus dem 18. Jh. 1746 sammelten sich hier die Geschlagenen von Culloden ein letztes Mal und sprengten das Fort, als sie einsehen mussten, dass der Krieg verloren war, in die Luft.

An Wandermöglichkeiten in den Bergen fehlt es nicht, auch nicht an Wanderbeschreibungen in der ***Tourist Information,*** T: 01540/661 297 sowie im ***Highland Folkmuseum.*** Im ***Grainish Moor*** nördlich von Kingussie stehen einige Steine, bei denen piktische Könige proklamiert wurden und *Macbeth* die drei Hexen getroffen haben soll (siehe auch Birnam weiter oben).

Auf der ***Leault Farm,*** ca. 5 km nördlich an der B 9152 bei Kincraig, demonstrieren im Sommer alle zwei Stunden 8 schottische Schäferhunde ihr Können. Beim Scheren der Schafe dürfen die Besucher selbst mit Hand anlegen. (Ö: So-Fr, Juni+Sept. 12.00 und 16.00 h, Juli-Aug 10.00, 12.00, 14.00 und 18.00 h, Eintritt)

Unterkunft

- ***Avondale Guest House,*** Newtonmore Road, Kingussie, PH21 1HF, T/Fax: 01540/661 731, B&B ab £ 19, empfehlenswertes Hotel im Ortskern.
- ***Columba House Hotel,*** Manse Road, Kingussie, Invernessshire, PH21 1JF, T: 01540/661-402, Fax: -652, e-mail: columba.hotel@zetnet.co.uk, B&B ab £ 26.
- ***Hostel: The Lairds Bothy,*** 68 High Street, Kingussie PH21 1LB, T: 01540/66-1334, Fax: -2063, Übernachtung £ 9.

Aviemore

Weiter auf der A 9 erreichen Sie bald die Ortschaft Aviemore. Auch diese Stadt lebt vom Tourismus, doch fehlt ihr das Gemütliche von Kingussie sowie das Panorama von Pitlochry. Dafür mangelt es nicht an verschiedenen Freizeitmöglichkeiten, wie z. B. einer Disko direkt an der Hauptstraße. Im Winter ist Aviemore ein gut besuchtes Skizentrum: von der B 970 bei Coylumbridge zweigt eine winzige Straße ab, die zum ***Cairngorm Lift*** für Freunde des Skisports führt; je nach Schneelage sind im Winter die Loipen bis ins Tal gespurt.

Unweit des Skilifts erklimmt seit Mai 2002 eine hypermoderne ***Zahnradbahn*** der *CairnGorm Mountain Ltd.* einen Großteil des 1245 m hohen CairnGorm. Im Winter als Skilift genutzt, bietet sie im Sommer wunderschöne Ausblicke auf die Cairngorm Mountains, eine Bergausstellung und das höchstgelegene Restaurant Großbritanniens. (Ö: Sommer Mo-So 10.00-

Crofting

Das schottische Wort *croft* steht für eine Form der ***Landverpachtung,*** die sich so nur in Schottland und Irland entwickelt hat. Die Ursprünge gehen zurück bis in die hohe Zeit der Clans. Alles Gemeindeland gehörte damals dem Chief des Clans. Die einzelnen Pächter hatten nur wenig Rechte und mussten für diesen das Land bewirtschaften. Doch galt der Clanchief, als das Clansystem noch intakt war, als der Vater des Clans und erfüllte meist auch diese Funktion. In der Folge des Debakels von Culloden und der Unterdrückung der Hochlandkultur verkauften aber viele Chiefs ihr Land oder wurden gar enteignet. Die neuen Herren, oft reiche junge Engländer, versuchten nun Geld aus dem Land zu ziehen. Sie begannen, das Land in bestimmte Einheiten zu teilen, deren Pächter auch das Recht zur Nutzung der Gemeindeflächen besaßen. Aus diesen Einheiten wurden die heutigen Crofts.

Anfangs waren diese ***landlords*** froh über das im 19. Jh. einsetzende Bevölkerungswachstum im schottischen Hochland, konnten sie doch alle Arbeitskräfte für die blühende Seetangindustrie gebrauchen. Doch als diese Branche zusammenbrach, begannen sie, die Menschen aus dem Hochland zu vertreiben, um Platz für die profitablere Schafzucht zu gewinnen.

Lange Zeit hatten die Crofter keine Möglichkeit, sich zu wehren und mussten auswandern, doch 1886 erbarmte sich das Parlament und erließ endlich die ***Crofters Act,*** ein Gesetz zum Schutz der schottischen Pächter. Seitdem haben die Crofter ihre Rechte immer weiter auszubauen verstanden. Heute hat der Landlord, der in einigen Gemeinden sogar gewählt wird, fast keine Eigentumsrechte mehr. Die Crofter dürfen nicht von ihrem Land vertrieben werden und können es an Familienmitglieder vererben.

Zum ***Croft*** gehört meist ein Haus, je nach Bodenbeschaffenheit zwischen 4 und 20 Hektar Land und das Recht, den Gemeindeboden zu Weidezwecken zu gebrauchen. Wenngleich das Crofting heute die verbreitetste Form der Landwirtschaft im Hochland ist, so ist sie bei weitem nicht die einzige. Die Crofter sind vielmehr eine ***privilegierte Schicht*** unter den Pächtern.

1981 lief ein von der EG unterstütztes Regierungsprogramm an, das es den Croftern mit ***finanziellen Hilfen*** ermöglichen soll, ihre Erträge und damit ihre Einkommen zu erhöhen.

Das Programm entstand nicht zuletzt aufgrund der Erkenntnis, dass die traditionelle Wirtschaftsweise der kleinen Höfe ***umweltschonend*** ist und das Entstehen von Agrarfabriken verhindert. Die Crofts der Highlands sind berühmt für die Vielfalt von Arten, die auf ihren Ländereien Lebensraum finden.

Crofting kann auch heute noch ***kein volles Einkommen*** gewährleisten. Die meisten der 17.684 Crofter sind daher „nebenbei" noch als Arbeiter oder Fischer, auf Harris oftmals als Weber oder in anderen Berufen tätig. Crofting sichert also nicht die Lebensgrundlage, doch ergänzt es das Einkommen und kann vielleicht dazu beitragen, das Leben im Hochland und auf den Inseln so attraktiv zu machen, dass die immer noch anhaltende Landflucht irgendwann aufhört.

16.30 h, Winter 9.00-16.30 h, eine regelmäßige Busanbindung besteht zum Bahnhof in Aviemore, T: 01479/ 811 566)

Information

- ***Tourist Information Centre,*** Grampian Road, Aviemore PH22 1PP, T: 01479/811 063.

Unterkunft

- ***Hilton Aviemore,*** Aviemore, Inverness-shire, PH22 1PF, T: 01479/810681, reservations_coylumbridge@hilton.com, B&B ab £ 35.
- ***Cairngorm Hotel,*** Grampian Road Aviemore, Inverness-shire PH22 1PE, T: 01479/ 810 233, Fax: 810 791, B&B ab £ 32.
- ***Kinapol Guest House,*** Dalfaber Road, Aviemore, Inverness-shire PH22 1PY, T/Fax: 01479/810 513, B&B ab £ 16.
- ***Jugendherberge:*** 25 Grampian Road, Aviemore PH22 1PR, T: 01479/810 345, High, ganzj. geöffnet; vor dem Ortseingang links.
- ***Mountain Supplies Bunkhouse,*** 111 Grampian Road, Aviemore PH 22 1RJ, T: 01479/810 903, sales@mountain supplies. co.uk, Übernachtung £ 10.
- ***Rothiemurchus Camping & Caravan Park,*** Coylumbridge, Aviemore PA22 1QU, T/Fax: 01479/812 800, Wohnwagen ab £ 9, Zelt ab £ 6. Der Platz liegt 2 km östlich von Aviemore an der Straße zu den Liften (B970).

Braemar

In Pitlochry zweigt nach rechts die A 924 ab. Nach 20 km biegen Sie links auf die B 950 und bald darauf wieder links auf die A 93 ein, die an den ***Glenshee-Skiliften*** vorbei durch eine grandiose Landschaft nach Braemar führt. ***Braemar*** (410 Einw.) ist ein kleiner Ort am Oberlauf des Dee, das in einem Talkessel zwischen einsamen, zum Teil bewaldeten Bergen vor sich hin schlummert. Der Ort besitzt mehrere überraschend große Hotels, deren Pubs Abendunterhaltung auch in der Wildnis bieten.

Durch den Ort zwängt sich in einer Schlucht der ***River Clunie.*** Die Brücke über die Schlucht hatte einst das ***Kindrochit Castle*** bewacht, von dem heute nur noch Grundmauern zeugen. Das ***Braemar Castle,*** einen Kilometer nördlich vor der Stadt, stammt aus dem 18. Jh. und ist mit victorianischen Erkern geschmückt. Im Inneren finden sich einige Möbel des 17. Jh. (Ö: nur im Sommer, Mo-So 10.00-18.00 h, Eintritt)

Bekannt ist Braemar aber vor allem wegen des ***Braemar Gatherings.*** Das größte und berühmteste aller Highland Games findet alljährlich am ersten Samstag im September statt und wird traditionell von der dann in Balmoral weilenden Königsfamilie besucht. Stämmige Schotten, virtuose Piper und akrobatische Hochlandtänzerinnen zeigen vor solch hohem Publikum ihr ganzes Können. Eintrittskarten verkauft oder reserviert: ***Braemar Royal Highland Society,*** Coilacriech, Ballater, Aberdeenshire AB3 5UH, T: 013397/55 377, www.braemargathering.org oder das Office vor Ort. Abends findet eine stadtweite Party in allen Bars und Pubs statt, die man sich auf keinen Fall entgehen lassen sollte. Wenn auch nicht der vornehmste Pub, so doch der mit der meisten Stimmung ist dann die Bar des Invercauld Hotel. Für die Highland Games sollten Sie unbedingt frühzeitig Unterkünfte vorbuchen. Das gilt besonders für die Jugendherberge.

Der olympische Geist im Kilt

Auch im archaischen Zeitalter der Clans konnte es passieren, dass ein Frieden zwischen zwei Sippen länger hielt, als es dem Tatendrang der Clansmänner lieb war. Der Ernstfall trat ein. Die Häuptlinge scharten ihre geschicktesten und stärksten Mannen um sich und stellten sich dem sportlichen Wettkampf mit den Nachbarn. Als später die Zeiten ruhiger wurden, die Klingen sich nur noch selten oder gar nicht mehr kreuzten, machte man allerorten im Hochland die friedlichen Wettkämpfe zu obligatorischen Einrichtungen im Leben der Clans. Die noch heute bestehenden ***Highland Games*** und ***Highland Gatherings*** waren geboren und entwickelten sich dann mit der Zeit zu Volksfesten.

An den Spielen teilnehmen kann jeder, der sich vorher als Athlet gemeldet hat, die ***Disziplinen,*** in denen man sich misst, sind dagegen festgelegt. Nicht auf allen Spielen werden sämtliche traditionellen Disziplinen gleichzeitig durchgeführt - das geschieht nur auf den großen Spielen, wie etwa die von Braemar oder Oban - die Wettkampfarten selbst bleiben jedoch gleich.

Am berühmtesten und exotischsten schillern unter ihnen die schwerathletischen Wettkämpfe hervor. Beim ***tossing the caber*** muss ein riesiger Kiefernholzstamm so durch die Luft geschleudert werden, dass er sich über das obere Ende überschlägt und möglichst exakt in der Zwölf liegenbleibt.

Putting the weight heißt die Disziplin, bei der ein Eisengewicht von bis zu einem halben Zentner über eine mehrere Meter hochliegende Hochsprunglatte geworfen werden muss. Daneben wird auch das Hammerwerfen durchgeführt (***throwing the hammer),*** wobei der benutzte Hammer aus einem Holzstab mit einer runden Steinkugel am Ende besteht.

Tug-of-war nennt sich eine der spannendsten und beliebtesten Disziplinen, die im Deutschen einfach Tauziehen heißt. Auf vielen Spielen werden daneben auch ***klassische Laufwettkämpfe*** abgehalten, die vom Sprint (100 yards) über Hürdenlauf bis zu Dauerläufen auf nahe gelegene Berggipfel reichen.

Eines der bestgehüteten Geheimnisse Schottlands: Was trägt der Schotte unterm Rock?

Das ***highland dancing,*** bei dem vom ***sword dance*** über zwei gekreuzten Säbeln bis zum ***reel*** alle Tänze vertreten sind, wurde früher nur von Männern betrieben, heute sind es meist junge Mädchen, die geradezu akrobatisch durch die Luft springen.

Zu guter Letzt messen sich auf den größeren Spielen natürlich auch die ***Piperbands.*** Dabei kommt es nicht nur auf virtuoses Dudelsackspiel an, die Kapellen müssen auch vorgeschriebene Marschformationen exakt abschreiten. Viele der Hochlandspiele haben fröhlichen Volksfestcharakter. Wenn die eigentlichen Wettkämpfe vorüber sind, wird in Festzelten und Kneipen gefeiert. Wollte man nach einem Vergleich suchen, könnte man die Highland Games als eine Kreuzung aus Trachtenfest, sportlichem Wettkampf und Kirmes oder Kirchweih bezeichnen. Es lohnt sich daher auch, auf die kleineren, familiäreren Spiele zu gehen, bei denen das Angebot sicher kleiner, die Stimmung aber ursprünglicher geblieben ist.

Information

- ***Tourist Information Centre,*** The Mews, Mar Road, T: 013397/41 600.

Verbindungen

- Von Pitlochry aus fährt Ende Juni bis Mitte Sept. vormittags (ca. 10.00 h) und nachmittags (ca. 16.00 h) der ***Heather Hopper*** über Braemar und Ballater bis nach Banchory im Deetal.

Unterkunft

- ***The Invercauld Arms Hotel,*** Braemar, Aberdeenshire AB35 5YR, T: 013397/41 605, Fax: 41 428, B&B ab £ 35, letztes Haus links am nördlichen Ortsausgang.
- ***Cranford Guest House,*** 15 Glenshee Road, Braemar AB35 5YQ, Tel. 013397/41 675, B&B ab £ 18.
- ***Jugendherberge: Corrie Feragie,*** 21 Glenshee Rd., Braemar, Aberdeenshire AB35 5YQ, T: 013397/41 659, Standard, ganzjährig geöffnet. Sie liegt am südlichen Ortsbeginn rechts eine Auffahrt hinauf und wird von einem der nettesten Elternpaare Schottlands geführt.
- Die ***Inverey-Jugendherberge*** ist eine Wanderherberge 8 km von Braemar den Dee aufwärts (Südufer), in der Nähe des Linn of Dee, Simple, geöffnet 15.5.-4.10., £ 8.
- ***Rucksacks Braemar,*** 15 Mar Road, Braemar, AB35 4PL, T: 013397/41 517, Übernachtung ab £ 7.
- ***Camping: Invercauld Caravan Club Site,*** Glenshee Rd., T: 013397/41 373, links der Straße am südlichen Ortseingang, noch vor der JH.

Umgebung

- Von Braemar aus lassen sich schöne Wanderungen in die umliegenden Berge machen (Wegbeschreibungen gibt es in der Tourist Information), beispielsweise zum ***Linn of Dee,*** einer engen Schlucht, durch die sich der Dee etwa 10 km oberhalb von Braemar zwängt.

•Die A 93 von Braemar ***nach Ballater*** führt durch eines der schönsten Täler Schottlands. Das obere Deetal ist fast unbewohnt, der Fluss strömt durch die Wälder im Talgrund und über ihm ragen die purpurnen Kuppen der Grampians.

•9 km östlich von Braemar auf der A 93 liegt rechts der Straße im Wald versteckt ***Balmoral Castle,*** der Sommersitz des britischen Königshauses. Königin *Victoria,* die königliche Schottlandliebhaberin, und ihr Gemahl *Prinz Albert,* der Gentleman aus Oberfranken, hatten sich hier ein Schlösschen ganz im Stile victorianischer Romantik gebaut. Hat sich ein Mitglied der *Royal Family* vor den Londoner Boulevardfotografen in die Einsamkeit von Deeside geflüchtet, kann das Schloss ganz oder teilweise geschlossen sein. (Ö: April-Aug. Mo-Sa 10.00-17.00 h, Juni-Aug. auch So, hoher Eintritt)

Grampians pur: Über Tomintoul nach Grantown

Kurz vor Ballater, 12 km weiter am Dee abwärts, zweigt nach links die A 939 ab. Sie führt auf einer landschaftlich herrlichen Strecke über Tomintoul bis Grantown on Spey. Autofahrer seien gewarnt, ca. 8 km von der A 93 läuft die Straße über eine der typischen alten Hochlandbrücken mit einer besonders spitzen Kuppe. Sollte Ihr Wagen also sehr niedrig liegen, nehmen Sie besser den Umweg über die A 97 und A 944 ins

Landschaft in den Grampians

Dontal. Radfahrern machen mehrfache 20-prozentige Steigungen die Fahrt zur Tortur. Wer die Klettertour dennoch auf sich nimmt, wird mit malerischen Aussichten verschwenderisch für die Strapazen belohnt.

Nach dem ersten Pass durchquert man das Dontal. Der Don unterscheidet sich hier in seinem Quellgebiet kaum vom Dee. Bevor es wieder steil aufwärts geht, steht links der Straße an einem Hang ***Corgarff Castle.*** Das Towerhouse aus dem 16. Jh. zeichnet sich durch seine idyllische Lage aus. Das Innere ist fast leer, seit es 1748 nach dem letzten Jacobitenaufstand in eine Garnison umgewandelt worden war. (Ö: im Sommer Mo-So 9.30-18.30 h, im Winter Mo-Sa 9.30-16.30 h, So 14.00-16.30 h, Eintritt)

Nun geht es wieder steil aufwärts. Auf der Höhe liegt das ***Lecht-Tows-Skigebiet,*** mit 9 Liften eines der größten Schottlands.

In ***Tomintoul,*** dem kleinen Straßendorf im nächsten Tal, geht nach rechts die B 9008 ab, die ins ***Glenlivet,*** Schottlands Whiskyzentrum, führt. Tomintoul selbst ist ein verschlafenes kleines Hochlanddörfchen mit zwei Lebensmittelläden und ein paar Hotels. In der ***Tourist Information*** in der Ortsmitte ist ein winziges Museum mit Gegenständen aus dem Leben der Highlands vor hundert Jahren eingerichtet. T: 01807/580 285.

Nach einem weiteren Pass mit einigen herrlichen Aussichtspunkten läuft die A 939 hinab ins Speytal. ***Grantown on Spey*** ist ein hübsches georgianisches Städtchen. Im

Castle-Romantik im Dontal: Corgarff Castle bei Braemar

Winter dient es wie Aviemore als Unterkunftsort für Skitouristen. Im Sommer bietet es dem Urlauber alle Annehmlichkeiten des modernen Lebens, ohne weit vom Wanderparadies in den Bergen entfernt zu liegen.

Von Grantown gelangt man über die A 95 und nach 5 km die A 938 zurück zur A 9 nach Inverness. In der anderen Richtung stößt die A 95 genau ins Zentrum des Whiskyparadieses Speyside.

Information

- ***Tourist Information Centre,*** 54 High Street, Grantown-on-Spey, PH26 3EH, T/Fax: 01479/872 773.

Verbindungen

- Die Buslinie 315 von *Highland Country Buses* (T: 01479/811211) verbindet Grantown-on-Spey täglich außer sonntags mit Inverness. Nach Aviemore fährt die Linie 334.

Unterkunft

- ***Culdearn House,*** Woodlands Terrace, Grantown-on-Spey, Moray PH26 3JU, T: 01479/872 106, Fax: 01479/873 641, hervorragendes Hotel, B&B ab £45.
- ***Brooklynn,*** Grant Road, Grantown-on-Spey PH26 3LA, T: 01479/873113, www.woodier.com, B&B ab £ 18.
- ***Ardconnel House,*** Woodlands Terrace, Grantown-on-Spey, PH26 3JU, T/Fax: 01479/872 104, sehr empfehlenswertes Hotel mit schottischer Küche, B&B ab £ 28.
- ***Jugendherberge:*** Mainstreet, ***Tomintoul,*** Ballindalloch, Banffshire AB3 9HA, T: 01807/580 282, Simple, nur im August geöffnet. Die kleine Wanderherberge liegt links der Hauptstraße, kurz vor dem Ortsausgang.
- ***Speyside Backpackers,*** The Stopover, 16 The Square, Grantown-on-Spey PH26 3HG, T/Fax: 01479/873 514, Übernachtung £ 9.50.
- ***Grantown o. Sp. Caravan Park,*** Seafield Avenue, Grantown-on-Spey, Moray PH26 3JQ, T: 01479/872 474, Fax: 873 696, Wohnwagen ab £ 11, Zelte ab £ 6. Fahren Sie von The Square nach Westen, dann an der Bank of Scotland rechts.

Inverness

Überblick

Die Stadt an der „Mündung des Ness" (gälisch = *Inver Ness)* ist die Hauptstadt der Highlands. Obgleich ihre Wurzeln bis in die Vorgeschichte zurückreichen, hat Inverness nur wenig von einer hübschen alten Stadt. Selbst das Castle über dem Ness sieht aus wie ein frisch gebasteltes Baukastenschloss. Inverness (44.000 Einw.) ist ein modernes geschäftiges Industriezentrum, besitzt aber dennoch auch Stellen mit eigenem Charme. Seine Bedeutung als Seehafen sowie als Einkaufs- und Handelszentrum verleihen der Stadt eine Lebendigkeit, die in anderen Städten gleicher Größe nicht vorhanden ist. Als Verkehrsknotenpunkt für alle Himmelsrichtungen eignet sich Inverness als guter Ausgangspunkt für Ausflüge in die gesamten Highlands.

Schon *St. Columba* besuchte Inverness, um sich von seinem Kampf mit Nessie auszuruhen. Später soll *Macbeth* in seiner Burg, die etwas östlich der heutigen stand, den *Duncan* ermordet haben – unromantische Historiker behaupten aber, *Duncan* sei in einer ehrlichen Feldschlacht gegen *Macbeth* gefallen. Jedenfalls zerstörte *Malcolm Canmore,*

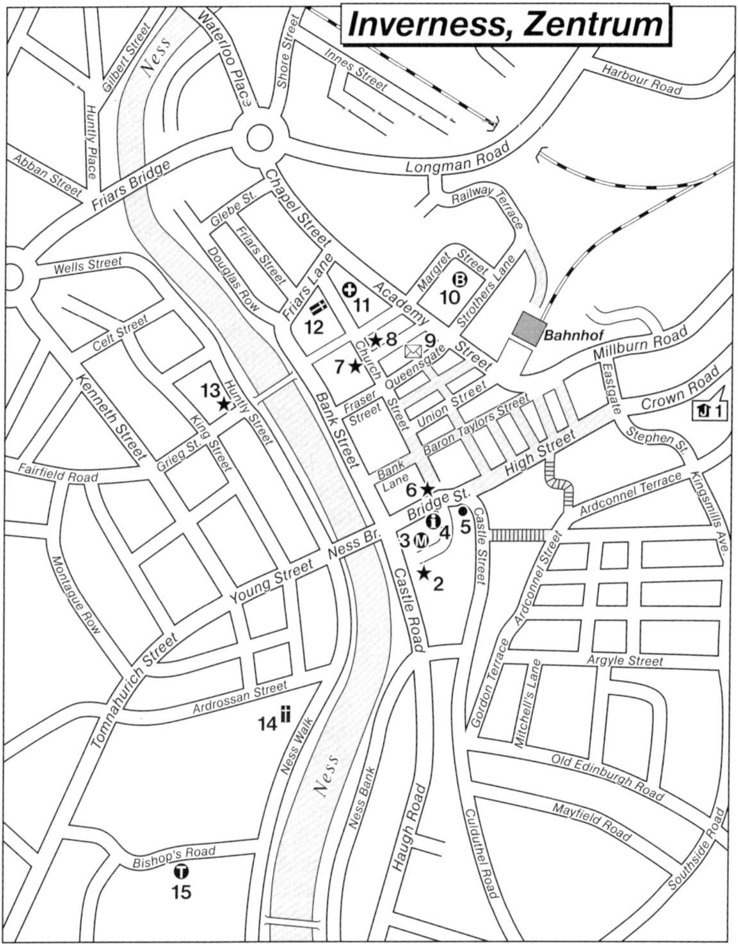

- 1 Jugendherberge
- 2 Castle
- 3 Inverness Museum
- 4 Touristenformation
- 5 Rathaus
- 6 The Steeple
- 7 Abertaff House
- 8 Bow Court
- 9 Post
- 10 Busbahnhof
- 11 Dunbar's Hospital
- 12 Old Gaelic Church
- 13 Balnain House
- 14 Cathedral
- 15 Eden Court Theatre
- Fußgängerzone

Hochland

Duncans Sohn, aus Rache die Burg. In den Jacobitenkriegen war Inverness ein heiß umkämpfter Platz und ist seitdem Garnisonsstadt. Die schönen alten Häuser der Altstadt unter dem Castle zeugen von den unabhängigen Hochlandlairds, die sich in Edinburgh direkt unter den Augen des Königs unwohl gefühlt hätten.

Ausgezeichnet sind aber vor allem die ***Einkaufsmöglichkeiten*** von Inverness. Die Fußgängerzone in der gemütlichen kleinen Altstadt oder auch das große Eastgate Centre gleich am westlichen Eingang zum Zentrum laden zum Shopping ein. In den Läden der Altstadt findet man vom Kilt über Dudelsack und Musik, Whisky und Shortbread, Wolle und Tweed alles, was irgendwie schottisch ist. Beachten Sie bitte, dass viele Geschäfte mittwochs nachmittags geschlossen haben.

Stadtrundgang

Das ***Castle*** ist ein viktorianischer Bau aus dem 19. Jh., in dem sich heute die Stadtverwaltung befindet. Vom Castlevorplatz bietet sich ein schöner Blick über den Ness und den westlichen Teil der Stadt mit der Kathedrale.

Am Castle Wynd abwärts erhebt sich links noch vor der Hauptstraße der Bau des ***Inverness Museums***. Es zeigt Exponate zu Archäologie und Hochlandkultur, Reliquien der Jacobitenkämpfe sowie eine Kunstausstellung (Ö: Mo-Sa 9.00-17.00 h, Eintritt frei). Gegenüber liegt das ***Rathaus*** aus dem 19. Jahrhundert. An der Ecke Church Street/Bridge Street steht müde ***The Steeple,*** das alte Gerichtsgebäude aus dem Jahre 1791, neben dem früher gleich das Gefängnis lag.

Folgt man der Bridge Street nach Westen, so befindet sich am anderen Ufer des Ness flussaufwärts die ***Kathedrale***, ein neugotischer Bau, der dem Heiligen Schottlands, *St Andrew,* geweiht ist.

Wenn Sie noch vor der Brücke rechts gehen, wandeln Sie die Uferpromenade des Ness hinab. Im Haus Nummer 10 befindet sich ein Antiquariat. Biegen Sie in der Friars Lane, der 4. Straße, nach rechts in den ältesten Teil von Inverness ein. In der Church Street, der ersten rechts, versteckt sich hinter der ***Old Gaelic Church*** die ***Old High Church.*** Sie stammt aus dem Jahr 1770, allerdings ist der Glockenturm noch ein Relikt der Vorgängerkirche aus dem 14. Jh.

Schräg gegenüber in der School Lane ist ***Dunbars Hospital,*** das alte Armenhaus, ein schönes Beispiel für die Architektur des 17. Jh. Auf der anderen Seite der School Lane hat der *National Trust* den ***Bow Court,*** eine typische Wohnanlage des 18. Jh., restauriert.

Das ***Abertarff House,*** etwas weiter die Church Street aufwärts rechts, veranschaulicht sehr schön das Stadthaus eines Hochlandlairds aus dem 16. Jh. Im Haus Nummer 28 findet man einen Antiquitätenhändler.

Gemütliche Kneipen findet man vor allem in den engen Seitengässchen der Altstadt.

Fans der schottischen Hochlandmusik sollten unbedingt noch einen

Abstecher machen. In der Huntly Street 40, vom Stadtzentrum am anderen Ufer des Ness etwas flussabwärts, hat der ***Balnain Trust*** in einem alten georgianischen Haus aus dem Jahre 1726 eine Ausstellung zur schottischen Musik eingerichtet. Von traditionellen Kriegs- und Liebesliedern bis zum Gaelic Rock kann hier alles gehört, betrachtet oder auf Instrumenten selbst ausprobiert werden. Das Haus veranstaltet außerdem Ceilidhs und Konzerte. (Infos in der Zeitung oder unter T: 01463/715 757, Ö: Di-Sa 10.00-17.00h, Juli-Aug. Mo-So, Eintritt)

Information

- Unter dem Museum, an der Ecke Bridge Street und Castle Wynd bietet das großzügig eingerichtete ***Tourist Information Centre*** alle nötigen Informationen über Freizeit, Wandern, Ausflüge usw. (Castle Wynd, Inverness IV2 3BJ, T: 01463/234 353, Fax: 710 609, www.host.co.uk).

Verbindungen

- Der ***Busbahnhof*** liegt im Farraline Park, einer Seitenstraße der Academy Street, die die Altstadt nach Osten hin begrenzt. Von hier fahren die Busse in sternförmiger Route in alle Richtungen der Umgebung (mehrmals täglich korrespondierend mit den Flügen auch zum Flughafen in Dalcross und zum Fort George oder nach Nairn, aber auch weiter bis Fort William, nach Edinburgh oder nach Thurso im Norden. Einige der lokalen Busse fahren auch in der Queensgate ab, der Verbindung zwischen Church Street und Academy Street.
- ***Fahrplanauskunft:*** T: 01463/222 244 oder direkt beim Tourist Information Centre.
- Der ***Bahnhof*** liegt wunderbar zentral an der Academy Street, nur wenige Minuten vom Stadtzentrum entfernt (T: 01463/239 026 bzw. *Scotrail:* 08457/484950). Von hier fahren die Züge in alle Richtungen. Verbindungen mit Edinburgh siehe am Beginn des Kapitels und unter Edinburgh.
- Dreimal täglich fährt ein Zug die ***„North Highland Line“*** bis Wick und Thurso. Die andere Route der North Highland Line, die Verbindung nach Kyle of Lochalsh, wird von Mitte Mai bis Sept. dreimal täglich befahren. Mo-Sa elfmal, So nur fünfmal verkehrt ein Zug nach Aberdeen.
- Mit London über Glasgow oder Edinburgh ist Inverness unter der Woche achtmal, sonntags nur einmal verbunden. Die Fahrt dauert ca. acht Stunden.
- Der ***Flughafen*** (T: 01667/464 000) von Inverness liegt etwas östlich vor der Stadt bei Dalcross. Von hier gibt es Verbindungen nach London, nach Aberdeen (mit *British Airways,* T: 0845/222 111, Mo-Fr einmal am Tag), nach Glasgow (Mo-Fr einmal täglich) und nach Orkney, Shetland und den Hebriden (siehe dazu in den entsprechenden Kapiteln).
- ***Bustouren*** kann man im Tourist Information Centre buchen.
- ***Bootsfahrten*** durch den Kaledonischen Kanal und auf den Spuren der Legende von Loch Ness: ***Jacobite Cruises,*** an der A 82 Richtung Fort William am Kaledonischen Kanal (T: 01463/233 999). Mit etwas Glück kann man während einer Bootstour mit *Moray Firth Cruises* im Moray Firth eine der nördlichsten ***Delfinfamilien*** Europas beobachten (Shore Street Quay, Shore Street, Inverness, T: 01463/717900, im Sommer Abfahrten ab 10.30 h alle 1,5 h.
- ***Autoverleih:*** *Sharps Reliable Wrecks,* Station Square, Inverness, T: 01463/236 684, Fax: 713 777.
- ***Fahrradverleih:*** *Barneys Bicycle Hire & Shop,* 35 Castle Street, Inverness IV2 3DU, T: 01463/232 2249.
- ***Taxi:*** *Rank Radio Taxis,* T: 01463/ 220 303.

Unterkunft

- ***Palace Hotel,*** Ness Walk, Inverness, IV3 5NE, T: 0808/100 5556, Fax: 01786/ 469400, B&B ab £ 32, das Hotel befindet sich am Flussufer direkt gegenüber dem Castle.

●***Culduthel Lodge,*** 14 Culduthel Road, Inverness IV2 4AG, T/ Fax: 01463/240 089, gutes Hotel in viktorianischem Adelsstadtsitz, B&B ab £ 45.

●***Moyness House,*** 6 Bruces Gardens, Inverness IV3 5EN, T/Fax: 01463/233 836, ein kleines, aber feines Hotel in der Nähe des Zentrums von Inverness, B&B ab £ 33.

●***The Old Rectory Guest House,*** 9 Sourhside Road, Inverness IV2 3BG, T: 01463/220 969, gemütliches „no-smoking!“ Hotel, B&B ab £ 21.

●***Ivy Bank Guest House,*** 28 Old Edinburgh Rd., Inverness IV2 3HJ, T/Fax: 01463/232796, preiswert und empfehlenswert, B&B ab £ 20.

●***B&B*** können Sie überall in der Stadt finden, besonders in der Fairfield Rd.: vor dem Castle über die Brücke, dritte rechts, zweite links.

●***Jugendherberge:*** Victoria Drive, Inverness, IV2 3QB, 01463/231 771, High, ganzjährig geöffnet, sie findet sich der Highstreet folgend vom Zentrum weg in ihre Verlängerung, die Crown Rd., hinein, um die Kurve nach rechts und dann die nächste Straße links.

●***Hostels: Inverness Student Hotel,*** 8 Culduthel Rd., T: 01463/236 556, Fax: 01463/556 2981, ab £ 10, e-mail: inverness@scotland-top-hostels.com

Bazbackers-Backpacker Hotel, 4 Culduthel Rd., T/Fax: 01463/717 663, ab £ 9.

Eastgate Backpackers Hotel, 38 Eastgate, T/Fax: 01463/718 756 ab £ 9, e-mail: ee@eastgatehostel.com

●***Bught Caravan & Campsite,*** Inverness IV3 5SR, T: 01463/236 920, Wohnwagen ab £ 8, Zelte ab £ 5. Der Campingplatz liegt unmittelbar am Rand der Stadt, fahren Sie an der A 82 (Ft. William) nur kurz vor dem Kanal rechts, hier finden Sie auch einen Fahrradverleih.

Weitere Informationen

●***Eden Court Theatre,*** Bishops Road, T: 01463/234 234, über die Brücke vor dem Castle, dann links und die zweite Straße rechts; Ballett, Schauspiel, Konzerte und Kino.

●***Schwimmbad:*** Im Bugh Park, im Süden der Altstadt, am linken Nessufer, T: 01463/ 667 500.

●Für Bibliophile: ***Leakey's Second Hand Bookshop,*** „the closest bookshop to heaven“. Das Antiquariat mit interessantem Ambiente in der Church Street nutzt eine ausgediente Kirche als Verkaufsraum.

●Jenseits des Firth in North Kessock in der Main Street lässt sich etwas abseits der unzähligen *celtic craft shops* in der Stadt ein ganz besonderes Souvenir erstehen. ***J. F. Lindsay*** ist ***Targemaker:*** Nach historischen Vorbildern fertigt er Rundschilde an, wie sie noch von den Jacobitenrebellen genutzt wurden (£ 30-230). Nach Voranmeldung hat er auch nichts dagegen, sich auf die Finger schauen zu lassen (T: 01463/ 731 577).

●***Veranstaltungen:*** Folk Festival *„The Gathering“* (im April), Highland Games (im Juli), berühmter Piperwettkampf (im September).

●In der ***Eastgate Precinct*** (in der Nähe der Burg) findet jeden ersten Samstag im Monat ein *Farmers' Market* statt. Ebendort wird in den Sommermonaten jeden Donnerstag zwischen 16.00 und 20.00 h sowie samstags und sonntags von 12.00-16.00 h *Traditional Music & Dance* zum Besten gegeben.

Ausflug nach Osten

Den Eingang des Moray Firth bewacht die größte britische Barockfestung: **Fort George.** Man erreicht sie auf der A 96 Richtung Nairn, dann links B 9006. Zwischen 1748 und 1769 bauten die *Adams,* Schottlands berühmteste Architektenfamilie, diese Bastion, um die Highlands nach dem letzten Jacobitenaufstand endgültig zu „befrieden“. Die Festung ist begehbar, doch erhält man nicht mehr als einen Eindruck, da sie auch heute noch als Kaserne dient (Ö: Sommer: Mo-So 9.30-18.30 h, Winter Mo-Sa nur bis 16.30 h, So ab 14.00 h, Eintritt)

Folgen Sie der B 9006 zurück zur A 96. Überqueren Sie diese und folgen Sie der B 9090 hinter dem River Nairn links zum ***Cawdor Castle.*** Das Castle ist eines der drei, in denen *Macbeth Duncan* ermordet haben soll. Das Castle stammt aus dem späten 14. Jh., und so kann der Mord im Jahre 1040 kaum dort geschehen sein. Da die Burg auf wundersame Weise von victorianischen Schnörkeln verschont geblieben ist, vermittelt sie noch einen unverfälscht mittelalterlichen Eindruck. Die Räumlichkeiten sind recht gut mit Möbeln des 17. und 18. Jh. und Bildern u. a. von *Reynolds* und *Lawrence* ausgestattet. Sehenswert ist die riesige alte Küche im Keller der Burg. Im Park blüht bis in den Herbst der englische Garten, ein Schmuckstück. (Ö: im Sommer Mo-So 10.00-17.30 h, privat, also hoher Eintritt!)

Wenn Sie die B 9090 wieder zurück und nach dem River Nairn an der ersten Kreuzung links (B 9091) fahren, kommen Sie am ***Kilravock Castle*** vorbei. Die Burg ist heute ein Hotel, und nur mittwochs von 11.00 bis 16.00 h sind die Tore für Besucher geöffnet. Nachmittags wird dann ein sehr guter schottischer Tee serviert. Der schöne Park kann für 50p die ganze Woche besichtigt werden.

Folgen Sie der B 9091 und fahren Sie dann auf der B 9006 zurück Richtung Inverness. Nach den Bahngleisen geht nach links ein kleines Sträßchen in das Tal des Nairn hinab. Im Tal befinden sich die ***Clava Cairns,*** drei steinzeitliche Kammergräber, die von Steinkreisen umgeben werden.

Mahnmal der nationalen Katastrophe: das Denkmal von Culloden Moor

Auf der B 9006 weiter überquert man genau das ***Schlachtfeld von Culloden Moor.*** Hier wurde *Bonnie Prince Charlie,* der letzte Thronanwärter der *Stuarts,* mit seinen aus den Hochlandclans zusammengewürfelten Truppen am 16. April 1746 von einer überlegenen englischen Armee unter dem *Duke of Cumberland* geschlagen. Der Duke erwarb sich bei den Schotten den Beinamen *the butcher (Butch Cumberland* = der Schlächter Cumberland). Die Schlacht war bereits nach dreißig Minuten entschieden, dennoch ließ der Engländer alle Schotten abschlachten und noch drei Tage nach Überlebenden suchen, die sofort getötet wurden. Culloden bedeutete das endgültige Scheitern aller Restaurierungsträume der Jacobiten und den Anfang der brutalen Un-

Hochland

Bonnie Prince Charlie – Held oder Abenteurer?

1688 hatte die „*Glorious Revolution*" die Dynastie der *Stuarts* weggefegt. An ihre Stelle hatten die Parlamente von Schottland und England *Wilhelm von Oranien* als *William III.* zum König von Großbritannien gemacht. In ihrem französischen Exil sannen die *Stuarts* aber noch lange darauf, die Krone zurückzuerobern. Bereits 1689 hatte *Lord Claverhouse, Viscount Dundee*, im ersten Jacobitenaufstand versucht, die Engländer zu schlagen. Doch er fiel bei *Killicrankie* und mit ihm die Revolte. Auch zwei weitere Versuche 1708 und 1715 scheiterten. Es kehrte Ruhe ein in Schottland, auch weil die Franzosen nicht mehr gewillt waren, die Abenteuer der *Stuarts* zu finanzieren.

In den folgenden dreißig Jahren versuchte die britische Regierung alles, um die Highlands zu befrieden. *General Wade* legte erstmals Straßen durch das Hochland und baute Brücken. Die Clans waren, wenigstens offiziell, entwaffnet und einige ihrer Hochlandregimenter der britischen Armee eingegliedert worden. Die Bedingungen für einen neuen Aufstand waren also denkbar schlecht. Da erklärte Frankreich sich noch einmal bereit, einen Versuch zu wagen. *Charles Edward Stuart*, der Enkel des verjagten *James VII./II.*, war ein intelligenter junger Mann, gebildet, mit Charme und Charisma ausgestattet und voll jugendlicher Energie. Als er vom Angebot Frankreichs erfuhr, eilte er sofort nach Nantes, um sich im Auftrag seines Vaters einschiffen zu können. Die Franzosen aber entzogen ihm ihre Unterstützung wieder. Voller Zorn verkaufte er alle seine Juwelen, charterte ein Schiff und segelte mit nur sieben Freunden nach Schottland, wo er auf den Hebriden landete.

Dort fand er keine Unterstützung. *Laird MacDonald of Clanranald*, der dem Prinzen Unterkunft gewährte, riet ihm, wieder heimzusegeln. Kein Chief des Hochlandes war bereit, für einen Unbekannten sein Leben und das seiner Clansmen zu riskieren. Doch dem jungen Stuart gelang es, den Sohn *MacDonalds* von seinem Plan zu überzeugen. Als auch noch die *Camerons* gewonnen wurden, war der Bann gebrochen.

Am 19. August 1745 zog *Charles* in Glenfinnan auf dem schottischen Festland sein Banner auf, und viele der großen Lairds, wie die Lords des Hochlandes heißen, die mehr aus Neugierde erschienen waren, ließen sich von seiner flammenden Rede gefangen nehmen und folgten dem Abenteurer. Der Aufstand gewann schnell an Größe. Im September erklärte *Charles* in Perth seinen Vater zum König und nahm das zögernde Edinburgh ein.

Die nächsten Monate verbrachte er in Holyrood, um seine Armee zu organisieren und um Bälle zu geben. Während seine Feste schon königliches Format aufwiesen, stand es um seine Armee nicht so gut. Die meisten seiner Männer waren undisziplinierte Highlander, und nur wenige Lowlandregimenter waren zu ihm übergelaufen. Dies bedeutete, dass die Armee fast keine Artillerie und nur wenig Reiterei besaß. Ein Zeichen dafür war, dass zwar Edinburgh eingenommen, die Burg aber nicht angegriffen werden konnte.

Um der Rückkehr der britischen Armee von ihrem Feldzug in Flandern zuvorzukommen, setzte *Charles* seine Truppe im Oktober nach Süden in Marsch. Doch sobald die Grenze zu England überschritten war, fielen viele Gebiete wieder ab von ihm. Außerdem kehrten viele der Hochländer zu ihren Feldern und Familien zurück. Dennoch schlug *Bonnie Prince Charlie* die schwachen englischen Verbände, die ihm die Route nach London verstellen wollten.

Erst in Derby in Mittelengland kam der Wendepunkt. Bis hierhin war der ungeschlagene Prinz voller Optimismus gewesen und machte sich bereits Gedanken, was er in London tragen sollte. In Derby jedoch zeigte sich seine wahre Lage. Die Truppen *Wades* bedrohten seine Flanke. Der *Duke of Cumberland* kam mit frischen Truppen aus Flandern. In Schottland organisierte sich der Widerstand, und die meisten großen Städte waren wieder in der Hand der Regierung.

Von einem Aufstand der katholischen oder jacobitischen Engländer konnte keine Rede sein. *Charles'* Offiziere waren desillusioniert, zumal englische Verbände vor der Küste patrouillierten, um Hilfe aus Frankreich zu unterbinden. Der *„Young Pretender"*, wie ihn die Engländer nannten, musste umkehren. Auf dem Rückweg schlugen die *45er* noch einmal ein englisches Heer, das Stirling entsetzen wollte, doch das Glück hatte die Schotten verlassen. Das Munitionsmagazin explodierte und die zusammengeschmolzene Armee, schlecht ausgerüstet und hungrig, stellte sich bei Inverness am 16. April 1746 der frischen, disziplinierten Truppe des *Duke of Cumberland*. Seine Offiziere rieten dem Prinzen von der offenen Schlacht ab und verwiesen auf das nahe Hochland, in dem die Regierungstruppen ihnen nicht gewachsen waren. Doch *Charles* suchte den Ruhm. Eine törichte Fehlentscheidung, die seine Getreuen teuer bezahlen mussten. In einer halben Stunde waren die Jacobiten geschlagen und ein Gemetzel setzte an. *„Butch Cumberland"*, der „Schlächter", wie der Sohn des Königs *George II.* noch heute genannt wird, ließ noch drei Tage nach der Schlacht Jagd auf Überlebende machen.

Charles Edward, der geschlagene Herausforderer, flüchtete ein halbes Jahr durch das Hochland. Obwohl ein Kopfgeld von 30.000 Pfund auf ihn ausgesetzt war, soviel, wie manche Clanchiefs nicht besaßen, schaffte er es, bis auf die Äußeren Hebriden zu entkommen. Nur mit der Hilfe von *Flora MacDonald*, die ihn als ihre Zofe verkleidete und zwischen den englischen Schiffen nach Skye ruderte, gelang es dem Prinzen, nach vielen Entbehrungen auf eine französische Fregatte zu entkommen.

Zurück in Paris war er der Mann der Stunde. Doch schon bald wendete sich die Diplomatie erneut und er musste Frankreich verlassen. Er starb schließlich als einsamer Alkoholiker 1788 in Rom. Da er keine Nachkommen hatte, erlosch mit dem Tod seines Bruders *Henry*, des Cardinals von York, der Stamm der Weißen Rose.

terdrückung der Hochlandbewohner und ihrer Kultur durch die Engländer (s. a. „Land u. Leute/Geschichte").

Der *National Trust*, dem das Feld gehört, hat direkt an der Straße ein Besucherzentrum eingerichtet. Ein Videofilm schildert ausführlich und anschaulich die Geschichte des 1745er Aufstandes (Ö: Sommer: Mo-So 9.00-18.00 h, Winter Mo-So 10.00-16.00 h, Eintritt). Über die B 9006 kommen Sie direkt zurück ins Zentrum von Inverness.

Ausflug nach Westen: Loch Ness und Cannich

Südwestlich von Inverness führt die A 82 am Kaledonischen Kanal entlang bis Fort William an der Westküste. Nach knapp 10 km erreicht man die Heimatgewässer des neben dem Yeti wohl berühmtesten Ungeheuers der Welt: **Loch Ness.** Wir empfehlen allerdings nicht, mehr als einen Tagesausflug an Loch Ness zu verschwenden, das außer seinem Ungeheuer nicht viel zu bieten hat. Die Landschaft dort ist für Schottland selten eintönig.

In ***Drumnadrochit*** ist im ersten großen Haus auf der rechten Seite ***The Official Loch Ness Monster Visitor Centre*** untergebracht. Eine Multimedia-Show versucht, die Existenz Nessies unwiderlegbar zu beweisen. Eine Dreiviertelstunde lang wird in mehreren Räumen eine vergnügliche Reise durch die Nessiegeschichte geboten. (Ö: Sommer 9.00-22.00 h, Winter 9.00-17.00 h, hoher Eintritt).

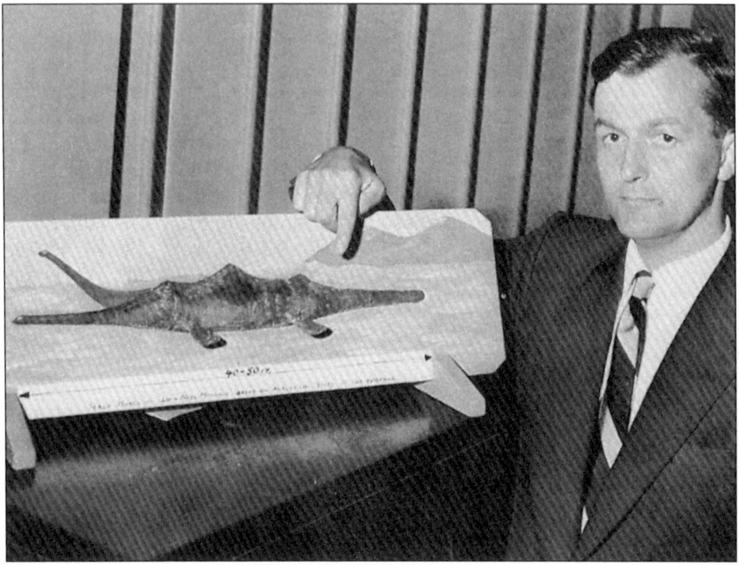

Ein Modell des Ungeheuers von Loch Ness, präsentiert vom ehemaligen Kriegsflieger Tom Dinsdale, der dieses nach einem von ihm aufgenommenen Schmalfilm fertigte.

Eines der Fotos von Nessie ganz zu Hause, die der hartnäckige Frank Searle 1972 aufnahm

Unweit davon hat neuerdings das ***Official Loch Ness 2000 Exhibition Centre,*** das mit noch modernerer Technik und mindestens ebenso spektakulär das gleiche Thema behandelt, geöffnet (Juli-Aug. 9.00-20.00 h, Juni/Sept. bis 18.00 h, Apr., Mai, Okt. 9.30-17.00 h, im Winter 10.00-15.30 h, hoher Eintritt)

Durch Drumnadrochit hindurch und dann um die Urquhart Bay herum gelangt man zum ***Urquhart Castle*** (sprich: Örket). Es wurde im 13. Jh. als königliche Festung erbaut und spielte eine wichtige Rolle in den Unabhängigkeitskriegen unter *Robert the Bruce*. Im 16. Jh. wurde es stark erweitert, unter anderem um den heute noch teilweise erhaltenen Tower. 1691/92 lagen im Castle englische Truppen, die beim Verlassen des Castles den Eingang sprengten, um es verteidigungsunfähig zu machen. Seitdem ist die Burg verlassen. Heute stehen fast nur noch Grundmauern von einer der einst größten Burgen Schottlands. (Ö: Sommer Mo-So 9.30-18.30 h, Winter nur bis 16.30 h, Eintritt)

Während einer Fahrt auf der A 831 durch das ***Glen Urquhart*** fasziniert die Landschaft. Von ***Cannich*** aus lohnen sich zwei Abstecher (am besten Wanderungen) in die Sackgassen von ***Glen Cannich*** zum Loch Mullardoch oder ins ***Glen Affric*** bis zum Loch Affric. Die schmalen Straßen bahnen sich einen Weg durch zunächst üppig bewachsene idyllische Täler. Bald wird die Vegetation immer spärlicher und geht in den typischen Moos und Heidebewuchs der Berge über. Vom Loch Affric schlängelt sich ein Fußweg weiter zur ***Glen-Affric-Jugendherberge*** (ca. 3-4 Std.), einer kleinen Hütte auf der Wasserscheide zwischen Atlantik und Nordsee. Auf der westlichen Seite Schottlands endet der Wanderweg am ***Loch Duich,*** unterhalb der ***Five Sisters of Kintail*** (siehe im Kapitel Westküste).

Von Cannich fährt man die A 831 nach Nordosten und trifft in Beauly auf die A 862. 16 km hinter Cannich steht links der Straße ein hübsches victorianisches Landschlösschen: ***Aigas House,*** ein Hotel.

Beauly ist ein hübsches kleines Städtchen am River Beauly. *Maria Stuart* soll der Stadt den Namen gegeben haben, als sie hier ausrief: *„Quel beau lieu!"* (Was für ein hübscher Ort!)

Am anderen Ende des Marktes steht zwischen ehrwürdigen alten Bäumen die Ruine der ***Beauly Priory***. Die Abtei wurde 1230 gegründet. 1560 zerstörte man während der Reformation das Kloster, und das Übrige besorgten die Bauarbeiten an der Zitadelle von Inverness. Die A 862 bringt Sie an der Küste entlang zurück nach Inverness. (O: nur im Sommer; Mo-So 9.30-18.30 h, Eintritt)

Unterkunft

- ***Loch Ness Backpackers Lodge,*** Coiltie Farmhouse, Drumnadrochit IV3 6UJ, T: 01456/450 807, Independent Hostel, e-mail: hostel@lahness-backpackers.com, Übernachtung ab £ 9.50.

Hochland

Unbekanntes Tauchobjekt oder Sommerlochplombe?

Im Jahre des Herrn 565 war der irische Mönch und Klosterbauer *St Columba* im schottischen Hochland unterwegs. Er hatte vor, mittels des Christentums die Clans aus der grauen Vorzeit ins Mittelalter zu befördern. Dabei wanderte er auch an den Ufern des größten Binnengewässers der Britischen Inseln, Loch Ness, entlang. Plötzlich gewahrte er eine Gruppe Einheimischer, die einen der Ihren zu Grabe trugen. Dieser war einer „aquatili bestiae“, einem Seeungeheuer, zum Opfer gefallen. Sogleich erkannte *St Columba* seine Chance. Er ließ einen seiner Getreuen an einer schmalen Stelle des Sees zum anderen Ufer schwimmen, angeblich um ein dort vertäutes Boot zu holen. Kaum war der Mann im Wasser, da tauchte auch schon „Niseag“, heute nur noch „Nessie“ genannt, auf, nicht gewillt, sich solch einen Brocken entgehen zu lassen. Das war *St Columbas* Stunde: *„Go thou no further, nor touch the man. Quick, go back!“* befahl der Heilige. Erschrocken floh das Untier, nicht aber die Heiden. Sie liefen in Scharen dem Heiligen zu. Seitdem sind die Schotten Christen, und Loch Ness hat ein Monster.

Beides hat sich bis heute nicht verändert. Doch verschreckt von jener Begegnung mit Menschen, ließ Nessie sich erst im 19. Jh. wieder sehen. 1827 vermerkt *Sir Walter Scott* in seinem Tagebuch, dass ihm berichtet wurde, wie man ohne Erfolg versucht hatte, die legendäre „Wasserkuh“ zu fangen. 1880 berichtete *Duncan McDonald,* ein Taucher, der versucht hatte, ein in Loch Ness gesunkenes Boot zu bergen, wie ein großes Ungeheuer auf ihn zugeschwommen sei, ihm aber keine Beachtung geschenkt habe. Er war nicht unglücklich darüber, befand sich doch gerade kein Heiliger in der Nähe.

Wirklich berühmt wurde Nessie aber erst, als 1933 die großzügige A 82 durch das Great Glen gebaut wurde. Im Juli 1933 fuhren *Mr.* und *Mrs. Spicer* gemütlich am Ufer des Sees entlang, als sie plötzlich aus dem Farn am Fahrbahnrand ein seltsames Tier auftauchen sahen. Es hatte einen kleinen Kopf, einen langen dünnen Hals, einen dicken, schwerfälligen Körper und vier Flossen oder Füße. Im Maul trug es irgendein anderes Tier, wahrscheinlich das Frühstück, und nach kurzer Zeit verschwand es mit einem lauten Platscher im See. Trotz des Hohns, mit welchem Wissenschaftler und Zoologen das Ehepaar überschütteten, griffen Zeitungen auf der ganzen Welt die Geschichte von dem 8-9 m langen Ungeheuer auf. Nessie wurde über Nacht berühmt.

Nach den *Spicers* erblickten noch Hunderte von Menschen (zwischen 1933 und 1974 ca. 300) das Monster im See. Meist begann zunächst das Wasser zu brodeln und zu spritzen, dann tauchte ein langer Hals mit einem kleinen Kopf auf. Oder man konnte nur einige aus dem Wasser ragende felsartige Buckel entdecken, die mit für Felsen erstaunlicher Geschwindigkeit durch das Wasser schwammen.

Doch die Skeptiker gaben nicht auf, Nessie zu verleugnen. „Monstermania“, „ein schlagendes Beispiel von Massenhalluzination“ nannte *E. G. Boulenger,* der Direktor des Londoner Aquariums, das Phänomen. Andere sprachen von Seemannsgarn, durchdachten Public-Relation-Gags ambitionierter Hoteliers oder führten die vielen Sichtungen einfach auf die Belohnungen zurück, die für die Ergreifung des flüchtigen Monsters ausgesetzt wurden. Der New Yorker Zoo bot 500 Dollar, 20.000 Pfund der Zirkus *Bertram Mills* und die *Black and White Distillery* sogar 1 Million Pfund. Noch heute sind die 500.000 Pfund der Guinness-Brauerei ausgeschrieben. Sollten Sie aber mit dem Gedanken an diese Prämie spielen, dann müssen Sie Nessie nach dem Fang ganz schnell außer Landes schaffen. Schon 1934 haben die geschäftstüchtigen Highländer ihr Ungeheuer unter Naturschutz gestellt.

Am 12. November 1933 lehnte die britische Regierung den Antrag eines Unterhausabgeordneten ab, eine offizielle Untersuchung über die „Ungeheuersache" anzustrengen. Dies sei doch eher die Aufgabe von Privatleuten und Wissenschaftlern, ließ der Regierungssprecher verlauten. Diese Stellungnahme verstanden viele „Amateurcryptozoologen" als Aufforderung.

Alles, was man bis dahin von Nessie wusste, war, dass sie offenbar weiblichen Geschlechtes war, schlecht gelaunt wirkte, wenn sie etwa durch Straßenbausprengungen aufgestört wurde, ansonsten aber eher friedlich lebte und keine Schwierigkeiten machte. Man begann nun, allerlei Spekulationen anzustellen, welcher Spezies Nessie zuzuordnen sei. Auf der Basis von Fotos und Filmen, die mit der Zeit von ihr aufgenommen und alle von Sachverständigen auf ihre Echtheit untersucht wurden, entstanden verschiedene Hypothesen. Die am meisten vertretene besagt, dass Nessie zu einer Art der Plesiosaurier gehört. Diese räuberischen Reptilien lebten in küstennahen Meeresregionen, und man dachte, sie seien seit der Kreidezeit ausgestorben. Bis vor 12.000 Jahren war Loch Ness noch ein solcher Meeresarm, der

Und sie lebt doch: Nessie im Loch Ness

aber, als sich nach der Eiszeit das Land hob, zum See wurde. Nessie saß in der Falle. Aber sie saß in einer sehr fischreichen und häuslichen Falle, boten doch die vielen unterseeischen Höhlen in Loch Ness guten Unterschlupf. Dass zwischen Kreidezeit und Eiszeit mehrere Millionen Jahre lagen und Nessie sich von Salz- auf Süßwasser umstellen musste, sind nur Nebenaspekte, die sicher auch noch geklärt werden. Schwieriger zu erklären ist freilich, wie ein Reptil, also ein Kaltblüter, in dem auch im Sommer nie über 6-7 Grad Celsius warmen Gewässer überleben kann.

Welcher Spezies Nessie auch immer angehört, man hat errechnet, dass zumindest 40-50 Exemplare zur Arterhaltung nötig sind. Und tatsächlich, ein Team des Departments of Electronic Engineering der Universität Birmingham erbrachte den Beweis. Es installierte ein Sonarsystem an der Südostecke des Sees. Am 28. August 1968 um 16.30 h erschien ein großes Objekt auf dem Schirm, dass ob der enormen Geschwindigkeit, mit der es sich bewegte, kein Fischschwarm sein konnte. Kurze Zeit darauf zeigte sich an einer anderen Stelle des Schirms ein ähnliches Objekt. Es mussten also mindestens zwei Nessies existieren. Auch eine Flotte von Sonarbooten, die den ganzen See durchkämmte, ortete „große, sich bewegende Objekte", die tiefer als alle Fischschwärme tauchten.

Zum Unglück der Monsterforscher ist der See mit dem Ungeheuer verbündet. 50 Bäche aus Mooren und Heiden ergießen sich in den See und mit ihnen Abermilliarden kleinster Moorpartikel. Wie fast alle schottischen Seen ist deshalb auch Loch Ness undurchsichtig wie braune Tinte. Schon nach nur 2 m Tiefe können Taucher kaum die Hand vor Augen sehen. So ist es nicht verwunderlich, wenn Mini-U-Boote nicht mehr als eine neblig verschwommene Plesiosaurierflosse aufnehmen konnten.

Auch ist Loch Ness unglaublich tief, und keiner weiß bis heute genau, wie tief. 325 Meter ist die größte bisher gemessene Tiefe, doch das moorige Wasser schluckt auch Sonarstrahlen, wer weiß also, ob der See nicht noch tiefer ist. Nie hat man aus diesem See die Leiche eines Ertrunkenen retten können, alles versinkt in unwägbare Tiefen. Wird man also jemals in der Lage sein, zu erfahren, ob das Geheimnis von Loch Ness nur spielende Fischotter, bizarre Baumstämme oder vielleicht doch ein scheues Relikt jener Spezies ist, die in anderen Ländern nur noch in Form von versteinerten Knochen unter Glas auftritt?

Der Norden und Nordwesten

Die Ostküste

Überblick

Die Ostküste gehört zu den ***beschaulicheren Gegenden*** von Schottland. Das liegt an der Landschaft, aber auch am Wetter an der britischen Nordseeküste, das beständiger und besser (d.h. trockener) als an der Atlantikküste ist. Auch landschaftlich zeigt sich die Region milder als der Westen. Besonders die beiden Halbinseln zwischen Moray, Cromarty und Dornoch Firth werden von einer typischen Agrarlandschaft bedeckt, die nur ab und an von hübschen Landstädtchen, wie Strathpeffer, Tain oder Dornoch, unterbrochen wird. Etwas weiter landeinwärts, in der Gegend von Bonar Bridge und Lairg, lässt sich schon etwas von der rauen Hochlandszenerie Nord- und Westsutherlands erahnen.

Je weiter man an der Küste entlang nach Norden vordringt, desto dünner wird die Besiedelung, die sich bald nur noch an der Küste entlangdrängt. Im Hinterland, vor allem des nördlichen Caithness, erstrecken sich bald nur noch öde ***Moorflächen*** über einem weichgewellten ***Hügelland.*** Das scheint nicht immer so gewesen zu sein, denn im östlichen Sutherland („Südland", da es südlich der von den Wikingern besiedelten Orkney- und Shetland-Inseln liegt) und in Caithness („Grafschaft der Katze", benannt nach einem Wappentier der Pikten) liegen mehr ***prähistorische Fundstellen*** als in den meisten anderen Regionen. Die meisten dieser Stätten sind jedoch „naturbelassen", da Ausgrabungen sich nicht lohnen, und müssen daher von Interessierten in Eigenregie erwandert werden.

Der landschaftlich beeindruckendste Teil der Region ist die ***Küste,*** die sich nach Norden zu immer steiler über das Meer erhebt. Steil aufragende Felsen, wie der Aussichtspunkt Ord of Caithness, faszinieren genauso wie bizarre Erosionsgebilde, z. B. die Stacks of Duncansby an der Nordostspitze des Festlandes.

Verbindungen

Zug

- Auf einer ähnlichen Route wie die A 9 verkehrt auch ein Zug von Inverness nach Thurso und Wick. Er fährt Mo-Sa dreimal täglich zwischen 7.15 h und 18.00 h, sonntags leider nicht. Die Fahrt dauert ca. vier Stunden. In Dingwall zweigt von dieser Strecke der eine Arm der *Northern Highland Rail* in Richtung Kyle of Lochalsh ab, der ebenfalls dreimal täglich von Inverness befahren wird. Info: 08457/484 950.

Bus

- ***Scottish Citylink Coaches*** (T: 08705/505 050) unterhalten eine Busverbindung von Inverness nach Wick, Thurso und Scrabster, die zweimal täglich von Glasgow und einmal von Edinburgh kommend, in Inverness am Busbahnhof abfährt und bis Wick gut drei Stunden unterwegs ist.
- ***Morrison Coaches*** (Thurso, T: 01847/821 241) fahren die Strecke ebenfalls mehrmals täglich.
- Die lokale Busgesellschaft ist die ***Highland Country Buses Ltd.,*** deren Fahrpläne in Thurso unter T/Fax: 01847/893 123 oder in der Margaret Street beim Busbahnhof in Inverness (T: 01463/222 244) erfragt werden können.
- Daneben verkehren auf der Strecke aber auch lokale Unternehmen oder ***Postbusse***

(T: 0131/228 7407), welche die einzelnen Ortschaften untereinander verbinden. Bitte versichern Sie sich vorher der Zeiten, die sich schnell ändern können. Auskunft erteilen die Tourist Information Centres oder die Busbahnhöfe.

Von Inverness nach Strathpeffer

Über die neue ***Firth Bridge,*** die sich von Inverness über den Moray Firth (engl. für „Fjord") spannt, erreichen Sie die ***Black Isle,*** die Halbinsel zwischen dem Moray und dem Cromarty Firth. Die Schwarze Insel ist rasch durchquert, und die A 9 führt weiter in Richtung Norden.

Wenn Sie es nicht eilig haben, sollten Sie in Tore auf der Black Isle rechts auf der A 832 fahren. Nach ein paar Kilometern können sie einen Stofflappen in die dortige Quelle halten und ihn, wie es offensichtlich vie-

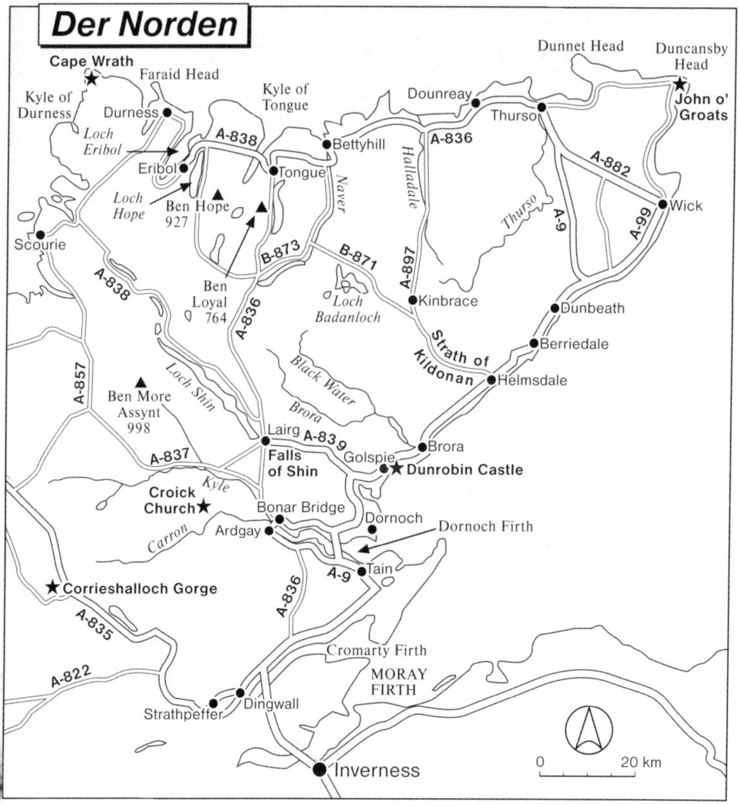

Piktischer Symbolstein: der Eagle Stone in Strathpeffer

le andere vor Ihnen getan haben, in einen Baum binden. Die Zeremonie bringt, realistisch gesehen, zumindest kein Unglück, die optimistischeren Einheimischen schwören aber darauf, sie bringe Glück.

Strathpeffer

Oder fahren Sie in Tore in die andere Richtung über Dingwall in den kleinen Kurort Strathpeffer (800 Einw.). 3-4 km westlich von Dingwall können Sie sich zuvor in einer romantischen alten Mühle einen Kaffee gönnen (auch B&B möglich). Strathpeffer selbst ist ein ruhiger Kurort, dessen schwefelhaltiges Heilwasser man am Square in der Ortsmitte probieren kann. Daneben steht die Tourist Information, die wie der Brunnen in einem Pavillon untergebracht ist.

Am Ortseingang finden Sie links der Straße in einem alten viktorianischen Bahnhof einige Kunsthandwerksläden und das ***Highland Museum of Childhood.*** Neben dem ersten Haus auf der rechten Seite führt ein kleiner Fußweg den Berg hinauf zum ***Eagle Stone.*** Der piktische Bildstein, der bereits zweimal umgesetzt wurde, zeigt einen sitzenden Adler. Sollte der Stein noch ein drittes Mal seinen Standort wechseln müssen, so wird erzählt, wird ein großes Unglück über die Stadt kommen.

Strathpeffer hat außer seiner gepflegten und ruhigen Atmosphäre wenig zu bieten, dient aber als hervorragender Ausgangspunkt für ***Wanderungen*** in den Bergen von Cromarty, wie etwa zum 1046 m hohen ***Ben Wyvis.***

Unterkunft

- ***Brunstane Lodge Hotel,*** Golf Course Road, Strathpeffer, IV14 9AT, T: 01997/421 261, B&B ab £ 29.
- ***Garden House Guest House,*** Strathpeffer, Ross-shire IV14 9BJ, T/Fax: 01997/ 421 242, B&B ab £ 20.
- ***Jugendherberge:*** Strathpeffer, Ross-shire IV14 8BT, T: 01997/421532, Simple, nur im Sommer geöffnet, durch den Ort hindurch, dann vor der ersten Kreuzung auf der rechten Seite.
- ***Camping: Riverside Chalets Caravan Park,*** Contin, by Strathpeffer, Ross-shire, IV14 9ES, T: 01997/421 351, Zelt, Wohnwagen ab £ 3, an der A 835 zwischen Inverness und Ullapool auf Höhe der Abzweigung nach Strathpeffer.

Im Südosten Sutherlands

Die A 9 verläuft weiter am Nordufer des Cromarty Firth, um bald Richtung Tain am Dornoch Firth abzubiegen. Acht Kilometer hinter Dingwall ragt linkerhand auf einem Berg eines der absurdesten *follies* Schottlands auf (als *folly* belächeln die Schotten die monumentalen Absurditäten ihrer viktorianischen Vorväter). Das ***Fyrish Monument*** ist ein Nachbau des Stadttores von Seringapatam in Indien, das ein Graf als Erinnerung an seine Statthaltertätigkeit in Indien errichten ließ.

Tain besitzt schon seit 1066 Marktrechte, als deren Symbol in der Ortsmitte das ***Mercat Cross*** steht. In der Tower Street widmet sich ***Tain through Time*** der örtlichen Geschichte, u. a. der Bedeutung Tains als Wallfahrtsort. Dementsprechend gehören auch ***St Duthus Chapel and Collegiate Church*** aus dem 14./15.Jh. zum Museumskomplex (Ö: im Sommer, Mo-So 10.00-

Die Erschaffung der Einsamkeit – Highland Clearances im 19. Jh.

Wer im schottischen Hochland auf Wanderschaft geht, der kommt nicht umhin, irgendwann erstaunt festzustellen, wie viele Ruinen kleiner Steinhütten und Scheunen in den menschenleeren Glens vor sich hinwittern. Ein Blick auf die Karte beschert eine weitere Seltsamkeit. Jedes Küppchen, jedes Bächlein und jede Pfütze hat einen Namen. Ein Umstand, der in ähnlich einsamen Gegenden, wie z. B. Lappland, nicht denkbar wäre. Nur eine Erklärung ist hier hinreichend: das Land muss einmal bewohnt gewesen sein.

Noch in der Mitte des 19. Jahrhunderts war das Hochland ein für jene Zeit normal besiedeltes Gebiet. Doch das allgemeine Bevölkerungswachstum der Epoche machte sich auch hier bemerkbar. Bald wurde die Bevölkerung zahlreicher, als mit den veralteten Anbaumethoden auf dem nicht gerade übermäßig fruchtbaren Boden zu ernähren war. In den Lowlands, im südlichen Schottland, war man diesen Problemen mit moder-

Hochlanderbe: noch nicht lange verlassenes Black House auf Skye nen landwirtschaftlichen Methoden begegnet und in recht kurzer Zeit sogar zum Lebensmittelexporteur geworden. Man hatte das Land „gereinigt“ (im Englischen *to clear),* d.h. durch Drainagen entwässert, begradigt, gedüngt und die Nutzung den Bodenverhältnissen angepasst. Nun versuchten einige der nordschottischen Landlords, der Landverpächter, gleiche Methoden auch im Hochland durchzuführen. Doch viele der kleinen Pächter sträubten sich gegen neue Methoden. Hinzu kam, dass die kleinen *Crofts* (Pachthöfe) meist zu klein waren, um wirtschaftlich produzieren zu können. Es mussten also, um größere Einheiten schaffen zu können, viele Familien ihr Land verlassen. ***Erste Landvertreibungen*** begannen. Mit diesen Vertreibungen begann das Wort *Clearances* (Bodenverbesserungen) einen ganz neuen Sinn zu erhalten: Säubern des Landes von Menschen.

Die ***flächendeckenden Entvölkerungen*** setzten jedoch erst ein, als die Landbesitzer eine ganz neue Profitquelle für das raue unfruchtbare Land entdeckten. Infolge gestiegener Nachfrage in Europa war der Wollpreis in die Höhe geschnellt. Die Landlords begriffen sofort: Wenn man das Land von den Menschen befreite, die letzten Wälder abholzte, dann war Raum geschaffen für Millionen von Schafen, die man über die Höhen weiden lassen konnte und nur einmal im Jahr zusammentreiben brauchte, um ihnen die gewinnträchtige Wolle zu nehmen.

Zu Tausenden mussten in der Folge die Crofter ihre angestammten Täler und Höfe verlassen und den Schafen Platz machen. Die Landbesitzer schreckten dabei vor ***brutalsten Methoden*** nicht zurück. Die *Duchess of Sutherland* ließ widerspenstigen Pächtern *(tennants)* das Dach über dem Kopf anzünden, auf den Hebriden ließ ein Landlord seine Pächter auf ein Schiff treiben, um sie direkt in den kanadischen Wald zu verschiffen, wo die meisten wegen der fehlenden Ausrüstung verhungerten.

Die meisten der Hochländer wanderten aus, nach Neuschottland in Kanada, nach Australien und Neuseeland. Nur wenige hatten das „Glück“, von ihren Verpächtern minderwertiges Land, meist an der Küste, gestellt zu erhalten, auf dem sie kaum den Lebensunterhalt erwirtschaften konnten.

Doch in den 80er Jahren des 19. Jh. begann sich ***Widerstand*** zu regen. In Irland, wo die Zustände ähnlich verheerend waren, kam es zu Aufständen, die die Regierung in London zwangen, den kleinen Pächtern ***Zugeständnisse*** zu machen. Aus Angst, ein zweites Irland könne vor der englischen Haustür entstehen, wurde die *Napier Commission* berufen. Diese Kommission beschäftigte sich intensiv mit der Lage im Hochland, und 1886 erließ das Unterhaus die *Crofters Act,* die erstmals den Pächtern die Sicherheit der Pacht zubilligte. Doch für die meisten der ehemaligen Hochländer kam das Gesetz zu spät. Das Hochland war entvölkert und in eine öde, menschenleere Wüste, die *man-made-desert,* verwandelt.

Ironie des Schicksals: Infolge des Überangebots an Wolle und der billigen Konkurrenz vor allem aus Australien und Neuseeland fielen die Wollpreise. Die Landbesitzer fanden schnell eine neue Einnahmequelle. Die Schafe mussten nunmehr selbst – und mit ihnen die letzten verbliebenen Schafhirten – dem ***Rotwild*** Platz machen. Freizeitjäger der aufstrebenden oberen Mittelschicht aus England und auch vom Kontinent waren bereit, Unsummen für Jagdaufenthalte im Hochland zu bezahlen.

18.00 h, im Winter nur Sa 12.00-16.00 h, kleiner Eintritt). Beachtenswert ist auch der große ***Tolbooth Turm*** an der Hauptstraße, in dem seit 1630 die Stadt ihre Verbrecher unterbrachte.

Südöstlich von Tain erreichen Sie auf der B 9165 am Meer ***Shandwick.*** In einem Feld südwestlich der Ortschaft haben die Pikten einen ihrer schönsten Symbolsteine mit einer Höhe von 2,7 m errichtet.

In einem weiten Bogen umfährt man, zurück auf der A 9, den Dornoch Firth. Kurz vor Bonar Bridge zweigt in ***Ardgay*** eine kleine Nebenstraße ab. Durch ein zunächst breites und flaches Tal, vorbei an Stromschnellen und Wasserfällen des Crannon, bringt Sie eine *Single Track Road* bis zur ***Croick Church.*** Diese Kirche bewahrt noch heute eine bittere Erinnerung an die Vertreibung der Menschen aus ihren Heimattälern während der Clearances. 1845 trieb man die Bewohner des Glen Calvie hier zusammen und setzte sie zwei Tage dem Wetter aus, bevor sie nach Übersee verschifft wurden. Die Familienoberhäupter ritzten vor der endgültigen Abreise zur Erinnerung an die Grausamkeit der Mächtigen ihre Namen in ein Fenster der Kirche.

Bonar Bridge

In Bonar Bridge, dem winzigen Örtchen an der Spitze des Dornoch Firth, zweigt die A 836 nach Ullapool und Loch Laxford im Westen oder an den Kyle of Tongue im Norden ab. Alle drei Strecken führen über kleine einspurige *Single Track Roads* durch eine überwältigende Landschaft mit z. T. schneebedeckten Bergen, Wasserfällen, einsamen Seen oder versteckten *Crofts* an die Nordwestküste, eine der schönsten, atemberaubendsten Landschaften Schottlands.

Hoch über dem Kyle of Sutherland, etwas nordwestlich von der Ortschaft Bonar Bridge, steht auf einem Felsen ***Carbisdale Castle,*** eine der malerischsten schottischen ***Jugendherbergen.*** Sie ist am einfachsten mit dem Zug, der direkt unterhalb der Herberge hält, zu erreichen. Mit dem Auto hinzugelangen ist etwas schwieriger, aber auf einer kleinen Straße südlich des Shin möglich. Adresse: Culrain, Ardgay, Sutherland IV24 3DP, T: 01549/ 421 232, Fax: -271, High, geöffnet März-Okt. Sie können in der Herberge auch Räder leihen.

Carbisdale Castle wurde in seiner romantischen Lage, die von den Burgen des Rheins abgeschaut sein soll, erst 1910 von der Witwe des *Herzogs von Sutherland* errichtet. Sie war nach dem Tod ihres Mannes von ihrem Stiefsohn aus Dunrobin Castle, dem Stammsitz der *Sutherlands,* vertrieben worden. Als ihre Schwiegerverwandten sie auch noch verklagten, sie habe zu viel Mobiliar mitgehen lassen und sie nach verlorenem Prozess zu einem halben Jahr Gefängnis verurteilt wurde, sann sie auf Rache. Sie erbaute das prunkvolle Carbisdale Castle genau auf der Grenze zum Besitz ihrer Peiniger, von wo es herrisch auf den *Gateway to Sutherland* herabblicken konnte, den Weg, den ihr Stiefsohn nehmen musste, wenn er nach Dunrobin ritt.

Von der Jugendherberge lohnt sich ein Spaziergang zu den ***Falls of Shin*** an der B 864, die alternativ zur A 836 nach Lairg führt. Besonders im Juni springen diese Wasserfälle im wildromantischen Shintal, das sich neben der Straße zur Schlucht verengt, so viele Lachse hinauf, dass es selbst ungeübten Fotografen ein leichtes ist, das Phänomen auf Zelluloid zu bannen.

Dornoch

Nach Bonar Bridge ist Dornoch (1500 Einw.) am Eingang des gleichnamigen Firth die nächste Stadt. Dornoch ist die „Hauptstadt" der riesigen Grafschaft Sutherland. Das historische Stadtbild prägen besonders das ***Castle,*** auch *Bishop's Palace* genannt, das heute ein Hotel (siehe „Unterkunft") beherbergt, und die ***Cathedral,*** die in einem kleinen Park mitten in der Stadt steht. Die schlichte frühgotische Kirche (Kathedrale ist denn doch etwas schmeichelhaft) wurde ab 1224 von einem Bischof auf eigene Kosten errichtet.

Am Ufer des Firth besitzt Dornoch herrliche Sandstrände. In den Dünen liegen ein Golfplatz und ein schöner Campingplatz.

Information

- Das ***Tourist Office,*** am Square auf der linken Seite, ist für ganz Sutherland zuständig: The Square, Dornoch IV25 3SD, T: 01862/810-400, Fax: -644.

Unterkunft

- ***Dornoch Castle Hotel,*** Castle Street, Dornoch, Sutherland IV25 3SD, T: 01862/810 216, Fax: 810 981, in altem Castle (15. Jh.) im Stadtzentrum; B&B ab £ 25.
- ***Dornoch Caravan Park,*** Dornoch, Sutherland IV25 3LX, T/Fax: 01862/810 423, am Castle vorbei und auf dem Platz letzte Straße nach rechts; Wohnwagen, Zelt ab £ 7.
- ***Independent Hostel: Sleeperzzz.com,*** Rogart Station, Sutherland IV28 3XA, T: 01408/641 343, ist wunderschön gelegen und bietet für £ 9 eine Übernachtung in umgebauten Eisenbahnwagons an. Von der A 839 zweigt in der Nähe von Pittentrail (Bahnhof) eine kleine Straße Richtung Norden nach Rogart ab.

Weitere Informationen

- ***KFZ-Werkstatt*** und ***Autoverleih:*** *John G. Gordon,* T: 01862/810 503.
- Die ***Dornoch Highland Games*** finden Anfang August statt.
- Im Sommer spielt die ***Dornoch Pipe Band*** samstagabends auf dem Square in der Stadtmitte.

Dunrobin Castle

Etwa 17 km hinter Dornoch passiert man auf der A 9 den kleinen Ort Golspie. Die erste mögliche Einfahrt hinter Golspie nach rechts führt zur Zentrale und Produkt der kompromisslosesten *Clearances* von ganz Schottland: Dunrobin Castle. Wenn Sie diese Residenz besichtigen, behalten Sie im Hinterkopf, dass all die Pracht und all der Glanz auf dem Elend von vertriebenen Hochlandbewohnern errichtet wurde. Im 19. Jahrhundert beschloss die ***Herzogin von Sutherland,*** ihre Pächter von ihrem Land zu vertreiben, um Schafe weiden zu lassen, da diese erheblich mehr Gewinn abwarfen. Dabei ging sie soweit, jenen Untertanen, die sich sträubten, ihr Land zu verlassen, das Dach über dem Kopf anzuzünden.

Der *Duke* und die *Duchesse von Sutherland* waren im 19. Jahrhundert die zweitgrößten Grundbesitzer Europas und so reich, dass es *Queen Victoria,* als sie das Haus der Sutherlands in London besuchte, entfuhr: „Ich komme aus meiner Hütte in Ihren Palast!"

Den Rundgang durch das ***Schloss*** müssen Sie ohne Führer bestreiten, obwohl die Tafeln und Beschreibungen leider nur unzureichend sind. Im Inneren des Schlosses sind nur wenig interessante Möbel des 18. und 19. Jh. anzusehen. Sehenswert dagegen ist der prachtvolle ***englische Garten,*** der zwischen Burgfelsen und Meer liegt. In einem Gartenhaus befindet sich darüber hinaus die Sammlung unzähliger Trophäen sowie einiger naturgeschichtlicher Fundstücke aus der Grafschaft und ein paar piktischer Symbolsteine. (Ö: nur im Sommer, Apr.-Mai Mo-Sa 10.30-16.30 h, So ab 12.00 h, Juni-Sept. Mo-Sa 10.30-17.30, So ab 12.00 h, hoher Eintritt)

Brora

Bald nach der Burg gelangen Sie nach Brora, das wenig zu bieten hat, außer gutem Eis in einer Eisdiele gegenüber der Post. In der ***Hunters of Brora Tweed Factory*** wird Wolle zu Tweed und Tartan verarbeitet, zwischen April und Dezember auch vor Publikum. (Ö: Mo-Sa 9.30-17.30 h)

Zentrale der Clearences: Dunrobin Castle, Residenz der Herzöge von Sutherland

Helmsdale

Bis John O'Groats folgt die Straße nun der Küstenlinie. Mal schmiegt sie sich an die Strände, mal schraubt sie sich hoch auf die Felsen und bietet einen herrlichen Blick über die See bis nach Speyside und Grampian. 18 km hinter Brora erreichen Sie Helmsdale, ein nettes Fischerdörfchen am Eingang des Strath of Kildonan, hübsch zwischen Bergen und Meer gelegen. Das nur im Sommer geöffnete ***Tourist Information Centre*** befindet sich im Timespan Museum, T: 01431/821640.

Helmsdale ist ein sympathisches kleines Fischerörtchen, das während der *Clearances* entstand und während des Heringsbooms Anfang des 20. Jahrhunderts wuchs. Das ***Timespan Museum***, von der A 9 abbiegend links im Ort, kontrastiert gut mit dem Besuch von Dunrobin Castle. Anhand von liebevoll aufgebauten Szenen kombiniert mit Tonbändern versucht es, die Geschichte der Region und das Elend der *Clearances* anschaulich zu machen (Ö: im Sommer Mo-Sa 9.30-17.00 h, So 14.00-17.00 h, Juli/Aug. bis 18.00 h, Eintritt)

Der ***Bahnhof*** von Helmsdale befindet sich am Südufer des Flusses.

Unterkunft

- ***Navidale House Hotel,*** Helmsdale, Sutherland, KW8 6JS, T: 01431/821-258, Fax: -531, B&B ab £ 35.
- ***Mrs Sylvia Blance,*** Broomhill House, Helmsdale, Sutherland KW8 6JS, T/Fax: 01431/821 259, B&B ab £ 18.
- ***Jugendherberge:*** Helmsdale, Sutherland KW8 6JR, T: 01431/821 577, Simple, geöffnet 15.5.-Sept.; links der A 9, den Hügel hoch am Ortsausgang.

Strath of Kildonan

Wenn Sie sich für die vielen ***prähistorischen Fundstätten*** des schottischen Nordens begeistern können, dann bietet das Tal Strath of Kildonan eine wunderbare Gelegenheit, auf Entdeckungssuche zu gehen. Kaufen Sie in der Information die hervorragende topografische Karte des Tales (Landranger 17 „Helmsdale and Strath of Kildonan"). Auf ihr sind alle bekannten Brochs, Steinkreise, Kammergräber, Ring- und Erdhäuser eingetragen, die, sämtlich „naturbelassen", versteckt neben der Straße in den Bergen, Seitentälern und Wäldern liegen.

Verwenden Sie ruhig einen Tag darauf, das Tal hinaufzufahren und die Überreste gleich mehrerer vergangener Kulturen aufzusuchen. Das Tal ist auch für sich einen Abstecher wert. Die Vegetation wird immer karger, je höher man kommt, doch die landschaftliche Schönheit nimmt noch zu. Biegen Sie in Kinbrae (Tankmöglichkeit) nach links über die Bahnschienen ab und fahren Sie weiter bis zur Badanloch Lodge. Besonders im weichen Abendlicht ist der Blick über das Seensystem des ***Loch Badanloch*** vor dem Rahmen der Berge unvergesslich. Mit ein wenig Glück kann man in dieser abgelegenen Gegend auch Steinadler oder Rotwildherden beobachten.

Die Region Caithness bietet aber auch ***archäologische Lehrpfade*** mit Beschreibungen, die weniger abenteuerlich sind als unser Vorschlag, z. B. Dunbeath Strath, Loch Yarrow. Info: im ***Dunbeath Heritage***

Centre, Old School, Dunbeath KW6 6ED, T: 01593/731 223, Ö: im Sommer 11.00-17.00 h. Oder vorab im Internet unter www.caithness.org/history/archaeology/prehistoric.htm

Die Küste bis Wick

Hinter Helmsdale steigt der Weg zum ***Ord of Caithness,*** einem Aussichtspunkt an der Grenze zur Grafschaft Caithness, an. Bei gutem Wetter sind von hier oben sogar einige der britischen Bohrinseln in der Nordsee zu erkennen. Nachdem die Straße einen weiten Bogen zur Landseite gemacht und dabei einen Bach überquert hat, passiert man rechts einen Rastplatz. Interessiert Sie noch eine weitere Erinnerung an die Zeit der „Hochlandreinigung", sollten Sie hier anhalten. Ein schmaler Pfad führt etwa 500 m weiter an den Steilhang zum Meer. Hier liegen die Reste von ***Badbea,*** einer Siedlung, die die Sutherlands ein paar Croftern als Alternative zur Auswanderung gelassen hatten. Erzählungen berichten davon, dass die Menschen damals ihre Kinder und das Vieh anbinden mussten, damit sie der Wind nicht über die Klippen trieb.

Die ***Grafschaft Caithness*** unterscheidet sich fast schlagartig ab der Grenze stark von dem bergigen, grandiosen Sutherland. Caithness ist weich gewellt, eine viel sanftere Landschaft. Abgesehen von einigen Weiden an der Küste bedeckt nahezu das ganze Landesinnere Heide und vor allem trostloses Moor- und Sumpfland. Das Meeresufer besteht aus einer langen zerklüfteten, bizar-

Mystik im Moor: Standing Stone im Strath of Kildonan

ren Steilküste, einer Augenweide für jeden Romantiker.

Im Gegensatz zur Grafschaft Sutherland, dem „Südland" für die auf Orkney und Shetland beheimateten Wikinger, erhielt Caithness seinen Namen von den Pikten. Die Grafschaft war früher eine piktische Provinz mit der Katze als Wappentier, die denn auch den Namen abgab *(Caithness* = Grafschaft der Katze). Noch heute führen die Sutherlands, deren Grafschaft auch einst zu Caithness gehörte, die Katze in ihrem Wappen.

Gut 25 km nach Helmsdale passieren Sie ***Dunbeath.*** Anderthalb Kilometer hinter dem Dorf steht rechts der Straße das ***Laidhay Caithness Croft.*** Das Freilichtmuseum besteht aus Gebäuden eines alten *Crofts,* eines typischen schottischen Kleinbauernhofes, aus dem frühen 18. Jh., die reich mit Möbeln und Gebrauchsgegenständen jener Zeit ausgestattet sind. Das Gehöft wurde so noch bis vor 40 Jahren bewohnt. (Ö: nur im Sommer, Mo-So 10.00-18.00 h, kleiner Eintritt)

Dann in Occumster biegt nach links eine Nebenstraße ab. Die ***Grey Cains of Camster,*** die nach 8 km gleich links der Straße in der trostlosen Moorlandschaft ruhen, sind unbedingt einen Abstecher wert. Drei der berühmten Gräber, die ca. 2000--2500 v. Chr. errichtet wurden, sind wieder begehbar gemacht worden.

Die zweite Straße links, wenn Sie zurück auf der A 9 sind, führt vorbei an den ***Hill O'Many Stanes,*** einer steinzeitlichen Steinsetzung aus 250 etwa 30-40 cm hohen Steinen.

Fertige Bohrinsel vor der Schlepptaureise in die Nordsee

Wick

Wick (8700 Einw.), das Sie bald erreichen, ist ein kleines Fischerstädtchen, das seine Bedeutung dem kleinen ***Flughafen*** (T: 01955/602 215) nördlich der Stadt verdankt. *Loganair* (T: 01955/602 294) bzw. *BA* (T: 0845/773 3377) fliegt von hier wochentags einmal Edinburgh (Single ab £ 105) und mindestens dreimal Kirkwall (Single ab £ 28) an.

Sehenswert ist besonders die Ruine des ***Doppelcastles Sinclair und Girnigoe***. Folgen Sie aus Wick anfangs den Schildern Richtung Flughafen, dann den spärlichen Wegweisern nach Noss Head. Auf halbem Weg zum Leuchtturm auf ***Noss Head*** findet sich ein kleiner Parkplatz. Über eine Kuhweide erreichen Sie diese pittoreske Ruine, die sich steil über der zerklüfteten Küste erhebt. Der ältere Teil der Burg, ***Castle Girnigoe,*** stammt aus dem 15. Jahrhundert. Im frühen 17. Jh. wurde dem älteren Tower mit ***Castle Sinclair*** ein weiterer Teil angefügt. Doch bereits im Jahre 1679 wurde die Burg verlassen.

Ähnlich malerisch wie Sinclair und Girnigoe steht hoch über der Nordsee im Süden der Stadt die kleine Ruine des ***Old Man of Wick,*** der alten Burg von Wick, deren Ursprünge bis zu den Wikingern zurückreichen.

Das ***Wick Heritage Centre*** in der Bank Street (am Kreisverkehr vor der Brücke rechts in die Union Street,

Schlüsselfertig: Immobilien bei Wick

dann bald auf der rechten Seite) zeigt Szenen aus dem Leben der Region mit dem Schwerpunkt Fischerei, das Innere eines Leuchtturms und eine Fotosammlung mit über 1000 alten Aufnahmen aus der Geschichte der Stadt. (Ö: nur im Sommer, Mo-Sa 10.00-17.00 h, Eintritt)

Wenn Sie kurz nach dem Ortseingang vor einer BP-Tankstelle rechts fahren und an der nächsten T-Kreuzung abermals rechts, kommen Sie zur ***Caithness Glas Fabrik.*** Man kann hier die Produktionsstätten besichtigen und auch das bekannte nordschottische Kristallglas erstehen.

Auf halbem Wege nach John O'Groats illustriert in Auckengill im Sommer das ***Northland Viking Centre*** die Geschichte der Wikinger in dieser Region und zeigt u. a. ein Langboot.

Unterkunft

- ***Norseman Hotel,*** Riverside, Wick, Caithness KW1 4NL, T: 01955/603344, B&B ab £ 20.
- ***Nethercliffe Hotel,*** Louisburgh Street, Wick Caithness KW1 4NS, T: 01955/602 044, Fax: 605 691, B&B ab £ 28.
- ***Wellington Guest House,*** 41-43 High Street, Wick Caithness KW1 4DP, T: 01955/603 287, Fax: 602 237, B&B ab £ 20, in der Nähe des Tourist Office.
- ***Riverside Caravan Club Site,*** Janetstown, Wick, Caithness KW1 5SR, T: 01955/605 420, Zelt, Wohnwagen £ 4-12.

Weitere Informationen

- ***Autoverleih:*** *Richards Garage,* Francis Street (an der A 99 noch vor dem Fluss), T: 01955/604 123.

Doppelcastle Sinclair und Girnigoe bei Wick

●***Bahnhof*** und ***Busbahnhof*** befinden sich am Südufer des River Wick, von der A 9 am Kreisverkehr kommend vor der Brücke links.

Hier endet Schottland: John O'Groats

Nördlich von Wick endet die A 99 in ***John O'Groats,*** dem winzigen Fährhafen nach Orkney (Überfahrten siehe Orkney). An der Küste steht ein hübsches weißes Hotel mit „Seeblick" (siehe unten), das auch einen Pub und ein nettes Café besitzt. Von den Kunsthandwerksläden um die Tourist Information bot nur der ***Pottery Shop*** ein paar Souvenirs, die auch uns gefielen. Nach Osten führt eine schmale Straße zum Leuchtturm auf ***Duncansby Head,*** der Nordostspitze des schottischen Festlandes. Sie sollten auf keinen Fall versäumen, einen Blick auf die ***Duncansby Stacks*** zu werfen, mehrere einzigartige, kegelförmige Felssäulen in der Brandung südlich der Landspitze.

Noch schöner ist es sicherlich, die beiden Sehenswürdigkeiten auf einem ***Fußweg*** entlang der Küste zu erkunden, der am Hafen (zwischen *Last House* und *Last and First Shop)* beginnt (eine Strecke ca. 3 km)

Unterkunft

●***John O'Groats House Hotel,*** Caithness KW1 4YR, T: 01955/611 203, Fax: -408, B&B ab £ 40, am Hafen.

●***Caber-Feidh Guest House Hotel,*** John O'Groats, KW1 4YR, T: 01955/611 219, B&B ab £ 17.

●***Jugendherberge:*** Canisbay, Wick, Caithness KW1 4YH, T: 01955/611 424, Standard, nur im Sommer geöffnet; von John O'-Groats Richtung Thurso, dann die zweite Straße links Richtung Canisbay.

●***John O'Groats Camping Site,*** T: 01955/611 329, am Ende der A 99, neben dem „letzten Haus" Schottlands, Wohnwagen/Zelte ab £ 7.50.

Die Nordküste

Überblick

Die Nordküste des schottischen Festlandes gehört zu den schönsten Küstenstreifen des Landes. Enorm zerklüftet und zersprengt, besitzt sie ***unzählige kleine Buchten,*** in denen die Brandung des Atlantiks und der Nordsee ausrollt. Die verträumten Buchten mit idyllischen einsamen Stränden sind die Noten der Natur in der Sinfonie der Felsen, Klippen und Dünen, der Heide, der Bäche und Gestade, die zum Baden einlüden, wenn nur das Wasser nicht so kalt wäre. Die A 836 schlängelt sich durch dieses Gewirr von Fels und Wasser und oft genug fragt man sich als Fahrer vor einer Kurve, ob es dahinter überhaupt weitergeht. Im Westen der Küstenlinie schneiden Fjorde tief in das Bergland ein. Das Wetter wie das Land werden nach Westen im gleichen Maße rauer, wie die Bevölkerung schwindet.

Verbindungen

Mit der Bevölkerungsdichte nimmt im Norden Schottlands auch die Verkehrsdichte ab. Züge fahren im Nordwesten gar keine mehr. Auch das Trampen gestaltet sich sehr schwierig bis unmöglich, da fast kein Auto mehr die einsamen Straßen entlangfährt. Die einzige Möglichkeit zur Fortbewegung neben einem eigenen Auto besteht in der

Busfahrt. Aber auch das Busfahren wird komplizierter, da nur noch wenige Fernverbindungsbusse fahren und man oft auf das Umsteigen zwischen den lokalen Bussen angewiesen ist.

- Zwischen Wick, Thurso und John O'Groats sind die Verbindungen noch gut; unter anderem verkehren auf dieser Strecke ***Postbusse*** (T: 01463/256 273, bzw. 0131/228 7407).
- ***Morrison's Motors,*** T: 01847/821 241, fährt zweimal am Tag, am späten Vormittag und am Nachmittag, von Thurso nach Bettyhill. Von Tongue fährt vormittags ein Bus nach Lairg, der am Spätnachmittag zurückkommt. Von Altnahara, auf halbem Weg nach Lairg, fährt nachmittags ein Bus über Hope nach Rispond.
- ***Die Northern Explorer Route*** bildet per Bus ein Dreieck zwischen Inverness, Thurso, Durness und wieder Inverness. *(Scottish Citylink* T: 08705/505050 und *Dearman Coaches,* T: 01349/883585)

Thurso

In John O'Groats knickt die A 99, nun als A 836 bezeichnet, nach Westen ab. Nach ein paar Meilen zweigt rechts die B 855 ab, die auf ***Dunnet Head*** vor einer Klippe endet. Hier, vom Leuchtturm auf dem nördlichsten Punkt des schottischen Festlandes, blickt man bis auf die der Küste vorgelagerten Orkneyinseln.

Thurso (9400 Einw.), ein paar Kilometer weiter, ist die letzte Siedlung mit Stadtcharakter bis Ullapool an der Westküste. Der Ort macht einen freundlicheren Eindruck als das benachbarte Wick, doch unterscheidet ihn sonst nicht viel von schottischen Ortschaften gleicher Größe. Im Rathaus, das in der Fußgängerzone steht, ist das ***Thurso Heritage Museum*** untergebracht. Es enthält eine Ausstellung zur Geschichte, Tradition und Bräuchen der Grafschaft Caithness. (Ö: nur im Sommer, Mo-Sa 10.00-13.00 h und 14.00-17.00 h, kleiner Eintritt)

Gleich westlich der Stadt zweigt rechts die Straße nach ***Scrabster*** ab, dem kleinen Fährhafen für die Fähren von *P&O Scotland* nach Orkney und Shetland. Die Fähren sind mehrmals täglich von der Stadt aus mit Bussen zu erreichen.

Information

- Die ***Tourist Information,*** wo man auch brauchbare Stadtpläne verschenkt, befindet sich in der Riverside Street (von der A 836 Richtung Zentrum und nach der Brücke über den Thurso River gleich rechts), T: 01847/892 371, nur im Sommer geöffnet.

Unterkunft

- ***Royal Hotel,*** Traill Street, Thurso, Caithness, KW14 8EH, T: 01847/893 191, Fax: 895 338, nach der Brücke zweite rechts (Hauptstr.), B&B ab £ 30.
- ***Waterside House,*** 3 Janet Street, Thurso, Caithness KW14 7AR, T: 01847/894 751, B&B ab £ 17.
- ***Thurso Caravan Park,*** Scrabster Road, T: 01847/805 514, Fax: 805 508, rechts der A 882 in Richtung Scrabster (Olrig Str., dann Smith Terrace), am Strand von Thurso Bay, Wohnw./ Zelte ab £ 7.
- ***Thurso Youth Club Hostel,*** Old Mill, Millbank Road, Thurso, Caithness KW14 8PS, T: 01847/892 964, www.tyc-hostel.com, B&B £ 8, schön gelegen in einer 200 Jahre alten Mühle, am Stadtpark, allerdings für Individualreisende nur im Juli und August geöffnet.
- ***Sandras Hostel,*** 24/26 Princes Street, Thurso KW14, T: 01847/894 575, Übernachtung £ 8.50 (vom Bahnhof Richtung Stadtmitte).

Verbindungen

- Etwas weiter in der gleichen Straße wie die Tourist Information ist rechts auch der ***Bus-***

Norden

bahnhof. Busse nach Süden fahren in der St Georges Street, der Verlängerung der Brücke ab. Busse in den Westen fahren von der Olrig Street, von der Brücke rechts, am Beginn der Fußgängerzone.

- Der ***Bahnhof*** (T: 01847/892 058) liegt südwestlich des Zentrums; von hier führt die Princes Street genau in die Stadtmitte.
- ***Fahrradverleih:*** *The Bike and Camping Shop,* 35 High Street (Verlängerung der Fußgängerzone nach der Townhall), T: 01847/896 124, zugleich Fahrradwerkstatt und Outdoor-Ausrüster.
- ***Waschsalon:*** Riverside Place, Ö: Mo-Sa, T: 01847/893 266, 9.00-18.30 h.

Die Küste bis Durness

Bei Dounreay, ca. 16 Kilometer westlich von Thurso, erhebt sich zwischen der Straße und dem Meer der Komplex der ***Dounreay Prototype Reactor Power Station.*** Dieser „Schnelle Brüter" ist eine reine Forschungsanlage, die 1994, zwanzig Jahre nach ihrer Errichtung, geschlossen worden ist, da man irgendwann feststellte, dass in Großbritannien bis zum Jahr 2020 gar kein Bedarf für den Strom der Anlage besteht. Der Reaktor war im strukturschwachen Caithness mit Abstand der größte Arbeitgeber, was wohl der Grund dafür war, dass sich praktisch kein Widerstand gegen die Anlage formierte. Lediglich die wirtschaftlich gesünderen Orkney- und Shetlandinseln baten Dänemark symbolisch darum, den Status ihrer Inseln zu überprüfen (siehe Kap. „Orkney"). (Ö: nur im Sommer, Mo-So 10.00-16.00 h)

Folgt man weiter der A 836, passiert man bald die Abzweigung in die A 897, die durch das Strath Halladale und das Strath of Kildonan nach Helmsdale zurückführt. Hinter der Abzweigung dauert es nicht mehr

Blick über die Cruden Bay

lange, bis sich die Straße auf nur noch eine Spur beschränkt.

Vorbei an wunderschönen einsamen Buchten und Stränden, in die man oft nur hinunterklettern kann, fährt man kurz vor ***Bettyhill*** an einer alten ausgedienten Kirche vorbei. Sie gibt die Räumlichkeiten für das ***Strathnaver Museum*** her, eines jener kleinen Museen in schottischen Dörfern, die weniger durch den Umfang der Sammlungen, als vielmehr durch die liebenswerte Fülle der verschiedenartigsten auf-, über- und nebeneinander geschichteten Gegenstände begeistern. Das Strathnaver Museum enthält alte und historische Gegenstände, vom Fischerboot über Strandgut bis hin zu Grabsteinen.

Im ersten Stock ist ein Museum des ***Clan MacKay*** untergebracht, der einmal fast ganz Sutherland beherrschte. Der Museumswärter, natürlich ein *MacKay*, erzählt, dass die *MacKays* der Clan mit den meisten waffenfähigen Männern Schottlands waren. Sie kämpften als Söldner in ganz Europa und waren stets große Draufgänger. Sie ließen denn auch keinen Freund im Stich und kaum große Clanschlachten aus. Die *Sutherlands* dagegen hielten sich immer zurück, konnten aber mit Geld umgehen. Was das Ende vom Lied gewesen sei, meint der alte Museumsführer, könne man heute am Namen der Grafschaft erkennen. (Ö: Apr.-Okt. Mo-Sa 10.00-13.00 h und 14.00-17.00 h, Eintritt)

Von Bettyhill steigt die Straße etwas ins Landesinnere auf, um am ***Kyle of Tongue,*** einem der langen Fjorde, wieder ans Meer zurückzukehren. Die Straße überquert den Meeresarm heute auf einem Damm. Vor dem Damm steht links eine ***Jugendherberge:*** Tongue, Lairg, Sutherland IV27 4XH, Standard, nur im Sommer geöffnet, T: 01847/611 301.

Sie durchqueren nun die Halbinsel ***A Mhoine.*** Vor dem Flüsschen Hope biegt nach links eine Straße ab, die am schönen ***Loch Hope*** unter dem 927 m hohen ***Ben Hope*** vorbei zum ***Dun Dornaigil Broch*** führt (Was Sie übrigens nicht als Druckfehler verdammen dürfen, wenn Sie anders geschriebene Schilder entdecken. Wir haben mittlerweile vier Schreibweisen gefunden). Der 16 Kilometer lange Abstecher lohnt sich eher der fantastischen Szenerie als der Burg aus der Eisenzeit wegen. Sie wurde um die Zeitenwende errichtet und steht heute noch auf einer Seite über 5 m hoch (siehe auch Exkurs „Brochs und Duns“).

Durness

Wenn man auf die A 838 zurückkehrt, gelangt man bald darauf nach Durness. Direkt vor dem Ortsanfang hat in einer langen, engen Bucht ein Flüsschen ein Naturwunder von überwältigenden Ausmaßen geschaffen. Links der Straße stürzt sich der Fluss tosend 21 m tief in ein Loch und ist verschwunden. Klettert man rechts der Straße in die Bucht, sieht man einen idyllischen Bach aus einer überdimensionalen Erdöffnung, der ***Smoo Cave,*** herausplätschern. Diese riesige Höhle - der Ausgang ist 30 m breit und 15 m hoch - wurde schon von den Pikten besiedelt, die Wikinger gaben ihr den Namen *(Smiga* = Loch), und später versteckten sich hier Schmuggler. Bei gutem Wetter (d.h. vor allem wenig Wasser im Bach) ist es möglich, mit einem Schlauchboot noch in zwei weitere, hinter dem Wasserfall verborgene Kammern zu fahren (12.00-16.00 h). Fragen Sie bei der Tourist Information gleich oberhalb der Smoo Cave.

Bei gutem Wetter lohnt besonders für geologisch Interessierte und Liebhaber einer schönen Aussicht die Besteigung des ***Beinn Ceannabeinne.*** Der Rundweg (ca. 9 km und 300 Höhenmeter) nimmt am Parkplatz seinen Anfang und führt zunächst entlang des Allt Smoo. Ebenfalls lohnend ist der ***Coastal Walk,*** ein Rundweg durch Dünen und entlang atemberaubender Steilklippen (Dauer ca. 3 h).Genaueres erfahren Sie in der Tourist Information.

Durness ist nur ein kleiner Ort, der aber einen Supermarkt und eine Tankstelle besitzt. Nach der Ortschaft zweigt nach rechts ein Weg zur ***Balnakeil Craft Village*** ab. Vielleicht ist diese Künstlerkolonie zu weit vom Massentourismus entfernt, um Kitsch zu produzieren. Jedenfalls haben Sie hier Gelegenheit, etwas anspruchsvollere - wenn auch teurere - Souvenirs zu erstehen. Uns gefielen ganz besonders die Werke einer jungen Töpferin, die schon eher freie Kunst als Kunsthandwerk darstellen.

Cape Wrath, die Felsnase im äußersten Nordwesten, erreicht man auf einer kombinierten Boots- und Kleinbustour. Erkundigen Sie sich aber vorher, ob das Boot über den

An Schottlands Küste

Kyle of Durness setzt (bei der Tourist Information am Ortseingang rechts, T: 01971/511 259, oder dem Laden mit Tankstelle gleich daneben, der die Touren organisiert, T: 01971/511 287), das Wetter macht in dieser Gegend häufig einen Strich durch die Rechnung.

Im Juli finden hier die ***Highland Games*** statt, welche die Bevölkerung der ganzen Umgebung anziehen.

Unterkunft

- ***Parkhill Hotel,*** Durness, Sutherland IV27 4PN, T: 01971/511-202, Fax: -321, B&B ab £ 20.
- ***Smoo Cave Hotel,*** Durness IV27 4QB, T/Fax: 01971/511 227, B&B ab £ 17.
- ***Jugendherberge:*** Smoo, Durness, Lairg, Sutherland IV27 4QA, T: 01971/511 244, Simple, geöffnet Apr.-Sept.; gleich oberhalb der Smoo Cave.

Die nordwestliche Atlantikküste

Überblick

Die nördliche Atlantikküste ist die ***verlassenste,*** gleichzeitig ***wildeste*** und ***herausforderndste Gegend*** Schottlands. Wer es hier aushalten will, der muss es mit Regen und Sturm, Einsamkeit und Abgeschiedenheit aufnehmen können. Wer so weit nach Norden kommt, der wird aber auch von der ungezügelten Schönheit der Erde belohnt, wenn die Sonne nach einem Schauer durch die Wolken bricht und kantige Berge, steile Fjorde, Seen inmitten von Fels und Flechten, glitzernde Wasserfälle und unwegsame Täler

Kein seltener Zeitgenosse in Schottland: der Rabe

plötzlich in ein unwirkliches Licht taucht. Der Westen von Sutherland und Ross gehört nicht zu den Touristenzentren, und das ist gut so.

Entspannung bietet diese Gegend nicht. Aber Jäger und Angler, die sich der Natur unterzuordnen wissen, Wanderer und Kletterer, die auch mit dem Kompass umzugehen vermögen oder Menschen, die auch Mühen auf sich nehmen, um die unzähligen verschiedenartigsten Seevögel, Robben und manchmal sogar Delfine zu beobachten, werden hier ein Paradies vorfinden. Entlang der ganzen Küste finden sich in unzähligen kleinen Buchten herrliche einsame Sandstrände. Uns wurde berichtet, dass das Wetter manchmal sogar warm genug zum Baden sein soll. Der Fels, aus dem die Westküste besteht, Lewis-Gneis, Basalt und Sandstein, gehört zu den ältesten Gesteinsarten der Erde.

Verbindungen

- Die öffentlichen Verkehrsmittel beschränken sich in diesem abgelegenen und unbewohnten Teil Schottlands auf die Busse, die nur sehr selten fahren. Manchmal fahren nur Schulbusse und die Postboten, die auch Fahrgäste mitnehmen. Die Küste entlang verkehren einmal täglich lokale Busse, die aber nur kurze Entfernungen zurücklegen. Je weiter man nach Süden kommt, desto besser werden aber auch die Verbindungen wieder.
- Im Sommer fahren ***Scottish Citylink Coaches*** (T: 08705/505 050) zweimal täglich Ullapool von Inverness aus an. Dieselbe Gesellschaft fährt von Glasgow aus über Fort William dreimal am Tag Kyle of Lochalsh an. Von Lairg aus fährt einmal täglich ein Bus nach Lochinver. Sonntags fährt gar kein Bus.

Durch die Einsamkeit bis Lochinver

Von Durness verläuft die A 838 weiter nach Süden. Zwischen dem Loch Laxford und Scourie zweigt nach rechts eine Stichstraße Richtung Tarbet ab. Im Sommer kann man von hier in einem kleinen Boot zum ***Handa Island Nature Reserve*** übersetzen. Die kleine Insel ist ein Paradies für Vögel und ihre Liebhaber. Unzählige Möwen, Silbermöwen, Raubmöwen, Sturmvögel, Alke, Tölpel und viele mehr sind von Unterständen des *RSPB (Royal Society for the Protection of Birds),* des schottischen Ornithologenvereins, aus zu beobachten (Fahrten im Sommer Mo-Sa 9.30-14.00 h, Kontakt: *Handa Ferry,* T: 01971/502 340).

Scourie ist eher eine unschöne Ansammlung von Häusern als eine richtige Ortschaft. Dennoch gibt es ein Hotel, das ***Scourie Hotel,*** Scourie, Sutherland, IV27 4SX, T: 01971/502-396, Fax: -423, B&B ab £ 35, rechts der Straße, das auch einen gemütlichen Pub besitzt. Auch ein paar B&B-Unterkünfte finden sich an der Hauptstraße.

Von ***Kylescu,*** ungefähr 16 km südlich von Scourie, schippert ein malerisches kleines Boot im Sommer mehrmals täglich (je nach Andrang 11.00, 14.00 h; *Statesman Cruises,* T: 01571/844 446) an Vogelfelsen und Seehundbänken vorbei bis tief in den ***Loch Glencoul.*** Der höchste Wasserfall des Königreiches, der ***Eas Coul Aulin,*** stürzt sich hier 200 m tief in den Fjord. Parkt man am ***Loch na Gainmhinch*** und wandert auf einem

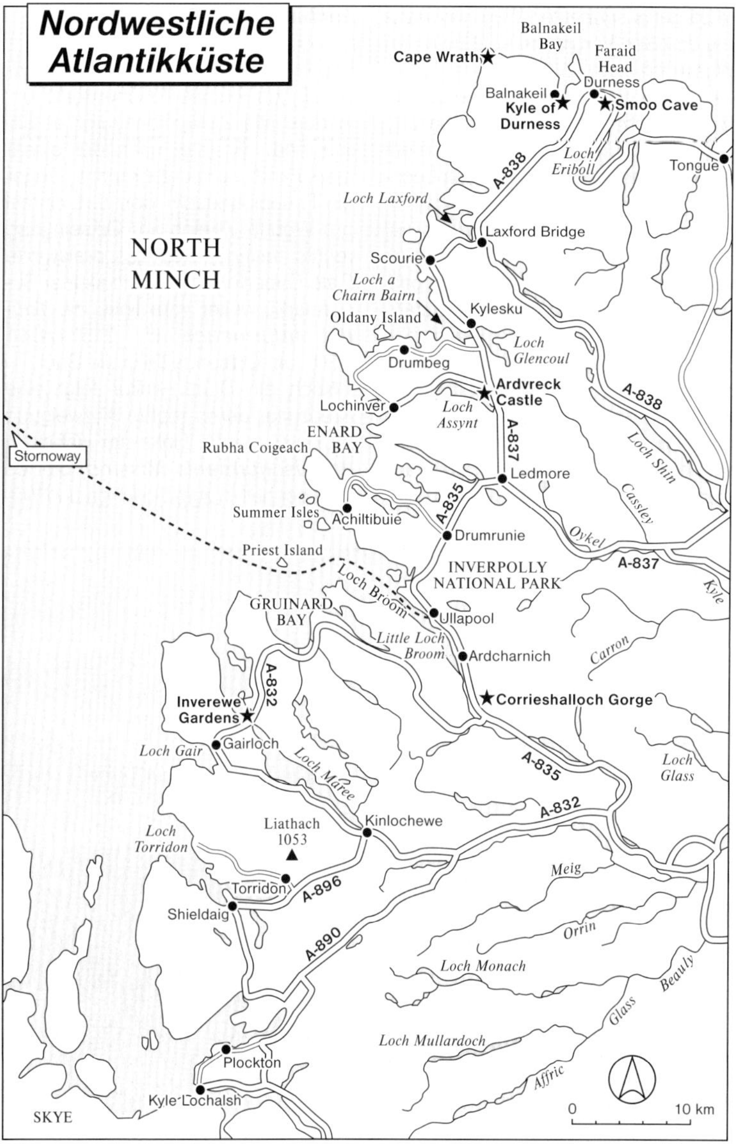
Nordwestliche Atlantikküste
Balnakeil Bay
Cape Wrath
Faraid Head
Durness
Balnakeil
Kyle of Durness
Smoo Cave
Loch Eriboll
Tongue
A-838
Loch Laxford
Laxford Bridge
NORTH MINCH
Scourie
Loch a Chairn Bairn
Oldany Island
Kylesku
Loch Glencoul
Drumbeg
Ardvreck Castle
A-838
Lochinver
Loch Assynt
A-837
ENARD BAY
Rubha Coigeach
Stornoway
Loch Shin
Ledmore
A-835
Cassley
Summer Isles
Achiltibuie
Drumrunie
Oykel
Priest Island
A-837
INVERPOLLY NATIONAL PARK
Loch Broom
Kyle
GRUINARD BAY
Ullapool
Little Loch Broom
Ardcharnich
Carron
A-832
Inverewe Gardens
Corrieshalloch Gorge
Loch Gair
Gairloch
Loch Maree
A-835
Loch Glass
A-832
Kinlochewe
Liathach 1053
Loch Torridon
Meig
Torridon
A-896
Shieldaig
Orrin
A-890
Loch Monach
Beauly
Glass
Loch Mullardoch
Plockton
Affric
Kyle Lochalsh
SKYE
0
10 km

Norden

recht gut ausgebauten Weg westwärts um den See herum, erreicht man den Wasserfall nach 10 km.

Kurz hinter Kylescu zweigt die B 869 rechts ab und klettert entlang der fantastisch zerklüfteten Küste auf einem lohnenden Umweg nach Lochinver. Auf der Strecke bieten sich immer wieder herrliche Aussichten auf die vorgelagerten Inseln. Die Etappe ist leider für Wohnwagen nicht passierbar, da es streckenweise Gefälle bis zu 25 % gibt. Kurz bevor Sie Lochinver erreichen, bietet sich geradeaus ein herrliches Bild: Der ***Canisp*** (847 m) und der unverkennbare ***Suilven*** (731 m), was auf gälisch soviel heißt wie Zuckerhut, ragen aus dem Hochland auf.

Lochinver

Lochinver (300 Einw.) ist ein geschäftiges kleines Fischerdörfchen, in dem alle Zivilisationsgüter erhältlich sind, die man nach der einsamen Fahrt vielleicht braucht. Sogar ein Friseur besucht den Ort einmal pro Woche. Gleich am Ortseingang rechts befindet sich das preiswerte Café Caberfeidh, links ein kleiner Supermarkt, weiter vorn links die ***Tourist Information*** (T: 01571/844 330), am Ortsende links die Bank.

Noch ein Stück weiter folgt eine Kreuzung, deren rechte Abzweigung im Hafen endet. Links am Hafen, in der ***Fischermen's Mission,*** gibt es Gelegenheiten zum Duschen und Wä-

Landschaft an der Westküste

schewaschen sowie ein billiges warmes Essen. Gegenüber hat man die Wahl zwischen zwei ***Pubs:*** *Scottie's Public Bar* und die *Wayfarer's Bar.* Auch die Restaurants entlang der Uferpromenade bieten Speisen an.

In der Nähe von Lochinver finden sich wunderbare weiße Sandstrände, von denen einer der schönsten in Clachtol an der B 869 liegt.

Unterkunft

- ***Mrs. Jean MacLeod;*** Polcraig, Cruamer, Lochinver, IV27 4LD, T und Fax: 01571/844 429, B&B ab £ 20.
- ***Ardglas Guest House,*** Inver, Lochinver, Sutherland IV27 4LJ, T: 01571/844-257, Fax: -632, B&B ab £ 15.
- ***Jugendherberge:*** Recharn, Lairg, Sutherland IV27 4JB, T: 01571/844 480, Simple, geöffnet Apr.-Sept., sie befindet sich in Achmelvich (siehe Campingplatz).
- ***Shore Caravan Site,*** 106 Achmelvich, T/Fax: 01571/844 393, in Achmelvich, B 869 von Lochinver aus, erste Straße dann links zum Meer, Zelte ab £ 4, Wohnw. ab £ 6.

Fahrradverleih

- ***Assynt Mountain Bike Hire,*** Culag Buildings, Lochinver, befindet sich gegenüber der Fishermen's Mission am Hafen.

Durch die Berge nach Ullapool

Auf der A 837 gelangt man zurück zur Straße Richtung Süden. Wer die wilde Schönheit des schottischen Nordens liebt und diese Strecke am ***Loch Assynt*** vorbei gefahren ist, der wird nur wissend lächeln, wenn jemand Loch Lomond als den schönsten See Schottlands bezeichnet. Als I-Tüpfelchen steht die Ruine des kleinen ***Ardvreck Castle*** aus dem 15. Jh. auf einer Halbinsel im See.

Nach dem Loch Assynt steigt die Straße in das höher gelegene Hinterland auf. Die A 837, die bald nach links abbiegt, läuft über eine karge Hochebene nach Osten zum Carbisdale Castle und der A 9. Gut 3 km nach der Abzweigung passiert man einige Häuser, die sich insgesamt ***Elphin*** nennen. Gleich nach dem Ort geht links eine Auffahrt ab. Hier hat eine junges Paar einen Bauernhof zu einem Reservat für ***Rare Breeds,*** selten werdende Haustierrassen, gemacht. Interessant für Kinder ist das Füttern von kleinen Ziegen und Schafen mit der Flasche. Eine Rarität für Strickfans gibt es hier ebenfalls: Sie können zusehen, wie die naturfarbene Wolle in wunderbaren Brauntönen verschiedener Schafarten von Hand gesponnen wird. Die Wolle, die man hier auch kaufen kann, ist zwar nicht ganz billig, doch sollte man bedenken, dass die junge Farmerin an der Wolle für einen Pullover etwa drei Wochen spinnt (T: 01854/666 204).

Weiter auf der A 838 passiert man bald den ***Inverpolly Nationalpark***. Informationen über Wanderwege und die Fauna des Parks erhält man auf einem Rastplatz, der links der Straße etwas den Berg hinauf liegt.

Hinter Drumrunie zweigt nach einigen Meilen rechts eine kleine Straße ab. Nachdem Sie den alleinstehenden eindrucksvollen ***Stac Polly*** (612 m) rechter Hand passiert haben, öffnet sich das Land zum Meer hin. Bald gabelt sich der Weg und führt links weiter nach ***Achiltibuie.***

Etwa einen Kilometer hinter Achiltibuie liegt das ***Hydroponicum.*** Ein verzweifelter Hotelier, der kein frisches Gemüse in dieser Gegend erhalten konnte, hat hier eine vorbildliche Gewächshausanlage errichtet: Ohne Fremdenergiezufuhr züchtet er hier heute sogar Südfrüchte. Eine Führung durch die Anlage ist interessant, aber viel zu teuer (nur im Sommer täglich 10.00-18.00 h). Das zugehörige ***Summer Isles Hotel,*** Achiltibuie, Ross-shire, IV26 2YG, T: 01854/622 282, bietet B&B ab £ 70. Vier Kilometer weiter liegt dem Horse Island gegenüber auch noch eine ***Jugendherberge:*** Achininver, Achiltibuie, Ross-shire, Simple, T: 01854/622 254, geöffnet Mai-Sept.

Die gesamte Gegend, vor allem um das Loch Assynt, eignet sich hervorragend zum ***Wandern.*** Mehr Informationen dazu bieten die Broschüren des *Sutherland Tourist Board* „Walk Sutherland" und „A Hillwalker's Guide to Sutherland", die bei jeder Tourist Information erhältlich sind.

Die malerischen ***Summer Isles,*** die hier vor der Küste liegen, werden Mo-Sa in einer vierstündigen Rundfahrt vom Hafen in Ullapool aus angesteuert. Abfahrt ist um 10.00 h, und wer Glück hat, sieht außer den unzähligen Seemöwen während der Fahrt auch Robben und Delfine (*Summer Queen Cruises,* T: 01845/ 612472, www.summerqueen.co.uk).

Ullapool

Fährt man auf der A 835 weiter, erreicht man Ullapool, den Fischerei- und Fährhafen am Loch Broom. Ullapool ist ein kleines, sehr touristisches Städtchen mit einer hübschen Hafenpromenade.

Rudimente der Vergangenheit: Ardvreck Castle bei Lochinver

Der Ort eignet sich gut als Ausgangspunkt, um die Westküste und die westlichen Highlands zu erforschen. Sehr lohnend ist z. B. der ***Ullapool Hill Walk*** (ca. 13 km), der in Broom Court beginnt (Hinweisschild) und durch die einsame Moorlandschaft führt. Näheres zum Weg erfährt man in der Tourist Information.

Darüber hinaus besitzt das Städtchen genügend Geschäfte, um sich mit allem Notwendigen auszustatten. Vom Hafen laufen die Fähre nach Stornoway auf Lewis und verschiedene Ausflugsdampfer zu den Summer Isles aus. Infos dazu erhalten Sie in den Buden der unterschiedlichen Boote am Kai.

Unterkunft

- ***Eilean Donan Guest House,*** 14 Market Street Ullerpool, Ross-shire IV 26 2XE, T.: 01854/612 524, B&B ab £ 18.

B&B finden sich vor allem in der West Terrace und der Market Street.

- ***Jugendherberge:*** Shore Street, ***Ullapool,*** Ross-shire IV26 2UJ, T: 01854/612 254, Standard, ganzjährig geöffnet, vom Pier aus rechts an der Uferpromenade.
- ***West House Hostel,*** West Argyle Street, Ullapool IV26 2TY, T/Fax: 01854/613 126, Übernachtung: ab £ 9.
- ***Ardmair Point Caravan Site & Boat Centre,*** Ullapool, Ross-shire IV26 2TN, T: 01854/612 054, Wohnw./Zelte ab £ 7.50, liegt 5,5 km nördlich von Ullapool an der A 835 in Ardmair.

Informationen

- ***Tourist Information Centre,*** Argyle Street, Ullapool IV26 2UB, T: 01854/612 135.

Nach Gairloch

19 km hinter Ullapool schneidet rechts der A 835 die ***Corrieshalloch Gorge*** tief in den Fels. Die 61 m tiefe und anderthalb Kilometer lange Schlucht wurde vom Schmelzwasser der letzten Eiszeit geschaffen. Von einem Aussichtspunkt und einer Hängebrücke blickt man auf den ***Fall of Measach,*** der sich 45 m tief in die Spalte stürzt.

Gleich hinter der Schlucht führt die A 835 geradeaus weiter nach Dingwall und Inverness. Rechts entlang geht es auf der A 832 über die weiche Hochebene entlang des River Dundonnel. In der ***Gruinard Bay,*** einer weiten Bucht, die man auf der A 832 umfährt, ist unweit des Strandes eine Insel gleichen Namens zu sehen. Auf ihr testeten die Briten im 2. Weltkrieg Bomben, die mit dem Milzbranderreger bestückt waren. Mit Erfolg: alles Leben war im Nu ausgelöscht. Deutschland blieb die tödliche B-Waffe nur erspart, weil der Krieg schneller beendet war, als die Briten annahmen. Auf der Insel werden erst heute wieder Versuche mit Schafen unternommen, die zeigen sollen, ob das Bakterium, das widerstandsfähige Sporen bildet, die Insel noch immer verseucht.

Am nächsten Fjord, dem Loch Ewe, kann der berühmte ***Inverewe Garden*** des *National Trust (NTS)* bewundert werden. Unzählige Pflanzen, darunter auch exotische aus Afrika und Asien und herrliche Rhododendron- und Hibiscusbestände, bieten eine nahezu ganzjährige, vom Golfstrom ermöglichte Blütenpracht. Schön ist der riesige Park im Sommer, wenn die Rhododendren blühen. (Ö: täglich 9.00-21.00 h, Winter 9.30 bis 17.00 h; hoher, aber lohnender Eintritt)

Die Fassade trügt: unidyllischer Touristenort Ullapool

Gairloch

Weitere 12 km auf der A 832 bringen Sie nach ***Gairloch,*** einem kleinen Fischerort am Loch Gair. Rechts der Hauptstraße befindet sich das ***Gairloch Heritage Centre.*** Das sehenswerte Museum besitzt Ausstellungsstücke zu allen Bereichen des Lebens in der Region von der Vorgeschichte an. Ein Croft House, ein Leuchtturm, eine Schulklasse, eine alte Küche und eine Kanzel aus der Zeit, als mangels Kirche der Gottesdienst in Gairloch im Freien abgehalten werden musste, machen den Besuch abwechslungsreich. (Ö: nur im Sommer, Mo-Sa 10.00-17.00 h, Eintritt)

Unterkunft

- ***Charleston Guest House,*** Gairloch, Ross-shire, IV21 2AH, T: 01445/712 497, B&B ab £ 17, das Hotel befindet sich in einem historischen Bau am Fjordufer.
- ***Rua Reidh Lighthouse,*** in Melvaig, ca. 15 km von Gairloch auf der B 8021 in Richtung Ende der Welt, T/Fax: 01445/771 263, www.ruareidh.co.uk, Bett für £ 8, vorbuchen!
- ***Jugendherberge:*** Carn Dearg, Gairloch, Ross-shire IV21 2DJ, T: 01445/712 219, Standard, geöffnet 15.5.-1.10., von Gairloch 3-4 km westlich an der B 8021.
- ***Camping: Gairloch Holiday Park,*** Strath, Gairloch, Ross-shire, T: 01445/712 373, 0,5 km auf der B 8021 rechts; Wohnwagen, Zelte ab £ 7.50.

Wanderparadies Torridon

Von Gairloch führt die A 832 an dem wunderschönen, bewaldeten ***Loch Maree*** vorbei bis Kinlochewe und weiter nach Dingwall an der Ostküste.

Wenn Sie aber rechts auf die A 896 abbiegen, fahren Sie durch ein wildes Hochtal entlang des River Torridon nach ***Torridon,*** einem kleinen Ort am Fuße des großartigen ***Liathach-Massivs.*** Noch vor Torridon geht es rechts nach ***Fasag.*** Der Ort besitzt einen kleinen Laden und am anderen Ende einen Pub. Die Umgebung des Dorfes ist eines der wildesten und unwegsamsten Gebiete Schottlands. An der Abzweigung in den Ort hat der *National Trust,* dem die ganze über 1000 m hohe Wand des Liathach gehört, ein ***Besucherzentrum*** (T: 01445/791 221) eingerichtet. Sie können sich hier nach Wanderwegen und/oder Führungen sowie über Fauna und Flora des Gebietes erkundigen. Wir empfehlen u. a. eine Wanderung zur Jugendherberge am ***River Craig,*** an der Küste entlang 21 km von Torridon aus nach Nordwesten.

Verbindung

- ***Duncan MacLennan,*** T: 01520/755 239, fährt ***Busse*** vom/zum 30 km entfernten Bahnhof von Strathcarron.
- ***Postbusse,*** T: 01463/256 273, verkehren Mo-Sa vom Bahnhof in Achnasheen (30 km).

Jugendherbergen

- ***Torridon,*** Achnasheen, Ross-shire IV22 2EZ, T: 01445/791 284, Standard, Ö: März-Okt., zwischen der A 896 und Fasag.
- ***Craig,*** Diabaig, Achnasheen, Ross-shire IV22 2HE, Simple, T: 08701/553 255, geöffnet Mai-Aug., nur zu Fuß von Torridon zu erreichen.

Kyle of Lochalsh

Von Torridon gelangen Sie via A 896, A 890 und A 87 nach Kyle of Lochalsh, wo eine Brücke nach Skye,

Norden

der schönsten Insel Schottlands, führt (siehe Kap. „Innere Hebriden/Skye").

Kyle of Lochalsh ist ein kleiner Ort mit zwei winzigen Supermärkten, die aber alles Notwendige verkaufen. Auch eine ***Tourist Information*** befindet sich hier. Ein Ausflug zum idyllischen ***Plockton,*** einem kleinen Fischerdörfchen in einer malerischen Bucht am Südeingang des Loch Carron, lohnt sich. Die Uferpromenade säumen verblüffenderweise einige Palmen, die nur der Golfstrom am Leben hält.

Unterkunft

- ***Kyle Hotel,*** Main Street, Kyle of Lochalsh IV40 8AB, T: 01599/534 204, B&B ab £ 38.
- ***Cuchulainn's,*** Station Road, Kyle of Lochalsh IV40 8AF, T: 01599/534 492, Bett £ 9.50.

Das westliche Hochland

Überblick

Als westliches Hochland wird die Landschaft der Westküste und ihres Hinterlandes zwischen Kyle of Lochalsh und Oban bezeichnet. Da es nicht ganz so einsam und abgeschieden und daher auch nicht ganz so schwierig zu bereisen ist wie der Nordwesten, jenem aber an ***landschaftlicher Schönheit*** und Raueit der Natur nicht nachsteht, suchen viele Schottlandreisende sich diese Region aus, um einen Eindruck von der Ursprünglichkeit des schottischen Hochlandes zu erhalten.

Mit dem ***Glen Shiel*** und dem ***Glen Coe*** befinden sich unzweifelhaft zwei der schönsten schottischen Täler im westlichen Hochland. Die Einsamkeit der Berg- und Moorlandschaften, die sich zwischen den wenigen Straßen erstrecken, lädt zum Wandern ein, obgleich die unbefestigten Wege und mangelnden Markierungen in dieser Region eine angemessene Ausrüstung erfordern.

Mit ***Fort William*** findet sich im westlichen Hochland eines der touristischen Zentren Schottlands. Das Städtchen eignet sich hervorragend als Stützpunkt, von dem aus sich die bekanntesten und typischsten Orte des Hochlandes erkunden lassen. Nicht zuletzt zählt hierzu auch der ***Ben Nevis,*** der höchste Berg von Großbritanien und gleichzeitig „Hausberg" von Fort William.

Aber nicht nur Landschaft und Tourismus finden sich im westlichen Hochland, die Region ist auch reich an ***Geschichte und Tradition*** des oft romantisierten Hochlandes. In Glenfinnan fand eines der ruhmreichsten Kapitel schottischen Unabhängigkeitsstrebens statt, als *Bonnie Prince Charlie* 1745 hier die Clans versammelte und seinen Aufstand begann. Das Massaker von Glen Coe hingegen bildet eine der dunkelsten Episoden der schottischen Geschichte.

Verbindungen

- In dieser nur dünn besiedelten Gegend verkehren nur wenige ***Busse,*** die auch nur die Hauptstraßen befahren. Die Strecke von Kyle of Lochalsh bis Fort William befahren täglich drei Busse der *Scottish Citylink Coaches*

(T: 08705/505 050), die über Glencoe weiter nach Glasgow fahren. Fort William verbinden neun Busse dreier Unternehmen mit Oban. Wie überall in Schottland, können die Busse auf der freien Strecke per Handzeichen gestoppt werden, ein Umstand, der schon manchen eingeschworenen Tramper in Gewissenskonflikte gestürzt hat.

- Die ***West Highland Line*** von Glasgow über Crianlarich nach Oban befahren täglich vier, sonntags nur drei Züge. Oban ist mit Fort William leider nur schlecht verbunden. Man muss in Crianlarich umsteigen u. manchmal Stunden auf dem einsamen Bahnhof auf den nächsten Anschluss warten. Der zweite Strang der West Highland Line, von Crianlarich über Fort William nach Mallaig, ist erheblich besser befahren. Von Fort William nach Mallaig fährt im Sommer auch eine alte Dampflok (Näheres siehe Mallaig).

Eilean Donan Castle

Von Kyle of Lochalsh (s. vorangegangenes Kap.) braucht man nur immer der A 87 zu folgen, die die Highlands bis ins Great Glen überquert. Auf einer Insel im ***Loch Druich,*** dem die Strecke zunächst folgt, erhebt sich malerisch das Eilean Donan Castle, der trutzige Sitz der *MacRaes*. Das schnörkellose, aus Naturstein gemauerte Towerhaus und seine umgebenden Gebäude scheinen wie durch ein Wunder das verunstaltende viktorianische Mittelalter unbeschadet überstanden zu haben.

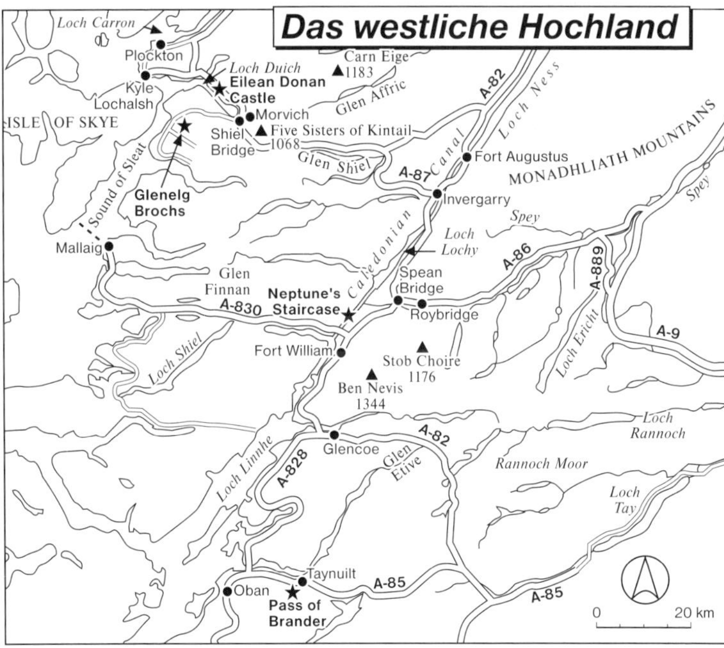

Auf der Insel des *St Donan,* die wahrscheinlich bereits von den Pikten befestigt war, ließ *Alexander II.* im frühen 13. Jh. eine Königsburg bauen. Sein Sohn überließ sie zur Wahrung königlicher Interessen in der entlegenen Region den treuen *Mac Kenzies*. *Robert Bruce* nahm hier Zuflucht, als seine Sache verloren schien, später, als König, unterwarf er von hier aus die westlichen Highlands. Die *MacKenzies* überließen 1509 die Burg den *MacRaes*, die ihnen als Leibgarde dienten. Das vorläufige Ende der Burg kam in den Jacobitenkriegen. Eine Abteilung spanischer Söldner, die die Sache der Stuarts unterstützen sollten, wurde 1719 in der Burg von drei englischen Fregatten aufgespürt. Die mit Kanonen schwer bestückten Schiffe bombten die alten Gemäuer in Schutt und Asche.

Die fromme Legende für Besucher der Burg lautet neuerdings, *Farquhar MacRae,* ein treuer Clansman, habe geträumt, wie die Burg ausgesehen habe, und sein Clanchief stellte 1912-32 die Mittel zur Restauration. Hinterher stellte man fest, der gute *Farquhar* hatte in seiner Vision die Burg exakt so gesehen, wie sie auf alten Zeichnungen abgebildet ist.

Vor ein paar Jahren, der Touristenstrom zum Castle war noch dünner, hatte man uns erzählt, *Farquhar* habe vom Castle geträumt. Der Traum wurde zur fixen Idee, die alte Clansburg wieder zu errichten. Nach langem Überreden stimmte der Chief zu und *Farquhar* begann das Erneuerungswerk. Da er Maurer war, noch vertraut mit den alten Techniken, gelang es ihm anhand der Zeichnungen, die noch erhalten waren, die Burg originalgetreu wieder aufzubauen.

Wie dem auch sei, das echte Plagiat ist heute eines der Aushängecastles der Welt und darf in keinem wichtigen Ritterfilm fehlen („Prinz Eisenherz“, „Highlander“, „Die Ritter der Kokosnuss“, ...).

Das Innere der Burg ist inzwischen aufwändig restauriert worden und zeigt in mehreren eingerichteten Räumen Familienbilder und -reliquien. Besonders sehenswert sind die Burgküche und die Great Hall. (Ö: im Sommer Mo-So 10.00-17.30 h, Eintritt)

Nach Fort William

Folgt man der A 87 weiter entlang dem Loch Duich, dann zweigt bald, bevor man das Ende des Fjordes erreicht, nach links eine Nebenstraße ab. An der Seitenbucht, die dieser Weg umrundet, findet sich in Morvich eine kleine Informationsstelle, die Beschreibungen für ***Wanderungen*** in dieser fantastischen Bergkulisse bietet.

Besonders empfehlen wir den Weg durch das wilde Tal des Croe, der hier in die Bucht strömt, hinauf zur Glen-Affric-Jugendherberge. Eine andere Tour geht 13 km nach Nordosten zu den 112 m hohen ***Falls of Glomach.*** Feste, wenn möglich wasserdichte Schuhe sind in dieser Gegend lebenswichtig!

Am Ende des Loch Duich, nur ein Stück weiter, ergießt sich der River Shiel in den Fjord. Über 1000 m darüber liegen sich die ***Five Sisters of Kintail*** in den Armen. Das mächtige

Massiv, das dem *National Trust* gehört, ragt beeindruckend über dem Tal auf.

In Shiel Bridge zweigt nach rechts eine Straße ab. Nach 2 km liegt rechts an der Bucht die ***Ratagan-Jugendherberge:*** Glenshiel, Ross-shire IV40 8HP, T: 01599/511 243, Standard, ganzjährig geöffnet, verleiht Fahrräder.

Auf halbem Weg zur Herberge gabelt sich die Straße. Der linke Teil windet sich steil die Südseite des Loch Duich hinauf. Rückwärts gewandt, bietet sich ein grandioser Blick auf die Five Sisters und die Bucht, und auf dem Pass erblickt man ein ebenso fantastisches Panorama: Skye und die Black Cuillins.

In ***Glenelg,*** am Fuß der Straße, biegt man links ab und nach einem Stück noch einmal links. Gleich rechts und links des Weges erheben sich ein wenig weiter oben im Tal ***Dun Telve*** und ***Dun Troddam,*** zwei der besterhaltenen frühen Burgen Schottlands, sogenannte Brochs.

Von Shiel Bridge steigt die A 87 stetig in das immer rauer und wilder werdende Glen Shiel hinauf. Bald gabelt sich die Straße jenseits der Wasserscheide und steigt geradeaus als A 887 am River Moriston nach Invermoriston am Loch Ness hinab.

Rechts macht die A 87 noch einen Bogen zum Loch Loyne und kommt hoch über dem bewaldeten ***Loch Garry*** heraus. Von dem schönen

Massive Frauen: Die Five Sisters of Kintail

Aussichtspunkt geht es hinunter ins Great Glen nach Invergarry.

Den tiefen Einschnitt, der die Highlands wie am Lineal vom Nordosten nach Südwesten zerteilt, machte sich der Ingenieur *Thomas Telford* nutzbar, als er 1803 mit dem Bau des ***Caledonian Canal*** begann. Mit Hilfe von 29 Schleusen sollte dieser Kanal den Atlantik, der in Fort William ans Ufer spült, mit der Nordsee bei Inverness verbinden. Nach seiner Eröffnung im Jahre 1822 sollte der Wasserweg, ein bestauntes technisches Wunderwerk in der damaligen Zeit, Heringsfischern und Frachtschiffen die stürmische Nordumrundung Schottlands ersparen und dadurch auch die Wirtschaft des rückständigen Hochlandes fördern. Wirtschaftlich erfüllte der Kanal die in ihn gesetzten Erwartungen jedoch nicht. Heute nutzen ihn nur noch Sportboote und wenige Fischkutter, aber er hatte ganze 20 Jahre lang 3000 Hochländern Arbeit und Brot garantiert (mehr zum Kanal siehe auch unter „Neptune's Staircase" bei Fort William).

Fährt man in ***Invergarry*** links ab, gelangt man nach ***Fort Augustus*** (500 Einw.) am Südende des Loch Ness. Das Städtchen entstand, wie Fort William, um eine der Festungen herum, die der Diktator *Oliver Cromwell* im ausgehenden 17. Jh. anlegen ließ, um das Hochland zu „befrieden". Pate für den Namen stand *William August, Duke of Cumberland*, der Schlächter von Culloden. Im späten 19. Jh. konvertierte die Bastion in ein Kloster. Noch heute unterhalten

Zwei der besterhaltenen Brochs: Dun Telve und ...

die Benediktiner eine Schule in der Abtei, die malerisch zwischen dem Kanal, dem River Oich und dem See liegt.

Wenn man der A 82 in der entgegengesetzten Richtung folgt, gelangt man bald an die bewaldeten Ufer des ***Loch Lochy.*** Kurz vorher steht zwischen der Straße und dem Kanal die gleichnamige ***Jugendherberge:*** Loch Lochy, South Laggan, Spean Bridge, Inverness-shire PH34 4EA, T: 01809/ 501 239, Standard, geöffnet März-Okt., Fahrradverleih.

Spean Bridge, das man nach einem Pass unten im Tal erreicht, ist ein hübsches kleines Örtchen, das sich gut als Ausgangspunkt für Wanderungen in die Umgebung eignet. An der Tankstelle kann man auch Fahrräder leihen.

Unterkunft

- ***Coire Glas Guest House,*** Roy Bridge Road, Spean Bridge PH34 4EU, T: 01397/ 712 272, B&B ab £ 16.
- ***Spean Bridge Hotel,*** Spean Bridge, Inverness-shire, PH34 4ES, T: 01397/712-250, Fax: -001, B&B ab £ 28.

Fort William

Fort William (11.200 Einw.), das Industriestädtchen am Loch Linnhe, ist der nächste Ort, den die A 82 passiert. Der Parlamentskönig *Wilhelm von Oranien* gab dem Cromwellfort und der späteren Stadt den Namen. Die inoffizielle „Hauptstadt des Hochland-Tourismus" ist selbst leider nicht sehr schön, doch sind von hier alle Glanzpunkte der westlichen Highlands leicht zu erreichen. In der High Street, der Hauptgeschäfts-

... Dun Troddam im Tal von Glenelg

Brochs und Duns – die Burgen der Vorzeit

Besonders auf den Archipelen Orkney und Shetland, in Caithness, vereinzelt entlang der Westküste und auf Skye, selten auch im südlichen Schottland finden sich die Reste von vorgeschichtlichen Befestigungsanlagen, den *Brochs*. Das Wort ***Broch*** leitet sich von dem norwegischen Begriff *borg* her, ist also verwandt mit unserer Burg. Im Gälischen wird oft der Begriff *dun* verwendet, der ebenfalls Festung, manchmal aber auch Hügel oder Kuppe bedeutet, wenn diese sich für den Bau einer Festung geeignet hätten. Das Wörtchen *dun* findet sich heute noch in vielen Ortsbezeichnungen (z.B. Dunrobin, Dunfermline, Dunottar u. a.).

An einigen der besser erhaltenen Bauresten lassen sich die ***charakteristischen Bauelemente*** von Brochs noch gut erkennen. Sie bestanden aus einem kreisrunden, aus Steinen ohne Mörtel aufgeschichteten Turm, der auch noch von einigen kleineren Hütten umgeben sein konnte. Am niedrigen Eingang findet sich häufig, in die dicke Fundamentmauer eingelassen, eine sogenannte Wächterzelle. Das Innere des Brochs war meist in ca. zwei Meter Höhe überdacht, oft noch an einem kleinen Vorsprung zu erkennen, auf den die Dachbalken aufgelegt wurden. Die Mauern, die eine Höhe von bis zu 13 m erreichen konnten, waren innen hohl und boten so Platz für Vorratskammern und eine Treppe, die sich in den Wänden bis zu einem Rundgang auf den Mauerkuppen hochschraubte.

Durch Radiokarbonuntersuchungen verschiedener Fundstücke konnte man die ***Entstehung der Brochs*** auf eine Zeit zwischen ca. 200 v. Chr. und 200 n. Chr. datieren. Einige waren auch noch in der Zeit des frühen Mittelalters bewohnt. Europaerfahrenen Lesern wird vielleicht die Ähnlichkeit der schottischen Brochs mit den sardinischen Nuragenburgen auffallen. Durch die Datierung lassen sich jedoch jegliche Verwandtschaftsbeziehungen ausschließen, da die Nuragen bereits seit 1500 v. Chr. errichtet worden waren.

Leider tappen die Wissenschaftler bis heute im Dunkeln, was die ***Bewohner*** der Brochs angeht und auch, warum die Anlagen errichtet wurden. Da man nur zwei Brochs ausgegraben hat, bei denen eindeutig eine Zerstörung festgestellt werden konnte, wäre es wohl verfehlt, von einer reinen militärischen Bedeutung der Brochs auszugehen. Da die Einwanderung der Belgier in Südengland (ab 100 v. Chr.) und erst recht die Eroberungen der Römer (ab 55 v. Chr.)

Burian Broch auf den Orkney Islands

erst in die Zeit nach dem Beginn des Brochbaus fallen, können diese Vorgänge, deren Auswirkungen in Form von Stammeswanderungen auch im Norden bemerkbar gewesen sein mögen, den Brochbau lediglich verstärkt, nicht aber initiiert haben. Aufgrund der architektonischen Struktur der Anlagen hätten sie längeren Belagerungen nicht standgehalten. Da man für die damalige Zeit in Schottland von einer stammesmäßig organisierten Gesellschaft ausgeht, liegt es nahe, Brochs als Fluchtburgen der Stämme bei kürzeren Attacken räuberischer Banden zu betrachten – eine Annahme, die nicht zuletzt an die *Towerhouses* spätmittelalterlicher Hochlandclans denken lässt.

Fundstücke und Lage vieler Brochs lassen vermuten, dass ihre Bewohner Bauern waren, die sich z. T. auch von Fischerei und Jagd ernährten. Viele Brochs finden sich in geschützten Buchten, was die Vermutung nahelegt, dass ihre Bewohner Boote besaßen, mit denen auch ein Austausch entlang der Küste und mit Bewohnern der Inseln stattgefunden hat.

Noch heute sind einige schöne Exemplare von Brochs erhalten, die einen Eindruck vom einstigen Aussehen der Anlagen vermitteln können. Das bekannteste und besterhaltenste ist auch das am weitesten entfernte: das ***Mousa Broch*** auf Shetland. Es steht noch ca. 11 m hoch und ist rundum so vollständig erhalten, dass sogar der Wehrgang auf den Zinnen bestiegen werden kann. Andere sehenswerte Ausgrabungsstätten sind der ***Jarlshof*** auf Shetland, ***Midhowe*** und ***Gurness Broch*** auf Orkney, ***Dun Dornaigil*** in Sutherland, das herrlich gelegene ***Dun Carloway*** auf Lewis sowie ***Dun Telve*** und ***Dun Troddan*** am Loch Alsh.

Wer mehr über die rätselhaften Burgen erfahren will, dem sei das Heftchen „Brochs of Scotland" von *J. N. G. Ritchie* empfohlen, das die wichtigsten Bauwerke einzeln bespricht (in schottischen Buchhandlungen erhältlich, ca. £ 3).

straße, in die man gelangt, wenn man geradeaus in die Stadt hineinfährt, wird von Kitsch bis Kunsthandwerk (beides heißt im Englischen *craft*) alles angeboten, was die Souvenirindustrie zu bieten hat.

In der Mitte der High Street steht das ***West Highland Museum.*** In schlechter Präsentation wird hier ein interessantes Sammelsurium aller möglichen Gegenstände aus dem Hochland ausgestellt. (Ö: Mo-Sa 10.00-17.00 h, Juli+Aug. auch So ab 14.00 h, im Winter bis 16.00 h, kleiner Eintritt)

Seine Bekanntheit verdankt Fort William aber nicht sich selbst, sondern einem Berg, dessen stumpfe Kuppe 1344 m hoch über die Stadt hinausragt. Der ***Ben Nevis*** ist der höchste Berg Großbritanniens. Auf einer „Fußgängerautobahn" ist es auch für Ungeübte möglich, vom ***Glen Nevis***, dem Gletschertal, das den Berg von Westen und Süden umfasst, den Gipfel zu erreichen. Unterschätzen Sie jedoch nicht den Aufstieg. Gute Schuhe sind genauso wichtig wie Vorsicht bei schlechtem Wetter (ständige Nebelgefahr!). Jedes Jahr fordert der eigentlich niedrige und leicht zu besteigende alte Ben Menschenopfer aufgrund des Leichtsinns seiner „Bezwinger".

Im Norden des Massivs liegt das ***Aonach-Mhor-Skigebiet,*** mit acht Liften eines der größten Schottlands. Die Kabinenbahn in das Gebiet verkehrt auch im Sommer. (Ö: im Sommer 10.00-17.00 h, Juli-Aug. 9.30-19.00 h, im Winter 9.00-16.00 h, Mountainbikeverleih, T: 01397/705 825)

Information

- Am Ende eines Platzes in der Mitte der High Street liegt das große ***Tourist Information Centre*** (Cameron Centre, Cameron Square, Inverness-shire, PH33 6AJ, T: 01397/703 781). Sie können hier alles Wissenswerte über die Region erfragen und unter viel Literatur über ganz Schottland auswählen. Wanderern sind besonders die ausführlichen Routenbeschreibungen zu empfehlen, die nur wenig oder nichts kosten.

Verbindungen

- Der ***Bahn-*** u. ***Busbahnhof*** liegt rechts der Belford Road, der Straße ins Zentrum, bevor man in die High Street biegt.
- ***Bahnverbindungen*** s.Kapitelbeginn.
- Von Fort William lassen sich ***per Bus*** fast alle Orte der mittleren Westküste erreichen. Die Glasgow-Uig-Verbindung von *Scottish Citylink* (08705/505 050) fährt viermal täglich in jeder Richtung durch Fort William und durchquert dabei auch das Glencoe. Ebenfalls durch Fort William fahren *Scottish Citylink* Busse nach Oban und nach Inverness. Ins Glen Etive (via Glencoe) fährt einmal am Tag ein Postbus (T: 01463/256228). Nach Kinlochleven fahren *Highland Country Buses* (T: 01463/222 244), nach Mallaig *Shiel Buses* (T: 01967/431 272).
- ***Fahrradverleih:*** *Off Beat Bikes,* 117 High Street, Fort William, T:01397/704 008.
- ***Autoverleih:*** *Easydrive Car & Van Rental,* Unit 36a, Lochybridge, Fort William, PH33 6TQ, T: 01397/701 616.

Unterkunft

- ***The Moorings Hotel,*** Banavie, Fort William, Inverness-shire PH33 7LY, T: 01397/772 797, sehr gutes Hotel, etwas außerhalb auf dem Weg zum Ben Nevis, B&B ab £ 48.
- ***Grand Hotel,*** Gordon Square, Fort William PH33 6DX, T/Fax: 01397/702928, B&B ab £ 25.
- ***Ben View Guest House,*** Belford Road, Fort William, Inverness-shire PH33 6ER, T: 01397/702 966, B&B ab £ 17.
- ***Lochview Guest House,*** Heathercroft, an der Argyll Terrace, Fort William, PH33 6RE, T/Fax: 01397/703 149, e-mail: info-@lochview.co.uk, freundliches „Non-Smoking"-B&B ab £ 20.

Fort Williams Hausberg: Ben Nevis, der höchste Berg Großbritanniens

● ***Distillery House,*** Glenlochy Distillery, North Road, Fort William PH33 6LR, T: 01397/700 103, Fax: 702 980, B&B ab £ 20, originell in der alten Brennerei am Eingang des Glen Nevis gelegen.
● ***Rhu Mhor Guest House,*** Alma Road, Fort William, Inverness-shire PH33 6BP, T: 01397/702 213, B&B ab £ 18, Alma Road (siehe B&B).
● ***Guisachan Guest House,*** Alma Road, Fort William, Inverness-shire, PH33 6HA, T: 01397/703 797, B&B ab £ 18, Alma Road (siehe B&B).
● ***B&B*** finden Sie überall in der Stadt, besonders in der Alma Road, am nördlichen Kreisel am Stadteingang Richtung Zentrum, dann vierte Straße links, und ihrer Verlängerung, der Argyll Road.
● ***Jugendherberge:*** Glen Nevis, Fort William, Inverness-shire PH33 6ST, T: 01397/702 336, High, ganzjährig geöffnet, am Kreisel im Norden vor der Stadt links ins Glen Nevis hinein, dann nach gut 2 km auf der rechten Seite.
● ***Independent Hostel: Farr Cottage Lodge,*** Corpach, Fort William PH33 7LR, T: 01397/772 315, www.farrcottage.com, Bett £ 11.
● ***Fort William Backpackers,*** Alma Road, Fort William, PH33 6HB, T: 01397/700 711, Bett ab £ 10.
● ***Bank St Lodge Bunkhouse,*** Bank Street, Fort William, PH33 6AY, T: 01397/700 070, Bett ab £ 10.
● ***The Smiddy Bunkhouse,*** The Old Smiddy, Station Road, in Corpach am Eingang des Loch Eil, ca. 5 km nordwestlich von Fort William, T: 01397/772 467, Bunkhouse ab £ 6.
● ***Glen Nevis Caravan & Camping Park,*** Fort William, Inverness-shire PH33 6SX, T: 01397/702 191, Fax: 703 904, e-mail: holidays@glen-nevis.co.uk, Wohnwagen ab £ 8, Zelte ab £ 7, liegt gut 3 km von der Hauptstraße im Glen Nevis.

Weitere Informationen

● ***Waschsalon:*** *Croit Anna Hotel,* Achintore Road, Fort William, T: 01397/702 268, in der Verlängerung der High Street.
● ***Schwimmbad*** und ***Tennishalle*** vom nördlichen Kreisel aus Richtung Stadt in der zweiten Straße links.
● Die beste Kneipe von Fort William ist das ***Ben Nevis*** an der Hauptstraße. Während die Bar eher für die jüngeren Einheimischen taugt, ist vor allem am Wochenende in der Lounge immer eine Bombenstimmung.

Nach Mallaig

Von Fort William aus lohnt sich ein Abstecher auf der A 830 nach Mallaig, dem Fährhafen zur Insel Skye. Gleich hinter der Stadt überquert man den Kaledonischen Kanal. Biegen Sie hinter dem Kanal rechts ab und werfen Sie unbedingt einen Blick auf ***Neptune's Staircase.*** Acht direkt aufeinanderfolgende Stufen umfasst die Schleusenleiter des Meeresgottes, die dem Kaledonischen Kanal von der Meereshöhe des Loch Linnhe 19,5 m höher auf das Niveau des Loch Lochy verhilft.

Am bewaldeten Ufer des Loch Eil, des tiefsten Einschnittes der See in die Berge von Lochaber, führt die Straße weiter bis ***Glenfinnan,*** einem winzigen Ort am Nordzipfel des Loch Shiel.

Am 19. August 1745 pflanzte ***Charles Edward Stuart*** seine Standarte in den wunderschönen Talkessel und gewann mit Hilfe seines Charismas in einer flammenden Rede die Clans des Hochlandes für den Kampf gegen die Engländer (vgl. Kapitel „Zentr. Hochland/Inverness/Umgebung“). Eine hässliche Säule, die die Statue eines Clansman trägt, erinnert heute unübersehbar an das Ereignis. Der *National Trust* hat darüber hinaus ein Besucherzentrum eingerichtet, an dem Sie am besten vorbeigehen sollten, um den Hang dahinter zu erklimmen. Ein herrlicher Blick über das Tal und den See wird den Aufstieg belohnen.

Im Schlafwagen durch's Hochland träumen und nichts von der herrlichen Landschaft verpassen: Unmöglich? Im ***Glenfinnan Sleeping Car*** im Bahnhofsmuseum von Glenfinnan (Ö: 9.30-14.30h, Eintritt) kein Problem - und das für £ 8-10 die Nacht! (T:01397/722 295, Fax: 701 292).

Neben der A 830 verläuft die berühmte ***West Highland Line*** von Fort William bis Mallaig zur Fähre nach Skye. Im Sommer schnauft für Touristen heute noch eine historische Dampflok die Berge hoch und runter. Die Fahrt dauert knapp zwei Stunden (ca. £ 12, Rückfahrkarte etwas billiger, fährt nur im Sommer, Mo, Di, Do, So, vormittags nach Mallaig und nach einer knappen Stunde Aufenthalt zurück. Erfragen Sie die genauen Zeiten bei der West Coast Railway Co., T: 01463/239 026).

Von ***Mallaig,*** einem Ort, der ansonsten keinen Aufenthalt lohnt, verkehren eine Autofähre nach Armadale auf Skye sowie Personenfähren zu den Inseln Eigg, Rhum und Canna. Daneben werden im Sommer vom Anleger in der Nähe des Bahnhofs auch Ausflugsfahrten nach Skye oder zum Loch Nevis angeboten, die z. T. mit den Zugabfahrten koordiniert sind.

Glen Coe

Von Fort William folgt man der A 82 an der Küste entlang nach Süden weiter. Nach 20 km Weg kommt man an die Abzweigung der A 828 Richtung Oban. Auch wenn Oban das Ziel ist, lohnt es sich, links abzubie-

Wasserburg auf Schottisch: Castle Stalker

Schottlands Tal der Tränen – Glen Coe

1692 war das grandiose Naturwunder des Glen Coe Kulisse für das tragischste der vielen **Massaker** in der Geschichte Schottlands. Nachdem der Aufstand der Jacobiten 1689 durch den Tod ihres Führers, des *Viscount Dundee,* gescheitert war, stellte *William III. von Oranien* den widerspenstigen Clans ein Ultimatum. Bis zum 31. Dezember 1691 sollten die Chieftains, die Oberhäupter, ihren Eid auf den neuen König abgelegt haben. Diese Forderung war unerhört, verstieß sie doch sogar gegen das Abkommen, das *William* mit dem schottischen Parlament abgeschlossen hatte, als er die Krone übernahm. Doch die Clans beugten sich der Gewalt. Nur der Chief der *MacDonalds of Glen Coe* wollte seine Treue zu den Stuarts wenigstens dadurch zeigen, dass er den Eid bis zum letzten Tag hinauszögerte. Ein Sturm machte es dann aber unmöglich, pünktlich zu erscheinen. So legte er seinen Eid zwar ordnungsgemäß, aber ein paar Tage zu spät ab.

Williams Schottlandminister sah endlich den geeigneten Anlass gekommen, ein Exempel zu statuieren. „*Put all to the sword under seventy*!" (Überantworte alle unter siebzig dem Schwert!) lautete sein Befehl an *Captain Robert Campbell of Glenlyon*. Der marschierte mit 120 seiner Clansmen nach Glen Coe und gab vor, Quartier zu suchen.

Beinahe zwei Wochen ließen sich die *Campbells* von den *MacDonalds* aushalten. Schließlich, am 13. Februar 1692 um fünf Uhr morgens, bis in die Nacht hatten sie noch gemeinsam gezecht, zogen die *Campbells* die *MacDonalds,* Männer, Frauen, Kinder, aus den Betten und ermordeten sie. Wer entkam, starb in dem Schneesturm, der an diesem Tag durch das Tal wütete.

Das ruchloseste an diesem Verbrechen ist für Schotten nicht die Tat an sich, sondern der Bruch der Gastfreundschaft. Zwei Wochen Gastrecht in Anspruch zu nehmen und es dann so ehrlos zu schänden, im ganzen Land fand man keine Worte für diese bodenlose Ehrlosigkeit. Der Name *Campbell* ist bis heute unbeliebt in Schottland.

gen und einen Abstecher in das berühmteste und landschaftlich überwältigendste Tal des schottischen Hochlandes zu machen.

Bis zu tausend Meter hoch ragen die Wände des Glen Coe. Unzählige Wasserfälle stürzen sich die schroffen Felsen hinab in den tosenden, wild zu Tal brechenden River Coe. Selbst bei Wolkenbrüchen verliert dieses Tal nichts von seiner Faszination, wenn aus den hunderten Bächen tausende werden und der Coe gewaltig durch die engen Schluchten rauscht.

Am Beginn des Tales hat der *National Trust* ein **Besucherzentrum** eingerichtet. Das ganze Tal ist in seinem Besitz und im Sommer veranstaltet er geführte Wanderungen durch die wuchtigen und überwältigenden Berge. (Ö: im Sommer Mo-So 9.30-18.00 h, Winter 10.00-17.00 h)

Besonders Radfahrern und Wanderern empfehlen wir, nach Überquerung der Wasserscheide nach Süden in das **Glen Etive** abzubiegen. Die Straße durch das malerische Tal mit seinen fantastischen Wasserfällen geht gemächlich bergab. Unten am **Loch Etive,** einem tief eingeschnittenen Meeresarm, fährt im Sommer eine Personenfähre nach Taynuilt an der A 85 östlich von

Oban. (nur im Sommer: 10.30 h und 14.00 h Rundfahrten ab Taynuilt, Dauer ca. 3 h)

Die A 82 durchquert nach dem Glen Coe das Rannoch-Moor, das düsterste und einsamste der schottischen Moore, um dann, am hübschen Loch Lomond entlang, Glasgow zuzustreben.

Wenn Sie im Glen Coe wieder umkehren und auf die A 828 fahren, kommen Sie entlang dem Loch Linnhe bis nach Oban. Vorher passieren Sie eine der schönsten mittelalterlichen Burgen. Der Tower des ***Stalker Castle*** liegt auf einer kleinen Insel im Fjord. Es kann mit einem Boot besichtigt werden.

Kneipe

- Im ***Clachaig Inn*** in der Nähe des *NTS Visitor Centers* treffen sich Outdoorer aller Länder und Jahreszeiten und solche, die es werden wollen. Sollte mal keine Live-Band spielen, zupft mit Sicherheit ein Gästebarde die Stimmung vorwärts. Außerdem B&B ab £ 22 (T: 01855/811-252, Fax: -679, e-mail: holiday@glencoescotland.co.uk).

Unterkunft

- ***Dunire Guest House,*** Glencoe, Argyll, T: 01855/811 305, B&B ab £ 17.
- ***B&B*** in Glencoe und Ballachulish.
- ***Jugendherberge:*** Glencoe, Argyll, PA39 4HX, Fax: 01855/811 219, Standard, ganzjährig geöffnet. Wer z. B. den „West Highland Walk" läuft, kann sich in Ballachulish via Kleinbus (T: 01855/811 460) zur Jugendherberge bringen lassen.
- ***Glencoe Bunkhouse Leacantuim,*** Leacantuim Farm, Glencoe, Argyll PA39 4HX, T: 01855/811 256, Bett ab £ 7.
- ***Invercoe Caravans,*** Invercoe, Glencoe, Argyll, T & Fax: 01855/811 210, Zelt und Wohnwagen ab £ 9, liegt an der B 863, 1 km entfernt von der A 82 durchs Glencoe.

Skisport

- Im oberen Glen Coe liegt auf der Südseite des Tales der ***Glen Coe Chairlift,*** der in ein Skigebiet hinaufführt.

Arran und die Inneren Hebriden

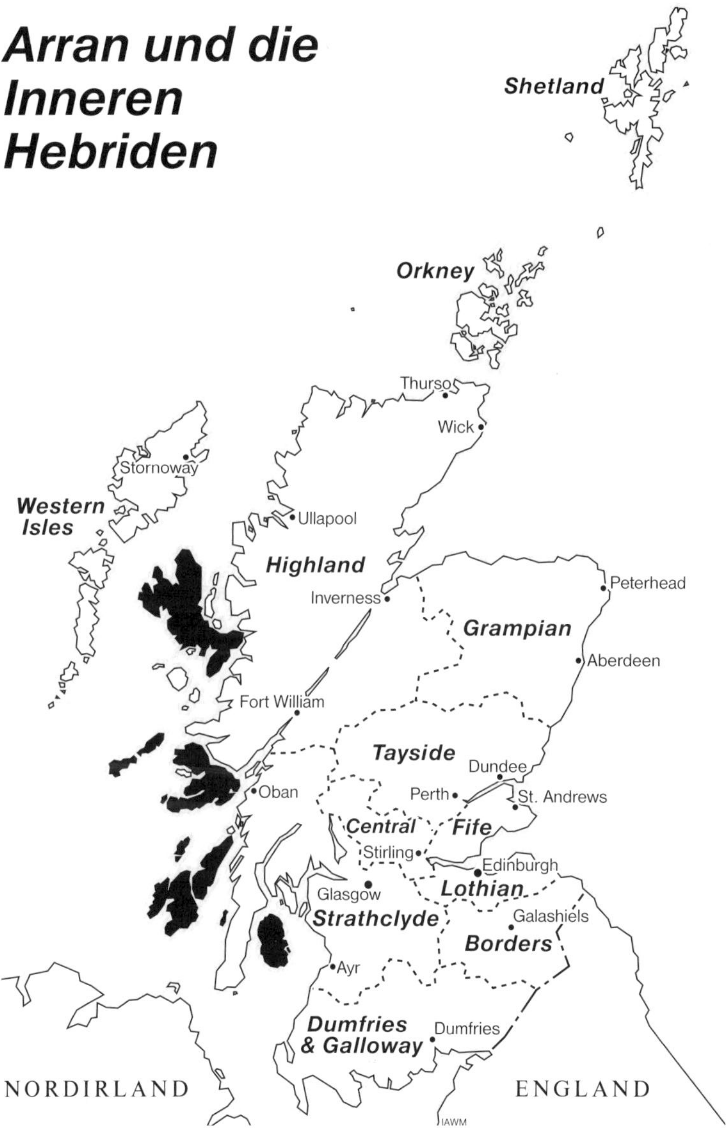

Überblick

An die schottische Westküste schmiegen sich die Inneren Hebriden, wozu die Inseln Gigha, Islay und Jura, Colonsay und Oronsay, Skye sowie Mull gehören. Mitaufgenommen haben wir hier die Insel Arran im Firth of Clyde.

Landschaftlich reizvoll sind die Inseln allesamt. Als Diamanten unter den Inneren Hebriden handelt man im Allgemeinen die Insel Skye, die von hohen Kliffs gesäumt wird. Auf Skye erheben sich die Cuillin Hills mit 7 Gipfeln über 900 m, die allerdings oft von Wolken umhüllt werden.

Ein offenes Geheimnis sind die häufigen Niederschläge auf den Inneren Hebriden. Die Wolken werden vom Westwind ungebremst zu den Inseln transportiert. Auf den Cuillins auf Skye fällt jährlich über 3000 mm Regen, so dass pralle Bäche an ihren Hängen herabstürzen.

Arran

Zwischen der Halbinsel Kintyre und der Küste von Ayr liegt Arran mit seinen 4700 Einwohnern. Die Insel lebt von den Touristen, die sich das vom Fremdenverkehrsbüro verheißene „Kleinschottland" ansehen möchten. Im Sommer ist die Fähre nach Brodick immer gut gefüllt mit Urlaubern, die sich aber auf Arran verteilen.

Wer Entspannung und Ruhe genießen will, sollte Arran dennoch eher in der Nebensaison besuchen. Man wird feststellen, dass die Insel und ihre Einwohner trotz der vielen Besucher nichts an Freundlichkeit eingebüßt haben. Das gilt insbesondere für die Herbergseltern der beiden Jugendherbergen auf Arran.

Angler, Surfer und andere Wassersportler kommen auf ihre Kosten in den Orten Brodick, Lochranza oder Lamlash. Ebenso Bergsteiger und Spaziergänger, die die reiche Tierwelt Arrans bewundern möchten, denn Adler und Hirsch sind auf Arran zu Hause.

Verbindungen

- Arran besitzt zwei ***Fährhäfen.*** Die Hauptanlegestelle ist ***Brodick*** im Osten Arrans. Die Autofähre von Ardrossan nach Brodick benötigt 55 min und verkehrt sechsmal täglich zwischen 7.00 h und 18.00 h. Sonntags fahren nur 4 Fähren. Umgekehrt startet die erste Fähre von Brodick nach Ardrossan um 8.20 h, die letzte um 19.20 h (freitags fährt eine späte Fähre von A. nach B. um 20.30 h, von B. nach A. um 21.40 h). Von der Anlegestelle in Ardrossan gibt es gute Verbindungen mit dem Bahnhof *Glasgow Central.* Die Züge von Glasgow benötigen nur 30 min und fahren fast bis auf die Fähre. Nähere Informationen erteilt *Caledonian MacBrayne Ltd.*, The Pier, Gourock PA19 1QP, T: 01475/650 100, oder in Brodick die Information an der Fähranlegestelle, T: 01770/302 166, einfache Fahrt Pers. £ 4.55, Auto £ 26.50, Fahrrad £ 1.
- Vom ***Fährhafen Lochranza*** im Norden Arrans gibt es Fährverbindungen nach Claonaig auf der Halbinsel Kintyre. Diese Strecke bewältigt die Fähre im 70-Minuten-Takt zwischen 7.15 und 17.15 h, umgekehrt von Claonaig nach Lochranza zwischen 8.50 und 17.50 h (Pers. £ 4.10, Auto £ 18.50).
- Für den ***Busservice*** zwischen Claonaig/ Kennacraig und Tarbert ist Näheres zu erfahren bei: *Argyll & Bute Council,* T: 01546/604 695.

● ***Busse*** halten auf Handzeichen und an jeder Haltestelle. Der Busfahrer kennt seine Insel wie aus der Westentasche. Wer ihn höflich über das gewünschte Ziel informiert, wird an der günstigsten Stelle abgesetzt. Die *Stagecoach Western Buses - Arran*, Brodick, unterhält den Busverkehr auf Arran, T: 01770/302 000.

● ***Tramper*** erzielen auf Arran erfahrungsgemäß eine hohe Erfolgsquote. Die Einheimischen sind außergewöhnlich tramperfreundlich; die oft vollbepackten Touristenautos der Sommermonate dagegen halten nur selten.

Brodick

Die Fähre von Ardrossan benötigt ca. 50 Minuten bis Arran. Sie landet im Hafen von Brodick, einer kleinen Stadt, deren Häuser sich entlang der Küste hinziehen.

Sehenswertes

Nördlich von Brodick, an der A 841 in Richtung Lochranza, 3 Kilometer zu Fuß von der Anlegestelle, befin-

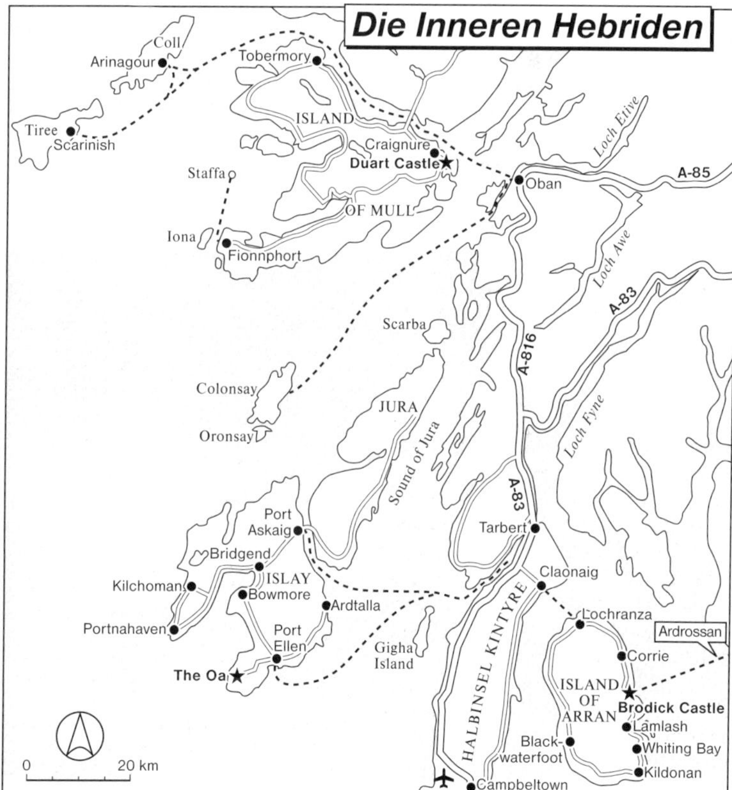

den sich die gut erhaltenen Gemäuer von ***Brodick Castle Garden & Country Park.*** Schon zu Wikingerzeiten gab es an der Stelle des heutigen Castles eine Befestigungsanlage der Inselbewohner. Die heutige Form der Burg entstand im 13. Jh., weitere Teile wurden in den Jahren 1652 und 1844 hinzugefügt. Das Innere zeigt die Sammlung des *Duke of Hamilton,* der hier früher seinen Wohnsitz hatte. Liebhaber können sich an dem ausgestellten Silber- und Porzellangeschirr oder an den Porträts der Hamilton-Familie begeistern. Ein viktorianischer Garten umgibt das Gelände. (Ö: 1. Apr.-31. Okt., täglich 11.30-17.00 h, Garden & Country Park ist ganzjährig geöffnet, E: £ 5, Kinder £ 3)

Nördlich der Burg Brodick thront die Spitze des höchsten Berges auf Arran: ***Goatfell.*** Der Berg ist 2 866 ft (874 m) hoch; für trainierte Leute mit guter Ausrüstung kein Problem zu besteigen. Nur Besitzer von kleinen Hunden sollten aufpassen und ihren Bello gut festhalten, denn es weht ein strammes Lüftchen auf dem Kamm des Goatfell. Der Weg auf die Höhe startet vom Parkplatz nahe der Cladach Sawmill (vor dem Brodick Castle); 5-6 Stunden für einen Marsch von 12 km zum Teil steil bergauf sind einzuplanen.

Weiter der Hauptstraße in Richtung Norden folgend, gelangt man nach Corrie, einem kleinen Ort am Meer mit einem Küstenstreifen, der teils Stein-, teils Sandstrand ist.

Schafe: harrend ihrer Versteigerung

Fallen Rocks sind riesige Steine hinter Sannox (Auto auf dem Parkplatz hinter North Sannox abstellen, dann ca. ¾ h zu Fuß), die sich vermutlich nach der letzten Eiszeit aus dem Berghang gelöst haben.

Information

- Die ***Tourist Information*** ist in Brodick direkt an der Fähranlegestelle untergebracht, The Pier, KA27 8AU T: 01770/302 140. Das Büro für touristische Angelegenheiten hilft auch, eine Bleibe zu finden.
- ***Isle of Arran Tourist Board,*** Fax: 01770/302 395

Aktivitäten

- Die ***Tourist Information*** vergibt Erlaubnisscheine zum Angeln der Arran Angling Association.
- ***Ranger Service, Brodick Country Park,*** Brodick Castle, T: 01770/302 462, organisiert Bergtouren.
- ***Brodick Boat and Cycle Hire,*** The Beach, Brodick, hilft Boots- und Fahrradfahrern, sowie Anglern weiter. T: 01770/302 868.

Unterkunft

- ***Carrick Lodge,*** Brodick, T/Fax: 01770/302 550, bietet viele Qualitäten, eine Lage mit schöner Aussicht und einen guten Service. Doppelzimmer ab £ 18 pro Person.
- ***Strathwillan House,*** Brodick, £ 16-20, T: 01770/302 331.
- Nördlich von Brodick existiert ein Bunkhouse nahe Corrie: der ***North High Corrie Croft,*** ab £ 5.20. T: 01770/302 203.
- ***Glenfloral Guest House,*** Shave Road, T: 01770/302 707, £ 17-22.
- ***Camping:*** Die ***Glen Rosa Farm Site*** liegt außerhalb von Brodick in Richtung Blackwaterfoot. Vor dem Friedhof biegt man nach rechts ab und folgt dem *Glen Rosa Track*. Der Zeltplatz kostet ab £ 6, T: 01770/302 380.

Lochranza

Weiter nördlich erreicht die A 841 das in einer Bucht gelegene Lochranza. Das ***Cock of Arran,*** der nördlichste Punkt von „Kleinschottland“, ist von hier 2-3 km entfernt. Dorthin führt von Lochranza über die Küstenberge ein Pfad, der weite Blicke über die Meeresenge *Sound of Bute* und auf das schottische Festland ermöglicht.

Bei Springflut wird das ***Lochranza Castle*** nass, so nahe steht es am Wasser. Die Burgruine aus dem 13. Jh., täglich geöffnet, ist eine typische Wohnburg, die früher von schottischen Königen als Jagdsitz benutzt wurde. *Robert Bruce,* König von Schottland, soll im Jahre 1307 nach seiner Jagd auf die sagenumwobene *Spinne von Rathlin Island* im Lochranza Castle eine Verschnaufpause eingelegt haben.

Aktivitäten

- Um in den Seen auf Arran zu fischen, benötigt man die Erlaubnis der zuständigen Stelle. ***Machrie River Fishing,*** Water Bailiff, T: 01770/840 241, erteilt Erlaubnisscheine zum Angeln.

Unterkunft

- Das ***Lochranza Hotel,*** KA27 8HL, Arran, T: 01770/830 223 kostet £ 21-38.
- Das noble ***Butt Lodge Hotel*** in Lochranza nimmt für die Übernachtung ab £ 28, T: 01770/830 240.
- ***Fir Cottage,*** Pier House, ruhig gelegen, ab £ 150, T: 01770/302 387.
- Das ***Lochranza Youth Hostel,*** Standard, befindet sich gleich hinter der frischgeweißten Kirche am Anfang der Lochranza Bay. Die sprachgewandte Herbergsmutter betreut tagsüber, wenn die Unterkunft geschlossen ist, die Touristeninformation und hat gute Tipps parat, T: 01770/830 631, ab £ 8.25.
- Der ***Campingplatz*** befindet sich im Zentrum von Lochranza, ist komfortabel, dafür relativ teuer, ab £ 7, T: 01770/830 273.

Zwischen Lochranza und Blackwaterfoot

Von Lochranza führt die Straße weiter an der Atlantikküste entlang, flankiert von Bergen, die eine Höhe von über 700 Metern erreichen; die Landschaft ist nur dünn besiedelt. Nach ca. 15 km öffnet sich linker Hand ein Tal, das ***Glen Iorsa.*** Ein Pfad führt südlich von Dougarie in das Tal hinein. Die Talsohle ist morastig und versumpft von vielen kleinen Seen. Die Höhenlage wird von zerklüfteten Berghängen geprägt.

Weiter südlich auf der A 841 in Richtung Blackwaterfoot, in der Umgebung der Machrie Bay, stehen einige Steinkreise aus der Bronzezeit, die immer noch das Rätsel ihres Zweckes verbergen. Die ***Machrie Moor Standing Stones*** liegen bzw. stehen in der Nähe der Machrie Farm und sind über einen beschilderten Fußweg zu erreichen. Nach ca. 3-4 km hinter der Machrie Farm taucht auf der rechten Straßenseite die Steingruppe aus dem Bronzezeitalter auf. Die 15 Steinblöcke des *Auchgallon Stone Circle* gruppieren sich um ein Grab. Die Steine des *Farm Road Stone Circle* dagegen stehen meist vereinzelt, sie sind in grauer Vorzeit errichtet worden, geschätztes Alter: ca. 6000 Jahre. Am letzten Steinkreis hat ein Mensch unserer Tage seinen eigenen kleinen Zirkel errichtet - zu Ehren seines verstorbenen 17-jährigen Hundes, den er hier bestattet hat.

Auf der anderen Straßenseite gegenüber der Machrie Farm beginnt der Fußweg zur ***King's Cave.*** Der Weg steigt allmählich an, die Küste wird steiler. Die „Höhle des Königs" ist wahrscheinlich ein Produkt der Steinzeit, als der Meeresspiegel noch wesentlich höher lag. Das Meer hat nach und nach das untere Gestein ausgespült. Der Fußweg zur Höhle dauert ungefähr eine Stunde. Die Wanderschuhe sollten Profil tragen, denn das letzte Stück des Weges muss über glatten Fels geklettert werden.

Blackwaterfoot

In Blackwaterfoot selbst gibt es keine prähistorischen Fundstellen, dafür ein ausgezeichnetes Angebot an ***Sport,*** den Shiskine Golf Course, direkt am Meer, einen Tennis Court und das Angelgebiet an der Drumadoon Bay. Eine Farm in der Nähe bietet ***Pony Trekking*** an: das *Cairnhouse Trekking Centre* in Blackwaterfoot, *Dawn McAlister,* T: 01770/860 466.

Hinter Blackwaterfoot zweigt von der Küstenstraße die B 880 (The String Road) ab und steuert quer durch die ganze Insel auf Brodick zu. Auf der Küstenstraße erreicht man den südlichen Teil Arrans. Im Gegensatz zur kargen Hochlandszenerie des nördlichen Arrans prägen den Süden sanfte, fruchtbare Hügel und größere Forstgebiete. Einen guten Eindruck von diesem Gegensatz vermittelt eine Wanderung entlang des Tales Scorrodale. Einen Kilometer hinter Sliddery beginnt der befestigte Fußweg durch das Tal, bis Lamlash sind es ca. 15 km. Vor dem Start kann man sich die ***Kilmory Cairns*** anschauen, prähistorische Gräber, die nur 1/4 Stunde Fußmarsch in Richtung des Ortes Lagg entfernt sind.

Unterkunft

- ***Blackwaterfoot Hotel,*** Arran, KA27 8EU, ab £ 25, T/Fax: 01770/860 202.
- ***Hope Cottage,*** T: 01770/860 377, für Selbstversorger, zwischen ab £ 150 für 4 Personen pro Woche.
- Das noble ***Kinloch Hotel*** in der gehobenen Preisklasse in Blackwaterfoot verlangt ab £ 35 für B&B, T: 01770/860 444, Fax: 860 447.

Kildonan

Nur wenige Häuser bilden die Siedlung Kildonan, die direkt am Meer liegt. Die Küstenstraße umgeht diesen kleinen Ort, der für Wassersportfreunde, besonders für Taucher und Angler, eine Fundgrube ist. Taucher wenden sich an das Kildonan Hotel.

Das ***Kildonan Castle*** an der Küste außerhalb des Ortes ist nur noch eine Ruine. Entlang der Küste westlich von Kildonan lassen sich ***Seehunde*** beobachten.

Unterkunft

- ***Breadalbane Hotel,*** bietet B&B ab £ 20-27.50, T: 01770/820 284.
- ***Breadalbane Campsite,*** Kildonan, Isle of Arran, T: 01770/820 210, Ö: Apr.-Okt., moderater Preis: £ 3.50, Kind £ 1.75.

Whiting Bay

Nach Kildonan macht die A 841 einen Knick nach Norden. Nach 8 Kilometern beginnt die größte Ortschaft auf Arran, Whiting Bay, das sich wie ein Schlauch an der Küste entlangzieht. Whiting Bay zieht viele Touristen an, darunter auch viele Besucher aus Glasgow, die sich auf einem Wochenendausflug befinden und hier Station machen.

Giants Craves sind Überbleibsel aus der Jungsteinzeit: ein Grabhügel umgeben von einer halbrunden Gruppe von *standing stones*. Ein ausgeschilderter Pfad zu den Relikten aus der Vorzeit beginnt vor der Ashdale-Brücke. 250 Treppenstufen sind zu überwinden, bis man die Anhöhe mit der Steingruppe erreicht hat.

Der Rundweg zu den Wasserfällen ***Glenashdale Falls*** beginnt ebenfalls vor der Ashdale-Brücke, geht aber dort geradeaus weiter, wo der Weg zu den Giants Craves nach links abzweigt. In zwei Stunden kann man die lohnende Tour bewältigen.

Aktivitäten

- ***Flying Fever,*** für die Herren und Damen der Lüfte, Paraglider, T: 01770/820 292.

Unterkunft

- ***Viewbank House,*** Whiting Bay, T: 01770/700 326, ein einladendes Gästehaus, B&B ab £ 20.
- ***Royal Hotel,*** Whiting Bay, T/Fax: 01770/700 286, kocht und bäckt einheimische Gerichte. Vom Hotel überblickt man die Whiting Bay. B&B: ab £ 26.
- ***Burlington Hotel,*** Whiting Bay, T: 01770/700 255, Fax: 700 232, ab £ 25.
- ***Kelvinlaugh Farm,*** Cottage ab £ 190/Woche. T: 01770/700 284.
- ***Whiting Bay Youth Hostel,*** Standard, liegt hinter der Glenashdale Brücke, Ortsausgang, in Richtung Kildonan. Die schöne Villa mit Meeresblick ist sehr gut geführt und ein wenig moderner als die Jugendherberge in Lochranza, T: 01770/700 339, ab £ 8.

Lamlash

Lamlash liegt in der gleichnamigen Bucht, 5 km vor Brodick. Das Inselchen ***Holy Island*** ist Lamlash wie ein Schutzschild gegen das heranstürzende Meer vorgelagert. Ein paar Schafe sieht man auf der Insel weiden. Die unbewohnte Insel, die in den 90er Jahren den Besitzer wechselte, schützt als natürlicher Wall den Jachthafen von Lamlash vor stürmischem Wetter. Als *Mary Queen of Scots* im Jahre 1548 im Alter von 5 Jahren vor dem machthungrigen englischen König *Henry VIII.* im befreundeten Frankreich Zuflucht suchte, musste ihr Schiff auf der Überfahrt von Schottland nach Frankreich in Lamlash ankern, um einem Sturm zu entkommen.

Aktivitäten

Wie die meisten Dörfer auf Arran hat auch Lamlash ein reiches Sportangebot:

- ***Taucher*** und ***Segler*** wenden sich bitte an *Johnston's Marine Stores,* Old Pier, T: 01770/600 349.
- Auf dem mit 4861 yds (4 km^2) größten ***Golfplatz*** Arrans ziehen die Golfspieler ihre weiten Bahnen. *Lamlash Golf Club,* T: 01770/600 296, PAR 69.

Unterkunft

- ***Lilybank Hotel***, Lamlash, KA27 8LS, T: 01770/600 230 vermietet ab £ 25.
- ***Glenisle Hotel,*** Lamlash, verlangt ab £ 29-34, T: 01770/600 258, Fax: 600 966.
- ***Marine House Hotel,*** Lamlash kostet ab £ 25, T: 01770/600 298.
- ***Glenscorrodale Farm Site,*** Ross Road, 6 km westlich von Lamlash in Richtung Glen Scorodale, auf der linken Straßenseite, bietet ausschließlich Zeltplätze an, ab £ 3.
- Zum ***Middleton Caravan and Camping Park,*** T: 01770/600 255, fährt man Richtung Whiting Bay und biegt hinter der Schule in Lamlash links ab. Hinter der Brücke ist der Campingplatz, der 12 Stellplätze für Wohnwagen und 30 für Zelte bereit hält. Der Stellplatz kostet ab £ 8.

Gigha

Gigha (ausgesprochen: *Gi'ir)* heißt auf Nordisch „Gott". Das kleine Eiland, 6 km vor der Westküste Kintyres, besticht durch die Ruhe auf der Insel und durch seine Blumenpracht. 200 Einwohner leben auf der 10 km^2 großen Insel. Die warme Golfströmung und Gighas geschützte Lage durch Islay und Jura im Westen lassen Rhododendren und Azaleen blühen. Für Leute mit einer Vorliebe für eine sanfte, weniger dramatische Natur ist Gigha einen Ausflug wert.

Achamore House Gardens sind die Attraktion Gighas. Von einem früheren Besitzer der Insel, *Sir James Horlick,* vor beinahe 40 Jahren angelegt, freut es heute wahrscheinlich jeden Hobbygärtner. Das ganze Jahr grünt und blüht es in den Gärten. Eine 3 km lange Tour führt durch die Achamore House Gardens, in denen Kamelien, Magnolien, Rhododendren und tropische Gewächse gedeihen. Der Garten liegt von der Anlegestelle in Ardminish ca. 10 min entfernt.

Der ***Jachthafen von Ardminish,*** in der Mitte Gighas gewährt Seglern eine sichere Landung und ist der beste Ausgangspunkt, um Wassersport zu treiben. Die Kirchenruine in ***Kilchattan*** stammt aus dem 13. Jh.

Verbindungen

● ***Von Tayinloan*** im Westen der Halbinsel Kintyre verkehren sechs ***Autofähren*** am Tag nach Gigha. Die Fähre von Tayinloan nach Gigha fährt stündlich ab 8.00 h, die letzte um 17.00 h, So um 10.00, 12.00 und 13.00 h.
● Umgekehrt ***von Gigha*** nach Tayinloan fährt die frühe Fähre um 7.20 h, die späteste um 16.30 h. Sonntags 9.30, 10.30, 12.30 h. Die Rückfahrt kostet £ 4.90. Wer die 10 km lange Straße auf Gigha mit dem Pkw befahren möchte, zahlt £ 18.35 für die Fahrkarte. Die Überfahrt dauert etwa 20 Minuten.

Unterkunft

Die Auswahl an Unterkünften ist nicht sonderlich groß auf der kleinen Insel Gigha.
● Im ***Post Office House,*** T: 01583/505 251, in Achamore kostet die Übernachtung ab £ 20 aufwärts. Das Post-Haus liegt zentral auf Gigha.(auch Ferienwohnungen!)
● ***Gigha Hotel,*** Isle of Gigha, PA41 7AA, 3-Sterne-Hotel in der Nähe der *Achamore Gardens*, T: 01583/505 254, Fax: 505 254. Übernachtung mit Frühstück kostet ab £ 30.
● Selbstverpflegende Gruppen bis 15 Mitglieder können im Gigha Hotel ein sehr gut ausgestattetes ***Landhaus*** im Voraus buchen. Preis: ab £ 175, T: 01583/505 254.

Islay

Westlich der Halbinsel Kintyre befindet sich die Insel Islay (gesprochen: *Eiler),* die zu den größten Inseln der Inneren Hebriden zählt. Whisky, Wildgänse und auch die sagenumwobene Geschichte von Islay locken die Besucher an.

Acht ***Brennereien*** verteilen sich über das 40 km lange und 35 km breite Eiland. Jede von ihnen brennt ihre

Die Bucht von Oban

Keltisches Grabmal – Jagdszene

eigene Geschmacksrichtung, und jeder Whisky lohnt einen Probeschluck.

Die bis zu ***30.000 Wildgänse,*** die zwischen Oktober und April auf Islay überwintern, sind nur einige wenige von den 111 Vogelarten, die es auf Islay zu entdecken gibt. Dem wechselnden Landschaftsbild entspricht eine Artenvielfalt vom Wiesenläufer bis zum Goldenen Adler. Die Steilküste, die Süß- oder Salzwasserseen, die Moorlandschaften, aber auch das Ackerland bieten den vielen Vogelarten ihren artgemäßen Lebensraum.

Geschichte

Auf Islay tagten im 14. und 15. Jh. die Clanchiefs des westschottischen Inselkönigreiches. Unter Führung der *MacDonalds* trafen sich im Finlaggan Castle die gewählten Führer der Clans zu einer Art Ältestenrat.

„The Lordship of the Isles“ - das Inselkönigreich - umfasste im 15. Jh. die gesamten Hebriden, Antrim in Nordirland sowie große Teile der Highlands. Im Jahre 1493 verlor der vierte und letzte *MacDonald* der Inseln seinen Königstitel, denn die Highlander bekämpften das Inselkönigreich. Sie wollten ein gesamtschottisches Königstum. So verschwand „The Lordship of the Isles“ aus der Realität. In den Köpfen allerdings rumorte die Idee weiter, und so war es nicht erstaunlich, dass die eigenständigen *MacDonalds* zu den Hauptgegnern der Union von Schottland und England im Jahre 1707 gehörten. Das Gedankengut des „Lordship“ lebt heute noch in alten gälischen Volksliedern fort.

Sehenswertes

Port Ellen

Port Ellen ist der Standort der Fischerflotte Islays und gehört mit 1000 Einwohnern zu den größten Orten der Insel. Wer will, kann hier seine Whisky-Tour beginnen: Außer der ***Port Ellen Destillery*** liegen an der A 846 Richtung Ardbeg drei weitere Brennereien: ***Laphroig, Lagavulin*** und zuletzt ***Ardbeg.***

Dunyvaig Castle oder das, was davon übrig blieb, findet sich rechts hinter der Lagavulin Destillery an der A 846. Das Castle stammt aus dem 14. Jahrhundert. Die Glanzzeiten der Burg waren zu Ende, nachdem die *MacDonalds* ihr Inselkönigreich aufgeben mussten.

Kildalton Chapel steht fünf Kilometer hinter Ardbeg. Die Kirchenruine stammt aus dem frühen 13. Jh. Das Besondere an der Kapelle ist das ***Kildalton Cross*** aus dem 9. Jh. Das aus einem einzigen Stein gehauene keltische Kreuz steht auf dem Friedhof, der die Kirche umgibt. Die biblische Geschichte von Kain und Abel ist auf dem linken Arm des Kreuzes szenisch festgehalten. Die Bilder auf dem rechten Arm beschreiben die Geschichte, in welcher Gott den ihm ergebenen Abraham auffordert, seinen Sohn Isaak zu opfern.

Weiter in Richtung Norden kommt man nach ***Ardtalla,*** einem kleinen Ort, der fast verschwindet im Schatten des Beinn Bheigeir, des mit 491 m höchsten Berges auf Islay. Von Ardtalla führt ein Weg nordwärts bis ***MacArthur's Head,*** wo ein Leuchtturm die Einfahrt in die Meeresenge zwischen Islay und Jura, den *Sound of Islay*, markiert.

The Oa wird der Südwestzipfel Islays genannt. Der Weg dorthin zweigt hinter Port Ellen nach links ab. Das zerklüftete Gebiet fällt zum Meer hin steil ab. Die vielen Kliffs und Höhlen von The Oa gewährten in früheren Zeiten den Schmugglern Schutz. Von der geschützten Lage profitieren heutzutage nur noch die ***Vögel,*** die in dem unwegsamen Küstengebiet brüten.

Die Straße endet an der Steilküste bei Lower Killeyan. Von dort führt ein Fußweg zum ***Mull of Oa,*** wo das Amerikanische Rote Kreuz ein Monument für die Seekriegsopfer des Ersten Weltkriegs aufgestellt hat. An klaren Tagen zeichnet sich am Horizont die Küstenlinie Irlands ab, die 40 km entfernt ist.

Bowmore

Der Ort Bowmore, ca. 20 km nördlich von Port Ellen in der Mitte Islays, liegt zentral für Ausflüge, um die Insel in allen Richtungen zu erkunden. Zwischen 1718 und 1843 existierte in Bowmore eine Art Volksvertretung, das ***Islay Parlament.*** Die Parlamentarier waren allerdings keine demokratisch gewählten Volksvertreter, sondern der Besitz an Grund und Boden verlieh ihnen das Recht, ins Parlament einzuziehen.

Von einer Anhöhe im Zentrum Bowmores überblickt ***The Church Of Kilarrow*** das Städtchen Bowmore. Die Kirche datiert aus dem Jahre 1767. Der Architekt entwarf die Kirche rund, mit der Absicht, dem Teufel keine Ecke zu bieten, in welcher er sich verstecken kann.

Bowmore Destillery, gegründet 1779, ist die älteste legale Brennerei auf Islay und liegt im Ortskern von Bowmore. Morgens und mittags werden Rundgänge angeboten.

Fort Dun Norsebridge ist eine freigelegte Befestigungsanlage der Wikinger. Von der A 846 von Port Ellen oder Bowmore kommend, biegen Sie direkt vor Bridgend die Glen Road nach rechts ab und fahren 3 km bis zum Neriby Farmhouse. Dort in der Nähe liegt das Fort.

Von Bowmore führt die A 846 bis Bridgend. In Bridgend zweigt nach Westen die Küstenstraße A 847 ab und gleitet an der Küstenlinie des *Loch Indaal* bis nach Portnahaven.

Die A 846 dagegen setzt ihren Weg durch eine landwirtschaftliche Gegend bis ***Port Askaig*** fort, dem Fährhafen im Osten Islays, 2 km von der Insel Jura entfernt. In Port Askaig wird ein 12 Jahre alter Single Malt Whisky mit Namen *caol ila* gebrannt. Nördlich von Port Askaig existiert eine weitere Brennerei, die ***Bunnahabhainn Destillery.***

Finlaggan Castle

Finlaggan Castle liegt auf einer kleinen Insel in einem malerischen Süßwassersee zwischen Bridgend und Port Askaig. Eine Meile hinter Ballygrant (Richtung Port Askaig) biegt ein Schotterweg nach links ab. Ein Gatter muss noch geöffnet (und wieder geschlossen) werden, bevor man nach dem 2 km langen Schotterweg eine Holzhütte erreicht, die eine Ausstellung über *The Lordship Of The*

Isles und jüngste Ausgrabungen der Universität von Edinburgh zeigt.

Über die Glanzzeiten des einstigen Treffpunkts der Clanchiefs, die hier aus allen Teilen der Hebriden zusammenkamen, ist im wahren Sinne des Wortes längst hohes Gras gewachsen. Das Castle ist zerfallen, und von der Kapelle, in welcher die Inselherrscher im 14. und 15. Jarhundert Gottes Segen empfingen, stehen nur noch die Grundmauern. Trotzdem: Die Reste des Finlaggan Castles vermitteln immer noch ein eindrucksvolles Bild von längst vergangenen Tagen, und ein Besuch lohnt sich schon allein wegen der herrlichen Lage der Burgruine.

Bei Hochwasser verleiht die Frau vor Ort den Besuchern Gummistiefel, damit sie den überfluteten Weg bis zum Finlaggan Castle meistern können. Ein kurzes Stück des Weges muss man per Boot zurücklegen. (Ö: Apr., So, Di, Do 14.30-17.00 h, Mai-Sept., So-Fr 14.30-17.00 h, Mo-Di 10.00-13.00 h, Okt., So, Di, Do 14.00-16.00 h)

Allgegenwärtig: Schafe im Hochland

The Rhinns of Islay

Die Halbinsel The Rhinns of Islay bildet in Form eines Hammers den Südwesten Islays. Die Gegend ist charakterisiert durch ihre flache Moorlandschaft, welche sich um und zwischen Loch Gorm und Gruinart erstreckt. Nur an der Westküste der Rhinns entdeckt man eine steil abfallende Küste, die ab und zu durch einen Sandstrand unterbrochen wird. Auf den Rhinns of Islay, das zum ***Naturschutzgebiet*** erklärt ist, überwintern von Ende Oktober bis April Tausende von Wildgänsen.

Kilchoman Church and Cross liegt an der Westküste. Um zu der kleinen Kirche mit dem keltischen Kreuz zu kommen, biegt man die B 8018, von Bridgend kommend, vor dem Ort Bruichladdich nach rechts ab und fährt ca. 10 km immer geradeaus bis nach Kilchoman. Wer den Namen Bruichladdich kennt, spürt den gleichnamigen Whisky mit seinem sanften Geschmack förmlich auf der Zunge zergehen.

Der Ort ***Bruichladdich*** eignet sich zum Auskundschaften der Rhinns of Islay und zur Beobachtung der Tierwelt von der Steinkrähe bis zum Hirsch.

Nach Bruichladdich erreicht man auf der A 847 den schmucken ***Fischerort Port Charlotte.*** Am Ortseingang von Port Charlotte (von Bridgend kommend) ist ein interessantes Heimatmuseum an der rechten Straßenseite zu finden. Das ***Museum of Islay Life*** beherbergt eine Sammlung alter landwirtschaftlicher Geräte und Gebrauchsgegenstände, eingerichtet in einer umgebauten Kirche. (Ö: Apr.-Okt. 10.00-17.00 h, So 14.00-16.00 h, E: £ 2, ermäßigt £ 1.20, Kinder £ 1)

Information

- ***Tourist Information*** im Zentrum von Bowmore, Isle of Islay, PA43 7JP, T: 01496/810 254.

Verbindungen

- Islay besitzt den ***Flugplatz Glenegedale,*** in der Nähe von Port Ellen. Von hier aus bestehen Verbindungen mit London Heathrow, Glasgow und der Stadt Campeltown auf Kintyre, wo die Flugzeuge von und nach Islay zwischenlanden. Fliegen ist nicht gerade billig: Das Rückflugticket London-Islay kostet ca. £ 200, nur Hinflug £ 150, das Rückflugticket Glasgow-Islay £ 75, eine Strecke £ 60. Studenten bekommen Ermäßigung. Weitere Informationen erteilt: *British Airways,* T: 0845/773 3377, *Islay:* T: 01496/302 022.
- Die ***Fähre von Kennagraig*** auf Kintyre steuert einen der beiden Fährhafen, Port Askaig oder Port Ellen, an und benötigt eine Fahrtzeit von ungefähr 2 Stunden. Sie startet in der Regel dreimal täglich nach Islay: montags und freitags jeweils um 7.15, 12.50 und um 18.00 h (nur in der Hauptsaison). Mittwochs läuft nur die 8.15-Uhr-Fähre aus, sonntags die 12.50-Fähre.
- In der umgekehrten Richtung entweder ***von Port Askaig*** oder ***von Port Ellen*** laufen die Fähren nach Kennacraig wie folgt aus: Von Port Ellen in der Regel um 9.55 Uhr, außerdem Mi um 5.30 Uhr, Do um 20.30, So um 9.55 und 15.35 Uhr. Von Port Askaig wochentags um 15.30 Uhr, Mo außerdem um 20.15 Uhr, Mi um 19.45 Uhr. Der Preis für die einfache Überfahrt liegt bei £ 7.25. Wer innerhalb von 5 Tagen wieder zurückfährt *(excursion),* zahlt £ 12.30 Für den PKW kostet die Überfahrt ab £ 38.50 aufwärts.
- Die ***Busse*** der *Scottish City Link* verbinden Klennacraig mit der Glasgow Buchanan Bus Station. Der Bus verkehrt in Abstimmung mit der Ankunfts- und Abfahrtszeit der Fähre.

Unterkunft

Hotels

- ***Harbour Inn,*** Bowmore, in der Nähe des Hafens, T: 01496/810 330, ab £ 39.
- ***Lochside Hotel,*** Shore Street in Bowmore, ab £ 20-35, T: 01496/810 244.
- ***Lambeth House,*** Jamieson Street, Bowmore, gute Ausgangsbasis, T: 01496/810 597, ab £ 18.
- ***Port Askaig Hotel*** in Port Askaig, dem Fährhafen im Osten Islays, bietet B&B ab £ 33 an, T: 01496/840 245.
- ***Ballygrant Inn,*** Ballygrant, 5 km von Port Askaig Fährstation, T/Fax: 01496/840 277, ab £ 22.50.

B&B

Unterkunft vermittelt die ***Tourist Information*** im Zentrum von Bowmore, Rufnummer: T: 01496/810 254. Zentral in der Mitte Islays liegen:

- ***Islay Youth Hostel,*** Port Charlotte, T: 01496/850 385, ab £ 7.50, März-Okt.
- ***Mrs. Kate MacAffer,*** Bowmore, Birch Drive, nahe dem Lebensmittelladen, ab £ 17.50, T: 01496/810 479.
- ***Mrs. A. MacDonald,*** Anchorange, Bruichladdich, vermietet das Zimmer mit Frühstück ab £ 15, T: 01496/850 540.
- ***McDonald,*** Ceol-Na-Mara, Bruichladdich, T: 01496/850 371, nimmt für B&B ab £ 17.

Den größten Trubel und die meisten Touristen erlebt man in ***Port Ellen,*** dem Fährhafen in Islays Süden. Vier Meilen entfernt ist der Machrie Golfplatz.

- ***Pat & John Kent,*** Tighcargaman, Port Ellen, ab £ 19, T: 01496/302 345.
- ***Mrs. MacTaggart,*** Kintra Farmhouse, Port Ellen, ab £ 15, T: 01496/302 051.

●***Kintra Farm,*** Kintra Beach, Port Ellen hält vieles bereit, vom Bunkhouse (ab £ 6 die Nacht) über B&B bis Camping, außerdem gibt's Fisch und Vegetarisches, Argyll PA42 7AT, T: 01496/302 051.

Camping

●***Mr. Archibald,*** Gruinart, von Bridgend die B 847 nach Black Rock, dann rechts nach Guinart, ab £ 2.50, auch Bungalows.

●***Kintra Farm Site,*** The Oa, Port Ellen, T: 01496/302 051, ab £ 4.80, vgl. oben.

Jura

Jura trennt von der südwestlichen Nachbarinsel Islay die Meeresenge *Sound of Islay,* die sich an der engsten Stelle bis auf einen Kilometer zusammenzieht. Die meisten der 250 Einwohner Juras wohnen in Craighouse, das an der einzigen Straße auf Jura liegt. Diese *single-track-road* folgt dem Verlauf der Ostküste, bis sie hinter Ardlussa im Norden Juras in einen ungeteerten Weg übergeht. Die Westküste der Insel hat weder eine Straße noch Bewohner. Bei einer Ausdehnung von max. 44 km Länge und 13 km Breite verlaufen sich die Einheimischen und die wenigen Touristen der Sommermonate auf Jura. Wanderer und Leute, die auf der Suche nach Ruhe sind, finden auf Jura eine Idylle vor.

Geografisch gehört Jura zu den Inneren Hebriden. Das ***Klima*** ist mild, denn die Insel wird von allen Seiten geschützt: nördlich von Mull, südlich von Islay und westlich von Colonsay. Zeichen des milden Klimas sind die Palmen, die man ab und an auf der Insel sieht. Die ***Landschaft*** Juras variiert von Schlick- und Moorland über ausgedehnte Sandstrände bis zu den felsigen Hügeln Juras, den Paps of Jura. Der höchste der Paps, der Beinn an Oir, misst 741 m.

Gälisch ist die ursprüngliche Sprache der Inselvolkes. Die meisten Insulaner sprechen zwei Sprachen: Schottisch und Gälisch. ***Zeugnisse aus prähistorischer Zeit*** finden sich einige auf Jura wie Wikingerforts oder Standing Stones. In der Geschichtsschreibung kommt Jura nicht vor. Die Glanzzeit der Hebriden, *The Lordship of the Isles* des 14. und 15. Jh., blieb hier anscheinend unbemerkt.

Auf Jura, in der Einsamkeit von Barnhill, 10 km nördlich von Ardlussa, schrieb *Georg Orwell* seinen weltberühmten Roman „1984“.

Sehenswertes

Feolin heißt die Stelle, an der die Fähre von der Nachbarinsel Islay ankommt. Dort beginnt die 40 km lange *single-track-road,* die Jura von Süden nach Norden durchzieht. Die einspurige Straße verläuft entlang der Ostküste. Zwischen Feolin und dem 15 km entfernten Craighouse finden sich entlang der Straße einige Steinkreise.

Clag Castle liegt auf einem Eiland in der Einfahrt des Sound of Islay, gegenüber dem MacArthur's-Head-Leuchtturm auf Islay. Hierher verbannten die *MacDonalds,* die auf Islay einst ihren Herrschaftssitz hatten, ihre Gefangenen.

Ein treuer Freund - kennen gelernt während einer Radtour in Kintyre

Mit ein paar verstreuten Häusern ist ***Craighouse*** die größte Ansiedlung auf der Insel. Craighouse besitzt das einzige Hotel auf der Insel, ferner die Post, einige Läden und die ***Craighouse Distillery.*** Gute Sportmöglichkeiten bestehen in der kleinen Hauptstadt Juras für Segler, Surfer oder Schwimmer, aber auch für Wanderlustige, um die *Paps of Jura,* die drei Berge westlich von Craighouse, zu entdecken.

Zu den ***Burial Grounds,*** einem seltsamen Friedhof, biegt man 2 bis 3 Kilometer hinter Craighouse nach links ab und folgt diesem Weg weitere 3 km. Der Friedhof, so scheint es, ist der Beweis, dass Whiskytrinken das Leben verlängert. Eine Frau, Mary McGrain, verstarb auf Jura im Alter von 128 Jahren. Ein Mann namens *Gillour McGrain* ist hier begraben, der 180 Weihnachtsfeste erlebt haben soll.

Zehn Kilometer nördlich von Craighouse liegt die ***Lowlandman's Bay,*** eine Sandstrandbucht, die zum Ausspannen, Spazierengehen oder zum Vögelbeobachten einlädt. Weitere 12 km in Richtung Norden bei ***Tarbert*** befindet sich eine Landenge. Dort fressen sich die Wellen von Loch Tarbert immer weiter in das Land der Insel hinein.

Ein anderes Wasserschauspiel ist der ***Corryvreckan,*** ein Strudel zwischen Jura und Scarba, der nördlichen Nachbarinsel. Das Jura Hotel in Craighouse bietet Ausflüge dorthin mit dem Landrover oder mit dem Boot an. Ab Ardlussa ist die Straße in Richtung Norden mit einem normalen PKW kaum noch zu meistern. Den Strudel sollte man bei Flut erreichen, denn bei Ebbe ist von den wirbelnden Wassermassen nicht viel zu sehen.

Eine Legende rankt sich um den Strudel: Ein norwegischer Prinz namens *Breackan* liebte eine Königstochter von den Inneren Hebriden. Deren Vater akzeptierte eine Hochzeit der beiden nur unter der Bedingung, dass *Breackan* den Mut aufbrächte, mit seinem Boot drei Tage und Nächte in dem gefürchteten Strudel Corryvreckan vor Anker zu gehen.

Breackan kannte keine Angst und stimmte zu. In Norwegen ließ er sich drei Ankertaue flechten, eines aus Hanf, eines aus Wolle und eines aus dem Haarschopf von Jungfrauen. Die Norweger glaubten, die Reinheit und Unschuld der Jungfrauen würde dem Seil göttliche Stärke verleihen.

Breackan fuhr vor Jura in den Strudel und ankerte dort. Am ersten Tag löste sich der Hanf, am zweiten das Wollseil. Das jungfräuliche Seil aber hielt bis zum dritten Tag, bis zum dritten Tag abends. Dann wurde es schwach, denn eine Jungfrau hatte anscheinend ihre Unschuld doch nicht mehr besessen. Das Tau riss. Der Prinz starb im Sog des Corryvreckan. Den toten Körper zog sein treuer Hund aus den Fluten.

Prinz Breackan wurde in einer Höhle begraben, ***Breackan's Cave.*** Vor einigen Jahren wurden Ausgrabungen in Breackan's Cave, die in einer Bucht an der Nordküste Juras liegt, gestartet, und tatsächlich fand man in der Höhle einen steinernen Sarg.

Verbindungen

- Die ***Feolin-Autofähre*** startet mehrmals am Tag von Port Askaig auf Islay zum Pier auf Jura. Fahrzeit: ca. 10 Minuten.

Unterkunft

- Unterkünfte auf Jura sind rar. Das einzige Hotel der Insel, ***Jura Hotel,*** Craighouse, PA60 7XU, T: 01496/820 243, Fax: 820 249, ist sehr gut ausgestattet und ein idealer Standort zum Wandern und für Wassersport. Die Übernachtung kostet ab £ 33.
- ***Isabell Miller,*** Knockrome, Craighouse, T: 01496/820 311, schöne Bleibe zum Erwandern der Paps of Jura, ab £ 12.50.
- ***Mrs. Mary Keith,*** Craighouse, vermietet ihre kleine Hütte zwischen £ 120 und £ 150 die Woche, T: 01496/820 214.
- Eine Anlaufstelle für Selbstverpfleger im ***Ferienhaus*** gibt es in Ardlussa im Norden Juras, wo die A 846 offiziell aufhört. Ein Cottage sollte im Voraus gebucht werden bei *Mr.* oder *Mrs. Fletcher,* Ardlussa, T: 01786/850 274. Der Preis pro Woche für das Haus, in dem *George Orwell* seinen berühmten Roman „1984" schrieb, liegt bei £ 400, weiterhin Cottages ab £ 200.

Colonsay und Oronsay

Vierzig Kilometer südlich von Mull liegen Colonsay und ihre kleine Schwesterinsel Oronsay. Vor der Fähranlegestelle in Scalasaig auf Colonsay tummeln sich in aller erdenklichen Ruhe ein paar Seehunde und der Eindruck bestätigt sich: Die beiden Inseln, nur bei Ebbe miteinander verbunden, sind ein Ort der Entspannung. Die Natur lädt ein zum Spazie-

Kampf der Elemente an der Westküste

rengehen an Sandstränden, an felsiger Küste oder zum Erklimmen der Hügel, deren höchster auf Colonsay 193 m erreicht. Während eines Spazierganges können Naturfreunde auf den beiden Inseln viele Blumen und über 150 Vogelarten entdecken.

Der *Heilige Columba,* der auf Oronsay einen Zwischenstopp einlegte, als er von Irland ausgezogen war, um die heidnischen Schotten zu missionieren, soll die Insel Colonsay nach sich benannt haben. Für seinen weniger populären Begleiter, den *Heiligen Oran*, blieb für die Namensgebung das kleine, unbesiedelte Eiland Oronsay.

Sehenswertes

An der Ostküste Colonsays brechen Klippen und Steilküste die Wellen des Atlantiks. In der sandigen Bucht von ***Balnahard,*** im Norden Colonsays, zeigen sich des Öfteren Otter und Seehunde. Im Sand sind unzählige Schnecken und Muscheln zu finden.

Im Süden Colonsays eröffnet sich bei Ebbe für drei Stunden von dem über einen Kilometer langen Sandstrand ***The Strand*** ein Fußweg nach Oronsay. Schafe bewohnen den Boden Oronsays, den Himmel teilen sich Möwen, Lerchen und diverse andere Vögel. ***St Oran' Chapel*** auf Oronsay ist eine Ruine mit einem Friedhof anbei. Die Kapelle stammt aus dem 14. Jh. Ein keltisches Kreuz mit Schnitzereien markiert den Eingang der Kirche.

In den ***Kiloran Gardens*** auf Colonsay kann man eine große Blütenpracht und tropische Gewächse bewundern. Der Eintritt ist frei. Kiloran liegt 4 km nördlich vom Fährhafen Scalasaig.

Verbindungen

- Die ***Autofähre nach Colonsay*** legt von Oban ab, der geschäftigen Touristenstadt am Firth of Lorn. Sie erreicht Colonsay nach ca. 2 Stunden und landet auf der Westseite der Insel, wo die Küste zum Meer hin sanft abflacht. Sommer: Fähren von Oban So 16.30 h, Mi 15.15 h, Fr 18.00 h, Winter: Fähren von Oban Mo 14.00 h, Mi, Fr 10.00 h.
- Die ***Fähre von Colonsay*** nach Oban startet sonntags um 18.45 h (Sommer), mittwochs um 12.00 h und um 18.00 sowie freitags um 20.30 h. Die Fahrzeit beträgt ca. $2\frac{1}{2}$ Stunden. Die Rückfahrkarte kostet ab £ 16.25, mit Pkw ab £ 77 aufwärts.

Unterkunft

- Das einzige Hotel, ***Isle of Colonsay Hotel,*** PA61 7YP, B&B und Dinner von £ 35-80, ist ganzjährig geöffnet, T: 01951/200 316, Fax: 200 353.
- Das Hotel vertreibt weiterhin 3 ***Ferienwohnungen*** für Selbstversorger jeweils mit Platz für 6 Personen, Preis pro Woche: £ 150-340, ganzjährig geöffnet. T: 01951/200 316.
- ***Colonsay Backpackers Lodge,*** T/Fax: 01951/200 312, £ 7.50-9.
- ***Mrs. MacNeill*** in Garvard, 5 km südlich von Scalasaig, T: 01951/200 343. Bei Bedarf ist auch Mittagessen erhältlich.
- ***Mrs. A. Clark*** in Baleromindobh, einer Farm auf der linken Fahrbahnseite ca. 3-4 km südlich von Scalasaig, T: 01951/200 305.
- ***Mr. & Mrs. Lawson***, Seaview, T: 01951/200 315, ab £ 25.

Mull

Mull (3000 Einw.), die drittgrößte Insel der Hebriden, liegt nur ein paar Meilen vom Firth of Lorn getrennt, der Stadt Oban gegenüber. Obwohl dem Festland so nahe, gehört auch diese Insel in eine andere Welt, in die Welt der Hebriden. Die Menschen sprechen zum großen Teil noch Gälisch, spontane *Ceilidhs* (schottische Folklorefeste) sind in den Pubs von Tobermory noch echt und keine aufgesetzte Touristenattraktion.

Im April findet das Mull Music Festival statt. Im Juli messen die starken Männer der Insel in Tobermory auf den Highland Games ihre Kräfte.

Die Insel ist sehr bergig und wird vom Ben More (966 m), einem alten Vulkankegel, beherrscht. Besonders die stark zerklüftete Westküste beeindruckt durch grandiose Klippen und Felsformationen. Oftmals ist hier der Säulenbasalt zu sehen, der Staffa zu einem Naturwunder macht. Darüber hinaus ist die Westküste ein Paradies für Seevögel, Robben oder die gemächlich stelzenden Reiher.

Sehenswertes

Vom Hafen in ***Craignure*** fährt im Sommer mehrmals täglich eine winzige ***Eisenbahn,*** die einzige der Hebriden, die etwa 2 km bis zum Castle Torosay (der „Bahnhof“ liegt am alten Pier, vom Fähranleger aus zweimal links).

Torosay Castle wurde erst im 19. Jahrhundert von *William Bryce* im

Schlechtwetterfront: Küste von Mull

Scottish Baronial Stil erbaut. In den Räumlichkeiten sind vor allem die Bilder von *Landseer* und *Thorburn* sehenswert. Ein wunderbarer, 5 ha großer Park, von *Robert Lorimer* in italienischem Stil entworfen, umgibt das Schlösschen. (Ö: im Sommer, Mo-So 10.30-17.30 h, E: £ 4.50, Kinder £ 1.50, Senioren £ 3.50; im Sommer verkehrt ein Ausflugsboot von Oban aus direkt zum Schloss.)

Über die Duart Bucht blickt Torosay Castle auf das trutzige alte ***Duart Castle.*** Von Land aus führt eine kleine Nebenstraße der A 849 zur Burg. Im Mittelalter war diese Festung, die im frühen 13. Jh. als eine der ersten Steinfestungen Schottlands errichtet wurde, bedeutend für die Beherrschung der südlichen Westküste. 1745, nach dem gescheiterten Jacobitenaufstand, wurde der Stammsitz der *MacLeans* von der Regierung konfisziert und verwaiste. Doch 1912 kaufte der damalige Clanchief den Familiensitz zurück und restaurierte ihn. Heute ist die Burg eine der wenigen schottischen Festungen, die ihr mittelalterliches Aussehen bewahrt haben, aber nicht in Ruinen stehen (Ö: nur im Sommer, Mo-So 10.30-18.00 h, E: £ 3.80, Kinder £ 1.90, Senioren £ 3). Im Sommer läuft ein kleines Ausflugsboot die Burg an und erlaubt so den eindrucksvollen Blick vom Meer aus zu der auf einem Felsen ragenden Anlage.

Tobermory (700 Einw.), im Nordosten der Insel, ist die Hauptstadt von Mull. Das Städtchen ist idyllisch in eine steile Bucht gebettet, die den Hafen nicht nur zu einem der sichersten, sondern auch zu einem der schönsten in Schottland macht. In den Pubs der Hafenfront herrscht fast immer Stimmung.

Das ***Mull and Iona Museum*** in einer verwandelten Kirche an der Hauptstraße ist das kleine Heimatmuseum der Insel. (Ö: nur im Sommer Mo-Fr 10.30-16.30 h, Sa nur bis 13.30 h, kleiner Eintritt)

Von Tobermory aus lohnt sich die Fahrt entlang der B 8073 und später der B 8035, die sich der wildromantischen Westküste anschmiegt. Bevor die B 8035 die A 849 nach Fionnphort erreicht, erstreckt sich westlich der Straße der ***Naturpark The Burg.*** Das unberührte Gebiet gehört dem *National Trust* und ist ausschließlich zu Fuß zu besuchen. An der Westküste des Gebietes gibt das Meer bei Ebbe eine Rarität der Naturgeschichte frei. Die Versteinerung eines 50 Mill. Jahre alten Baumes hat sich hier im Ufergestein erhalten.

Wenn man der A 849, auf die man bald trifft, nach rechts folgt, erreicht man ***Fionnphort,*** dem Fährort für die Boote nach Staffa und Iona.

Verbindungen

- Die ***Fähren*** von *Caledonian MacBrayne* bieten verschiedene Möglichkeiten, auf die Insel zu gelangen. Die Fahrzeiten sind verknüpft mit den Fahrplänen der Busse auf dem Festland und auf Mull sowie der Eisenbahn in Oban. Auskunft: *Travelline:* T: 0870/ 608 2608. Mit dem Auto erreicht man Mull von drei Stellen aus: Von Oban verkehren Fähren nach Craignure oder stoppen auf ihrer Fahrt zu den Inseln Coll und Tiree in Tobermory. Vom Ende der A 884 in Lochaline überquert eine Fähre den Sound of Mull nach Fishnish. Außerdem verbindet eine Fähre Tobermory mit Kilchoan auf der Halbinsel Ardnamurchan. (Oban-Craignure: täglich 6x zwischen 7.45 h und 18.00 h, So 5x zwischen 10.00 h und 18.00 h , ab £ 3.65/ Person, ab £ 25.50/Auto; Lochaline-Fishnish: mehrmals täglich, ab £ 2.25/Person, ab £ 9.90/Auto; Tobermory - Kilchoan: Mai bis Mitte Okt., mehrmals täglich, £ 3.50/ Person, ab £ 18.50/Auto).

- Von Tobermory verkehren Fähren der *Caledonian MacBrayne* nach Castlebay auf Barra, Lochboisdale auf South Uist, nach Coll und Tiree.
- Auskunft über Fähren und Abfahrtszeiten erteilt ***Cal Ferry*** unter der Nummer 01631/ 566 966 oder 01680/812 343.
- ***Fahrrad- und Autoverleih,*** *Mull Travel & Crafts,* The Pierhead, Craignure, T: 01680/ 812 487.
- ***Sightseeing Touren*** nach Iona macht u. a. *Bowman's Coaches,* Craignure, T: 01680/ 812 313, Buchungen auch im Office in Oban, Station Road, T: 01631/ 563 221.

Unterkunft

Mull ist noch keine ausgesprochene Urlauberinsel, so dass das Hotelangebot zwar ausreichend, aber nicht überwältigend groß ist. In Tobermory existieren ca. zehn Hotels. Daneben gibt es Unterkünfte aber auch noch in den anderen Ortschaften, vor allem Craignure oder Fionnphort.

- ***The Tobermory Hotel,*** 53 Main Street, Tobermory, Isle of Mull, Argyll PA75 6NT, T: 01688/302 091, B&B ab £ 35, direkt an der Hafenfront.
- ***Baliscate Guest House,*** Tobermory, Isle of Mull, Argyll PA75 6QA T:01688/302 048, Fax: 302 666, B&B ab £ 22.50.
- ***Mrs. Williams,*** Arle, Aros, T: 01680/300 343, ab £ 11 für Selbstverpfleger.
- ***Jugendherberge,*** Tobermory, Isle of Mull, Argyll PA75 6NU, T: 01688/302 481, Grade 3, geöffnet März-Okt., Fahrradverleih, liegt direkt an der nördlichen Hafenfront (Grad 3).
- ***Camping,*** David Burnett, Ach-na-Craiobh, Tobermory, Isle of Mull, Argyll PA75 6PS, auf der linken Seite hinter der Polizei.

Möwe

Iona

Iona ist das schottische Jerusalem, die Urstätte des Christentums für ganz Nordeuropa. Der schottische Apostel *St. Columba,* ein vertriebener irischer Prinz, ging im Jahre 563 auf der fruchtbaren Insel an Land und gründete die ***Iona Abbey.*** Die klösterliche Gemeinschaft wuchs und begann, erst die Westküste, dann ganz Schottland und später sogar Skandinavien zu bekehren. *St. Columbas* Christentum war dem *Hl. Johannes* verschrieben und unterschied sich vom „Katholizismus" des *Hl. Petrus* durch seine dezentrale und unhierarchische Organisation, aber auch durch mehr Lebensfreude und tätige Nächstenliebe. Während der Raubzüge der Wikinger wurde das alte Kloster des *Columba* zerstört. Nur zwei alte keltische Kreuze (8. und 12. Jh.) zeugen heute von dieser Keimzelle des Christentums.

Die heutige frühgotische Abteikirche datiert aus dem Jahr 1203, in dem der *Lord of the Isles* hier ein Benediktinerkloster stiftete. Die Insel war den mittelalterlichen Menschen so heilig, dass auf ihr 48 schottische, 4 irische und 8 norwegische Könige sowie unzählige Clanchiefs der westlichen Inseln begraben liegen. Der letzte schottische König, der hier die ewige Ruhe neben seinem Opfer *Duncan* fand, war der Usurpator *MacBeth.*

Aber noch heute hat Iona seinen Platz im Bewusstsein des schottischen Volkes. 1979 wollte der *Duke of Argyll,* Chief des Clan *Campbell,* dessen Clan die Insel erst als Blutlohn für das Massaker im Glen Coe (siehe „Norden/Westliches Hochland/Glen Coe") erhalten hatte, die Insel verkaufen. Die nationale Katastrophe drohte. Erst mit einer Spendenaktion und einem Millionenzuschuss von *Sir Hugh Fraser* gelang es dem *National Trust (NTS),* die Insel vor ausländischem Zugriff zu bewahren und die nationale Ehre zu retten.

Verbindungen

- Iona erreicht man von Fionnphort aus mit der Fähre, die ca. 5 min für die Überfahrt benötigt (Mo-Sa 8.45-18.15 h, So 9.00-18.00 h (im Sommer) fast stündlich). Im Sommer werden auch Ausflugsfahrten von Oban aus nach Staffa und Iona angeboten. Kosten: ab Fionnphort £ 3.40, hin und zurück, T: 01681/700 559.

Staffa

Dieser kleine Basaltfelsen, der Mull im Westen vorgelagert ist, soll *Felix Mendelssohn Bartholdy* zu seiner „Hebriden-Ouvertüre" inspiriert haben. Mancher bezweifelt das allerdings, wenn er weiß, dass der Komponist bei der Überfahrt hochgradig seekrank wurde, ein Umstand, der auch heute noch manchem Besucher zum Verhängnis wird.

Die Bootsfahrt nach Staffa ist oft ein kleines Abenteuer und eine Landung nie garantiert. Wenn die See allerdings ein Anlegen an den steilen Felsen zulässt, werden Sie ein unvergessliches Erlebnis haben.

Vulkanische Aktivität hat diese faszinierende Insel aus unzähligen senkrecht nebeneinander stehenden Basaltsäulen errichtet. Danach hat das Meer in pausenloser Arbeit rund um die Insel Höhlen in den Stein gegraben. Die größte dieser Höhlen, ***Fingals Cave,*** misst 20 m in der Höhe, 15 m in der Breite, ist 37 m tief und vermittelt das Gefühl, in einem Dom zu stehen.

Verbindungen

- Im Sommer fährt täglich ein Boot, wenn das Wetter in dieser stürmischen Gegend es zulässt, ***von Fionnphort*** auf der Insel Mull über Iona zu der Insel, £ 12.50, Kind £ 5.
- In der Hochsaison werden auch ***von Oban*** aus Ausflüge nach Staffa und Iona angeboten.

Skye

Überblick

Skye, die größte und bestbesuchte Insel der Inneren Hebriden, besitzt den Ruf der schönsten Insel Schottlands und - verdient ihn. Nicht nur bei Sonnenschein, der auf der Insel eher selten ist, sondern gerade wenn Nebelfetzen und Regenschauer die Mondlandschaft der bizarren Bergwelt durchziehen, zeigt Skye eine romantische Schönheit, die selbst das nordwestliche Hochland nicht besitzt. Vielleicht haben Sie sogar das Glück, einer der vielen Feen und Gespenster, die bis heute auf der Insel ein Reservat finden, zu begegnen. Nebel und Regen werden Sie dagegen in jedem Falle antreffen. Ein alter Mann erzählte uns voll Stolz, dass Skye nicht nur der schönste, sondern auch der nasseste Fleck Europas sei: „Five seasons a day“, auf Skye ist dieses Versprechen Wirklichkeit.

Moor und Felsen, das sind die prägenden Formen der Landschaft. Felsen nehmen auf Skye jedoch unvergleichliche Formen an. Das schwarze Massiv der Black Cuillins oder auch der bizarre Basalt der Quiraings sind ein wahres Kletterparadies, auch wenn sie, an der Höhe gemessen, nur „Hupf“ darstellen, wie uns ein Allgäuer versicherte.

Verbindungen

- War Skye früher nur per Fähre zu erreichen, sind nun die lauschigen Inselzeiten endgültig zu Ende. Verkehrte bis vor kurzem zwischen ***Kyle of Lochalsh*** und Kyleakin noch eine Roll-On-Roll-Off-Fähre, ist Skye nun fast an gleicher Stelle durch eine ***Brücke*** mit dem Festland verbunden. Diese Brücke gehört der *Bank of America,* die für ihre Benutzung einen saftigen Brückenzoll um £ 6 verlangt.
- ***Von Mallaig*** nach Armadale im Südosten verkehrt eine Autofähre werktags zwischen 9.00 h und 18.15 h täglich 7-mal, die aber nur im Sommer Autos mitnimmt. Die Fahrt kostet ab £ 13 per Auto und ab £ 2 für Autoinsassen oder Fußgänger. Autofahrer sollten unbedingt vorausbuchen, T: 01471/844 248 oder 01687/462 403.
- Im Sommer verkehrt außerdem eine kleine private Ro-Ro-Fähre zwischen ***Glenelg*** und Kylerhea im Süden der Insel, Auto ca. £ 10, T: 01599/511 302.
- Vom Flughafen in Broadford unterhält *Loganair* ***Linienflüge*** nach Glasgow.
- Mit dem Festland ist Skye durch die ***Busse*** von *Scottish Citylink* Coaches verbunden. Mehrmals täglich wird vom Fähranleger in Uig Glasgow über Fort William und Tarbert angefahren. Etwas seltener fährt ein Bus nach Edinburgh über Stirling und Oban (mit Umsteigen in Fort William) T: 08705/505 050.

● ***Lokale Busse*** fahren meist zweimal täglich (morgens hin, nachmittags zurück) alle wichtigen Orte an.

● Während der Schulzeit ist die Fortbewegung einfacher, da dann die ***Schulbusse*** morgens und nachmittags nahezu alle Orte durchfahren. Die Busse können überall per Handzeichen angehalten werden.

● Eine weitere Möglichkeit ist die Fahrt mit dem Postboten. Im ***Postauto*** ist zwar wenig Platz, und es dauert, doch hat man Zeit, die Landschaft zu genießen, und meist ist der *postman* zu einem Schwätzchen aufgelegt.

● Auf Skye ist ***Trampen*** auf den Hauptrouten gut möglich, auf den Nebenstraßen sehr schwierig.

Kyleakin

Über dem hübschen kleinen Hafenbecken von Kyleakin ragen drei Mauersäulen auf. Sie gehören zu ***Castle Moil*** *(moil* = dachlos), einer alten MacKinnon-Festung gegen Wikin-

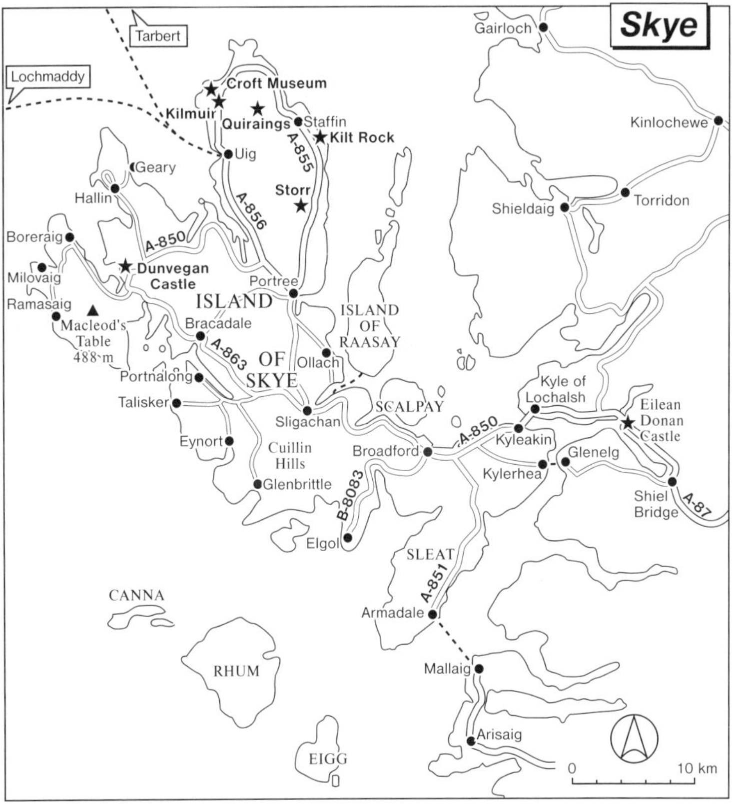

gerüberfälle. Kyleakin ist ein kleines Fischerörtchen, das heute vor allem vom Tourismus lebt.

Unterkunft

- ***Jugendherberge:*** Kyleakin, Isle of Skye IV41 8PL, T: 01599/534 585, High, ganzjährig geöffnet. Sie liegt auf der A 850 geradeaus, in der zweiten Straße links.
- ***Skye Backpackers,*** Benmhor, Kyleakin, Skye IV41 8PH, T/Fax: 01599/534 510, Bett ab £ 10.

Broadford

Von Kyleakin fährt man auf der A 850 an der Küste entlang und kommt nach 13 km durch Broadford. Der Ort ist nicht besonders schön, doch bietet er Einkaufsmöglichkeiten und einige Hotels sowie eine Tankstelle. Broadford eignet sich als Ausgangspunkt für Wanderungen oder Klettertouren in die nahen ***Cuillin Hills.*** Wegbeschreibungen erhält man in der ***Tourist Information*** (nur im Sommer) rechts der Straße im Zentrum T: 01471/822-361, Fax: -141.

Autoverleih

- ***Skye Car Rental,*** Broadford, Isle of Skye, IV49 9AB, Tel./Fax 01471/822 225.

Fahrradverleih und -reparatur

- ***Fairwinds Bicycle Hire,*** Fairwinds, Broadford, Isle of Skye IV49 9AB, T: 01471/822 270, hat auch sonntags 9.00-19.00 h geöffnet.

Unterkunft

- ***Dunollie Hotel,*** Broadford, Isle of Skye IV49 9AE, T: 01471/822-253, Fax: -060, B&B ab £ 20.
- In Broadford gibt es im ganzen Ort verteilt eine ganze Reihe ***B&B,*** die auch von der Information vermittelt werden.
- ***Jugendherberge:*** Broadford, Isle of Skye IV49 9AA, T: 01471/822 442, Standard, ganzjährig geöffnet, mit Fahrradverleih. Sie liegt, durch Broadford hindurch, an der Straße nach dem Bach rechts.

Die Cuillin Hills

Ein besonders lohnender Ausflug von Broadford führt auf der B 8083 nach ***Elgol,*** eine Route, auf der man sich vom Postauto mitnehmen lassen kann. Von Elgol aus bietet sich eine empfehlenswerte Wandertour in die Berge an, die man allerdings nur bei gutem Wetter und mit Wanderausrüstung unternehmen sollte. Bis vor kurzem noch konnte man Pech haben und der Skipper hielt es nicht für nötig, für die wenigen Passagiere über das Loch Scavaig zu setzen. Inzwischen verkehren zwei Passagierfähren hinüber nach Loch Coruisk, und es empfiehlt sich, in der Hochsaison gar vorzubuchen (die *Bella Jane* T: 0800/731 3089 oder mit *Kaylee Jane Boat Hire,* T: 01687/462 447). Die schwarzen, zerklüfteten Felsen der Cuillins, einer der höchsten Bergzüge von Großbritannien, begeistern sowohl den Wanderer mit ihrer wilden Schönheit, als auch Kletterer aus aller Welt, für die sie eine Herausforderung darstellen.

Von der Anlegestelle auf der anderen Seite des Loch Scavaig verläuft der Weg am wunderschönen ***Loch Coruisk,*** den schon die Romantiker des 19. Jahrhunderts verehrten, aufwärts. Durch die Cuillins hindurch erreicht man ***Glenbrittle,*** wo es eine Jugendherberge gibt. Von Glenbrittle aus hat man bei klarem Wetter einen herrlichen Blick auf die 24 schwarzen Spitzen des mächtigen, fast 1000 m hohen Massivs der Cuillins.

Unterkunft

- ***Jugendherberge,*** Glenbrittle, Isle of Skye IV47 8TA, T: 01478/640 278, Standard, geöffnet Apr.-Mai. Sie liegt an der Straße von Sligachan, 2 km vor der Bucht.

Halbinsel Sleat

Ein Stück östlich von Broadford zweigt die A 851 von der A 850 auf die Halbinsel Sleat ab. Am Loch Na Dal geht links ein Pfad zur einsamen ***Kinloch Lodge,*** wo der derzeitige Chief of *Clan Donald* ein Hotel mit einem der besten Restaurants der Insel unterhält: ***Kinloch Lodge,*** Isleornsay, Sleat, Isle of Skye IV43 8QY, T: 01471/833-214, Fax: -277, (Voranmeldung erforderlich und Abendgarderobe erwünscht), B&B ab £ 40.

In ***Armadale*** hat der Chief für seinen Clan neben der Ruine des alten Stammschlosses ein Besucherzentrum eingerichtet, das die Geschichte des Stammes von der Vorgeschichte an berichtet. (Ö: nur im Sommer, Mo-So 9.30-17.30 h, Eintritt)

Unterkunft

- ***Jugendherberge,*** Ardvasar, Sleat, Isle of Skye IV45 8RS, T: 01471/844 260, Standard, ganzjährig geöffnet, vom Fähranleger rechts, nach ca. 500 m auf der rechten Seite.
- ***Flora Macdonald Hostel,*** The Glebe, Kilmore, Sleat, Isle of Skye IV44 8RE, T/Fax: 01471/844 440/272, Bett £ 8.

Der Westen der Insel

Von Broadford folgt die A 850 der Küstenlinie nach Nordwesten. In Luib am Loch Ainort steht links der Straße das ***Luib Croft Museum.*** Inmitten von einigen verfallenen Crofts ist ein

Luib Croft Museum

altes Wohnhaus eingerichtet, wie es noch bis zum 2. Weltkrieg auf der Insel und in den ganzen Highlands bewohnt wurde. (Ö: im Sommer täglich 9.00-18.00 h, kleiner Eintritt)

Am Ende des Loch Ainort zweigt nach rechts eine alte Straße ab, die an einer wunderschönen Küste entlang mit Blick auf die Inseln ***Scalpay*** und ***Raasay*** sowie auf das Festland eine malerische Alternative zur A 850 bildet. Sie sollten diese Route jedoch nur nehmen, wenn Ihr Wagen gut gefedert ist, da die alte Straße langsam verfällt.

Von ***Sconser,*** kurz nachdem man auf der A 850 zurück ist, geht eine Autofähre nach Raasay, der langgezogenen Berginsel zwischen Skye und dem Festland.

In ***Sligachan*** zweigt kurz danach nach links die A 863 Richtung Dunvegan ab, nach rechts geht die A 850 weiter bis Portree, der „Hauptstadt" der Insel. Durch ein Tal stürzt der ***River Sligachan*** aus den Cuillins, fließt unter einer Steinbrücke hindurch, ein paar Croftruinen und Schafe im Hintergrund: der Talkessel im Zentrum von Skye ist einer der romantischsten Orte von Schottland.

Wenn Sie der A 863 folgen, biegt nach knapp 10 km links die B 8009 ab. Lohnende Abstecher von hier sind die Fahrt entlang des ***Loch Harport*** mit einer Besichtigung der ***Talisker Brennerei*** (Ö: im Sommer Mo-Fr 9.00-16.30 h, Juni-Sep. auch Sa, im Winter Mo-Fr ab 14.00 h, T: 01478/614 306) oder abermals links ins oben erwähnte Glenbrittle als Ausgangspunkt für Wanderungen in die Cuillins.

Die A 863 führt weiter bis an den Loch Dunvegan. Kurz bevor Sie den Fjord erreichen, zweigt links die B 884 ab. Nach ein paar weiteren Kilometern rechts gelangen Sie auf einer sehr schlechten Straße nach ***Borreraig*** mit seinem ***Borreraig Park.*** Hier lehrten die *MacCrimmons* auf einem Felsen im Loch Dunvegan über Jahrhunderte das Spiel auf dem Dudelsack. Sie waren die berühmtesten Bläser Schottlands und dienten den *MacLeods* vom 15.-18. Jh. als Piper bei allen Gelegenheiten. In dem kleinen Museum wird die Geschichte der *Bagpipe* (wörtlich: Sackpfeife) sowie der *Crimmons* erzählt. (Ö: Mo-So 9.00-17.00 h, kleiner Eintritt)

Um jeden Berg auf Skye rankt sich mindestens eine Geschichte. Zwischen der Abzweigung von der A 863 und dem Piping Centre können Sie im Süden den 488 m hohen ***Healaval Bag*** ersteigen, Schauplatz einer der schönsten dieser Geschichten:

Als im 16. Jh. *Alasdair MacLeod,* der Chief der *MacLeods,* in Holyrood weilte, fragte ein Lowland Earl auf einem Empfang den „wilden" Hochländer provozierend, ob es auf Skye wohl einen so großen Saal mit einer so hohen Decke und so prachtvollen Leuchtern gäbe. Wenig später war der Earl Gast der *MacLeods* auf Skye. *Alasdair* führte den Spötter auf den Tafelberg *Healaval Bag,* wo unter dem klaren Nachthimmel auf das Üppigste gedeckt war, erhellt vom Licht hunderter Fackeln, die Clansmen rund um das Plateau in die Höhe hielten. Nach dem Essen wies der *MacLeod* auf den Himmel und triumphierte: „Sie werden nicht umhinkommen, mir

Recht zu geben, Sir, dass mein Dach höher, meine Tafel reicher und meine Leuchter prächtiger sind als irgendwo in der Stadt." Weil der Laird in der sternklaren Nacht solches Glück mit dem Wetter hatte, heißt der Berg seitdem auch *MacLeods Table.*

Im Nordwesten des Berges (am Ende der B 884) thront auf dem westlichsten Zipfel von Skye das ***Neist Point Lighthouse.*** Am kleinen Parkplatz, vor der imposanten Steilküste beginnt ein steiler, aber gut ausgebauter Fußweg zum Leuchtturm. Eine raue See, mächtige Brecher über zerklüfteten Felsen und Sturmböen machen die Aussicht von der Klippe nahezu abenteuerlich. Nichts allerdings für leichtgewichtige Personen oder Kinder, da man sich z. T. nur mit Mühe aufrecht halten kann. Bei schönem Wetter kann man dagegen problemlos die Äußeren Hebriden sehen. Der Friedhof neben dem Leuchtturm diente übrigens 1995 als Kulisse für *Lars von Triers* „Breaking the Waves". Der Leuchtturm bietet das ganze Jahr über in 3 Cottages auch Unterkunft für Selbstversorger (£ 325-495 in der Woche): Neist Point Lighthouse, Glendale, Isle of Skye IV55 8WU, T/Fax: 01470/511 200.

Zurück auf der A 863 gelangt man bald darauf zum ***Dunvegan Castle,*** das beherrschend über dem Loch Dunvegan steht. Der Felsen, auf dem die Burg steht, ist seit 1280 befestigt und besaß nur einen Zugang. Die heutige Mauer stammt noch aus dieser Zeit. Der Keep, der ursprüngliche Turm im Nordteil, datiert aus dem 13., der Feenturm im Süden

Müßiggang und Fischfang: ein Robbenleben in Schottland

Der Dudelsack

Der Dudelsack, das urtypische schottische Instrument, stammt wahrscheinlich gar nicht aus Schottland. Allerdings ist er schon so alt, dass man seine ***Herkunft*** nicht genau bestimmen kann. Er wird z. B. bereits im Alten Testament in der Genesis und im Zusammenhang mit *Nebukadnezar* erwähnt. Ebenso gibt es Hinweise auf Dudelsäcke in Ninive und Assyrien, es wurden Instrumente in Ägypten gefunden, die bis ins Jahr 1500 v. Chr. zurückdatieren, und auch im alten Indien und in China (hier lässt sich die Tradition sogar bis 2585 v. Chr. zurückverfolgen) war der Dudelsack nicht unbekannt.

In etwas jüngerer Zeit gab es Pfeifer im alten Griechenland und auch in Rom, wo bei *Sueton* sogar eine Episode mit *Nero* verbrieft ist. Der römische Imperator soll in einer misslichen Situation, sozusagen als Opfer für die Errettung vor den Feinden, versprochen haben, öffentlich Dudelsack zu spielen. Eine Strafe, die nicht gerade vom hohen gesellschaftlichen Status des Pfeifers zeugt.

Die Römer waren es jedenfalls, die das Instrument nach Nordengland brachten, und zwar als Instrument der Infanterie, als das es selbst im 19. Jahrhundert noch benutzt wurde. Später war der Dudelsack über ganz Europa verteilt. In deutschsprachigen Gebieten kannte man ihn unter dem Namen Sackpfeife.

Angesichts der Tatsache, dass sich der Dudelsack in so vielen Ländern unabhängig voneinander entwickelt hat, fordern auch die Schotten für sich das Recht auf ein nationaleigenes Patent, auch wenn vieles dafür spricht, dass er von außerhalb nach Schottland importiert wurde. Es gibt dafür allerdings keine Beweise.

Das Instrument fand forthin Verwendung als ***Militärinstrument,*** das einerseits die eigenen Mannen anfeuern, auf der anderen Seite mit seinem durchdringenden Klang den Gegner zermürben sollte. So sollen bereits schon bei der berühmten Schlacht von Bannockburn, als die Schotten 1314 ihre Unabhängigkeit von England erkämpften, den Soldaten Dudelsackpfeifer zur Seite gestanden haben.

Auf den kontinentaleuropäischen Besucher mag die erste Bekanntschaft mit einer *Piper Band,* d.h. etwa 20 Dudelsäcken auf einen Schlag, durchaus die gleiche demoralisierende Wirkung haben wie für den Gegner auf dem Schlachtfeld. Der produzierte ***Klang*** entspricht eben so gar nicht den hiesigen Hörgewohnheiten. Außer der durchdringenden Klangfarbe der Instrumente wirkt zusätzlich befremdlich die Tatsache, dass die Intervalle zwischen den einzelnen Tönen nicht den Intervallen der temperierten Tonleiter entsprechen, nach der im Normalfall gestimmt wird.

Der ursprüngliche Dudelsack bestand aus dem Blasebalg aus Tierhaut, einem kurzen Mundstück, durch das der Balg aufgeblasen wurde, einer Spielpfeife und einer Bordunpfeife, die auf einen einzigen Ton gestimmt war und die Melodie ununterbrochen begleitete. Im Laufe der Jahrhunderte kamen noch zwei weitere Bordunpfeifen hinzu, die, auf Grundton und Quinte gestimmt, heute den typischen Klang der Sackpfeife ausmachen.

Auch beim Dudelsackpfeifen darf man sich nicht ohne die entsprechende Ausbildung ***Meisterpfeifer*** nennen. Bevor sich ein Musiker mit diesem Titel schmücken kann, muss er ein regelrechtes Studium absolvieren, in dessen Verlauf er dazu befähigt wird, mindestens 300 Melodien der *pibrochs,* der Kriegsmärsche der *Clans,* der *laments,* in denen die gefallenen Helden beklagt werden, und der *reels,* der Tanzmusik der Highlands, auswendig spielen zu können. Die berühmteste Pfeiferschule befand sich auf Skye in dem Dorf Borreraig, das *Piping College* der *MacCrimmons,* das diese Familie, allem Anschein nach ausnahmslos leidenschaftliche Dudelsackspieler, um 1500 gründete. Nachdem die *MacLeods of MacLeod* die *MacCrimmons* zu ihren offiziellen Dudelsackspielern berufen hatten, verbreitete sich der musikalische Ruhm dieser Familie bald im ganzen Land, und selbst entlegene *Highland-Clans* schickten ihren musikalischen Nachwuchs zu den *MacCrimmons,* damit sie dort das siebenjährige Piperstudium absolvierten.

Die jüngste Forschung bestreitet allerdings die Rolle der *MacCrimmons* und sogar die Existenz der Schule, da deren Name im *Campbell Canntaireachd* von 1797, dem ältesten schriftlichen Zeugnis über Dudelsackmusik, nicht erwähnt wird. Diese Tatsache legt die Vermutung nahe, dass der *MacCrimmon*-Mythos erst von *Angus Mackay,* dem Pfeifer *Queen Viktorias,* erfunden wurde.

Nach 1746 und der Niederschlagung des letzten Jacobitenaufstandes durch die Engländer wurde der ***Dudelsack*** ebenso wie die anderen schottischen Wahrzeichen, der Tartan und die gälische Sprache, ***verboten,*** und auch das *Piping College* auf Skye musste schließen. Doch das Instrument erwies sich als echtes Stehaufmännchen, denn als die ersten Highland-Regimenter in den englischen Kolonien aufmarschierten, fanden sich in ihren Reihen auch wieder einige Dudelsackspieler.

Seit dem 19. Jh. und der Auswanderungswelle aus Schottland erlebt der Dudelsack wieder eine ***Renaissance,*** da der klagende Ton des Instrumentes das Heimweh der im Ausland lebenden Schotten versinnbildlichte.

1945 wurde in Glasgow sogar ein neues *Piping College* gegründet, das sich in der Tradition der Pfeiferschule von Borreraig sieht.

Dem Schottlandreisenden von heute präsentieren sich die Dudelsackpfeifer in der Regel in Form von sogenannten ***Piper Bands,*** die in Begleitung von Schlagzeugen, auf denen die kompliziertesten Rhythmen gespielt werden, im Sommer vor Schlössern, bei *Highlandgames* oder einzeln in den Straßen der Großstädte auftreten. Zudem unterhalten auch die meisten britischen Regimenter immer noch ihr eigenes *Regiment of Pipes and Drums.*

aus dem 14. Jh. Die meisten übrigen Bauten stammen aus dem 17. Jh., bis auf die vielen unschönen Zinnen und Erkerchen, die das romantische 19. Jahrhundert verschuldete.

Schöner als das Castle selbst ist der herrliche alte Park, der es umgibt. Uralte Bäume, riesige Rhododendronbüsche und die gänzlich unenglische Anlage sind eher fähig, den Betrachter in eine andere Zeit zu versetzen als der unförmige Klotz der Burg.

Das Innere der Festung ist nur spärlich mit Sehenswertem ausgerüstet. Am interessantesten sind noch die Reliquien von *Bonnie Prince Charlie,* der, von *Flora MacDonald* über den Minch gerudert, von hier nach Frankreich entkam. Die Fairy Flag, der Talisman der *MacLeods,* ist das wichtigste Stück der Ausstellung. Im Drawing Room hängen ihre Reste unter Glas, eingerahmt von unzähligen Geschichten. Die schönste erzählt, wie ein *MacLeod* vor langer Zeit eine Fee heiratete, die aber nur 20 Jahre bei ihm im Menschenreich bleiben durfte. Als sie sich auf der Fairy Bridge (gut 6 km nördlich des Castles) verabschiedeten, reichte die Elbin ihm die Fahne, die, wenn er sie entrollte, dreimal Hilfe in der Schlacht bringen sollte. Zweimal tat sie dies bereits in zunächst aussichtslosen Schlachten gegen die Intimfeinde der *MacLeods,* die *MacDonalds.* Die MacLeods sollen so von der Zauberkraft ihrer Fahne überzeugt sein, dass einige Clansmänner noch im 2. Weltkrieg angeblich Fotografien von ihr als Glücksbringer mit sich führten. (Ö: Sommer tgl. 10.00-17.30 h,

Meisterstück der Schöpfung: Kletterparadies Quiraings auf Skye

im Winter 11.00-16.00 h, zu hoher Eintritt)

Aus der Bucht vor dem Castle macht ein Boot, wenn sich genügend Fahrgäste finden, Ausflüge zu den ***Seehundbänken*** im Loch Dunvegan.

Von Dunvegan aus führt die A 850 nach Norden bis zur Fairy Bridge, dann westlich zurück zur Ostküste nach Portree. Wenn man vor Portree auf die A 856 abbiegt, fährt man auf die nördliche Halbinsel Trotternish.

Die Halbinsel Trotternish

Uig

Uig, ein hübscher Fischer- und Fährhafen, liegt in einer weiten Bucht des Loch Snizort an der Westküste der Halbinsel. Die Häuser schmiegen sich an die steilen Wände der verschlafenen Bucht, in die nur ab und an die Fähren von *Caledonian MacBrayne* einlaufen. Ein gemütlicher Pub bringt abends Stimmung in eines der ersten Häuser auf der rechten Seite. Die Fähren laufen von hier aus Tarbert auf Harris und Lochmaddy auf North Uist an (Abfahrtszeiten und Preise siehe Kapitel „Äußere Hebriden").

Unterkunft

- Uig besitzt drei Hotels, deren teuerstes auch den erwähnten Pub betreibt: ***Uig Hotel,*** Uig IV51 84E, T: 01470/542-205, Fax: -308, B&B ab £ 30.
- Eine günstigere Alternative stellt das ***Woodbine House*** dar, T: 01470/ 542 243, das B&B ab £ 18 bietet.
- ***Dun Flodigarry Hostel,*** in Staffin an der A 855 an der Ostküste von Trotternish, T: 01470/552 212, Bett ab £ 8.

Tief hängen die Wolken: die Westküste

● ***Jugendherberge:*** Uig, Isle of Skye IV51 9YD, T: 01470/542 211, Standard, geöffnet Mai-Sept. Die Herberge befindet sich südlich vor Uig an der Straße, die hinab in den Ort geht, rechts eine steile Auffahrt hoch.

● Fahrradverleih im Dorf.

Auf der A 855 nach Portree

Nördlich von Uig klettert die Straße hoch über das Meer. Bei schönem Wetter, zugegebenermaßen selten auf Skye, hat man von hier einen wunderschönen Blick bis auf die Äußeren Hebriden. Rechts liegt nicht weit entfernt das ***Skye Museum of Island Life,*** ein sehenswert renoviertes Crofterdorf mit sieben Hütten, die reich mit landwirtschaftlichen Gerätschaften und Einrichtungsgegenständen aus vergangenen Tagen ausgestattet sind. (Ö: im Sommer Mo-Sa 9.00-17.30 h, Eintritt)

Der größere Teil der Insel Skye wurde von den *MacDonalds* bewohnt, deren Clan heute mit weltweit 5 Millionen Angehörigen soviel Mitglieder wie Schottland Einwohner hat. Neben dem Hauptsitz Armadale Castle war ***Duntulm Castle,*** dessen Reste noch auf der dem Meer zugewandten Seite der nördlichsten Stelle der A 855 zu erkennen sind, eine ihrer wichtigsten Festungen. Die *MacDonalds* lieferten sich mit den *MacLeods* von Dunvegan durch die Geschichte hindurch unzählige blutige Schlachten um die Vorherrschaft auf der Insel.

Sie erreichen nun die Nordostküste von Skye, eine der überwältigendsten Landschaften der Insel und ganz

Herrscher der Feenwelt: Old Man of Storr auf Skye

Schottlands überhaupt. Die ***Quiraings*** sind bizarre Basaltberge, die durch Erosion die überraschendsten Formen angenommen haben. Biegen Sie in Staffin rechts auf die Straße nach Uig ab und parken Sie auf der Höhe an einem kleinen Rastplatz links des Weges. Von hier geht ein schmaler Wanderweg entlang des Steilhangs zu ***The Needle,*** einem 36 m hohen natürlichen Obelisken, und weiter in die Schluchten und Hallen der Berge hinein zum ***Table,*** einem grasbewachsenen Felsplateau. Die fantastischen Formen der Felsen und der Blick über die Insel und auf das Festland sind ein Erlebnis.

Etwas weiter auf der A 855 sollten Sie links auf einem großen Rastplatz halten. Von hier, an einem schwindelerregend hohen Wasserfall, der vor den Füßen senkrecht ins Meer stürzt, blicken Sie auf den ***Kilt Rock.*** Die senkrechten Basaltsäulen dieser Steilküste ähneln mit etwas Phantasie den Falten eines Schottenrocks.

Vorbei an dem zerklüfteten ***Storr,*** von dessen 719 m hoher Spitze sich ein herrlicher Rundblick bietet, und der fast 50 m hohen Felssäule ***Old Man of Storr,*** einer Herausforderung für Kletterer, erreicht man Portree.

Portree

Der malerische Hafen von ***Portree,*** der tief unter der Straße in einer steilen Bucht liegt, ist durch seine ge-

Hauptstadt der Nebelinsel: Hafen von Portree

schützte Lage besonders bei Sportseglern beliebt. Portree besitzt alle wichtigen Vorteile der Zivilisation: Läden, einen Supermarkt an der Straße von Dunvegan, eine Post, eine Bank, Hotels und Restaurants. Die Cocktail Bar des ***Portree Hotels*** bietet noch bis 22.00 h eine ganz passable warme Küche. Besser noch ist das Essen im ***Isles Inn,*** das am gleichen Platz liegt. Da das Städtchen darüber hinaus auch geografisch relativ zentral auf der Insel liegt, eignet sich Portree ideal als Ausgangspunkt, um Skye zu erkunden.

In der Viewfield Road lohnt ein Besuch des ***Aros Centre,*** das neben einem Theater und einem Restaurant auch ein Museum zur Geschichte Skyes seit 1700 beheimatet (Ö: im Sommer Mo-So 9.00-22.00 h, im Winter 10.00-17.00 h, hoher Eintritt). Hier beginnen auch schöne Wanderwege durch den Portree Forest.

Die ***Skye Highland Games*** finden Anfang August in Portree statt. Ende Juli/Anfang August wird das einwöchige ***Skye Folk Festival*** durchgeführt.

Information

- Das ***Tourist Information Centre,*** Bayfield House, Bayfield Road, Portree, Isle of Skye IV51 9EL, T: 01478/612 137, Fax: 612 141, finden Sie vom Marktplatz aus Richtung Kai, dann rechts.

Unterkunft

- Das ***Cuillin Hills Hotel,*** Portree, Isle of Skye IV51 9LU, T: 01478/612 003, Fax: 613 092, B&B ab £ 38, mit schönem eigenem Park finden Sie in der Scorrybreac Rd. vom Square aus an der Bucht entlang nach Norden weiter, nach dem Bach links, dann erste Straße rechts.
- ***Givendale Guest House,*** Heron Place, Portree, Isle of Skye IV51 9GU, Tel. 01478/612 183, B&B ab £ 20, ist wesentlich günstiger, aber dennoch gut.
- ***B&B***-Angebote gibt es in Portree aufgrund seiner attraktiven Lage eine ganze Reihe. Besonders entlang der Viewfield Road (A 850), der südlichen Ausfallstraße, gibt es einige Möglichkeiten. Die Preise beginnen bei £ 20.
- ***Portree Independent Hostel,*** The Old Post Office, The Green, Portree, Isle of Skye IV51 9BT, T: 01478/613 737, Bett ab £ 9.50.
- ***Portree Backpackers Hostel,*** 6 Woodpark, Portree, Isle of Skye IV51 9HQ, T: 01478/613-641, Fax: -643, Bett ab £ 9.
- ***Torvaig Caravan & Campsite,*** Portree, Isle of Skye IV51 9HS, T: 01478/612 209, Wohnwagen/Zelte ab £ 7. Fahren Sie vom Square an der Bucht nach Nordwesten weiter, dann an der Staffin Rd. links (A 855) noch ca. 1,5 km.

Autoverleih

- ***Ewan MacRae,*** Dunvegan Road, Portree, IV51 9HD, T: 01478/612 554, Fax: 613 269, betreibt auch einen 24h-Pannendienst.

Fahrradverleih

- ***Island Cycles,*** The Green, Portree, T: 01478/613 121.

Sonstiges

- Unweit von Portree bietet sich eine der letzten Gelegenheiten, ein ***handgeschmiedetes Schwert*** zu erstehen: *Castle Keep,* Strathaird Steading, Strathaird, Isle of Skye, IV49 9AX, T: 01471/866 376, www.castlekeep.co.uk

Die Äußeren Hebriden

Überblick

Allgemeines

Im Atlantik behaupten sich vor der schottischen Westküste die Hebriden als eine der ursprünglichsten Gegenden Schottlands. Die „Lange Insel" erstreckt sich auf einer Länge von ca. 210 km in einer Entfernung zwischen 50 und 100 km westlich vom schottischen Festland. Durch ihre Abgeschiedenheit haben sich die Hebriden als eine Welt erhalten, in der das Leben einfach blieb, eng verbunden mit der Natur als einem ungebändigten, rauen, aber lebensnotwendigen Partner.

Die 31.000 ***Einwohner*** der Inselkette verteilen sich auf nur zehn der unzähligen kleinen Eilande. Die unbewohnten Inseln und Gebiete des Archipels sind für Millionen von Vögeln, Robben und anderen Grenzbewohnern des Meeres wegen ihrer Unberührtheit und landschaftlichen Einzigartigkeit zu einem Asyl für ihre überall auf der Welt bedrohte Existenz geworden. Durch das Zusammenspiel von Meer und Land, Watt und Marsch, Salzwasserfjorden und Süßwasserseen, das in dieser Form vielleicht einmalig ist, bieten die Hebriden einen breiten Lebensraum für die bedrohte maritime Tierwelt. Einige besonders schützenswerte Regionen sind daher zu ***Nationalparks*** *(National Nature Reserves)* erklärt worden.

Die Menschen auf den Hebriden leben zum größten Teil in den typischen kleinen, entlang der Küste verstreuten ***Crofter-Dörfern.*** Diese Ortschaften ziehen sich manchmal kilometerweit an einer Straße entlang. Besonders auf den südlichen Uists sind auch noch ein paar der alten ***Black Houses*** bewohnt. Nur wenige dieser dunklen, komfortlosen, torfgedeckten Steinhäuser haben überlebt. Viele wurden abgerissen, um das rare Baumaterial weiterzuverwenden, andere dienen als Ställe oder verwittern langsam.

Viel Energie verwenden die Hebridians auf ihren Glauben. Fast alle Insulaner sind tief religiös. Allerdings ist der ***Katholizismus,*** der sich auf den Inseln südlich von North Uist erhalten hat, nicht so kompromisslos sittenstreng wie der Calvinismus des Nordens. Dennoch wird die Sonntagsruhe von vielen Insulanern mit einer Grabesruhe verwechselt. Nichts geht mehr am Sonntag. Die Geschäfte, Tankstellen, Restaurants und Kneipen sind geschlossen, kein Bus und keine Fähre fährt mehr; auch die Menschen bleiben zu Hause, außer, um in die Kirche zu gehen. Von denen gibt es aufgrund der Zersplitterung der Konfessionen in den meisten Dörfern gleich mehrere.

Der ***beste Reisemonat*** für die Hebriden ist der Mai. Zwar ist die Temperatur in diesem Monat noch nicht so hoch, der Durchschnitt liegt bei 9°C, im Gegensatz zu 13°C im Juli/August, doch ist er mit 60 mm durchschnittlichem Niederschlag an den „nur" 17 Regentagen der regenärmste Monat und – die Mücken sind noch nicht geschlüpft. Regenarm darf man aber auf diesen Inseln auf keinen Fall mit trocken verwechseln. Wasser- und windfeste Kleidung, besonders wasserdichte Schuhe, erweisen sich selbst im Sommer als unerlässlich.

Für Geologen sind die Hebriden eine Besonderheit. Die Gesteine der Äußeren Hebriden zählen zu den ältesten ***Gesteinsarten*** der Erde. Der sogenannte ***Lewis Gneis,*** der den größten Teil der Inseln bildet, entstand während des Abkühlungsprozesses der Erde vor ca. 2,9 Mrd. Jahren. An einigen Stellen existieren sogar noch ältere Gesteinsarten, die, da ihre Entstehung nicht genau rekonstruiert werden kann, einfach Grauer Gneis genannt werden. In Harris geben einige Granitschichten (Laxford Granit) darüber hinaus Zeugnis von vulkanischer Aktivität, die sich vor etwa 18 Mill. Jahren hier austobte.

Wer einen längeren Aufenthalt auf den Hebriden plant (und gut genug Englisch lesen kann), der sollte sich unbedingt das „Outer Hebrides Handbook" zulegen. Das Heftchen beschäftigt sich auf 100 Seiten weniger mit Sehenswertem als mit den

Lebensbedingungen, den Menschen und ihrer Umwelt auf den Inseln und öffnet dadurch dem Besucher einen authentischen Blick auf sein Reiseziel. Man erhält das Büchlein in Buchhandlungen, aber auch in den Tourist Information Centres für £ 7.95.

Tier- und Pflanzenwelt

Die Tierwelt auf den Hebriden trägt einen ausgesprochen maritimen Charakter. Nur wenige Tiere sind nicht abhängig vom Meer oder Wasser. Die ***Seehundkolonie*** auf den Monach Isles südwestlich von North Uist soll die zweitgrößte der Welt sein. Mit ein wenig Glück ist es sogar möglich, ***Walrosse, Delfine*** und ***Wale*** zu sehen. Häufig sind in den Küstengegenden auch ***Fischotter*** beim Spielen und Fischen zu beobachten.

Noch beeindruckender erscheint die Vogelwelt der Inseln. Die ca. 310 verschiedenen Vogelarten machen die Inseln zu einem ornithologischen Paradies. Vor allem sind es natürlich Wasservögel, die die Inseln bevölkern. ***Sturmvögel,*** alle möglichen Arten von ***Möwen, Seeschwalben, Tölpel, Regenpfeifer, Austernfischer*** und andere Seevögel fühlen sich an den Küsten heimisch. Auf den Binnenseen leben Vögel wie ***isländische Schwäne,*** verschiedene Arten ***Enten, Taucher*** und weitere Spezies. Auf dem Land jagen ***Bussarde, Fisch-*** und auch ***Steinadler.*** Beim Beobachten der Vogelkolonien gilt immer: Die Vögel bitte nie bei ihrer Brut stören oder ihre Umwelt durch Herumtrampeln zerstören!

Die Flora gedeiht dagegen auf den äußeren Hebriden eher spärlich. Außer in den Castle Grounds in Stornoway genießen ***Bäume*** auf den Inseln eher Seltenheitswert. Weite Flächen der Inseln sind von Moor und Sumpf bedeckt, wo die meisten Arten von ***Moosen*** und ***Heidekräutern*** gedeihen. Reich sind die Inseln nur an ***Wildblumen.*** Über 1000 verschiedene Arten erfreuen das Auge in einer sonst so kargen Landschaft.

Geschichte

Die Geschichte der Hebriden unterscheidet sich nicht sehr von der der übrigen Highlands. Die Jungsteinzeit tritt mit dem Steinkreis von Callanish überwältigender als anderswo in

Schottland in Erscheinung. Nachdem die Wikinger sich im 12. Jh. aus Schottland zurückgezogen hatten, errichteten die *MacDonalds of Islay* die berühmte *Lordship of the Isles* über alle westlichen Inseln. Clearances und Emigration entvölkerten im 19. und frühen 20. Jh. die Inseln wie die übrigen Highlands.

Heute ist das Leben auf den Inseln zwar verschlafen, aber gemütlich, und im Gegensatz zum 19. Jahrhundert haben die meisten Menschen ein bescheidenes Auskommen. Einen wichtigen Einschnitt im Leben der Insulaner in der jüngsten Geschichte der Hebriden stellte die verwaltungstechnische Zusammenlegung der äußeren Hebriden 1974 dar. Vorher waren die Inseln verschiedenen Bezirken des Festlandes zugeteilt gewesen.

Seit dieser Maßnahme beginnt auch das ***Gälische*** wieder Eingang in die Amtssprache zu finden, und heute sind alle öffentlichen Schilder mindestens zweisprachig, wenn nicht ausschließlich in Gälisch. Wir haben daher bei allen Ortsangaben in Klammern die gälische Bezeichnung hinzugesetzt.

Wirtschaft

Die Abgelegenheit der westlichen Inseln macht es schwierig, hier eine Industrie aufzubauen. Zwar nützt dies der Natur, doch liegt die ***Arbeitslosigkeit*** auf den Inseln immer noch weit über dem Durchschnitt in Großbritannien. Die Lebenshaltungskosten dagegen liegen nur wenig über denen des Festlandes.

Der ***Lebensstandard*** wurde in den letzten Jahren wenigstens etwas erhöht, indem mit staatlicher finanzieller Unterstützung vielen Familien ermöglicht wurde, sich ein neues Haus zu bauen und die alten Crofter-Häuser zu verlassen.

Geblieben aber ist der Torfstapel *(cruach)* vor den Häusern. Der ***Torf*** wird im Frühjahr gestochen. Die Arbeit macht meist die ganze Familie, manchmal ganze Dörfer gemeinsam. Eine gute Woche dauert die knochenharte Schinderei, doch spart sie ein volles Jahr die Kosten für Heizen und Kochen.

Da Arbeitsplätze rar sind, bewirtschaften viele Familien nebenher noch ein kleines Croft (*Crofting* siehe auch Exkurs), um den Lohn aufzubessern. Besonders auf Harris sind es die Crofter, die in Heimarbeit den Tweed weben, der als Kleidungsstück auf der ganzen Welt getragen wird.

Der wichtigste Arbeitgeber ist nach wie vor die ***Fischereiindustrie.*** Ihr Anteil am Arbeitsmarkt sank zwar, ist aber immer noch unersetzlich. Neben der Hochseefischerei wird auch verstärkt Fischzucht in den unzähligen Buchten und Seen betrieben. Von der Bedeutung als Arbeitgeber an zweiter Stelle steht das *Western Isles Island Council,* das über den Dienstleistungssektor (z.B. 500 Lehrer) und den Aufbau und Erhalt der Infrastruktur gebietet. Die ***Tourismusbranche*** ist noch nicht entwickelt, auch wenn im Sommer viele Hausfrauen versuchen, ein paar Pfund mit Bed & Breakfast zu verdienen. Einige Arbeitsplätze sichern

Harris Tweed

Wohl kaum ein Besucher Schottlands hat noch nie vom Tweed gehört. Der Tweed ist ein grober, sehr robuster Wollstoff, der meist auch in Karomustern gesponnen ist und ausgesprochen wetterfeste Eigenschaften aufweist. Der beste Tweed kommt nicht vom schottischen Festland, sondern von der Hebrideninsel Harris. Wann man auf Harris begann, Tweed zu weben, liegt im Dunkel der Geschichte. Sicher ist, dass der Tweed ursprünglich als Nebenprodukt der Heimarbeit entstand. Die Frauen der Fischer stellten ihn zum eigenen Gebrauch her.

Der Tweed ist aufgrund der dichtgewebten Fäden wasserabweisend und hält, wie alle Wollprodukte, sehr gut die Wärme. Diese ***Eigenschaften*** machten ihn zu einer idealen Arbeits- und Alltagskleidung. Nach dem Waschen der Wolle färbte man die Vliese ein. Die Insulaner verwandten dabei ***Farben,*** die sie in der Natur fanden, vor allem von einheimischen Pflanzen und Büsche. So benutzte man etwa Ginster für Gelb, Schwarz und Grau gewann man aus der Iris oder aus Erlen- oder Eichenrinde, Grün gab das Heidekraut, und das meistgebrauchte Rostbraun stellte man aus Flechten her, die man von den Felsen schabte. Auch wenn die Farben heute synthetisch hergestellt werden, so sind doch die traditionellen Töne immer noch vorherrschend.

In den 40er Jahren des 19. Jahrhunderts wurde der *clo Mor,* wie der Tweed im Gälischen heißt, für den Markt entdeckt. Die *Countess of Dunmore,* der weite Teile der Insel gehörten, entdeckte die guten Eigenschaften des Alltagsstoffes ihrer Untertanen. Sie hatte natürlich auch ein Interesse daran, dass ihre karge Insel etwas Geld abwarf und führte den Stoff in der besseren Gesellschaft Großbritanniens ein. Bald wurde der Stoff bekannt, und der Überschuss der hebridischen Heimproduktion kleidete bald die feinen Sportsmänner und Jäger auf den ganzen Britischen Inseln.

Bald begann man, die Herstellung über die Heimproduktion hinaus auszudehnen. Die Besonderheit liegt beim Harris Tweed dabei in der Beibehaltung der ***unabhängigen Handweberei.*** Zwar entstanden Manufakturen für Spinnerei und Färberei, doch blieb die Weberei Angelegenheit der selbstständig arbeitenden Crofter-Weber. Bis heute stehen die Webstühle meist in einem Schuppen beim Haus der Weber. Die Weber arbeiten, je nach der individuellen Situation, hauptberuflich oder als Nebenerwerb zur Landwirtschaft und Fischerei an den Stoffen.

1909 wurde dann die *Harris Tweed Association Ltd. (H. T. A.)* gegründet, die den Harris Tweed vor Konkurrenz schützen sollte. Der Harris Tweed wurde zum ***geschützten Warenzeichen,*** zu dessen Erwerb strenge Auflagen erfüllt sein müssen. Die verwendete Wolle muss von schottischen Schafen stammen, auf den Hebriden gefärbt und gesponnen sein und auf Harris von einem Weber von Hand gewebt sein. Nur Stoff, der diese Kriterien erfüllt, erhält von der Gesellschaft den Echtheitsstempel. Das ***Zeichen des Harris Tweed*** stellt einen Reichsapfel dar, der aus dem Wappen der *Countess of Dunmore* entlehnt ist. Seit *Lord Leverhulm,* der sich um die Infrastruktur der ganzen Hebriden verdient gemacht hat, 1920 den *Hattersly Webstuhl* eingeführt hat, ist es auch möglich, der Nachfrage angepasst, verschiedene Stärken von Stoffen herzustellen.

Heute arbeiten etwa 750 unabhängige Weber auf Harris, die jährlich, abhängig von der ***Weltnachfrage,*** ca. 4,5 Mill. Meter Tweedbahnen produzieren. Die wetterfesten Eigenschaften des Harris Tweed sind heute so bekannt, dass bis zum Anbruch des *Goretex*-Zeitalters selbst Expeditionen auf das bewährte Material zurückgriffen. So war der karierte Stoff von den Hebriden schon auf dem Mount Everest im Himalaja und auf dem Südpol, macht aber auch vor den Saaltüren der exklusivsten Gesellschaften nicht halt.

auch die Army auf Benbecula und die Werft südlich von Stornoway.

Verbindungen

Allgemein

Alle wichtigen Fahrpläne für Bus-, Flug- und Fährverkehr zu, auf und von den Inseln sind im ***Public-Transport Travel Guide - Skye and Western Isles*** verzeichnet, der für £ 1 *beim Western Isles Tourist Board,* 26 Cromwell Street, Isle of Lewis, HS1 2DD, T: 01851/703 088, Fax: 705 244, e-mail: witb@sol.co.uk, www.witb.co.uk oder bei allen örtlichen *TICs* erhältlich ist.

Flug

- Auf Barra, Benbecula und in Stornoway sind ***Flugplätze,*** die die Äußeren Hebriden mit der Welt verbinden. Der Flugplatz auf Barra ist eine Kuriosität. Da das Rollfeld auf einem Strand liegt - feuchter Sand ist bekanntlich steinhart - müssen die Flugpläne mit den Gezeiten koordiniert werden.
- ***British Airways*** landet von Glasgow kommend wochentags einmal in Barra und in Benbecula und 3 x in Stornoway. Stornoway und Benbecula werden auch von Inverness und Edinburgh aus angeflogen (Reservierungen: T: 0845/773 3377).
- ***Highland Airways*** bietet Mo-Sa zweimal täglich einen „Island Hopper" Service zwischen Benbecula, Stornoway und Inverness an, T: 01851/701 282.

Fähren

- ***Caledonian MacBrayne*** unterhält eine Flotte komfortabler Autofähren zwischen den Hebriden und dem Festland sowie zwischen den Inseln. Die Abfahrtszeiten der Schiffe korrespondieren mit den Fahrplänen der Züge und Überlandbusse. Informationen sind erhältlich bei: *Caledonian MacBrayne Ltd. Head Office,* The Ferry Terminal, Gourock PA19 1QP, T: 01475/650 100, Fax: 637 607. Reservierung: 08705/650 000.
- Das ***Island Hopscotch Ticket*** bietet billigere Tarife für 26 verschiedene Fährkombinationen in einem Zeitraum von einem Monat (z. B. die Uists, Harris und Lewis = £ 34/ Pers., £ 124/Auto). Das ***Island Rover Ticket*** erlaubt eine (ca. £ 45/Pers., ca. £ 216/Auto) oder zwei (ca. £ 65/Pers., ca. £ 323/Auto) Wochen freie Fährbenutzung auf fast allen Linien der *Caledonian MacBrayne.*
- Ullapool-Stornoway (zwei- bis dreimal tägl. außer sonntags, £ 14/Pers., £ 65/Auto).
- Tarbert-Uig (ein- bis zweimal täglich außer sonntags, £ 9/£ 42).
- Tarbert-Lochmaddy (nur im Sommer direkt, sonst mit Umweg über Uig, sonntags kein Service, Preise siehe Tarbert-Uig).
- Lochmaddy-Uig, Mo, Di, Fr zweimal täglich, Uig-Lochmaddy Di, Do, Sa zweimal täglich, an den anderen Tagen die jeweilige Richtung nur einmal, Preise vgl. Tarbert-Uig)
- Lochboisdale-Oban (einmal täglich außer Di und So nach Lochboisdale, Di, Do, Fr, So einmal tgl. nach Oban, £ 19.20/£ 118).
- Lochboisdale-Castlebay/Barra (Mo, Mi, Do und Sa nach Lochboisdale; Di, Do, Fr, So nach Castlebay, £ 5.50/£ 31.50). Diese Fähre verbindet auch Castlebay und Oban.
- Information und Reservation außer in Gourock auch in Lochboisdale (T: 01878/700 288), Lochmaddy (T: 01876/500 337), Oban (T: 01631/566 688), Stornoway (T: 01851/702 361), Tarbert (T: 01859/502 444), Uig (T: 01470/542 219), Ullapool (T: 01854/612 358).

Bus

- Die Weiterreise auf den Inseln gestaltet sich schwieriger. Busse verschiedener Privatunternehmen und die Postbusse befahren im Sommer tägl. die wichtigsten Routen, also nahezu alle hier beschriebenen Straßen (kein Sonntagsverkehr!). Sie nehmen Fahrgäste, wie überall in den Highlands, auf ein Zeichen von allen Stellen an den Straßen mit. Genauere Angaben haben wir den einzelnen Inseln nachgestellt. Infos für die Postbusse: Inverness, T: 01463/256 273.

Trampen

- Trampen ist nur als Ergänzung zum Wandern und Busfahren möglich, da die Verkehrsdichte trotz hoher Mitnahmequote einfach zu gering ist. Wer dennoch plant, viel zu trampen, der hat wasserdichte Kleidung, Unmengen von Zeit und Geduld und einen „goldenen Daumen" bitter nötig.

Unterkunft

- Auch auf den Hebriden ist das Netz der ***B&B-Unterkünfte*** gut. Halten Sie Ausschau nach Hinweisschildern vor den Häusern entlang der Hauptstraßen. Für den Sonntag sollten Sie allerdings vorsorgen, da außerhalb von Stornoway nur wenige „Unfromme" Unterkunft gewähren, die Übrigen aber oft sogar die Schilder wegnehmen. Sind Sie aber bereits am Samstag angereist, so wird Sie niemand für den Sonntag hinauswerfen.
- ***Hotels*** gibt es auf den Hebriden nur wenige in den Zentren der größeren Ortschaften.
- Eine Besonderheit der Hebriden sind die ***Hostels*** des *Gatliff Trusts,* der alte Black Houses renoviert und als Herberge nutzt. Der *warden* (Herbergsvater) kommt einmal am Tag vorbei, um zu kassieren und Torf für den Ofen zu bringen. Es gibt daher keine festen Bettruhezeiten, so dass Feten keine Grenzen gesetzt sind. Der Preis ist der gleiche wie bei Simple Grade Jugendherbergen (siehe Kapitel „Praktische Reisetips"). Ein Flugblatt des Trusts enthält alles Wichtige über die Herbergen inklusive ausführlicher Wegbeschreibungen und sollte an allen Infostellen ausliegen. Oft ist es aber vergriffen, so dass Sie am besten das Wichtigste einfach bei Herbergsmitbewohnern abschreiben, die mehr Glück hatten.
- Leider gibt es nur in Stockinish und in Lochmaddy ***Jugendherbergen,*** doch gleichen die Gatliff Hostels diesen Mangel gut aus.

Lewis (Eilean Leodhais)

Lewis ist nicht nur die größte der Hebrideninseln, sondern mit 20.500 Einwohnern auch die bevölkerungsreichste. Von Harris trennt sie keine Meerenge, sondern die hohen Berge, die bis zum Bau der A 859 so unwegsam waren, dass sich die Bewohner „beider" Inseln nur mit dem Boot erreichen konnten. Beide Inseln wurden vor allem vom Clan *Leod* (sprich „Laud") bewohnt.

Stornoway (Steornabhagh)

Mit ihren 8000 Einwohnern ist Stornoway die einzige Stadt der ganzen Hebriden. Deshalb ist sie mit ihren bunten Häusern, den vielen Geschäften und dem geschäftigen Treiben in den Straßen wesentlich lebhafter als vergleichbar große Städte des Festlandes. Der geschützte Naturhafen bot einst einer ansehnlichen Fischfangflotte Schutz, und auch heute noch ist er das lebendige Zentrum der Stadt. Dienstag- und Donnerstagabend finden hier ab 19.00 h ***Fischmärkte*** statt.

Unter dem Fähranleger sind noch die Überreste des alten ***Stornoway Castles,*** der MacLeod-Festung zu sehen, die *Oliver Cromwell* zerstören ließ.

In der alten ***Town Hall,*** die zwischen der Point Street und der South Beach Street (der Hafenpromenade) liegt und um die Wende vom 19. zum 20. Jahrhundert entstand, befinden sich heute ein Museum und eine Galerie: Das ***Museum Nan Eilean*** enthält eine Ausstellung über die Geschichte von Lewis mit archäologischen Sammlungsstücken sowie einigen Dingen des täglichen Lebens und Arbeitens auf der Insel. In der ***An Lanntair Galerie*** finden monatlich wechselnde Ausstellungen statt, die sich vor allem mit der gälischen Kultur der Insel beschäftigen (Mo-Sa 10.00-17.30 h, Eintritt frei).

Das viktorianische ***Lewis Castle*** beherbergt heute ein College. Das unschöne Schlösschen liegt auf der anderen Seite des Flüsschens inmitten eines prachtvollen alten Parks, der der Öffentlichkeit zugänglich ist.

Information

- Die ***Tourist Information*** befindet sich in der Cromwell Street 26, Stornoway, Isle of Lewis HS1 2DD, T: 01851/703 088, Fax: 705 244.

Verbindungen

- Vom ***Busbahnhof*** an der westlichen Seite der Hafenfront fahren Busse in alle Winkel der Insel.
- Von Mai bis September verkehrt zwischen Stornoway und ***Tarbert*** auf Harris ein Bus, der die sehenswerte Strecke durch die Berge von Nord Harris fährt. Die Fahrt dauert ca. 1¼ Stunden. Außer mittwochs fährt vormittags ein Bus und täglich fährt gegen Abend ein weiterer. Je nach Wochentag kommen noch ein oder zwei Nachmittagsbusse hinzu (Kosten ca. £ 5, Harris Coaches Co. Ltd., T: 01859/ 502 441).
- ***Autoverleih:*** *Lochs Motors Transport (Car Hire),* South Beach Street, Stornoway, T/Fax: 01851/705 857.

Unterkunft

- ***Royal Hotel,*** Cromwell Street, Stornoway, Lewis HS1 2DG, T: 01851/702 109, Fax: 702 142, B&B ab £ 35, am Hafen.
- ***Park Guest House,*** 30 James Street, Stornoway, Lewis HS1 2QN, T: 01851/702 485, Fax 703 482, B&B ab £ 21.
- Die Jugendherberge wird in Stornoway vom allerdings kleinen Independent Hostel ersetzt. ***Stornoway Hostel,*** 47 Keith Street, Stornoway, HS1 2JG, T: 01851/703 628, e-mail: stornoway@bigfoot.com, ca. £ 9.
- ***Laxdale Caravan and Camping Site,*** 6 Laxdale Lane, Laxdale, Lewis HS2 0DR, gleich nördlich von Stornoway, T: 01851/ 703 234, Apr.-Okt., Wohnwagen ab £ 7, Zelte ab £ 6.50.
- ***Fahrradverleih: Alex Dan's Cycle Centre,*** 67 Kenneth Street, Stornoway, 01851/704 025.

Die übrige Insel

Verbindungen

- Fast jeder Punkt auf Lewis lässt sich mit dem ***Bus*** erreichen. Die Einschränkungen sind weniger räumlicher, als zeitlicher Natur. Viele Routen werden nur ein bis zweimal täglich befahren, so dass es fatal sein kann, einen Bus zu verpassen. Weiter ist zu beachten, dass sonntags gar kein Bus fährt und mittwochs einige Linien nur eingeschränkt verkehren. Leider zeichnen sich die Fahrpläne von Lewis durch Undurchsichtigkeit und Chaos aus. Zum Teil ändern sich die Abfahrtszeiten täglich, weshalb wir hier auf nähere Angaben verzichten möchten. Aktuelle Fahrplanauskünfte erhalten Sie aber bei jedem Tourist Information Centre.
- Die (touristisch) wichtigsten Orte, wie Callanish oder Carloway, werden mehrmals täglich angefahren. Fast alle ***Linien*** führen während ihrer Runde einmal über Stornoway, so dass man von dieser Stadt aus nahezu die ganze Insel erreichen kann.

Unterkunft

- ***Doune Braes Hotel,*** Carloway, Lewis PA86 9AA, T: 01851/643 252, B&B ab £ 20, Wegbeschreibung siehe Carloway.
- ***Eshcol Guest House,*** 21 Breascleit, Callanish, Isle of Lewis, HS2 9ED, T/Fax: 01851/621 357, B&B ab £ 29, in der Nähe der Callanish Stones.
- Das ***Garenin Hostel*** ist eines der vom Gattliff Trust restaurierten torfgedeckten Black Houses, gelegen an einem idyllischen

Strand westlich von Carloway. Die Übernachtung kostet ca. £ 6, der Schlafsack muss allerdings mitgebracht werden.

● ***Galson Farm Bunkhouse,*** South Galson (Gabhsann), Ness, Isle of Lewis HS2 0SH, T/Fax: 01851/850 492, Bett £ 9.

Ardroil

Von Stornoway aus führt die A 858 an die Westküste der Insel. Biegt man bei Garynahine (Gearraidh Na H-Aibhne) auf die B 8011, gelangt man kurz hinter Miavaig nach Ardroil (Eadar Dha Fhadhail). Im Süden der Bucht liegt eine prähistorische Fundstätte. Hier wurden 1831 die berühmten ***Lewis Chessmen*** (Schachfiguren) aus Walrossbein entdeckt, die Mönche vermutlich aus Angst vor Wikingern vergraben hatten. Die Originale werden in Edinburgh und London aufbewahrt, Kopien sind aber überall auf den Inseln zu haben.

Callanish (Calanais)

Folgt man in Garynahine der A 858, gelangt man kurz darauf nach Callanish (Calanais). Auf einer Landzunge, die sich 33 m über das Meer erhebt, ragt ein Steinkreis auf, dessen archäologische Bedeutung nur von der Stonehenges übertroffen wird. Die ***Tursachan Calanais*** (stehenden Steine von Callanish) wurden um 3000 v. Chr. vermutlich zu kultischen Zwecken errichtet. Etwa zweihundert Jahre später fügte man der Anlage eine kleine Grabkammer zu, die inmitten des Kreises am Fuße des 5 m hohen Zentralsteines liegt. Hier wurden die Urnen der Verstorbenen der umliegenden Dörfer und zugehörige Opfergaben beigesetzt.

Die Größe und Vollständigkeit der jungsteinzeitlichen Kultanlage strahlen noch heute auf den Betrachter ei-

Keine Angst vor der Ölkrise: Torfstich auf Lewis

ne Faszination aus wie kein anderer Steinkreis Schottlands. Alle dreizehn Steine des zentralen Kreises sind erhalten geblieben, und auch die meisten der in die 4 Himmelsrichtungen vom Kreis abgehenden kleineren Reihen sind noch vollständig. Von Norden her führt eine Doppelreihe auf den Zentralkreis zu, von der man vermutet, dass sie Prozessionen als Rahmen dienen sollte. Um 1200 v. Chr. wurde die Anlage geplündert und später profanisiert, indem wieder Getreide angebaut und Gebäude an sie angebaut wurden. Seit 800 v. Chr. bildete sich dann Torf über der Kultstätte, der sie 1857, im Jahre der Ausgrabung, 1,5 m hoch bedeckte.

Der Hügel bietet einen herrlichen Rundblick über die nähere Umgebung, die Bucht und die Berge von North Harris. Informationen über den Steinkreis und ein kleines Café gibt es im nahegelegenen ***Visitorcentre*** von *Historic Scotland.* (Ö: im Sommer Mo-Sa 10.00-19.00 h, im Winter bis 16.00 h, Eintritt frei)

Carloway (Carlabhagh)

Gut 6 km auf der A 858 weiter kommt man nach Carloway (Carlabhagh). Kurz vor der Ortschaft liegt das ***Doune Braes Hotel,*** dessen geselliger Pub sogar am Sonntagabend bis zehn Uhr geöffnet hat.

In Carloway selbst findet sich einen knappen Kilometer links der Hauptstraße (ausgeschildert) eine der besterhaltenen vorgeschichtlichen Burgen, der sogenannten Brochs, Schottlands: ***Dun Carloway.*** Es erhebt sich beherrschend über einer malerischen Bucht. Zur Straße hin steht die um die Zeitwende erbaute Befe-

Konkurrenz für Stonehenge: Standing Stones of Callanish

Äuß. Hebriden

stigungsanlage noch ca. 9 m hoch. Steigt man den Hügel hinter dem Broch noch etwas höher, wird man mit einem herrlichen Blick über Lewis belohnt. (Über Brochs siehe auch Exkurs „Brochs und Duns“)

Garenin (Gearrannan)

Folgt man der Straße unterhalb des Brochs bis zur Küste, gelangt man nach Garenin, einer verlassenen ***Black-Houses-Siedlung,*** die unter Denkmalschutz steht. In einer der Hütten hat der *Gatliff Trust* eine Herberge eingerichtet.

Bragar

In Bragar etwas weiter nördlich steht direkt links der Straße in einem Garten ein großer Bogen aus einer ***Blauwalrippe,*** unter dem die Harpune hängt, die den Wal erlegte.

Arnol

Ein paar Kilometer weiter, in Arnol, lohnt es sich, das ***Black House Museum*** zu besichtigen. Von der Hauptstraße folgt man dem Schild nach links und der Straße ca. 1 km bis ans Meer. Hier ist ein altes Black House als Museum eingerichtet. Der Name der *black houses* rührt von der Abwesenheit jeglicher Schornsteine. Das Feuer in der Mittel des Hauses sollte die Wärme im ganzen Haus verteilen und gleichzeitig das Dach trocken halten. Daneben erhöhte der sich im Torf festsetzende Ruß die Wasser-

Campanile aus der Eisenzeit: Dun Carloway

dichte des Daches. Um die authentische Atmosphäre, das Haus wurde erst 1964 verlassen, noch zu unterstreichen, wird im Lewis Black House von Arnol stets ein Torffeuer am Glimmen gehalten. (Ö: Mo-Sa im Sommer 9.30-18.30 h, im Winter 9.30-16.30 h außer Fr, Eintritt)

Barvas (Barabhas)

Kurz vor Barvas trifft die A 858 auf die A 857, die von Stornoway zum Butt of Lewis führt. Dieser Straße folgend führt nördlich von Barvas die erste Abzweigung links zum ***Trushel Stone*** (Clach an Truisail), dem mit über 5,7 m höchsten *standing stone* Schottlands.

Shader (Siadar)

Weiter nördlich führt bei ***Shader*** von der Straße ein schmaler Pfad zu den Stehenden Steinen von ***Clach Stein,*** die ein prähistorisches Grab umgrenzen. Leider sind die meisten dieser Stätten auf den Inseln nicht ausgeschildert, so dass es manchmal etwas schwierig ist, sie zu finden.

Port of Ness (Port Nis)

Die A 857 endet im kleinen Hafen Port of Ness (Port Nis). Hier kann man beobachten, wie sich Tölpel aus großen Höhen von den Felsen ins Meer stürzen, um Fische zu fangen. In der alten Schule hat eine historische Gesellschaft ein kleines Heimatmuseum eingerichtet. (Ö: nur im Sommer, Eintritt)

Auf dem hohen Felsen des ***Butt of Lewis*** (Rubha Robhanais) markiert ein Leuchtturm die nördlichste Spitze der Hebriden. Man kann hier unzählige Vögel, wie Kormorane, Seeschwalben, Möwen, Austernfänger, Regenpfeifer und andere, beobachten.

Europie (Eoropaidh)

In Europie (Eoropaidh) südlich des Butt of Lewis steht die im 12. Jh. erbaute ***St Moluag's Church*** (Teampull Mholuaidh). Bis heute finden dort Gottesdienste statt.

Fahrt nach Tarbert

Wer die Zeit hat, sollte sich auf keinen Fall die Fahrt mit dem Bus von Stornoway nach Tarbert entgehen lassen. Der Bus fährt die A 859 nach Süden durch die öde Moorlandschaft von Lewis. Vor den bunten Häusern liegen die Torfstapel, in der Luft hängt der Geruch von verbranntem Torf. Langsam steigt das Land an, bis der Bus sich durch die Grenzberge nach Harris quält. Aber keine Angst, er schafft die Steigungen, auch wenn es manchmal nicht so aussieht (Zeiten und Preise siehe Verbindungen unter Stornoway).

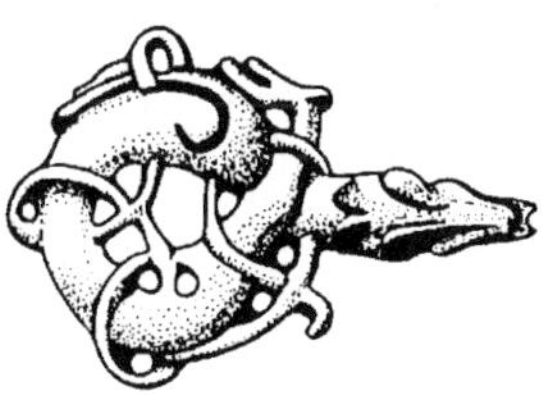

Harris (Eilean Na Hearadh)

Harris unterscheidet sich vollständig von Lewis. Von der weichgewellten Moorlandschaft ist nichts geblieben, nur noch Felsen, Berge, Fjorde und Buchten bestimmen das Bild. An manchen Stellen wird die Steinwüste kaum noch vom Grün unterbrochen und wirkt wie eine Mondlandschaft.

Tarbert (An Tairbeart)

Der Bus aus Stornoway hält in Tarbert vor der ***Tourist Information*** (T: 01859/502 011) im Ortskern. Tarbert (An Tairbeart) ist ein verschlafenes, kleines Küstenörtchen, dessen Bedeutung vom Fähranleger bestimmt wird. Man findet hier aber auch ein paar Geschäfte, eine Post, ein Hotel, eine Bank, ein Restaurant und ein paar Pubs.

Inselrundfahrt

Die Tour um Südharris ist ca. 70 km lang. Auf der Rundfahrt wird der große Unterschied zwischen der West- und der Ostküste auffallen. Zum Festland hin fallen die Felsen steil ins Wasser ab, während der Westküste eine Marschlandschaft mit herrlichen Sandstränden vorgelagert ist. Bevor man hier allerdings schwimmen geht, sollte man sich vor Ort erkundigen, da manche Strände plötzlich tief werden und gefährliche Grundseen haben.

Die A 859 verläuft direkt entlang der romantischen Westküste über Northton nach ***Leverburgh*** (An T-ob). Es

Steinwüste: der typische Blick über Harris

gibt dort ein Lebensmittelgeschäft, ein Teehaus, eine Post und ein Andenkengeschäft. Vom Pier legt die kleine Personenfähre in Richtung Berneray ab.

In ***Rodel*** (Roghadal) endet die A 859 und ein winziges Sträßchen, das einen fast seekrank macht, führt zurück nach Tarbert. In Rodel steht die ***St Clements Church.*** Sie wurde im 12. Jh. in Kreuzform erbaut, später von den *MacLeods* erneuert und zu ihrer Grabkirche ausgebaut. Im Inneren sind einige alte Grabsteine aufgestellt, deren schönster der in die Südseite des Chors eingelassene des *Alexander MacLeod of Dunvegan* ist (1547).

Nordharris ist der bergigste Teil der Äußeren Hebriden. Mit dem ***Clisham*** (Cliseam) steigt das Land hier auf 792 m an. Die Berge sind ein Paradies für Kletterer und Wanderer.

Verbindungen

- Auf Harris verkehrt ein ***Bus,*** der entlang der Straße um die Insel fährt. Die Abfahrtszeit liegt jeden Tag anders und hängt davon ab, ob gerade Schulzeit ist (der Bus fungiert auch als Schulbus und fährt manchmal auf Schotterwegen noch Gehöfte an, bei denen das Wenden auch nach getaner Arbeit ein Geheimnis des Fahrers bleibt). Infos bei *Harris Coaches,* T: 01859/502 441.
- Von Leverburgh im Süden von Harris verkehrt eine ***Fähre*** nach Otternish auf North Uist, im Sommer Mo-Sa bis zu viermal, im Winter nur zweimal, ca. £ 5/Passagier und £ 26/Auto.
- Im Sommer geht täglich mittags von der Bushaltestelle in der Ortsmitte, gegenüber der Information eine ***Inselrundtour*** ab.

Restaurant

- ***Scarista House,*** T: 01859/550 238. Das Lokal wird als eines der besten Restaurants Schottlands angesehen: nördlich von Northton an der Westküste von South Harris, Menü ab £ 30.

St Clement's Church in Rodel

Unterkunft

- ***Allan Cottage Guest House,*** Tarbert, Isle of Harris, HS3 3DJ, T: 01859/502 146.
- ***Mrs. A. Morrison,*** Hillcrest, West Tarbert, Harris, Western Isles HS3 3AH, T: 01859/502 119, B&B ab £ 18, das Haus liegt ungefähr 2 km vom Fährhafen entfernt.
- ***Stockinish Jugendherberge,*** Kyles, Stockinish, Isle of Harris, PA85 3EN, Simple, T: 01859/530 373; geöffnet Apr.-Sept. Die JH steht an einer Nebenstraße ca. 11 km südlich von Tarbert am Ufer einer malerischen Seebucht.
- ***Rhenigidale Hostel,*** eine abgelegene Herberge des Gattliff Trust. Sie steht in North Harris am Südufer des Loch Seaforth und ist zu Fuß von Süden über die Berge, von Norden auf einer winzigen Nebenstraße der A 859 zu erreichen (£ 6).
- ***Rockview Bunkhouse,*** Main Street, Tarbert, HS3 3DJ, T: 01859/502 626, Bett ab £ 9, in der Nähe des Fährhafens.

North Uist (Uibhist A Dheas)

Überblick

North und South Uist sowie Benbecula sind keine drei einzelnen Inseln, sondern vielmehr ein Gewirr von Inselchen. Die einzelnen Inseln verlieren sich in einem Labyrinth aus Buchten, Fjorden, Seen, Bächen, Watt, Meerengen usw. Auf den Uists ist es manchmal nicht sicher, ob sie mehrheitlich aus Land oder aus Wasser bestehen. Flaches Moor- und Marschland, aus dem sich auf der Ostseite nur ein paar Hügel erheben, umgibt die vielen Gewässer.

Gehöft auf Harris

Mit ca. 300 Einwohnern ist ***Lochmaddy*** (Loch Nam Madadh) der größte Ort auf North Uist. Hier befinden sich der Fähranleger nach Uig auf Skye sowie einige Geschäfte, eine Bank, die Post, eine Jugendherberge, ein Pub und gleich davor das ***Tourist Information Centre,*** T: 01876/500 321.

Sehenswertes

An der A 865 nördlich von Lochmaddy erhebt sich eine Gruppe von Standing Stones, die man ***Na Fir Breige,*** die falschen Männer, nennt. Angeblich waren das einmal drei Männer von Skye, die eine Hexe zur Strafe dafür, dass sie ihre Frauen verlassen hatten, in Steine verwandelte.

Östlich der A 867, die von Lochmaddy nach Süden verläuft, steht nach einigen Kilometern am Hang eines flachen Hügels das ***Bharpa-Langais-Kammergrab.*** Es ist noch relativ gut erhalten und die innere Kammer noch nicht eingestürzt. Da es von niemandem instand gehalten wird, sollte man vorsichtig sein, wenn man durch den engen Eingang in die Grabkammer kriecht.

Gleich hinter dem Grab zweigt nach links ein Weg von der Straße ab, der Richtung ***Langlass Lodge Hotel*** ausgeschildert ist. Nach ca. einer Meile erreicht man das Hotel (siehe auch Unterkunft weiter unten). Dahinter führt ein Fußweg nach zehn Minuten zu einem ovalen Steinkreis, ***Pobull Fhinn,*** was soviel wie Finns Leute bedeutet.

Bei ***Cladach*** stößt die A 867 auf die A 865, die nach links in Richtung Benbecula führt. Ein wenig rechts dieser Straße liegt bei Carinish der ***Trinity Temple*** (Teampull na Trionaid), die Ruine eines alten Klosters. Es wurde um 1200 auf vielleicht noch älteren Fundamenten erbaut. Im 16. Jh. wurde die Anlage erweitert, bevor sie nach der Reformation zerfiel.

Folgt man in Cladach der A 865 nach rechts, fährt man am ***Balranald-Naturpark*** vorbei. In ***Tigharry*** (Tigh A Ghearraidh), das am westlichsten Punkt der A 865 liegt, wölbt sich an der Felsküste ein natürlicher Felsbogen ins Meer. Daneben hat das Meer eine Höhle geformt, durch die die Weststürme mächtige Wasserfontänen bis in 60 m Höhe jagen können.

In ***Hosta,*** weiter nördlich an der Westküste, werden im Juli die ***Highlandgames*** und anschließend im August die ***Rinderschau*** von North Uist abgehalten.

Verbindungen

- Fünfmal täglich fährt ein ***Bus*** die Route von Lochmaddy über Clachan zum Flugplatz von Balivanich und weiter über South Uist bis Lochboisdale. Nur dreimal am Tag wird die Westroute über Tigharry, Balranald nach Clachan befahren. Zum Fährhafen nach Otternish verkehren bis zu 6 Busse täglich.
- Von Lochmaddy fährt ein- bis zweimal täglich eine ***Autofähre*** nach Uig (Skye). Mit Harris ist North Uist über die Fährverbindung zwischen Otternish und Leverburgh verbunden (drei- bis viermal täglich). Sonntags fahren keine Fähren.

Unterkunft

- ***Langass Lodge Hotel,*** Locheport, North Uist, T: 01876/580-285, Fax: -385, B&B ab £ 36.

Äuß. Hebriden

●***Mrs Jacqueline Handyside,*** Stag Lodge, Lochmaddy, HS6 5AE, T: 01876/500 364, B&B ab £ 23, mit Restaurant.
●***Temple View Hotel,*** Carinish, Isle of North Uist, HS6 5EJ, T: 01876/580 676, B&B ab £ 32.
●***Jugendherberge Lochmaddy,*** Ostram House, Lochmaddy, North Uist PA82 5AE, T: 01876/500 368, Standard, geöffnet 15.5.-1.10. Die JH liegt vom Pier aus an der ersten Straße rechts. Sie verleiht auch Fahrräder.
●***Uist Outdoor Centre,*** Cearn Dusgaidh, Lochmaddy, North Uist, HS6 5AE, T: 01876/500 480, www.uistoutdoorcentre.co.uk, Übernachtung ab £ 9.
●***Berneray Hostel,*** das Gatliff Trust Hostel in einem Black House steht an der Ostküste der kleinen Insel Berneray (Bhearnaraigh) zwischen North Uist und Harris; ganzjährig geöffnet, Übernachtung ab £ 6. Wer nach Berneray möchte, ist seit neuestem nicht mehr auf die Fähre angewiesen, sondern kann den jüngst zwischen Otternish und Berneray errichteten Damm nutzen.

Benbecula (Beinn Na Faoghla)

Der Hauptort der Insel ist ***Balivanich*** (Baile A Mhanaich), wo es einen der drei Flughäfen der Hebriden gibt. Um den Ort herum liegen Gebäude und Kasernen der britischen Armee. Im Ort selbst sind Geschäfte, eine Autowerkstatt, die *MacLennan Bros Ltd.,* die auch Autos verleiht, (T: 01870/602 191), und ein Postamt.

Die B 892 führt weiter nach Nunton, wo schon von der Straße aus die Ruinen von ***Borve Castle*** zu sehen sind. Es stammt wahrscheinlich aus dem 14. Jh. und war der Sitz des Clanrald of Benbecula.

Unterkunft

●***Creagorry Hotel,*** Creagorry (im Süden der Insel an der A 865), Benbecula, HS7 5PG, T: 01870/602 024, Fax: 603 108, B&B ab £ 31.
●***Borve Guest House,*** 5 Torlum, Isle of Benbecula, HS7 5PP, T: 01870/602 685, B&B ab £ 20, empfehlenswert.
●***Shell Bay Caravan Site,*** in Liniclate an der B 892, Südwestküste Benbecula, auf einer Wiese neben der Schule, T: 01870/602 447, Zelt ab £ 3.50.

South Uist (Uibhist A Tuath)

Die Westküste der zweitgrößten Hebrideninsel ist nahezu ein einziger langer Sandstrand mit einem breiten Dünenstreifen dahinter. Die Hügel im Osten der Insel steigen bis zu einer Höhe von 620 m (***Ben Mhor***) an.

Lochboisdale (Loch Baghasdail)

Hauptort der Insel ist mit ca. 300 Einwohnern Lochboisdale, das erst im 19. Jh. während der *Clearances* entstand. Im Ort befinden sich die Polizei, eine Post, ein paar Geschäfte, eine kleine Klinik und das Tourist Information Centre (T: 01878/700 286) sowie der Fähranleger nach Barra und Oban.

Lochboisdale war Schauplatz eines der dunkelsten Kapitel der ***Clearances,*** der „Landreinigungen" im 19. Jahrhundert. Colonel *Gordon of Cluny,* Besitzer der Insel, versammelte einige seiner Pächter in Lochboisdale und zwang sie, ein Schiff zu besteigen. Das Schiff brachte sie nach Kanada, um sie dem Hungertod auszuliefern.

Daliburgh (Dalabrog)

Der A 865 nach Nordwesten folgend, gelangt man nach Daliburgh, das ein Hotel und ein paar Geschäfte besitzt. Biegt man hier auf die B 888 direkt nach Süden ab, erreicht man **Pollachar** (Pol A Charra) mit seinem hübschen Gasthaus **Pollachar Inn** aus dem 19. Jh. An der Küste entlang führt die Straße weiter in Richtung Osten nach **Ludag,** wo sich der Fähranleger nach Eriskay und Barra befindet.

Der Golfplatz von **Askernish** (Aisgernis), westlich der A 865 gut 10 km nördlich von Lochboisdale, ist alljährlich im Juli der Veranstaltungsort der **South Uist Games,** zu denen das Volk von der ganzen Insel zusammenströmt.

Mingarry (Minngearraidh)

Nördlich von Mingarry geht eine Abzweigung von der Hauptstraße Richtung Westen nach **Milton** (Gearraidh Bhailteas), wo an einem Grab (nicht ihrem) und einer Tafel die Stelle zu erkennen ist, an der **Flora MacDonald** geboren wurde. Sie war es, die den Prinzen *Charles Edward Stuart,* als ihre Zofe verkleidet, nach seiner Niederlage bei Culloden von Uist nach Skye ruderte, von wo er auf einem Schiff nach Frankreich entkam. Die Geschichte gehört zu den schönsten Romanzen Schottlands (siehe auch Exkurs „Bonnie Prince Charlie").

Howmore (Tobha Mor)

In Howmore (Tobha Mor) sind einige der alten torfgedeckten Black Houses (tigh dubh) bewohnt. Sie stehen unter Denkmalschutz. Eines der Häuser unterhält der *Gatliff Trust* als Jugendherberge, genau gegenüber der verfallenen Ruine eines alten Klosters.

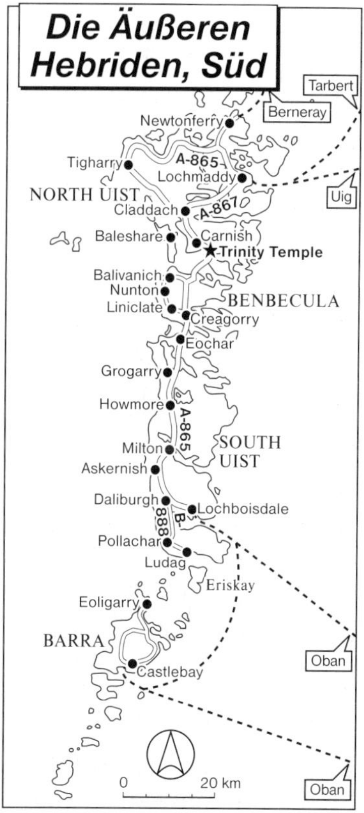

Nördlich von Howmore liegt das ***Loch Druidibeg National Nature Reserve,*** das größte Graugansbrutgebiet der britischen Inseln. Eine Erlaubnis zur Begehung kann man beim *Nature Conservancy Warden* (T: 01870/602 206) in ***Grogarry*** (Groigearraidh) ***Lodge*** erhalten. Die nordwestliche Küste ist allerdings nicht zugänglich, sie wird von der Armee zur Übung mit Raketen zerschossen.

Insel Eriskay (Eiriosgaigh)

Zwischen South Uist und Barra liegt die kleine Insel Eriskay (Eiriosgaigh). Sie wird von ca. 200 Menschen bewohnt, die von Fischerei und Crofting leben.

Im Schlick zwischen Eriskay und South Uist ruht das vielleicht ***berühmteste Wrack*** Schottlands. Der 12.000-t-Frachter *SS Politician* lief hier während eines schlimmen Sturmes im Jahre 1941 auf Grund. Zu der Ladung gehörten neben aller möglichen Fracht auch 20.000 Kisten Whisky. Dieser Schatz, den die Insulaner natürlich schnell vor den Zollbehörden in Sicherheit brachten, reichte bei einigen mehrere Jahre, den meisten anderen bescherte er ein wochenlanges Delirium. Noch heute sollen manchmal Flaschen angespült werden. In „Whisky Galore" wurde das Spektakel verfilmt und brachte Kinobesucher rund um die Erde zum Lachen.

Verbindungen

- Fünfmal am Tag ist Lochboisdale per Bus mit der ***Fähre in Ludag Pier*** verbunden. Ebensooft fährt ein Bus nach ***Lochmaddy*** auf North Uist.
- Die ***Personenfähre*** nach Eriskay verkehrt Mo-Fr viermal am Tag (T: 01878/720 261).
- Die ***Autowerkstatt Laing Motors*** in Lochboisdale (T: 01878/700 267) verleiht auch Autos.

Unterkunft

- ***Orasay Inn,*** Loch A Charnain (Lochcarnan), Isle of South Uist, HS8 5PD, T: 01870/610-298, Fax: -390, B&B ab £ 26, besitzt auch ein gutes Restaurant.
- ***Lochboisdale Hotel,*** Lochboisdale, South Uist, HS8 5TH, T: 01878/700-332, Fax: -367, B&B ab £ 38.
- ***Mrs. Isabel MacKenzie,*** 5 Gearraidh Bhailteas (Milton), Bornish, Isle of South Uist HS8 5RY, T: 01878/710 371, B&B ab £ 16.
- ***Howmore Hostel,*** Gatliff Trust Hostel in einem Black House in Howmore (Tobha Mor), einen Kilometer westlich der A 865.

Barra (Eilean Bharraigh)

Barra gehört zu den schönsten Inseln der Äußeren Hebriden. Ihr Reichtum liegt in der Farbenpracht der über 1000 verschiedenen wilden Blumenarten. Der wichtigste Ort der Insel ist ***Castlebay*** (Bagh A Chaisteil) wegen seines natürlichen Hafens, in welchem die Fähren von Lochboisdale und Oban anlegen. Ein paar Geschäfte, ein Post Office, eine Bank, ein Doktor und das Tourist Information Centre geben Gelegenheit für Erledigungen.

Beherrscht wird der Hafen von ***Kisimul Castle,*** dem Stammschloss der *MacNeils of Barra,* das auf einer kleinen vorgelagerten Insel im Hafenbecken liegt. Die heutige Burg geht auf das 15. Jh. zurück. Seit 1795 ist die Burg verlassen, da die *MacNeils* in Eoligarry House eine neue Bleibe fanden. Der 45. Chief, ein amerikanischer Architekt, ließ die Burg restaurieren.

Die ***MacNeils of Barra*** gehörten zu den stolzesten und verwegensten schottischen Clans. Von den Mauern Kisimul Castles herab ließen sie allabendlich verkünden: „Hört her, Ihr Leut' und Ihr Nationen! Der große MacNeil of Barra hat sein Mahl beendet, die Prinzen der Erde mögen speisen!" Außerdem, so erzählten sie es allen, die es hören wollten, war nur deswegen kein *MacNeil* an Bord der *Arche Noah* gegangen, weil er ein eigenes Schiff besaß, was insofern glaubwürdig ist, als die *MacNeils* lange Zeit hindurch gefürchtete Piraten waren. (Ö: im Sommer Mo, Mi und Sa nachmittags, kleiner Eintritt (inkl. Bootsüberfahrt). Die (wechselnden) genauen Zeiten können unter T: 01871/810 449 erfragt werden.)

Von Castlebay aus führt die A 888 rund um die Insel. Folgt man der Straße nach Westen, fährt man unterhalb des höchsten Berges der Insel entlang, des 384 m hohen ***Heaval***.

Am Ende der Straße nach ***Craigston*** kann man zu Fuß weitergehen bis zu ***Dun Bharpa,*** einem eingestürzten neolithischen Kammergrab, das von einem Steinkreis umgeben ist.

Zeugen der Vergangenheit: Klosterruine in Howmore auf South Uist

Von ***Eoligarry*** im Norden von Barra führt eine kleine Personenfähre nach South Uist. Hier befindet sich auch ***Cille Barra,*** die Ruine einer Klosteranlage aus dem 12. Jh. Eine der Kapellen der Kirche wurde kürzlich wieder gedeckt und beherbergt jetzt einige alte Grabplatten vom Friedhof des Klosters. In der Nähe liegt ***Eoligarry House,*** das Schloss der *MacNeils,* heute ebenfalls eine Ruine.

Information

- ***Tourist Information Centre*** in Castlebay, Main Street, Isle of Barra, Western Isles, T: 01871/810 336.

Verbindungen

- Sechsmal am Tag fährt ein ***Bus*** von Castlebay zur Fähre nach Eoligarry. Nur dreimal fährt ein Bus von Castlebay zur kleinen südlichen Nachbarinsel Vatersay.

Fahrradverleih

- ***Barra Cycle Hire,*** 29 St. Brendan's Road, Isle of Barra, HS9 5XJ, T: 01871/810 284.

Unterkunft

- ***Castlebay Hotel,*** Castlebay, Barra, HS9 5XD, T: 01871/810-223 Fax: -455, B&B ab £ 35.
- ***Mrs. Linda Maclean,*** Tigh-Na-Mara Guesthouse, Castlebay, Isle of Barra HS9 5XD, T/Fax: 01871/810 304, B&B ab £22.
- ***Mrs. Anne MacNeil,*** Grianamul, Castlebay, Isle of Barra, HS9 5XD, T: 01871/810 416, B&B ab £ 22.
- ***Mrs Anne Maclean,*** Geradhmor, 123 Craigston, Isle of Barra, HS9 5XS, T: 01871/810 688, B&B ab £ 15, 5 km westlich von Castlebay.
- ***Dunard Hostel,*** Castlebay, Isle of Barra, HS9 5XD, T: 01871/810 443.

Orkney und Shetland

Orkney

Überblick

Wie ein Grenzpfosten zwischen Atlantik und Nordsee liegt Orkney (fälschlich oft als „die Orkneys" bezeichnet), nur neuneinhalb Kilometer nördlich des schottischen Festlandes. 18 der knapp 70 Inseln des Archipels werden von den 19.400 Menschen bewohnt.

Auf den Inseln herrscht eine weiche, wellige Hügellandschaft vor, die zum Meer hin oft als grandiose Steilküste abbricht. Das fast völlige Fehlen von Bäumen gibt dem ***Landschaftsbild*** auf den ersten Blick etwas Karges. Auf dem Land wachsen nur hier und da ein paar verwilderte Sträucher, vom stetigen Wind in Schräglage gebracht. Ansonsten bedeckt die Hauptinsel Mainland Acker-, vor allem aber Weideland, die kleineren Inseln meist Moor und Heide.

Die senkrechten Felsenküsten, besonders auf der Atlantikseite von Orkney, sind ideale Nist- und Brutplätze für Tausende von ***Seevögeln.*** Hier leben vor allem die Dreizehenmöwe, aber auch der niedliche Papageientaucher *(puffins),* Tölpel, Lummen, Kormorane, Alken, Seeschwalben, Raubmöwen u. a. Im Sommer sind die Steilküsten so mit Vögeln bevölkert, dass sie von weitem weiß aussehen und den beißenden Gestank von Vogelmist ausströmen. Aber auch die vielen Seen und Feuchtgebiete bieten Lebensraum sogar für seltenste Vögel. Die meisten dieser Gebiete sind leicht zugänglich, da sie oft nahe an Straßen liegen und es auf Orkney keine Nationalparks gibt, die man nur mit Erlaubnis betreten darf. Es ist dennoch ratsam, sich vor Ort zu erkundigen. In einigen Schutzgebieten des *RSPB (Royal Society for the Protection of Birds)* werden z. B. Führungen angeboten. In jedem Fall gilt es, rücksichtsvoll zu sein, keine brütenden Vögel aufzuscheuchen oder durch überflüssiges Herumtrampeln Nester oder Pflanzen zu zerstören.

Größere Wildtiere gibt es auf Orkney nicht, doch kann man an den Küsten unzählige ***Seehunde,*** manchmal sogar Otter sehen. Für Angler ist Orkney ein idealer Ort, sowohl zum Süß- als auch Seewasserangeln. Genaue Auskünfte über Angelplätze oder Angeltouren erhält man in den Tourist Information Centres.

„Der Orkadier ist ein Crofter (schottischer Kleinpächter) mit einem Fischerboot, der Shetlander ist ein Fischer mit einem Croft". Diese Weisheit sagt bereits fast alles über die Wirtschaft von Orkney. Bei Fahrten über die Inseln erkennt man sehr bald, dass die Lebensmittelproduktion der wichtigste Sektor der ***Wirtschaft*** ist. Über 100.000 Rinder bevölkern die unzähligen Weiden. Die Farmen produzieren vor allem Fleisch und Milcherzeugnisse. Neben der Landwirtschaft tragen noch zwei große Destillerien, die Ölverladestation auf Flotta und nicht zuletzt der Tourismus zur ökonomischen Gesundheit der Inseln bei.

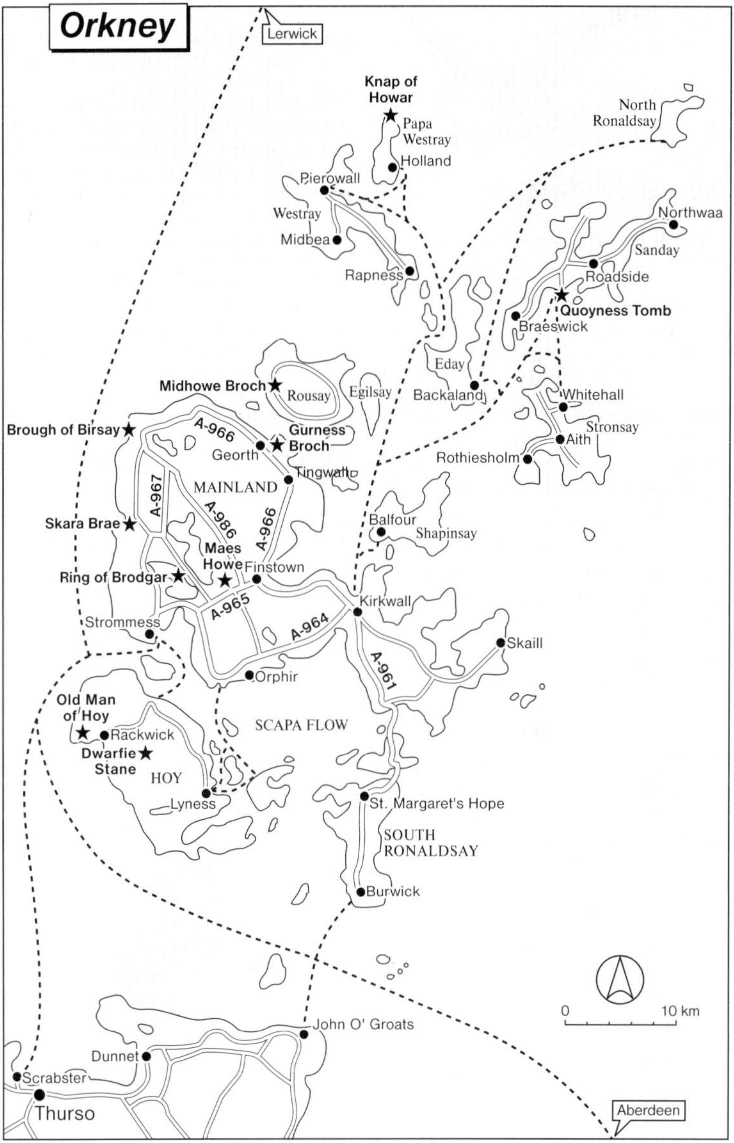
Orkney
Lerwick
Knap of Howar
Papa Westray
Holland
North Ronaldsay
Pierowall
Westray
Midbea
Rapness
Northwaa
Sanday
Roadside
Quoyness Tomb
Braeswick
Eday
Backaland
Midhowe Broch
Rousay
Egilsay
Whitehall
Stronsay
Aith
Rothiesholm
Brough of Birsay
A-966
Gurness Broch
Georth
Tingwall
MAINLAND
A-967
A-986
A-966
Skara Brae
Balfour
Shapinsay
Maes Howe
Finstown
Ring of Brodgar
A-965
Kirkwall
Strommess
A-964
Skaill
A-961
Orphir
Old Man of Hoy
Rackwick
SCAPA FLOW
Dwarfie Stane
HOY
Lyness
St. Margaret's Hope
SOUTH RONALDSAY
Burwick
0
10 km
John O' Groats
Dunnet
Scrabster
Thurso
Aberdeen

Seevögel an Schottlands Küsten

Der ***Tordalk*** (Alca torda) ist leicht an seinem schwarz-weißen Gefieder erkennbar. Kopf, Hals und Oberseite sind bräunlichschwarz mit einer weißen Flügelbinde. Die Unterseite ist weiß. Charakteristisch gezeichnet ist auch der Schnabel. Im vorderen Drittel ist er schwarz-weiß quergestreift.

Außerhalb der Brutzeit halten sich die Tordalken auf dem Meer auf, wo sie nach kleinen Fischen, Krebsen, Meereswürmern und -schnecken tauchen. Sie brüten an felsigen Steilwänden mit Gesimsen und Nischen in kleineren Gruppen. Die Eier werden ohne Unterlage auf dem Fels abgelegt und von beiden Partnern bebrütet. Die kreiselförmige Gestalt der Eier bewahrt sie einigermaßen vor dem Absturz. Brutzeit ist von Anfang Mai bis Juni. Die Jungen verlassen rund 25 Tage nach dem Schlüpfen den Brutfelsen und schwimmen im Meer.

Die ***Dreizehenmöwe*** (Rissa tridactyla), so genannt nach den drei Zehen an jedem Bein, ist überwiegend weiß. Rücken und Schwingen sind grau gefärbt. Davon setzen sich die schwarzen Spitzen der Schwingen deutlich ab. Der Ruf klingt „gägägä“ oder „kitti-weck“. Besonders in der Brutzeit ist dieser Vogel sehr ruffreudig. Daher rührt auch die englische Bezeichnung *Kittiwake* für die Dreizehenmöwe.

Dieser Hochseevogel hält sich fast ausschließlich am oder auf dem Meer auf, da er sich fast ausschließlich von Seetieren wie Fischen, Krebsen, Meeresschnecken und Plankton ernährt. Die Brut erfolgt immer in großen, teilweise riesigen Kolonien an felsigen Küsten und auch an Gebäuden. Spezielle Verhaltensnormen erlauben das Brüten selbst an kleinsten Vorsprüngen. Die Brutzeit dauert von Ende Mai bis Juni. Die Dreizehenmöwe überwintert auf dem Atlantik, am Mittelmeer und recht vereinzelt im Inland.

Die ***Krähenscharben*** (Phalacrocorax aristotelis) gehören zu den Kormoranen. Sie haben ein schwarzes Kleid mit starkem grünlichen Metallglanz. Die Vögel sind meist stumm, am Brutplatz sind sie mit „arrck, arrck“ oder „kroack, kraick, kroack“ zu hören.

Diese Vögel halten sich das ganze Jahr an felsigen Meeresküsten mit steilen Klippen und Wänden auf und brüten dort von Anfang April bis in den Juni in Nischen und Bändern. Die Brutpaare finden sich jeweils für eine Saison. Nestbau und Brüten obliegt vorwiegend den Weibchen. Die Jungen verlassen nach ca. 50 Tagen das Nest und werden noch rund 30 Tage geführt. Krähenscharben fischen zwar wie die Kormorane, d.h. schwimmend oder tauchend, jedoch ausschließlich im Meer.

Die ***Papageitaucher*** (Fratercula arctica) erkennt man vor allem am sehr hohen, rotgelb-schwarz gestreiften Schnabel sowie an den rot leuchtenden Beinen (in der Brutzeit gelb). Die Oberseite ist schwarz, die Unterseite weiß. Die Vögel geben raue, knarrende Laute wie „arr“ oder „orr“ von sich.

Während der Fortpflanzungszeit trifft man den Papageitaucher an steilen, höhlenreichen Felsklippen und grasbewachsenen

Hängen, wo er sich mit Schnabel und Krallen meterlange Röhren gräbt. Am erweiterten Röhrenende wird Anfang bis Mitte Mai das einzige Ei abgelegt. Nachdem die Jungen flügge sind, ziehen sich die Vögel auf die offene See zurück. Papageitaucher erlangen Fische und andere kleine Meerestiere tauchend. Selbst mit einer Anzahl Fische im Schnabel können sie noch weiterjagen.

Leider könnte es sein, dass auch in Schottland die vielen Vogelfelsen mit ihren Hunderttausenden von Bewohnern bald der Vergangenheit angehören. Dabei spielt nicht etwa die fortschreitende Verschmutzung der Nordsee die entscheidende Rolle, das Gift bedeutet unmerkliches Sterben. Viel schlimmer noch macht sich die maßlose Überfischung der Gewässer um Schottland bemerkbar. Zehntausende von verendeten Seevögeln sind schon an die Küsten angeschwemmt worden: verhungert. Die Fischer der Anrainerstaaten lassen ihren Vögeln kein Auskommen mehr. Das könnte leicht wieder rückgängig gemacht werden, wie Vertreter des Königlichen Vogelschutzbundes erklären, doch, so fügen sie an, scheint dazu in keinem der beteiligten Fischereiministerien der Wille zu bestehen. Zu viele Arbeitsplätze in ohnehin strukturschwachen Regionen konkurrieren mit den Vögeln um den Fisch.

Bemerkenswert sind auf Orkney aber auch die vielen ***Kunsthandwerkstätten.*** Die Erzeugnisse, in erster Linie Silberschmuck mit nordischen Motiven und Strickwaren, sind in den Craftshops überall auf den Inseln zu erhalten.

Als ***beste Reisezeit*** eignen sich die Monate April bis Juni, da in dieser Zeit der geringste Niederschlag fällt. Außerdem bleibt die Sonne im Mittsommer bis zu 18,5 Stunden über dem Horizont, ganz dunkel wird es in dieser Jahreszeit nie.

Geschichte

Um 3000-4000 v. Chr. wurde Orkney von einem ***rätselhaften mediterranen Volk*** besiedelt. In den Steinkreisen, Kammergräbern und sogar Siedlungen auf Orkney sind die Hinterlassenschaften dieses Volkes der Jungsteinzeit besser erhalten als irgendwo anders in Schottland. Diese Kultur endete, als sich um 1000 v. Chr. das Klima auf den Inseln verschlechterte. Das nun kühlere und feuchtere Wetter führte zur Bildung der Torfschichten und zu schlechteren Erträgen. Mangel an Nahrung mag, wie neuerdings Wissenschaftler mutmaßen, zu sozialen Unruhen geführt haben, die den Bau der vielen Brochs (200 v. Chr. bis 200 n. Chr.) als Wehranlagen gegen die eigene Bevölkerung veranlassten.

Die Eroberung der Inseln durch die ***Wikinger*** im 9. Jh. ist in der „Orkneyinga Saga“ ausführlich festgehalten. Orkney blieb norwegisch, bis 1468 der schottische König *Jacob III. Margeret,* die Tochter *Christians I.*

von Dänemark und Norwegen, heiratete. Der Däne konnte die Mitgift nicht zahlen und verpfändete daher Orkney und Shetland an Schottland, um sie später wieder auszulösen. Da die dänische Finanznot allerdings sehr dauerhaft war, blieben die Inseln bei Schottland und wurden schon bald einverleibt.

1564 bedachte *Maria Stuart* ihren Halbbruder *Robert Stewart* mit den beiden Archipelen. ***Earl Stewart*** beutete die Inseln wirtschaftlich aus, bis er gestürzt wurde.

Nach dem Ersten Weltkrieg lag die riesige, ***kaiserliche deutsche Kriegsmarine*** als Pfand der Alliierten in der Bucht von Scapa Flow. Als sich die Unterzeichnung des Versailler Friedensvertrages um einen Tag verzögerte, die Nachricht davon das entlegene Orkney aber erst verspätet erreichte, glaubte der deutsche Admiral, es herrsche wieder Kriegszustand. Um die Flotte nicht dem Feind zu überlassen, versenkte er seine Armada selbst. Die meisten der Schiffe wurden zwar geborgen und an Sammler verkauft, die verbliebenen aber sind bis heute ein Magnet für Taucher aus aller Welt.

Sehr gute Infos über Vorgeschichte und Geschichte Orkneys liefert das Bändchen „The ancient monuments of Orkney" von *Anna* und *Graham Ritchie,* das *Historic Scotland* herausgibt. Erhältlich an allen Sehenswürdigkeiten im Besitz des *HS* (ca. £ 5).

Verbindungen

Flug

- An der A 960 ein paar Kilometer südöstlich von Kirkwall liegt der Flughafen Orkneys. ***British Airways*** fliegt das Archipel Mo-Sa von London aus dreimal, von Aberdeen aus sogar achtmal täglich an. Auch mit Glasgow, Inverness und einigen anderen englischen Städten bestehen mehrmals täglich Flugverbindungen. Es existieren auch verschiedene Kombinationstickets. Informationen: unter 0845/773 3377.
- Außerdem fliegt *Loganair* im ***Orkney Inter Island Services*** fast alle bewohnten Inseln an. Information unter T: 01856/872 494.

Fähren

- *P&O Scottish Ferries* betreibt ***von Scrabster*** (bei Thurso) aus von Apr.-Okt. Mo-Sa zwei, So und im Winter nur eine Fähre nach Stromness, die um 6.00 h und um 12.00 h abfahren (£ 16/Pers., £ 46/Auto einfache Fahrt, in der Nebensaison sind die Preise etwas niedriger). Die Rückfahrt von Stromness aus ist genauso häufig möglich, die Abfahrtszeiten liegen hier um 9.00 h und 15.00 h.
- Auch ***von Aberdeen*** aus geht zweimal pro Woche (Juni-Aug.: Di und Sa um 12.00 h, von Okt.-März nur Sa 18.00 h, sonst Sa 12.00 h) eine Fähre nach Stromness (im Sommer ab £ 41/Pers. und £ 95/Auto, Nebensaison etwas billiger). Rückfahrt von Stromness aus: Fr und Mi 22.00 h, im Winter nur Fr 22.00 h. Infos: *P&O Scotland,* New Terminal Building, Ferry Road, Stromness KW16 3BH, T: 01856/850 655. Unter der Woche ist ein Nachlass bis zu 20 %/Pers. und 50 %/Auto möglich. Auch existieren Kombitickets mit der Weiterfahrt nach Shetland oder gar Norwegen.
- Die Passagierfähren von *John O'Groats Ferries* verkehren im Hochsommer viermal täglich, in der Nebensaison zweimal und im Winter einmal täglich zwischen ***John O' Groats und Burwick.*** Abfahrtszeiten sind Mai-Sep 9.00 und 18.00 h, Juni-Aug auch 10.30 und 16.00 h, im Winter 16.30 h, die Überfahrt kostet um £ 16, Fahrräder können für £ 3 mitgenommen werden.

Außerdem bietet die Gesellschaften sogenannte *Orkney Buses* an, die **Inverness** via John O'Groats und Burwick mit **Kirkwall** verbinden. Abfahrt in Inverness 14.20 h, im Sommer auch 7.30 h, in Kirkwall 9.00 h, im Sommer zusätzlich 16.15 h. Der Kostenpunkt liegt bei £ 28, Vorbuchungen sind empfehlenswert.

Schließlich hat *John O'Groats Ferries* noch diverse **Rundreisen** auf Orkney im Angebot. *John O'Groats Ferries,* Ferry Office, John O'Groats Caithness KW1 4YR, T: 01955/ 611-353, Fax: -301, www.jogferry.co.uk

- Die verschiedenen **Inseln** von Orkney werden von *Orkney Ferries* zumeist täglich miteinander verbunden. *Orkney Ferries Ltd.,* Shore Street, Kirkwall KW15 1LG, T: 01856/872 044, Fax: 872 921.

Bus

- ***Auf Mainland*** fährt meist nur einmal täglich vormittags ein Bus alle Ortschaften an den A-Straßen an. Am besten verbunden sind über verschiedene Routen Kirkwall und Stromness. Einige Busse fahren extra von den beiden Städten zu den Fähranlegern zu den kleineren Inseln. Die größte Busgesellschaft ist *Orkney Coaches,* T: 01856/870 555, www.rapsons.co.uk, vollständige Fahrpläne erhält man in allen *TICs.*
- Auf den kleineren Inseln fahren nur auf ***Rousay und Sanday*** Postbusse, die anderen muss man zu Fuß erkunden.

Sonstiges

- ***Autoverleih:*** *Scarth Hire,* Great Western Road, Kirkwall, T: 01856/872-125, Fax: -750, oder bei *W. R. Tullock & Sons,* Castle Street, Kirkwall, T: 01856/873-262, Fax: 874 458.
- ***Fahrradverleih:*** *Orkney Cycle Hire,* 54 Dundas Street, Stromness, neben dem *Baby Linen Shop,* T/Fax: 01856/850 255; bei *Bobby's Cycle Centre,* Tankerness Lane, Kirkwall KW15 1AQ, T: 01856/875 777.
- ***Bustouren und Wanderungen:*** *Discover Orkney Tours,* 44 Clay Loan, Kirkwall KW15 1QG, T: 01856/872 865, bietet Busführungen und Wanderungen unter orkadischer Leitung. Zeiten und Ziele nach Vereinbarung.

Mainland

Die größte der Orkney-Inseln besitzt mit Stromness und Kirkwall die beiden „städtischen" Zentren, und von hier bestehen auch die Fährverbindungen mit dem Festland. Eine sanft gewellte Landschaft, deren Flächen überwiegend landwirtschaftlich genutzt werden, würde die Insel zu einem Fahrradparadies machen, wenn nicht ein stetiger Wind oft genau von vorn entgegenblasen würde.

Kirkwall

Das wirtschaftliche und kulturelle Zentrum Orkneys ist Kirkwall (6680 Einwohner). Die Stadt war eine wikingische Gründung. Schon 1137

Der „einzige Baum" auf Orkney: Fußgängerzone von Kirkwall

Orkney & Shetl.

legte der Wikingerherzog *Rognvald* zu Ehren seines Onkels, des Märtyrers *St Magnus,* den Grundstein zur **St Magnus Kathedrale.** 1486 erhielt Kirkwall, nun schottisch, die Rechte einer *royal burgh* (Stadt).

Die St Magnus Cathedral erhebt sich beherrschend im Zentrum Kirkwalls. Der hübsche überwiegend rote Sandstein des dreischiffigen hochromanischen Baus verleiht ihm etwas Lebendiges, das vielen anderen Sakralbauten fehlt. Im Inneren sind vor allem die vielen alten Grabplatten an den Wänden beachtenswert. (Ö: Sommer: Mo-Sa 9.00-18.00, Winter: Mo-Sa 9.00-13.00, 14.00-17.00 h)

Der Südseite der Kathedrale gegenüber stehen die Ruinen des ***Bishop's*** und des ***Earl's Palace.*** Der ältere Bishop's Palace, der rechte, von der Kirche aus gesehen, wurde angelegt, als mit dem Bau der Kathedrale Bischof *William the Old* seinen Sitz von Birsay nach Kirkwall verlegte. Er bestand ursprünglich nur aus einer großen Halle im norwegischen Stil, wurde aber von Bischof *Robert Reid* ab 1541 stark erweitert und befestigt, um sich des rücksichtslosen *Earl Stewart* zu erwehren. 1568 gelangte der Palast dennoch in den Besitz des Grafen. Sein Sohn *Patrick Stewart* errichtete 1600 den Earl's Palace und gliederte ihm später den Bischofssitz an. Der Earl's Palace ist in ausgeprägtem Renaissancestil gebaut, ersichtlich besonders an den

Die einzige Kathedrale Schottlands, die die Reformation heil überstanden hat: St Magnus Cathedral in Kirkwall

Reliefs über dem Eingang. (Ö: nur im Sommer, tgl. 9.30-18.30 h, kleiner Eintritt)

Gegenüber dem Hauptportal der Kathedrale steht an der Broadstreet das Rathaus von 1884. Zwei Häuser links davon liegt das ***Orkney Museum.*** Es beherbergt eine Ausstellung über die Siedlungsformen auf dem Orkney in der Vorgeschichte. (Ö: Mo-Sa 10.30-12.30 h und 13.30-17.00 h, Mai-Sept. Mo-Sa 10.30-17.00 h, auch So 14.00-17.00 h, Eintritt frei)

Am Südende der Stadt steht an der A 961 die ***Highland Park Distillery,*** die einen der bekanntesten und unserer Meinung nach auch besten Maltwhiskies brennt. Dort führt man auch Besichtigungstouren durch. (Ö: im Sommer Mo-Fr 10.00-17.00 h, Juli-Sept. auch Sa-So 12.00-17.00 h, im Winter gibt es Mo-Fr nur eine Führung um 14.00 h, www.highlandpark.co.uk)

Information

- In der Broadstreet, gegenüber der Kathedrale, liegt das ***Tourist Information Centre,*** 6 Broad Street, Kirkwall, KW15 1NX, Orkney, T: 01856/872 856, Fax: 875 056.

Unterkunft

- Das ***Royal Hotel,*** Victoria Street, Kirkwall KW15 1DN, T: 01856/873 477, Fax: 872 767, B&B ab £ 35, im Zentrum von Kirkwall, bietet auch vegetarische Küche.
- ***Sanderlay Guest House,*** 2 Viewfield Drive, T: 01856/875 587, Fax. 876 350, B&B ab £ 13.
- ***B&B*** finden sich überall verteilt. Kirkwall bleibt dabei mit ca. £ 15 relativ günstig.
- ***Jugendherberge:*** Old Scapa Road, Kirkwall, Orkney KW15 1BB, T: 01856/872 243, Standard, Herberge in einer Funkbaracke aus dem 2. Weltkrieg, an der A 964 Richtung Orphir im Südwesten der Stadt.
- ***Pickaquoy Caravan and Camping Site,*** Pickaquoy Road, Kirkwall, Orkney KW15 1NY, T: 01856/879 900, Zelt ab £ 3.50, Caravan ab £ 6, der Campingplatz liegt in den westlichen Außenbezirken von Kirkwall, an der A 965 und ist nur in den Sommer monaten geöffnet.

Weitere Informationen

- Das *Department of Education & Recreation Services* bietet im Sommer sowohl ***Naturfreizeiten*** in der Wanderhütte von Hoy in Rackwick, als auch Kurse in Weben, Spinnen, Malen, Fotografieren usw. an. Infos beim *Department of Education & Recreation Services,* School Place, Kirkwall, T: 01856/873 535.
- ***Busbahnhof:*** Von der St Magnus Cathedral weg geradeaus runter liegt er in der zweiten Straße links, der Great Western Road, auf der rechten Seite.
- Pubs hört man in der Innenstadt und v.a. am Hafen oft schon von weitem. Besonders gute Stimmung herrscht allabendlich im ***Torvhaug Pub,*** am nördlichen Hafenende rechts, im zweiten Haus auf der linken Seite.
- ***Judith Glue,*** 25 Broad Street, designed und strickt die berühmte Orkney Knitware.
- ***Ola Gorie,*** The Longship, 9 Broad Street, stellt Gold- und Silberschmuck in der verspielten nordischen Ornamentik her.

Rundfahrt auf Mainland

Mainland ist für den archäologisch Interessierten ein wahres Paradies. Wir können hier leider nur die allerwichtigsten Ausgrabungsstätten herausgreifen, die alle auf der Strecke einer Inselrundfahrt von Kirkwall nach Stromness liegen.

Von Kirkwall auf der A 965 und ab Finstown auf der A 966 gelangen Sie im Nordosten der Insel nach Aikerness. Hier fahren Sie rechts und parken in Evie Pier, von wo Sie nach ca. 1 km ausgeschildertem Fußweg das ***Gurness Broch*** erreichen. Die eisenzeitliche Burg (siehe auch Exkurs

„Brochs und Duns"), die um die Zeitwende errichtet wurde, steht zwar nur noch 3 m hoch, doch ist die Gesamtanlage bis heute gut zu erkennen. (Ö: nur im Sommer täglich 9.30-18.30 h, kleiner Eintritt)

Wenn man weiter der A 966 folgt, gelangt man nach ***Birsay.*** Hier ist der Küste eine Gezeiteninsel, der ***Brough of Birsay*** vorgelagert, auf der sich die Reste einer norwegischen Kirche des 12. Jh. und eines Wikingerdorfes erhalten haben. Auch der Abguss eines piktischen Bildsteines, der hier gefunden wurde, steht vor der Kirche. Achten Sie darauf, ob ab- oder auflaufendes Wasser ist, sonst müssen Sie, wie es uns ergangen ist, evtl. in hüfthohem Wasser zurückwaten. (Ö: gezeitenabhängig im Sommer täglich 9.30-18.00 h, kleiner Eintritt)

Südlich von Birsay biegt die Tour nach rechts auf die B 9056 ab. Nach einigen Kilometern liegt rechts der Straße an der Bay of Skaill das Steinzeitdorf ***Skara Brae.*** Auch dorthin muss ein kurzer Fußweg zurückgelegt werden, der zu einer der faszinierendsten Fundstätten der Inseln führt. Vor ca. 5000 Jahren bauten Menschen der Steinzeit dieses Dorf, um es nach etwa 500 Jahren aus uns unbekannten Gründen wieder zu verlassen. Heute ist es das besterhaltene Steinzeitdorf der Welt. Dabei war seine Entdeckung ein reiner Zufall: 1850 riss ein Sturm einen Teil des Strandes ins Meer und legte die Mauern frei. Skara Brae besteht aus

Nicht immer trockenen Fußes erreichbar: Gezeiteninsel Brough of Birsay

10 Hütten, deren Wände noch 3 m hoch sind und die voll ausgestattet sind. Anrichten, Herde, Regale, Betten und Stühle, alle aus Stein, geben einen erstaunlichen Einblick in das Leben einer Steinzeitfamilie. (Ö: tgl. 9.30-18.30 h, im Winter Mo-Sa bis 16.30 h, So ab 14.00 h, Eintritt)

Fährt man von Skara Brae auf der B 9056 und an der nächsten Abzweigung auf der B 9055 weiter, überquert dabei die A 967, kann man sich dem Zauber zweier vorzeitlicher Kultstätten überlassen. Auf einer Landzunge zwischen zwei Seen liegen bald rechts der Straße der ***Ring of Brodgar*** und etwas weiter auf der linken Seite die ***Stenness Standing Stones.*** Der Ring of Brodgar entstand etwa zurzeit von Skara Brae und ist mit ehemals 60 Steinen, es stehen noch 34, einer der größten Steinkreise Europas.

Fährt man weiter zur A 965 und auf ihr ein paar Meter nach links, so liegt bald auf der rechten Seite die ***Tormiston Mill.*** Die alte Wassermühle enthält eine Ausstellung über das Müllerhandwerk und seine Entwicklung im Laufe der Jahrhunderte.

Von der Mühle aus können Sie an Führungen in eines der besterhaltenen neolithischen Kammergräber Nordeuropas teilnehmen. ***Maes Howe,*** auf der anderen Seite der Straße in einer Weide, wurde vor ca. 5000 Jahren aufgeschichtet, um als Grab und Kultstätte einer Gemeinde zu dienen. Um 1150 suchten Wikinger, die über Land marschierten, um Kirkwall zu überfallen, in dem Grab vor einem Schneesturm Schutz. Sie saßen eine Woche fest und die Graffitis, die sie in den Stein ritzten, machen das Steinzeitgrab Maes Howe kurioserweise zur größten Runensammlung der Welt. (täglich 9.30-18.30 h, im Winter Mo-Sa bis 16.30 h, So ab 14.00 h, Eintritt)

Fährt man die A 965 wieder zurück, so erreicht man nach 8 km ***Stromness*** (2160 Einwohner), die zweite Stadt von Orkney. Der hervorragende natürliche Hafen verband Stromness schon von jeher mit dem Meer und mit dem Festland. Es gewann enorm an Bedeutung, als im Zuge der Erschließung Kanadas und der wachsenden Walfangflotten immer mehr Schiffe hier ihre Vorräte ergänzten. Während des Heringbooms im letzten Jh. war Stromness sogar kurze Zeit größer als Kirkwall. Heute lebt Stromness vor allem vom Tourismus und von der Fischerei.

Unterkunft

- ***Stromness Hotel,*** The Pier Head, Stromness, Orkney, KW16 3AA, T: 01856/850 298, www.stromnesshotel.com, B&B ab £ 35.
- ***Ferry Inn,*** John Street, Stromness, KW16 3AD, T: 01856/850 280, Fax: 851 332, Hotel, Bar und Restaurant, B&B ab £ 17, in der Nähe des Fähranlegers.
- ***Jugendherberge:*** Hellihole Road, Stromness, Orkney KW16 3DE, T: 01856/850 589, Standard, schöne Herberge, vom Fähranleger auf der Hauptstraße durch den Ort und die zweite Straße rechts den Berg hoch.
- Auf der Landseite der Hauptstraße gibt es außerdem noch ein privates Jugendhotel, das den Vorteil hat, die ganze Nacht geöffnet zu sein: ***Brown's Independent Hostel,*** Stromness, T: 01856/850 661, Bett £ 8, Fahrradverleih ca. £ 7.
- ***Point of Ness Caravan & Camping Site,*** T: 01856/873 535, Zelte ab £ 3.50, Wohnwagen ab £ 6.

Europas höchste Steilküste: St John's Head

Hoy

Obwohl es die zweitgrößte Insel Orkneys ist, leben hier, entlang der Ostküste, nur sehr wenige Menschen. Fischerei und Fischzucht sind hier der Haupterwerb, während Landwirtschaft nur selten betrieben wird, so dass das Innere der Insel fast unberührt ist.

Von Houton bei Orphir aus fährt eine Autofähre die Insel mehrmals täglich an, von Stromness verkehrt eine Personenfähre und auch *Loganair* fliegt die Insel an.

Lohnend ist die Fahrt quer durch die Insel von Moaness nach Rackwick an der Westküste. Auf halbem Weg liegt ungefähr fünfhundert Meter links der Straße im Moor der ***Dwarfie Stane.*** Steinzeitmenschen und nicht der Zwerg der Sage (engl. *dwarf*) haben in diesen monumentalen Findling eine Grabkammer hineingemeißelt.

In Rackwick befindet sich gleich am Ortsbeginn rechts einen Hang hinauf eine Wanderhütte, von der aus man zu einer sehr lohnenden Wanderung zum ***Old Man of Hoy*** aufbrechen kann. Hinter der Hütte geht es zunächst steil den Berg hoch, dann wandert man an den Klippen entlang um die Kuppe herum und muss bis zum alten Mann noch einen Sumpf durchqueren. Der Old Man ist eine faszinierende 137 m hohe Felsensäule, die verblüffend dicht vor der Klippe im Meer steht. Im Norden der Insel ragt ***St John's Head,*** der mit 347 m höchste senkrechte Felsen Großbritanniens, aus dem Wasser auf.

Unterkunft

- Auf Hoy gibt es auch eine ***Jugendherberge:*** Hoy, Stromness, Orkney, KW16 3NJ, T: 01856/873 535, geöffnet 2.5-12.9., Standard. Vom Pier in Moaness liegt sie in der zweiten Straße links auf der rechten Seite.

Sanday

38 km nordöstlich von Kirkwall liegt die Insel Sanday (548 Einwohner). Sie wird Montag, Mittwoch und Freitag von Kirkwall aus angefahren. Sanday ist besonders bekannt für seine herrlichen Sandstrände, die es den Wikingern im 9. Jh. leicht machten, hier zu landen.

Wer unberührte Natur liebt, kommt besonders im Nordosten bei ***North-***

Asche zu Asche, Rost zu Rost: Alternative Schrottentsorgung auf Orkney

waa auf seine Kosten. In dem Feuchtgebiet wachsen seltene Pflanzen, wie Farne, stellenweise sogar Orchideen, und im Juni können Seehunde bei der Aufzucht ihrer Jungen beobachtet werden.

Auf der Gezeiteninsel ***Sty Wick*** auf der Südseite von Sanday liegt das 4000 Jahre alte Kammergrab von ***Quoyness,*** eines der größten seiner Art. Von der Hauptkammer zweigen noch sechs Nebenkammern ab, die einem ganzen Dorf für Bestattungen dienten. Der Schlüssel, um in das Kammergrab zu gelangen, kann im Postamt von Lady erfragt werden.

Unterkunft

- ***Kettletoft Hotel,*** Sanday, Orkney, KW17 2BJ, T: 01857/600 217, B&B ab £ 17.

Rousay

Von Tingwall im Nordosten der Insel Mainland geht mehrmals täglich eine Fähre zu der Insel, die für eine Orkney-Insel ungewöhnlich bergig ist. Die 200 Einwohner leben zum größten Teil von der Landwirtschaft. Auch hier ist Natur pur zu erleben.

Die über 200 registrierten prähistorischen Stätten haben Rousay den Titel „Ägypten des Nordens“ eingebracht. ***Midhowe*** im Westen der Insel gehört zu den wichtigsten dieser Grabungsorte. Das 1930 ausgegrabene ***Midhowe Cairn*** ist 23 m lang und hat zwölf Nebenkammern. Gleich in der Nähe des Grabes finden sich auch die Grundmauern eines Brochs mit den gut erkennbaren Resten der umgebenden Gebäude. Der Weg von hier bis zu dem weiter südlich gelegenen ***Westness House,*** der Residenz der *Lairds of Rousay* aus dem 18. Jh., ist in einen archäologischen Pfad mit Tafeln verwandelt worden.

Unterkunft

- ***Rousay Farm Hostel,*** Trumland Farm, Rousay, Orkney, KW17 2PU, T: 01856/821 252, Bett ab £ 6.

Papa Westray

Die kleine Insel Papa Westray wurde von den Wikingern nach den damals auf ihr lebenden Mönchen benannt (*Papay* = Priesterinsel). Man erreicht diese etwas weiter abgelegene Insel montags, mittwochs und freitags von Kirkwall aus über Westray mit einem kleinen Boot nach Papa Westray (Rückfahrkarte ca. £ 18). ***Loganair*** fliegt die Insel bei Bedarf auch täglich an. Diese Insel ist wegen ihrer unberührten Natur eine Reise wert. Im Norden liegt das ***RSPB-Vogelschutzgebiet North Hill,*** das größte Seeschwalbenbrutgebiet Europas. Aber auch Raubmöwen, Sturmvögel und Watvögel wie Austernfänger brüten hier.

Unter den vielen prähistorischen Ausgrabungen ist das ***Knap of Howar,*** die älteste noch erhaltene menschliche Steinsiedlung in Nordwesteuropa.

Die unzähligen ***Seehunde*** an den Stränden soll man durch leises Singen anlocken können (da von uns keiner singen konnte, enthalten wir uns hier der Bewertung).

In der ***Jugendherberge Beltane House*** ist eine Voranmeldung sehr ratsam: Papa Westray, Orkney KW17 2BU, T: 01857/644 267, Fahrradverleih, ganzjährig geöffnet.

Westray

Die Insel (knapp 700 Einwohner) wird von den *Orkney Ferries* täglich ein- bis dreimal angefahren.

Am ***Noup Head,*** einer Felsenküste im Nordwesten der Insel, besitzt Westray nach St Kilda in den Äußeren Hebriden die größte ***Seevogelkolonie*** Großbritanniens. Sie können hier nahezu alle in Nordeuropa vorkommenden Arten beobachten. Falls eine große Raubmöwe sich verhält, als habe sie schon in *Hitchcocks* „Vögel" mitgewirkt, sollten Sie allerdings den Platz verlassen, an dem Sie gerade stehen, er könnte zu nahe an ihrem Nest liegen.

Silbermöwen in den Felsen von Hoy

Auf der Insel sind noch ein paar Überbleibsel mittelalterlicher Klöster sichtbar, ebenso die Ruine von ***Noltland Castle*** (16. Jh.) in Pierrowall.

Unterkunft

- ***Cleaton House Hotel***, Cleaton, Westray, Orkney KW17 2DB, T: 01857/677-508, Fax: -442, e-mail: cleaton@orkney.com, B&B ab £ 36.
- ***Bis Geos,*** Westray, Orkney KW17 2DW, T: 01857/677 420, www.bis-geos.co.uk, Übernachtung ab £ 9, Hostel in einem renovierten Bauernhof in wunderschöner Lage, zudem stehen hier noch zwei komfortable Cottages für Selbstversorger zur Verfügung.

Shetland

Überblick

Ähnlich wie Orkney hat auch Shetland bis heute seine eigene Identität bewahrt. Die nie ganz verschwundenen wikingischen Einflüsse unterscheiden die Inselgruppe immer noch von der angelsächsischen Mutterinsel. Diese ***wikingische Tradition*** wird in Shetland weiter gepflegt. Das kommt vielleicht daher, dass die Sprache der Einheimischen eine Abwandlung des Altnorwegischen ist und mit dem Englischen wenig zu tun hat, zum anderen mag es auch an der Ähnlichkeit der ***Landschaften*** von Shetland und Norwegen liegen.

Die Eiszeit hat das vulkanische Gestein der Inseln tief eingeschnitten, und viele der *Voes* (Fjorde) erinnern an die berühmten norwegischen ***Meeresarme.*** Die tiefen Einschnitte der See machen es auch unmöglich, irgendwo auf den Inseln weiter als 5 km vom Meer entfernt zu sein. Das bergige Land, in Nordmainland erhebt es sich in dem Ronas Hill bis auf 450 m, ist überwiegend mit Moor und Heide bedeckt. Da nur wenig Landwirtschaft betrieben wird (eine alte Weisheit besagt, der Orkadier sei ein Bauer mit Boot, der Shetlander aber ein Fischer mit Feld), haben Schafe und Shetland Ponies genügend Raum, frei durch die Hügel zu streunen.

Die grandiosen Klippen und Felsen an den Küsten sind ideale Brutgebiete für tausende ***Seevögel.*** 21 Arten brüten auf Shetland, darunter Silber- und Raubmöwen, Seeschwalben, Tölpel, Alke und Papageientaucher. Neben den vielen ***Robben*** können Sie mit etwas Glück an den Küsten sogar den scheuen ***Fischotter*** beobachten.

Wenn Sie ein passionierter ***Angler*** sind, wird es Ihnen nicht schwerfallen, diesen beiden Fischern Konkurrenz zu machen, da die unzähligen kleinen Seen des Binnenlandes voller Forellen sind. Die 23.000 Einwohner des nördlichsten Teils der Britischen Inseln leben überwiegend von der traditionsreichen Fischereiindustrie sowie von der Wollerzeugung und -verarbeitung, seit den siebziger Jahren natürlich auch von der Ölförderung.

Als ***beste Reisezeit*** empfehlen sich die Monate Juni bis August, wenn die Temperaturen am höchsten und die Regenfälle am geringsten sind. Außerdem bleibt die Sonne im Mittsommer auf den Shetlands mehr als 19 Stunden über dem Horizont.

Anfang Januar 1992 lief der norwegische Öltanker *Braer* vor der Südspitze Shetlands auf Grund und zerbrach in einem Orkan. Eine der schlimmsten Ölkatastrophen Europas hatte Shetland nun doch noch getroffen. Aber wie durch ein Wunder zeigten sich die Auswirkungen als nicht so schlimm wie befürchtet. Ohne etwas beschönigen zu wollen, lässt sich glücklicherweise sagen, Shetland ist noch einmal mit einem blauen Auge davongekommen, an den Küsten ist von der Katastrophe nichts mehr zu erkennen. Ja, viele der shetländischen Lachszüchter konnten sich mit den aus Image-Gründen oft auch für einwandfreien Fisch gezahlten Entschädigungen sogar noch einmal über den Ruin retten, vor dem sie ohne die Ölpest standen.

Heute ist die Überfischung der Gewässer eine größere ökologische Katastrophe, als es die Ölpest gewesen ist (siehe auch Exkurs „Seevögel an Schottlands Küsten").

Geschichte

Die Geschichte Shetlands unterscheidet sich nur wenig von der Orkneys. Die Inseln waren bereits zur Steinzeit besiedelt, wurden um die Zeitwende von den Pikten entdeckt und ab dem frühen 9. Jh. von den ***Wikingern*** erobert, die Shetland von Kirkwall auf Orkney aus regierten. 1468 kam Shetland an Schottland (s.a. „Orkney/Geschichte").

Unter den ***Stewart-Herzögen,*** die aus Orkney und Shetland soviel Geld herauspressten wie nur irgend möglich, hatten die Inseln im 16. und 17. Jh. schwer zu leiden. Um den

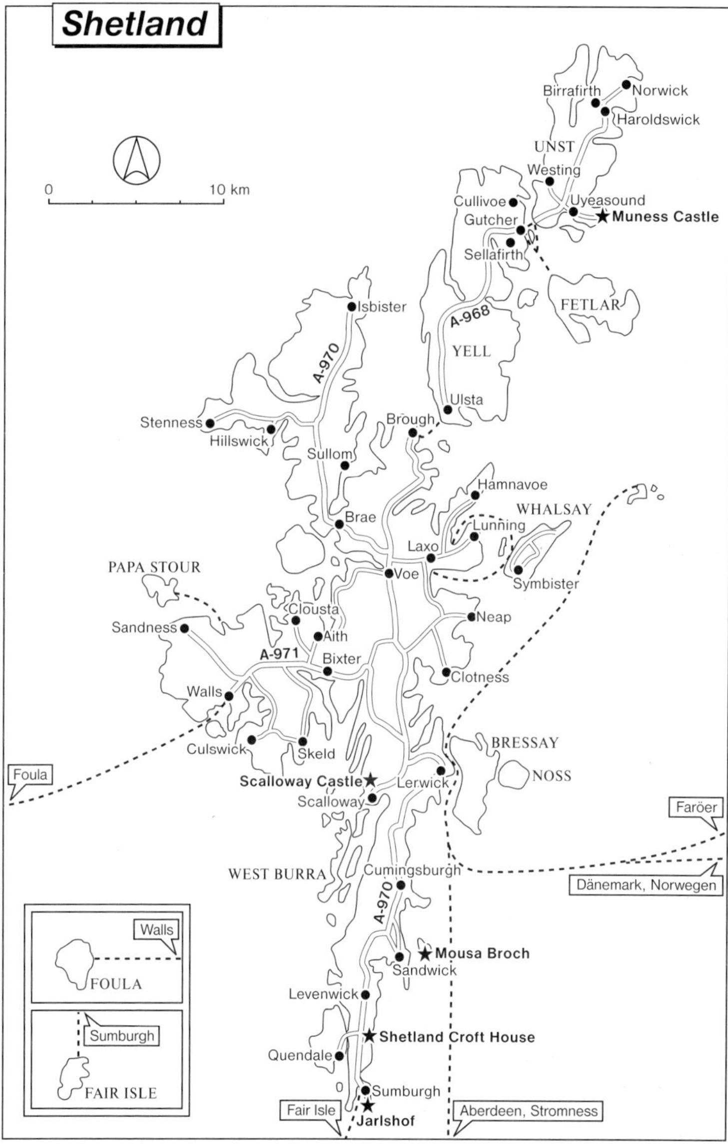

Orkney & Shetl.

Forderungen ihrer Landlords genügen zu können, mussten die Shetlander neben der Landwirtschaft auch noch Fischfang betreiben. Heute ist der Fischfang die Haupterwerbsquelle, und die Shetlander sind seit Jahrhunderten als hervorragende Seefahrer bekannt.

Im 19. Jh. bluteten die ***Clearances*** auch Shetland aus, doch brachte der ***Heringsboom*** im frühen 20. Jh. wieder etwas Wohlstand auf die Inseln.

Seit 1970 werden die ***Ölfelder*** in den shetlandischen Gewässern ausgebeutet. Doch die Shetlander ließen sich von dem schwarzen Gold nicht ihre Heimat abkaufen. Sie erlaubten die Ausbeutung erst, als ihnen weitgehende Gelder für einen Umweltschutzfonds zur Sanierung von zu erwartenden Ölschäden und einen Fonds zum Aufbau der heimischen Industrie für die Zeit nach dem Öl von den Konzernen gezahlt wurden. „Wenn nicht“, so sagten die Shetlander, „bleibt das Öl da unten und kommt eben erst unseren Kindern zugute.“ Heute ist der Ölterminal am Sullom Voe der größte Europas.

Verbindungen

Fähren

- Lerwick wird von *P&O Scottish Ferries* Mo-Fr ab 18.00 h ***von Aberdeen*** aus angefahren. (Juni-Aug. Di. um 12.00 h). Die Überfahrt dauert 14 Stunden und kostet in der Saison ab £ 62/Pers. und £ 153/Auto. Die Rückfahrt wird Mo-Fr, gelegentlich sogar Sa und So, um 18.00 h angetreten. Im Sommer fahren die Fähren Mi und Fr um 12.00 h.
- ***Von Stromness*** auf Orkney Mainland aus dauert die Fahrt 8 Stunden. *P&O* fährt nur sonntags 12.00 h, im Juni-Aug. aber auch dienstags 22.00 h. (ab £ 42/Pers., £ 98/ Auto). Von Lerwick startet die Fähre freitags, im Sommer auch mittwochs, ebenfalls um 12.00 h. *P&O Scottish Ferries,* Holmsgarth Terminal, Lerwick ZE1 OPR, Shetland, T: 01595/695-252, Fax: -496.

Flug

- ***British Airways*** fliegen den Flughafen Sumburgh, den Hauptflughafen von Shetland, an der Südspitze von Mainland mehrmals täglich von Aberdeen und von London aus an. Hin- und Rückflug von Aberdeen: £ 179, von London: £ 327.
- Weniger häufig gibt es allerdings auch Flüge von Inverness (1 x), Glasgow (2 x, Rückflug ca. £ 250) , Edinburgh (1 x) und anderen britischen Großstädten (Informationen, T: 0845/773 3377).
- Die Shetland-Inseln untereinander werden von der British-Airways-Tochter ***Loganair*** angeflogen (T: 01595/840 246).

Bus

- Shetland besitzt ein gut ausgebautes ***Busnetz,*** das in Kombination mit den Fähren oder Kleinflugzeugen das Zentrum Lerwick mit fast allen äußeren Punkten der Inselgruppe verbindet. Die Busse fahren in der Regel morgens zur Endstation und nachmittags zurück.
- Der ***Busbahnhof*** liegt in Lerwick vom Victoria Pier die Esplanade nordwärts nach einem Stück auf der linken Seite am Anfang der Commercial Road. Die Busse nach Burra Isle, Sumburgh und Toft fahren auf der Esplanade zwischen Fähranleger und Victoria Pier ab.
- Einen ausführlichen ***Fahrplan*** für alle Verkehrsmittel auf den Inseln ist im ***Tourist Information Centre*** für ca. 70p erhältlich.

Autoverleih

- ***Bolts Car Hire Lerwick,*** 26 North Road und Sumburgh am Flughafen, T: 01595/ 693 636.

Lerwick

Das administrative und überraschend lebendige Zentrum der Inseln ist die

Stadt Lerwick (7500 Einwohner). Das hübsche Städtchen entstand erst im 17. Jh., als holländische Fischer den geschützten Naturhafen als idealen Anlaufpunkt entdeckten. Es wuchs zunächst nur langsam am Ufer entlang. Typisch für diese Zeit sind die ***Lodberries,*** Wohn- u. Warenhäuser, die alle einen eigenen Anleger zum Entladen ihrer Waren besaßen. Am Südende der Stadt sind noch einige wenige dieser Gebäude erhalten.

Während des Heringsbooms im 19. Jahrhunderts wuchs die Stadt enorm, und die viktorianischen Gebäude zwischen Hillhead bis Burgh Road westlich des alten Hafens entstanden. An der Ecke Hillhead und Union Street steht die Bücherei und das ***Shetland Museum.*** Das Museum zeigt eine Ausstellung zur Geschichte der Inseln und Fundstücke der Ausgrabungen auf Shetland (Mo, Mi, Fr 10.00-19.00 h, Di, Do, Sa bis 17.00 h, Eintritt frei).

Gegenüber steht das ***Rathaus,*** ein mächtiges Gebäude in victorianischer Gotik. Die romantischen engen Gassen rund um die Commercial Street haben früher Schmugglern das Entkommen erleichtert.

Fort Charlotte, gegenüber dem Fähranleger nach Bressay und Out Skerrie am Nordende des alten Hafens, wurde 1665 unter *Cromwell* erbaut und im 18. Jh. komplett umgestaltet. 1,5 km westlich des Zentrums liegt in einem See rechts der A 970 das ***Clickimin Broch.*** Die vorzeitliche Burg wurde vom 6. Jh. v. Chr. bis ins 6. Jh. n. Chr. bewohnt. Dabei wechselte die Bebauung von einem bronzezeitlichen Bauernhof über ein eisenzeitliches Ringfort, später einen Broch, also einen eisenzeitlichen Festungsturm, bis zu einer Rundhaussiedlung im Frühmittelalter (siehe auch Exkurs „Brochs und Duns").

Up Helly Aa ist das bekannteste Fest Shetlands. Das wikingische Lichterfest findet am letzten Dienstag des Januar in Lerwick statt und soll den Winter verabschieden. Am Abend des Festes findet eine Lichterprozession statt, bei der 900 als Wikinger verkleidete Fackelträger durch Lerwick ziehen, um am Ende ein nachgebautes Wikingerschiff zu verbrennen. Zum Festival gibt es nun außerdem eine *Up Helly Aa Exhibition,* in der neben Kostümen, Fotos, einem Video etc. auch ein nachgebautes Wikingerschiff zu sehen ist. (Ö: im Sommer, Di und Sa 14.00-16.00 h, Di und Fr 19.00-21.00 h, Eintritt)

Das ***Shetland Folk Festival*** wird an vier Abenden Ende April/Anfang Mai abgehalten. Zu diesem Festival, an dem traditionelle shetlandische Musik und Folklore präsentiert wird, reisen auch Künstler aus anderen Teilen der Welt an. Hauptinstrument ist die shetlandische *Fiddle,* die Fidel, die bis heute das beliebteste und bekannteste Instrument auf den Inseln ist.

Information

- ***Tourist Information Centre,*** Lerwick, Market Cross, Shetland ZE1 OLU, T: 01595/ 693 434 (vom Fähranleger links, auf der Esplanade fünfte Straße rechts, an der Ecke Mountholy, Commercial Street), www.shetland-tourism.co.uk

Unterkunft

- ***Grand Hotel,*** Commercial Street, Lerwick, T: 01595/692 826, Fax: 694 048, B&B ab £ 46, ist das älteste Hotel von Shetland.
- ***Fort Charlotte Guest House,*** 1 Charlotte Street, Lerwick, ZE1 0JL, T: 01595/695 956, B&B ab £ 25.
- ***Mrs. W. Gifford,*** Whinrig, 12 Burgh Rd., Lerwick, ZE1 0LB, T: 01595/693 554, B&B ab £ 20.
- ***B&B*** gibt es vor allem in der St Olaf Street und der King Harald Street. Für die Übernachtung muss man mit ca. £ 20 rechnen.
- ***Jugendherberge, Islesburgh House,*** Lerwick, Shetland, ZE1 0EQ, T: 01595/692 114, Standard, geöffnet Apr.-Sept. Die JH findet man von Hillhead die Union Street aufwärts, dann zweite Straße rechts, in der King Harald Street in einem der ersten Häuser links, einem hübschen viktorianischen Gebäude. Wer hier vorbucht, wird übrigens auch noch eingelassen, wenn er erst mitten in der Nacht (Di bzw. Mi) mit der Fähre ankommt.
- ***Clickimin Caravan and Camping Site***, Lochside, Lerwick, T: 01595/741 000, Fax: 741 001, Wohnw./Zelte ab £ 6.50. Der Platz liegt gleich westlich des Zentrums nördlich des Clickimin Loch.

Sehenswertes auf dem übrigen Shetland

Von Lerwick auf der A 970 in Richtung Südwesten, dann nach ein paar Kilometern rechts auf die B 9073 und nach einer kurzen Strecke wieder links gelangt man nach ***Scalloway*** (1160 Einwohner), der alten Hauptstadt Shetlands. 1600 baute *Earl Patrick Stewart* das Castle, das noch heute den natürlichen Hafen des kleinen Fischerstädtchens dominiert. (Ö: „all reasonable times", E: frei)

Neben dem Castle steht ein Geschäft der ***Shetland Woollen Company,*** das Strickwaren mit den bekannten Shetland-Mustern verkauft. In der Mitte der Stadt liegt das interessante ***Scalloway Museum,*** das über den norwegischen Widerstand im 2. Weltkrieg, der von Scalloway aus geleitet wurde, berichtet. (Ö: Di, Mi, Do 14.00-16.30 h, Sa 10.00-12.30, 14.00-16.30 h, E: Spende)

Auf der A 970 von Lerwick nach Süden sollten Sie nach ca. 17 km links nach Leebitton, Sandwick abbiegen. Von hier geht eine kleine Personenfähre zur unbewohnten Insel ***Mousa*** (nur im Sommer, wetterbedingt, (Abfahrten nur Mi und So um 9.45 h, Erw. £ 8, Kinder £ 4, nach Voranmeldung unter T: 01950/431 367, www.mousaboattrips.co.uk). Schon vom Festland aus kann man das berühmte ***Mousa Broch,*** das besterhaltene Broch Schottlands, erkennen. Die eisenzeitliche Befestigungsanlage steht noch 13 m hoch und kann als einzige ihrer Art in Schottland noch bestiegen werden (siehe auch Exkurs „Brochs und Duns"). Die Insel ist aber auch für ihre großen Vogelkolonien bekannt. Im West Voe, einer schönen Sandbucht im Südosten der Insel, kann man das Getümmel einer Robbenkolonie beobachten.

In ***Dunrossness,*** etwas weiter südlich, lohnt das ***Shetland Croft Museum*** einen Besuch. (im Sommer Mo-So 10.00-13.00 h, 14.00-17.00 h, kleiner Eintritt)

Wenn Sie die A 970 weiter nach Süden fahren, gelangen Sie nach ***Grutness,*** dem Anleger für die Fähre zum Naturjuwel ***Fair Isle.*** Diese kleine Insel, die abgelegenste aller be-

wohnten britischen Inseln, liegt auf halbem Weg nach Orkney. Sie gehört heute dem National Trust, der auch eine Herberge und ein Vogelbeobachtungszentrum unterhält. Bekannt sind vor allem die bemerkenswerten, typischen Fair-Isle-Strickmuster.

Im Sommer verkehrt von Grutness aus zweimal wöchentl. ein Postschiff und auch *Loganair* unterhält Flüge von Lerwick und Kirkwall.

Unterkunft findet man auf der kleinen Insel in der ***Bird Observatory Lodge.*** Da hier nur 34 Plätze (ca. £ 30) zur Verfügung stehen, sollte man sich vorher anmelden. *Fair Isle Lodge & Bird Observatory,* Fair Isle, Shetland, ZE2 9JU, T: 01595/760 258, www.fairislebirdobs.co.uk, nur März-Okt. geöffnet.

Südlich von Grutness an der Ostküste liegt eine der wichtigsten archäologischen Fundstätten Europas: Der ***Jarlshof*** wurde von der Steinzeit über eine Periode von 3000 Jahren bis in das frühe Mittelalter hinein besiedelt. Ovale Bronzezeithütten, ein Broch aus der Eisenzeit, wikingische Langhäuser und mittelalterliche Bauernhofreste, schließlich noch ein Haus aus dem 16. Jh. sind hier zu finden. Den Namen erhielt die Stätte von *Sir Walter Scott,* der in seiner Novelle „The Pirate" die Örtlichkeit so bezeichnet hatte. Der *Jarl* ist eigentlich ein Wikingerhäuptling oder Graf. Die Bezeichnung lebt heute noch in dem englischen Wort *Earl* (= Graf) weiter. (Ö: nur im Sommer Mo-Sa 9.30-18.30 h So ab 14.00 h, kleiner Eintritt)

Vom ***Sumburgh Head,*** der Südspitze Shetlands, kann man an klaren Tagen sogar bis zur Fair Isle blicken. Eine große Seevogelkolonie, die im Sommer in dem Felsen nistet, bietet die Möglichkeit, die niedlichen Papageientaucher zu beobachten.

Von Mai bis August können Sie den ***Nationalpark*** auf der Insel ***Noss,*** genau westlich von Lerwick, besuchen. Die Insel ist die Heimat Tausender von Seevögeln, u. a. von Bastölpeln, die sich aus großen Höhen ins Meer stürzen. Von Bressay, der Insel gegenüber von Lerwick, überquert eine kleine Fähre den schmalen Sund. (Ö: nur im Sommer, Mi-Mo 10.00-17.00 h, Eintritt)

Wer die Shetlands nicht mit dem Auto oder öffentlichen Verkehrsmitteln bereisen möchte, sei auf die vielen sehr schönen ***Wander- und Fahrradrouten*** verwiesen. Infobroschüren dazu erhält man im Tourist Information Centre.

Unterkunft

- ***Cunningsburgh Village Club,*** Mrs. Isbister, Meadows, Cunningsburgh, Independent Hostel, auf halbem Weg von Lerwick nach Sumburgh, T: 01950/477 241, ab £ 4,50.
- ***Gardiesfauld Hostel,*** Uyeasound, c/o *Mrs. Jamieson,* Musselburgh, Island of Unst, T: 01957/755 259, Übernachtung £ 8.

Anhang

Schottland im Winter

Weißes Schottland

Grünes Schottland.
Braunes Schottland.
Graues Schottland.

Jede dieser Farben steht schon fast für ein Lebensgefühl des Landes. Grün für die fette, fruchtbare Zeit im Frühjahr und Sommer, braun für die sinnliche, abgestorbene Spanne im späten Herbst und grau für die müden Tage mit Nebel und Regen.

Und weißes Schottland.
Was soll das sein?

Eine dicke Schneedecke, die sich übers Land zieht, Langläufer ziehen ihre Spur durch das Hochland, alpine Skifahrer stürzen sich die Berghänge hinab, einen heißen Whisky an der Piste zum Aufwärmen ...

Nein, nein, ein weißes Schottland, ein kleines (unberührtes) Österreich auf der britischen Insel gibt es nicht!

Da spielen in Schottland des Öfteren die Umstände nicht mit. Denn das Wetter wechselt zu oft, um einen durchgehend kalten Winter zu haben, und der böse Wind bläst den Schnee weg von der Skipiste. Auf dem flachen Land ist es dank des Golfstromes oft zu warm für Grade unterhalb des Gefrierpunktes. Also nicht nach Schottland im Winter? Urlaub in den Alpen, Norwegen Schweden ...?

Wir (die drei Autoren) hatten uns in der sogenannten Zeit zwischen den Jahren, zwischen Weihnachten und Neujahr aufgemacht, um die schottischen Skipisten zu erkunden. Mit einem überladenen Kleinwagen, auf dem Dach dreieinhalb Skiausrüstungen, tuckerten wir drei Tage nach Heiligabend in Richtung Norden zur Fähre nach Calais. Mittags fuhren wir los, abends erreichten wir Calais, nachts setzten wir über nach Dover, und morgens mussten wir nur noch Großbritannien von Süden nach Norden durchfahren, um unsere Skigelüste auf Schottlands Pisten zu befriedigen.

„Haben sie sich verfahren? Das ist England!" verriet uns ein englischer Tankwart, als er das deutsche Autokennzeichen und die Skiausrüstung auf dem Dach entdeckte.

„Nein, wir sind auf der Durchreise, nach Schottland, zum Skifahren!", erwiderten wir.

Er wünschte: „Frohe Weihnachten!" und zog kopfschüttelnd von dannen.

Nach zehn Stunden erreichten wir Edinburgh. Ein Freund, der uns von Edinburgh aus zum Skifahren begleiten wollte, erklärte, letzte Woche noch sei ein weißer Schneeteppich über dem ganzen Hochland gelegen. Jetzt war eher ein Wetter wie im Frühling in Schottland. Wir verzagten nicht und starteten plus zugestiegenem Freund nach Westen, aber nicht um Gold, sondern um Schnee zu finden. Unser Freund hatte eine Nummer (Ski Hotline: 01397/705 825) angerufen, die einem mitteilt, ob und wo Schnee liegt in den fünf schottischen Skigebieten.

„Es soll noch Schnee dasein", sagte die Nummer; doch im Tal entdeckten wir keinen, als wir das Nevis Range-Skigebiet erreichten. Ein fürchterlicher Wind blies. Die Gondel, die uns zur Bergstation und den Schleppliften beförderte, tanzte im Wind wie ein Eisenkäfig an einem Spinnfaden. Als wir die Bergstation erreicht hatten, pfiff ein solcher Sturm, dass wir mit dem Wind im Rücken fast ohne Schlepplift den Berg hätten hinauflaufen können.

Doch wir hatten den Wind nicht im Rücken, sondern im Gesicht. Wie mit tausend feinen Stecknadeln piekste er uns ins Gesicht, wenn uns die Schlepplifte den Berg hinaufzogen. Bei der Fahrt ins Tal beschleunigte er uns mit einer unsichtbaren Riesenhand.

Durchwachsen waren die Schneeverhältnisse: Den Berg oben bedeckte das reine Eis, besser zum Eislaufen denn zum Skifahren, den Hang, bzw. den Mittelabschnitt bekleidete ein gut befahrbarer Pulverschnee und unten war es zu warm, der Schnee wässrig wie Zitroneneis.

Doch die Zeit und die Schotten, welchen die widrigen Verhältnisse ziemlich egal zu sein schienen, lehrten uns, das Wetter und den Wind so zu nehmen wie sie sind. Und letztlich machte das Skifahren einfach Spaß. Die Schotten übrigens sind sehr sympathische Skiläufer; keine Pistenheinis, die alles über den Haufen rasen, keine ausstaffierten Skimode-Puppen, die die Abfahrtsstrecke mit dem Laufsteg verwechseln. Oft mit einem schlichten Parka bekleidet, veralteten Skibindungen an den Füßen, gleiten sie elegant im Telemark-Stil ihre Berge hinab.

Fünf größere Skigebiete zählt das schottische Hochland. Zwei finden sich bei Fort William im Westen des schottischen Hochlandes, das von Glencoe und die Nevis Range, eines, das Cairngorm-Skigebiet, ist bei Aviemore und zwei weitere liegen im Osten der Highlands, The Lecht and Glenshee. In den Skigebieten The Lecht, Cairngorm, Nevis Range und Glenshee (südöstlich: Glenisla) ist neben Abfahrt auch Langlauf möglich.

Nevis Range

Der Berg Aonach Mor (1219 m) beherbergt die 9 Lifte der Nevis Range, zusammen mit dem Skigebiet von Glencoe das landschaftlich reizvollste in Schottland. Als großartige Kulisse genießt der Skifahrer - natürlich nur, falls der schottische Nebel nicht dazwischenfunkt - den höchsten Berg des Vereinigten Königreiches von Großbritannien: den Ben Nevis.

Eine Stahlgondel fährt mit vier Personen beladen bergauf bis zur Mittelstation, wo sich das eigentliche Skigebiet erstreckt (denn Schneefall bis ins Tal ist die Ausnahme). Zu erreichen sind die Hänge des Aonach Mor südöstlich von Fort William entlang der neugebauten Straße von Glen Nevis.

Information

- ***Fort William and Lochaber Tourist Board*** vermitteln Zimmer und geben Auskunft über die Verhältnisse auf der Piste, Fort William, Inverness-shire PH33 6AJ, T: 01397/703 781, Fax: 01397/705 184.
- ***Nevis Range Ski-Hotline,*** T: 01397/705 825.

Anhang

Aktivitäten

- In das Skigebiet führt die ***Aonach Mor-Seilbahn,*** an deren Fuße sich auch das ***Nevis Range Ski Centre*** (Ski-Schule), Torlundy, Fort William, Inverness-shire PH33 6SW, T: 01397/705 825 befindet. Eine Tageskarte kostet etwa £ 20, für 5 Tage £ 80, Skier verliehen werden gegen £ 15 pro Tag.

Unterkunft

Wer sich im Winter auf den Weg nach Schottland begibt, sollte sich im Voraus um eine Unterkunft bemühen, weil speziell in der Zeit um Neujahr fast alles ausgebucht ist.

- In Torlundy, 2 km von Nevis Range, gibt es günstig B&B bei ***Leasona.***
- ***The Grey Corrie Lodge,*** Roybridge, Inverness-shire PH31 4AN, T: 01397/712 241, Bunkhouse, Bett ab £ 9.

Glencoe

In Glencoe, im Westen des schottischen Hochlandes, liegt der Anfang des schottischen Skifahrens. Bereits 1956 schleppten die ersten Lifte Skifahrhungrige Menschen den Meall a' Bhuirdh (1061 m) hinauf. Die Pisten von Glencoe sind ebenso geeignet für Anfänger wie für Fortgeschrittene. Fünf Lifte, davon zwei Sessellifte, rotieren auf dem Berg, fünfzehn Abfahrten sind ausgewiesen, davon eine schwere (schwarze) Abfahrt, 5 mittelschwere (rote), 6 leichte (blaue) und 3 Anfängerstrecken (grün).

Das Hilltop Café auf halber Höhe des Meall a' Bhuirdh serviert Mahlzeiten und Getränke.

Wer keine eigenen Skier mitgebracht hat, kann sich welche borgen. Und wer keine Kenntnisse im Skifahren hat, der kann sie in der hiesigen Skischule erwerben.

Im Vergleich mit den anderen Skigebieten des schottischen Hochlands verfügt Glencoe über den größten Höhenunterschied und zusammen mit der Nevis Range über die sichersten Schneeverhältnisse. Ein Nachteil: Das Skigebiet von Glencoe liegt relativ abgelegen, rund 40 km von Fort William, 18 km von der Ortschaft Glencoe und 20 km von Ballachulish entfernt.

Information

- ***Fort William and Lochaber Tourist Board*** vermitteln Zimmer und geben Auskunft über die Verhältnisse auf der Piste; Cameron Square, Fort William, Inverness-shire PH33 6AJ, T: 01397/703 781, Fax: 705 184.
- ***Glencoe Ski-Hotline,*** T: 09001/654 658.

Aktivitäten

- ***Glencoe Ski School,*** Kingshouse Glencoe, Argyll, PA39 4HZ, T: 01855/851 226, bietet Kurse für Anfänger, für eine 5-tägige Schulung zahlt man inkl. Ausrüstung £ 125, für Kinder £ 100. Ferner besteht die Möglichkeit, sich ein Snowboard zu leihen, ab £ 17.
- ***Chairlift Co: White Corries Ltd.,*** Glencoe, Ballachulish betreiben die Lifte, das Ticket für den Lift kostet ab £ 18.50 für einen Tag, (unter 18 Jahren: £ 10.50), T: 01855/816 226.

Unterkunft

- ***Clachaig Inn Glencoe,*** Glencoe, Argyll PA39 4HX, T: 01855/811 252, Fax: 811 679 findet sich unweit des Glencoe Visitor Centres des *NTS* und betreibt auch eine Kneipe, in der abends der Teufel los ist. B&B ab £ 22.
- ***Strathlachlann The Glencoe Guest House,*** Upper Carnoch, Glencoe PA39 4HAT, T: 01855/811 244, B&B ab £ 17.
- Weitere Unterkünfte finden sich im Reiseteil bei Glencoe oder Fort William.

Cairngorm

Der professionellste und größte Wintersportort Schottlands liegt ca. 50 km südlich von Inverness bei Aviemore in den Bergen der Cairngorms. Siebzehn Sessel- oder Ankerlifte ziehen die Skifahrer die Hänge des Ptarmigan (978 m) hinauf. Für Skilangläufer sind bei gutem Schnee die Loipen gespurt. Ein Skibus verkehrt fünfmal am Tag zwischen Aviemore und dem Wintersportgebiet

Information

- ***Aviemore Tourist Information Centre,*** Grampian Road, Aviemore, Inverness-shire, PH22 1PP, T: 01479/810 363, Fax: -1063
- ***Cairngorm Ski-Hotline,*** T: 01479/861 261.

Aktivitäten

- ***Scottish Norwegian Ski School,*** Speyside Sports, 64 Grampian Road, Aviemore PH22 1PD, T: 01479/810 656, ein 5-Tage-Kurs mit erforderlicher 5-er-Ausrüstung für 5 Tage £ 190, Kind £ 160.

Unterkunft

- ***Kinapol Guest House,*** Dalfaber Road, Inverness-shire PH22 1PY, T: 01479/810 513, B&B ab £ 16, in der Nähe des Zentrums von Aviemore.
- ***Cairngorm Guest House*** an der Hauptstraße in Aviemore, Grampian Road, Inverness-shire PH22 1RP, T: 01479/810 630, kostet ab £ 18-25.

Glenshee und The Lecht

Im windärmeren Osten Schottlands finden sich zwei weitere Skigebiete, nördlich von Perth (ca. 60 km) Glenshee und westlich von Aberdeen (40 km) The Lecht.

The Lecht bei Tomintoul ist ein relativ kleines Skigebiet mit 11 Liften, gut geeignet für Anfänger, aber we-

Abseits vom Touristenstrom: Winter auf Arran (WS)

nig schneesicher. Lohnend für Abfahrer wie für Langläufer ist die Gegend um Glenshee. An den Hängen des Glas Maol (956 m) kann man sich an 26 Liften austoben. Ein Vorzug von Glenshee: Spielt der Wettergott im Winter nicht mit, schneit es von unten künstlich aus „Schneebomben". Wer beide Skigebiete testen möchte, richtet sich seinen Stützpunkt am besten im zentralgelegenen Braemar ein. Sechzig km gespurte Loipen finden sich - vorausgesetzt es liegt genügend Schnee - in Glenisla, südöstlich von Glenshee.

Information

- Wer seinen Winterurlaub in Voraus planen möchte, sollte sich unter www.visitscotland.com, www.ski-scotland.com, bzw. www. lecht.co.uk über Schneeverhältnisse usw. erkundigen.
- Vor Ort ist für Glenshee das ***Braemar Tourist Information Centre,*** The Mews, Mar Road, Braemar, T: 013397/41 600, zuständig.
- The Lechts wird vom ***Blaigowrie Tourist Information Centre,*** 26 Wellmeadow, Blairgowrie PH10 6AS, T: 01250/872 800, Ski-Line T: 019756/51440, betreut.
- ***Glenshee Ski-Hotline,*** T: 013397/41 628.
- Langlaufinteressierte 'Cross Country' wenden sich an ***Adventure Scotland,*** T: 0870/240 2676, www.adventure-scotland.com

Aktivitäten

Zwei Skischulen unterrichten blutige Anfänger in der Kunst des Wedelns und der Kratzkurve:

- ***Glenshee Ski School,*** Cairdsport, Spittal of Glenshee, by Blairgowrie, PH10 7QE, T: 01250/855 216, 5-Tageskurse kosten etwa £ 70, die Ausrüstung über diesen Zeitraum ca. £ 35.
- ***Cairnwell Ski School,*** Gulabin Lodge, auch Langlauf, T/Fax: 01250/885 255. Die Kosten betragen hier für 5 Tage £ 76 (Schule) und £ 40 Verleih.
- ***Ski Centres: Glenshee,*** Cairnwell, Braemar AB35 5XU, T: 013397/41 320, 26 Lifte, 40 km Pisten, Tageskarte: £ 20, Fünf-Tages-Karte £ 78, Skiverleih ab £ 15. ***The Lecht,*** Corgarff, Strathdon, T: 019756/51 440, 12 Lifte, Tageskarte: £ 15, Skiverleih ab £ 12.50.

Unterkunft

- ***Dalmore House Hotel,*** Rosemount, Perth Road, Blairgowrie PH10 6QP, T: 01250/872 150, B&B ab £ 20.
- ***Golf Course Road,*** Rosemount, Blairgowrie, PH10 6LH, T/Fax: 01250/874 920, B&B ab £ 19.
- Eine gute Bleibe für junge (und ältere) Skifahrer, 13 km von Glenshee, 38 km von The Lecht: ***Braemar Youth Hostel,*** Corrie Feragie, Glenshee Road, Braemar, T: 01339/ 741 659.

Literatur

Ein praktischer Reiseführer kann die meisten ein Land betreffenden Aspekte, Themen und Probleme nur anschneiden oder skizzieren, das liegt in der Natur der Sache. Für alle, die sich mehr für Schottland interessieren, haben wir an dieser Stelle eine kleine Auswahl an Literatur zusammengestellt.

- *Christiane Agricola* (Hg. und Übersetzung): ***„Schottische Märchen"*** Insel Verlag, Frankfurt 1991. Christiane Agricola hat in diesem empfehlenswerten Buch 89 Märchen und Sagen ausgewählt und liebevoll übersetzt. Die Geschichten reichen von Bauernmärchen bis zu Rittersagen. Besonders wertvoll machen das Buch darüberhinaus die ausführlichen Kommentare im Anhang, die viel zum Verständnis beitragen.
- Von *Muriel Spark* sind einige Werke in deutscher Übersetzung bei detebe erschienen, u. a. auch der im Literaturteil erwähnte Roman ***„Die Blütezeit der Miss Jean Brodie"***.
- *Theodor Fontane:* ***„Jenseit des Tweed", 1860,*** Reprint: Insel Taschenbuch, Frankfurt 1989. Fontane, obwohl eigentlich mehr Englandliebhaber, versuchte mit diesem Buch seine Zeitgenossen für Schottland zu begeistern. Im Stil romantischer Begeisterung für Sagen, Erzählungen und Anekdoten gehalten, ist dieses Buch ein Muss für alle, die in

Schottland Geschichte und Geschichten suchen. Allein für die „Royal Mile" in Edinburgh listet Fontane fast zu jedem Haus eine romantische oder unheimliche Geschichte auf.

●*James Boswell:* ***„A Journal of a tour to the Hebrides with Samuel Johnson"***, London 1786 (Reprint hg. von R. W. Chapman, London 1965). Boswell beschreibt in diesem Klassiker die Reise in sein Heimatland, die er zusammen mit dem berühmten englischen Aufklärer Samuel Johnson unternahm. Neben Details aus dessen Leben und einer Erzählung der Flucht Bonnie Prince Charlies durch das Hochland vermittelt das Buch einen beredten Eindruck vom Schottland des 18. Jh.

●*Margit Wagner:* ***„Schottland"*** Prestel Verlag, München 1985 ist eine Mischung aus Reiseerzählung und Reiseführer. Das Buch ist wie eine Art Kalender aufgebaut, wobei die einzelnen Monate einer bestimmten Region zugeordnet werden. Auf diese Weise erhält der Leser einen schönen Einblick in das Land und die Geschichte und Mentalität seiner Bewohner.

●*John Boutton:* ***„Tine shetland way of oll"*** Sandwick 1978. Das Buch liefert eine Bestandsaufnahme über die Ausbeutung der schottischen Erdölvorkommen in den Shetländischen Gewässern.

●*Kenneth Elliott* und *Frederick Rimmer:* ***„A history In scottish music"*** BBC, London 1 973 gibt auf kleinem Raum eine kurze aber umfassende Einführung in die Geschichte der schottischen Musik. Allerdings haben die Autoren auf eine Darstellung der traditionellen, d.h. fokloristischen, Musik verzichtet.

●*William Hardie:* ***„Scottish Painting 1837 - 1939"***, London 1976.

●*James Hunter:* ***„The making of the crofting communities"***, Edinburgh 1976. Hunter versucht in diesem Buch, hinter die Besonderheiten des schottischen crofting zu kommen. Ein Buch für alle, die mehr von schottischer Landwirtschaft und Landleben erfahren wollen.

●*J. D. Mackie:* ***„A History of Scotland"*** Penguin Book, London 1978. Mackie, bis zu seinem Tod 1978 Professor für Geschichte in Glasgow und königlicher Historiograph in Schottland, hat mit diesem Buch ein auch Laien leicht zugängliches Werk zur Geschichte Schottlands geschrieben. Wer sich einen kurzen Überblick über schottische Geschichte schaffen will, dem sei dieses überall in Schottland erhältliche Bändchen empfohlen.

●*John McEwen:* ***„Who owns Scotland? - a study In landownership"***, Edinburgh 1977. Das Buch gibt eine Einführung in die bis heute problematischen Landbesitzverhältnisse. Bis heute besitzen nur wenige, meist adelige Grundbesitzer einen Großteil der Fläche, was nicht zuletzt auch zu sozialen Spannungen auf dem Land führt.

●*Anna und Graham Ritchie:* ***„The ancient monuments of Orkney"***, Historic Scotland, Edinburgh. Das Ehepaar Ritchie hat mit diesem Bändchen, das man an allen eintrittspflichtigen Denkmälern des HS erhält, einen lesenswerten, verständlichen und umfassenden Überblick über alle historischen Denkmäler Orkneys von der Steinzeit bis zur Neuzeit geschaffen.

●*J. N. G. Ritchie:* ***„Brochs of Scotland"***, Shire Archeology, Bucks 1988. Das Büchlein gibt einen guten Einblick in den derzeitigen Stand der Brochforschung. Zu empfehlen ist das Werk wegen seines hohen Spezialisierungsgrades nur Lesern, die mehr über die Welt der Eisenzeit und speziell die schottische Eigentümlichkeit des Brochbaues wissen wollen.

●*Norman Wilson* (Hg.): ***„Scottish writing and writers"*** Edinburgh 1977, gibt auf rund 130 Seiten eine Einführung in die zeitgenössische schottische Literatur. Allerdings ist es nicht Anliegen des Buches, einen Überblick im Sinne einer Literaturgeschichte zu schaffen, vielmehr werden in verschiedenen Aufsätzen einzelne Themen, wie z. B. die gällische Literatur oder das Schreiben für Fernsehen und Radio, behandelt.

●*Rotary Club Stornoway* (Hg.): ***„The Outer Hebrides handbook"***, Kittiwake Press, Stornoway 1989. Allen Hebridenbesuchern, die sich in die Welt der Inseln einfühlen wollen, sei der Erwerb diese Buches angeraten. Verfasst von zahlreichen einheimischen Kennern wird in diesem Buch auf 98 Seiten von Fauna und Flora über Wirtschaft, Kultur, Sehenswürdigkeiten bis zu Rezepten nichts vernachlässigt, was auf den Inseln interessant ist. Vieles kann sogar für das Hochland verallgemeinert werden.

HILFE!

Dieses Reisehandbuch ist gespickt mit unzähligen Adressen, Preisen, Tipps und Infos. Nur vor Ort kann überprüft werden, was noch stimmt, was sich verändert hat, ob Preise gestiegen oder gefallen sind, ob ein Hotel, ein Restaurant immer noch empfehlenswert ist oder nicht mehr, ob ein Ziel noch oder jetzt erreichbar ist, ob es eine lohnende Alternative gibt usw.

Unsere Autoren sind zwar stetig unterwegs und versuchen, alle zwei Jahre eine komplette Aktualisierung zu erstellen, aber auf die Mithilfe von Reisenden können sie nicht verzichten.

Darum: Schreiben Sie uns, was sich geändert hat, was besser sein könnte, was gestrichen bzw. ergänzt werden soll. Nur so bleibt dieses Buch immer aktuell und zuverlässig. Wenn sich die Infos direkt auf das Buch beziehen, würde die Seitenangabe uns die Arbeit sehr erleichtern. Gut verwertbare Informationen belohnt der Verlag mit einem Sprechführer Ihrer Wahl aus der über 150 Bände umfassenden Reihe „Kauderwelsch" (siehe unten).

Bitte schreiben Sie an:

Reise Know-How Verlag Peter Rump GmbH, Osnabrücker Str. 79
D-33649 Bielefeld, oder per e-mail an: info@reise-know-how.de

Danke!

Kauderwelsch-Sprechführer –
sprechen und verstehen rund um den Globus

Afrikaans ● Albanisch ● Amerikanisch - *American Slang, More American Slang,* Amerikanisch oder Britisch? ● Amharisch ● Arabisch - Hocharabisch, für Ägypten, Algerien, Golfstaaten, Irak, Jemen, Marokko, ● Palästina & Syrien, Sudan, Tunesien ● Armenisch ● *Bairisch* ● Balinesisch* ● Baskisch ● Bengali ● *Berlinerisch* ● Brasilianisch ● Bulgarisch ● Burmesisch ● Cebuano ● Chinesisch - Hochchinesisch, kulinarisch ● Dänisch ● Deutsch - *Allemand, Almanca, Duits, German, Nemjetzkii,* l *Tedesco* ● *Elsässisch* ● Englisch - *British Slang, Australian Slang, Canadian Slang, Neuseeland Slang,* für Australien, für Indien ● Färöisch* ● Esperanto ● Estnisch ● Finnisch ● Französisch - für Restaurant & Supermarkt, für den Senegal, für Tunesien, *Französisch Slang, Franko-Kanadisch l* Galicisch ● Georgisch ● Griechisch ● Guarani ● Gujarati* ● Hausa ● Hebräisch ● Hieroglyphisch ● Hindi ● Indonesisch ● Irisch-Gälisch ● Isländisch ● Italienisch - *Italienisch Slang,* für Opernfans, kulinarisch ● Japanisch ● Javanisch ● Jiddisch ● Kantonesisch ● Kasachisch ● Katalanisch ● Khmer ● Kirgisisch* ● Kisuaheli ● Kinyarwanda ● *Kölsch* Koreanisch ● Kreol für Trinidad & Tobago* ● Kroatisch ● Kurdisch ● Laotisch ● Lettisch ● Lëtzebuergesch ● Lingala ● Litauisch ● Madagassisch ● Mazedonisch ● Malaiisch ● Mallorquinisch ● Maltesisch ● Mandinka ● Marathi* ● Mongolisch ● Nepali ● Niederländisch - ● *Niederländisch Slang,* Flämisch Norwegisch ● Paschto ● Patois ● Persisch Pidgin-English ● *Plattdüütsch* ● Polnisch ● Portugiesisch ● Punjabi ● Quechua ● *Ruhrdeutsch* ● Rumänisch ● Russisch ● *Sächsisch* ● *Schwäbisch* ● Schwedisch ● *Schwiizertüütsch* ● *Scots* ● Serbisch ● Singhalesisch ● Sizilianisch ● Slowakisch ● Slowenisch ● Spanisch - ● *Spanisch Slang,* für Lateinamerika, für Argentinien, Chile, Costa Rica, ● Cuba, Dominikanische Republik, Ecuador, Guatemala, Honduras, Mexiko, Nicaragua, Panama, Peru, Venezuela, kulinarisch ● Tadschikisch* ● Tagalog ● Tamil ● Tatarisch ● Thai ● Tibetisch ● Tschechisch ● Türkisch ● Twi* ● Ukrainisch ● Ungarisch ● Urdu ● Usbekisch ● Vietnamesisch ● Walisisch ● Weißrussisch ● *Wienerisch* ● Wolof ● Xhosa

Anhang

Register

Umrechnungsfaktoren

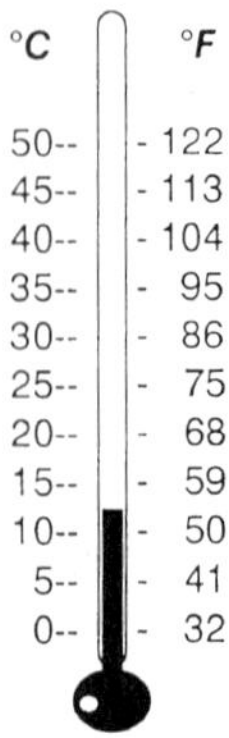

Temperaturen

°Fahrenheit → °C	x 1,8 + 32
°C → °F	- 32 x 0,556

Längenmaße
Flächenmaße

Inches → Zentimeter	x 2,54
Zentimeter → Inches	x 0,39
Feet → Meter	x 0,3
Meter → Feet	x 3,28
Yards → Meter	x 0,91
Meter → Yards	x 1,09
Miles → Kilometer	x 1,61
Kilometer → Miles	x 0,62
Acres → Hektar	x 0,4
Hektar → Acres	x 2,47

Gewichte

Ounces → Gramm	x 28,35
Gramm → Ounces	x 0,035
Pounds → Kilogramm	x 0,45
Kilogramm → Pounds	x 2,21
British Tons → Tonnen	x 1,016
Tonnen → British Tons	x 0,985

Hohlmaße

Imperial Gallons → Liter	x 4,55
Liter → Imperial Gallons	x 0,22

Reifendruck

Pounds/Inch^2 → Bar	x 0,07
Bar → Pounds/Inch^2	x 14,2

Die Autoren

Andreas Braun, Jahrgang 1968, wurde im Alter von 17 Jahren bei einer Reise quer durch Großbritannien vom Schottlandfieber infiziert. Seit dieser Zeit wandelt er begeistert über die karge Bergwelt des schottischen Hochlandes, fühlt sich aber genauso wohl im Süden Schottlands und muss immer wieder Glasgow besuchen. Nach abgeschlossenem Studium der Architektur hofft er, irgendwann (bevor die Kinder groß sind) in Schottland zu arbeiten.

Holger Cordes, Jahrgang 1969, studierte Geschichte und Volkswirtschaftslehre in Marburg und Poitiers. Seit er 1986 das erste Mal nach Schottland reiste, zieht es ihn immer wieder in dieses Land der lebendigen Geschichte, der Mythen und Legenden, aber auch der Wiege der modernen Nationalökonomie. Anziehender noch als die Weite der Bens, ist ihm das Wasser der Glens, das nach allerlei Verfeinerungen und Ruhe im Eichenbett Schottlands Einzigartigkeit in flüssiges Sonnenlicht verwandelt: in Single Malt Scotch Whisky.

Antje Großwendt (Jahrgang 1969) studierte Germanistik und Romanistik in Marburg, hat aber trotzdem eine ausgesprochen anglophile Ader. Seit 1990 bereist sie immer wieder Schottland, weil nirgendwo sonst die Schlossgespenster schauriger, die Dudelsäcke schräger und die Menschen schottischer sind.

Kartenverzeichnis